Ingo Toussaint

Die Grafen von Leiningen

Ingo Toussaint

Die Grafen von Leiningen

Studien zur leiningischen
Genealogie und Territorialgeschichte
bis zur Teilung von 1317/18

Jan Thorbecke Verlag Sigmaringen
1982

CIP-Kurztitelaufnahme der Deutschen Bibliothek

Toussaint, Ingo:
Die Grafen von Leiningen: Studien zur leining. Genealogie u. Territorialgeschichte bis zur Teilung von 1317/18 / Ingo Toussaint. – Sigmaringen: Thorbecke, 1982.
ISBN 3-7995-7017-9

Gesamtherstellung: M. Liehners Hofbuchdruckerei GmbH & Co., Sigmaringen
Printed in Germany · ISBN 3-7995-7017-9

Inhalt

Abbildungen (nach Seite 208)

Vorwort

Nachstehende Untersuchungen lagen im Wintersemester 1978/79 der Universität Mannheim (Fakultät für Geschichte und Geographie) als Dissertation vor. Für den Druck wurde die Darstellung überarbeitet; die bis Ende 1980 erschienene Literatur ist hier noch berücksichtigt. Die Fragen meiner Zuhörer bei den Vorträgen in Neustadt a. d. W., Bad Dürkheim und Karlsruhe haben mir geholfen, manchen Gedanken in verständlichere Worte zu kleiden.

Fachliche und persönliche Förderung habe ich durch Professor Dr. Fritz Trautz (Mannheim) und Ltd. Regierungsdirektor Professor Dr. Meinrad Schaab (Stuttgart und Heidelberg) erfahren, die Referat und Korreferat erstellten. Wertvolle Kritik empfing die Arbeit auch durch Archivdirektor Dr. Albrecht Eckhardt (Oldenburg, zuvor Darmstadt), der dem Fortgang der Leiningenstudien ein ermutigendes Interesse entgegenbrachte. Nützliche Hinweise kamen von Professor Dr. Peter Acht (München) und Oberarchivrat Dr. Friedrich Oswald (Amorbach).

Gerne erinnere ich mich der Unterstützung, die mir während meines Pariser Aufenthalts Dr. Werner Paravicini (Deutsches Historisches Institut Paris) und in Nancy Maître de Conférences Michel Parisse (Université de Nancy II) gewährten. Ihnen allen sei ebenso herzlich gedankt wie den oft überbeanspruchten Beamten und Angestellten der von mir benutzten Archive und Bibliotheken.

In Georg Bensch vom Jan Thorbecke Verlag fand der Autor einen verständnisvollen Verleger, in Cord Barkhausen einen zuverlässigen Lektor. Ein Wort des Dankes gebührt aber auch jenen, die sich bereit fanden, die vorliegende Arbeit in ihre Schriftenreihe aufzunehmen, und nicht berücksichtigt werden konnten: Professor Dr. Georg Droege (Rheinisches Archiv), Professor Dr. Alois Gerlich (Geschichtliche Landeskunde), Ltd. Museumsdirektor Dr. Otto Roller (Veröffentlichungen der Pfälzischen Gesellschaft zur Förderung der Wissenschaften), Privatdozent Dr. Pirmin Spieß (Veröffentlichungen zur Geschichte von Stadt und Landkreis Neustadt an der Weinstraße) und Archivdirektor Dr. Hansmartin Schwarzmaier (Oberrheinische Studien).

Die Bibliotheksreferendare Peter Borchardt (Konstanz), Dr. Angela Karasch (Freiburg) und Dr. Helga Stelzer (Freiburg) ließen mir ihre freundschaftliche Hilfe bei der Fahnenkorrektur zuteil werden. Dem Register kamen die EDV-Kenntnisse meiner Schwester Claudia zugute.

Die zahlreichen Archivreisen wurden durch ein Graduiertenstipendium der Universität Mannheim ermöglicht. Daß das Buch zu einem erschwinglichen Preis verkauft werden kann, ist zahlreichen Subvenienten zu danken: dem Kultusministerium von Rheinland-Pfalz, der Stadt Bad Dürkheim, S. D. dem Fürsten Emich zu Leiningen, dem Landkreis Kaiserslautern, der Stadt Landau und dem Landkreis Pirmasens. Derselben Sache haben durch größere Vorbestellungen der Bezirksverband Pfalz, die Kreissparkasse Bad Dürkheim, der Landkreis Bad Dürkheim, die Ortsgemeinde Altleiningen, die Kreissparkasse Grünstadt, der Donnersbergkreis, der Landkreis Germersheim und die Verbandsgemeinde Hettenleidelheim gedient.

EINLEITUNG

Vorbemerkungen zum Thema und zur Methode Überblick über die Leiningen-Forschung

1. Darstellungen zur Geschichte der Grafen von Leiningen

Eine Darstellung der leiningischen Geschichte – für das 14. bis 16. Jahrhundert allerdings auf die Hardenburger und Rixinger Zweige beschränkt – hat bereits im ausgehenden 16. Jahrhundert der in leiningen-dagsburg-hardenburgischen Diensten stehende Lucas Caroli versucht[1]. Er nennt sich *publicus notarius, Einwoner zu Speir* und des Grafen Emich [XI.] von Leiningen *Diener von Haus aus* (Titelblatt fol. 2r). In einem am 9. August alten Kalenders 1596 zu Speyer verfaßten Widmungsschreiben teilt der Autor seinem Herrn mit, daß er bei der 1593 im leiningischen Auftrage vorgenommenen Registrierung *alle[r] alte[n] Sachen,* die sich in der gräflichen *Cantzlei wie auch Gewelb* befanden, das, was er gelesen habe, gleichzeitig in einen *arborem* gefaßt habe (fol. 3r–5r). Eine *Vorrede an den gnedigen und gönstigen Leßer* (fol. 1r–7v der alten Zählfolge) verleiht noch einmal dem Vorsatz Ausdruck, *was ich in Grävelicher Cantzley Hartenburgckh und sonsten zu bewehrten Historien gefunden, in ein Büchlein zu verfertigen.* Jene bewährten Historien waren wohl Grundlage der panegyrischen und reichlich legendären Ausführungen über die geschichtlichen Anfänge des Grafenhauses. So sei der erste Leininger ein Graf Weibrecht gewesen, der 938 bis 948 an drei Turnieren, u. a. zu Magdeburg und Rothenburg [o. d. T.], teilgenommen habe (fol. 9r).

Die nicht sehr umfangreiche Schrift Carolis ist ungedruckt, aber nicht ungelesen geblieben. Der bedeutende Jurist und spätere Reichshofrat Heinrich Christian Senckenberg (1704–1768)[2], Bruder des durch seine gemeinnützige Stiftung bekannt gewordenen Frankfurter Arztes Johann Christian Senckenberg, hat sie 1740 in seinen »Meditationes« erwähnt[3]. Senckenberg selbst bot einen kurzen und trotz seines Engagements im leiningischen Dignitätenstreit[4] kritischen Abriß

1 Lucas Caroli, Kurtze jedoch aigentliche Beschreibung der löblichen Graven des uralten Geschlechts der(er) von Leiningen, so weit man finden können, wievi(el) deren seitt Anno 938 gelebtt [...], 1596. FLA 4/40. Eine um Einzelheiten ergänzte, mit Wappen bebilderte Abschrift ließ der Verf. 1598 für das Haus Leiningen-Westerburg anfertigen, wie der dortigen – eigenhändig unterschriebenen – Vorrede an Ludwig, Grafen zu Leiningen und Rixingen, Herrn zu Westerburg und Schauenburg, zu entnehmen ist. Auch dieses Exemplar befindet sich im FLA 4/40. Weitere Abschriften, u. a.: GLA 65/903 fol. 10–53.

2 Vgl. R. Jungk in ADB 34, Leipzig 1892, S. 1ff. Ausführlicher die diesem Artikel zugrunde liegende Monographie von G. L. Kriegk, Die Brüder Senckenberg, Eine biographische Darstellung, Nebst einem Anhang über Goethe's Jugendzeit in Frankfurt a. M., Frankfurt a. M. 1869, hier: S. 14–35.

3 Senckenberg, Meditationes S. 601. Dort wird der falsche Eindruck erweckt, als sei Carolis Werk zu »Speyer 1569« [sic!] im Druck erschienen.

4 Von Senckenberg stammen nach eigenen Angaben (a. a. O. S. 602–604 in der Anm.) und laut Schriftenverzeichnis im Anhang (S. 34–40) der von seinem Sohn Renatus Carl Freiherr von Sen[c]kenberg veröffentlichten »Vita Henrici Christiani liberi baronis de Sen[c]kenberg [...]« (Frankfurt am Main 1782)

der gräflichen Geschichte, wobei er die sagenhaften leiningischen Urahnen als solche benannte und scharf von den urkundlichen Personen abgrenzte. Die Abstammung des zweiten Hauses Leiningen von den Saarbrücker Grafen war ihm hingegen noch nicht bekannt.

Keinen Verleger fand die speziell der leiningen-westerburgischen Linie zugewandte, vornehmlich vom rechtshistorischen Standpunkt aus geschriebene »Hochgräfl(ich) Leiningen-Westerburgsche Haus-Kronick 1762« des dazumal leiningen-westerburgischen Archivars Johann Ludwig Knoch (1712–1808)[5]. Die überwiegend aus archivalischen Quellen geschöpften Erkenntnisse Knochs sind jedoch von späteren Bearbeitern der leiningischen Hausgeschichte oft ungeprüft weitervermittelt und dabei als eigene Forschungsergebnisse ausgegeben worden. Die Auswahl der von Knoch angeschnittenen Themenkreise zeigt, daß seine Beschäftigung mit der Materie – zumindest ursprünglich – juristischer Natur war. Sein Werk ist gewissermaßen eine Fortsetzung der bis 1749 gedruckt erschienenen leiningischen Prozeßschriften oder doch der parteiische Versuch einer Gesamtbewertung der Argumente, die in den seit 1616 verfaßten Deduktionen[6] vorgetragen worden waren.

Unter rein genealogischem Aspekt hat sich 1785 der fürstlich-nassauische Geheime Rat Johann Martin Kremer (1718–1793)[7], der ältere Bruder des bekannteren kurpfälzischen Historiographen Christoph Jakob Kremer, im Rahmen einer auf die Geschichte der Grafen von Saarbrücken ausgerichteten, durch große Sachlichkeit bestechenden Untersuchung, auch mit den Leiningern beschäftigt[8]. Kremer nahm schon in seinen »Origines Nassoicae« (1779) das Verdienst für sich in Anspruch, die Herkunft Friedrichs II. von Leiningen aus saarbrückischem Hause ermittelt zu haben[9]. Man hat ihm das später streitig gemacht und die wichtige Entdeckung Georg Christian Croll zugeschrieben[10].

1789 erschienen zu Straßburg, in französischer Sprache dargeboten, die gründlichen genealogischen Untersuchungen des ehemals fürstlich leiningischen Beamten Philipp Jakob Rühl (1737–1795)[11], die in dieser Form bis zur Generation Simons von Dagsburg (†1234/36)

die in unserem Lit.verz. unter »Leiningen-Westerburg« mit ausführlicherem Titel erfaßten Deduktionen »Rechtliche Auszüge« [1737] und »Schließliche Einreden« [1739] sowie die mir bislang nicht zugänglich gewesene Schrift »Summarischer Begriff des Rechts Streit in Sachen Leiningen Hartenburg contra Leiningen Westerburg, die Dignitaeten der Grafschaft Leiningen betreffend« aus dem Jahre 1746.

5 FLA 4/63. Zu Person, Leben und Werk des Verfassers vgl. Fr[iedrich] Ernst, Die Leiningen-Westerburgische Hauschronik des Johann Ludwig Knoch (1762), in: NLBll 4 (1930) S. 68f.; Ders., Herrschafftliche Gerechtsame in Ansehung der Juris Patronatus, Praesentandi et denominandi über die Pfarrkirchen in der Grafschaft Leiningen, a. a. O. S. 81–87; Hans Fessmeyer, Johann Ludwig Knoch, der verdienstvolle Geschichtsschreiber der ehemaligen in der Pfalz gelegenen Grafschaft Leiningen-Westerburg im 18. Jahrhundert, in: NLBll 6 (1932) S. 33–39. In Unkenntnis des letztgenannten Aufsatzes: Ludwig Blankenheim, Johann Ludwig Knoch, dem ersten und bedeutendsten Leininger Heimatforscher in memoriam, in: BllPfKG 25 (1958) S. 101f.

6 Siehe Lit.verz. unter »Leiningen-Dagsburg-Hardenburg« und »Leiningen-Westerburg«.

7 Vgl. Johann Georg Meusel, Lexikon der vom Jahre 1750 bis 1800 verstorbenen teutschen Schriftsteller, 7. Bd., Leipzig 1808, S. 347–349.

8 Kremer, Genealogische Geschichte des alten Ardennischen Geschlechts (s. Lit.verz.).

9 Kremer, Originum Nassoicarum pars prima S. 390–396.

10 Rühl (s. Anm. 12) behauptet S. 160 Anm. a, ihm sei von Croll bereits 1769 eine Stammtafel mit der diesbezüglichen »découverte« zugegangen.

11 Über die illustre Gestalt des studierten Theologen und Juristen Rühl, der, nach langjähriger Tätigkeit in Regierung und Verwaltung, 1791 den Dienst quittierte, um als Deputierter des Departements Bas-Rhin im Pariser Nationalkonvent jakobinische Politik zu betreiben, informieren Johann Georg Meusel (wie Anm.

reichen[12]. Für das 14. bis 15. Jahrhundert befindet sich das Manuskript im Amorbacher Archiv[13]. Rühl nahm aus ungeklärten Gründen von Kremers »Genealogische(r) Geschichte« keine Notiz, widerlegte aber die noch recht unfundierten früheren Erörterungen Kremers zur leiningischen Genealogie in dessen »Origines Nassoicae« (1779). Dabei kam er bezüglich der Dagsburger Erbfolge bemerkenswerterweise zu den gleichen Ergebnissen wie vier Jahre zuvor Kremer selbst, als dieser sich kritisch mit den ehemals eigenen Anschauungen auseinandersetzte.

Die erste Gesamtdarstellung der leiningischen Geschichte, die keiner Seite verpflichtet war, stammt aus der Feder des bienenfleißigen Nußdorfer Pfarrers Johann Georg Lehmann (1797–1876)[14]. Wiewohl ihr wissenschaftlicher Apparat nicht ganz den heutigen Anforderungen Genüge leistet, handelt es sich bei ihr um eine sehr gewissenhafte und materialreiche Arbeit, die auch jetzt nicht nur noch brauchbar, sondern geradezu unersetzt ist.

Hingegen schuf Eduard Brinckmeier (1811–1897)[15] ein halbes Jahrhundert später mit seiner »Genealogische(n) Geschichte des uradeligen, reichsgräflichen und reichsfürstlichen, standesherrlichen, erlauchten Hauses Leiningen und Leiningen-Westerburg« zwar das umfassendste, keineswegs jedoch das vertrauenswürdigste Werk über die Geschichte der Leininger. Zur mittelalterlichen Epoche hat er aus der Literatur, vor allem aus Lehmanns Arbeit, vielfach wörtlich zitiert und, statt seine direkten Vorlagen zu nennen, oft nur die Nachweise aus deren Anmerkungsapparat übernommen. Die ungewöhnlich große Anzahl der ihm unterlaufenen sachlichen Fehler, falsch wiedergegebenen Daten, verballhornten Namensformen, Ungereimtheiten und Fehlinterpretationen mindert den Gebrauchswert des Buches ganz erheblich. Sehr zu unrecht also – und wohl nur deshalb, weil es die jüngere Publikation ist – hat Brinckmeiers Darstellung die des weitaus zuverlässigeren Lehmann aus den Literaturlisten verdrängt.

Um eine letzte Gesamtschau der leiningischen Geschichte, ab 1317/18 allerdings auf den älteren Zweig beschränkt, bemühte sich seit 1967 der Grünstadter Lehrer Heinrich Conrad.

7), 11. Bd., Leipzig 1811, S. 477f., und die kritische und materialreiche Biographie von Alfred MAURER: Rühl, Ein Elsässer aus der Revolutionszeit, Straßburg 1905. Rühl, der 1765 als Schulrektor in die leiningische Residenzstadt Dürkheim berufen worden war, hatte 1769 das von der Hardenburg nach Dürkheim überführte Archiv geordnet, aus dem er übrigens auch Lamey (für dessen Geschichte des Speyergaus) und Grandidier mit urkundlichem Material versorgte. In dem 1772 von den Brüdern Wilhelm und Wenzel von Leiningen-Dagsburg-Falkenburg in Guntersblum gegen den Grafen und späteren Fürsten Karl Friedrich Wilhelm von Leiningen-Dagsburg-Hardenburg angestrengten Prozeß, der 1784 zu Rühls Leidwesen mit einem Vergleich beigelegt wurde, war er als Verfasser sämtlicher leiningen-dagsburg-hardenburgischer Deduktionen hervorgetreten. Er war dabei vom Hofrat zum Geheimen Rat, dann zum ersten Regierungsrat, Konsistorialrat und schließlich zum Rentamtskammerdirektor aufgestiegen. 1784 bat er um seine Entlassung und ließ sich auf unbestimmte Zeit die Verwaltung der Grafschaft Dagsburg übertragen.

12 RÜHL, Recherches (1789).

13 FLA 4/40.

14 LEHMANN III (1861). Zu Person und Werk des großen pfälzischen Geschichtsschreibers vgl. die gerechte Würdigung von Rudolf FENDLER und Hans HESS, Johann Georg Lehmann 1797–1876 (= Beiträge zur Geschichte der Stadt Landau und der Südpfalz), Landau in der Pfalz 1976. Ferner: Rudolf FENDLER, Johann Georg Lehmann, Zum 100. Todestag des pfälzischen Historikers, in: Pfälzer Heimat 27 (1976) S. 70–72. Jürgen VORDERSTEMANN, Johann Georg Lehmann, Hans Ferdinand Maßmann und das Höninger Parzivalfragment, in: ZGO 126 (1978) S. 409–412.

15 Vgl. P. ZIMMERMANN in: ADB 47, Leipzig 1903, S. 238–241.

Was vorliegt, ist eine – unvollendete – volkstümliche Neufassung des Lehmannschen respektive Brinckmeierschen Werkes, die sich auch in der Diktion kaum von ihren Vorbildern zu lösen vermag. Gleichwohl hat Conrad versucht, einige jüngere Quellenveröffentlichungen zu verwerten und dabei in etlichen Details einen neueren – nicht immer den seinerzeit jüngsten – Forschungsstand erreicht. Erweitert wurde die Darstellung durch den Einbezug von reichsgeschichtlichen Situationsbeschreibungen und Exkursen über die allgemeinpolitischen Verhältnisse am Ober- und Mittelrhein.

An Monographien zu Teilaspekten der leiningischen Geschichte sind zu nennen eine 1941 als Münchener philosophische Dissertation gedruckte Beschreibung der sozialen Zustände in der Grafschaft Leiningen bis zum Bauernkrieg, von Elfriede Kristek[16], und die 1942 veröffentlichte Heidelberger theologische Dissertation Theodor Kauls über Reformation und religiöse Entwicklung im Leiningen-Dagsburg-Hardenburger Landesteil[17]. In einer jüngst in erweiterter Fassung gedruckten Münchener philosophischen Dissertation von 1963/64 beschäftigt sich Hans von Malottki mit dem Speyerer Bischof Heinrich von Leiningen (1245–1272)[18]. Ein Beitrag von Anton Ph. Brück über den verhinderten Mainzer Erzbischof Jofried von Leiningen (1396 erwählt) erschien bereits 1952 in der Festschrift für Georg Biundo[19].

Mit dem kurzen rechtsrheinischen Nachspiel der Fürsten von Leiningen nach dem Reichsdeputationshauptschluß befassen sich zwei juristische Dissertationen aus den Jahren 1949 und 1954 sowie eine beachtenswerte Gruppenarbeit, die 1963 in einem Heidelberger Oberseminar geleistet wurde[20].

Vielfältig und von unterschiedlichem Wert und Gewicht sind die seit der Jahrhundertwende zum Thema Leiningen veröffentlichten Zeitschriftenaufsätze. Eine bislang nicht überholte Archivgeschichte des Hauses Leiningen schrieb 1898 der fürstlich leiningische Archivar Richard Krebs[21]. Die Geschichte der Leiningen-Westerburger Archivbestände handelte 1928 der Westerburger Pfarrer Oskar Fuchs ab[22]. Indiskutabel ist ein Beitrag von Georg Heeger (1900), der die Herkunft der Grafen von Leiningen aus dem [erst im 18. Jahrhundert gegründeten] Dorf Waldleiningen/Kr. Kaiserslautern nachweisen zu können glaubte. Hinsichtlich der ehemaligen leiningischen Präsenz in Rheinhessen hat Fr. Reif 1907 wohl

16 Elfriede KRISTEK, Bauernlage und Bauernnot in der Grafschaft Leiningen 1400–1525. Phil. Diss. München 1941 (= Westmärkische Abhandlungen zur Landes- und Volksforschung, Beih. 4), Kaiserslautern 1941.

17 Theodor KAUL, Die Einführung der Reformation in der Grafschaft Leiningen-Hartenburg und die Entwicklung der religiösen Verhältnisse bis zum dreißigjährigen Kriege (= Veröffentll. des Vereins f. Pfälz. Kirchengesch., Bd. III), Grünstadt 1942.

18 Vgl. Lit.verz. und meine Besprechung dieser Arbeit in ZGO 127 (1979) S. 458–462.

19 Anton Ph. BRÜCK, Graf Jofried von Leiningen, Ein rheinischer Prälat des späten Mittelalters, in: Aus der Enge in die Weite, Beiträge zur Geschichte der Kirche und ihres Volkstums, FS Georg Biundo, hg. v. Theodor KAUL (= Veröffentll. des Vereins f. Pfälz. Kirchengesch., Bd. IV), Grünstadt 1952, S. 44–51.

20 Kurt LIND, Fürst Carl Friedrich Wilhelm zu Leiningen als Landesherr in den Jahren 1803 bis 1806, Jur. Diss. Erlangen [1949], [Masch.schr. vervielfältigt]. – Gerhard WILD, Das Fürstentum Leiningen vor und nach der Mediatisierung. Jur. Diss. Mainz 1954. – Uta ENDER, Katharina von SICHART und Lutz NIETHAMMER, Säkularisation und Mediatisierungen am Beispiel des Fürstentums Leiningen 1803–1806, Referat, gehalten am 16. 2. 1963 in Amorbach, Oberseminar Prof. Dr. CONZE (WS 1962/63) [Masch.schr.].

21 Nachweis, auch der folgenden Titel, im Lit.verz.

22 Vgl. hierzu auch den Abriß in der Übersicht über die Bestände des Hess. Hauptstaatsarchivs, Wiesbaden 1970, S. 189–191.

ausschließlich die Darstellungen Lehmanns und Brinckmeiers exzerpiert. Daneben erschienen einige mehr oder minder eigenständige kleinere und kleinste Abhandlungen zu Einzelpersönlichkeiten oder -begebenheiten der leiningischen Geschichte in den 1902 bis 1915 von Pfarrer Emil Müller herausgegebenen »Leininger Geschichtsblätter(n)« und in den 1926 bis 1934 zunächst von Emil Kleemann, dann von Hans Feßmeyer und B. Beck redigierten »Neue(n) Leininger Blätter(n)«, die sich der Lokalgeschichte des Grünstadter Raums widmeten. Als Schriftleiter der in Westerburg verlegten Zeitschrift »Nassovia« hat Oskar Fuchs selbst einige Beiträge – hauptsächlich biographischer Art – zur Geschichte der Grafen von Leiningen-Westerburg geliefert. Sein Aufsatz über »Leiningische Burgen einst und jetzt« (1930) geht teilweise auch noch das Gesamthaus Leiningen an.

Eine genealogisch-besitzgeschichtliche Untersuchung Emil Krügers (1908) bildete die erste Grundlage zu der 1954 von Robert Laut eröffneten und vorwiegend in den »Nassauische(n) Annalen« ausgetragenen, zuletzt sehr hitzigen Diskussion um die Erben des frühen leiningischen Besitzes im Lahngebiet. An ihr beteiligten sich Hermann Heck (1955, 1958, 1961), Karl Hermann May (1958) und Hellmuth Gensicke (1955, 1958, 1961).

Mit den politischen Anfängen des Leininger Grafenhauses beschäftigten sich 1967 Hans Werle und 1972 Helmut Naumann in seiner grundlegenden Studie über die Frühgeschichte des [leiningischen] Stifts Höningen. Von rechtshistorischer Seite widmete sich jüngst Friedrich Battenberg in einer vorbildlichen Untersuchung einem spätmittelalterlichen, zuvor bereits militärisch entschiedenen Rechtsstreit zwischen dem Grafen Jofried von Leiningen-Hardenburg und den Herren von Lichtenberg vor dem kaiserlichen Kammergericht[23].

In die Territorialgeschichte führten schon die 1955 bis 1970 erschienenen Beiträge Theodor Kauls über die Grafen von Leiningen und den Speyergau ein. Die von Kaul begonnene Darstellung der besitzgeschichtlichen Entwicklung versuchte ich 1974 für den begrenzten Raum des sich dem Speyergau nördlich anschließenden Wormsgaus fortzusetzen. Dabei wurde der leiningische Territorialbesitz erstmals nach einem Provenienzsystem strukturiert. Als eigentliche Vorarbeit zu den gegenwärtigen Studien darf die auf breiter archivalischer Quellengrundlage beruhende Zusammenstellung des Territorialbesitzes sämtlicher leiningischer Linien bis zur Französischen Revolution gelten, wie sie 1977 im Textband des Pfalzatlas veröffentlicht wurde. Dort finden sich auch Korrekturen zu den bereits 1975 erschienenen Karten.

2. Die Quellen

Bislang gab und gibt es weder ein leiningisches Urkundenbuch noch ein Regestenwerk zur Geschichte der Grafen von Leiningen. Eine größere Sammlung ausschließlich Leiningen betreffender Urkunden veröffentlichte erstmals Lünig im 22. Band (1719) seines »Teutschen Reichsarchivs«. Aus gleicher, zum Teil auch früherer Zeit stammen die weniger umfangreichen Zusammenstellungen hauptsächlich lehensrechtlich bedeutsamer Urkunden in den aus dem leiningischen Dignitätenstreit erwachsenen Prozeßschriften des 17. und 18. Jahrhunderts[24].

23 Friedrich Battenberg, Die Lichtenberg-Leiningensche Fehde vor dem Kammergericht Kaiser Friedrichs III., in: ZGO 124 (1976) S. 105–176.

24 Die ermittelten und hier herangezogenen Deduktionen finden sich unter »Leiningen-Dagsburg-Hardenburg« und »Leiningen-Westerburg« im Literaturverzeichnis (erschlossene Entstehungsdaten in eckigen Klammern).

Wiewohl sie naturgemäß nicht zweckfreien wissenschaftlichen Bedürfnissen, sondern als Stütze des eigenen Rechtsstandpunktes dienen sollten, sind die zum Vollabdruck gelangten Dokumente, soweit sie mit noch vorhandenen Originalen verglichen werden können, doch vollständig und redlich wiedergegeben. Allein philologischen Anforderungen sprechen sie – wie übrigens auch die Abdrucke Lünigs – in jeder Weise Hohn. Trotzdem bleiben diese Beilagen von Auftragsarbeiten weiterhin eine Quelle, auf deren Benutzung nicht verzichtet werden kann, da in vielen Fällen die entsprechenden Vorlagen nicht mehr auffindbar oder existent sind und nur Einzelstücke in moderneren Drucken vorliegen.

Ein Sortiment Leiningen betreffenden Urkundenmaterials brachte auch Johann Martin Kremer im Codex diplomaticus zu seiner »Geschichte des Ardennischen Geschlechts«[25], auf den Seiten 181 bis 277, unter dem Titel »Chartularium Leiningense, tam primæ stirpis, quam secundæ, hujusque linearum Fridericianæ atque Gotofredianæ, exhibens« heraus. Neben dreißig leider nicht durchwegs mit Angaben über den Lagerort versehenen Abdrucken noch nicht publizierter Stücke (S. 247–277), achtzehn Regesten zur Geschichte des leiningischen Hausstifts Höningen ohne jegliche Quellenangabe (S. 243–246) und 143 Regesten zur Geschichte der Linie Leiningen-Rixingen (S. 220–242, mit Ausnahme von sieben nach Abdrucken in den leiningischen Prozeßschriften angefertigten Regesten nur Zitate aus einem wohl dem 16. Jahrhundert entstammenden Rixinger Archivverzeichnis) lag der Schwerpunkt auf der Regestierung schon gedruckter Urkunden, die mit 204 Stück vertreten sind (S. 181–219). Gerade diese Regesten wurden jedoch höchst mangelhaft angefertigt[26]. Überdies sind die gedruckten Quellen, die damals zur Verfügung standen, auch nicht annähernd vollständig ausgeschöpft[27].

Die seit 1930 unter dem bescheidenen Titel »Bausteine zur Geschichte von Grünstadt« in Fortsetzungen erschienenen Regesten Hans Feßmeyers sind auch eine Fundgrube für die Geschichte der Ortsherren von Grünstadt und, trotz der thematischen Auswahl, gleichsam als jüngstes Regestenwerk zur Geschichte der Grafen von Leiningen zu betrachten.

Im übrigen sind die weitgestreuten Publikationen von Urkunden und Regesten zur Reichs- und Landesgeschichte zu benutzen. Auf diese Quellensammlungen breitesten Spektrums und

25 Vollständiger Titel s. Lit.verz.

26 Sie sind inhaltlich dürftig und mit vielen Flüchtigkeitsfehlern behaftet. Die Daten finden sich, wie noch mehr bei der Wiedergabe der oben erwähnten ungedruckten Urkunden, auffällig oft falsch aufgelöst (bei den Drucken 8 von 30, bei den Regesten 36 von 204), vor allem sämtliche Datierungen mit *feria*.

27 Insgesamt hat Kremer, bei Überschneidungen im einzelnen, aus 28 verschiedenen Druckwerken zitiert. Erarbeitet hat er sich seine Regesten in erster Linie aus LÜNIGS »Reichsarchiv« (62 Titel), ohne allerdings die Leiningen-Westerburg betreffenden Urkunden auszuwerten, aus GUDENS »Codex diplomaticus«, dessen die Grafschaft Leiningen angehende Urkunden er nicht einmal zur Hälfte erfaßt hat (26 aus 57 möglichen Regestierungen), aus SCHÖPFLINS »Alsatia diplomatica« (19 aus 38 verfügbaren Stücken) und aus den Beilagen zu den ihm jedoch nicht sämtlich bekannten leiningischen Prozeßschriften, aus denen er insgesamt 66 Stücke in seine Regestensammlung aufnahm. Es fehlen vor allem die bereits von SENCKENBERG, Meditationes, S. 602 in der Anm. erwähnten »Deductio juris et facti« (1733) und »Repraesentatio jurium« (1734); s. Lit.verz. unter »Leiningen-Dagsburg-Hardenburg« und »Leiningen-Westerburg«. Noch lückenhafter gestaltete sich die Auswahl beispielsweise aus WÜRDTWEINS »Subsidia diplomatica« (7 aus 23 möglichen Titeln), aus dessen bis 1784 erschienenen vier Bänden der »Nova subsidia« (1 Regest), aus Christoph Jakob KREMERS »Urkunden zur Geschichte des Kurfürsten Friedrichs des Ersten von der Pfalz« (4 aus 23 Stücken), aus TOLNERS Codex diplomaticus zur »Historia palatina« (1 aus 12) und aus HONTHEIMS »Historia Trevirensis« (1 aus 13). Überhaupt nicht berücksichtigt wurden die Preuves in CALMETS »Histoire de Lorraine« (1. Aufl. 1728).

unterschiedlichen wissenschaftlichen Wertes kann und muß hier nicht im einzelnen eingegangen werden. Hervorgehoben seien die trotz ihrer editorischen Mängel immer noch beizuziehenden älteren Veröffentlichungen eines Stephan Alexander Würdtwein und der auch heute noch nicht völlig ersetzte »Codex diplomaticus« des Valentin Ferdinand von Guden, dessen Drucke in den Quellennachweisen moderner Editionen übrigens oft unerwähnt bleiben.

Die Gründe für die ebenfalls weite Streuung der herangezogenen Archivalien darzulegen, kann hier nicht Aufgabe und Ort sein. Auf ungedruckten Quellen beruht unsere Darstellung in erheblichem Maße. Insbesondere die Archives départementales in Nancy boten noch recht viel bislang unausgeschöpftes Urkundenmaterial. Auch die zeitraubende Materialsammlung in zahlreichen anderen Archiven hat sich gelohnt: Die vorliegende Arbeit hätte ohne sie zu teilweise völlig anderen Ergebnissen geführt. Selbst wo Drucke vorhanden waren, wurde nach Möglichkeit auf die Originalurkunden zurückgegriffen. Auf diese Weise konnten noch etliche in der bisherigen Literatur kursierende Mißverständnisse und Fehldeutungen erkannt und beseitigt werden.

Der Mangel an einem umfassenden Urkunden- oder Regestenwerk zur Geschichte der Grafen von Leiningen darf dafür verantwortlich gemacht werden, daß die Anmerkungen in unserer Darstellung stellenweise den Text überwuchern. Aus dem Bestreben, zu den zitierten Dokumenten, die nicht durch ein modernes Regest erschlossen sind, jeweils an einer Stelle die archivalische und literarische Überlieferung einigermaßen vollständig nachzuweisen, erklärt sich das gelegentliche Mißverhältnis von Text und Apparat.

Nach Abschluß meines Manuskripts erschienen die nachweisreichen »Regesten zur Geschichte des Augustiner-Chorherrenstifts Höningen« von Karl Heinz Debus[28]. Sie wurden in die Druckfassung eingearbeitet, die dadurch verschiedentlich Kürzungen erfahren konnte.

3. Aufgabenstellung und Abgrenzung des Themas

a) Die Untersuchungen zur Territorialgeschichte (Inhalt – Gliederungsproblem – Methode)

Gegenüber der bisherigen, vorwiegend genealogisch-biographisch ausgerichteten Leiningen-Literatur wird hier versucht, eine Geschichte des gesamten leiningischen Territoriums im Hoch- und beginnenden Spätmittelalter vorzulegen[29]. Für die zeitliche Abgrenzung des Themas ergibt sich auf Grund der Überlieferung eine Grenze nach unten von selbst. Der Geschlechtsname »von Leiningen« findet erstmals 1128 Erwähnung, die Beschreibung der territorialen Entwicklung wird also frühestens mit dem 12. Jahrhundert beginnen können. Ihr Fortgang soll bis zur Teilung von 1317/18 erfaßt werden.

28 MHVPf 76 (1978) [ausgeliefert im August 1979].

29 Von einer Behandlung ausgeklammert bleiben die frühzeitig aufgegebenen und für die leiningische Territorialentwicklung uninteressanten Besitzungen und Rechte im Lahngebiet. Den hier bereits von der hessischen Landesgeschichtsforschung erarbeiteten Ergebnissen haben wir nichts hinzuzufügen. Maßgeblich sind die einschlägigen Passagen (S. 128–130) in GENSICKES Landesgeschichte des Westerwaldes (1958). Vgl. auch die S. 17 genannten Untersuchungen und Diskussionsbeiträge von KRÜGER, LAUT, HECK, MAY und GENSICKE sowie des letzteren kurze Andeutungen in: Heimatchronik des Westerwaldes, von Hellmuth GENSICKE [u. a.], (= Heimatchroniken der Städte und Kreise des Bundesgebietes, Bd. 48), Köln 1978, S. 61, 66 und 68.

Eine uns auf Grund der Quellenlage ergiebig erscheinende territorialgeschichtliche Themenstellung zielt auf das Geflecht der Lehensbeziehungen als der größten Ressource für Herrschaftsgründung wie auch territorialen Zuerwerb. Unser besonderes Augenmerk werden wir auf die Partnerschaft Reichsoberhaupt – Leiningen richten. Neben den Beziehungen zum König bzw. Kaiser wird das allgemeinpolitische Verhältnis zu anderen wichtigen Lehensherren geschildert, selbst wenn es stellenweise für die Darlegung der territorialgeschichtlichen Ereignisse und Gegebenheiten nicht von Belang zu sein scheint. Soweit irgendwie zu rechtfertigen, will ich auch auf die Erläuterung des Details nicht verzichten.

Aus der Tatsache, daß Eheverbindungen unter Dynasten keine Liebesheiraten, sondern politische Entscheidungen waren, resultiert die bei jeder Darstellung einer Territorialentwicklung zu stellende Frage nach den Erfolgen (und Mißerfolgen) solcher Vermählungen für den Territorialbestand. Die Erörterung des Konnubiums wird daher in unserer Darstellung breiten Raum einnehmen.

Zur Gliederung und Aufbereitung des Stoffes sind einige Vorbemerkungen angebracht. Eine streng chronologische Darstellung erscheint uns nicht sinnvoll. Die regestenartige Aufreihung der Geschehnisse wäre dem Verständnis der Einzelvorgänge ebensowenig wie dem Erkennen von weiter zurückliegenden Ursachen und langfristigen Wirkungen förderlich. Die dann notwendigen zahlreichen Vor- und Rückverweise würden die Abhandlung gleichermaßen unnötig aufblähen wie ihre Benutzbarkeit beeinträchtigen. Eine Systematik auf der Grundlage der Zuerwerbsformen scheidet wegen deren erwarteter Unverhältnismäßigkeit aus. Statt dessen werden nun größere Zeitabschnitte nacheinander aus mehreren Blickwinkeln heraus betrachtet und abgehandelt. Diese Perspektiven sind zum einen geographisch, zum anderen nach den wichtigsten Partnern der leiningischen Territorialpolitik, den Lehensherren, bestimmt. Dabei diktiert die Gliederung nach dem Provenienzsystem auch weitgehend die Auswahl der politisch-geographischen Großräume, in denen sich Territorialpolitik abspielte. Mit nur wenigen Überschneidungen lassen sich die einzelnen Passivlehensbeziehungen, der Lage des Lehensbesitzes entsprechend, entweder im Bereich des Speyergaus, des Nahe- und Wormsgaus oder des lothringischen und elsässischen Raumes abhandeln. Auch von diesem Gesichtspunkt aus gesehen bestätigt sich, nebenbei bemerkt, daß die mittel- und oberrheinischen Gaue sogar im Spätmittelalter noch gewisse politische Einheiten darstellten.

Bei der Einteilung nach dem Aspekt der Herkunft herrschaftlicher Rechte können relativ unproblematisch zunächst einmal die Lehen, bei welchen die Belehnung und Lehensnahme keine Fremdursache hatten, verzeichnet werden. Aber auch für die kleineren Erbschaften steht dieses Aufgliederungssystem offen. Die Weitergabe von Lehensstücken an Töchter und Schwiegersöhne war vom guten Willen des Lehensherrn abhängig, mußte jeweils von diesem genehmigt werden und begründete nicht zuletzt ein neues Lehensverhältnis oder führte zur Erweiterung eines bereits bestehenden Lehensverhältnisses mit den Erben. Solche Vorgänge besitzen also Aussagekraft hinsichtlich Umfang und Qualität der bilateralen Beziehungen Lehensherr – Lehensmann. Deshalb erscheint die Eingliederung auch der ererbten Herrschaftsrechte unter dem jeweiligen Namen des Lehensherrn nicht nur vertretbar, sondern sogar unumgänglich. Wiewohl nicht in jedem Fall nachweislich relevant für die Territorialbildung, ist auch die Besetzung hoher Kirchenämter durch Leininger Grafen in den entsprechenden Kapiteln über die Kirchenlehen erwähnt und werden ihre konkret faßbaren Rückwirkungen dort abgehandelt.

Eigene Kapitel beanspruchen hingegen die Zusammenfassung des Leininger Altbesitzes –

sowohl des Allodial- als auch des erwerbszeitlich nicht fixierbaren Lehensbesitzes –, die Ermittlung mit der leiningischen Erbmasse verschmolzener Saarbrücker Herrschaftsrechte und des kurz vor der Teilung von 1237 getätigten Zuerwerbs, die Darstellung des langwierigen und nicht nur für die leiningische Geschichte eminent bedeutsamen Dagsburger Erbfolgestreits sowie die Aufzeichnung der weitreichenden Folgen zweier Hausteilungen (1237 und 1317/18).

Wir sind prinzipiell von den Quellen – wo nur ältere Drucke vorlagen, nach Möglichkeit von den Archivalien – ausgegangen. Ausnahmslos wurden die in Drucken, Regesten und Darstellungen aufgelösten Daten überprüft; die Anzahl aufgefundener Fehldatierungen, die beharrlich unkorrigiert übernommen worden waren, ist nicht unerheblich.

Zur Entlastung des Textes und des Anmerkungsapparates wird in der Regel darauf verzichtet, lokalgeschichtliche Einzelheiten, die nichtsdestoweniger Grundbestandteile unserer Darstellung sind, mitzuteilen. Der übersichtlichen Aufbereitung und Darreichung solcher territorialgeschichtlicher Elementarteilchen wird ein geplantes »historisches Ortslexikon für die ehemals leiningischen Territorien« dienen. Aus diesem Grunde darf hier noch provisorisch nach den einschlägigen Vorarbeiten[30] zitiert werden.

b) Die begleitenden Untersuchungen

Die ursprüngliche Zielsetzung, eine rein auf die Territorialgeschichte ausgerichtete Abhandlung darzubieten, mußte sehr bald aufgegeben werden. Die Arbeit an und mit den Quellen ließ die bislang gültigen Stammtafeln des Grafenhauses Leiningen[31] oft fragwürdig erscheinen. Einige recht grobe Ungereimtheiten gaben schließlich den Anlaß, die Stammtafel wenigstens für das Mittelalter vollständig zu überarbeiten. Der notwendigen Korrekturen sind zu viele geworden, als daß sie in einen Anhang oder gar in die Anmerkungen verwiesen werden könnten. Die gegenüber den bereits vorliegenden Tafelwerken vorgenommenen Veränderun-

30 Toussaint in Pfalzatlas.

31 Stammtafel des mediatisierten Hauses Leiningen (1885). Nachweise und Ergänzungen hierzu bei Brinckmeier I (1890), passim. – Freytag von Loringhoven IV (1957) Tafeln 20–29. Die Überschriften der einzelnen Tafeln sind irreführend; bezüglich der Einteilung nach den verschiedenen Linien ist die Stammtafel von 1885 übersichtlicher und korrekter. – Für die Zeit bis zur Generation Friedrichs VI. von Leiningen waren zuletzt die dem Aufsatz Kauls (1970) beigegebenen Tafeln maßgebend, die sich für das ältere Haus Leiningen auf die »Sippschaftstafel« Hecks (Altlein. Besitz im Lahngebiet, 1955) stützen; diese wiederum ist im Anschluß an die dem Krügerschen Aufsatz (Die Herkunft der Lutgardis, 1908) beigegebene »Stammtafel 3« entstanden. Leider erscheinen auch einige nicht stichhaltige Mutmaßungen Hecks bezüglich der Erbfolge der Häuser Diez und Runkel in leiningischen Besitzungen – ihnen war 1961 durch Gensicke die Grundlage entzogen worden – noch als gesicherte Forschungsergebnisse in Kauls 1. Stammtafel. – Stammtafeln enthielten bereits die leiningischen Prozeßschriften des 17. und 18. Jahrhunderts (s. Lit.verz. unter »Leiningen-Dagsburg-Hardenburg« und »Leiningen-Westerburg«). Sie vermitteln an etlichen Stellen auch heute noch akzeptable Deutungen und Zusammenhänge, die sichtlich Grundlage für spätere genealogische Forschungen wurden, bringen jedoch auch reichlich Lengendäres für das Frühmittelalter und gar darüber hinaus und verpassen noch völlig den Übergang Leiningens an das Haus Saarbrücken. Die dem Lehmannschen Werk beigegebenen vier Tafeln (Lehmann III, bei den Seiten 12, 97, 228 u. 266) sind, abgesehen von dem kurzen Abriß der leiningischen Geschichte des erstmals mit der sagenhaften Vorgeschichte brechenden Heinrich Christian Senckenberg (1740) und abgesehen von den nur einen kleinen Zeitabschnitt erfassenden genealogischen Abhandlungen J. M. Kremers (Ard. Geschl. S. 152–176) und Ph. J. Rühls, als erste durchgängig wissenschaftliche Bearbeitung der leiningischen Genealogie zu betrachten. Doch war diese schon bald durch die oben genannten jüngeren Darstellungen überholt.

gen werden deshalb in einem eigenen Abschnitt mitgeteilt und begründet[32]. Dabei wird keineswegs die Absicht verfolgt, eine lückenlose genealogische Datensammlung für jedes einzelne Mitglied des Grafenhauses zu liefern. Der in der Überschrift verwendete Begriff der »Untersuchungen« soll andeuten, daß es dem Verfasser lediglich darum zu tun ist, zur Klärung wichtiger Einzelfragen beizutragen bzw. ältere Auffassungen zu berichtigen und eine sichere Grundlage zu schaffen für die Behandlung der in den folgenden Abschnitten anstehenden Probleme.

Die Fortführung der genealogischen Studien über das für die territorialgeschichtlichen Abschnitte anvisierte Stichjahr hinaus, nämlich bis ins 15. Jahrhundert, erscheint insofern gerechtfertigt, als auch bei der Behandlung der territorialen Entwicklung zur Beweisführung immer wieder auf jüngere Urkunden vorgegriffen werden muß. Dabei ist die eindeutige Identifikation der darin vorkommenden Personen nicht selten für die Interpretation des Sachverhalts entscheidend.

Die Frage nach der Herkunft der Grafen von Leiningen zu erörtern, wird eine unserer Aufgaben sein. Wegen der dabei angewandten prosopographisch-besitzgeschichtlichen Methode und seiner teilweise mehr spekulativen Natur wird der betreffende Abschnitt absichtlich nicht an den Anfang der genealogischen Untersuchungen oder auch nur vor dieselben gerückt. Diese bleiben deshalb unabhängig und gründen sich nicht auf die dort wiedergegebenen Ansichten. Wiewohl sie denselben auch nicht widersprechen, zeigen sie doch innerhalb gewisser Problemkreise Alternativen auf.

Für die Darstellung der politischen Anfänge des Hauses Leiningen erscheint auch eine Behandlung des Grafschaftsproblems unumgänglich. Der von mir an anderer Stelle[33] gutgeheißene Terminus »Lehnsgrafen«, den Hans Werle in die Diskussion brachte[34], kann neuerdings nicht mehr vorbehaltlos als Schlüssel zur Klärung der verfassungsgeschichtlichen Situation im Nahe- und Wormsgau dienen. Es ist also die Frage nach der Herkunft der pfalzgräflichen Lehensherrlichkeit über die Grafschaft Leiningen neu zu stellen, da sie aus dem salischen Dukat nicht mit letzter Sicherheit hergeleitet werden kann. Auch die Diskussion um die Lage der drei leiningischen Landgerichte, die mit der Arbeit Friedrich Wilhelm Webers[35] beendet zu sein schien, muß noch einmal in Gang gebracht werden.

c) Offene Fragen

»Studien zur leiningischen Genealogie und Territorialgeschichte«: Der Untertitel der vorliegenden Arbeit und vornehmlich der Begriff der »Studien« sollen der Tatsache Rechnung tragen, daß hier nicht alle Aspekte der leiningischen Geschichte einer Behandlung unterzogen werden. Neben Fragestellungen, die sich im gewählten Zeitraum von den Quellen her noch nicht

32 In die kürzlich an anderer Stelle abgedruckten Stammtafeln (Toussaint in Pfalzatlas S. 1068–1074) wurde bereits ein Großteil neuer Erkenntnisse eingearbeitet. Auch danach waren jedoch noch einige erhebliche Verbesserungen notwendig, die nunmehr insgesamt Berücksichtigung finden.

33 Toussaint, Leiningen im Wormsgau S. 165 Anm. 5.

34 Werle, Politische Anfänge S. 364.

35 Weber (1966).

ergeben – so die »Verwaltung des Territoriums« –, werden verschiedene Themen bewußt ausgeklammert. Beispielsweise sollen das gräfliche Aktivlehenswesen und die leiningische Ministerialität keine gesonderte Untersuchung erfahren. Es muß ferner verzichtet werden auf eine in Querschnitten vorgehende Darstellung der politischen Geschichte einschließlich des Verhältnisses zu den Städten und sonstigen den Leiningern nicht lehensrechtlich verbundenen Nachbarn. Auch eine Schilderung und Besprechung der Fehden und Bündnisse wird unterbleiben, sofern solche nicht territorialgeschichtlich relevante Ursachen oder Folgen hatten.

Die vorliegenden Ausführungen sind also keineswegs als allseits abgerundete Darstellung der leiningischen Geschichte bis zum Jahre 1317 zu verstehen. Im Hinblick auf eine noch ausstehende moderne leiningische Gesamtgeschichte wollen sie lediglich als Vorarbeiten betrachtet werden.

4. Hinweise

a) zu den Zitaten

Aus gedruckten Quellen habe ich in der Regel vorlagengetreu, d.h. unter Beibehaltung aller editorischen Eigenheiten zitiert. Wo Archivalien heranzuziehen waren, galten für lateinische Textzitate die Editionsgebräuche der MGH, beim Zitieren mittelhochdeutscher Texte die von Friedrich Wilhelm angewandten Grundsätze[36]. Abweichend hiervon wurden *u* und *v* dem heutigen Gebrauch entsprechend normalisiert, *s* und *ſ* nicht unterschieden. Bei neuzeitlichen Abschriften verfuhr ich den von Johannes Schultze publizierten Richtlinien[37] entsprechend. Dem Prinzip, sprachlich bedeutungslose Konsonantenhäufungen zu vereinfachen, habe ich allerdings nur insoweit Rechnung getragen, als Doppelungen ein und desselben Konsonanten zu beseitigen waren. Altfranzösische Texte wurden buchstabengetreu, jedoch unter Anwendung moderner Groß- und Kleinschreibung, Worttrennung, Interpunktion und Apostrophierung zitiert. Die Akzentsetzung habe ich nach den von der 2e Commission der Réunion des Romanistes à Paris erarbeiteten und im Dezember 1925 vorgetragenen Richtlinien[38] gehandhabt, nämlich nur dort angewandt, wo betonte Endsilben gekennzeichnet werden mußten.

Runde Klammern im Textzitat bezeichnen die vorgenommene Auflösung von Wortkürzungen der Vorlage; bei fehlenden Kürzungszeichen wurden die ergänzten Teile in eckige Klammern gesetzt.

Die Überlieferungsform des Kopialbucheintrags wird der Einfachheit halber unter »Abschriften« geführt, ist aber aus der Archivsignatur mit Folioangabe unschwer zu erkennen; die wenigen Registereinträge werden eigens als solche gekennzeichnet.

36 Corpus I S. I–XXV.

37 Johannes SCHULTZE, Richtlinien für die äußere Textgestaltung bei Herausgabe von Quellen zur neueren deutschen Geschichte, in: Bll. f. dt. LG 98 (1962) S. 1–11; [wenig veränderter] Nd. ebd., 102 (1966) S. 1–10; jetzt auch Nd. in: Richtlinien für die Edition landesgeschichtlicher Quellen, hg. v. Walter HEINEMEYER, Marburg und Köln 1978.

38 Mario ROQUES, Établissement de règles pratiques pour l'édition des anciens textes français et provençaux. In: Romania (Paris) 52 (1926) S. 243-249. Auch in: Bibliothèque de l'Ecole des chartes 87 (1926) S. 453–459. Vgl. auch Clovis BRUNEL, A propos de l'édition de nos textes français du moyen âge, in: Bulletin de la Société de l'Histoire de France, Année 1941 S. 67–74.

b) zu den Karten

Sinn und Zweck der flächenhaften Darstellung ist es nicht, einen – zeitlich kaum fixierbaren – Übergang zur flächendeckenden Herrschaft zu demonstrieren, sondern eine optimale Überschaubarkeit hinsichtlich der geographischen Ausdehnung von Stammland und neuerworbenen Wirkungsbereichen zu schaffen. Deshalb und aus mangelnder Kenntnis der historischen Ortsgrenzen erscheint mir die Benutzung moderner Gemarkungskarten als Arbeitsgrundlage statthaft. Die dort herausgehobenen neuzeitlichen Verwaltungszentren und städtischen Mittelpunkte wurden zur Orientierung belassen.

Für den Territorialbestand in Lothringen und im Elsaß mußte, wegen der großen Entfernungen zwischen den einzelnen Objekten und dem deshalb erforderlichen kleineren Maßstab, die Darstellungsform der »Inselkarte« gewählt werden.

ERSTES KAPITEL

Untersuchungen zur Genealogie der Grafen von Leiningen

1. Fehlzuordnungen und Zweifelsfälle

Die erste sichere Nachricht, die wir von dem Geschlecht der Grafen von Leiningen haben, stammt aus dem Jahre 1128: Graf Emich von Leiningen erscheint als Urkundenzeuge Erzbischof Adelberts I. von Mainz [1]. Von daher sind alle bisherigen Ansichten, Spekulationen und Behauptungen über die frühen Vertreter des Grafenhauses zu überprüfen und mehr oder minder in Frage zu stellen.

Daß der Kreuzfahrer Emicho von 1096, der sich durch grausame Judenverfolgungen einen unrühmlichen Namen machte, der erste Graf zu Leiningen gewesen sei, ist eine Mutmaßung, die bislang mit besonderer Hartnäckigkeit als historische Tatsache ausgegeben wurde. Lehmann [2], Brinckmeier [3] und Conrad [4] widmen »Emich I.« jeweils ein eigenes Kapitel, Kaul [5] will ihn »mit großer Wahrscheinlichkeit als Grafen von Leiningen ansprechen«. Die modernen Gesamtdarstellungen der Kreuzzüge geben schon gar keinen Hinweis mehr darauf, daß der Herkunftsname »erschlossen« ist. In oftmals phantastischer Beschreibung gilt als Führer der fanatisierten Deutschen vorbehaltlos »count Emicho of Leiningen, who had feudal holdings between Mainz and Worms« [6], der »rheinische Graf Emicho von Leiningen« [7], »Graf Emich von Leisingen [!], ein kleiner rheinischer Edelmann, der sich durch Raubüberfälle und gesetzeswidrige Ausschreitungen bereits einen gewissen Ruf erworben hatte« [8], »der kleine Baron Emerich von Leisingen [!]..., der halb Räuber, halb Lehnsherr war« [9] und immer wieder

1 MUB I Nr. 554.
2 LEHMANN III S. 12–14.
3 BRINCKMEIER I S. 7–10.
4 CONRAD I S. 18–33.
5 KAUL S. 226.
6 Frederic DUNCALF in: Kenneth M[eyer] SETTON (General Editor), A history of the crusades, Bd. I, The first hundred years, hg. v. Marshall W. BALDWIN, 2. Aufl. Madison, Milwaukee u. London 1969 [1. Aufl. Philadelphia 1955] S. 263f.
7 Adolf WAAS, Geschichte der Kreuzzüge, 2 Bde. Freiburg i. Br. 1956, Bd. I S. 120.
8 Steven RUNCIMAN, Geschichte der Kreuzzüge, Bd. I, Der erste Kreuzzug und die Gründung des Königreichs Jerusalem, aus dem Englischen übertragen von Peter DE MENDELSSOHN, München 1957, S. 133. Die Originalausgabe erschien unter dem Titel: A history of the crusades, Bd. I, The first crusade and the foundation of the kingdom of Jerusalem, Cambridge 1951, Nd. 1957 u. ö. Die entsprechende Stelle lautet dort, S. 137: »a petty lord of the Rhineland, Count Emich of Leisingen [!], who had already acquired a certain reputation for lawlessness and brigandage«.
9 Régine PERNOUD, Die Kreuzzüge in Augenzeugenberichten, Deutsch von Hagen THÜRNAU, Düsseldorf 1961 u. ö. [Benutzt: die unveränderte 5. Aufl. 1965] S. 32. Titel der Originalausgabe: Les Croisades, Paris 1960.

»Graf Emicho von Leiningen«[10]. Selbst die quellenkritische Einzeluntersuchung Knochs und Shlomo Eidelbergs Kommentare zu seiner jüngst erschienenen Übersetzung der hebräischen Kreuzzugsquellen ins Englische halten unbeirrt an dieser Auffassung fest[11]. Sie geht wohl auf die im 16. Jahrhundert in der Zimmerischen Chronik[12] mitgeteilte, alles andere als authentischen[13] Teilnehmerliste des ersten Kreuzzugs zurück, in der, neben etlichen 1096 ebenfalls noch nicht existenten Personen, ein *grave Emmich von Lyningen* genannt wird.

Weder die – übrigens nirgendwo vollständig erfaßten – lateinischen noch die hebräischen Quellen machen jedoch eine in die bislang eingeschlagene Richtung deutende Aussage über die Person des Grafen Emich. Die hinsichtlich dieser Fragestellung ergiebigen Beschreibungen seien hier einmal zusammengestellt[14]:

Albert von Aachen (lib. I cap. XXVII):

comes Emicho, vir nobilis et in hac regione [Moguntiae] *potentissimus.*

Wilhelm von Tyrus (lib. I cap. XXIX):

vir potens et nobilis comes Emico, in eadem regione [Moguntiae] *praeclarus.*

Frutolf (ad a. 1096) und nach ihm wörtlich Ekkehard von Aura, Chronica (Recensio I, ad a. 1096):

quidam Emicho vir militaris [Orig. im Ablativ].

Ekkehard von Aura, Chronica (Recensio I, ad a. 1099) = Ders., Hierosolymita (cap. XII) und nach ihm wörtlich der Annalista Saxo (ad a. 1096):

quidam vir militaris, comes tamen partium illarum, que circa Renum sunt, Emicho nomine.

Otto von Freising, Chronica (VII,2):

Emicho quidam comes de partibus Rheni.

Aus allen diesen Belegstellen geht übereinstimmend hervor, daß es sich bei Emicho um einen am Rhein, und zwar in der Mainzer Gegend, mächtigen Grafen gehandelt hat. Nun ist für die Zeit vor 1096 nur ein einziger Graf Emicho urkundlich gesichert, auf den überdies die genannten Merkmale ausnahmslos zutreffen: Es handelt sich um einen Angehörigen des im Nahegau ansässigen Grafenhauses der Emichonen[15]. Der Nahegau grenzte im Nordosten breitflächig an den Rhein und umfaßte auch die Stadt Mainz[16].

10 Hans Eberhard MAYER, Geschichte der Kreuzzüge (= Urban-Bücher, 86), Stuttgart 1965, S. 49. Ebenso bei Zoé OLDENBOURG, Les Croisades, [Paris] 1965, S. 100: »Emich (ou Emico) de Leisingen [!]«, auch u. d. T. »Die Kreuzzüge, Traum und Wirklichkeit eines Jahrhunderts«, aus dem Französischen übersetzt von Hadulinde BIRK, Frankfurt a. M. 1967, S. 84, und jüngst bei Klaus GEISSLER, Die Juden in Deutschland und Bayern bis zur Mitte des vierzehnten Jahrhunderts (= Zs. f. bayer. LG, Beih. 7, Reihe B), München 1976, S. 112, Martin ERBSTÖSSER, Die Kreuzzüge, Eine Kulturgeschichte, Leipzig 1976, Gütersloh, Berlin 1977, S. 87f., und Walter ZÖLLNER, Geschichte der Kreuzzüge, Berlin 1977, S. 61. – Die Übernahme der entstellten Namensform »Leisingen« aus RUNCIMAN durch PERNOUD und OLDENBOURG macht den unselbständigen und unkritischen Charakter dieser Darstellungen deutlich.

11 Peter KNOCH, Studien zu Albert von Aachen, Der erste Kreuzzug in der deutschen Chronistik (= Stuttgarter Beiträge zur Geschichte u. Politik, Bd. I), Stuttgart 1966 [= Phil. Diss. Bonn 1965] S. 35, 39, 113 und 155. – EIDELBERG (1977) S. 4 u. ö.

12 Zimmerische Chronik I S. 87–89.

13 Vgl. MEYER VON KNONAU, Jbb. IV S. 490 Anm. 47.

14 Ausführliche Titel im Literaturverzeichnis.

15 Vgl. Anhang I/1, bes. S. 214f.

16 Vgl. FABRICIUS, LT S. 11–17. Übrigens hatte bereits im Jahre 1770 Georg Christian CROLL in seiner Vorlesung über die Grafen von Veldenz, S. 256, die Frage aufgeworfen, ob der Heerführer Emich »der grav

Von den hebräischen Quellen sprechen die Berichte des Salomo bar Simeon und des Mainzer Anonymus nur vom *Graf*(en) *Emicho*[17] und nennt das Martyrologium des Nürnberger Memorbuches[18] ausschließlich die Namen der Opfer, aber nicht die ihrer Verfolger und Mörder. Diese erfahren wir auch nicht aus dem Bericht des Elieser bar Nathan[19]. Lediglich im Zusammenhang mit dem anschließenden mißglückten Zug der Kreuzfahrer durch Ungarn gibt Salomo bar Simeon beim Grafen Emich einen Zunamen an[20], den man mit viel Mühe, und nicht ohne Interpolationen vornehmen zu müssen, als »Leiningen« gedeutet hat[21].

Bezeichnenderweise hat bereits Bresslau in der von ihm verfaßten Einleitung zur Edition[22] diese Auslegung als »durchaus zweifelhaft« etikettiert, ohne allerdings seine berechtigten Bedenken zu begründen. Die hebräische Konsonantenschrift gibt das fragliche Wort in der Buchstabenfolge Mem, Wau, Lamed, Nun, He, Jod, Mem. Der erste Buchstabe, Mem, läßt sich unbestritten zur Silbe »mi« vokalisieren und dieselbe sich als Präposition »min« (mit der deutschen Bedeutung »von«) deuten; der Buchstabe Nun ist dem folgenden Konsonanten assimiliert, der in der Regel allerdings verdoppelt wird[23]. Es bleiben dann noch sechs Buchstaben, von denen Wau[24] und Jod sowohl konsonantischen als auch vokalischen Wert haben[25]. Beide vokalisch gedeutet[26], können wir zunächst einmal »Ulnhim«, »Olnhim«, »Ulnhem« oder »Olnhem« lesen; bei konsonantischer Anwendung der zwei schwachen Laute kommen wir auf »Wlnhjm«, nach dem Sprachgebrauch der deutschen Juden, noch zu Anfang des 19. Jahrhunderts, auf »Vlnhjm«[27]. Entsprechende Wandlungen erfahren diese Lesarten, wenn man nur Wau vokalisch, Jod aber konsonantisch – oder umgekehrt – angewandt wissen will. Variationsmöglichkeiten bestehen in der Übertragung nun noch für die Einfügung der vollen Vokale und eventueller Konsonantenverdoppelungen in die vorgegebene Konsonantenfolge. Auf jeden Fall ist für den fraglichen Herkunftsnamen keine »-ingen«- wohl aber eine

im Nohgau, oder aber im Wormsgau gewesen« sei, und schließlich seine Präferenz für ersteren damit begründet, daß »die Nohgauischen graven näher bey Mainz ihren sitz hatten«. Auch bei MEYER VON KNONAU IV S. 496 Anm. 52 findet sich noch die korrekte Zuordnung zu den Grafen des Nahegaus.

17 Salomo bar Simeon S. 92f. u. 94f. Mainzer Anonymus S. 178f.

18 Das Martyrologium des Nürnberger Memorbuches, [mit dt. Übers.] hg. v. Siegmund SALFELD (= Quellen zur Gesch. der Juden in Dtld., 3), Berlin 1898.

19 Bericht des Elieser bar Nathan, in: Hebräische Berichte über die Judenverfolgungen während der Kreuzzüge, [mit dt. Übers.] hg. v. A. NEUBAUER u. M. STERN (= Quellen zur Gesch. der Juden in Dtld., 2), Berlin 1892, S. 36–46 u. Übers. S. 153–168.

20 Salomo bar Simeon S. 140.

21 A. a. O. S. 140 Anm. 282. Offensichtlich konnte sich der Herausgeber dem Einfluß der vielfach tradierten genealogischen Fehlinterpretation nicht entziehen. Auch die Übersetzung EIDELBERGS gibt kommentarlos »Emicho, count of Leiningen« (S. 70).

22 Salomo bar Simeon S. XX.

23 Wilhelm GESENIUS' Hebräisches und aramäisches Handwörterbuch über das Alte Testament, in Verbindung mit H. Zimmern, W. Max Müller u. O. Weber bearb. v. Frants BUHL, Nd. der 17. Aufl. 1915, Berlin, Göttingen, Heidelberg 1954, S. 433–435.

24 Es gibt zwar im Hebräischen wie auch im modernen Iwrit kaum einen Wau-Anlaut, doch handelt es sich hier ja um einen ins Hebräische übertragenen deutschen Namen.

25 Wilhelm GESENIUS, Hebräische Grammatik, völlig umgearbeitet v. E. KAUTZSCH, 28. Aufl. Leipzig 1909, Nd. Hildesheim 1962, S. 27.

26 Hierzu GESENIUS-KAUTZSCH (wie Anm. 3) S. 38f.

27 Vgl. Carl Gottlieb ELWERT, Deutsch-Hebräisches Wörterbuch zum Behufe hebräischer Componirübungen, so wie auch zum Gebrauche des hebräischen Handelstandes, 2 Teile, Reutlingen 1822; hier: 2. Teil, S. 213.

»-heim«-Endung möglich. Daneben gibt sich das Präfix keineswegs als mittelhochdeutsches »lin-« (für neuhochdeutsches »Lein-«) zu erkennen, es sei denn, man verzichtet völlig auf den Buchstaben Wau. Der Übersetzer vertauschte die Buchstaben Wau und Lamed und las »lune-«; auch »von Lunehim« ähnelt jedoch nicht im entferntesten dem mittelhochdeutschen »von Liningen«. Dagegen ist, ohne daß wir irgendwelche Manipulationen vornehmen, hier sehr wohl ein »Wlanheim« oder »Vlanheim« zu lesen[28]. Es handelt sich um den heutigen Ort Flonheim nordwestlich von Alzey.

Wir sind in der glücklichen Lage, aus der Zeit der Ereignisse einen urkundlichen Beleg für die Anwendung dieser Herkunftsbezeichnung beisteuern zu können: Eine Zeugenliste von 1098 nennt *comes emicho de Vlanheim*[29]. Da Flonheim später einen Herrschaftsmittelpunkt im Territorium der Wildgrafen, der gesicherten Nachfahren der Emichonen des Nahegaus, darstellt[30], ist die Zugehörigkeit jenes »Kreuzfahrers« Emich zur Familie der Emichonen im Nahegau erwiesen.

An einen Vorfahren der Grafen von Leiningen ist mit Recht bei jenem Grafen namens Emicho zu denken, der am 6. Januar 1100 als Graf im Wormsgau erwähnt wird[31]. Gleichwohl kann auch er, mangels damaliger Existenz der später namengebenden Burg, nicht als »Graf von Leiningen« bezeichnet werden, wie in der Literatur leider üblich geworden[32]. (Die Wahrscheinlichkeit seiner Identität mit dem gleichzeitig genannten Grafen Emich im Nahegau soll an dieser Stelle noch nicht zur Debatte stehen[33].) Dieser Graf im Wormsgau darf nun – muß aber nicht – identifiziert werden mit jenem Grafen Emich, der 1117 im Kampf gegen Herzog Friedrich von Schwaben vor Mainz sein Leben ließ[34]. Zwar wäre das enge Verhältnis der frühen Grafen von Leiningen zu dem Mainzer Erzbischof[35] hier kein Argument, weil dasselbe auch für die nachmaligen Wild- und Raugrafen, die gesicherten Nachfolger der Emichonen im Nahegau, gilt[36]. Doch bringt unsere Quelle denselben Grafen Emich an anderer Stelle mit dem Wormsgau

28 Für freundliches Überprüfen meiner Auslegungen danke ich Herrn Dipl.-Theol. Norbert Kilwing, Lektor am Exegetischen Seminar, und Herrn Dr. phil. habil. Felix Böhl, Universitätsdozent am Orientalischen Seminar der Universität Freiburg i. Br.

29 MrhUB I Nr. 395; vgl. auch Nr. 512 von 1139 Juni 21.

30 S. S. 69 mit Anm. 40.

31 Die betreffende Urk. Bischof Johanns von Speyer erstmals abgedruckt bei Lamey, Pagi Spirensis descr. S. 277–280 Nr. 12, dann, nahezu gleichzeitig, WUB I Nr. 255 und UBiSp I Nr. 70.

32 Lehmann III S. 14 (die dort in Anm. 17 genannten Belegstellen führen alle zur Urk. von 1100; es ist also keineswegs richtig, daß Graf Emich »als Graf oder Landrichter im Wormsgaue [...] noch öfters erscheint«); Brinckmeier I S. 9; Conrad I S. 27; bei Kaul nicht erwähnt. – Sehr unbekümmert läßt auch Seiler (1936) S. 16 Quellenzitat und Interpretation zusammenfließen, wenn er davon spricht, daß »im Jahre 1100 [...] in der Stiftungsurkunde des Johann von Speyer für das Kloster Sinsheim ein Emicho von Leiningen [!] als Graf des Wormsgaus auf[tauche]«.

33 Vgl. hierzu den Abschnitt »Die Herkunft der Grafen von Leiningen«.

34 Ekkehard von Aura, Chronik, Recensio IV, ad a. 1117: *Emicho comes a militibus Friderici ducis occiditur.* Annales Patherbrunnenses, ad a. 1117: *Dux Alsatiae Frithericus cum Magontinis acriter dimicat; occiditur ibi comes Emico*[...]. Annalista Saxo, ad a. 1117: *Dux Alsatiae Friedricus cum Mogontinis acriter dimicat, ibique occiditur comes Emico* [...]. Otto von Freising, Gesta Frederici I/13: *viriliterque pugnantibus Alemannis, tandem ex parte Francorum comes Emicho, qui ceterorum primipilarius erat, letali sauciatus vulnere occubuit.* Zu den Vorgängen vgl. auch RME XXV 63 und Meyer von Knonau, Jbb. VII S. 45f.

35 Naumann S. 110.

36 Vgl. Anhang I/2.

in Zusammenhang, indem nämlich dort im Jahre 1123 der Gefallene in geisterhafter Erscheinung gesehen worden sein soll[37].

Zu jenen Personen, die trotz fehlender Herkunftsbezeichnung zeitweise als Grafen von Leiningen tituliert wurden und werden, gehört auch der Würzburger Bischof Embricho (1127–1146). Seine Zugehörigkeit zum Hause Leiningen wird sogar in der jüngeren und jüngsten Literatur des öfteren noch stillschweigend als überliefert oder bewiesen vorausgesetzt[38], wiewohl ab und zu Zweifel an der Richtigkeit dieser Vermutung – denn lediglich um eine solche handelt es sich – geäußert wurden[39]. Auch eine Abkehr von der gängigen Ansicht ist zu verzeichnen, allerdings hat man es sich da sehr leicht gemacht. Theodor Kauls Behauptung, »neuere Forschungen« hätten die bisherige Annahme als falsch erwiesen[40], gründet sich lediglich auf einen Handbuchartikel[41]. Dessen Verfasser, Alfred Wendehorst, hat die knappen Gründe, die ihn zu diesem Urteil bewogen, drei Jahre später in seiner auch Kaul bereits zugänglichen, aber von diesem nicht benutzten Monographie über die Würzburger Bischöfe dargelegt[42]. Er erkannte darin auf »Verwechselung des Namens Embricho mit dem Leininger Leitnamen Emicho« durch Frieß (1544)[43]. Hier ist anzumerken, daß Frieß die Zuordnung, die nach seinen Worten auf ältere Darstellungen zurückgeht, selbst mit einem gehörigen Fragezeichen versah[44]. Auch ist die ihr zugrundeliegende stillschweigende Gleichsetzung zweier sich geringfügig unterscheidender Namen nicht glattweg zu verpönen. Im Gebrauch von Eigennamen war man im Mittelalter sehr flexibel, und gerade die von Wendehorst verworfene Austauschbarkeit von Emicho und Embricho ist urkundlich vielfach zu belegen[45]. Dieses Argument zählt also nicht. Andererseits wären der Rufname des Würzburger Bischofs und seine Herkunft aus der Mainzer Diözese (Embricho war 1118–1127 Propst zu St. Marien in Erfurt[46]) allein noch keine Beweise für eine Zugehörigkeit zum Hause Leiningen. Da dasselbe

37 Ekkehard von Aura, Chronik, Recensio IV, ad a. 1123: *In pago Wormaciensi videbatur per aliquot dies non modica et armata multitudo equitum* [...]. *In huiusmodi comitatu dicitur etiam Emicho comes ante paucos annos occisus apparuisse* [...]. Gleicher Wortlaut beim Annalista Saxo, ad a. 1123.

38 Z. B. bei Heuermann S. 85 und bei Naumann S. 110f.

39 Vgl. z. B. H. Zatschek, in: MÖIG Erg.-bd. 11 (1929) S. 173.

40 Kaul S. 228.

41 Alfred Wendehorst, Embricho, in: Neue dt. Biographie 4 (1959), S. 474.

42 Alfred Wendehorst, Das Bistum Würzburg, Teil 1: Die Bischofsreihe bis 1254 (= Germania Sacra, NF 1: Die Bistümer der Kirchenprovinz Mainz), Berlin 1962, S. 140.

43 Lorenz Friess, Historie, Nahmen, Geschlecht, Wesen, Thaten, gantz Leben und Sterben der gewesenen Bischoffen zu Wirtzburg und Hertzogen zu Francken [...], zusammen gebracht und gezogen [...] Anno 1544. In: Johann Peter Ludewig (Hg.), Geschicht-Schreiber von dem Bischoffthum Wirtzburg [...], Franckfurt [a. M.] 1713, S. 373–866, hier S. 499–508.

44 Ebd. S. 499: »Embrich, den etliche für einen gebohrnen Graven von Leiningen, etliche für einen des geschlechtes von Espenfeld halten [...]«; ebd. S. 508: »Man will darfür halten, er sey ein Grav von Leiningen gewesen, wiewohl etliche andere sagen, daß er aus dem geschlecht der Edelleute von Espenfeldt gewesen sey [...]«.

45 Vgl. z. B. MUB II/1 Nr. 91 v. 1146 Nov. 20: *Embricho de Novo Castro* [= Gf. Emich v. Naumburg]; MUB II/1 Nr. 151 v. 1151 (Jan.): *Embicho comes de Liningun* [= Gf. Emich v. Leiningen]; MUB II/1 Nr. 157 v. 1151 (Sept.): *comes Cōnradus et frater suus Embicho* [= Gf. Konrad v. Kyrburg u. sein Bruder Emich]; MUB II/1 Nr. 242 v. 1159 (Aug. 24): *Embrico Irsutus comes* [= Raugraf Emich]; MUB II/1 Nr. 249 v. 1160 (März 27): *Embricho comes de Linyngen* [= Gf. Emich v. Leiningen]. Alle Zitate stammen aus Ausfertigungen, nicht etwa aus Abschriften.

46 Nachweis durch Zatschek (wie Anm. 39) S. 170–174; vgl. auch H. v. Fichtenau, in: MÖIG 53 (1939), S. 250 mit Anm. 3.

seine Geburtsstunde nur wenige Jahre vor Embrichos Bischofsweihe erlebt haben kann, liegt hier ohnehin nur eine Verwandtschaft oder gemeinsame Abstammung im Bereiche des Möglichen; keinesfalls war Embricho ein »von Leiningen«. Das gleiche gilt natürlich erst recht für den Augsburger Bischof Embriko (1063–1077), einen ehemaligen Mainzer Dompropst[47].

Daß Bischof Gunther von Speyer (1146–1161) ein Graf von Leiningen gewesen sei, ist ein immer wieder verbreiteter Irrtum. Er findet sich schon in der »Chronica praesulum Spirensis civitatis« des 1472 verstorbenen Johannes Seffried von Mutterstadt[48] wie auch in neuester Zeit noch im Regestenwerk Biundos[49]. In Wirklichkeit handelte es sich bei Gunther um einen Grafen von Henneberg[50], was bereits 1728 Valentin Ferdinand von Guden[51] nachgewiesen hat. Auch Gunthers Vorgänger, Bischof Siegfried (1127–1146), war kein Leininger[52], sondern entstammte dem Geschlecht der Herren von Wolfsölden[53].

2. Die ersten Grafen aus älterem Hause

Zur Frage der Erbauung Altleiningens und der Anfänge des Leininger Geschlechts kann uns jenseits der oben zitierten Urkunde von 1128[54] auch die zwischen 1119 und 1124 erfolgte Einweihung Höningens[55] einen Anhaltspunkt liefern. Zwar wird jener Graf Emich, der laut Papsturkunde vom 11. April 1143 einst Stift Höningen gründete[56], dort keineswegs als ein »von Leiningen« gekennzeichnet. Auch könnte eine solche Zuordnung, falls sie im genannten Privileg erfolgt wäre, nicht Bürgschaft dafür sein, daß sich derselbe bereits zum Zeitpunkt der Stiftung nach der Burg genannt hat, ja, daß dieselbe damals schon existierte. Allerdings möchte gerade dies aus praktischen Erwägungen heraus bejaht werden: Die Schutzfunktion der nahen Burganlage war wohl Grundlage für das sichere Bestehen und Gedeihen des jungen Kollegiatstifts. Eine große Zeitspanne kann aber nicht zwischen Erbauung der Burg und Stiftsgründung gelegen haben, es spricht alles für annähernde Gleichzeitigkeit. Hier vermag die Ansicht Naumanns[57] zu überzeugen, daß beide Gründungsmaßnahmen durch einen Adligen erfolgt sind, der sich und seiner Familie in Stammburg und Grablege ganz bewußt einen Traditionsmit-

47 Mit Vorbehalt vertritt die Theorie der leiningischen Abstammung Embrikos noch Friedrich Zoepfl, Das Bistum Augsburg und seine Bischöfe im Mittelalter [= Geschichte des Bistums Augsburg und seiner Bischöfe, Bd. I], München, Augsburg 1955, S. 96.

48 Hg. v. Joh. Friedrich Böhmer und Alfons Huber in Fontes IV (1868) S. 327–351, hier S. 340. – Ein älterer, ungenauerer Abdruck bei Hch. Christian Senckenberg, Selecta iuris VI (1742) unter dem Titel »Johannis de Mutterstatt Chronicon Spirense«; dort findet sich die betreffende Stelle auf S. 178.

49 Biundo, Hördt Nr. 6 und Register.

50 Gams S. 314.

51 Sylloge I S. 8–10 Nr. 3 mit Anmerkungen.

52 Diese Falschmeldung dürfte auf das angebliche »Chronicon episcoporum Spirensium« (zur Urheberschaft Johann Friedrich Schannats vgl. Malottki S. 10 mit Anm. 27) bei Würdtwein, Nova subs. I Nr. 27, hier S. 139, zurückgehen und wurde jüngst noch von Biundo, Hördt Nr. 5 wiederholt.

53 Gams S. 314; Debus (1978) Nr. 5 Anm. 8.

54 S. oben S. 25.

55 S. unten S. 34.

56 Druck: Naumann S. 167–171. Regest: Debus (1978) Nr. 9.

57 Naumann S. 112, in Anlehnung an Forschungsergebnisse Karl Schmids und, nach diesem, Hans-Josef Wollaschs.

telpunkt schuf[58]. Hingegen kommt der von Naumann hervorgehobenen Zählung der Grafen von Leiningen[59], die in einem authentischen Privilegienverzeichnis des Stifts Höningen aus der zweiten Hälfte des 13. Jahrhunderts[60] mit dem Stiftsgründer einsetzt, keine Beweiskraft zu. Die Folge der Ordnungszahlen scheint doch eher im 13. Jahrhundert konstruiert denn einer Überlieferung entnommen worden zu sein. Jedenfalls paßt sie nicht in allen Punkten zu den urkundlich zu ermittelnden Daten und aus Urkunden zu erschließenden Zusammenhängen, wie sie im folgenden noch vorzutragen sein werden.

Zur Frühgeschichte der Grafen von Leiningen gehört die Erwähnung eines Hermann von Leiningen im Hirsauer Codex:

> *Hermannus de Liningen et uxor eius Adala et Diemo comes de Bratseleden*[61] *dederunt centum hubas in Rotha*[62] *et circumiacentibus villulis pro se et omni cognatione sua deo et beato Petro in monasterio Hirsaugiensi, ea scilicet conditione, ut providente eiusdem monasterii abbate servicium dei secundum regulam sancti Benedicti ibidem instituatur*[63].

Die von Krüger vorgenommene zeitliche Zuweisung des Vorgangs in die Jahre nach 1109 und vor 1120[64] bedingt eine streng chronologische Anordnung der Aufzeichnungen des Codex, wie sie keineswegs gegeben ist, mag auch die Intention dazu bestanden haben[65]. Die geplante Neuedition der Quelle[66] wird hier vielleicht Aufklärung schaffen. Ein Diemo von Prozelten ist uns sonst nur noch aus einer Urkunde von 1127 bekannt: als Vogt des Aschaffenburger Kollegiatstifts[67]. Möglicherweise reicht die Schenkung, und damit die Erwähnung Hermanns von Leiningen, vor die eingangs erwähnte Urkunde von 1128[68] zurück.

Dieser Hermann wird zwar in unserer Belegstelle nicht ausdrücklich »*comes*« genannt, muß jedoch, da er mit einem Grafen zusammen schenkt und zudem vor diesem in der Aufzählung erscheint, solchen Standes sein. Da in der Überlieferung des 12. Jahrhunderts Standestitel aus Unachtsamkeit, oder weil man glaubte, daß eine Verwechslung nicht möglich und der Rang des

58 Den Zusammenhang von Burg und Kloster herausgearbeitet zu haben, ist ein Verdienst Karl Schmids, der, nach langjähriger Beschäftigung mit dem Problemkreis des adligen Selbstverständnisses im Mittelalter, die Schaffung eines Zentrums, die »enge Verbindung von Burg, Hauskloster und Erbbegräbnis [als] für das Bewußtsein des Geschlechtes« bedeutungsvoll hervorhob (Karl SCHMID, Welfisches Selbstverständnis, in: Adel und Kirche, Gerd Tellenbach zum 65. Geburtstag, Freiburg, Basel, Wien 1968, S. 389–416; hier S. 404). Im gleichen Sinne äußerte sich jüngst auch Herwig EBNER (1976) S. 41 f.: »Familiensinn, Burgenbau und Klostergründung sind in ursächlichem Zusammenhang zu sehen.«

59 NAUMANN a. a. O.

60 Bayer. Staatsbibliothek München, Clm 18 114 fol. 231 r–v. Abgedruckt bei LEININGEN-WESTERBURG (1895); Berichtigungen hierzu bei NAUMANN S. 155.

61 Stadtprozelten, Kr. Miltenberg.

62 Mönchsroth, Kr. Ansbach.

63 CH, hg. v. SCHNEIDER S. 44.

64 KRÜGER S. 305

65 Auf die zeitlich inkonsequente Anlage des Schenkungsverzeichnisses weisen schon die wenigen Datierungsversuche in den Randglossen der SCHNEIDERschen Edition von 1887. Von einer »planlosen Art der Anordnung dieser Traditionen« spricht Karl Otto MÜLLER, Traditiones Hirsaugienses, in: Zs. f. Württ. LG 9 (1949/50), S. 21–46; hier S. 21.

66 Bearbeiter ist Hermann SCHREINER (frdl. Mitteilung von Prof. Dr. Meinrad Schaab).

67 MUB I Nr. 546. Regest: Franz HERBERHOLD, Beiträge zur älteren Geschichte des Kollegiatstiftes St. Peter und Alexander in Aschaffenburg, in: Aschaffenburger Jahrbuch 1 (1952) S. 17–50, hier: S. 43 Nr. 14. Vgl. Wilhelm STÖRMER, Marktheidenfeld (= Historischer Atlas von Bayern, Teil Franken, H. 10), München 1962 (= Phil. Diss. Würzburg 1957/58) S. 39 f.

68 S. oben S. 25.

Betreffenden bekannt sei, sehr häufig fehlen[69], tragen wir bei der Zuordnung Hermanns zum Geschlecht der Grafen von Leiningen keine Bedenken[70]. Ihr tut auch die Tatsache keinen Abbruch, daß in der Folgezeit nie wieder von leiningischen Rechten in der Gegend von Dinkelsbühl, wie überhaupt zwischen Main und Schwäbischer und Fränkischer Alb, die Rede ist. Da der Kodex gleich anschließend an den zitierten Schenkungsvermerk eine weitere Donation des Grafen Diemo von Prozelten an das Kloster Hirsau erwähnt, steht zu vermuten, daß hier wie dort Besitz der Familie von Prozelten vergeben wird, in die Hermann eingeheiratet haben mag; Diemo ist dann vielleicht der Bruder Adalas oder ein anderer naher Verwandter. Es darf hier vorsichtig angedeutet werden, daß dieses Geschlecht der Vögte von Stadtprozelten vielleicht identisch ist mit den 1132[71] erstmals erwähnten Grafen von Wertheim[72], die 1143 bis 1150 sehr oft mit den Grafen von Leiningen zusammen genannt werden[73]. Die beiden namengebenden Orte Stadtprozelten und Wertheim liegen sehr eng beisammen. Überdies hat Graf Wolfram II. von Wertheim 1157 eine Schwester Adela[74].

Möglicherweise stammt auch die Mutter des Grafen Hermann aus dem ostfränkischen Raum. Wir haben, nicht nur des Vornamens wegen, die noch vage Vermutung, daß hier

69 Vgl. z. B. die Zeugenlisten in MUB I Nr. 544 von 1127 Okt. 8 (Sponheim), Nr. 554 von 1128 (Laurenburg), Nr. 557 von 1129 (Veldenz, Katzenelnbogen); die Reihe könnte Jahr für Jahr beliebig fortgesetzt werden.

70 Hermann heißt auch ein Sohn Emichs III. von Leiningen (s. S. 37 und Anhang III/1). Auf den Hermann des frühen 12. Jhs. könnte eine undatierte Nachricht einer Münchener Hs. des 16. Jhs. passen. Ihr zufolge sollen zu den Wohltätern des Stifts Höningen auch *Gerlach, Heremannus fratris* [fratres?] *comitis senioris* gehört haben (Debus, 1978, Nr. 3 mit Anm. 4). Ein früher Gerlach erscheint mir gar nicht unpassend im Rahmen der lein. Frühgeschichte; vgl. die von mir vertretene Verwandtschaftstheorie, S. 70–74. Der *comes senior* kann ebensogut Emich I. wie Emich II. sein. *Emicho comes iunior* (Debus a. a. O.) erscheint in der Hs. erst einige Zeilen weiter; falls hier die beiden Emiche überhaupt in Beziehung zueinander gesetzt werden sollen, sind statt »des jüngeren bzw. älteren Grafen« vielleicht eher »ein jüngerer bzw. älterer Graf« gemeint. Denn der von Debus als Emich III. identifizierte *comes iunior* ist wahrscheinlich nicht erst 1189 verstorben (vgl. S. 37). Hingegen ist das in der Hs. vorzufindende Jahr 1289 tatsächlich Todesjahr eines Grafen Emich von Leiningen, nämlich Emichs (V.); vgl. Stammtafel III im Anhang.

71 MUB I Nr. 579.

72 Über die Anfänge der Grafen von Wertheim referierten zuletzt Peter Paul Albert, Die Herkunft der Grafen von Wertheim, in: Mainfr. Jb. f. Gesch. u. Kunst 3 (1951) S. 94–105 und Störmer (wie Anm. 67) S. 62 ff.

73 In Mainzer Urkunden: 1143 (MUB II/1 Nr. 44), 1144 Juni 19 (MUB II/1 Nr. 54), (1144) Juli 27 (MUB II/1 Nr. 58), 1144 Dez. 11 (MUB II/1 Nr. 67) und zwei weitere Male im Jahre 1144 (MUB II/1 Nr. 68 u. 69); in Königsurkunden: 1144 (MGH DK III Nr. 102), 1147 Apr. 24 (MGH DK III Nr. 188) und 1150 (MGH DK III Nr. 221). – In einem Beitrag zur FS Friedrich Hausmann, hg. v. Herwig Ebner, Graz 1977, S. 505–529, auf den mich freundlicherweise Herr Dr. Friedrich Oswald (Amorbach) aufmerksam machte, hat Wilhelm Störmer, Staufische Reichslandpolitik und hochadlige Herrschaftsbildung im Mainviereck, hier S. 511, die gleiche Feststellung bezüglich der engen Verbindung Leiningen-Wertheim getroffen. Daß unter Barbarossa die Reichsministerialen von Schüpf in Prozelten auftauchen, braucht nicht zu bedeuten, daß die ehemaligen Besitzer von Prozelten ausgestorben sind, wie Störmer vermutet (S. 511 u. 514). Auch im Wormsgau haben Reichsministerialen (die von Bolanden) das eingesessene Grafengeschlecht (die von Leiningen) aus gewissen Stellungen verdrängt: als Inhaber von Leiningen weiterverlehnter Reichslehen. Dabei steht das leiningische Interesse an dieser Belehnung und damit deren Freiwilligkeit doch sehr in Frage (vgl. unten S. 222). Im Auge behalten muß man aber auch Störmers Hinweis (S. 510) auf mögliche Zusammenhänge des Diemo von Prozelten mit den im thüringisch-fränkischen Grenzraum ansässigen Herren von Nordeck.

74 Albert (wie Anm. 72) S. 95 u. 101.

verwandtschaftliche Bande zwischen den Grafen von Leiningen und der Familie des Pfalzgrafen Hermann von Stahleck bestehen, der seine Herkunft, zumindest väterlicherseits, ja ebenfalls aus Ostfranken herleitet[75]. Es wird nämlich unter den am 25. Dezember 1155 gemaßregelten Waffengängern Hermanns von Stahleck[76], nach diesem und noch vor dessen Halbbruder Heinrich von Katzenelnbogen, Graf Emich von Leiningen genannt, was in dieser Konstellation durchaus auf eine familiäre Beziehung des letzteren zu den beiden erstgenannten hindeuten mag[77]. Dieselbe Dreiergruppe aus jenen kriegerischen Gegnern des Mainzer Metropoliten Arnold begegnet vorher in gleicher Eintracht mehrmals im Gefolge Erzbischof Heinrichs I.[78] und König Konrads III.[79]. Unsere Vermutung wird auch von der Tatsache genährt, daß sich die Anwesenheit Emichs III. am Hofe Konrads auf zwei Bereiche konzentriert: den rheinfränkischen (Speyer, Worms, Mainz) und den ostfränkischen (Rothenburg, Bamberg, Nürnberg)[80].

Wir möchten noch einen Schritt weitergehen und die These aufstellen, daß das Geschlecht der Grafen von Leiningen möglicherweise aus einer ehelichen Verbindung jener mutmaßlichen gemeinsamen Vorfahrin Leiningens und Hermanns von Stahleck mit einem Angehörigen des Emichonenhauses hervorgegangen ist, dessen Zusammenhang mit Leiningen in einem eigenen Abschnitt zu erläutern sein wird[81]. Diese Überzeugung gewinnen wir aus der Beobachtung, daß sich nicht nur ein Mitglied der mit Sicherheit von den Grafen im Nahegau, eben jenen Emichonen abstammenden Grafen von Kyrburg (später Wildgrafen) unter den 1155 bestraften Parteigenossen des Pfalzgrafen befindet, sondern die Kyrburger mit demselben ebenfalls schon länger in Beziehung standen. Das geht wiederum aus den Zeugenlisten der Mainzer Urkunden und der Urkunden des Reichsoberhauptes hervor, wo zur Zeit Erzbischof Heinrichs I. und König Konrads III. etliche gemeinsame Auftritte der angesprochenen Personen nachgewiesen werden können[82]. Aus dem solchermaßen frühen Ansatz der leiningischen Verwandtschaft mit der Familie, welcher Pfalzgraf Hermann – wohl mütterlicherseits – entstammt, ergibt sich freilich noch keine genaue Bestimmung der Lebensdaten jenes am Ausgangspunkt unserer Betrachtung stehenden Hermann von Leiningen. Wir sprechen ihn, wie bereits an anderer Stelle provisorisch getan[83], mit deutlichem Fragezeichen als Emichs I. jüngeren Bruder an.

75 So bereits Philipp Ernst SPIES: Beweis dass Pfalzgraf Hermann bey Rhein, der sonst den zunahmen von Stahlek hatte, ein geborner Graf von Hoechstätt in Ostfranken gewesen ist. In: Acta Acad. VII (1794) S. 395–419. Vgl. auch GERSTNER S. 73.

76 RME XXIX 26 mit Quellennachweisen.

77 Mit einer Verwandtschaft über die Mutter des Pfalzgrafen und des Katzenelnbogeners könnte auch der bislang noch ungeklärte gemeinsame Besitz der Leininger und Katzenelnbogener Grafen an Stadecken (vgl. TOUSSAINT in Pfalzatlas S. 1079) begründet werden.

78 So 1143 (MUB II/1 Nr. 44), 1150 (MUB II/1 Nr. 139) und 1151 (MUB II/1 Nr. 151); der Graf von Leiningen mit Pfalzgraf Hermann allein im Jahre 1144 (MUB II/1 Nr. 68 u. 69).

79 So 1138 (MGH DK III Nr. 9) und 1145 (MGH DK III Nr. 127); der Graf von Leiningen mit Pfalzgraf Hermann allein am 4. Januar 1147 (MGH DK III Nr. 164) sowie mit dem Grafen von Katzenelnbogen im Jahre 1140 (MGH DK III Nr. 41).

80 S. Kap. 4 Anm. 9.

81 S. Kap. 2.

82 Pfalzgraf Hermann von Stahleck am Mainzer Hofe 1143 u. 1144 zusammen mit Gf. Konrad von Kyrburg und dessen Bruder Emich (MUB II/1 Nr. 44, 68 u. 69), 1149 mit letzterem, dem nunmehrigen Raugrafen (MUB II/1 Nr. 124), 1150 noch einmal mit Gf. Konrad [von Kyrburg] (MUB II/1 Nr. 141); mit demselben am Königshofe 1147 Jan. 4 (MGH DK III Nr. 164).

83 TOUSSAINT in Pfalzatlas S. 1070 Stammtafel I.

Kaul hielt Hermann von Leiningen, nach Krüger[84], für den Vertreter einer Generation zwischen Emich I. und Emich II.[85]. Dieses von genannten Autoren zwingend geforderte »Zwischenglied« ist jedoch keineswegs vonnöten. Beider Folgerung stützt sich auf vier Dokumente, deren zwei mit der Gründung des leiningischen Hausstifts Höningen in Zusammenhang stehen. Die Stiftungsurkunde selbst ist nicht mehr erhalten[86], das Gründungsjahr läßt sich allerdings annähernd ermitteln. Die Stiftung wurde nämlich, laut Schutzbrief des Mainzer Erzbischofs Adalbert II. von 1140, durch Calixt II.[87], der von 1119 bis 1124 Papst war, bestätigt[88]; ihre seit Lehmann und Remling gängige Datierung auf ca. 1120[89] kann also nicht bezweifelt werden. 1143 nahm Papst Innozenz II. *prefatum locum, qui nimirum ab illustri viro bone recordacionis Emichone comite, uxore et filio eius consencientibus sub annuo censu unius aurei beato Petro oblatus est,* in seinen apostolischen Schutz[90]. In Anlehnung an Krüger[91] folgert nun Kaul[92] aus diesem Privileg, daß der Gründer nur Graf Emich I. sein könne und sein mit ihm genannter Sohn bereits erwachsen gewesen sein müsse. Letzerer dürfe dann jedoch nicht Emich II. sein, der 1127 in einer Mainzer Urkunde als *Emecho puer et comes* auftrete[93] und erst im darauffolgenden Jahr als handlungsfähiger Graf erscheine[94].

Diese Ausführungen sind geeignet, sich selbst zu widerlegen. Wenn wir den 1117 gefallenen Grafen Emich[95], wie auch Kaul es tut[96], als Grafen Emich I. von Leiningen bezeichnen, so kann dieser nicht derselbe sein, der um 1120 das Stift Höningen gründete[97]. Wir suchen den Stifter daher in Emich II.[98] und seinen nicht namentlich genannten Sohn in Emich III. Zwar kann letzterer, dessen jüngster Sohn 1179 noch *puer* ist[99], kaum lange vor der Gründung des Chorherrenstifts zur Welt gekommen, mithin im Stiftungsjahr noch nicht erwachsen gewesen sein. Das behauptet aber auch keineswegs die Papsturkunde von 1143. Das hochmittelalterliche Rechtsdenken war nicht so ausgeprägt, daß Mündigkeit im streng juristischen Sinn überall dort gefordert wurde, wo Personen bei Gütertransaktionen und Rechtsgeschäften sonstiger Art

84 Krüger S. 305.
85 Kaul S. 227.
86 Vgl. Debus (1978) Nr. 1. Umfassende Quellenangaben und bibliographische Information sowie kurzer Abriß der Geschichte Höningens: Debus (1977).
87 Bei Kaul S. 227 versehentlich »Paschalis II.«.
88 MUB II/1 Nr. 14. Regest: Debus (1978) Nr. 5; vgl. ebd. Nr. 2.
89 Lehmann, leininger Thal S. 69f.; Remling, Abtt. u. Kll. II S. 49; Frey II S. 312 (ohne »ca.«); Lehmann III S. 15; Brinckmeier I S. 14; Kaul S. 227; Naumann S. 98; Debus (1977) S. 237; Ders. (1978) Nr. 1 Anm. 1.
90 Zit. n. Schmitz-Kallenberg (1915) S. 114f. Nr. 2; kürzeres gleichzeitiges Privileg mit an dieser Stelle gleichem Wortlaut abgedruckt bei Remling, Abtt. u. Kll. II Beil. Nr. 4. Beide Fassungen in Gegenüberstellung bei Naumann S. 167–171. Regest: Debus (1978) Nr. 9.
91 Krüger S. 304.
92 Kaul S. 227.
93 1127 Okt. 8 (MUB I Nr. 544).
94 Die von Kaul gemeinte, aber nicht nachgewiesene Urkunde ist abgedruckt in MUB I Nr. 554.
95 S. oben S. 28.
96 Kaul S. 226.
97 So aber Kaul S. 227, wohingegen Krüger S. 305 immerhin die Gründung in den Zeitraum 1100/1115 verlegte.
98 So bereits Lehmann III S. 15 und Brinckmeier I S. 14, desgl. auch wieder Naumann S. 109f. u. S. 119 Anm. 60 und Debus (1977) S. 237 wie auch Ders. (1978) Nr. 1.
99 Vgl. S. 37 mit Anm. 120.

zugegen waren, wohlgemerkt nicht als Handelnde, sondern als Handlungszeugen oder Personen mit sonstiger sekundärer Aufgabe[100]. Zeugenschaft bedeutete Geschehenes auf Dauer und abrufbereit im Gedächtnis zu speichern; die dazu notwendige Merkfähigkeit war auch und erst recht bei einem Kinde vorhanden, der im allgemeinen noch nicht sehr komplizierte Rechtsvorgang dessen Verständnis zugänglich. Gleichermaßen kann auch die in der vorliegenden Urkunde fixierte Zustimmung die eines puer sein[101], die, bei Anwesenheit des Knaben, durch den Vater als Vormund ausgesprochen wurde und den Stiftsherren sehr wichtig war, weil sie, wie auch Kaul in anderem Zusammenhang für die Zustimmung des »voraussichtlichen Erben der Grafschaft« betont[102], größtmögliche Dauer und »Stabilität der Verhältnisse« gewährleistete.

Auch wenn man diesen Überlegungen nicht zustimmt, wird die Urkunde von 1143 noch nicht zum Argument für die Mündigkeit des Leiningersohnes zur Zeit der Stiftung Höningens um 1120, da dessen Einwilligung dann immer noch später eingeholt worden sein kann; der Wortlaut der Urkunde drückt nicht unbedingt Gleichzeitigkeit aus. Da Innozenz des Gründers Höningens als eines Verstorbenen gedenkt, müssen ihm über die Gründungsurkunde hinaus weitere Informationen vorgelegen haben, zu denen durchaus auch eine Zustimmung des nunmehr erwachsenen Emich III. gehört haben kann.

Schließlich passen in jede unserer beiden alternativen Schlußfolgerungen auch die anderen von Krüger und Kaul beigebrachten urkundlichen Belege. Wenn *Emicho puer et comes* in der Mainzer Urkunde von 1127 ein Leininger ist, was wir mit den genannten Autoren anzunehmen bereit sind, und derselbe Emich ein Jahr darauf handlungsfähig ist, dann ist sein Geburtsjahr, ein Mündigkeitsalter von 15 Jahren vorausgesetzt[103], das Jahr 1113. Das wäre etwas früh, im Hinblick auf seinen 1179 noch im Jünglingsalter stehenden jüngsten Sohn Friedrich. Doch muß der Emich von 1128 nicht notwendigerweise identisch mit jenem Knaben von 1127, sondern kann ebensogut noch dessen Vater sein. Emichs II. Tod wird nämlich erstmals 1143, in der zitierten Papsturkunde, festgestellt.

Bislang wurde als Todesjahr des Grafen gar 1155 angegeben. Abgesehen davon, daß uns das Jahr 1143 als terminus ante quem gegeben ist, ist Brinckmeiers Erläuterung, 1155 sei das Ausstellungsjahr der letzten Urkunde, in welcher Emich II. vorkomme[104], mittels lückenloser Nachrichten aus den Jahren 1152 bis 1173 für ein und denselben Emich[105] als falsch zu erweisen. Da sich auch seit König Konrads III. Regierungsantritt lediglich der von Emich II. nicht mehr erlebte Zeitabschnitt von 1147 April 24 bis 1150 Februar 8 als Zäsur in den urkundlichen Nennungen eines Grafen von Leiningen, nämlich Emichs III., darbietet[106], wird der Altgraf wohl bereits vor 1138 verstorben sein.

100 Gerade die oben angesprochene Mainzer Urkunde von 1127 beweist, daß ein *puer* unter Umständen für alt genug befunden wurde, vollwertiges Mitglied einer Zeugengruppe zu sein.

101 Den analogen Fall haben wir in der bereits erwähnten Urkunde von 1179: *pueri* beurkunden zusammen mit ihren Eltern eine von der Familie getätigte *donatio*.

102 Kaul S. 231.

103 Nach fränkischem Recht; vgl. Conrad, Dt. Rechtsgeschichte I S. 397 unten. Doch sind bspw. auch 12, 14 oder 18 Jahre möglich. Einen exakten Rechenwert haben wir hier also nicht.

104 Brinckmeier I S. 16.

105 S. unten S. 95–98.

106 Vgl. Kap. 4 Anm. 9.

Ebenfalls von der falschen Voraussetzung der Klostergründung durch Emich I. ging die Zuordnung der aus einer Nachricht Schannats [107] bekannten Alberat als Gemahlin Emichs I. aus [108]. Da man die Dame, mit der älteren Literatur [109], nunmehr erneut als Gattin Emichs II. ansehen muß, gewinnt auch Schannats Bezeichnung Alberats als Gräfin von Nassau [110] wieder Gewicht, der man lange Zeit wohl deshalb keinen Glauben schenkte, weil sich die Grafen von Laurenburg erst seit ihrer Belehnung mit der Burg Nassau durch Kurtrier im Jahr 1159 Grafen von Nassau nannten [111]. Von Kaul zu dieser Frage leider nicht beachtet, haben doch die mit der nassauischen Geschichte befaßten Historiker, vor allem Conrady [112] und Gensicke [113], bereits wieder mit guter Begründung auf jenen Hinweis Schannats zurückgegriffen und sehen, in erster Linie aus – sehr einleuchtenden – besitzgeschichtlichen Gründen, eine verwandtschaftliche Beziehung der Grafen von Leiningen zu den Grafen von Laurenburg in der ersten Hälfte des 12. Jahrhunderts gegeben. Diese zeitliche Einordnung findet m. E. auch ihre Bestätigung in den folgenden gemeinsamen Zeugenauftritten der Grafen Emich II. bzw. III. mit Laurenburger Grafen: 1128 und 1135 mit den Brüdern Arnold und Rupert in Urkunden des Erzbischofs Adalbert I. von Mainz [114], am 4. Januar 1147 mit Graf Rupert in einem Diplom König Konrads III. [115] sowie im Jahr 1148 mit Graf Arnold in einem solchen des Mainzer Erzbischofs Heinrich I. [116]. Die von Kaul auf drei Generationen verteilten »Alberat« und »N. Erbin v. Dietz, Limburg, Vilmar, Westerburg« [117] sind also wohl ein und dieselbe Person, nämlich Alberat, Gräfin von Laurenburg und Gattin des Grafen Emich II. von Leiningen. Von ihrer Großmutter hat dann auch Alberadis von Cleeberg, Tochter Emichs III. von Leiningen, ihren Vornamen erhalten und nicht nach ihrer Ururgroßmutter, an die man bei der Namengebung bestimmt nicht mehr dachte.

Grundsätzlich muß schließlich klargestellt werden, daß auch jetzt noch die Stammreihe der Grafen von Leiningen für die erste Hälfte des 12. Jahrhunderts, auf Grund der geringen Anzahl urkundlicher Erwähnungen in genealogisch verwertbarem Zusammenhang, zu einem guten Teil Spekulation bleibt.

107 Schannat I S. 150.
108 Kaul S. 226f. u. 1. Stammtafel.
109 Lehmann III S. 15 u. 18; Stammtafel des med. Hauses, Tafel 1; Brinckmeier I S. 16.
110 Schannat, a. a. O.: *»Alberatae Conjugi, quae ex Nassoviis Comitibus ortum trahebat«*; noch unbezweifelt bei Senckenberg, Meditationes S. 606.
111 Vgl. Hellmuth Gensicke, Ortsartikel »Nassau« in: Hb. d. hist. Stätten V, 2. Aufl. 1965, S. 248; Dek S. 12f.
112 Conrady S. 69f. sieht Alberat als Tochter des 1124 verstorbenen Udalrich III. aus dem idstein-eppsteinischen Zweig des Laurenburger Grafenhauses.
113 Gensicke, Landesgeschichte des Westerwaldes S. 130. In den jüngsten Untersuchungen zur laurenburgisch-nassauischen Genealogie (Gensicke und Heck in Nass. Annalen 66, 1955; Heck, Gensicke und May in Nass. Annalen 69, 1958; Heck und Gensicke in Nass. Annalen 72, 1961) nicht mehr Gegenstand der Erörterung.
114 MUB I Nr. 554 u. 601.
115 MGH DK III Nr. 164.
116 MUB II/1 Nr. 106.
117 Kaul, 1. Stammtafel.

3. Von Emich III. zu Friedrich I. (Emich)

Emich III., der, wie oben dargelegt, bereits zur Zeit der Gründung Höningens gelebt hat, ist relativ alt geworden. Er war ein ebenso treuer Gefolgsmann König Konrads III. wie Kaiser Friedrichs I. [118]. Die Zäsur von 1173 auf 1179 im Itinerar des Barbarossa begleitenden Emich [119] kann nicht auf einen Todesfall in der gräflichen Familie hindeuten. Denn jener Graf Emich, dessen Mitaussteller einer Urkunde von 1179 *consors mea Elisa et pueri mei Eberhardus et Fridericus* sind [120], ist notwendigerweise derselbe, der bereits 1172 [121] einen Sohn Eberhard hat. Ein durch Emichs III. Tod bedingter Regierungswechsel fand aber vermutlich innerhalb der Jahre 1180 [122] und 1187 [123] statt, da die dazwischen liegende Überlieferungslücke gut mit der Unmündigkeit des 1179 als *puer* erwähnten Friedrich I. (Emich) zu vereinbaren ist.

Weitere genealogische Hinweise erhalten wir aus einer undatierten Schenkungsurkunde Emichs III. für Kloster Höningen. Das Vermächtnis geschieht *consensu et admonitione conlateralis mee Elise et filiis meis Hermanno, Eberhardo, Friderico consentientibus.* Daß die beiden bereits bekannten Söhne einen älteren Bruder namens Hermann hatten, ist auch der bisherigen Literatur nicht entgangen, doch hat man die Urkunde mit ca. 1159 viel zu früh angesetzt; sie muß kurz vor 1179 entstanden sein [124].

Wir können also bis jetzt festhalten, daß Emich III. wahrscheinlich 1180/87 verstorben ist, mit einer Elisa unbekannter Herkunft verheiratet war und mindestens drei Söhne hatte: Hermann, Eberhard und Friedrich. Der letztgenannte Friedrich übernahm nach dem Tode des Vaters und aller seiner Brüder die Regierungsgeschäfte und hat, das steht mittlerweile fest, sich

118 S. unten S. 94ff.

119 S. unten S. 98.

120 Druck: WÜRDTWEIN, Subs. dipl. VI Nr. 2. (Das Orig. befindet sich, lt. MORAW, Stift St. Philipp, S. 152 Anm. 90, im Germanischen National-Museum zu Nürnberg.) Regest: KREMER, Ard. Geschl. CD S. 182 Nr. 4. Vgl.: DAMBACHER in ZGO 1 (1850) S. 383 Anm. 3 (mit fehlerhaftem Nachweis), der die genannten Söhne für »canonici Cellensis ecclesie« hält und etliche Schlüsse aus seiner falschen Lesung zieht; den Stiftsherren – der Würdtweinsche Abdruck hat hier unmißverständlich den Dativ – werden Freiheiten erteilt, sie sind die angesprochenen Empfänger der Urkunde. BRINCKMEIER I S. 20 Anm. 1 bezeichnet den Text als noch nicht gedruckt und bringt einen Auszug aus dem Original; S. 28 Anm. 1 nennt er den Druckort nach den fehlerhaften Angaben Dambachers (hier fälschlich »Mone«), jedoch zum Jahre 1197. Zweifellos von Dambacher beeinflußt, führt auch BRINCKMEIER I S. 22 den Grafen Eberhard als »Canonicus zu Zell«; der Irrtum findet sich noch bei CONRADY S. 90. Zum Rechtsinhalt der Urkunde vgl. MORAW, Stift St. Philipp S. 152. – Die Datierungszeile ist – was bislang nicht beachtet wurde – widersprüchlich und fehlerhaft. Sie nennt als Ausstellungsjahr 1179. Zwar gibt sie kein Tagesdatum, dafür jedoch vier weitere Jahres- bzw. Epochenbezeichnungen. Von diesen sind richtig der Hinweis auf die jeweils aktuelle Regierung Kaiser Friedrichs und des Mainzer Erzbischofs Christian. Dagegen spricht die Urkunde vom Pontifikat Alexanders II. statt III. Auch das Jahr der Indiktion ist falsch. Die angegebene elfte Indiktion fällt mit ihrem größeren Teile in das Jahr 1178, mit ihrem kleineren Teile gar in das Jahr 1177. Die Echtheit der Urkunde steht damit allerdings noch nicht in Zweifel, da Versehen dieser Art in mittelalterlichen Datierungen nicht selten sind.

121 HERRMANN I 54. Vater und Sohn kommen auch in einer von Baur wohl mit Recht zu 1173 angesetzten undatierten Urkunde Bischof C[onrads] zu Worms vor (BAUR II Nr. 11; DEBUS, 1978, Nr. 19; vgl. unten S. 232 mit Anm. 26).

122 1180 Apr. 13 (GÜTERBOCK, Die Gelnhäuser Urkunde S. 24–27).

123 1187 Dez. (WAMPACH I Nr. 521).

124 S. den Exkurs im Anhang (III/1).

abwechselnd der Namen Friedrich und Emich bedient[125]. Bei Emich handelte es sich um den Leitnamen der Familie, den der Stammhalter, üblicherweise der Erstgeborene, erhielt. Wir dürfen also vermuten, daß Friedrich I. (Emich) einen vor dem Vater verstorbenen älteren Bruder Emich hatte, dessen Namen er sich dann später beilegte, um sein Nachrücken zu dokumentieren. Dieses Verhalten war zu jener Zeit nicht ungewöhnlich. Auch Kaiser Friedrichs Sohn Konrad trug wechselweise den Namen seines früh verstorbenen älteren Bruders Friedrich, wie Gerhard Baaken[126] in einer scharfsinnigen Untersuchung überzeugend nachgewiesen hat. Tatsächlich läßt sich auch im Fall Leiningens mit einem konkreten Hinweis auf die Richtigkeit unserer Vermutung aufwarten. Eine zwischen 1146 und 1161 einzuordnende Urkunde des Burkhard [von Winzingen] für Kloster Ramsen nennt als vornehmste Zeugen *Hemicho comes de Liningen et filius ejus Hemicho*[127]. Dieser Sohn Emich hätte 1179 genannt werden müssen, wenn er damals noch am Leben gewesen wäre.

Sehr wahrscheinlich war Friedrich Emich jener Graf von Leiningen, mit dem die nicht namentlich bekannte Tochter des Grafen Albrecht III. von Habsburg und der Ita von Pfullendorf verheiratet war[128].

4. Von Friedrich I. (Emich) zu Friedrich II.

Das Todesdatum Friedrichs I. (Emich) von Leiningen und der Übergang des leiningischen Erbes an das Haus Saarbrücken wurden von der älteren Literatur auf das Jahr 1220 angesetzt[129]. Dieses hat sich mit seltener Beharrlichkeit in sämtlichen leiningischen Stammtafeln und auch in der jüngeren Literatur[130] erhalten. Als Quelle fungierte dabei lediglich eine undatierte Schenkungsurkunde der nicht namentlich genannten Witwe Friedrichs I. an das St. Georgsstift zu Limburg an der Lahn, deren Abfassungszeit erstmals Kremer mit »circa an. 1220«

125 Vgl. Kaul S. 232 mit umfassenden Literaturangaben. Die gegenteiligen Ausführungen Naumanns S. 158 können nicht überzeugen; sie berücksichtigen in keinem einzigen Falle die zahlreiche nach Brinckmeier erschienene Literatur, in welcher dieses Thema angesprochen wird, und lassen auch nicht die Kenntnis der bisherigen Argumente erahnen.

126 Gerhard Baaken, Die Altersfolge der Söhne Friedrich Barbarossas und die Königserhebung Heinrichs VI., in: DA 24 (1968) S. 46–78, hier: S. 75. So auch neuerdings bei Hansmartin Decker-Hauff, Das Staufische Haus, in: Die Zeit der Staufer, Katalog der Ausstellung, Stuttgart 1977, Bd. III S. 339–374, hier: S. 355 Nr. 65, der die Ergebnisse Baakens als »grundlegend« würdigt (ebd. S. 354).

127 Aufgeführt im Transsumpt mehrerer Schenkungsurkunden für Kloster Ramsen, jenes ausgestellt durch Kaiser Friedrich I. und ebenso wie das Insert undatiert (Druck: Remling, Abtt. u. Kll. I Beil. Nr. 18 u. S. 265 mit 1151 [!] für die Rahmenurkunde. Völlig verworrene, in jeder Hinsicht falsche Angaben bei Brinckmeier I S. 25). Terminus post quem für die fragliche Schenkungsurkunde ist 1146, das Jahr der Klostergründung (vgl. die Stiftungsurkunde: Remling, Abtt. u. Kll. I Beil. Nr. 17), terminus ante quem 1161 (s. unten S. 495 Anm. 21a).

128 Walther Merz, Grafen von Habsburg und Habsburg-Laufenburg, in: Geneal. Hb. z. Schweizer Gesch. I (1900–1908) S. 14f. und Tafeln III–IV; hier: Tafel III [= S. 12] Nr. 20. Heck, Altlein. Besitz im Lahngebiet S. 15f. mit den Nachweisen älterer, aber unbewiesener und deshalb von Heck mit Recht nicht anerkannter Hinweise auf eine Habsburgerin namens »Itha« bzw. »Bertha« bzw. »Gertrud«. Gleiche Zuordnung bei Gensicke, LG S. 129 und Kaul, 1. Stammtafel.

129 Lehmann III S. 26 u. 28; Brinckmeier I S. 35; sinngemäß auch Witte in JGLGA V/2 S. 96.

130 Conrad II/1 S. 1; Kaul S. 242.

umschrieb[131]. Nun urkundet jedoch bereits 1214 ein Graf Friedrich von Leiningen, der den *Prepositus sancti Paulini* [zu Trier] seinen *patruus* nennt[132]. Es handelt sich bei ihm also um den vormaligen Grafen Friedrich von Saarbrücken[133] und nicht um Friedrich I. (Emich) von Leiningen, wie Lehmann und Brinckmeier[134] meinen. Zudem spricht der Aussteller von der Zustimmung seiner Gattin und seiner Söhne, die durch den letzten Sproß eines im Mannesstamm aussterbenden Geschlechts wohl schwerlich einzuholen gewesen sein dürfte. Schon Ruppersberg und Krüger haben den Grafen auf Grund der in der Urkunde erwähnten Verwandtschaftsbeziehung zum Propst von St. Paul in Trier als Friedrich II. identifiziert und den Schluß gezogen, daß Graf Friedrich I. zu diesem Termin bereits verstorben gewesen sein muß[135]. Dieser Befund wird auch von Kaul nicht verschwiegen[136], doch zieht er daraus nicht die Konsequenz, die zahlreichen von ihm zitierten Reichsregesten aus den Jahren 1214 bis 1220, in denen ein Graf Friedrich von Leiningen erscheint[137], unter neuem Aspekt zu betrachten und die betreffenden Namenbelege richtig zuzuordnen.

Es hätte auffallen müssen, daß Graf Friedrich von Saarbrücken letztmals am 28. Dezember 1211 unter den Zeugen Kaiser Ottos IV.[138] erscheint, Graf Friedrich von Leiningen als solcher gar letztmals, und zwar zusammen mit Graf Friedrich von Saarbrücken, am 29. August 1210[139], als Graf Emich von Leiningen noch einmal am 27. Oktober desselben Jahres[140] und am 16. April 1212[141], ein Graf Friedrich von Leiningen dann sehr häufig wieder seit 1. April 1214 im Gefolge König Friedrichs II.[142]. Zunächst einmal wäre kaum erklärbar, daß Graf Friedrich von Saarbrücken, der nachmalige Graf Friedrich II. von Leiningen, von 1212 bis 1220, dem bisher angenommenen Todesdatum seines Onkels, des Grafen Friedrich I. (Emich) von Leiningen, niemals bei Hofe war. Daraus, daß nach dem 28. Dezember 1211 kein Graf Friedrich von Saarbrücken mehr in den deutschen Königs- und Kaiserurkunden genannt wird, darf vielmehr geschlossen werden, daß um diese Zeit seine Umbenennung in »Graf von Leiningen« erfolgt ist,

131 Druck: Kremer, Origines Nassoicae II Nr. 134. – Regesten: MrhRegg II Nr. 1523; Jungk Nr. 228; Struck I Nr. 18 hat die Abfassungszeit »um 1220« beibehalten, diese jedoch aus dem anhand der Angaben Brinckmeiers »für die Ausstn. und ihren Gemahl zu erschließenden Todesjahr« gewonnen. – Bei Brinckmeier I S. 35 u. S. 40f. entfällt bereits das »circa«.

132 Drucke: Kremer, Ard. Geschl., CD S. 249f.; Remling, Abtt. u. Kll. II Beil. Nr. 6 (nach Würdtweins Monasticon Wormatiense). Regest: Debus (1978) Nr. 37.

133 Zu Graf Albert von Saarbrücken, Propst zu St. Paulin in Trier, vgl. Jungk Nr. 195, Heyen (1972) S. 581, Parisse II Tafel 11, Kurt Hoppstädters Stammtafel der Grafen von Saarbrücken in: Gesch. Lk. d. Saarl. II S. 284, Schwennicke VI Tafel 152.

134 Lehmann III S. 24; Brinckmeier I S. 34.

135 Ruppersberg I S. 111; Krüger S. 307.

136 Kaul S. 242f. Anm. 96.

137 Ebd. S. 242 Anm. 95.

138 RI V 457.

139 RI V 437.

140 RI V 388.

141 Winkelmann I Nr. 67.

142 1214 Apr. 1 (RI V 727–28), 1214 Sept. 5 (RI V 747; Wampach II Nr. 79), 1215 Mai 29 (RI V 800), 1215 Juni 1 (Winkelmann I Nr. 128; RI V 801), 1215 Juli 8 (RI V 808), 1215 Sept. 6 (RI V 827), 1216 Feb. 11 (Jungk Nr. 214; vgl. Kurzregest RGZ Nr. 53), 1216 Apr. 12 (RI V 852), 1217 März 10 (MrhRegg II Nr. 1315; RI V 898). – RI V 854 von 1216 Apr. 17 ist nach aller Wahrscheinlichkeit eine Fälschung Schotts, da nur durch diesen überliefert (vgl. Wibel S. 676 mit Anm. 1; Zinsmaier, 1949, S. 377, und Ders., 1954, S. 251).

als der er sich, nach Regelung seines Erbschaftsantritts und nach einer offensichtlichen politischen Neuorientierung, bis spätestens 1. April 1214 an den Hof König Friedrichs II. begab.

Wenn er sich daher am 1. April 1214 zusammen mit Graf Simon von Saarbrücken[143], am 5. September 1214[144] sowie am 29. Mai und 1. Juni 1215[145] mit Graf Heinrich von Zweibrücken, am 8. Juli 1215 mit Graf Heinrich von Saarbrücken[146], am 11. Februar 1216 mit Graf Heinrich von Zweibrücken und Graf Simon von Saarbrücken[147], am 12. April 1216 mit Graf Heinrich von Zweibrücken[148] und am 10. März 1217 mit demselben und Graf Simon von Saarbrücken[149] am Hofe des Staufers aufhält, befindet er sich in allen Fällen in der Gesellschaft allernächster Verwandter, nämlich seiner Brüder Simon und Heinrich von Saarbrücken und seines Onkels Heinrich von Zweibrücken. Dann erklärt sich ferner, warum *S[imon] Comes de Sarbruggen* bei der oben bereits erwähnten Beurkundung von 1214[150], nämlich der Vertauschung des Patronatsrechts zu Leistadt an das leiningische Eigenstift Höningen, mit siegelte und warum ein Friedrich Graf von *Hartenberg* als erster Zeuge in einer Urkunde des Grafen Simon von Saarbrücken aus demselben Jahre auftritt[151]. Daß sich Graf Friedrich II. von Leiningen hier voll Besitzerstolz erst- und letztmals nach der Hardenburg nennt[152], weist auf die zumindest teilweise Fertigstellung eines Bauprojektes hin, das nicht etwa zwingend auf seinen Onkel zurückging[153], hingegen wohl in saarbrückischer Eigenregie entstanden ist und, laut Friedrichs II. von Leiningen Eingeständnis vom 18. Februar 1230 gegenüber Kloster Limburg, von ihm und seiner Gattin Agnes allein verantwortet wurde[154].

143 Zu [Kaisers]Lautern; RI V Nr. 727–728. Die Ausf. Perg. zu Nr. 727 ist erhalten: BayHStA, Kaiserselekt, Nr. 607; dort *Sifridus comes de Liningen*.
144 Zu Jülich; RI V Nr. 747; Wampach II Nr. 79.
145 Zu [Kaisers]Lautern; RI V Nr. 800–801.
146 Zu Hagenau; RI V Nr. 808. – Hier ist wohl auch RI V Nr. 827 vom 6. Sept. 1215 einzuordnen. Denn bei dieser Urk., die nicht so recht ins königliche Itinerar paßt, ist eher die Ortsangabe stimmig und die Datierung *(octavo idus septembris)* falsch. Es dürfte sich um den 8. Juli (octavo idus julii) handeln, weil an ebendiesem Tage Friedrich II. mit z. T. denselben weltlichen Zeugen zu Hagenau nachgewiesen ist, nämlich außer dem Leininger den Grafen Albert von Eberstein und Siegbert von Werd. (Damit wird auch die zeitliche Einreihung von RI V Nr. 826a fraglich.)
147 Zu Hagenau; Jungk Nr. 214; vgl. auch das Kurzregest RGZ Nr. 53.
148 Zu Speyer; RI V Nr. 852. – RI V Nr. 854 vom 17. Apr. 1216 (= MrhRegg II Nr. 1318, zu 1217) ist eine Fälschung Schotts (vgl. Zinsmaier, 1949, S. 377, und Dens., 1954, S. 251).
149 Zu Boppard; MrhRegg II Nr. 1315; RI V Nr. 898; Jungk Nr. 218.
150 Wie Anm. 132.
151 Druck: MrhUB III Nr. 26. Regesten: MrhRegg II Nr. 1236 und Jungk Nr. 206. Vgl. Kaul S. 243 Anm. 99. – Die von Witte in JGLGA V/2 S. 95 Anm. 3 behauptete Identität dieses Friedrich von Hardenburg mit dem Grafen Friedrich I. von Leiningen wird durch eine Schenkungsurkunde der Witwe des letzteren widerlegt, in welcher der Beiname von Hardenburg eindeutig auf Friedrich II. bezogen erscheint (s. S. 41 bei Anm. 156).
152 Der Programmname *Hartenburg* selbst deutet bereits auf eine gewollte »Selbstdarstellung des Burgenerbauers«, wie Meinrad Schaab (1976) S. 18 bei einem Vergleich mit anderen Modenamen der Zeit feststellen konnte.
153 So Kaul S. 246.
154 Ausf. Perg.: BayHStA, Rhpf. Urkk., Nr. 1339. Druck: Würdtwein, Mon. Pal. I Nr. 9. Regest: Debus (1978) Nr. 83.

Da Graf Friedrich I. Emich zuletzt 1212 April 16 als Zeuge in einer Urkunde Kaiser Ottos IV. erwähnt wird – und zwar unverwechselbar als *Emico comes de Lininge*[155] –, darf dieser Tag als terminus post quem für die Bestimmung seines Todesdatums gelten. Dieses muß, wenn wir in Betracht ziehen, daß sich die Übernahme der Herrschaft durch Graf Friedrich von Saarbrücken und die Regelung sämtlicher Erbfolgefragen nach dem Ableben seines Onkels doch sicherlich über eine längere Zeit hinzogen, in einigem Abstand vom Zuzug des Grafen zum Hofe König Friedrichs II. gesehen werden, tendiert also weniger zum terminus ante quem, dem 1. April 1214, als mehr zum genannten terminus post quem hin. Es mag mit einiger Sicherheit in der 2. Hälfte des Jahres 1212 angesetzt werden. Dem steht nicht im Wege, daß die Witwe Friedrichs I. auch noch einige Jahre später eine Schenkung an die St. Georgskirche zu Limburg an der Lahn vollzogen haben kann; diese Donation wird zwar nicht erst 1220, aber doch nach 1214 erfolgt sein, da die Schenkerin ihren Neffen, den die Zustimmung zur Schenkung erteilenden Grafen Friedrich von Leiningen, *dictum quondam de Hartenburch* nennt[156].

Was Art und Weise des Übergangs der Grafschaft Leiningen auf das Haus Saarbrücken angeht, gilt es noch einer Legendenbildung zu wehren. Lehmann[157], Jungk[158] und am entschiedensten Conrad[159] und Kaul[160] haben die Ansicht verbreitet oder verbreiten helfen, die Nachfolge des Grafen Friedrich von Saarbrücken in der Grafschaft Leiningen sei bereits am 31. März 1205, also noch zu Lebzeiten Friedrichs I. Emich, geklärt gewesen. Graf Emich – bei Kaul identifiziert mit Graf Friedrich I. Emich, bei den drei anderen Autoren mit dessen vermeintlichem Bruder – handle zu diesem Zeitpunkt bereits mit seinem »Schwestersohn Friedrich«, Sohn des Grafen Simon von Saarbrücken und der Gräfin Lukardis von Leiningen, gemeinsam, wobei dieser sich als der »jüngere Graf« ausweise. Man bezog sich jeweils auf die leiningische Zustimmungsurkunde für eine von Konrad von Wartenberg vorgenommene Wittumsverschreibung; Aussteller sind *Emicho comes de Liningen, et Fridericus fratruelis meus, comes iunior*[161]. Jene Interpretation fällt bereits mit einer konventionellen Übersetzung des Begriffes *fratruelis* als »Vaters Bruderssohn«[162] oder »Bruderssohn«[163]. Mag man diese durch die Wörterbücher vorgegebene semantische Einschränkung nicht für zwingend halten, so besteht hier – trotz mittelalterlicher Sprachfreiheiten[164] – gleichwohl kein Anlaß, eine derart sinnwidrige Abweichung im Wortgebrauch (»Schwestersohn«) zu postulieren. Überdies ist die auf die Urkunde bezogene Jahreszahl aus inneren Gründen nicht stimmig:

1. handelt es sich bei Konrad von Wartenberg und seiner Gemahlin Agnes von Flomborn wohl

155 Winkelmann I Nr. 67. – Zuvor 1211 als Zeuge in einer Urk. Bischof Konrads von Speyer (UBiSp I Nr. 152, UStSp Nr. 27), von Lehmann III S. 25 irrig als jüngerer Bruder Friedrichs I. angesehen.

156 Wie Anm. 131.

157 Lehmann III S. 25.

158 Jungk Nr. 187.

159 Conrad II/1 S. 2.

160 Kaul S. 243; hiernach Malottki S. 25.

161 UB Otterbg. Nr. 6.

162 Karl Ernst Georges, Ausführl. lat.-dt. Handwörterbuch, Bd. I, 13. Aufl. Hannover 1972, Sp. 2836.

163 Charles Du Fresne Sieur du Cange, Glossarium mediae et infimae Latinitatis, bearb. v. D. P. Carpentier, G. A. L. Henschel und Léopold Favre, 10 Bde., Nd. [in 5 Bden.] der Ausg. 1883–1887 Graz 1954, II. Bd. S. 601. E. Habel-F. Gröbel, Mittellateinisches Glossar, 2. Aufl. Paderborn o. J., Sp. 159.

164 Dazu auch S. 47.

um jenes Ehepaar Konrad und Agnes von Wartenberg, das dem Reich, mittelbar über die Grafen von Leiningen, am 10. April 1276 Ersatzgüter für den dem Kloster Otterberg u.a. verkauften Hof Mittelrohrbach zu Lehen auftrug[165]. Somit ergäbe sich zwischen den beiden Handlungen eine für ein Eheleben – auch im 13. Jahrhundert – recht ungewöhnliche Zeitspanne.

2. paßt die zitierte Intitulatio sehr gut, wenn man von dem unter falschen Voraussetzungen konstruierten Fall Leiningen–Saarbrücken absieht, sogar ausschließlich zu den Grafen Emich IV. von Leiningen-Landeck und seinem Neffen Friedrich IV. von Leiningen, Sohn des ca. 1250 verstorbenen Friedrich III.[166].

Im Rahmen der gemeinsamen Regierungsdaten der beiden Grafen Emich IV. und Friedrich IV. (1254–1276)[167] und von der Vermutung ausgehend, daß in der fraglichen, nur kopial überlieferten Urkunde, nicht mehr als eine einzige Ziffer verschrieben wiedergegeben wurde, lassen sich die Jahre 1255, 1265 bzw. 1275 als mögliche Ausstellungsjahre in Betracht ziehen. Wegen des später nicht mehr gebräuchlichen Zusatzes *comes iunior* kommt wohl letztlich nur 1255 in Frage. Für dieses Jahr ist Konrad von Wartenberg auch bereits aus einer anderen Urkunde bekannt[168].

Graf Friedrich II. von Leiningen war mit Agnes von Eberstein[169] verheiratet. Das Hochzeitsdatum ist möglicherweise schon vor 1207 anzusetzen, da Friedrich, damals noch Graf von Saarbrücken, in diesem Jahre bereits als Zeuge in einer Urkunde Eberhards von Eberstein für dessen Kloster Herrenalb auftritt[170].

5. Friedrich III.

Das trotz 1237 durchgeführter Güterteilung[171] auch später noch gemeinsam urkundende Brüderpaar Friedrich und Emich von Leiningen[172] war bei den leiningischen Genealogen und Geschichtsschreibern wegen seines einträchtigen Auftretens so beliebt, daß man es bis zum Beginn der achtziger Jahre des 13. Jahrhunderts vereint handeln ließ[173]. Theodor Kaul[174] ist

165 UB Otterbg. Nr. 201.

166 Vgl. die Abschnitte über »Friedrich III.« sowie über »Emich IV. und Emich (V.)«.

167 S. Anm. 175.

168 UB Otterbg. Nr. 123.

169 Zur Genealogie der frühen Ebersteiner vgl. jetzt Gerd Wunder, hier S. 99 Skizze 2.

170 Jungk Nr. 191.

171 1237 Okt. 19 (*crastino Luce evangeliste:* UBiSp I Nr. 214 mit falsch aufgelöstem Datum).

172 Meine Darstellung in Pfalzatlas S. 1070, wonach Friedrich III. älter als sein Bruder Simon wäre (Stammtafel I) und seit 1229 erwähnt würde (Stammtafel II), ist zu berichtigen. Die dieser Interpretation zugrunde liegende Urkunde vom 18. Juli 1229 (MrhUB III Nr. 373) hat in den Grafen Friedrich von Leiningen und Simon von Dagsburg wohl eher Vater und Sohn zu Ausstellern. – Auch Emich IV. wird 1237 (s. vorige Anm.) erstmals erwähnt. Brinckmeier I S. 91, der ihn »schon vor seinem Regierungsantritte als Zeugen 1228, unter einer Schenkung des Bischofs Adalbert von Mainz an das dortige Domcapitel« findet, verwechselt ihn mit dem Grafen Emich von Leiningen aus einer Urkunde des Jahres 1128 (MUB I Nr. 554); 1228 gab es keinen Bischof Adalbert von Mainz.

173 Lehmann III S. 38f., 43f. und Stammtafel I; Stammtafel des med. Hauses, Tafel I; Brinckmeier I S. 67ff.; Freytag v. Loringhoven, Tafel 20.

174 Kaul S. 256–59; hiernach Malottki Nr. 61 Anm. 1. Der Bedeutung des im nachfolgenden vorgetragenen Sachverhalts gemäß wurde die von Kaul erarbeitete Quellengrundlage noch erweitert.

erstmals aufgefallen, daß aus Friedrich und Emich in den Urkunden ab 1254 plötzlich Emich und Friedrich werden[175], die beiden also ihre Ränge tauschen, wobei die neue Nennfolge, ebenso wie es mit der alten der Fall war, konsequent eingehalten wird. Der Sachverhalt, daß ab 1254 Friedrich als der Rangjüngere erscheint, führt Kaul zu der richtigen Schlußfolgerung, daß es sich bei Emich und Friedrich nicht mehr um das Brüderpaar Friedrich III. und Emich IV. handelt, sondern um Onkel und Neffe, also Emich IV. und Friedrich IV.[176]. So nennt sich Friedrich in der Urkunde von 1254 in bezug auf Emich auch ausdrücklich *fratruelis ipsius iunior comes de Liningen*[177], spricht Bischof Heinrich von Speyer 1255 von *fratre nostro Emerchone comite de Lyningen et Friderico fratrueli nostro iuniore comite de Lyningen*[178], erscheinen in einer Urkunde desselben 1266 *frater noster Emicho et Fridericus fratruelis noster de Liningen comites*[179] und erwähnt auch Graf Emich selbst 1256 März 1 den Grafen Friedrich als seinen *fratruelis*[180], 1267 Januar als seinen *consanguineus*[181] und nicht etwa als *frater*.

Für den Tod Friedrichs III. lange vor dem bisher angenommenen Datum gibt es handfeste Beweise. So kann Friedrich III. nicht erst 1287 gestorben sein, wenn sich sein Bruder Emich im Mai 1259 bereits *frater Friderici bone memorie de Lininga* nennt[182]. Am 26. Januar 1258 schwur Hartung von Wangen der Gräfin Odilia (= Adelheid) von Leiningen und deren Sohn Friedrich Urfehde[183], was doch ziemlich merkwürdig wäre, wenn ihr Gatte noch lebte. Tatsächlich bezeichnete Graf Emich von Leiningen *Udalhardis* schon am 1. März 1256 als *relicta* seines Bruders Friedrich[184]; Lehmann stellt sie seinem Leserpublikum kurzerhand als Strohwitwe vor[185], eine etwas erstaunliche Begriffsinterpretation, die jedoch auch Brinckmeier[186] und

175 Als solche: 1254 Dez. 14 (UBiSp I Nr. 281); 1255 Apr. 12 (UBiSp I Nr. 285; Malottki Nr. 154); 1256 (Würdtwein, Mon. Pal. I Nr. 62; Brinckmeier I S. 59 hat die Reihenfolge der Namen nach seinen Bedürfnissen umgestellt); 1256 Juni (UBiSp I Nr. 296; Malottki Nr. 186); 1262 (UBiSp I Nr. 323; Malottki Nr. 276); 1262 März (HessUB I/1 Nr. 182; Conrad II/1 S. 39 zitiert in umgekehrter Reihenfolge, angeblich nach Lehmann III S. 46 – dort nicht aufgefunden); 1263 März 2 (Ausf.: StA Luzern, GA 114); 1263 Mai 1 (QuStW I Nr. 311); 1266 Sept. 23 (UBiSp I Nr. 343; Malottki Nr. 313); 1266 Okt. 31 oder 30 (*in die Quintini martiris, III° kalendas novenbris;* Ausf.: StA Luzern, GA 130); 1268 (UBiSp I Nr. 350; Malottki Nr. 342); 1268 Mai 4 (RBStr Nr. 1859; Malottki Nr. 332); 1269 (Baur I Nr. 63); 1270 Juni 29 (Würdtwein, Nova subs. XII Nr. 94; Malottki Nr. 360 Anm. 1; Brinckmeier I S. 101 in richtiger Reihenfolge!); 1272 Jan. 10 (WUB VII Nr. 2258); 1273 Feb. 16 (RGZ Nr. 214); 1273 Dez. 7 (RI VI/1 Nr. 47); 1273 Dez. 13 (RI VI/1 Nr. 49); 1274 Apr. 5 u. 6 (de Pange Nr. 468 u. 469); 1274 Mai 7 u. 10 (RI VI/1 Nr. 156 u. 158); 1274 Juni 7 (RBStr Nr. 1969 Abs. 5); 1274 Juli 29 (RGZ Nr. 226); 1275 Apr. 4 (RGZ Nr. 228); 1275 Okt. 20 u. 21 (RI VI/1 Nr. 438c, 439, 440 u. 442. Brinckmeier I S. 65f. ändert auch hier willkürlich die Reihenfolge; sein kurzes Zitat aus den Fontes rerum Bernensium III Nr. 144 enthält überdies mehrere Fehler); 1276 Apr. 10 (UB Otterbg. Nr. 201); 1276 Juni 30 (RMB Nr. 503).

176 Vgl. Kaul S. 257.

177 UBiSp I Nr. 281; vgl. Kaul S. 257 Anm. 158 und Malottki Nr. 154 Anm. 1.

178 1255 Apr. 12 (Druck: UBiSp I Nr. 285; Regest: Malottki Nr. 154). – Desgl. 1256 März 1 (Druck: UBiSp I Nr. 293; Regest: Malottki Nr. 183; vgl. Kaul a. a. O.).

179 UBiSp I Nr. 343; vgl. Kaul a. a. O.

180 UBiSp I Nr. 294; vgl. Kaul a. a. O.

181 Ausf. Perg.: AD Nancy, B 566 Nr. 20; Regesten: de Pange Nr. 302 und RBStr Nr. 1836 (beide fehlerhaft).

182 Ausf.: AN, S 2220 (1) Nr. 10.

183 RBStr Nr. 1528.

184 UBiSp I Nr. 294. Vgl. Malottki Nr. 183 Anm. 1 mit Nachweis von Abschriften.

185 Lehmann III S. 46, wegen einer angeblichen Palästinareise Friedrichs III.; vgl. hierzu die Bemerkungen Kauls S. 258f. Anm. 166.

186 Brinckmeier I S. 95 Anm. 4.

Conrad[187] einleuchtet. Bei jenem Friedrich, der am 24. Februar 1256 als *natus quondam Friderici comitis de Liningen* urkundete[188], kann es sich ebenfalls nur um Friedrich IV., Sohn Friedrichs III., handeln, da sich Friedrich III. schwerlich noch 19 Jahre nach dem Tod seines Vaters *natus quondam Friderici* genannt haben würde. Hier scheint nun auch erklärlich, warum Gräfin Uda 1255 ihren Streit mit dem Kloster Otterberg ohne Hilfe ihres Gatten ausfocht und am 7. Juni beilegte[189]. Endlich ist es keineswegs gewagt, die namentlich nicht genannte *relicta quondam Fr*[iderici] *comitis de Liningin*, die 1251 Februar 18 zusammen mit Bischof H[enricus] von Speyer und Graf E[micho] von Leiningen eine Urkunde für das genannte Kloster ausstellt[190], als Gattin des verstorbenen Friedrich III. zu bezeichnen. Denn wenn es sich um Agnes von Eberstein, die Witwe Friedrichs II. handeln würde, wäre wohl ihr aktueller Name, von Katzenelnbogen[191], zumindest mit angegeben, und, was gravierender ist, hätte der in der Urkunde enthaltene Passus, daß die Otterberger Mönche ihre Güter in Bockenheim mit Zustimmung der Aussteller sowie der Söhne des verstorbenen Grafen Fr[idericus] erwarben, keinen Sinn, weil Bischof Heinrich und Graf Emich selbst Söhne Friedrichs II. sind. Die Witwe urkundet also an Stelle des verstorbenen Bruders der beiden miturkundenden Personen. Somit steht fest, daß Friedrich III. vor dem 18. Februar 1251 verstorben ist.

Der von Kaul vorgeschlagene terminus ante quem, der 7. Dezember 1250[192], kann nicht anerkannt werden. Kaul bezieht sich[193] auf eine von Adelheid von Leiningen selbständig ausgestellte Urkunde[194]. Die Zustimmung des Ehemannes zu dem beurkundeten Rechtsgeschäft war jedoch gar nicht vonnöten, weil es sich bei dieser Beurkundung ihrerseits lediglich um eine Zustimmung gehandelt hat: Adelheid bestätigte eine von ihrer Mutter zu ihrem Seelenheil vorgenommene Schenkung. Daß sich Adelheid dabei nicht als Witwe bezeichnet, was so kurz nach dem Tod ihres Gatten doch der Fall sein müßte, ist geradezu ein Anhaltspunkt dafür, daß derselbe noch lebt. So muß das Ausstellungsdatum vielmehr als terminus post quem in Anspruch genommen werden, statt des von Kaul eingesetzten 24. August 1249[195], an welchem Tag Graf Friedrich von Leiningen, im Beisein seines Bruders Emich *(comes Emicho frater meus)*, dem Kloster Limburg den aus der Erbauung der Hardenburg auf Limburger Boden *a progenitore meo* erwachsenen Schaden wiedergutmacht[196]. Als Ergebnis sei festgehalten, daß sich das Todesdatum Friedrichs III. auf den Zeitraum von 1250 Dezember 7 bis 1251 Februar 18 eingrenzen läßt.

187 Conrad II/1 S. 39.

188 UStSp Nr. 88.

189 Druck: UB Otterbg. Nr. 123. Regest: QuStW I Nr. 263. Erwähnt: Malottki Nr. 78 Anm. 2.

190 Zit. n. d. Ausf. im StA Luzern, GA 78. Druck (fehlerhaft, nach kopialer Überlieferung): UB Otterbg. Nr. 99. Regest: Malottki Nr. 78 (nach UB Otterbg.). Vgl. Kaul S. 258.

191 Wegen der Zweitehe der Agnes von Eberstein mit Graf Diether V. von Katzenelnbogen vgl. RGK I, Einltg. S. 37.

192 Kaul S. 257 u. 259.

193 Ebd. S. 257 Anm. 160.

194 Druck: Calmet, 1. Aufl., II, Preuves Sp. 455. Bei dem von Calmet irrig als *vero* aufgelösten *V* der Intitulatio handelt es sich um den Anfangsbuchstaben des Vornamens der Gräfin von Leiningen, *Utelhildis*. Regesten: Le Mercier Nr. 370; Jungk Nr. 367. Das Jungksche Regest ist viel zu knapp, als Ausstellerin der Urkunde wird im Register fälschlich Lukardis von Leiningen ausgewiesen; das ältere, übrigens von Jungk nicht zitierte Regest Le Merciers ist deshalb mit größerem Gewinn heranzuziehen.

195 Kaul S. 256f.

196 Zit. n. d. Ausf.: BayHStA, Rhpf. Urkk. Nr. 1341. Druck: Würdtwein, Mon. Pal. I Nr. 10. Vgl. Lehmann III S. 37; Brinckmeier I S. 60; Conrad II/1 S. 31; Kaul S. 249.

6. Emich IV. und Emich (V.)

Auch Graf Emich IV. lebte nicht bis zu dem in den bisherigen Genealogien und Stammtafeln festgelegten Jahr 1280 bzw. 1281[197]. Denn zum 13. Juni 1279 wechselt die Nennfolge in den gemeinsamen Auftritten der beiden leiningischen Familien abermals: Nun sind es die Vettern Friedrich IV. und Emichs IV. Sohn Emich[198] – in den Stammtafeln ohne Nummer, bei uns erhält er die Ziffer V mit Klammern –, die in dieser Reihenfolge faßbar werden, ab 1282 Mai 5 auch Emich (V.) und seines Vetters Sohn, Friedrich V., wobei Friedrich IV. und Friedrich V. – mit einer Ausnahme (1288 Juni 3) – jeweils als Friedrich der Ältere bzw. Jüngere unterschieden und ihrem Alter entsprechend vor oder nach Emich (V.) genannt werden[199].

Das Todesjahr Emichs IV. läßt sich noch weiter eingrenzen: Denn bei jenem Grafen Emich von Leiningen, der am 14. Juni 1278 als pfälzischer Burgmann zu Wachenheim reversiert[200], handelt es sich zweifellos nicht mehr um Emich IV., sondern bereits um dessen Sohn. Macht schon der Vergleich der Intitulationes dieses und eines vom selben Tage datierenden Lehensreverses des Grafen Friedrich [IV.] von Leiningen[201] stutzig – *Ego Emicho comes de Lininge(n),* hingegen *Nos Fredericus comes de Lininge(n)* –, so verschafft der Umstand, daß sein *patruus* [hier: Vetter] Graf Friedrich für Emich siegelt, weil dieser eines eigenen Siegels ermangelt, über das jugendliche Alter des Ausstellers Gewißheit. Ganz offensichtlich war Emich (V.) damals noch unmündig, denn in einer dritten Urkunde dieses Datums verbürgte sich der vertretungsweise belehnte Graf Friedrich [IV.] gegenüber dem Pfalzgrafen, daß sein *patruus* Emich binnen Jahresfrist *feoda sua et castellaniam suam* persönlich empfangen werde[202]. Die Tatsache, daß der Vetter von der Hauptlinie die Interessen Emichs (V.) vormundschaftlich wahrnimmt, läßt auch keinen Zweifel daran, daß Emich IV. vor dem 14. Juni 1278 verstorben ist; terminus post quem ist der 30. Juni 1276[203].

197 LEHMANN III S. 50: »1280 oder 1281« und ebd., Stammtafel I: »1281«; Stammtafel des med. Hauses, Tafel I: »1280 oder 1281«; BRINCKMEIER I S. 104: »1280 (oder 1281)«; FREYTAG VON LORINGHOVEN, Tafel 20: »1281«. Hingegen KAUL S. 283: »entweder 1276 oder bald darauf, jedenfalls aber vor dem 13. Juni 1279«, ebd. 2. Stammtafel: definitiv »1276«.

198 Zu Emichs IV. Töchtern s. S. 172f.

199 1279 Juni 13: Graf Friedrich urkundet, unter den Zeugen befindet sich *domicellus Emicho de Liningen* (ZGO 1, 1850, S. 413f.). – 1280 Aug. 23: *Fridericus et Emecho* (BAUR II Nr. 330). – 1281 März 5: *F*[ridericus] *et Emicho* (UB Otterbg. Nr. 223; vgl. auch Nr. 224). – 1282 Mai 5: Emicho und Friedrich der Jüngere (RGZ Nr. 273). – 1282 Mai 6: Emich und Friedrich der Jüngere (MrhRegg IV Nr. 933; ohne Zusatz in RGK I Nr. 253). – 1284 Juli 25: Friedrich von Leiningen und Friedrich dessen Sohn, Emich von Leiningen (RI VI/1 Nr. 1849). – 1284 Aug. 16: *patrui nostri* [Walrams von Leiningen, Dompropstes zu Worms, Bruder Friedrichs III. und Emichs IV., der Väter der beiden Nachgenannten] *dilecti Fridericus senior et Emicho comites de Liningen* (WÜRDTWEIN, Mon. Pal. I. Nr. 108; UB Otterbg. Nr. 237). – 1287 Apr. 1: Graf Friedrich der Ältere von Leiningen, ... Graf Emicho von Leiningen (RGZ Nr. 308). – 1288 Juni 3: Friedrich und Emich (BAUR I Nr. 182).

200 Abschr. Perg.: GLA 67/799 fol. 61r. Regest: RPR I Nr. 1016. Erwähnt: BRINCKMEIER I S. 107 (ohne Beleg); KAUL S. 282 (nach RPR).

201 Abschr. Perg.: GLA 67/799 fol. 63v. Druck: BAUR II Nr. 313. Regest: RPR I Nr. 1017.

202 Abschr. Perg.: GLA 67/799 fol. 61r. Regest: RPR I Nr. 1016.

203 RI VI/1 Nr. 567; RMB Nr. 503. KAUL S. 282 spricht von einer »Voranstellung des Grafen Friedrich« in der Zeugenliste; das Gegenteil ist der Fall. Es handelt sich also hier nicht um Emich (V.), der »bei Hofe eingeführt« wird.

7. Friedrich IV.

Friedrichs III. angebliches Todesjahr 1287 kann auch nicht auf Friedrich IV. bezogen werden, in welchem Falle ein weiterer Friedrich in die Stammreihe einzufügen wäre. Das erweisen die oben angeführten fortlaufenden gemeinsamen Beurkundungen und Handlungen Friedrichs IV. mit den Verwandten der Linie Leiningen-Landeck bis zu deren Aussterben[204], die Auftritte zusammen mit seinem Sohn Friedrich V. in den Jahren 1277 bis 1291[205] sowie die aus davon unabhängigen Zeugnissen seit 1288 zumindest bis 1310 lückenlos zusammenstellbaren direkten (unterscheidendes Cognomen »der Alte« bzw. »der Ältere« oder Nennung der Gattin Johanna) oder indirekten Belege für seine Existenz (»Friedrich der Junge« und dessen Gemahlin Sophia)[206]. Friedrich IV. starb tatsächlich erst 1316, nachweislich hochbetagt. Am 6. Juni dieses Jahres hatte er noch für seinen Enkel Friedrich [= Fritzmann], Sohn Jofrieds, eine Urkunde mit besiegelt[207].

Daß die Lebenszeit Friedrichs IV. einen Großteil der bisher Friedrich III. zugeschriebenen Lebensdaten erfaßt, dürfte nicht unerheblich auch für die Verfassungsgeschichte des 13. Jahrhunderts sein, da dieser neue Umstand alle über eine etwa stattgefundene Vererbung der Landvogtei im Speyergau von Friedrich III. auf Friedrich IV. angestellten Mutmaßungen[208] im nachhinein überflüssig macht: In jedem Fall war Friedrich IV., nie hingegen Friedrich III. Verwalter dieses Amtes[209].

204 S. Anm. 175 u. 199.

205 12(77, kurz nach Aug. 19), wird in einer Abmachung der Schiedsleute zwischen dem Eb. von Trier u. dem Hz. v. Lothringen bestimmt, daß, falls Graf Friedrich von Leiningen sterbe, sein Sohn Friedrich seine Stelle als Verwalter der Burg Schaumburg einnehmen solle (RGZ Nr. 244). – 1281 Dez. 12: *greve Friderich von Linningen* und *sin sun* (AI selecta Nr. 430; Regest: RGK Nr. 248). – 1284 Juni 24: *Fridericus comes senior de Liningen* [...] *accedente consensu* [...] *domine Johanne, collateralis nostre, et Friderici filii nostri comitis iunioris* (UB Otterbg. Nr. 235; vgl. auch Nr. 236). – 1284 Juli 25: *Fridericus de Liningen et Fridericus suus filius, Emgo* [!] *de Liningen* (QuStW I Nr. 415). – 1285 Jan. 13: *Fridericus comes de Liningen et Fridericus filius noster;* der Sohn besitzt noch kein eigenes Siegel (Baur II Nr. 389). – 1285 Juni 23: *Fridericus comes de Linengen necnon filius noster Fridericus* (Baur II Nr. 396; Regest: MrhRegg IV Nr. 1261). – 1290 März 22: Erwähnung des Grafen Friedrich von Leiningen und seines Sohnes (RGZ Nr. 322). – 1290 Apr. (4 oder 5): wie zuvor (RGZ Nr. 323). – 1291 Nov. 7: *Ferris, cuens de Lienanges* urkundet für sich und *Ferri mon fil* (de Wailly Nr. 309).

206 1288 Mai 1: Friedrich der Alte (Neubauer, Regg. Werschweiler Nr. 359). – 1289 Mai 16: Friedrich der Ältere (MrhRegg IV Nr. 1660; Jungk Nr. 678). – 1291 März 17: *Friderichen von Leiningen den altten* (RappUB I Nr. 188). – 1291 Dez. 27: *Fridericus comes de Liningen senior* (UBiSp I Nr. 431 mit falscher Datierung 1292 Juni 24). 1292 Sept. 22: *Fridericus comes de Liningen senior* (Baur II Nr. 484). – 1293 Aug. 14: *Fridericus comes de Lyningen senior* (Baur II Nr. 499). – 1294 Juli 11: Friedrich der Ältere (Jungk Nr. 745). – 1298 Dez. 24: Graf Friedrich und Gemahlin Anna (RPR I Nr. 1416; RLGV Nr. 7). – 1301 Feb. 25: Friedrich der Jüngere und seine Gattin Sophia (UBStStr III Nr. 445; RBStr Nr. 2538). – 1301 Mai 12: Friedrich d. J. (REM I Nr. 695). – 1304 März 21: *Fridericum Comitem de Leiningen, Seniorem* (L-D-H, Endliche Deduction Lit. Ll). – 1304 März 22: *Fridericus comes et Johanna nostra collateralis, comitissa de Liningen* (UB Otterbg. Nr. 310). – 1305 Sept. 29: Graf Friedrich von Leiningen für Agnes von Ochsenstein, die Ehefrau seines Sohnes Gottfried (Mone in ZGO 20, 1867, S. 313f.). – 1307 Juni 14 ist die Rede von *Greven Frideriche von Liningen unde Johannen siner wrtinne* (Baur II Nr. 683), desgl. 1308 Sept. 12 (QuStW II S. 35). – 1310: Friedrich der Alte (Lünig, RA 22 S. 383 Nr. 7; vgl. Brinckmeier I S. 76 und S. 85f.).

207 *in festo Sancte Trinitatis*, Vidimus des Offizials des Propstes von St. Paul in Worms von 1437 Apr. 7 *(dominica Quasimodogeniti)* im StA Luzern, GA 361.

208 Siehe vor allem Schreibmüller, Landvogtei S. 44; vgl. auch Conrad II/1 S. 91f.

209 Eingehender S. 140–147, 177 und 180f.

8. Die Gemahlinnen Friedrichs IV.

Von den drei Ehen, die Friedrich IV., laut nahezu allen bisherigen genealogischen Arbeiten, nacheinander eingegangen sein soll[210], war lediglich die zweite korrekt – wenn auch ohne Hinweis auf die Herkunft der Ehepartnerin – verzeichnet.

Bei der als »Johanna von Sponheim« angeführten ersten Gattin wurde offensichtlich der Vorname der zweiten Gemahlin Friedrichs IV. mit einem unabhängig davon überlieferten Verwandtschaftstitel in unstatthafte Verbindung gebracht. Brinckmeier[211] beruft sich auf eine Urkunde des Grafen Johann von Sponheim vom Mai 1270, in der dieser den Grafen Friedrich von Leiningen seinen *sororius* nennt[212]. Wiewohl der überaus vage Gebrauch von Verwandtschaftsbezeichnungen in spätmittelalterlichen Quellen im allgemeinen keinen eindeutigen Schluß aus einer solchen Einzelaussage zuläßt und der Status der Verschwägerung in unserem konkreten Fall durchaus auch Gestalt in zwei gesicherten ehelichen Allianzen, nämlich Emichs IV. und seiner Tochter Adelheid, mit dem Hause Sponheim gewänne[213], darf hier, wie auch Kaul es tut[214], der Begriff »Schwager« sehr präzis verstanden werden. Denn unmittelbar vorher wird Graf Emich ebenso exakt als Schwiegervater *(socer)* betitelt[215]. Friedrich von Leiningen war also in der Tat mit einer Schwester Johanns von Sponheim verheiratet; allerdings hieß die Gräfin nicht Johanna. In einer um zwei Jahre älteren Urkunde nennt Graf Friedrich *uxorem meam legitimam Mehtildim*[216].

Das angebliche Todesjahr der ersten Gattin, 1296[217] bzw. »nach 1304«[218], stammt aus einer Fortschreibung lediglich auf den Namen Johanna lautender urkundlicher Belege, die man auf die unbestreitbar schon im Mai 1282 mit Graf Friedrich vermählte Johanna von Apremont[219] beziehen muß. Diese starb zwischen 1317[220] und 1319, da Friedrich V. und Jofried im letztgenannten Jahr über ihr Wittum verfügen konnten[221].

210 Stammtafel des mediatisierten Hauses, Tafel 1; BRINCKMEIER I S. 87–89, der jedoch eine »auffällige Unsicherheit« bekennt; FREYTAG VON LORINGHOVEN, Tafel 20. – Bei LEHMANN III S. 66f. waren es noch zwei Ehen. – KAUL, Tafel II vermag zwar nicht alle Fragen zu klären, bringt aber erstmals eine von den groben Irrtümern gereinigte Fassung.

211 BRINCKMEIER I S. 87.

212 Abgedruckt: GUDEN CD III Nr. 682. – Regest: MrhRegg III Nr. 2514 (ungenau).

213 Vgl. KAUL S. 275.

214 KAUL S. 275 Anm. 263.

215 GUDEN a.a.O.

216 1268, Leiningen (UBiSp I Nr. 350). – Auch MÖLLER, NF I (1950) Tafel V (Spanheim, Vordere Gft.) ist daraufhin zu berichtigen.

217 FREYTAG VON LORINGHOVEN, Tafel 20.

218 BRINCKMEIER I S. 87 Anm. 3.

219 1282 Mai 14 *(leu jeudi devant la panthecoste)*: *Ferris cuens de Lyenanges* verschreibt der *noble fame damoiselle Jehenne, suer* [= sœur] *mon seignour Joffroi seignour d'Aipremont, pour la raison dou mariaige qui doit estre et est entre moi et li*, Schloß und Herrschaft Ormes als Wittum, mit Zustimmung Herzog Friedrichs von Lothringen, der mit siegelt. Ausf. Perg.: AD Nancy, B 623 Nr. 9. Vgl. DE PANGE Nr. 678. – Nach jenem ihrem Bruder erhielt Johannas Sohn, nachmals Stifter der jüngeren, Hardenburger Linie des Hauses Leiningen, seinen Vornamen, eingedeutscht zu Jofried resp. Gottfried. – Stammtafeln der Apremont finden sich bei PARISSE II S. 893f.

220 Sie urkundet noch 1316 Dez. 11 (HERRMANN I Nr. 217) und 1317 (NEUBAUER, Regg. Werschweiler Nr. 552).

221 S. Exkurs »Die Herrschaft Ormes« S. 237.

Die angeblich dritte Gattin des bereits vor seiner zweiten verstorbenen Grafen war in Wirklichkeit seine Schwiegertochter und die erste Gemahlin Friedrichs V.[222].

9. Friedrich V. und seine Geschwister

Friedrich V. entstammte der ersten, sein Bruder Jofried der zweiten Ehe Friedrichs IV. Aus der Teilungsurkunde der Herrschaft Ormes vom 6. September 1319 geht nämlich hervor, daß nur der Jüngere der beiden teilenden Brüder Friedrich und Jofried von Leiningen ein Sohn Johannas von Apremont war und demgemäß das während der Ehe seiner Mutter mit Friedrich IV. erworbene Vermögen für sich allein beanspruchen konnte[223]. Ob der Speyerer Bischof Emich von Leiningen aus erster oder zweiter Ehe stammt, ist nicht festzustellen.

Mit ziemlicher Gewißheit darf jedoch Mechthild als leibliche Tochter der gleichnamigen Gattin Friedrichs IV. gelten. Sie wird von Freytag von Loringhoven aus unerfindlichen Gründen nicht mehr erwähnt[224], ist aber in einer Heiratsabrede mit Nassau vom 4. April 1288 bezeugt[225]. Graf Adolf von Nassau bekundet darin, mit *Gre*[ve Fri]*deriche fon Liningen*[226] übereingekommen zu sein, *daz unser eldeste sôn, der nach uns unsere Grafschaf besizzen sal, sine dohter Mehtilde* oder eine Tochter, die dem Grafen von Leiningen innerhalb der folgenden fünf Jahre geboren wird, nach Wahl des Ausstellers, heiraten solle. Da gleichzeitig bestimmt wird, daß Graf Friedrich über seine zwei ältesten Töchter weiterhin frei verfügen darf *(un laszen sine zua eldesten dôhtere zů sime willen, daz her mit in dů wes her zů rade wirt)*, muß Mechthild zwei ältere Schwestern gehabt haben. Wie sie hießen, wissen wir nicht, jedenfalls entstammt keine der mit Namen bekannten übrigen Töchter Friedrichs IV. dessen erster Ehe. Die am 18. Oktober desselben Jahres mit dem Grafen Georg von Veldenz verlobte Agnes von Leiningen[227] wird – die Heirat kam zustande – in der Wittumsverschreibung vom 26. Mai 1301 als Tochter Johannas ausgewiesen[228], war also nur eine Halbschwester Mechthilds. Da sie nicht zu den drei Töchtern von 1288 April 4 gehören kann, muß sie kurz nach ihrer Geburt zur Ehe versprochen und dieselbe dann gleich nach Vollendung ihres zwölften, spätestens dreizehnten Lebensjahres geschlossen worden sein.

Auch die von Kaul[229] ohne Begründung aus der Stammtafel verbannte Ferriata, die nachweislich vor 1309 Juli 1 bis September 1310 mit dem regierenden Grafen Johann I. von Saarwerden verheiratet war und als Vormundschaftsregentin für ihre minderjährigen Söhne zwischen 1314 Juni 25 und 1315 Juni 3 starb[230], wird 1316 Dezember 11 (nach ihrem Tode) von

222 Vgl. S. 50.
223 S. Exkurs »Die Herrschaft Ormes« S. 237f.
224 Freytag von Loringhoven, Tafel 20.
225 Druck: Corpus II Nr. 1000; Regest: Corpus Regg. Nr. 1000.
226 Mit Sicherheit so zu ergänzen, da in der Urkunde nochmals von dem *forgenante(n) herre(n) Greve Friderich fon Liningen* die Rede ist.
227 MrhRegg IV Nr. 1587 u. 1588.
228 REM I Nr. 697; RLGV Nr. 32.
229 Kaul, 2. Stammtafel.
230 Freytag von Loringhoven, Tafel 20; Herrmann II, Stammtafel der Grafen von Saarwerden, Tafel 1; dazu Herrmann I Nr. 199, 203, 204, 206, 208, 210, 211, 213, 217, 445 und 838 sowie Herrmann II S. 56; Schwennicke VI Tafel 159.

der Altgräfin Johanna von Leiningen ausdrücklich als deren Tochter genannt[231]. Ebenso stammt die 1318 mit Hannemann von Lichtenberg verehelichte, als Schwester des Speyerer Bischofs Emich nachgewiesene Jenate (Jutta, Johanna)[232] wegen Namensgleichheit mit ihrer Mutter wohl aus zweiter Ehe.

Nicht nur Adolfs von Nassau ältester Sohn (Heinrich)[233], sondern mindestens auch eine Leininger Tochter aus erster Ehe ist kurz nach der oben erwähnten Ehevereinbarung gestorben. Denn am 26. Oktober 1292 ist nur von drei Töchtern Friedrichs die Rede[234], unter die nunmehr Agnes zu zählen ist. Von diesen drei Töchtern sind zwei bereits verlobt (*einer siner dohter under drin, der zwo mannen sint gelobet)*, die Tochter, die übrigbleibt *(swele ledic wirt un die ich welen wil)*, verspricht Graf Walram von Zweibrücken gegenüber Graf Friedrich von Leiningen, seinem ältesten Sohne, *der min herschaf besizzet,* zu vermählen, sobald das Mädchen zwölf Jahre alt ist. Die Heirat Zweibrücken-Leiningen ist ebensowenig zustande gekommen wie eine eheliche Allianz, die Friedrich der Alte am 14. Juni 1299 mit dem Bruder des verstorbenen Wildgrafen Raub, dem Bischof Emich von Freising, verabredete. Eine beliebige leiningische Tochter hätte danach einem der Söhne Raubs zur Frau gegeben werden sollen[235].

Die Suche nach einem 1324 lebenden Bruder Jofrieds, Simon von Leiningen, der außerdem hätte älter sein müssen als Jofried, was schon mangels seiner Einbeziehung in die Teilungsverträge von 1317/18 als Unmöglichkeit erschien, brachte ein negatives Ergebnis. Die Angaben und Zuordnung im Regestenwerk von Würth-Paquet und van Werveke beruhen auf einem Lesefehler[236]. Der Gütertausch, den *Henri de Menstorf, bourgeois de Luxembourg* am 23. November 1324 beurkundet, fand nicht mit einem Brüderpaar *Simon et Godefroi de Linenges* statt. Es ist vielmehr zu lesen: *Symont de Lyvienges* und *Godefroit son freires*[237]. Die Zeugenreihe *Hanrit et Adam et Johan de la ville de Livenges et Hericho de Peppenges*[238] weist nämlich eindeutig auf den im Großherzogtum Luxemburg gelegenen Ort Livange mit Nachbarort Péppange, nordöstlich von Bettembourg.

231 Herrmann I Nr. 217.

232 Lehensherrliche Genehmigung Bischof Emichs von Speyer zur Wittumsverschreibung zugunsten seiner Schwester: 1318 Febr. 23 (Eyer, Regg. Nr. 151); wegen der wechselnden Namensformen vgl. Eyer S. 40, 85, 103 u. 106. Jutta findet sich bereits in der ältesten leiningischen Stammtafel: L-D-H, Endliche Deduction (1616), Stammtafel nach Nr. XLV. Seit L-W, Rechtliche Auszüge (1737), Tab. I wurde sie der falschen Generation zugeteilt. Kaul nahm in seiner 2. Stammtafel erstmals eine Richtigstellung vor.

233 Vgl. Corpus Regg. Nr. 1000; Dek S. 17. Die Heiratsabrede galt nicht für Rupert, wie Conrad II/1 S. 109 meint.

234 Druck: Corpus II Nr. 1638. Regesten: RGZ Nr. 347 und Corpus Regg. Nr. 1638.

235 Druck: Corpus IV Nr. 3381. Regesten: MrhRegg IV Nr. 2891; Corpus Regg. Nr. 3381. Beide Regesten sprechen verfälschend von der Tochter Friedrichs, MrhRegg zudem von dem Sohne des Wildgrafen; dieser Irrtum findet sich auch in der 2. Stammtafel Kauls, der gleich noch zu wissen vorgibt, daß es sich um Wildgraf Friedrich I. handelt; ebenso definitiv bei Möller I, Tafel XV.

236 Würth-Paquet – van Werveke Nr. 129.

237 Ausf. Perg.: AD Metz, 7 F 522 Nr. 129.

238 Ebd.

10. Die Eheverbindung Friedrichs V.

Sophie von Freiburg wurde nicht 1296 von Friedrich IV. geehelicht[239], sondern bereits 1286 von dessen Sohn Friedrich V.[240]. Das Ehepaar ist nämlich am 10. Juni 1324 noch am Leben[241], Friedrich IV. hingegen schon 1316 tot; er hinterläßt außerdem als Witwe Johanna von Apremont[242]. Damit erübrigen sich die im Fürstenbergischen Urkundenbuch angestellten Spekulationen über eine zweite Sophie von Freiburg[243], die offensichtlich auch Freytag von Loringhoven aufgegriffen hat[244].

Die angebliche zweite Ehe des bereits 1327 verstorbenen Friedrich V. mit Marie de Blois, der Witwe des Herzogs Rudolf von Lothringen[245], ist natürlich ein Anachronismus[246]. Ohnehin hat Gräfin Sophie ihren Gatten überlebt. Sie siegelt noch 1335 mit Sohn und Enkel[247].

11. Dompropst Friedrich, Bruder Friedrichs VII.

Von Friedrichs VI. Söhnen erscheint der älteste erstmals am 1. Mai 1330 und noch zu Lebzeiten des Vaters als Dompropst zu Worms und ist als solcher, zumindest ab 1339 mit schöner Regelmäßigkeit, bis 1351 September 20 nachweisbar[248]. Da mit ihm zusammen immer nur ein Bruder, Friedrich oder Emich, urkundet[249], nie aber Emich und der nicht geistliche Friedrich zusammen erwähnt werden, liegt hier offenbar der gleiche Fall vor, wie er sich schon bei Friedrich I. (Emich) darstellte, daß sich nämlich ein und dieselbe Person zeitweise des einen oder des anderen Namens bedient hat[250]. Tatsächlich ist auch in einer Urkunde Kaiser Karls IV.

239 So die Stammtafel des mediatisierten Hauses, Tafel 1; Freytag von Loringhoven, Tafel 20, läßt diese Frau gleichzeitig Gattin Friedrichs IV. und Friedrichs V. sein. – Nach der Stammtafel des med. Hauses, Tafel 2, war Friedrich V. mit einer »Sophie von Kirburg« verheiratet; der Fehler ist schon bei Lehmann III S. 75 zu finden und wurde noch von Kaul, 2. Tafel, übernommen.

240 Die Hochzeitsfeierlichkeiten fanden am 7. Juli 1286 zu Zabern statt (RBStr Nr. 2179, jedoch irrig in der Zuweisung der Ordnungszahl hinter Friedrich).

241 *lou diemenge apres le Penthecoste on mois de juins.* Henri sire de Bayon, seine Ehefrau Marguerite de Nanteuil und ihr Sohn Jacques versprechen, den Herzog Friedrich von Lothringen, der für sie gegenüber dem Grafen Friedrich von Leiningen und dessen Ehefrau Sophie von Freiburg Bürgschaft geleistet hat, schadlos zu halten. Die Ausf. ist verschollen (Vermerk »D« = déficit im Repertorium Lancelots: AD Nancy, B 458 fol. 3r). Zit. n. Kopb. (16. Jh.) AD Nancy, B 376 fol. 96r–v. Regest: Bridot Nr. 327.– Als weitere Belege seien genannt: 1301 Febr. 25, Friedrich der Jüngere von Leiningen und seine Gattin Sophie (UBStStr III Nr. 445; RBStr Nr. 2538); 1323 Jan. 26: *Nos Fridericus comes de Lyningen ac Sophia, nostra collateralis legitima* (Druck: UB Otterbg. Nr. 387; Regest: Scriba III Nr. 2523; die Ausf. befindet sich im StA Luzern, GA 390).

242 Vgl. S. 47.

243 Fürstenberg. UB VII (1891) Nr. 274 Anm. 1.

244 Freytag von Loringhoven, Tafel 20.

245 Stammtafel des med. Hauses, Tafel 2; Brinckmeier I S. 117; Freytag von Loringhoven, Tafel 20; Conrad II/1 S. 177.

246 Dies hat bereits Thomas (1973) S. 105 Anm. 38 erkannt; vgl. S. 51.

247 1335 März 29 (Hoefer Nr. 179; REM I Nr. 3418).

248 S. Anhang I/6.

249 Wie vorige Anm.

250 Von drei Söhnen Friedrichs VI. sprach Lehmann III S. 76f.; danach auch die Angaben in der Stammtafel des med. Hauses, Tafel 2, und Freytag von Loringhoven, Tafel 20. Brinckmeier I S. 124f.

vom 6. Dezember 1355 der bislang als Schreibfehler verkannte Doppelname überliefert[251]. Die gemeinsamen Beurkundungen Dompropst Friedrichs mit Friedrich VII. (Emich) gewährleisten eine sichere Identifikation und erlauben, mit Bestimmtheit zu sagen, daß jener zwischen 1351 September 20 und 1352 Oktober 11 in den weltlichen Stand zurückgetreten ist. Denn seit dem letztgenannten Datum tragen die beiden Friedriche plötzlich die unterscheidenden Beinamen »der Alte« und »der Junge«, und von einer kirchlichen Würde des älteren ist nie wieder die Rede[252]. Diese Tatsache gewinnt im folgenden Bedeutung.

Bislang war nicht bekannt, daß der frühere Dompropst sich schon sehr bald nach seiner Rückkehr in den Laienstand – vielleicht ist dies auch die Begründung dafür – verehelicht hat. Es sei daran erinnert, daß die bisherigen Stammtafeln dem 1327 bereits toten Grafen Friedrich V. zeitwidrig die hinterbliebene Gemahlin des 1346 gefallenen Herzogs Rudolf von Lothringen als zweite Gattin zugeschrieben haben[253]. Marie de Blois, Nichte des französischen Königs Philipp VI., hat als verwitwete Herzogin von Lothringen 1353 tatsächlich einen Grafen Friedrich von Leiningen geheiratet[254], allerdings einen Enkel Friedrichs V., nämlich besagten ehemaligen Würdenträger der Wormser Domkirche. Der Fall liegt deshalb so klar, weil es 1353 sonst keinen Friedrich von Leiningen gab, der sich »der Alte« nannte oder nennen konnte. Als solcher wird aber der neue Gemahl der Herzoginwitwe ausdrücklich namhaft gemacht.

Kennengelernt hatte der Graf die Herzogin möglicherweise Ende 1351. Am 2. November dieses Jahres hatte Papst Clemens VI. u. a. einen Grafen Friedrich von Leiningen gebeten, den Mainzer Propst und apostolischen Nuntius Wilhelm Pinchon bei der Schlichtung des zwischen Gräfin *Yolendis* von Bar und der Herzogin von Lothringen ausgebrochenen Streits zu unterstützen[255]. Der Leininger Graf hatte wohl die Vermittlerrolle angenommen.

Ob Friedrich der Alte von Marie de Blois Kinder hatte, ist nicht mit Sicherheit zu ermitteln. 1376 März 3 nimmt zwar Graf Emich [V.] von der Hardenburger Linie in seinem Bündnis mit den Städten aus *grave Friderich zů Lyningen den eltern, grave Friderich zů Lyningen den jungeren und ire sůne*[256]; da dieses Bündnis jedoch auf zehn Jahre angelegt ist, bleibt die Möglichkeit offen, daß hier auch zukünftiger Nachwuchs mit angesprochen ist. Nachweisbar

stiftete mit seinen widersprüchlichen Behauptungen komplette Verwirrung. Dompropst Friedrich wird bei ihm zum Onkel Friedrichs VII.; die durch jenen 1343 angeblich initiierte Teilung zwischen Friedrich VII. und dessen vermeintlichem Bruder Emich, von Conrad II/1 S. 194 stereotyp wiederholt, beruht auf etlichen Verwechslungen; das von beiden zitierte Dagsburger Regest läßt lediglich wissen: *1343 Union d'heredité entre les freres de Linanges touchant leurs successions* (BN, Coll. Lorr. 717 fol. 1–33, hier fol. 3r). Dieses wenig sagende Regest bezieht sich auf einen auch bei Brinckmeier (I S. 164, ohne Quellennachweis und genaues Datum) erwähnten Familienvertrag des Hauses Leiningen-Hardenburg von 1343 Apr. 30, in welchem zudem gerade nicht geteilt, sondern die gemeinschaftliche Verwaltung des zukünftigen Erbes – der Vater lebt noch – beschlossen wird. Vertragspartner sind nicht die zwei Brüder Friedrich VII. und Emich, sondern deren drei, nämlich Emich, *ein Ritter*, Johann, Domherr zu Straßburg und Speyer, und Jofried. Die Urkunde datiert 1343, *an Sante Walburge Abende, der heiligen Jungfrauen*. Drucke: a) L-D-H, Endliche Deduction (1616, Nd. 1734) Nr. XXVII (nach einer beglaubigten Abschr.); b) L-W, Deductio juris et facti (1733), Beylagen Lit. HH (wohl nach a). Die Ausf. geriet in Verlust; es existiert noch eine begl. Abschr. v. 1609 (nicht identisch mit der Druckvorlage!) im Kopb. LA Speyer, F 1, 186 fol. 7r–9r.

251 Schannat Nr. 204; Regest: REM II Nr. 436.

252 S. Anhang I/7.

253 Vgl. S. 50 mit Anm. 245 und 246.

254 Thomas (1973) S. 105ff.

255 Sauerland II Nr. 1109. Vgl. Thomas (1973) S. 356; zum Anlaß ebd. S. 24ff.

256 QuStW II Nr. 711; Regest: RPR I Nr. 4120.

ist lediglich Friedrichs des Jüngeren gleichnamiger Sohn[257]. Da dieser nach dem Tode des Vaters die Regierungsgeschäfte versah, müßte ein eventuell im Jahre 1376 existenter Leibeserbe Friedrichs des Älteren bald das Zeitliche gesegnet haben. Friedrich der Alte selbst ist zwischen 1376 März 3 und 1378 Januar 19 gestorben, da zum letztgenannten Datum nur noch ein einzelner Graf Friedrich zu Leiningen, ohne jeglichen unterscheidenden Beinamen, urkundet[258].

12. Friedrich VIII. und seine Gemahlin

Graf Friedrich VIII. von Leiningen heiratete am 25. Juli 1405 Margareta, die Tochter des Markgrafen Hesso I. von Hachberg[259]. Sie ist vor dem 10. September 1426 verstorben[260]. Wenn Brinckmeier eine vorausgehende Ehe mit einer »Sophia« in Erwägung zieht[261], so beruht das, wie er im gleichen Atemzuge als möglich einräumt, tatsächlich auf einem Lesefehler. Das von ihm zitierte Dokument ist nämlich nicht auf den 7. Oktober 1400, sondern auf 1323 Januar 26 datiert und von Friedrich V. und Gemahlin Sophia (von Freiburg) ausgestellt[262]; an dem von Brinckmeier erwähnten Datum wurde die Urkunde nebst etlichen anderen vidimiert[263].

Friedrich VIII. kann nicht erst 1437[264], sondern muß bereits 1434 gestorben sein, da sein Sohn Hesso schon zu Beginn des Jahres 1435 die Lehen vergibt[265].

13. Die Geschwister des Landgrafen Hesso

Über Friedrichs VIII. Söhne herrschte bisher eine ziemlich wirre Vorstellung. Dabei erwiesen sich die am wenigsten richtigen Angaben als die zählebigsten. So findet sich seit Lehmann unter den Kindern Friedrichs VIII. ein »Gottfried, Dompropst zu Worms«[266], der in Wirklichkeit der Linie Leiningen-Hardenburg zugehörte. Den eindeutigen Beleg hierfür, eine Bestätigung

257 1369 März 25 *(an Unser Frauen Kleibel Tage)*: *Wir Grave Friderich der Alte, und Wir Grave Friederich der Junge von Leiningen, Gebrůder, und ich Friederich von Leiningen, des Jungen Grav Friderichs Sohn* (L-D-H, Endliche Deduction Nr. XII).

258 QuStW II Nr. 735.

259 RMB I Nr. h 479.

260 RMB I Nr. 3942.

261 Brinckmeier I S. 137.

262 *crastino conversionis beati Pauli apostoli* (Ausf. Perg.: StA Luzern, GA Nr. 390; Druck, nach kopialer Überlieferung: UB Otterbg. Nr. 387; Regest: Scriba III Nr. 2523).

263 *mensis octobris die septima* (Vidimus: StA Luzern, GA Nr. 985).

264 So Lehmann III S. 91; Stammtafel des med. Hauses, Tafel 2; Brinckmeier I S. 139; Freytag von Loringhoven, Tafel 20, Conrad II/2 S. 58.

265 Die erste Vergabe eines Lehens durch Graf Hesso erfolgte 1435 Jan. 4 (*off dinstag nach dem jarsdag*; Abschr. 15. Jh. im Mannbuch des Grafen Hesso: GLA 67/1903 fol. 2v–3r). – Ausdrücklich als verstorben erwähnt wird Hessos Vater 1435 März 2 *(off fritag nach dem eschernen mitwoch)*: Graf Hesso zu Leiningen belehnt den Ritter *Eberhart Vetzer vonn Geißpeßheim* mit einer Gült, die dieser von dem *edeln unserm lieben hern und vatter hern Friderichen graven zu Lyningen seligen* als Pfandlehen getragen hat (Gleichz. Abschr. im Mannbuch des Grafen Hesso: GLA 67/1903 fol. 6r–v).

266 Lehmann III S. 91 und Stammtafel I bei S. 12; Stammtafel des med. Hauses, Tafel 2; Brinckmeier I S. 140; Freytag von Loringhoven, Tafel 20.

der Ahnen von 1380 April 23, mit dem ausdrücklichen Hinweis, daß der Wormser *canonich* – nicht Dompropst – ein Sohn des Grafen Emich von Leiningen sei[267], lieferte Brinckmeier groteskerweise als Beweisstück für die von ihm vorgenommene Zuordnung unter die Söhne Friedrichs von Leiningen[268]. Ganz und gar nicht belegt ist ein ebenfalls von Lehmann eingeführter Sohn »Egon, der in der Jugend [...] starb«[269].

Was den vermeintlichen ältesten Sohn Friedrichs VIII., den späteren Landgrafen Hesso, betrifft, so hatte derselbe nicht nur einen jüngeren, sondern auch einen älteren Bruder namens Friedrich. Obwohl bereits Richard Fester an Hand eines Belegs von 1429 März 5 diese nun schon längst nicht mehr neue Erkenntnis lieferte[270], hielten sowohl Freytag von Loringhoven[271] als auch Conrad[272] hartnäckig an der älteren Ansicht fest. Jener bisher nicht in den Stammtafeln geführte Graf Friedrich IX. von Leiningen wird bereits 1424 Juli 3 zusammen mit seinem Vater erwähnt[273] und nennt sich 1425 Juni 3 selbst dessen ältesten Sohn[274]. Er korrespondiert noch im September und Oktober 1426 als Graf Friedrich der Jüngere mit dem Markgrafen Bernhard von Baden[275], schickt als solcher am 17. November desselben Jahres der Stadt Metz einen Fehdebrief[276] und ist nicht lange vor 1429 März 5 verstorben[277]. Sein Vater hat ihn also überlebt, und dessen direkter Nachfolger wurde 1435 Graf Hesso. Dessen Name leitet sich vom Großvater mütterlicherseits, dem Markgrafen von Hachberg, her.

Ob der 1407 März 31 von König Ruprecht legitimierte Johannes dictus de Hassia[278], Sohn eines Grafen Friedrich von Leiningen und einer Nonne, ein natürlicher Sohn Friedrichs VIII. – demnach älter als alle legitimen Söhne – oder noch Friedrichs VII. war, muß dahingestellt bleiben. Vielleicht war sein Vater auch Graf Friedrich von Leiningen-Rixingen, dessen regierender Bruder ebenfalls Johann hieß.

14. Die jüngere Linie (Leiningen-Hardenburg)

Die Stammfolge der aus der Teilung von 1317/18 hervorgegangenen Grafen der Linie Leiningen-Hardenburg mußte, mangels gegenteiliger Beweise, jedoch mit größtem Vorbehalt, aus den bisher gültigen Stammtafeln übernommen werden. Sie lag in ähnlicher Form, von leiningen-hardenburgischer Seite ausgearbeitet, bereits im Jahr 1616 vor[279] und kann aus den

267 Winkelmann II Nr. 1227.

268 Brinckmeier I S. 140 Anm. 2. Auch die vier mitgeteilten Ahnen passen nicht zur Altleininger Linie.

269 Lehmann III S. 91 und Stammtafel I bei S. 12; Stammtafel des med. Hauses, Tafel 2; Brinckmeier I S. 139; als »Emich« bei Freytag von Loringhoven, Tafel 20.

270 RMB I Nr. 4170. Inkonsequent allerdings in den Bemerkungen zu RMB I Nr. h 479.

271 Freytag von Loringhoven, Tafel 20.

272 Conrad II/2 S. 58.

273 RMB I Nr. 3711.

274 *an dem nehsten sundag nach dem heyligen pfingstage / in unserm sloß zu Lyningen.* Im Kontext: *Wir, Friderich grave zu Lyningen der elter, und wir, Friderich grave zu Lyningen der junger, sin eldster son* (Ausf. Perg.: StA Luzern, GA Nr. 1202).

275 RMB I Nr. 3942–3943 und 3946.

276 Toepfer II Nr. 213.

277 Zu diesem Termin treten Hesso und Friedrich als Forderungserben ihres verstorbenen Bruders Friedrich auf (RMB I Nr. 4170).

278 *Datum Altzey, 1407 ultima die marti, regni nostro septimo* (Eintrag im Reichsregistraturbuch Kg. Ruprechts: GLA 67/802 fol. 110v. Regg.: RPR II Nr. 4371, fälschlich zu 1406; RPR II Nr. 4738).

279 L-D-H, Endliche Deduction (1616, Nd. 1734) S. 63ff. und Tafel.

damals beigefügten urkundlichen Belegstücken[280], vor allem Ahnenproben, nachvollzogen werden. Wiewohl sie dem Vergleich mit eben diesen Nachweisen standhält, scheint sie mir, samt ihrer urkundlichen Basis, aus rein altersstatistischen Gründen doch höchst zweifelhaft zu sein. Möglicherweise gehen doch auch scheinbar unabhängig voneinander verfertigte und beglaubigte Ahnenproben in etlichen Fällen auf ein und denselben Informanten zurück, der sich seiner Angaben wohl nicht immer so sicher war, wie es den Anschein hat[281].

Sehr auffällig sind zunächst die aufeinanderfolgenden (!) überdurchschnittlich langen Regierungszeiten Emichs V., VI., VII. und VIII. Sie sollen 35, 72, 43 und 38 Jahre betragen haben, unter jeweiliger Ausklammerung einer Mitherrschaft bei Lebzeiten des Vaters, also jeweils von dessen Tod ab gerechnet. Vom Ableben Emichs V. bis zu dem Emichs VII. ergibt sich eine zeitliche Distanz von 115 Jahren für zwei, die sonst für drei, eher noch für vier Generationen in Anrechnung gebracht wird. Beziehen wir noch die Regierungszeit Emichs V. oder Emichs VIII. in unsere Rechnung ein, kommen wir auf 150 bzw. 153 Jahre für drei Generationen; es fehlen hier, bisher als normal angesehene Maßstäbe zugrunde gelegt, augenscheinlich glatt zwei Glieder in der Stammfolge.

Nun mag diese Rechnung bei Zugrundelegung der Todesdaten für eine kürzere Generationsspanne insofern nicht stichhaltig erscheinen, als ja das eine oder andere Glied durchaus ein überdurchschnittlich hohes Alter erreicht haben mag. Doch sieht das Ergebnis auch nicht viel anders aus, wenn wir auf Geburtsdaten bauen und eine größere Generationenfolge beschreiben. Da Jofried, der Vater Emichs V., 1303 für mündig erklärt wurde[282], könnte er, einen mittleren Mündigkeitstermin von 15 Jahren zugrunde gelegt[283], wohl 1288 geboren sein. 1539 gilt als Geburtsjahr Johann Philipps I., des ältesten Sohnes Emichs IX.[284]. Von der erstgenannten zur siebten Geburt, also für sechs Generationen, ergibt sich demnach ein Zeitraum von 251 Jahren. Das hieße, daß sechs Generationen lang jeder regierende Graf bei der Geburt seines ersten Sohnes durchschnittlich (!) 41 Jahre und 10 Monate zählte. Das klingt wenig wahrscheinlich. Auch wenn man in Rechnung stellt, daß bei hoher Kindersterblichkeit ein lebenskräftiger Stammhalter lange ausbleiben mochte und die männlichen Täuflinge wohl so lange den Leitnamen Emich erhielten, bis einer von ihnen am Leben blieb, scheint das 42. als durchschnittliches familiäres »Erfolgsjahr« doch reichlich spät angesetzt, vor allem angesichts so starker Geschwisterzahlen in den Generationen Emichs VI. oder gar Emichs VII. Die leiningische Stammtafel enthält also weiterhin etliche Fragezeichen.

280 Ebd. Nr. I–XLV.

281 Als konkretes Beispiel sei der durch Markgraf Christoph von Baden für Graf Nikolaus von Mörs-Saarwerden errichtete Ahnennachweis (Herrmann I Nr. 1479) genannt, in welchem die mütterlichen (leiningischen) Ahnen des Straßburger Domherren völlig durcheinander gebracht wurden.

282 De Pange Nr. 1463 von 1303 Nov. 3. – Es ist dies auch der frühestmögliche Termin für die Heirat mit Agnes von Ochsenstein. Die in Bernhart Hertzogs »Chronicon Alsatiae« V S. 53 und ausführlicher S. 55 zu 1291 mitgeteilte *Verheuratung* war sicherlich nur eine Verlobung, die detaillierte Beschreibung von Mitgift und Wittum entstammt wohl dem Heiratsvertrag. Auf Hertzog berufen sich auch Lehmann II S. 267 und Brinckmeier I S. 160, letzterer allerdings in der Nennung der Wittumsgüter stark von der Vorlage abweichend. Der Angriff Kauls S. 289 Anm. 330 auf Hertzogs Aussage über die ochsensteinische Mitgift ist nicht berechtigt. Sie paßt nicht nur in den historisch-politischen Zusammenhang der Heirat, sondern ist auch anderweitig verbürgt (vgl. S. 183, die Urk. v. 1305 Sept. 29 betreffend).

283 Vgl. dazu S. 35 mit Anm. 103.

284 Stammtafel des med. Hauses, Tafel IV.

15. Die Seitenlinie Leiningen-Rixingen

Die bereits nach fünf Generationen wieder ausgestorbene leiningen-hardenburgische Seitenlinie Leiningen-Rixingen wurde durch Jofrieds Sohn Fritzmann begründet. Lehmann ließ den Erwerb der Herrschaft Rixingen auf eine Heirat Fritzmanns mit einer Johanna, der »einzige[n] Tochter und Erbin des letzten Grafen von Rixingen« zurückgehen, »dessen Gebiet im Elsaße, an den Gränzen Lothringen's lag, sehr ansehnlich war und stets seine eigenen Grafen hatte«[285]. Für dieses angebliche Ehebündnis[286] findet sich in den Stammtafeln die Zeitangabe »um 1310«[287]. Brinckmeier übernahm die Lehmannsche Behauptung, zum Teil wörtlich, ebenfalls ohne Nachweise zu erbringen[288]. In dem von Karl Emich Graf zu Leiningen-Westerburg überarbeiteten zweiten Teil des Brinckmeierschen Werkes liest man als Heiratsjahr nunmehr »1345«; Fritzmanns Schwiegervater soll ein »Konrad II. von Rixingen« aus dem Hause Werd sein. Erstmals werden Quellen genannt, nämlich Calmets »Histoire de Lorraine« und Kremers »Genealogische Geschichte des alten Ardennischen Geschlechts«[289]. Calmet erwähnt jedoch an der angegebenen Stelle lediglich den Auftritt eines »Frichman Comte de Bicheicourt, [Randvermerk:] peut-être Richeicourt« als eines Garanten für den Friedensvertrag Bischof Ademars von Metz mit den Bürgern von Vic im Jahr 1345[290]. Die Herleitung der Verschwägerung mit dem Hause Werd-Rixingen muß also auf Kremers Darstellung basieren. Nun ist bei Johann Martin Kremer zwar nicht von einem Konrad II. von Rixingen die Rede und auch nicht von einer Vermählung im Jahr 1345, doch haben Kremers Ausführungen und Autorität offensichtlich die Grundlagen zu dieser bislang nicht in Zweifel gezogenen Interpretation geschaffen. Kremer findet »den Nachfolger des Rixingischen Konrads[291] nicht nahmentlich bemerkt, wohl aber im vorerwähnten Rixingischen Urkundenverzeichnis[292] im Jahr 1345 einen ungenannten Grafen von Rixingen«, und glaubt, »nicht zu fehlen, wenn ich diesen für Konrads Sohn, und für den lezten seiner Linie achte, durch dessen an Graf Fritzmann von Leiningen vermählte Tochter die Grafschaft Rixingen um diese Zeit ans Leiningische Haus gekommen ist«[293].

Diese wenig begründete Vermutung hat wiederum ältere Ursprünge, die sich wohl vor allem in einer unbewiesenen Behauptung der leiningen-hardenburgischen Seite im leiningischen Dignitätenstreit finden. In der den leiningen-westerburgischen Gegenbericht von 1714 erwidernden leiningen-dagsburg-hardenburgischen Prozeßschrift wird, ohne daß irgendwelche

285 Lehmann III S. 103.

286 Unkritisch auch bei Witte in JGLGA V/2 S. 86 vermerkt, hat es zuletzt noch Eingang in die Stammtafel der Grafen von Werd bei Schwennicke (Bd. VI Tafel 151) gefunden.

287 Stammtafel des med. Hauses, Tafel III; Freytag von Loringhoven, Tafel 21 gibt keine Jahreszahl.

288 Brinckmeier I S. 161 u. 252f.

289 Brinckmeier II S. 156.

290 Calmet, 2. Aufl. III Sp. 439f. Darüber, daß es sich hier um Fritzmann von L-Rixingen handelt, besteht kein Zweifel: vgl. auch den Abdruck der zitierten Bestätigung des Friedensvertrags bei Calmet, 1. Aufl. II, preuves Sp. DCVI–DCIX (Regg.: Herrmann I Nr. 347 u. RGZ Nr. 630) und den Abdruck des Friedensvertrags selbst, a. a. O., Sp. DCIX–DCXI (Regest: Herrmann I Nr. 353), der von 1344 Okt. 6 datiert.

291 Der 1291 mit seinem Bruder Heinrich teilte; vgl. Kremer, Ard. Geschlecht S. 127 Anm. 7; die Kremer nur im Regest bekannte Urk. ist abgedruckt bei Marichal I Nr. 72.

292 Inventar des Rixingenschen Archivs, abgedruckt Kremer, Ard. Geschlecht CD S. 220–242.

293 Kremer, Ard. Geschlecht S. 127f., ebenso S. 171f.

Belege genannt würden, festgestellt, »daß die Grafschafft Rixingen durch eine Erb-Tochter, namens Johanna, welche an Fritzmann Grafen von Leiningen verheurathet war, in das Haus Leiningen gebracht« worden sei[294]. Die leiningen-westerburgische Partei hat diesen Zeitpunkt zunächst übernommen[295], dann aber, als zu spät angesetzt, bestritten. Ihrerseits hat sie jedoch nur unhaltbare Argumente ins Feld geführt[296], in einem Falle auch eine mehr als dubiose Quelle herangezogen, laut welcher zwei angebliche und zwei nachweisbare Speyerer Bischöfe aus dem Hause Leiningen seit 1127 den Titel eines Grafen von Forbach und Rixingen geführt haben sollen[297]. Wiewohl der Nachweis mißlungen ist, stand doch die These weiterhin im Raum, daß Rixingen nicht erst von Fritzmann »erheiratet« wurde, und nahm wohl nur wegen der geringen Qualität der dargebotenen Belegstücke später niemand mehr positiv von ihr Notiz.

Tatsächlich nennt jedoch bereits 1321 Februar 17 Fritzmanns Vater Jofried selbst sich Herr von *Rukesingen*[298] und erfahren wir bei dieser Gelegenheit erstmals auch von seiner zweiten Gattin Mathilde, so daß die Vermutung naheliegt, daß der neue Titel mit der neuen Ehefrau erworben wurde[299]. Die Verhältnisse sind noch komplizierter: Mechthild war bereits einmal verheiratet gewesen. Sie brachte nämlich eine erwachsene Tochter *Jonathe* mit in die Ehe, die von ihrem Stiefsohn Fritzmann, dem Sohn ihres neuen Gatten, 1321 Oktober 16 auf Burg Frankenstein bewittumt wurde[300]. Eine solche Doppelverbindung zweier Häuser ist uns bereits um 1270 begegnet[301] und war also, im Widerspruch zu den seit dem vierten Laterankonzil von 1215 geltenden Ehehindernissen[302], im Spätmittelalter sehr wohl möglich. Auf diese Weise erklärt sich dann auch der spätere Übergang der Herrschaft Rixingen auf Mechthilds Stiefsohn Fritzmann, statt auf deren eigenen Sohn Emich von Leiningen. Als Herr von *Rukesingen*

294 L-D-H, Gründliche Refutation S. 46.
295 L-W, Rechtliche Auszüge (1737) Tab. I [=Stammtafel I].
296 Vgl. z.B. L-W, Schließliche Einreden (1739) Lit. A 2 und Lit. B 2 nebst Anmerkungen sowie § LXXIII.
297 L-W, Schließliche Einreden, Lit.Z, in Verbindung mit § LXXII.
298 Herrmann I Nr. 219.
299 Das Datum eines von Graf Jofried in der Burg Rixingen ausgestellten Lehensbriefes über ein Burglehen zu Armsheim (RLGV Nr. 438) kann mit dem Jahre 1301 nicht richtig überliefert sein. Jofried wurde erst 1303 für mündig erklärt (de Pange Nr. 1463); auch der tauschweise Erwerb eines Anteils an Armsheim von den Grafen von Veldenz durch Leiningen-Hardenburg geht, wie aus einer späteren Urkunde (s. S. 191f.) zu erfahren ist, auf Graf Jofried zurück und setzt dessen Handlungsfähigkeit zu diesem Zeitpunkt voraus. Ob der Datierungsfehler auf Pöhlmann zurückgeht oder bereits dem Schreiber des Kopialbuches, das dem Regest zur Vorlage diente, anzulasten ist, kann nicht mehr ermittelt werden, da der Codex zu den Kriegsverlusten von 1944/45 zählt (s. LA Speyer, Rep. F 1 Nr. 115). Die von Fritz Kiefer 1924 für den Druck besorgte Reinschrift der Pöhlmannschen Regesten, die sich ersatzweise am Standort des Kopialbuchs befindet, verzeichnet bereits das ausgedruckte falsche Jahr 1301.
300 Regest: LA Speyer, Rep. D 30 Nr. 186, nach einer Kopie im Limburger Kopb.B (Kriegsverlust): »Fritzman v. Liningen, Sohn des Grafen Joffrid von Liningen, bewidmet mit Zustimmung des Abtes Dietrich von Lympurg Jonathe, die Tochter der Gräfin Mechtilde v. Salmen u. Gräfin zu Liningen, seiner Stiefmutter, mit 1500 Pfd. Heller auf die burg Francksteyn, welche er von dem Kloster Lympurg zu Lehen hat. *1321 an sand Gallen tage*. Kopie im Limb. Kop.= b. B. fol. 86«. Kurz erwähnt: Brinckmeier I S. 160f. (ohne Nachweis); dort »Johanna von Rixingen«. – Zu Jonathe: Als *Joatte* [=Jeannette?] findet sich dieser Name schon im 13. Jh. in der Salmschen Familie (vgl. die Stammtafel der älteren Grafen von Salm bei Parisse II S. 874).
301 S. oben S. 47.
302 Vgl. Hermann Conrad, Deutsche Rechtsgeschichte, Bd. I, 2. Aufl. Karlsruhe 1962, S. 404ff.

erscheint *Fritschemann* von Leiningen erstmals 1330 September 9 in einer Urkunde des Grafen Jofried von Leiningen und dessen Gattin Mathilde von *Salmis*[303]. Er ist also auch der von Kremer als Fritzmanns Schwiegervater angesehene ungenannte Graf von Rixingen von 1345[304].

Es stellt sich die Frage, ob Mechthild als Erbin ihres ersten – uns leider nicht bekannten – Ehegemahls, als welcher dann tatsächlich ein Graf von Werd-Rixingen in Betracht kommen müßte, in den Besitz der Herrschaft Rixingen gelangte, oder ob es sich hierbei um eine Salmsche Mitgift handelte[305]. Der erste Fall ist nur spekulativ zu lösen. Möglicherweise war Mathildes erster Mann der am 17. Juli 1291 erwähnte Konrad, erster und letzter Vertreter der Linie Werd-Rixingen[306]. Dann hätte Mechthild ihrem zweiten Gemahl Konrads Erbe wohl nicht unangefochten zugebracht, zumal Konrads älterer[307] Bruder, Heinrich von Forbach, Nachkommen hatte. Es hätte Jofried von Leiningen den sichersten Weg, seiner Gattin und dem Hause Leiningen die Herrschaft Rixingen zu erhalten, darin gesehen, daß er seinen Sohn aus erster Ehe mit Mathildes und Konrads Tochter verehelichte. Der zweite Fall bedingt, daß Mechthild von Salm von ihrer eigenen Familie mit einem Besitz ausgestattet wurde, der kurz zuvor, wegen Aussterbens der Werd-Rixingen, dem Hause Salm heimgefallen ist. Das hätte natürlicherweise zur Voraussetzung, daß die Grafen von Werd die Herrschaft Rixingen über die Grafen von Salm erworben hatten und daß es sich um das mütterliche Erbgut Konrads handelte, auf das Heinrich von Forbach keinen Anspruch hatte. Auch diese Möglichkeit sei hier weiter verfolgt.

Ein von Kremer als Vater jenes Konrad in Anspruch genommener Heinrich von Rixingen aus dem Jahre 1269[308] ist in Wirklichkeit dessen Bruder und Mitaussteller der Urkunde von 1291, wohingegen beider Grafen Vater 1291 ausdrücklich als *li cuens Thierris de Richiercourt, qui fuit* erwähnt wird[309]. Dieser Dietrich ist derselbe, der dem Metzer Bistum nacheinander seine Allode, nämlich im November 1242 Burg *Maurrimont* [Morsberg][310], am 9. September 1255 Burg *Richiercort* [Rixingen][311] und zehn Tage später Burg *Gaboudanges* [Gebeldingen, Geblingen][312], jeweils mit allem Zubehör, aufgetragen und im April 1261 dem Bischof Philipp von Metz alle drei Objekte *tamquam suam deffendendam et custodiendam* anvertraut hat[313]. Er ist auch derselbe, der 1241 als *Theodericus comes de Ruckesingen filius quondam comitis*

303 Herrmann I Nr. 259. – Die wesentliche Literatur über die Grafen von Salm verzeichnet Parisse II S. 872. Bei der unter dem Namen Erpelding genannten Arbeit handelt es sich um eine an der Universität Nancy II angefertigte, ungedruckte, mir bislang nicht zugänglich gewesene thèse: Danièle Erpelding, Les comtes de Salm en Vosges (début XIIe–1247), octobre 1973 [Masch.schr.] (vgl. Michel Parisse, L'histoire lorraine à l'institut d'histoire médiévale de l'université de Nancy II, in: Annales de l'Est, 5e série, 30 (1978) S. 267–272).

304 Kremer, Ard. Geschl. S. 127f.

305 Die Eltern Mechthilds von Salm waren Graf Johann I. von Salm und Jeanne de Joinville (Freytag von Loringhoven III Tafel 134). Eine andere Ehe Mechthilds als die mit dem Leininger Grafen war bislang nicht bekannt.

306 Marichal I Nr. 72. Vgl. Parisse II Tafel 15 (»1295« ist Schreibfehler für 1291); hiernach Schwennicke VI Tafel 151.

307 S. Anm. 309.

308 Kremer, Ard. Geschl. S. 126f.

309 Marichal I Nr. 72; vgl. Parisse II S. 886. Heinrich ist der ältere, Konrad der jüngere Graf; die Stammtafeln Parisse II Tafel 15 und Schwennicke VI Tafel 151 sind in diesem Punkte zu korrigieren.

310 Marichal I Nr. 29.

311 Ebd. Nr. 259.

312 Ebd. Nr. 252.

313 Ebd. Nr. 258.

Sigeberti bone memorie in Erscheinung tritt[314], und ist, wie durch Vergleich dieser mit einer Urkunde aus dem Jahre 1229, wo er selbst noch ohne Titel genannt wird, in Erfahrung zu bringen ist, der jüngere Bruder des Grafen Heinrich *de Werde Langravius Alsacie*[315]. 1243 nannte er sich auch *Soibert* (= Siegbert)[316]. Kremer bezeichnete ihn als den »Stammvater« der Linie Werd-Rixingen[317]. Witte[318] stellte etwas vorsichtiger fest, daß »nie und nirgends vorher [...] einer solchen Grafschaft in der lothringischen Geschichte Erwähnung« geschehe, vermutete jedoch im vorliegenden Fall eine frisch entstandene Titulargrafschaft für die Sekundogenitur der Grafen von Werd, Landgrafen von Elsaß, wohingegen er eine Beerbung älterer Herren von Rixingen für nicht beweisbar hielt[319]. Aus der Tatsache, daß sich der Titel eines Grafen von Rixingen erstmals 1241 mit Sicherheit beim Hause Werd nachweisen läßt[320], möchte ich, zunächst einmal hypothetisch, ableiten, daß Dietrich die Herrschaft Rixingen kurz zuvor durch Heirat mit einer Salmschen Tochter erworben hat, als welche wir möglicherweise seine 1257 erwähnte Gattin Sophie[321] ansehen dürfen.

Die These wird zunächst durch einen erst neuerdings beachteten Verwandtschaftstitel zwischen den Häusern Werd und Salm[322] gestützt, der gleichzeitig in einem auf besitzrechtliche Beziehungen hindeutenden Zusammenhang auftaucht. Dietrichs Söhne Heinrich und Konrad lassen nämlich ihren Teilungsvertrag vom 17. Juli 1291, laut welchem Heinrich die beiden Herrschaften *Fourpach* [Forbach] und *Gaubondanges* [Gebeldingen], Konrad aber *Riechiercourt* [Rixingen] und *Marrimont* [Morsberg] erhält, von Graf Heinrich [IV.] von Salm, *nostre chier coisin*, besiegeln[323]. Auch erscheint der ältere der beiden Brüder bereits am 1. April 1280 als Zeuge und Mitsiegler in einer Urkunde des Grafen Heinrich von Salm, mittels welcher dieser dem Erzbischof von Trier seine Lehensgüter zu Bernkastel verkauft[324]. Umgekehrt verbürgte sich Graf Heinrich von Salm schon am 10. Juli 1265 für Heinrich, Herrn von Rixingen und Forbach, gegenüber dessen Vater, dem Grafen Dietrich von Rixingen[325]. Anlaß zur Bürgschaft gab bezeichnenderweise ein Streit zwischen Vater und Sohn um das von letzterem in Beschlag

314 Schöpflin, Als. dipl. I Nr. 501.

315 Ebd. Nr. 457.

316 Parisse II S. 885.

317 Kremer, Ard. Geschl. S. 126.

318 Witte in JGLGA V/2 S. 83.

319 Ebd. S. 84; die oben angeführten Lehensauftragungen waren Witte nicht bekannt.

320 Daß Siegbert IV. (†nach 1220) mit einer Adelheid von Rixingen verheiratet gewesen sei (Parisse II Tafel 15; hiernach Schwennicke VI Tafel 151), ist offensichtlich nur eine Vermutung; Parisse II S. 885 gibt Hinweis auf Siegberts »femme (non nommée)«. Die Nennung Siegberts als eines Grafen von Rixingen in einer nicht datierten Urkunde »de la fin du XIIe siècle« (Parisse a. a. O.) ist vielleicht doch später anzusetzen und gilt wohl eher dem oben erwähnten Dietrich-Siegbert.

321 Kremer, Ard. Geschl. S. 126 u. CD S. 116 Nr. VI.

322 Parisse II S. 886 und Tafeln 10 (Salm) und 15 (Werd); hiernach Schwennicke VI Tafel 151 (Werd). Für Salm vgl. Freytag von Loringhoven III Tafel 134, wo noch keine Sophie bekannt ist.

323 Marichal I Nr. 72.

324 Hontheim I Nr. 557; unter anderem Gesichtspunkt bereits von Kremer a. a. O. S. 126f. erwähnt.

325 Der erstmals von Schmitz-Kallenberg I/2 S. 180 Nr. 25 mitgeteilte Urkundentext findet sich nunmehr in besserem Abdruck und mit richtig gelesenem Datum bei Michel Parisse, La Lorraine, la maison de Salm et les archives d'Anholt, in: Annales de l'Est 26 (1974) S. 148–157, hier: S. 153 Nr. 2. Im Kopfregest ist jedoch versehentlich von 104 statt von 140 Metzer Pfund die Rede; auch sollten die mit der Bürgschaft eingegangenen Verpflichtungen nicht bis Magdalenentag (22. Juli), sondern bis zum Sonntag davor (19. Juli) erfüllt werden.

genommene Maizières[-les-Vic], ein Zugehör der Herrschaft Rixingen. Strittig konnte dieses jedoch vorzüglich dann sein, wenn es sich um einen Teil der Mitgift von Heinrichs von Rixingen Mutter, Dietrichs verstorbener Gemahlin, handelte. Das deckt sich genauestens mit unseren oben geäußerten zeitlichen Vorstellungen vom Übergang der Herrschaft Rixingen an das Haus Werd.

Zwar hat ein Siegbert Graf von Frankenburg – Siegbert III., der Großvater Dietrichs[326] – bereits Lehen und Allode in den Bännen von *Richecort* und *Broc* besessen, in welchen er der Abtei Hohenforst (= Haute-Seille) 1182 das Weiderecht schenkte[327]. Doch muß das Allodialgut nicht unbedingt sehr umfangreich gewesen sein oder gar die gesamte Herrschaft Rixingen umfaßt haben. Möglicherweise handelte es sich sogar um Besitz in Réchicourt-la-Petite (südl. Moyenvic), an dessen nordöstlichem Nachbardorf Lezey die Abtei Hohenforst um 1315 größere Anteile besaß[328] und das nur sechs Kilometer weiter von Broc[329] entfernt lag als Réchicourt-le-Château.

Dafür, daß sich der Rixingensche Herrschaftstitel bereits sehr viel früher in Salmscher Hand befunden hat, spricht die folgende, wohl nicht unwesentliche Beobachtung: Zur gleichen Zeit, als Kunigunde, die Tochter eines Gerhard von Rixingen und Witwe eines Matfried von Viviers alias Tincry, die Abtei Senones mit Gütern bei Rixingen beschenkte (Wende 11./12. Jahrhundert)[330], üben die Vogtei von Senones nacheinander ihre Söhne Dietrich (1103) und Gobert (1105) aus[331], und noch 1129 erscheinen Goberts Neffen Dietrich und Gerhard als Wohltäter dieses Klosters[332]. (Es handelt sich also keineswegs um ein »einfaches Burgmannengeschlecht«, wie Witte[333] in Erwägung zieht.) Am 5. März 1111 taucht aber auch Graf Hermann II. von Salm als Vogt von Senones auf[334], ist noch *advocatus Senoniensis* am 27. Dezember 1126[335] und vererbt dieses Amt seinem Sohn Heinrich I. (1135–1166), der es nachweislich ab 1135 ausübt[336]. Bei den Grafen von Salm, in deren Repertoire an Vornamen überdies auch »Dietrich« gehört[337], läßt sich schließlich auch die Burg Viviers aufspüren: Heinrich III. von Salm gab seinem gleichnamigen Sohn [um 1222] das von Metz lehensrührige *superius castrum de Vivario* mit einem Zubehör von hundert Hufen, *qui quondam a mensa monachorum Senoniensium abscisi sunt et collati sunt advocato huius loci, ut ad cetera manum non extenderet*[338].

326 Parisse II S. 887; Schwennicke VI Tafel 151.
327 Witte in JGLGA V/2 S. 124 Anm. 2; alte Terr. Lothr. II S. 139.
328 Alte Terr. Lothr. II S. 204 u. 336.
329 Im heutigen Banne von Maizières-lès-Vic; vgl. ebd. S. 45.
330 Alte Terr. Lothr. II S. 137. Matfried nannte sich auch selbst nach Rixingen. Eine Besitzbestätigung des Bischofs Heinrich von Toul für das Priorat Flavigny von 1213 führt als Schenkerin für ihr, ihres Gatten und ihrer Söhne Seelenheil *Cunegundis uxor Matfridi de Richiscurt* auf (Calmet II, preuves Sp. 422–424, hier Sp. 423; vgl. auch Witte in JGLGA V/2 S. 84 Anm. 1).
331 Alte Terr. Lothr. II S. 616.
332 Ebd. S. 137.
333 Witte in JGLGA V/2 S. 84.
334 Schmitz-Kallenberg I/1 S. 3 Nr. 1. Vgl. Vannérus I S. 32 mit Anm. 4; Möller II S. 148 u. Tafel LIII; Freytag von Loringhoven III Tafel 134; andere Zählweise bei Parisse II Tafel 10; vgl. auch ebd. I S. 516f.
335 Vannérus I S. 35 mit Nachweisen in Anm. 3.
336 Ebd. S. 50, 54 u. Stammtafel bei S. 112. Möller II S. 149 u. Tafel LIII wiederholt noch einmal die von Vannérus I S. 45f. in Verbindung mit S. 34f. bereits (als auf einem Überlieferungsfehler beruhend) widerlegte Ansicht Kremers, daß Heinrich schon zu Lebzeiten seines Vaters die Vogtei innegehabt habe.
337 Vannérus I Stammtafel bei S. 112; Freytag von Loringhoven III Tafel 134; Parisse II Tafel 10.
338 Richer von Senones S. 316; vgl. Vannérus I S. 73 und Parisse I S. 518.

Handelt es sich hier nur um die Andeutung einer Lösungsmöglichkeit und müßten eindeutigere Belege für eine solchermaßen geartete Kontinuität der Besitzverhältnisse erst noch erbracht werden, so sprechen doch, neben den oben bereits angeführten Gründen, etliche weitere Anzeichen für den Erwerb Rixingens durch Leiningen in Form einer Mitgift Mathildes von Salm. Erstens haben die aus der Salmschen Grafenfamilie hervorgegangenen Herren von Blâmont (=Blankenberg)[339] im 14. Jahrhundert Rechte in den zur Herrschaft Rixingen gehörenden Dörfern Foulcrey und Gondrexange, die ihnen keineswegs durch Gräfin Kunigunde von Leiningen zugebracht worden sein können, wie behauptet wird[340]. Denn diese entstammte dem Hause Leiningen-Landeck, nicht Leiningen-Rixingen. Zweitens ist für die Verschreibung der halben Burg Rixingen als Wittum der Margarete von Baden – sie soll laut Verabredung des Grafen Schafried von Leiningen-Rixingen mit Margaretes Bruder, dem Markgrafen Rudolf dem Jungen, bis spätestens 10. Oktober[341] erfolgen – nicht nur die Siegelung durch Schafrieds Vater Fritzmann und den Lehensherrn, sondern auch durch die Grafen Johann den Älteren und Johann den Jüngeren von Salm erforderlich, nicht hingegen durch die vier übrigen Bürgen und Mitsiegler der Heiratsabrede[342]. Man kann also mit einigem Grund von einer zu erbringenden Einverständniserklärung der Grafen von Salm sprechen. Drittens zieht ebenderselbe Graf Jofried II. von Leiningen-Rixingen die Grafen Johann den Alten und Johann den Jungen von Salm, *meis tres bien et amerez cuzins*, 1364 Juli 2, bei Gelegenheit der Verpfändung einer auf verschiedene Dörfer der Herrschaft Rixingen angewiesenen Rente, als Zeugen hinzu[343]. Viertens vermag auch die Heraldik der Beweisführung zu assistieren: Das Rixinger Wappen zeigt 1513 im Schild zwei silberne, sich voneinander abwendende Salme in blauem, mit silbernen Kreuzchen bestreutem Feld[344]. Obersalm hatte »anfänglich zwei silberne Salmen in rot, die nach der Trennung von Blâmont weitergeführt wurden, während die Linie Salm zwei rote Salmen in gold annahm«[345]. Selbst die Kreuzchen finden sich 1350 im Siegel der Gattin Johanns des Jungen von Salm[346], der ein Neffe Mathildes von Salm, der Gattin Jofrieds, war[347]. Es sei allerdings darauf hingewiesen, daß die Grafen von Leiningen-Rixingen stets den Schild der leiningischen Sekundogenitur (3 Adler und Turnierkragen) im Siegelbild führten, so daß das Rixinger Wappen auf andere Art überliefert worden sein muß.

Fazit: Ganz gleich, ob Mechthild von Salm vor ihrer Ehe mit Graf Jofried von Leiningen mit Konrad, dem letzten Vertreter Werd-Rixingens, vermählt war oder nicht, so deutet doch alles darauf hin, daß erst durch das Haus Salm die Herrschaft Rixingen an die Grafen von Werd gelangt ist. Auf jeden Fall hat bereits Mechthild die Herrschaft Rixingen dem Hause Leiningen zugebracht, und wurde durch die Heirat ihres Stiefsohns Fritzmann mit ihrer Tochter aus erster

339 Möller II S. 149 u. Tafel LIII; Parisse II Tafel 23. Nicht zu verwechseln mit den Herren von Virneburg, die sich zeitweise auch »von Blankenberg« nannten: s. Schwennicke VII Tafel 144.

340 Alte Terr. Lothr. II S. 136 Nr. 4 u. S. 137 Nr. 5.

341 *sontag, der nehste gelegen ist fur sant Gallen tage schierste kompt.*

342 1361 Aug. 27 (Ausf. Perg: GLA 46 Nr. 86. Regesten: RMB I Nr. 1165; RGZ Nr. 773 mit kleineren Versehen).

343 *lou deixiesme jour dou mois de juneit* (Ausf. Perg.: BN, Coll. Lorr. 88 Nr. 202).

344 Brinckmeier II, Anhang von K. E. Gf. z. L-W S. 406.

345 Möller II S. 149.

346 Ebd.

347 Möller II, Tafel LIII.

Ehe die Seitenlinie Leiningen-Rixingen begründet. Daß nicht Fritzmann, sondern dessen jüngerer Bruder Emich die Leiningen-Hardenburger Stammlande erbte, mag in Emichs vornehmerer Geburt seine Ursache haben.

Fritzmann scheint die Regierungsgeschäfte bereits 1355 seinem Sohn Jofried überlassen[348] und selbst einem späten Ritterideal gehuldigt zu haben. *Joffrois de Lynanges* nennt sich jeweils *contes* [resp. *sires*] *de Rechicourt*, wogegen sein Vater sich 1362 Oktober 29 schlicht *Frichemans de Linanges Chevaliers* tituliert[349]. Die Identität Fritzmanns ist gesichert, weil er *Joffrois* und *Mahaulz* als seine Eltern erwähnt. Fritzmann war 1363 nicht tot[350], sondern lebte noch 1366 Mai 18[351]. Er hatte nicht nur einen[352], sondern zwei Söhne, neben Jofried (Schafried, Gottfried) nämlich auch einen Sohn Jacomin. Da dieser allerdings nur im Jahr 1371 erwähnt wird[353], ist er wohl noch in seinen Jugendjahren verstorben.

Jofried II. heiratete 1361 Margarete von Baden, die Tochter des verstorbenen Markgrafen Friedrich und Schwester des Markgrafen Rudolf des Jüngeren. Der Ehevertrag vom 27. August enthält die Bestimmung, daß die Wittumsverschreibung noch vor Vollzug des Beilagers und bis spätestens 10. Oktober *(sontag, der nehste gelegen ist fur sant Gallen tage schierste kompt)* zu erfolgen habe[354]. Jofried lebte nicht bis nach 1380[355], sondern war in diesem Jahr bereits tot. Ein Friedensvertrag mit Leiningen-Hardenburg vom 19. Mai nennt *Margaretha Marggråvin von Baaden, Gråvin von Leiningen, und Johanns ir Sun, und Grave Schaffritz seeligen Sun, Grave von Leiningen, und Grave zu Růckhesingen*[356]. Diese vertreten auch ihren Sohn und Bruder Friedrich, der das Friedensgelöbnis sprechen soll, *wenne er zu sinen Tagen kummet*[357]. Damit sind alle Söhne Jofrieds erfaßt. Eine Tochter war allen Anzeichen nach die 1411 September 16 erwähnte Äbtissin zu Lichtental, Schanate, Gräfin von Leiningen[358]. Die Verbindung zum Zisterzienserinnenkloster Lichtental läßt sich jedenfalls gut über die Markgrafen von Baden, die Gründerfamilie, erklären. Der Vorname Schanate [=Jonathe] rührt dann von der Großmutter väterlicherseits her.

348 Z. B. handelt Jofried selbständig 1355 Mai 10 (L-W, Schließliche Einreden Lit. A 2; Kremer, Ard. Geschl. CD S. 222 Nr. 18); 13(5)9 (RGZ Nr. 753); 1360 (Kremer, Ard. Geschl. CD S. 222 Nr. 20 u. 21); 1361 März 25 (RappUB I Nr. 737; RGZ Nr. 767); 1362 (Kremer, Ard. Geschl. CD S. 223 Nr. 23); 1364 Juli 2 (*lou deixiesme jour dou mois de juneit*, Ausf. Perg.: BN, Coll. Lorr. 88 Nr. 202).

349 L-W, Schließliche Einreden Lit. B 2.

350 So Stammtafel des mediatisierten Hauses, Tafel III; lt. Brinckmeier I S. 252 Todesjahr nicht bekannt; Freytag von Loringhoven, Tafel 21, bringt 1363 als »annähernd« bzw. »errechnet«.

351 Margarete, Schwester des Markgrafen Rudolf von Baden und Gemahlin des Grafen Schafried von Leiningen-Rixingen, bittet den Grafen *Fritzeman von Lyningen*, ihren *sweher*, um Mitsiegelung. Ausf. Perg.: GLA 46/90. Regest: RMB I Nr. 1224.

352 Stammtafel des med. Hauses, Tafel III; Brinckmeier I S. 253; Freytag von Loringhoven, Tafel 21.

353 1371 Febr. 3 *(lou jour de feste sainct Blaize, tier jour dou mois de fevrier)*: *Joffrois contes de Lynanges et de Rechicourt* verpfändet *la moitie deis murs que nos et Jacomins notres freires avons a Ormes* (Ausf. Perg.: AD Nancy, B 575 Nr. 137). – 1371 März 4 *(le quairt jour dou mois de mairs)*: Herzog Johann von Lothringen genehmigt die durch *le dis Joffrois et Jaicomins ses freres* getätigte Verpfändung (Ausf. Perg.: AD Nancy, B 575 Nr. 138).

354 Ausf. Perg.: GLA 46/86. Regesten: RMB I Nr. 1165; RGZ Nr. 773 nennen Margarete versehentlich die Tochter des Markgrafen Rudolf; so auch irrtümlich schon bei Freytag von Loringhoven, Tafel 21.

355 So Stammtafel des mediatisierten Hauses, Tafel III. Der letzte uns bekannte Beleg datiert von 1378 (Kremer, Ard. Geschl. CD S. 223 Nr. 28).

356 *uff den Samestag nach dem Pfingstage* 1380 (L-D-H, Endliche Deduction Nr. XIX).

357 Ebd.

358 RMB I Nr. 2691.

Das Todesjahr Johanns wurde bisher einhellig, aber falsch mit »vor 1430« beziffert[359]. Johann genehmigt und besiegelt hingegen 1435 Juli 6 eine Wittumsverschreibung und die vertragliche Zusicherung einer Morgengabe durch seinen Sohn Rudolf[360]; er wird von diesem 1437 Juli 31 um Zustimmung und Mitsiegelung beim Verkauf mütterlichen Erbgutes gebeten und hat demnach seine Gattin *Alisson de Petite Piere* [= Elisabeth von Lützelstein] überlebt[361]; er urkundet auch noch 1442 Juni 18, zusammen mit seinen Söhnen Friedrich, dem Straßburger Domscholaster, und Rudolf[362], sowie am 6. Juli desselben Jahres noch einmal zusammen mit Rudolf[363]. Dieser gedenkt am 4. Oktober 1445 seines verstorbenen Vaters[364].

Johann ist also auch identisch mit seinem angeblichen Sohn Johann II., der von 1430 bis 1442 vorkommen soll[365], aber ebensowenig belegt ist, wie es ein Sohn Hannemann I. und ein Sohn Wecker sind[366]. Andererseits können nunmehr zwei weitere Kinder Johanns nachgewiesen werden, von denen das eine bislang nie, das andere nur zeitweise in den leiningischen Stammtafeln in Erscheinung trat. In der schon erwähnten Urkunde von 1437 Juli 31 bittet nämlich Rudolf nicht nur *mon chier seigneur et pere Jehan conte de Linanges et de Rechicourt* und *mon chier frere messire Ferry de Linanges chenonne* [= chanoine, Domherr] *de la grant eglise de Strasbourg* um Zustimmung und Mitsiegelung, sondern auch *ma chiere suer dame Henriette de Linange, dame vefvé de Fenestrenges*, also seine Schwester Henriette, verwitwete von Vinstingen[367]. Fast wichtiger ist, daß Friedrich, der älter war als Rudolf, möglicherweise deshalb 1427 in den geistlichen Stand getreten ist[368], weil es einen noch älteren Bruder gab, der

359 Stammtafel des med. Hauses, Tafel III mit dem unlogischen gleichzeitigen Hinweis auf einen 1438 von Johann getätigten Verkauf; BRINCKMEIER I S. 257 völlig in Widerspruch zu seinen Angaben S. 256; FREYTAG VON LORINGHOVEN, Tafel 21, erspart sich schließlich das »vor« und setzt definitiv »1430 †«.
360 *uff mittwoch vor sant Margreden tag der heiligen jungfrouwen* / dto. (2 versch. Ausff. Perg.: StA Darmstadt, B 2 Nr. 1029 u. 1030.
361 *le darrien* [= dernier] *jour du mois de juillet*; inseriert in der Zustimmungserklärung des Herzogs von Bar als Lehensherrn, 1437 Nov. 11 *(le lundi, unziesme jour de novembre)*, diese wiederum inseriert im Revers des Käufers für den Lehensherrn von 1437 Nov. 12 *(le douziesme jour de novembre)*, Ausf. Perg.: AD Nancy, B 852 Nr. 4; davon auch Abschr. (Kopb.): AD Bar-le-Duc, B 252 fol. 139v–145r.
362 *(XIIII kalendas julij): Johannes comes de Lyningen et comes in Ruckesingen ac* [...] *Fridericus de Lyningen, canonicus et scolasticus ecclesie maioris Argentinensis, et Rudolffus comes de Lyningen, fratres, filii supradicti* [...] *Johannis* (Vidimus von 1505 Aug. 26 Perg.: AD Nancy, B 808 Nr. 59).
363 *des fritages vor sant Kilianus tage* (Ausf. Pap.: AD Metz, G 22 Nr. 9).
364 RMB III Nr. 6436.
365 Stammtafel des med. Hauses, Tafel III; BRINCKMEIER I S. 258; FREYTAG VON LORINGHOVEN, Tafel 21.
366 Stammtafel des med. Hauses, Tafel III; BRINCKMEIER I S. 257f.; von FREYTAG VON LORINGHOVEN weggelassen. Der vereinzelten Nennung beider Personen im von J. M. Kremer überlieferten Rixinger Archivinventar, unter dem Jahre 1431 (KREMER, Ard. Geschl. CD S. 228 Nr. 55), liegt sehr leicht ein Abschreibfehler zu Grunde.
367 Bei FREYTAG VON LORINGHOVEN V, Tafel 134, nicht erwähnt.
368 Von 1427 Juli 13 *(ipsa die beate Margarethe Virginis)* und Juli 22 *(uff Sanct Marien Magdalenen Tag)* datieren zwei Ahnenproben für *Friderich Grave zu Leiningen Schol. des hohen Stiffts zu Straßburg* bzw. *Grave Friederich von Leiningen, Grave zu Ruxingen, Schulherr des hohen Stiffts zu Straßburg*, nach begl. Abschrr. gedruckt: L-D-H, Endliche Deduction Nr. 22. – Für das in der Stammtafel des med. Hauses, Tafel III, und bei FREYTAG VON LORINGHOVEN, Tafel 21, angegebene Todesjahr Friedrichs, 1452, ließ sich kein Beleg finden. Es sieht mir sehr konstruiert aus und beeinflußt von der Tatsache, daß in diesem Jahre

dann allerdings 1437 nicht mehr am Leben war: Heinrich[369]. Dieser nennt 1408 April 27 den Grafen Johann von Leiningen seinen Vater[370], urkundet mit ihm gemeinsam am 31. Januar 1414[371] und wird am 14. und 25. Februar 1417 von gewissen Bündnisverpflichtungen ausgenommen[372]; ein annäherndes Todesdatum konnte noch nicht ermittelt werden. Der Rufname Heinrich rührt vom Großvater mütterlicherseits, dem Grafen Heinrich von Lützelstein, her; Rudolf wurde nach dem Bruder seiner Großmutter väterlicherseits, dem Markgrafen Rudolf von Baden benannt. Die bislang als jüngstes Kind Johanns angeführte Walpurga[373] ist zweifelsohne älter als Rudolf und Friedrich, da sie bereits 1416 Januar 28 mit Graf Johann von Sponheim verheiratet war[374].

Friedrichs gleichnamiger Neffe und Sohn Rudolfs seine Aufnahme ins Straßburger Domstift betrieb (s. unten). Vom Domscholaster Friedrich hören wir letztmals in einer gemeinsamen Beurkundung mit seinem Bruder Rudolf, 1445 Febr. 4 (*uff Donnerstag nach Unser lieben Frauen Lichtmeß-Tag*, nach einer begl. Abschr. gedruckt: L-D-H, Endliche Deduction Nr. XXI).

369 L-D-H, Endliche Deduction (1616), Nd. in L-D-H, Repraesentatio jurium (1734), Stammtafel nach Nr. XLV nennt bereits »Henricus, † ohne Kinder«; hiernach auch L-W, Rechtliche Auszüge, Tab. I und L-W, Schließliche Einreden, Tab. I(b). In jüngeren Stammtafelwerken wird der Name Heinrich nicht mehr aufgeführt.

370 LA Speyer, Rep. D 30 Nr. 189 nach einer Abschr. im Limburger Kopb. B (Kriegsverlust).

371 *feria quarta ante festum purificationis beate Marie virginis*, Abschr. (15. Jh.) Pap.: FLA, Urkk. Leiningen; vgl. LA Speyer, Rep. D 30 Nr. 190 nach einer Abschr. im Limburger Kopb. B.

372 Druck: RappUB III Nr. 147; Regest: Herrmann I Nr. 852.

373 Stammtafel des mediatisierten Hauses, Tafel III; Brinkmeier I S. 258f.; Freytag von Loringhoven, Tafel 21.

374 *feria tertia proxima ante purificationem Marie virginis* (Ausf. Perg.: LA Speyer, C 25).

ZWEITES KAPITEL

Die Herkunft der Grafen von Leiningen

1. Die Tradition des Namens Emicho

Es war schon immer verlockend anzunehmen, daß der Name Emicho, der im 8. Jahrhundert mit der *Linunga marca* verknüpft[1] und im beginnenden 12. Jahrhundert wieder mit Leiningen verbunden ist[2], ein Traditionsname ein und derselben Familie sei. Einen diesbezüglichen Zusammenhang sah bereits Lamey[3]. Eingehend widmete sich dieser Frage aber erstmals Willi Alter, dessen personengeschichtliche Untersuchungen[4] der bis dahin nur unzureichend begründeten Ansicht ein tragfähiges Fundament schufen. Alter erkundete die soziale Zugehörigkeit jenes Amicho, der im Jahre 780 dem Kloster Lorsch unter Abt Helmerich *in pago wormat*[iensi] *in Linunga marca, de silva quidquid ad ipsam villam de mea silva pertinere videtur et terram, ubi ipsa silva stare dinoscitur*, schenkte[5]. Er gelangte auf diesem Wege zu den recht bedeutsamen Erkenntnissen, daß der in der Lorscher Überlieferung bar jedweden Titels erwähnte Amicho »selbst in weiten Räumen begütert oder berechtigt gewesen sein« und »mit gleichfalls weithin begüterten und einflußreichen Personen in einer Gruppe zusammengestanden haben« dürfte. So könne er »durchaus Ahnherr von erst später sicher nachweisbaren Dynastengeschlechtern« sein[6] und »einer politisch führenden Schicht im Reich zugeordnet werden«[7]. Dieses Ergebnis muß voll und ganz akzeptieren, wer die diffizilen Herleitungen Alters nachvollzieht. Zu den überraschenden Analogien zwischen jenem Amicho von 780 und den Grafen Emich von Leiningen in Namen und Örtlichkeit kommt also auch noch die nachgewiesene oder doch wenigstens sehr wahrscheinlich gemachte Standesgleichheit. Gerade in Anbetracht des hohen Rangs dieser Personen dürften die genannten Duplizitäten kaum zufälliger Natur sein. Es spricht nichts gegen, aber alles für die angedeutete Kombination und Anahme der Vor- bzw. Nachfahrenschaft[8].

Auch in unserem speziellen Falle ist, mit Einschränkung, geltend zu machen, was Karl S. Bader[9] allgemein zur räumlichen Kontinuität adliger Wohnsitze im Übergang von der Hofstatt

1 CL 1287.
2 Vgl. S. 25.
3 Lamey (1766) S. 250.
4 Alter, Emicho-Gruppe; Ders., Brunicho der Emicho-Gruppe.
5 CL 1287.
6 Alter, Emicho-Gruppe S. 32.
7 Alter, Brunicho der Emicho-Gruppe S. 84.
8 Vgl. auch Hellmuth Gensicke, Die Grundherrschaft der Abtei [Lorsch] – Worms-, Speyer- und Nahegau, in: Friedrich Knöpp (Hg.), Die Reichsabtei Lorsch, FS zum Gedenken an ihre Stiftung 764, I. Teil, Darmstadt 1973, S. 437–506 [abgeschlossen 1966], hier: S. 454.
9 Bader (1976) S. 252.

zur Höhenburg festhält: »Die Vorfahren der nachmaligen Burgherren haben wir [...] im Kern der älteren bäuerlichen Siedlung, die erst allmählich sich zum geschlossenen Dorf gestaltet, zu suchen. Sie sitzen im Frühmittelalter, eindeutig nachweisbar in der fränkischen Epoche, in ihren befestigten Höfen.« Bei einem so reich begüterten Hochadelsgeschlecht wie den Leiningern wird freilich Bodenständigkeit nach dieser einengenden Formel nicht unbedingt vorausgesetzt werden dürfen. Aber der allodiale Charakter der Mark Leiningen läßt es zu, an eine bevorzugte gräfliche *curtis* nahe der späteren Burg Altleiningen zu denken.

Alters personengeschichtliche Studien waren in ihrer Art aus der Notwendigkeit heraus entstanden, eine Alternative zu der angesichts eklatanter Überlieferungslücken unmöglich anwendbaren genealogischen Methode zu finden. Während Alter den wichtigsten Schritt bereits vollzogen und die nächstliegenden Überlieferungen für die Einzelperson des Amicho von 780 und dessen denkbare Verwandten mit höchster Akribie ausgewertet hat, verkennt er nicht, daß neben den Lorscher Nennungen von Personen des Namens »Emicho« [10] auch solche in der Überlieferung der Klöster St. Gallen [11], Weißenburg [12] und Fulda [13] weitere Zusammenhänge erschließen könnten und daß möglicherweise der 775 bis 787 erwähnte Murbacher Abt Amicho [14] in den Kreis jener aus dem Lorscher Kodex identifizierten Emichonenfamilie gehört. Wir wollen weiteren Studien Alters nicht vorgreifen, sondern der noch zu schlagenden Brücke lediglich vom anderen Ende her einige Pfeiler setzen.

Es ist davon auszugehen, daß in den Jahren 960 bis 1135 der Name Emicho vielfach, wenn auch nicht ganz ohne zeitliche Sprünge, erhalten ist, nämlich als Leitname der Grafen im Nahegau [15]. Weil die Nachrichten über diese Grafen erst mit dem Jahre 960 anheben und für die Zeit davor, soweit urkundlich zu belegen, im engeren Umkreis eben nur die Emichonen um

10 769 Sept. 24 (CL 1663); 773/74 (CL 1752); 775 Apr. 24 (CL 2527); 777 Juli 26 (CL 2491); 780 Juni 30 (CL 1287); 789 Juni 13 (CL 639); 792 Mai 8 (CL 191); 798 Juli 10 (CL 3762d); 803 Dez. 6 (CL 891); 807 März 26 (CL 785); 810 Apr. 1 (CL 788); 821 Mai 10 (CL 786); 855 März 6 (CL 2731); 857 (CL 2554).

11 Unter Einbezug der Namensvarianten *Amicho, Amiho, Hemicho, Imicho* und *Himiho*: (716/720) Jan. 16 (UB St. Gallen I Nr. 3); 770 Aug. 9 (ebd. Nr. 57); 793 März 27 (ebd. Nr. 135); 806 oder 885 Mai 29 (ebd. Nr. 189 u. II Anhang Nr. 2); (816/836) (ebd. II Anhang Nr. 18); 820 Mai 15 (ebd. I Nr. 252); 824 Juni 20 (ebd. Nr. 279–282); 834 Okt. 26 (ebd. Nr. 352); 849 Mai 23 (ebd. II Nr. 406); 851 Apr. 13 (ebd. Nr. 414); 855 Apr. 7 (ebd. Nr. 440); 856 Febr. 25 (ebd. Nr. 447); 860 März 15 (ebd. Nr. 470); 870 Apr. 10 (ebd. Nr. 551); 872 Juni 4 (ebd. Nr. 560); 878 Okt. (ebd. Nr. 609); 879 Apr. (ebd. Nr. 610); 883 Apr. 25 (ebd. Nr. 629); 885 Juni 30 (ebd. Nr. 645); 886 Febr. 9 oder 887 März 1 (ebd. Nr. 649); 890 Mai 14 (ebd. Nr. 677); 895 März 30 (ebd. Nr. 697); 909 Okt. 15 (16) (ebd. Nr. 760).

12 Unter Einbezug der Namensvarianten *Himicho, Imico* und *Imicho*: 756 März 22 (Zeuss Nr. 137); 758 Febr. 5 (Zeuss Nr. 145); 784 Aug. 13 (Zeuss Nr. 89); 820 Sept. 2 (Zeuss Nr. 69).

13 Vgl. jetzt die übersichtliche Zusammenstellung der Namenbelege (Geistliche und Laien, 8.–11. Jh.) aus den fuldischen Überlieferungen bei Schmid (1978) Bd. III S. 99, a 264 *(Emicho)* und S. 215, h 86 *(Hemicho)*. Die Namensform *Imigo* (ebd. S. 258, i 25) hingegen ist nur für einen Hörigen überliefert; dieser gehört mit Sicherheit nicht in unseren Personenkreis.

14 Regesta Alsatiae 249, 307, 315, 317 und 333. vgl. Alter, Emicho-Gruppe S. 29.

15 S. Anhang I/1 und Anhang I/2 S. 217f. – Der jeweilige Verwandtschaftsgrad dieser Grafen untereinander ist auf Grund der vereinzelten und beziehungslosen Nennungen natürlich nicht bestimmbar. Versuche, eine genealogische Tafel zu erstellen, wie sie May (1943) S. 44 und Vogt (1955) S. 318 unternommen haben, sind müßig. Zu den objektiven Mängeln des zuletzt genannten Beispiels s. Anm. 57.

Lorsch bekannt sind, müßten erstere aus letzteren hervorgegangen sein, sofern man nicht annehmen will, daß um 960 plötzlich irgendein Geschlecht den Leitnamen Emicho aufgegriffen hat, mit dem geraume Zeit zuvor ein völlig anderes, aber aus geographisch nächster Nähe, ausgestorben ist. Unter Einbezug der Möglichkeit, daß der Name nicht nur im Mannesstamm, sondern auch über Töchter vererbt wurde, muß »Emicho« zum »Namengut [zumindest] einer Sippe« gehören[16].

Das gleiche Argument gilt dann erst recht auch für das Verhältnis der bis zum Jahre 1135 als solche nachweisbaren Grafen im Nahegau[17] zu den Grafen von Leiningen, deren erster Vertreter namens Emicho 1128 auftaucht[18]. Die Vermutung liegt nahe, daß das Geschlecht der Grafen von Leiningen, ebenso wie das der Wild- und Raugrafen und der Grafen von Veldenz[19], ein Sproß der Nahegau-Emichonen ist[20], zumal der Name »Emicho« im 12. Jahrhundert nicht minder Leitname der Leininger als der Raugrafen war.

Wir wollen diesem Problemkreis von drei verschiedenen Fragestellungen her begegnen:

1. Bestehen Verflechtungen zwischen dem Besitz der Grafen von Leiningen und dem Besitz der gesicherten Nachfolger der Grafen im Nahegau und/oder gibt es Hinweise darauf, daß die Emichonen auch im Gebiet um das spätere Altleiningen Besitz hatten?
2. Läßt sich eine Abstammung der Grafen von Leiningen von den Grafen im Nahegau durch den Nachweis politischer Verbindungen zu deren gesicherten Nachfolgern wahrscheinlich machen?
3. Ergeben sich Möglichkeiten, einen genealogischen Zusammenhang zwischen den Emichonen und den Grafen von Leiningen auf Grund der bekannten Filiationen herzustellen?

16 Zur Erscheinung des Leitnamens vgl. SCHMID, Struktur des Adels (1959) S. 13, auf dessen Termini hier zurückgegriffen wurde. Was die Weitergabe der Leitnamen in weiblicher Linie anbelangt, äußert sich im Sinne Schmids jetzt auch Alfred FRIESE, Studien zur Herrschaftsgeschichte des fränkischen Adels, Der mainländisch-thüringische Raum vom 7. bis 11. Jahrhundert (= Geschichte und Gesellschaft, Bochumer Historische Studien, Bd. 18), Stuttgart 1979, S. 13. – Über den gegenwärtigen Stand der Personengeschichtsforschung und ihrer Methodendiskussion informieren Karl Ferdinand WERNER, Problematik und erste Ergebnisse des Forschungsvorhabens »PROL« (Prosopographia Regnorum Orbis Latini), Zur Geschichte der west- und mitteleuropäischen Oberschichten bis zum 12. Jahrhundert, in: Quellen und Forschungen aus italienischen Archiven und Bibliotheken 57 (1977) S. 69–87, und knapp aber gehaltvoll das Sammelbändchen: Prosopographie als Sozialgeschichte? Methoden personengeschichtlicher Erforschung des Mittelalters, Sektionsbeiträge zum 32. Deutschen Historikertag Hamburg 1978 mit einem Bericht über das Kommentierte Quellenwerk zur Erforschung der Personen und Personengruppen des Mittelalters ›Societas et Fraternitas‹, München 1978. [Mit Hinweisen auf weiterführende Literatur. Sie stammt hauptsächlich von Mitarbeitern der beiden großen prosopographischen Forschungsgruppen um Karl Ferdinand WERNER in Paris (west- und mitteleuropäische Oberschicht) und Karl SCHMID und Joachim WOLLASCH in Freiburg i. Br. und Münster i. W. (Memorialüberlieferung).]

17 S. Anhang I/2, Urkk. v. 1130, 1133 (vor Sept. 13) und 1135 (vor Juni 4).

18 Anhang I/2 S. 217.

19 Deren Abstammung von den Emichonen ist schon lange unbezweifelt; vgl. z. B. FABRICIUS, TT S. 20 u. 48, VOGT (1959) S. 357, BÖHN (1974) S. 72 Anm. 1, HERRMANN (1976) S. 61 und HERRMANN in Gesch. Lk. d. Saarlandes II S. 332.

20 Über in diese Richtung weisende ältere Ansichten s. S. 70.

2. Besitzgeschichtliche Verflechtungen der Grafen von Leiningen mit den Emichonen im Nahegau und deren Nachkommen

a) Der frühe Besitz der Grafen von Leiningen im Nahegau

Der Versuch, eine Abstammung der Grafen von Leiningen von den Emichonen des Nahegaus aus den ältesten Besitzverhältnissen der Grafen von Leiningen abzuleiten, wurde bereits an anderer Stelle unternommen[21]. Als Ergebnis konnte festgehalten werden, daß der frühest nachweisbare Amts- oder Territorialbesitz der Leininger zu großen Teilen in den erweiterten Nahegau des 10. bis 12. Jahrhunderts hineinreicht[22]. Die betreffenden Orte seien hier noch einmal in ergänzter Fassung zusammengestellt:

1. die zu Ende des 12. Jahrhunderts als Afterlehen an die Reichsministerialen von Bolanden vergebenen *comitatus* über Offenheim, Weinheim bei Alzey, Freimersheim, Stetten, Rüssingen, Dreisen, Weitersweiler, Anteile von Steinbach am Donnersberg und Herfingen (Wü. bei Steinbach) sowie die *prefectura* über Einselthum[23] und in Kirchheimbolanden den dritten Teil der gesamten Gerichtsbarkeit[24];
2. das auch an Bolanden weiterverlehnte Kirchenlehen Albisheim (Reichsabtei Prüm)[25];
3. die Hornbacher Vogteilehen Harxheim, Niefernheim und Zell mit der Schirmvogtei über das zu Zell ansässige Kollegiatstift[26];
4. die Aktivlehen Burg Wartenberg bei Kaiserslautern[27] und Anteil Selzen bei Oppenheim[28];
5. die wahrscheinlich ebenfalls früh erworbenen Anteile am Reichswaldgebiet der späteren Waldmark Otterberg mit dem angrenzenden Dorf Rohrbach[29], die an dieses anschließenden allodialen Ortschaften Münchweiler an der Alsenz, Gonbach und Wüstung Eichenbach[30], die ebenfalls allodialen Ottersheim, Immesheim, Bubenheim Anteil, Erbes-Büdesheim, Wüstung Aulheim, Wüstung Rode und Nack[31].

Wir sind uns darüber im klaren, daß die aufgezählten Stücke lediglich in ihrer Quantität einen gewissen Anspruch auf Beweiswert erheben dürfen. Bei bloßen Einzelnennungen wäre hingegen Vorsicht geboten. Falsche Vermutungen könnte beispielsweise die in unmittelbarer Nachbarschaft zur raugräflichen Stammburg, der Alten-Baumburg, befindliche, stets zum Nahegau gehörige, 1237 erstmals bei Leiningen erwähnte allodiale Ebernburg mit dem gleichnamigen Dorf und den angrenzenden Orten Feil und Bingert wecken. Für sie kann jedoch Saarbrücker Herkunft wahrscheinlich gemacht werden[32].

21 Toussaint, Leiningen im Wormsgau S. 165.
22 Ebd. S. 201 und Karte 1.
23 Vgl. jetzt Toussaint in Pfalzatlas S. 1077f.
24 Sauer S. 23f.
25 Toussaint in Pfalzatlas S. 1080.
26 Ebd.
27 Ebd. S. 1076f.
28 Ebd. S. 1081.
29 Ebd. S. 1083. Zur Otterberger Waldmark vgl. auch Anhang III/3.
30 Ebd. S. 1082.
31 Ebd. S. 1081.
32 Ebd. S. 1076.

b) Besitz der Wildgrafen, Raugrafen und Grafen von Veldenz in der Nachbarschaft des frühen leiningischen Besitzes

Daß ein Graf auch mit Königsgut im *comitatus* eines anderen Grafen ausgestattet sein kann, hat Wilhelm Störmer für den bayerischen Raum nachgewiesen[33]. Erst recht läßt sich an Privatgut im fremden Amtsbereich, hier der Nahegaugrafen im Wormsgau, denken. Dies sei der zweiten Frage an die Haltbarkeit unserer Abstammungstheorie vorausgeschickt.

Nicht wenig Beweiskraft wäre solchen Fällen zu eigen, in denen die Nahegau-Emichonen als Vorbesitzer von leiningischen Herrschaftsrechten festgestellt werden könnten. Die dürftige Überlieferung tut uns diesbezüglich jedoch keinen Gefallen. Wir müssen uns damit begnügen, unserem Indizienkatalog alte Besitzrechte der gesicherten Emichonen-Nachfolger, nämlich der Wild- und Raugrafen und der Grafen von Veldenz, im Umkreis des leiningischen Territoriums zuzuweisen.

Eine eingestandenermaßen schmale Basis bietet hier der veldenzische und raugräfliche Besitz im reduzierten Wormsgau: der zur Grafschaft Veldenz gehörige Ort Weinolsheim[34] bei den leiningischen Dörfern Dolgesheim und Uelversheim, Anteile der Raugrafen an Westhofen[35] im Kondominat mit Leiningen sowie raugräflicher Besitz im benachbarten Gundersheim[36]. Dieser relativ karge Befund dürfte jedoch kaum zum Widerspruch reizen. Er vereinbart sich gut mit unserer These, daß sich bei der mutmaßlichen Abspaltung des Hauses Leiningen vom Emichonenhause die Güterteilung annähernd an den Gaugrenzen, d.h. die Ausstattung Leiningens sich schwerpunktmäßig an den Grenzen des Amtsgebietes im Wormsgau orientierte. Entsprechend gering mußten die wormsgauischen Besitzungen der übrigen Emichonenteilfamilien ausfallen, während die Leininger noch am weitaus größeren Nahegau partizipierten.

Unserer Vorstellung von der bereits zu Beginn des 12. Jahrhunderts praktizierten möglichst großflächigen Besitzaufteilung kommen die tatsächlichen Territorialverhältnisse entgegen, wie wir sie am östlichen Rand des Nahegaus vorfinden. Die beigegebene Karte Nr. 1 mag das veranschaulichen[37]. Dem im vorangegangenen Abschnitt aufgezählten Altbesitz im nordwestlichen Teil des leiningischen Territoriums[38] stehen massiert die südöstlichen Ausläufer vornehmlich des wild- und raugräflichen Besitzes gegenüber, mit denen er sich westlich Alzey geradezu eng verzahnt. Die leiningischen Orte Erbes-Büdesheim, Aulheim, Rode und Nack, Offenheim und Weinheim[39] werden im Halbkreis eingeschlossen von den wildgräflichen Dörfern Kriegsfeld, Niederwiesen, Bechenheim und den raugräflichen Wendelsheim, Uffhofen, Flonheim, Bornheim und Heimersheim. Bezeichnend scheint mir die Tatsache zu sein, daß

33 Störmer (1973) S. 413f.
34 Fabricius TT S. 223.
35 Ebd.
36 Ebd. S. 206f.
37 Diese orientiert sich für die leiningischen Besitzstücke an den S. 67 zusammengestellten Belegen; die wildgräflichen, raugräflichen und veldenzischen Orte wurden z.T. der Tafel II bei Fabricius (1914) entnommen, sodann ergänzt nach den Ausführungen bei Fabricius TT S. 245 (Vogtei über Pfaffenhofen, Schwabenheim a.d. Selz und unteren Teil von Bubenheim), S. 232 (Anteil Udenheim), S. 200 (Anteil Dittelsheim), S. 197 (Armsheim), S. 208 (Heimersheim) und S. 450–452 (wildgräfliche Lehen der von Bolanden).
38 Vgl. S. 67.
39 Ebd.

sich in ebendiesem Ballungsgebiet von beiderseitigen Nachbargemeinden das alte nahegaugräfliche Zentrum Flonheim[40] befindet. Bemerkenswert ist zweitens die geradezu flächendeckende Lage der an die Reichsministerialen von Bolanden vergebenen wildgräflichen und leiningischen Lehen »auf dem Gau«. Angelpunkt der zwei großen Lehenskomplexe ist Alzey. Was südlich davon liegt, stand lehenshoheitlich den Grafen von Leiningen zu[41], nordwestlich ging die *cometia super Heimersheim*[42] und nordöstlich die *prefectura* von Gau-Odernheim bis Weisenau von den Wildgrafen zu Lehen[43]. Eine auf ursprüngliche Zusammengehörigkeit der beiden Aktivlehensbestände hinauslaufende Interpretation dieses Befunds bietet sich an.

Wir können zusammenfassend sagen, daß die besitzgeschichtlichen Verhältnisse eine Rückführung des bis in den Nahegau reichenden, umfänglichen Altbesitzes der Leininger Grafen auf ein Erbe der Emichonen nicht nur erlauben, sondern sogar nahelegen.

3. Persönliche Kontakte der Grafen von Leiningen mit den Nachkommen der Emichonen

Die starke Anwesenheit der ersten Grafen von Leiningen am Mainzer Hofe[44] und das zunächst völlige Fehlen von Nachrichten über Beziehungen zu den Wormser Bischöfen lassen darauf schließen, daß die politisch-geistige Heimat der Leininger im Erzbistum Mainz zu suchen ist. Deutlich wird gleichzeitig die Zugehörigkeit der Grafen von Leiningen zu einer bestimmten Personengruppe bei öffentlichen Auftritten in Angelegenheiten des Mainzer Erzstifts. Eine Gegenüberstellung der im Anhang gegebenen Tabellen 2 und 3 vermag klarzumachen, daß es sich bei den aus den Mainzer Zeugenlisten ersichtlichen Zusammentreffen der Leininger mit gesicherten Nachfolgern der Emichonen nicht um zufällige Begegnungen am Hofe des Metropoliten handelt, sondern daß dieser Personenkreis eine politische Interessengemeinschaft bildete, zu welcher er sich, zumindest in den vierziger Jahren des 12. Jahrhunderts, auch am königlichen Hof formierte.

Der wechselseitige Einfluß zwischen Wildgrafen und Grafen von Leiningen machte sich insbesondere 1135 geltend, als der Mainzer Erzbischof die Schenkung u. a. der Kirchen zu Harxheim *(Harewessehem)* und Biedesheim *(Buseneshem)* an die Propstei Philippszell im Nahegau verbriefte[45]. Als Zeuge trat nicht nur Graf Emicho von Leiningen auf, in dessen

40 Vgl. Fabricius TT S. 371f.; Kraft S. 198f.; Böhn (1958) S. 75–77. Die herausragende Bedeutung Flonheims als Adelssitz und Zentrum einer Grundherrschaft seit der frühmerowingischen Zeit hat Hermann Ament, Fränkische Adelsgräber von Flonheim in Rheinhessen (= German. Denkmäler der Völkerwanderungszeit, Serie B: Die fränkischen Altertümer des Rheinlandes, Bd. 5), Berlin 1970, bewiesen (hier bes. S. 164ff.). Zwar läßt sich keine Kontinuität des in Flonheim ansässigen Adelshauses aufzeigen, aber eine »in der Gleichartigkeit der dinglichen Verhältnisse« (Ament S. 174), nämlich der »zentralörtlichen Bedeutung« (ebd. S. 178), liegende Kontinuität zwischen Früh- und Hochmittelalter wurde durch Ament m. E. überzeugend dargelegt.

41 Vgl. S. 67.

42 Fabricius TT S. 208.

43 Ebd. S. 422 u. 450–452; Böhn (1958) S. 73.

44 Anhang I/2.

45 MUB I Nr. 601.

Territorium sich später als Hornbachische Lehen die Orte Zell und Harxheim samt Schutzvogtei über Stift Zell[46] sowie als Reichslehen der Ort Biedesheim[47] befanden, sondern u. a. auch Graf Emicho von Kyrburg mit Bruder Gerlach[48]. Auf die Nennung eines Grafen von Kyrburg im Zusammenhang mit dem leiningischen Stift Höningen kommen wir später zu sprechen[49].

4. Mögliche genealogische Zusammenhänge zwischen den Grafen von Leiningen und den Emichonen

Nachdem Besitzgeschichte und politische Konstellationen auf eine Verwandtschaft der Grafen von Leiningen mit den Wild- und den Raugrafen hindeuten, bleiben noch die genealogischen Möglichkeiten für eine solche zu erkunden, ihre Art und der Zeitpunkt ihrer Entstehung festzustellen.

Einen familiären Zusammenhang zwischen Grafen von Leiningen und Emichonen sahen bereits Conrady[50] und Breßlau[51], gegen die später Baldes[52] wegen einiger unglücklicher Schlußfolgerungen Conradys[53] heftig polemisierte. Den Versuch, die Verwandtschaftsverhältnisse zu rekonstruieren, unternahm erstmals Karl Hermann May im Rahmen seiner Untersuchung über die Herkunft der Grafen von Laurenburg[54]. Der von Kaul[55] favorisierten Mayschen Emichonen-Stammtafel[56], die sonst kaum Beachtung fand[57], müssen wir allerdings bezüglich der letzten und entscheidenden Filiationen die Anerkennung versagen. Sie läßt die Primogenitur der Grafen im Nahegau als Grafen von Leiningen fortleben. Einen eingeheirateten Goswin, Vogt des Klosters Sponheim, macht sie zum Vater eines Brüderpaares Gerlach und Emich, von denen der ältere zum Stammvater der Grafen von Veldenz, der jüngere hingegen zu dem der weiterhin im Nahegau ansässigen Grafen von Kyrburg und Schmidtburg ernannt wird.

Mays Ergebnisse basieren auf einer recht merkwürdigen Lesung der Zeugenreihe in der Stiftungsurkunde des Klosters Sponheim vom 7. Juni 1124[58]: *comes Goswinus et filius eius*

46 Toussaint in Pfalzatlas S. 1080.
47 Ebd. S. 1078.
48 Zur Einordnung dieser Personen s. S. 72f.
49 S. unten S. 72 bei Anm. 65.
50 Conrady S. 13–25.
51 Bresslau, Jbb. I S. 6 Anm. 5 und S. 7 Anm. 1.
52 Baldes S. 45 Anm. 2.
53 Conrady S. 24f.
54 May (1943) S. 39–42; nach diesem Heck (1955) S. 26.
55 Kaul S. 224 Anm. 3.
56 May (1943) S. 44.
57 Werle (1967) S. 362 bemängelt mit Recht die »etwas gewaltsam konstruierte Genealogie«. Vogt (1955) kannte sie nicht. In seiner eigenen »Stammtafel I: Die Emichonen und ihre Nachkommen« (S. 318f.) unternimmt er nicht einmal den Versuch, die Grafen von Leiningen in die Nachkommenschaft der Nahegau-Emichonen einzubeziehen. Die dort als gesichert ausgegebenen frühen Filiationen (seit 960!) entbehren in ihrer vorgegebenen Endgültigkeit der ausreichenden Quellengrundlage. Wie seine Belegsammlungen (S. 130 u. 132f.) ausweisen, hat Vogt überdies etliche Fälschungen (zu den Jahren 996, 1061, 1065, 1097, 1103, 1108, 1113, 1126 und 1129) nicht als solche erkannt, weil er die betreffenden Urkunden z. T. nach veralteten Editionen zitierte. Daß die »Emichonen im Nahegau von den Leiningern zumindest den Namen übernommen« hätten, wie Vogt (S. 220) aus Baldes' Darstellung (S. 45 Anm. 2) irrtümlich herausliest, stellt die Verhältnisse geradezu auf den Kopf.
58 MUB I Nr. 522.

Gerlacus et frater eius Emicho. Croll[59] hatte die m. E. einzig richtige Interpretation geboten und sich hinter *filius eius* ein Komma gedacht. May bestreitet die Korrektheit dieser Maßnahme und eliminiert seinerseits wieder das Satzzeichen. Ebenso hält er die ältere Deutung Tolners für »zweifellos recht gekünstelt«, in der dieser den Gerlach als Sohn und Emich als Bruder Goswins sieht. Er glaubt, daß ein »unvoreingenommener Kenner mittelalterlicher Urkunden [...] und der in ihnen angewandten Verwandtschaftsbezeichnungen [...] das Verwandtschaftsverhältnis des Bruders auf den voranstehenden Gerlach, Goswins Sohn« bezöge[60]. In Unkenntnis solcher mittelalterlicher Urkunden möchten wir doch dagegenhalten, daß eine derartige Beschreibung der Verwandtschaftsgrade recht umständlich klänge und auch von einem mittelalterlichen Urkundenschreiber die klare Formulierung »comes Goswinus et filii eius Gerlacus et Emicho« zu erwarten sein dürfte. Zustimmen könnte man noch, wenn May seiner Lesart die Interpretation beigegeben hätte, daß Emicho nur mit Gerlach, aber nicht mit Goswin blutsverwandt, daß Emicho also nur ein Stiefsohn des Grafen sei. Dann wäre damit allerdings auch der jüngere vor dem älteren Bruder genannt. Eine solche Überlegung fehlt jedoch in Mays Abhandlung.

Wir sind also weiterhin auf Vermutungen angewiesen und möchten die nachfolgende Skizze ausdrücklich als solche verstanden wissen. Wenn sie es vermag, bequem gewordene Vorstellungen von der Verzweigung des Emichonenhauses zu erschüttern, hat sie schon einen kleinen Zweck erfüllt[61]. Denkbar sind, nach den im Anhang aufgestellten Tabellen 2 und 3, folgende Filiationen:

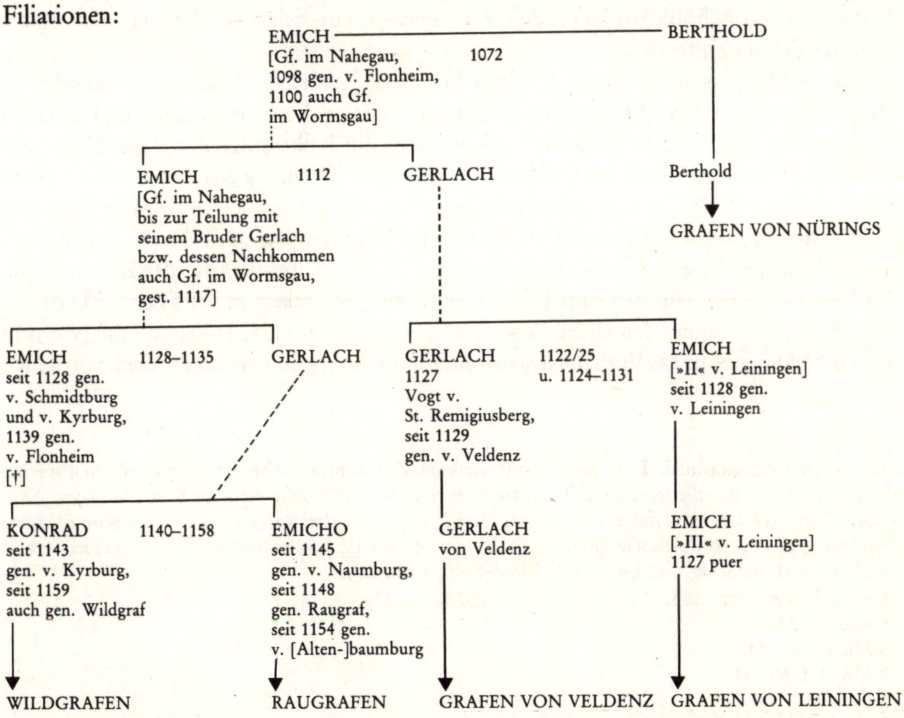

59 Croll (1775) S. 408.
60 May (1943) S. 39.
61 Die Urkundenbasis ist bei Elimination der Schottschen und älterer Falsifikate derart schmal geworden, daß es nicht mehr möglich ist, die wenigen, zufälligen Hinweise auf Filiationen in ein einziges, letztlich

Die Überlegungen, die zu dieser kleinen Stammtafel führten, sollen hier kurz wiedergegeben werden:

1. In Anbetracht der oben aufgezeigten Verflechtungen umfangreicher Teile des leiningischen Territorialbesitzes mit jenem der gesicherten Emichonen-Nachfolger erscheint eine Abstammung der Leininger von den Emichonen nur in männlicher Linie möglich. Denn es ist unwahrscheinlich, daß ein in mehreren Linien fortblühendes Geschlecht eine Mitgift dieses Ausmaßes vergeben hätte.
2. Die sehr nahe Verwandtschaft zwischen den Grafen von Schmidtburg-Kyrburg (später Wild- und Raugrafen), den Grafen von Veldenz und den Grafen von Leiningen in der ersten Hälfte des 12. Jahrhunderts manifestiert sich in den engen Beziehungen zwischen diesen Häusern seit dem ersten urkundlichen Auftreten der Grafen von Leiningen im Jahre 1128. Diese ergeben sich aus den in Anhang I/2–4 zusammengestellten Urkunden. Herauszugreifen sind hier besonders die Nennung des bereits vor unserer gleichlautenden Entscheidung[62] als Graf von Leiningen apostrophierten[63] *Emicho puer et comes* in einer Urkunde für die veldenzische Propstei St. Remigiusberg bei Kusel im Jahre 1127[64] und die Zeugenschaft des Grafen Konrad von Kyrburg im Mainzer Schutzbrief für das leiningische Stift Höningen von 1140[65]. Schließlich ist an dieser Stelle noch einmal an den bereits erwähnten[66] gemeinsamen Zeugenauftritt der Grafen Emicho von Leiningen und Emich und Gerlach von Kyrburg von 1135 in der erzbischöflichen Urkunde für die später nachweislich von Leiningen bevogtete Propstei Zell zu erinnern.
3. Die nächste Überlegung ging von der Tatsache aus, daß in den uns bekannten Urkunden im gleichen Zeitraum zwei Brüderpaare Emich und Gerlach[67] sowie Gerlach und Emich[68] vorkommen. Die Erfahrung hat uns gelehrt, daß die Reihenfolge der Aufzählung von Verwandten im Mittelalter Sinn und Zweck hat und bei gleichrangigen Personen von deren Alter bestimmt wird[69]. Wir ziehen also eine Identität jener beiden Geschwisterpaare entschieden in Zweifel. Ansonsten müßten in die Gleichsetzung auch die 1112 erwähnten Brüder Emich und Gerlach[70] einbezogen werden, und wir hätten dann für den Zeitraum von 1112 bis 1135 einen einzigen Emich und einen einzigen Gerlach in der Mainzer Diözese. Tatsächlich sind wir mit den Urkunden von 1127 Oktober 8, 1128, 1130 und 1135 (vor Juni 4)[71] aber plötzlich auf das Vorhandensein mindestens zweier Emiche angewiesen, von denen

gültiges Schema einzuordnen. Daß die im untersuchten Zeitraum am Mittelrhein wirkenden Emiche, Bertholde und Gerlache alle irgendwie miteinander verwandt sind, dürfte nicht zu bestreiten sein. Aber man sollte sich davor hüten, mit Hilfe der zur Verfügung stehenden kargen Belege so unkomplizierte Deszendenzen zu konstruieren, wie sie sich heute immer noch in das durch Schotts Fälschungen meisterhaft vorgegebene und unentwegt nachwirkende Muster einpassen lassen.

62 Vgl. S. 35 bei Anm. 103.
63 Kaul S. 227.
64 MUB I Nr. 544.
65 MUB II/1 Nr. 14.
66 Vgl. S. 69f.
67 Anhang I/2: 1128 (2mal), 1132 (nach Sept. 13), 1135 (vor Juni 4, 2mal).
68 Anhang I/1: 1122/25, 1124 Juni 7; Anhang I/2: 1127 Okt. 8; Anhang I/3: 1131 Apr. 23.
69 Z.B. S. 42–45.
70 Anhang I/1: 1112 Juni 16.
71 Anhang I/2.

einer der erstmals genannte Graf von Leiningen ist; dazu muß ein weiterer Emich, der nicht ohne weiteres als Leininger bezeichnet werden darf[72], 1117 gefallen sein[73]. In jenem 1127 Oktober 8 vor seinem Bruder Emich genannten Gerlach, Vogt von St. Remigiusberg[74], der späteren Grablege der Grafen von Veldenz[75], haben wir zweifellos den Begründer der Linie Veldenz[76] zu suchen. Während ein Graf Gerlach von Veldenz seit 1129 mit vollem Namen erscheint[77], wird der Bruder des Grafen Emicho von Schmidtburg-Kyrburg stets ohne Herkunftsnamen neben diesem erwähnt, scheint also zeitlebens keine eigene Herrschaft besessen, sondern stets nur als Mitregent fungiert zu haben. Lediglich in einer Fälschung Schotts[78], welche die Literatur nachhaltig beeinflußte[79], und einer wegen Unstimmigkeiten im Datum ebenfalls verdächtigen Trierer Urkunde[80] wird er als Graf von Veldenz bezeichnet.

4. Das Brüderpaar Konrad und Emicho, das 1140 bis nach 1160 erwähnt wird und die Linien der Wild- und Raugrafen begründet hat[81], nennt sich auch nach der in der vorherigen Generation namengebenden Kyrburg, hat also jene Grafen Emich und Gerlach in den Stammgütern beerbt, ohne daß letztlich klar wird, ob sie nun Söhne Emichs oder Gerlachs sind. Im zweiten Falle müßte Emich kinderlos verstorben sein. Da Emich seinen ältesten Sohn wohl Emich genannt hätte, geben wir der Vaterschaft Gerlachs den Vorzug, ohne die andere Möglichkeit vollends ausschließen zu wollen. Auf jeden Fall sind jedoch Konrad und Emicho als Haupterben des gräflichen Hauses im Nahegau zu betrachten. Von ihren Vorfahren in gerader Linie kann also keiner als Begründer des Hauses Leiningen zur Wahl stehen. Es könnten jedoch der frühesterwähnte Emicho aus einer Seitenlinie jener 1124 bis 1131 mit einem älteren Bruder Gerlach genannte Graf und beide wiederum Söhne des 1112 erwähnten Gerlach sein, was die Gerlach bevorzugende Reihenfolge in der Nennung der Brüder hinreichend erklären würde. In der kyrburgischen Hauptlinie sind jedenfalls die im annähernd gleichen Zeitraum wie Emich und Gerlach von Schmidtburg-Kyrburg erwähnten Brüder Gerlach und Emich nicht unterzubringen. Ich möchte den Grafen Gerlach von Veldenz deshalb für den älteren Bruder des ersten Grafen von Leiningen (»Emich II.«) halten. In dieser Reihenfolge erscheinen die beiden Grafen in einer Urkunde von 1131[82]. Für die gleichzeitige Entstehung der Häuser Leiningen und Veldenz spricht schließlich das gleichzeitige Auftauchen der neuen Herkunftsbezeichnungen: 1128 erstmals »von Leiningen«[83], 1129 erstmals »von Veldenz«[84].

72 Vgl. S. 28.
73 S. Kap. 1 Anm. 34.
74 MUB I Nr. 544.
75 Vgl. Albert Zink in Hb. d. hist. St. V S. 305.
76 Pöhlmanns »Stammbaum der Grafen von Veldenz« bei S. 352 bedarf erheblicher Korrekturen.
77 MUB I Nr. 557.
78 Mainzer Urk. v. 1134 (MUB I Nr. 594).
79 Vgl. z. B. May (1943) S. 39.
80 Angebliches Orig. v. 1135 (MrhUB I Nr. 489, zu 1136; MrhRegg I Nr. 1881).
81 Anhang I/2–3 passim.
82 MUB I Nr. 571.
83 MUB I Nr. 554.
84 MUB I Nr. 557.

5. Konsequenzen der vermuteten Verwandtschaftsverhältnisse

Aus den dargelegten Zusammenhängen könnten, vorausgesetzt, daß sie der historischen Wirklichkeit entsprechen, für die Darstellung der Entstehungsgeschichte und frühen Genealogie des Grafenhauses Leiningen folgende Konsequenzen zu ziehen sein:

1. Die Grafschaft im Wormsgau befand sich zunächst in Personalunion bei den Grafen im Nahegau, bevor eine eigene Linie, nämlich die der Grafen von Leiningen, damit ausgestattet wurde.
2. Den bislang so bezeichneten Grafen Emich I. von Leiningen hat es nicht gegeben. Die beiden für ihn eingesetzten Daten 1096 und 1117[85] verteilen sich auf zwei verschiedene Personen des Emichonen-Hauses. Der durch die chronikalische Literatur als Judenverfolger unrühmlich bekannt gewordene Graf Emich[86] war Graf im Nahegau, 1100 auch im Wormsgau[87], und Großvater Emichs »II.« von Leiningen. Hingegen war der 1117 vor Mainz gefallene Graf Emich[88] Emichs »II.« Onkel und identisch mit jenem Grafen Emich im Nahegau, der 1112 zusammen mit seinem Bruder Gerlach erwähnt wird[89]. Da die Quelle zu 1117 ihn andernorts mit dem Wormsgau in Verbindung bringt[90], dürfte er das dortige Grafenamt zu jener Zeit ebenfalls noch innegehabt und die Teilung mit seinem Bruder Gerlach bzw. dessen Erben erst nach seinem Tode stattgefunden haben.
3. Der 1124 bis 1131 zusammen mit seinem älteren Bruder Gerlach, Vogt von St. Remigiusberg, genannte Graf Emich[91] ist Emich »II.« von Leiningen und der eigentliche Begründer des Hauses Leiningen. Er ist der Stifter Höningens, aber nicht notwendigerweise auch der Erbauer der namengebenden Stammburg Altleiningen, die bereits unter seinem Onkel Emich errichtet worden sein kann.

85 Lehmann III S. 12–14; Brinckmeier I S. 7; Kaul S. 226.
86 Vgl. S. 25–28.
87 Anhang I/1. Gf. Emicho im Wormsgau läßt sich bedenkenlos mit Graf Emicho im Nahegau identifizieren. Die Kumulation mehrerer Grafschaften in einer Hand war schließlich keine verfassungsgeschichtliche Novität.
88 S. Kap. 1 Anm. 34.
89 MUB I Nr. 450.
90 Vgl. S. 28f. mit Anm. 37.
91 Wie Anm. 68.

DRITTES KAPITEL

Der Begriff der »Grafschaft Leiningen« und das Problem der pfälzischen Lehensgrafschaft

1. Gau und Grafschaft

Die Anschauung von der Grafschaftsverfassung als einer Grundstruktur des fränkischen Staates war – mit wenigen Abstrichen – communis opinio der nach Systematisierung strebenden Verfassungsgeschichtsschreibung des 19. Jahrhunderts. Die regionale Forschung hat sich zunächst an dieses Lehrgebäude angelehnt, sie war es aber auch, die dann in der ersten Hälfte unseres Jahrhunderts am entschiedensten gegen das von Juristen geprägte typisierende Bild des frühmittelalterlichen Staatsaufbaus ankämpfte. Ein Beispiel hierfür ist der Wandel der Forschungsmeinungen im südwestdeutschen Raum. So hatte 1879 Franz Ludwig Baumann am schwäbischen Einzelfall die ursprüngliche Deckungsgleichheit von Gau und Grafschaft postuliert[1]. Aus ebenderselben Geschichtslandschaft wurde Baumanns Theorie im Jahre 1927 durch Albert Bauer entschieden und nachhaltig widersprochen[2]. Auch andernorts geriet die Auffassung von einer durchgängigen Grafschaftsorganisation des Reiches mit konstanten Geltungsbereichen zunehmend in Mißkredit. Die von Adolf Waas ausgehende Lehre von den Streugrafschaften (Königsgutsgrafschaften und Allodialgrafschaften)[3] ließ nicht nur an der Existenz einer Grafschaftsverfassung überhaupt zweifeln, sondern tat ein übriges, die vermeintliche Inkongruenz von *pagus* und *comitatus* nun ihrerseits zu dogmatisieren[4]. Zudem wurden in Gaunamen nur noch reine Landschaftsbezeichnungen[5] gesehen, in der mit unterschiedlichen Arten von Raumbegriffen verbundenen *in pago*-Formel schließlich eine bloße »Forderung der Stilvorschrift«[6]. Den Charakter einer politisch-administrativen Organistionsform hat man dem *pagus* dabei in keinem Falle mehr zugestanden.

1 Franz Ludwig BAUMANN, Die Gaugrafschaften im Wirtembergischen Schwaben. Ein Beitrag zur historischen Geographie Deutschlands. Stuttgart 1879.

2 Albert BAUER, Gau und Grafschaft in Schwaben, Ein Beitrag zur Verfassungsgeschichte der Alamannen (= Darstellungen aus der Württembergischen Gesch., 17. Bd.), Stuttgart 1927.

3 WAAS, Herrschaft und Staat (1938) S. 130 (Grafschaften als »verstreute Herrschaftskomplexe«), S. 162 (Grafschaften als »Königsbannbezirke«) und S. 182 (allodiale Grafschaften).

4 Vgl. dazu die ausführliche Literaturbesprechung von SCHULZE (1973) S. 23–27.

5 S[iegfried] RIETSCHEL, »Gau«, in: Reallexikon der Germanischen Altertumskunde 2 (1913–1915) S. 124–126. K[arl] BOHNENBERGER, Landstrichs- und Gebiets-Bezeichnungen in den südwestdeutschen Urkunden des 8.–10. Jahrhunderts, Ein Beitrag zur Gaufrage, in: ZGO 95 (1943) S. 1–14. Peter VON POLENZ, Gaunamen oder Landschaftsnamen? Die *pagus*-Frage sprachlich betrachtet, in: RhVjbll 21 (1956) S. 77–96.

6 Peter VON POLENZ, Landschafts- und Bezirksnamen im frühmittelalterlichen Deutschland, Untersuchungen zur sprachlichen Raumerschließung, 1. Bd.: Namentypen und Grundwortschatz, Marburg 1961 (= Phil. Habil.schrift Marburg), S. 14 und passim.

Eine kritische Haltung gegenüber den allzu schnell modern gewordenen Ansichten[7] bewahrten sich nur wenige Historiker der älteren Generation[8]; noch kleiner ist die Zahl der Jüngeren, die sich ihre Meinung unbefangen am landesgeschichtlichen Spezialgebiet bildeten[9].

Die bis vor kurzem gültige Lehrmeinung vertritt für Bayern noch einmal Wilhelm Störmer, wenn er schreibt, im 9. und 10. Jahrhundert lasse sich »nirgends ein pagus mit dem Amtsbereich eines Grafen schlechtweg identifizieren«[10]. Sollte Störmer recht behalten, daß »in Bayern die Gaue (pagi) – zumindest normalerweise – nicht das räumliche Substrat der Grafschaft« bildeten, so darf die Allgemeingültigkeit dieser ziemlich befangen mit »auch« eingeleiteten Aussage doch mit Fug bezweifelt werden. Zumal im Falle der Altsiedellande an Mittel- und Oberrhein, die eine sehr große Tradition und Kontinuität in der kirchlichen wie weltlichen Verwaltungsgliederung aufweisen[11], kann die Gaugrafentheorie nicht einfach als gelehrte Konstruktion abgetan werden.

Seit Hans Kurt Schulze[12] das Ergebnis seiner vergleichenden Untersuchungen über die Grafschaftsverfassung der Karolingerzeit publiziert hat, steht die Grafschaftsforschung an einem neuen Wendepunkt[13]. Schulze begann seine Studien, wie er einleitend berichtet, selbst in der Überzeugung, die Lehre von der Grafschaftsverfassung sei widerlegt[14]. Was er schließlich vorzulegen vermochte, ist, bei aller differenzierenden Betrachtungsweise bezüglich der untersuchten Regionen – über das im Titel angedeutete Programm hinausgehend wurden auch Grafschaftsbezirke westlich des Rheins in die Untersuchung einbezogen – eine weitgehende Rehabilitation der klassischen Lehre:

7 Einen gründlichen Forschungsüberblick, der, außer auf das hier angeschnittene Problem der räumlichen Ausdehnung, u. a. auch auf die Kontroverse um das Wesen und die Fortentwicklung der Grafschaft eingeht, lieferte SCHULZE (1973) S. 15–32.

8 Z.B. Erich FRHR. V. GUTTENBERG, Hermann AUBIN und Edmund E. STENGEL (Nachweise bei SCHULZE, 1973, S. 27f.). Eine Überfülle von Belegen für die Gleichheit von Pagus und Comitatus zur Zeit der Karolinger hat Joseph PRINZ (1942) zusammengestellt. Für die ottonische Epoche hat KLOSS (1940) die Auffassung von der Existenz eines »Grafschaftsgerüsts« vertreten.

9 Fritz TRAUTZ, Neckarland (1953) S. 78–80 (für den Lobdengau); NIEMEYER (1968) passim, bes. S. 226 (»[...] darf auch angenommen werden, daß der frühmittelalterliche *pagus* eine politische Qualität besaß. Die kartenmäßige Auswertung ergab eine größere Zahl geschlossener Gauräume [...]«).

10 STÖRMER, Früher Adel (1973) S. 396. Gleichwohl räumt Störmer ein, daß es zwar »nicht weiter zu belegen, aber auch nicht von der Hand zu weisen [sei], daß der Chiemgau zumindest ungefähr das räumliche Substrat einer Grafschaft war« (S. 412). Er zieht in ebendiesem Falle sogar in Erwägung, »den Amtsbereich des Grafen *in pago Chiemingen* im Sinne eines ›Grafschaftsgaues‹ zu interpretieren«. Dieser Begriff geht nicht auf Michael MITTERAUER (Wirtschaft und Verfassung in der Zollordnung von Raffelstetten, in: Mitt. des Oberösterr. Landesarchivs 8, 1964, S. 344–373, hier S. 356) zurück, wie STÖRMER S. 412 Anm. 107 meint, sondern wurde bspw. auch von Wolfgang METZ (1960) S. 163 verwendet. Er ist nichts anderes als ein der lange verpönten Beschreibung des Grafenamtes selbst als einer »Gaugrafschaft« entsprechender Terminus für den ihr zugehörigen Amtsbezirk.

11 Hierüber zusammenfassend der Artikel »Gau« von H[ans] K[urt] SCHULZE in HRG I (1971) Sp. 1392–1403, insbes. Sp. 1394.

12 SCHULZE, Grafschaftsverfassung (1973).

13 Vgl. die – mit einer Ausnahme (Prinz) – allesamt positiven Besprechungen von Meinrad SCHAAB in ZGO 122 (1974) S. 358–360, Helmut MAURER in Hess. Jb. f. LG 24 (1974) S. 358–361, Wolfgang METZ in Hist. Jb. 94 (1974) S. 359f., Eduard HLAWITSCHKA in HPB 22 (1974) S. 40f., Hansmartin SCHWARZMAIER in AHG 33 (1975) S. 431–433, Friedrich PRINZ in Zs. f. bayer. LG 38 (1975) S. 357–359, Hartmut BÖTTCHER in DA 32 (1976) S. 292f., Kurt REINDEL in HZ 223 (1976) S. 406–408, Karl BRUNNER in MIÖG 84 (1976) S. 494 und Wolfgang LEISER in ZRG Germ. Abt. 93 (1976) S. 364–366.

14 SCHULZE S. 5.

1. »Die Grafschaftsverfassung erwies sich als eines der wesentlichsten Instrumente der Herrschaft des Königs über das Reich und als die grundlegende Institution der Reichsorganisation hinsichtlich Rechtspflege, Verwaltung und Heerwesen.«[15].
2. »Es ließ sich für die Karolingerzeit keine einzige Grafschaft nachweisen, die man mit einiger Zuversicht für eine Königsgutgrafschaft hätte halten können, so daß man auch mit Hilfe dieser Theorie eine durchgängige Grafschaftseinteilung nicht mehr bestreiten kann«[16].
3. »Ungeachtet aller regionalen Unterschiede erwiesen sich die Gaue in Alamannien, Ostfranken, Hessen und dem Rhein-Main-Gebiet als die territoriale Grundlage der Grafschaftsverfassung. Mit einiger Vorsicht wird man dies auch für Bayern und den ostsächsischen Bereich vermuten dürfen, während die Verhältnisse in Thüringen und Sachsen wohl anders zu beurteilen sind und weiterer Erhellung bedürfen.«[17].

Um nicht selbst wiederum einer gerade aktuellen Theorie zu verfallen, müssen wir uns für den die Leininger Grafen und deren mutmaßliche Vorfahren betreffenden Raum auch noch einmal mit den auf das ältere Erklärungsmodell ausgerichteten Deutungen befassen und sie anhand der ihnen zugrunde liegenden Quellen überprüfen. Da wir uns dabei nicht in der von Schulze abgehandelten karolingischen, sondern der liudolfingischen Zeit bewegen werden, sind mögliche Auflösungserscheinungen der Grafschaftsverfassung zu berücksichtigen.

Mit seiner gründlichen und großenteils recht einleuchtenden Neubetrachtung der für den Nahegau überlieferten Belege von Ortszugehörigkeiten zu Gau und Grafschaft hat Böhn[18] die bereits 1953 von Trautz[19] geäußerte Skepsis gegenüber der von Baldes[20] scheinbar nachgewiesenen Existenz salischer Untergrafen als vollauf berechtigt erwiesen. Er kommt zum zwar nicht zwingenden, aber in Anbetracht der Überlieferung m. E. überzeugenderen Ergebnis, daß »die Emichonen weder Untergrafen – im Sinne von Baldes – noch Lehnsgrafen – im Sinne von Werle – waren«[21]. Wenn er allerdings das von Baldes zum Ausgangspunkt seiner These genommene »Nebeneinander von Emichonen und Saliern als Grafen in ein und demselben Gau« vorbehaltlos anerkennt[22] und davon spricht, daß »zur Zeit des ersten Auftretens der Emichonen von einer Gaugrafschaft im Sinne der klassischen Lehre keine Rede mehr sein kann«[23], negiert er völlig ein weiteres wichtiges Ergebnis der eigenen Untersuchung: daß nämlich vom Jahre 960 an, in dem Grafenrechte der Emichonen im Nahegau erstmals urkundlich faßbar werden, »alle

15 Ebd. S. 347.
16 Ebd. S. 311.
17 Ebd. S. 318.
18 In: Geschichtliche Landeskunde 10 (1974) – s. Lit.verz.
19 TRAUTZ, Neckarland (1953) S. 78.
20 S. Lit.verz.
21 BÖHN (1974) S. 94. – Davon, daß die Grafschaft der Emichonen im Nahegau von den salischen Herzögen lehensrührig gewesen sei, ist an keiner Stelle der Überlieferung die Rede. Das von Baldes herangezogene Beispiel eines 940, also vor Auftreten der Emichonen als Grafen im Nahegau, bestehenden Vassalitätsverhältnisses eines Emicho zu Konrad dem Roten beruht auf einem erheblichen Mißverständnis (vgl. BÖHN, 1974, S. 77f.). Die Nennung eines nicht unbedingt als Salier zu identifizierenden Grafen Otto im Jahre 973 im Nahegau (s. Anm. 24) erscheint zu dürftig, um Baldes' Annahme eine hinreichende Stütze zu verleihen. Immerhin wird auch in den darauffolgenden 150 Jahren keiner dieser salischen »Obergrafen« im Nahegau erwähnt, was wohl nicht ohne weiteres auf mangelnde Überlieferung zurückgeführt werden kann.
22 BÖHN (1974) S. 94.
23 Ebd. S. 95.

weiteren Belege für das Fortbestehen salischer Grafenrechte im Nahegau« fehlen[24]. Daraus ließe sich doch mit der gleichen Berechtigung, mit welcher die Lehensgrafen-These in Frage gestellt und schließlich abgelehnt wurde, folgern, daß die Emichonen die Salier in jenen Rechten abgelöst haben. Daß die Belege vor 960 die Grafenrechte im Ausbaugebiet festhalten, nach 960 jedoch im Altsiedelland lokalisieren[25], beweist wegen der zeitlichen Verschiedenheit noch lange kein »Nebeneinander«, sondern allenfalls, daß Otto I. zu verschiedenen Zeiten in jeweils einer der beiden Landschaften bevorzugt Güter verschenkte. Wenn übrigens die salische Grafschaft im Nahegau tatsächlich eine »allodiale Herrengrafschaft« gewesen wäre[26], die sich auf das Ausbauland beschränkt hätte, mußte man sich fragen, wieso Otto der Große hier Schenkungen durchführte, während die Allodialherren lediglich als Intervenienten auftraten.

Da ein »Nebeneinander« verschiedener Grafengeschlechter im Nahegau nicht mit absoluter Sicherheit nachgewiesen werden kann – und Böhn ordnet ja selbst die Nennungen vor 960 überzeugend ein und derselben Familie, nämlich den Saliern, zu[27] –, kann wiederum nicht für erwiesen gelten, daß Nahegau und Grafschaft der Emichonen zur Zeit der Ottonen nicht deckungsgleich gewesen seien. Überdies müßte sonst erst geklärt werden, was in diesem Falle unter dem 966 Februar 4 und 6 genannten *comitatus Nagouue*[28] zu verstehen sei. Auch eine Stelle in der Urkunde Ottos II. vom 27. August 973 spricht stark für eine geographische Identität von Gau und Grafschaftsbereich gerade zur fraglichen Zeit, und zwar nicht nur bezüglich des Nahegaus, sondern auch des Worms- und des Speyergaus: *in pago et in comitatu videlicet Nahcgouue et in pago et in comitatu Vuormacensi et in pago et in comitatu Spirensi*[29]. Jedenfalls läßt sich hieraus schlecht mehr als eine Grafschaft pro Gau herauslesen. So mag durchaus Böhns als Hypothese vorgetragene Ansicht, »daß Otto der Große es war, der den Emichonen die Grafenrechte im Nahegau« übertrug, auch unter Fortlassung der Einschränkung »und zwar im altbesiedelten Teil«, aus dem schlagartigen Wechsel der Inhaber von Grafenrechten im Nahegau im Jahre 960 abgeleitet werden.

Ob sich Böhns These wohl bedenkenloser auf die Grafschaft im Wormsgau anwenden läßt? Der Gau hieß 932 Wormsgau, 973, 991, 992 und 994 Wormser Gau, daneben seit 976 Wormsfeld: 976 (981), 985, 1008 und (1018?)[30]. Neben der dort gelegenen Grafschaft der

24 Ebd. S. 88. Einem von Böhn im Rahmen dieser Schlußfolgerung übersehenen Grafen Otto im Nahegau von 973 (unten S. 212) darf wegen seiner singulären Erscheinung inmitten der Emichonen von 960–1134 keine Überbewertung zuteil werden. Erklärungsmöglichkeiten gibt es viele. Der einer bequemen Interpretation lästige Graf Otto braucht nicht einmal mit mangelnder Kenntnis des Schreibers oder Diktators bei der Abfassung der Urkunde (Verwechslung der Grafschaften im Nahe- und Königssondergau?) aus dem historischen Zusammenhang hinausinterpretiert zu werden. Vielleicht war die Grafschaft damals noch strittig. Oder warum sollte nicht einmal ein Familienmitglied der Emichonenfamilie namens Otto – etwa ein den Haupterben überlebender jüngerer Bruder – die Grafschaft innegehabt haben? Schließlich ließe sich gar die Hypothese aufstellen, daß die Emichonen in die salische Familie eingeheiratet haben und auf diese Weise zu ihren Grafenrechten im Nahegau gelangt sind. Wir müssen die Frage nach der Identität des Grafen Otto auf sich beruhen lassen und wollen lediglich festhalten, daß sein Vorkommen der oben erwähnten Feststellung Böhns keinen ernsthaften Abbruch zu leisten vermag.

25 Böhn S. 91.

26 Ebd. S. 92.

27 Ebd. S. 91.

28 MGH DO I Nr. 320 u. 321; vgl. Böhn S. 84.

29 DO II Nr. 57; RI II/2 Nr. 636. Nahezu buchstabengetreu übernommen in DO II Nr. 95 von 992 Mai 29.

30 Nachweise, auch für die folgenden Nennungen, in Anhang I/1.

Zeisolfe – 976, 985, 1008, (1018?) – werden die Grafschaft Burchards, der notfalls noch der Familie der Zeisolfe zuzurechnen wäre[31] – 994 –, aber auch die Grafschaft Ottos – (981), 982 – erwähnt. Mit Ottos Grafschaft hat es nun die Bewandtnis, daß sie zwar »Wormser Grafschaft« heißt – 982 –, sich aber nicht nur auf den Gau Wormsfeld – (981) –, sondern auch auf den Speyergau – 982 – erstreckt. Da Otto 1026 *dux Wormatie* ist[32], läßt sich in seiner Grafschaft vielleicht bereits ein den eigentlichen Grafschaften im Worms- und im Speyergau übergeordneter »Wormser Dukat« erkennen[33]. Dann hindert uns aber auch nichts mehr, im Comitatus der Zeisolfe eine durch die Pagus-Angabe räumlich bestimmte Grafschaft zu sehen.

Daß die Pagus-Bezeichnung im Falle des Nahe- und des Wormsgaus einer politischen Raumgliederung entsprochen haben muß, beweist die starke Grenzverschiebung in der Mitte des 10. Jahrhunderts[34]. Sie wäre völlig unerklärlich, wenn die beiden Pagi Naturräume beschrieben hätten. In unserem Sinne bieten sich weitere Argumente sowohl für die Zeit vor als auch nach der Reduktion des alten Wormsgaus an. Mit Ausnahme eines einzigen Belegs von überdies unsicherem Quellenwert gestattet, nach Schulze[35], die Überlieferung den Schluß, daß der Wormsgau im 9. Jahrhundert »die territoriale Grundlage einer karolingischen Grafschaft gebildet hat«. Ich stimme mit Schulze zwar nicht darin überein, daß die Formulierung *in comitatu Wormatiensi* – 884 Juni 11 –[36] bzw. *in comitatu Wormatiense* – 888 Juni 12 –[37] es erfordert, »daß der Wormsgau zugleich eine Grafschaft bildete«. Daß der Ausdruck *comitatus Wormatiensis* sich nicht allein auf die Stadt Worms beziehen lasse[38], kann kaum einleuchten. Vom philologischen Standpunkt aus gesehen, scheint mir einfach kein anderer als ebendieser Bezug möglich. Doch läßt sich wohl annehmen, daß Worms im 9. Jahrhundert gewissermaßen Vorort der Grafschaft war und (oder) dort das Placitum stattfand. Schließlich läßt auch *Warnerius pagi Vormacensis comes*[39] kaum einen Zweifel über sein Amtsgebiet aufkommen. Für die ähnlichen Verhältnisse des 10. Jahrhunderts darf man aus den ebengenannten Gründen die bereits erwähnte Formulierung *in pago et in comitatu Vuormacensi* – 973 August 27 –[40] ins Feld führen, die auch in einer Urkunde vom 29. Mai 992 wiederkehrt[41].

31 Kloss S. 87f. hält die Angaben der Urkunde für fragwürdig.
32 RI III/1 Nr. 51.
33 Zur erweiterten Bedeutung des Begriffes *comes* bereits in der Karolingerzeit vgl. jetzt Karl Brunner (1973) S. 192–197, bes. S. 197: »*Comes* bleibt also bis weit ins 10. Jahrhundert hinein der einzige Funktionstitel und die einzige offizielle Titulatur selbst für fürstliche Titelträger. Alle anderen Formen treten nur zusätzlich dazu auf und vermögen erst in der weiteren Entwicklung den Comitat zu verdrängen.«
34 Der Grenzverlauf ist jeweils annähernd kartiert bei Fabricius, Karte I und hiernach bei Toussaint, Leiningen im Wormsgau, Karte 1. Der alte Wormsgau wurde im Norden und Osten vom Rhein, im Süden von der Isenach und im Westen von der Nahe begrenzt; um 960 ging die Westgrenze des Wormsgaus durch Vorschieben des Nahegaus »bis zu einer gedachten Linie von Alzey bis Nierstein« zurück (Niemeyer S. 85).
35 Schulze (1973) S. 191f.
36 MGH DKarl III Nr. 103.
37 MGH DArn Nr. 30.
38 Schulze (1973) S. 192.
39 Flodoard, Historia Remensis ecclesiae, hg. v. Joh. Heller und G. Waitz, in: MGH SS XIII (1881) S. 405–599, hier: S. 436. Vgl. Schulze (1973) S. 192 mit Anm. 95.
40 Wie Anm. 29.
41 Wie ebd.

Da wir den am 6. Januar 1100 *in pago Wormesfelt* amtierenden *comes Emecho*[42] als Vorfahren der Grafen von Leiningen ansehen müssen, stellt sich die Frage, wie dieser in den Besitz der Grafschaft gelangt sein mag. Wir dürfen dabei von der oben[43] wahrscheinlich gemachten Abstammung der Leininger von den Emichonen des Nahegaus ausgehen. In der Auseinandersetzung mit Böhns Ansichten haben wir uns eines Erklärungsmodells für die Entstehung der leiningischen Grafschaft im Wormsgau begeben, das uns bei der ersten Lektüre dieses Aufsatzes noch vorschwebte: Gesetzt den Fall, das Nebeneinander mehrerer Grafschaften im Nahegau hätte der tatsächlichen historischen Situation entsprochen, hätte dies bedeutet, daß die Grafschaft der Emichonen zwar nicht den ganzen Nahegau umfaßte, dafür aber auch nicht an dessen Grenzen haltmachen mußte. Dann wäre die Urkunde von 973[44] Beleg dafür, daß die Grafschaft Emichos sich im Nordosten über den Rhein in den Pagus Königssundern hinein erstreckte, und – das ließ uns Böhns These zunächst sympathisch erscheinen – hätte angenommen werden dürfen, daß sie im Südosten einen großen Teil des Wormsgaus umfaßte, aus welchem später die Grafschaft Leiningen abgespalten wurde. Nach unseren kritischen Einwänden gegen Böhns Vorstellungen dürfen wir diesen bequemen Weg nun nicht mehr gehen. Was wir noch anbieten können, klingt daher etwas hypothetischer: Wir möchten annehmen, daß die Grafschaft im Wormsgau nach dem Aussterben der Zeisolfe wie auch immer in die Hände der Grafen des Nahegaus gelangte und von diesen noch 1100 in Personalunion verwaltet wurde[45]. Eine solche Sachlage könnte vielleicht die zwischen den spärlichen Nennungen gräflicher Personen in Verbindung mit dem Wormsgau klaffende Lücke von fast hundert Jahren – (Mai 1018?)[46] bis 1100 Januar 6[47] – erklären. Entweder hat die Grafschaft im Wormsgau dann bereits zu Beginn des 12. Jahrhunderts ihre Funktion eingebüßt – somit wäre die Grafschaft Leiningen zunächst eine reine Titulargrafschaft gewesen – oder sie wurde – was wahrscheinlicher ist – bei der Abzweigung der Leininger vom Emichonenhause jenen übertragen und von ihnen noch eine kurze Zeit lang amtsweise ausgeübt. Für die eigentlichen Aufgaben des Grafen gibt es bei der bekanntlich dürftigen Quellenlage für unser Gebiet keine Beispiele. Man kann nur vermuten, daß sie weiterhin[48] vor allem in der Rechtspflege, vielleicht auch noch in Verwaltung und Heerwesen, bestanden haben.

2. Die Landgrafschaft

Das zwischen 1118 und 1147 entstandene[49] Alzeyer »Weistum« erwähnt in einer Abschrift von 1494 (= älteste überlieferte Fassung) die pfälzische Lehenshoheit über 14½ Grafschaften: *Es ließt* [wohl lieyt = (ver)leiht] *auch unser herre der Pfaltzgrave uff dem Stein zu Alczey funftzehenthalb graveschaft*[50]. Eine von Widder zitierte, jetzt verlorene Abschrift vom 8. Oktober 1589 zählt an dieser Stelle auf: Berg, Kleve, Sayn, Wied, Virneburg, Nassau,

42 UBiSp I Nr. 70.
43 S. den Abschnitt über die Herkunft der Grafen von Leiningen.
44 S. unten S. 212; vgl. oben Anm. 24.
45 Vgl. S. 74.
46 MGH DH II Nr. 389; RI II/4 Nr. 1928.
47 UBiSp I Nr. 70.
48 Vgl. die oben S. 77 referierten allgemeinen Untersuchungsergebnisse Schulzes.
49 Becker, Weistum S. 71.
50 Ebd. S. 27.

Katzenelnbogen, Sponheim, Veldenz, Leiningen, Zweibrücken, Rheingrafschaft, Wildgrafschaft, Raugrafschaft, Falkenstein zur Hälfte[51].

Nun ist der Hinweis auf lehensrechtliche Zustände einem Weistum wesensfremd und hier mit Sicherheit interpoliert. Böhn spricht mit gutem Recht von »redaktionelle(n) Zusätze(n) eines späteren Bearbeiters«, »vielleicht [...] des 15. Jahrhunderts«[52]. Die namentliche Aufzählung gar ist eine noch jüngere, interpretierende Ergänzung[53]. Karl-Heinz Spieß hat verdienstvollerweise die pfälzischen Belehnungsakte für Grafschaften bis zum Ende des 14. Jahrhunderts zusammengestellt (insgesamt 39 Belehnungen) und dabei festgestellt, daß, soweit die Ausstellungsorte der Urkunden bekannt sind, in keinem Falle Alzey als solcher genannt wird[54]. Es könnte daraus geschlossen werden, daß die interpolierte Stelle wesentlich ältere Verhältnisse widerspiegelt, dem Bearbeiter des Weistums im 15. Jahrhundert also eine weitere Quelle vorgelegen hat. Die Sache gerät jedoch in ein ganz anderes Licht, wenn wir auch die Lehensurkunden des 15. Jahrhunderts zu diesem Problem heranziehen, und zwar bis zum Jahre 1494, aus dem, wie bereits vermerkt, die älteste überlieferte Fassung des Weistums datiert. Dann stellen wir fest, daß Alzey zu dieser Zeit tatsächlich in einem Falle Belehnungsort war. Ich vermag hier nur die Belege für die pfälzischen Belehnungen mit der Grafschaft Leiningen darzubieten:

- 1398 März 14 ohne Ort
  [Anlaß: Herrenfall]
  Graf Emich [VI.] von Leiningen[-Hardenburg] reversiert dem Kurfürsten Ruprecht [III.] u. a. über die Eventualbelehnung[55] mit der in Händen der älteren Leininger Linie befindlichen Grafschaft Leiningen[56].
- 1398 September 18 ohne Ort
  [Anlaß: Herren- und Mannfall]
  Graf Friedrich [VIII.] erteilt dem Kurfürsten Ruprecht [III.] einen Revers über die Belehnung u. a. mit der Grafschaft Leiningen[57].

51 WIDDER III S. 3–7, hier: S. 5; GRIMM, Weistümer I S. 798–800, hier: S. 799 (nach Widder); WIMMER S. 295–297 Nr. 90, hier: S. 296 (nach Widder).

52 Vgl. BECKER, Weistum S. 28–33 und BÖHN S. 93f. (Zitat S. 94); dazu jetzt auch SPIESS, Lehnsrecht S. 81–83.

53 BÖHN S. 75.

54 SPIESS, Lehnsrecht S. 82.

55 Interpretation in Anm. 127.

56 Ausf. Perg.: BayHStA, Rhpf. Urkk. Nr. 2499. Druck: L-D-H, Deduction und Demonstration, Beylagen Nr. 7. Regesten: KREMER, Ard. Geschl. CD S. 206 Nr. 129 (falsch datiert); RPR I Nr. 5880 (ohne Kenntnis des Originals). Unter den Gesichtspunkten der Nachtragsklausel und der Lehensverschweigung erwähnt bei SPIESS, Lehnsrecht S. 84 und 225.

57 Ausf. Perg.: BayHStA, Rhpf. Urkk. Nr. 2500. Druck: L-D-H, Deduction und Demonstration, Beylagen Nr. 6. Regesten: KREMER, Ard. Geschl. CD S. 206 Nr. 130 (falsch datiert); SCRIBA III Nr. 3481; RPR I Nr. 5925 (ohne Kenntnis des Originals). Erwähnt: BRINCKMEIER I S. 137 (angeblich nach dem oben genannten Druck; benutzt wurde jedoch das Kremersche Kurzregest, von dem auch das unrichtige Datum übernommen ist); SPIESS (wie vorige Anm.).

- 1411 Mai 14 ohne Ort
  [Anlaß: Herrenfall]
  Graf Emich [VI.] von Leiningen[-Hardenburg] reversiert dem Kurfürsten Ludwig [III.] u. a. über die Eventualbelehnung mit der in Händen der älteren Leininger Linie befindlichen Grafschaft Leiningen[58].
- 1424 Mai 5 Heidelberg
  [Anlaß: siehe Anm. zur vorigen Urkunde]
  Kurfürst Ludwig [III.] belehnt den Grafen Emich [VI.] von Leiningen[-Hardenburg] u. a. mit der Anwartschaft auf die in Händen der älteren Leininger Linie befindliche Grafschaft Leiningen[59].
- 1435 Juni 15 Heidelberg
  [Anlaß: Mannfall]
  Kurfürst Ludwig [III.] belehnt den Grafen Hesso von Leiningen[-Dagsburg] u. a. mit der Grafschaft Leiningen[60].
- 1437 August 3 ohne Ortsangabe
  [Anlaß: Herrenfall]
  Graf Hesso von Leiningen[-Dagsburg] reversiert dem Pfalzgrafen Otto als dem Vormund des Kurfürsten Ludwig [IV.] über die Belehnung u. a. mit der Grafschaft Leiningen[61].
- 1437 Dezember 4 Neustadt
  [Anlaß: Herrenfall]
  Pfalzgraf Otto als Vormund des Kurfürsten Ludwig [IV.] belehnt den Grafen Emich den Alten [= VI.] von Leiningen[-Hardenburg] u. a. mit der Anwartschaft auf die in Händen der älteren Linie Leiningen befindliche Grafschaft Leiningen[62].
- 1443 Januar 15 Alzey
  [Anlaß: Mündigkeit Ludwigs IV.]
  Kurfürst Ludwig [IV.] belehnt den Grafen Emich [VI.] von Leiningen[-Hardenburg] u. a. mit der Anwartschaft auf die in Händen der älteren leiningischen Linie befindliche Grafschaft Leiningen[63].

58 Ausf. Perg.: FLA, Urkk. Leiningen, sub dato. Daß sich diese Urkunde unbesiegelt im leiningischen Archiv vorfindet, ist wohl als Zeichen dafür zu werten, daß der Leininger Vorbehalte gegen ihren Inhalt anzumelden hatte. Ersatzweise dürfte dann die folgende Belehnung vorgenommen worden sein.

59 Ausf. nicht mehr vorhanden. Begl. Abschr. LA Speyer, A 1 Nr. 1488. Unbegl. Abschrr.: FLA, Urkk. Leiningen, sub dato; FLA 4/36, Kopb. »Nr. 1, Abschriften der verschiedenen Lehnbriefe 1329–1641«, S. 6–9; HStA Wiesbaden, 339/949. Drucke: L-D-H, Endliche Deduction (1616, Nd. 1734) Lit. A; Lünig, RA 22 S. 393 f. Nr. 26. Regest: Kremer, Ard. Geschl. CD S. 207 Nr. 139. – Lehensrevers, Ausf. Perg.: LA Speyer, A 1 Nr. 1489.

60 Ausf. Perg.: LA Speyer, A 1 Nr. 1490.

61 Ausf. Perg.: LA Speyer, A 1 Nr. 1491. Druck: L-D-H, Deduction u. Demonstr. (1739), Beylagen Nr. 8 (»Ex auth.«). Regest: Kremer, Ard. Geschl. CD S. 208 Nr. 143 (zu 1337).

62 Ausf. nicht mehr vorhanden. Unbegl. Abschr. Pap.: FLA, Urkk. Leiningen, sub dato. Druck: L-D-H, Endliche Deduction (1616, Nd. 1734) Lit. B.

63 Ausf. nicht mehr vorhanden. Unbegl. Abschr. Pap.: FLA, Urkk. Leiningen, sub dato. Druck: L-D-H, Endliche Deduction (1616, Nd. 1734) Lit. C.

– 1450 Februar 22 Ort unbekannt
[Anlaß: Herrenfall]
Graf Hesso von Leiningen[-Dagsburg] erteilt dem Pfalzgrafen Friedrich [I.] als dem Vormund des Kurfürsten Philipp [I.] Revers über die Belehnung u. a. mit der Grafschaft Leiningen[64].
– 1461 Juli 17 Heidelberg
[Anlaß: Mannfall (1452); Grund der späten Mutung: Krieg zwischen Kurpfalz und Leiningen-Hardenburg]
Kurfürst Friedrich [I.] belehnt den Grafen Bernhard von Leiningen[-Hardenburg] in Gemeinschaft mit seinen Brüdern u. a. mit der Anwartschaft auf die in Händen der älteren leiningischen Linie befindliche Grafschaft Leiningen[65].
– 1461 Juli 23 Heidelberg
[Anlaß: Wiederholung der Belehnung vom 17. Juli für den ältesten der lehensfähigen leiningischen Brüder]
Kurfürst Friedrich [I.] belehnt den Grafen Emich [VIII.] von Leiningen für sich und seine Brüder u. a. mit der Anwartschaft auf die in Händen der älteren leiningischen Linie befindliche Grafschaft Leiningen[66].
– Wegen der kriegerischen Auseinandersetzungen um das Erbe des Grafen Hesso von Leiningen-Dagsburg (gest. 1467) erfolgte die nächste Belehnung erst im Jahre 1506.

Wir können feststellen: Falls Alzey jemals eine politische Sonderstellung als Ort der Lehensvergabe eingenommen hat – und ich möchte der fraglichen lehensrechtlichen Interpolation durchaus eine für die Zeit ihres Urhebers aktuelle Bedeutung beimessen –, dann kann dies nur in den Jahren zwischen 1438 und 1460 der Fall gewesen sein. Hier wären insbesondere die Usancen der Lehensvergabe unter der nur kurzen selbständigen Regierung des Kurfürsten Ludwig IV. (1442–1449) zu untersuchen, da Vorgänger und Nachfolger ja in Heidelberg zu belehnen pflegten und Ludwigs Vormund, Pfalzgraf Otto von Mosbach, den Belehnungsakt in Neustadt vorgenommen hatte. Eine analoge Untersuchung der Lehensurkunden für die anderen von Kurpfalz lehensabhängigen Grafschaften würde vielleicht zur Vermehrung des hier nur singulären Beispiels beitragen und unseren Vermutungen mehr Gewicht verleihen. »Daß die Aussagen des Alzeyer Weistums in der spätmittelalterlichen Praxis keine Bestätigung finden«[67], ist jedenfalls nur bedingt, nämlich für den von Spieß untersuchten Zeitraum bis 1400, richtig.

Wichtig ist für uns, daß die tatsächlich als frühe pfälzische Lehen in Frage kommenden Grafschaften allenfalls zu einem sehr geringen Teil als salisches Erbe bezeichnet werden können[68]. Die oben[69] referierten Argumente gegen die Lehnbarkeit der Grafschaft im Nahegau von den Saliern stellen gerade auch die geläufigen Meinungen über die Herkunft der

64 Ausf. Perg.: LA Speyer, A 1 Nr. 1492.
65 Ausf. nicht mehr vorhanden. Unbegl. Abschr. Pap.: FLA, Urkk. Leiningen, sub dato. Drucke: L-D-H, Endliche Deduction (1616, Nd. 1734) Lit. D; Lünig, RA 22 S. 397f. Nr. 31. Regest: Kremer, Ard. Geschl. CD S. 212 Nr. 162 (mit falsch aufgelöstem Datum).
66 Ausf. Perg.: FLA, Urkk. Leiningen, sub dato.
67 Spiess, Lehnsrecht S. 82.
68 Schaab, Grundlagen S. 3f.
69 S. 77f.

Grafenrechte jener Familien in Frage, die aus genanntem Emichonengeschlecht hervorgegangen sind. Die Frage, was denn dann der Rechtsinhalt der nachweislich pfalzgräflichen Lehenshoheit über die Wildgrafschaft (1277, 1309, 1358, 1364)[70], die Raugrafschaft (1399)[71], die Grafschaft Leiningen (1323 und öfter)[72] etc. gewesen sei, muß nicht unbeantwortet bleiben, kann aber andererseits auch nicht abschließend behandelt werden. Böhn hat auf die schon früher bekannte Tatsache hingewiesen, daß die ursprüngliche Grafschaftsverfassung sich nicht einfach in den Landgrafschaften des Spätmittelalters fortgesetzt hat[73]. Vielmehr stellten bereits die Landgrafschaften des 12. Jahrhunderts eine neugeschaffene oder – wie wohl im Falle Leiningens – unter anderen Vorzeichen erneuerte Institution dar[74]. Auf eine solche könnte die Lehensherrlichkeit des Pfalzgrafen bezogen sein und mit dessen Aufsichtsrecht über die Regalien ihre Erklärung finden[75]. Mehr als diese, wie ich zugebe, etwas farblose Theorie läßt sich im Moment nicht anbieten.

Wie wir unten noch eingehend erörtern werden, tritt uns die leiningische Landgrafschaft erst sehr spät – zu Beginn des 14. Jahrhunderts – unter diesem Namen entgegen, kurz zuvor aber und auch danach noch, in augenscheinlicher Identität, als »Grafschaft«. Das Aufkommen des eindeutigeren Begriffs besagt folglich nichts über die Entstehungszeit der Institution. Wir müssen uns also einer mehr am Rande geäußerten Ansicht Theodor Mayers verschließen, daß Landgrafschaften, die erst aus dem 13. und 14. Jahrhundert überliefert sind, prinzipiell etwas Neues darstellten[76]. Dazu ist die Mangelhaftigkeit der Überlieferung auf diesem Felde denn doch zu groß, als daß sie nicht in die Kalkulation einbezogen werden dürfte. Mithin möchten wir auch nicht verneinen, daß die Landgrafschaft der Leininger zu den wohl unter Lothar von Süpplingenburg begründeten, nach Theodor Mayer sogenannten »älteren Landgrafschaften« gehört haben könnte. Vielleicht ist sie gleichzeitig mit den Landgrafschaften im elsässischen Nordgau und im Speyergau entstanden, die 1138 bzw. 1179 erwähnt sind[77]. Das schließt nicht aus, daß ihr ein geographischer Bereich zugewiesen wurde, der möglicherweise dem der noch älteren Grafschaft im Wormsgau im großen und ganzen entsprochen hat.

Die pfälzische Lehenshoheit über die Landgrafschaft in Händen der Leininger wird erstmals um 1316 urkundlich faßbar. In einer Kundschaft, die vor der Erbteilung von 1317/18 eingeholt werden mußte, heißt es, daß *Ogerßheim die Graveschafft seye und zu Lehen rure, von dem Hertzog von Bayern*[78]. Die Formulierung ist – falls unsere Quelle sie richtig wiedergibt –

70 RPR I Nr. 995, 1609, 3115 u. 3490.
71 RPR I Nr. 5942.
72 S. unten S. 85.
73 Böhn (1974) S. 81f.
74 Vgl. hierzu die grundlegende Abhandlung Theodor Mayers (1938, Nd. 1959).
75 Ich relativiere damit bewußt auch meine früher mitgeteilten Vermutungen (Toussaint, Leiningen im Wormsgau S. 165) über die Vorgeschichte der drei leiningischen Landgerichte im Wormsgau (vgl. S. 85–89). Eine Kontinuität in der Örtlichkeit der Gerichtsstätten erscheint möglich, ist jedoch nicht zwingend zu begründen.
76 Mayer (1938) S. 159 und (Nd. 1959) 200. Auch sonst ist das Landgrafenproblem dort nicht endgültig gelöst.
77 Vgl. Werle, Die Landgrafschaft im Speyergau (1961) – hierzu unten Anhang III/2 – und Eyer, Die Landgrafschaft im unteren Elsaß (1969).
78 Abgedruckt in: L-W, Rechtliche Auszüge, Beylagen Nr. 3 (»Ex auth.«) und in L-D-H, Deduction und Demonstr., Beylagen Nr. III. (Angeblich ebenfalls »Ex auth.«, aber doch wohl nur ein Nachdruck aus der vorgenannten Prozeßschrift, da völlig identische Orthographie mit denselben offensichtlichen Lesefehlern.) Regesten: Kremer, Ard. Geschl. CD S. 193 Nr. 64 (zu »circa an. 1317«); Fessmeyer Nr. 44.

mißverständlich. Oggersheim war nicht die Grafschaft schlechthin, sondern das vornehmste mit ihr verbundene Amtslehen, vielleicht auch ihr Vorort. Denn der schiedsrichterliche Entscheid der leiningischen Ratleute vom 21. April 1317 spricht exakter von Oggersheim als einem Zugehör der *Landgraveschafft und Landgericht*[79]. Auch wurden beim Verkauf der Stadt an den Lehensherrn im Jahre 1323 ausdrücklich ausgenommen *unser grafschaft und unsir lantgerichte* und darüber hinaus festgestellt, *daz uns unser vorg(e)n(anten) herren unser lehen sulle(n) lihen, unser grafschaft und uns(er) lantgerichte*[80]. Diese beiden Begriffe meinen durchaus dieselbe Institution. Es liegt hier, wie in der mittelalterlichen Urkundensprache des öfteren anzutreffen (z. B. »Schutz und Schirm«), eine synonyme Doppelformel vor, ein Hendiadyoin, das nicht als rhetorische Figur gedacht ist, sondern als Mittel zur wechselseitigen Erläuterung und Erhellung des einen durch den anderen Begriff. Dies läßt sich an Hand einer Urkunde von 1263 beweisen, in welcher das dem deutschen Wort »Grafschaft« entsprechende lateinische »comitia« mit »Landgericht« gleichgesetzt erscheint[81]. Im Landgerichtswesen lag also zumindest die Hauptaufgabe des Landgrafen[82]. So kann auch die Formulierung des leiningen-dagsburgischen Lehensreverses von 1398 – *die g(ra)veschafft von Lyninge(n) mit allem ire(n) begriffe und darzü dru lantgerichte*[83] – nicht am heutigen Sprachgebrauch gemessen werden. Das »und dazu« ist im Sinne eines erläuternden »und zwar« »und dazu gehören« zu verstehen.

Die drei Landgerichte werden 1323 erstmals beschrieben:

- *der eines ist uf dem Stahenbuhel zwußen Wormz und Frankintal,*
- *daz ander an der Herstege uf der Pfrimme*
- *und daz dritte uf deme Stampfe*[84].

Der Lehensrevers des Grafen Friedrich von Leiningen von 1398, der im bisher nicht beachteten Original erhalten ist[85], gibt genauere Informationen:

- *der liget eynez zusche(n) Wormße(n) und Spir, daz heißet off dem Stahelbohel,*

79 Abgedruckt in: L-W, Rechtliche Auszüge, Beylagen Nr. 2 (»Ex auth.«) und in L-D-H, Deduction und Demonstr., Beylagen Nr. II. (Wegen der Vorlage gilt das in der vorigen Anm. Gesagte.) Regest: Kremer, Ard. Geschl. CD S. 193 Nr. 65. Vgl. Spiess, Lehnsrecht S. 110. (Das dort Anm. 350 angegebene Erscheinungsjahr des ältesten Druckes ist zu spät angesetzt. Unter Beachtung der gegenseitigen Bezugnahme der einzelnen Prozeßschriften ergibt sich ein Veröffentlichungsdatum, das zwischen 1734 und 1739 liegen muß; vgl. bereits Toussaint in Pfalzatlas S. 1061. Lt. Angaben ihres Verfassers – Senckenberg, Meditationes S. 603 f. in der Anm. – erschien die Deduktion im Jahre 1737.)

80 Abschr. Perg.: GLA 67/799 fol. 61r–v. Drucke: Croll (1765) S. 126–128 (mit Auslassungen); Kremer, Ard. Geschl. CD S. 255–257 Nr. 10. Auszüge: Joannis, Miscella (1725) S. 30; Kreuter S. 28 f. (nach kopialer Überlieferung). Regesten: Kremer, Ard. Geschl. CD S. 194 Nr. 68; RPR I 2001. Erwähnt: Brinckmeier I S. 115–117; unter verschiedenen Aspekten bei Spiess, Lehnsrecht S. 110, 194, 200 und 255. – RPR und Brinckmeier sprechen fälschlich von einer Burg zu Oggersheim; eine solche wird in der Urkunde nicht genannt; erwähnt werden *die burg(er) derselbe(n) stat.*

81 Lehensrevers der Landgräfin Sophie von Thüringen und ihres Sohnes Heinrich vom 10. Sept. 1263 für das Mainzer Lehen, *comiciam sive lantgericht Hassie* (Dobenecker III 3104).

82 Die gleiche Auffassung vertreten im Rahmen ihrer verfassungsgeschichtlichen Untersuchungen im Speyergau bzw. Unterelsaß: Doll (1969) S. 272 Anm. 187 (»die richterlichen Befugnisse als besonders kennzeichnend«) und Eyer (1969) S. 167 (»Dieses Amt bestand vor allem in der Ausübung der Justiz über die Freien und den Vorsitz in den Adelsgerichten«).

83 Wie Anm. 57.

84 Wie Anm. 80.

85 Wie Anm. 57.

– *so liget daz and(er) bij Wachenheim off der Pryme(n), daz heißet off dem Kaldenb(er)ge,*
– *so liget daz dritte off dem Stamp zusche(n) Stauff und Alsinzeborn, daz heißet an den Stolen.*

Die drei Örtlichkeiten sind annähernd genau zu lokalisieren:

1. Das Landgericht »auf dem Stahlbühl« wird 1323 als zwischen Worms und Frankenthal, 1398 als zwischen Worms und Speyer gelegen bezeichnet. Es befand sich offensichtlich an der wichtigen Landstraße, die den Rhein entlang führte und auf welcher die Grafen von Leiningen das Geleit zwischen Oppenheim und Speyer ebenfalls von Pfalz zu Lehen trugen[86]. Das von Weber[87] erkundete und an anderer Stelle[88] auch von mir noch akzeptierte Dirmstein kann hier nicht mehr in Frage kommen. Daß der vermeintliche »archivalische Hinweis [...] auf das Gericht bei Dirmstein«[89] sich in Wirklichkeit auf den Stahlbühl bei Ladenburg bezieht, wurde bereits richtiggestellt[90]. Aber auch Webers Hauptargument, die Lage an einem wichtigen Straßenkreuz, beruht, wie nunmehr zu erweisen ist, auf einem Versehen. Weber stützte sich allein auf die Straßenkarte der Gebrüder Jung aus dem Jahre 1641[91] und erkannte auf ihr »für unseren Raum folgende Straßenzüge: Kaiserslautern – Dürkheim – Dirmstein – Worms und Speyer – Roxheim – Dirmstein – Worms«[92]. Gebietet die einer Karte des 17. Jahrhunderts noch anhaftende topographische Ungenauigkeit schon größte Vorsicht bei der Auswertung, so müßte gerade eine Streckenführung von Roxheim nach Worms über das gänzlich abseits gelegene Dirmstein Bedenken erregen. Tatsächlich liest sich der Kartenausschnitt aber ganz anders. Zunächst ist Dürkheim dort gar nicht eingetragen. Zu dem offenbar dafür gehaltenen Ortspunkt gehört die Beschriftung *Dirmstein*, während jener von Weber als Dirmstein angesprochene Ortspunkt auf der Strecke Speyer–Worms, wohl aufgrund des kleinen Maßstabs der Karte und der daraus resultierenden gedrängten Darstellungsweise, unbenannt geblieben ist. Zurück bleibt die ältere Lokalisation des Landgerichts Stahlbühl »beim Kreuzweg Beindersheim–Roxheim« durch Karl Christ[93]. Ohne sich mit Webers Interpretation auseinanderzusetzen, machte neuerdings Biundo diesen Roxheimer Stahlbühl – der Flurname ist dort ebenso wie bei Dirmstein überliefert – wieder als leiningisches Gericht geltend und suchte es »an der Grenze der Roxheimer Gemarkung, gegen Beindersheim zu«[94]. Vom Straßenverlauf her gesehen, ist

86 Ebd.

87 WEBER (1966) S. 51.

88 TOUSSAINT, Leiningen im Wormsgau S. 165.

89 WEBER (1966) S. 51f. und zuvor bereits S. 46.

90 TOUSSAINT, Leiningen im Wormsgau S. 165 Anm. 8. Zum Flurnamen Stahlbühl, der im südwestdeutschen Raum gar nicht so selten ist, vgl. auch Ernst SCHNEIDER, Flurnamen als Geschichtsquellen, AG f. gesch. LK am ORh, Protokoll Nr. 8 über die Arbeitssitzung vom 2. Juni 1961, Karlsruhe 1961 [masch.schr. vervielf.], S. 2–4, mit Diskussionsbeiträgen von [Bruno] BOESCH S. 19f. und [Günther] HASELIER S. 20. Siehe ferner den nachweisreichen Exkurs über die Stahlbühle in: Franz GEHRIG, Der Kraichgau, Landschafts- und Grafschaftsbezeichnung im Mittelalter, AG f. gesch. LK am ORh, Protokoll Nr. 104 über die Arbeitssitzung vom 17. Juni 1969, Karlsruhe 1969 [masch.schr. vervielf.], S. 19–21, mit Diskussionsbeitrag von [Hans] JÄNICHEN S. 33. Jänichen hat die interessante Feststellung getroffen, daß es die Bezeichnung Stahlbühl nur im fränkischen, nicht hingegen im alemannischen Raume gibt.

91 Johann Georg und Georg Conrad JUNG, Totius Germaniae novum itinerarium studio et opere Iungiorum elaboratum, Rothenburg ob der Tauber 1641. Veröffentlicht in: Archiv für Postgeschichte in Bayern 1931, bei S. 14.

92 WEBER (1966) S. 51.

93 CHRIST (1903) S. 12; die Anregung gab HILDENBRAND (1896).

94 Georg BIUNDO, Bobenheim – Roxheim. Aus der Geschichte einer Großgemeinde. Bobenheim–Roxheim 1973, S. 336 und S. 226 (Flurnamen).

diese Deutung akzeptabel. Die Verbindung Speyer–Worms führt auf der Karte von Dewarat[95] zwischen den Nachbarorten Beindersheim und Roxheim hindurch. Zwar weist sie sich hier in ihrer nahezu schnurgeraden Form als Kunststraße des 18. Jahrhunderts aus; aber auch die ältere Landstraße passierte, nach der oben zitierten Karte von 1641, den Ort *Rocksheim.*

2. Das Landgericht »an den Stühlen« wird beidemal[96] als auf dem Stamp[97], 1398 zudem als zwischen Stauf und Alsenborn gelegen beschrieben. Auch hierbei handelt es sich um keine unmittelbaren Nachbarorte, so daß die Gerichtsstelle an einer durch beide Dörfer führenden alten Landstraße zu suchen ist. Eine solche ist auf der Dewarat'schen Karte als *Alte Metzer Strase* eingezeichnet[98]. Das Gericht lokalisiert Weber[99] aufgrund von Grenzumgangsbeschreibungen des 18. Jahrhunderts an der alten Hochstraße, die nordöstlich Alsenborn von der »Alten Metzer Straße«[100] in Richtung Göllheim abzweigte, und zwar nicht eben weit von dieser Gabelung entfernt[101]. Auf der genannten Hochstraße hatte Leiningen das Geleit *von Spißheim die recht straße, biz off den Stamp, da uns(er) lantgericht ist, und von demselben lantgericht an biz in die Eselforte bij Lut(er)n*[102]. Wer Geleitsherr auf der »Alten Metzer Straße« durch das Eistal war, ist nirgendwo quellenmäßig zu erfassen[103]. Doch führte sie fast ausschließlich durch leiningisches Territorium. Diese wohl tatsächlich sehr alte Talstrecke ist jedenfalls nicht identisch mit der bislang für den Ostabschnitt des Metz-Wormser Geleits gehaltene[104] beschwerlichere Straße *von Wurmße an die rechte straß fur der Nuwe(n)-lyninge(n) hin den holen weg off und vor Sickenhuse(n) uß und ubir den Schorleb(er)g inne biz an die Eselsforte*[105]. Das letztgenannte Geleit gehörte Kurpfalz und wurde von Leiningen nur amtsweise ausgeübt: *It(em) daz geleide von uns(er)m vorg(enant) h(er)ren als von der Pfaltz wege(n),* wird die zitierte Streckenbeschreibung von 1398 eingeleitet.

3. Die Lage des Landgerichts »auf dem Kaldenberg« bei Wachenheim a. d. Pfrimm geht aus der Urkunde von 1398 hervor, jene von 1323 nennt den Flurnamen *Hirstege*. Weber fand den Kaldenberg im heutigen »Kahlenberg«, einer zum Pfrimmtal abfallenden Anhöhe zwischen Wachenheim und Monsheim, und zu ihm aufsteigend eine Flur namens »Am Heersteg«, in

95 Kriegs Theater 1. Blatt (1794).

96 1323 Aug. 4 (wie Anm. 80) und 1398 Sept. 18 (wie Anm. 57).

97 Danach heißt der gesamte ehemalige »Schorlenberg« (vgl. Kriegs Theater 1. Blatt von 1794) heute »Stumpfwald«.

98 Kriegs Theater 1. Blatt.

99 Weber (1966) S. 49.

100 Bei Weber a.a.O. »Schorlenbergstraße«; als solche bezeichnete Dewarat (wie Anm. 2) die Hochstraße selbst.

101 Widersprüchlich sind allerdings Webers Angaben dort (S. 50), wo er die Hochstraße plötzlich als Nord-Süd-Verbindung anspricht und von einem Schnittpunkt mit der alten Geleitstraße spricht. Eine Verlängerung jener Hochstraße nach Süden über die Metzer Straße hinaus hat es nicht gegeben. Auch die entsprechende Zeichnung (Weber a.a.O. S. 44) ist dahingehend zu berichtigen.

102 Urk. v. 1398 Sept. 18 (wie Anm. 57). Zum leiningischen Geleit vgl., neben den Aufsätzen von Häberle (1905) und Weber (1963) mit teilweise veralteten Vorstellungen, jetzt den Beitrag von Fendler in Pfalzatlas Karte vorl. Nr. 60 (1969) und Text S. 703–732 (1972), hier bes. S. 709f.

103 Diese Straße ist auch bei Fendler im Pfalzatlas nicht verzeichnet.

104 Fendler in Pfalzatlas S. 709f.

105 1398 Sept. 18 (wie Anm. 57).

welcher er die »Hirstege« von 1323 erkennt. Dort soll sich die von Alsenborn kommende Hochstraße »mit einer Südnordstraße, die nach Mainz führte«, gekreuzt haben[106].

Das Einzugsgebiet der Landgerichte war offenbar einigermaßen fest umrissen, wenn uns auch keine exakte Beschreibung vorliegt. Denn innerhalb der Landgrafschaft besaß der Landgraf 1317 *das Gleit und Zoll auf der Strassen*[107], *und die Manne und Vogteyen uber die Klôster die in der Landgraveschafft gelegen seint,* [...] *ohne die zwey Klôster Hayne und Hartungßhausen die nehmen wir mit Namen auß, davon daß sie auf dem eigen seint gelegen*[108]. Die Landgrafschaft reichte in ihrer Ost-West-Ausdehnung also zumindest von Oggersheim bis zum Ostrand des Pfälzer Waldes. Die drei Landgerichte selbst lagen sämtlich in der Wormser Diözese, und zwar auffälligerweise je eines in den Dekanaten Westhofen im Archidiakonat des Stiftspropstes von St. Paul (Landgericht auf dem Kaldenberg), Dirmstein (Landgericht auf dem Stahlbühl) und Neuleiningen (Landgericht auf dem Stamp), beide im Archidiakonat des Dompropstes[109]. Das läßt uns die vorsichtige Äußerung wagen, daß jene auf 1160 datierte Urkunde Bischof Burchards von Straßburg mit der Formel *in episcopatu Wormatiensi in comitatu Emichonis de Liningen*[110] eine zumindest teilweise geographische Identität von Diözesan- und Grafschaftsbereich ansprechen könnte. In Frage käme hierfür der linksrheinische Anteil des Kirchensprengels, das Dekanat Landstuhl ausgenommen. Von den 1160 als im bezeichneten Raume gelegenen vier Orten erschließen uns nämlich drei (Gimbsheim, Dienheim und Uelversheim) noch das Dekanat Guntersblum im Archidiakonat des Stiftspropstes von St. Paul, der vierte (Rheindürkheim) liegt im bereits erfaßten Dekanat Westhofen[111]. Da die kirchlichen Verwaltungsgrenzen im großen und ganzen der Gaueinteilung entsprachen[112], ist nicht auszuschließen, daß sich der Einflußbereich der leiningischen Landgrafschaft ebenso, wenn auch nicht expressis verbis, mit dem entsprechenden Raumbegriff der tradierten Gaugeographie verband, wie dies mit jenem der Landgrafschaft im Speyergau (1179: *potestas iurisdictionis langravii in terra Spirchowe*[113]; 1267: *lantgravius in Spircewe*[114]) oder im

106 Weber a. a. O. S. 50.

107 Von der Entwicklung der Territorialherrschaft hingegen blieb das Geleitswesen weitgehend unabhängig. Zur exterritorialen Lage vieler Geleitstraßen gerade im südwestdeutschen Raum vgl. Meinrad Schaab, Straßen und Geleitswesen zwischen Rhein, Neckar und Schwarzwald im Mittelalter und der früheren Neuzeit, in: Jbb. f. Statistik u. Landeskunde v. B.-Württ. 4 (1958) S. 54–75.

108 Vgl. Anm. 79.

109 Vgl. hierzu Franz Haffner in Pfalzatlas Karte Nr. 73 (= Vorl. Nr. 85).

110 Druck: UBStStr I Nr. 110. Regest: RBStr I Nr. 566. (Dort wären noch folgende ältere Regesten zu nennen: Kremer, Ard. Geschl. CD S. 181 Nr. 3; Scriba III 1101 und IV 5151.) Erwähnt: Brinckmeier I S. 2 Anm. 3 nach veraltetem Druck und mit entstellten Ortsnamen. – Die Handlung wird auf den Hoftag zu Worms von Ostern 1157 zu verlegen sein (RBStr II S. 440). – *Durincheim* ist Rheindürkheim und nicht das im Speyergau gelegene Dürkheim, das im Register zu RBStr I ausgewiesen wird.

111 Man vergleiche hierzu wiederum die kartographische Darstellung von Haffner (wie Anm. 109).

112 Haffner in Pfalzatlas S. 836.

113 MGH Const. I Nr. 277. Vgl. zuletzt Werle (1961), Gelbach (1966) S. 114–122 und Doll (1969) S. 272 mit unterschiedlichen Ansichten über die Weiterführung dieser Landgrafschaft in der späteren Landvogtei. Dazu auch unten Anhang III/2.

114 Umschrift eines Siegels an der Urkunde von 1267 Jan. 20; Druck: QuStW I Nr. 338 (ohne Siegelbeschreibung) und Gelbach (1966) S. 120 mit Interpretation S. 121. Viel für sich hat jedoch die Ansicht Dolls (1969) S. 272 Anm. 187, der diesen Titel dem Ministerialen Heinrich von Eich zuzuweisen vermag, daß der *lantgravius* von 1267 sicherlich nichts anderes sei als ein Unterbeamter des Landvogts im Speyergau. Denn für eine von der Landvogtei unabhängige Fortführung der alten Landgrafschaft von 1179 steht der Beleg von 1267 doch recht isoliert da.

elsässischen Nordgau (1359: *die Lantgraveschaffte undt daß lantgerichte zu nyderen Eylsaß*)[115] der Fall war. Als g(ra)*veschafft von Lyninge*(n) (1398)[116] bezog die Landgrafschaft den Namen ihrer Inhaber und nicht umgekehrt[117].

Bemerkenswert ist die exterritoriale Lage zweier der drei leiningischen Landgerichte. Der Ort Roxheim, auf dessen Gemarkung das Landgericht »Stahlbühl« vermutet wird, lag 1350 im Hoheitsgebiet des Hochstifts Worms und der Grafen von Zweibrücken[118]. Der Stumpfwald gehörte 1390 zur Immunität der Zisterzienserinnen von Ramsen[119]; als deren Obervögte übten die Herren von Stauf[120] die hohe und niedere Gerichtsbarkeit *of dem Stamp of den stulen* aus[121]. Die *stule* waren damit einer Mehrzweckverwendung zugeführt. Andererseits stand dem Grafen von Leiningen[-Dagsburg] ein Viertel des Holzhafers, d. h. der Einnahmen aus dem Holzverkauf, im Stumpfwald zu, *darumb* [...] *das er die strasze sall helfen schirmen of dem Schorleberge, und als wit die friheit ist, vor unfurtigen luden, und sal das lantgericht helfen besitzen und beschirmen of dem Stamp an den stulen, als dick es not gesche. und ein her zu Lyningen anderst kein recht me of dem Stamp hat*[122].

Die praktische Wahrnehmung landgräflicher Gerichtsbarkeit ist für das 15. Jahrhundert äußerst fraglich. Einer hier nicht zu leistenden Spezialuntersuchung muß es vorbehalten bleiben, zu ermitteln, ob die auf Wunsch des Grafen Hesso von Leiningen[-Dagsburg] durch König Friedrich III. am 1. Oktober 1444 vorgenommene Wiedererhebung der Landgrafschaft Leiningen[123] mehr als ideeller Natur war. Keine Bedeutung für die Institution konnte jedenfalls die gleichzeitig ausgesprochene Rangerhöhung zur gefürsteten Landgrafschaft haben[124].

115 Vgl. Eyer (1969) S. 169.

116 Wie Anm. 57.

117 Vgl. S. 84.

118 Vgl. Alter-Baumann in Pfalzatlas S. 958.

119 Zuvor (bis 1267) Benediktinerinnen unter Observanz des Reformklosters St. Georgen im Schwarzwald. Vgl. Remling, Abteien und Klöster I S. 263ff.; unrichtig bei Fabricius TT S. 436; besser: Georg Biundo, Ortsartikel »Ramsen« in Hb. d. hist. St. V S. 299f.

120 1390 war Graf Heinrich II. von Sponheim-Dannenfels Besitzer der Herrschaft Stauf; vgl. Fabricius TT S. 435f.

121 Ramsener Weistum von 1390, abgedruckt bei Grimm, Weistümer V S. 613–617. Vgl. Hans Fessmeyer, Der Stumpfwald bei Ramsen, Urkundliche Geschichte der auf dem Stumpfwald ruhenden Berechtigungen, Grünstadt 1956.

122 Ramsener Weistum, Pkt. 24.

123 Ausf. nicht mehr vorhanden. Unbegl. Abschr.: HStA Wiesbaden, 339/949; unbegl. Abschr. einer 1609 begl. Abschr. eines Vidimus des Hofgerichts Rottweil von 1445: FLA, Urkk. Leiningen, 1444 Okt. 1; unbegl. Abschr. desselben Vidimus: HStA Wiesbaden, 339/948. Druck: Lünig, RA 22 S. 395f. Nr. 29. Regest: Kremer, Ard. Geschl. CD S. 209 Nr. 148. Die Urk. ist in den Wiener Reichsregistraturbüchern verzeichnet, vgl. Chmel Nr. 1827 und RTA XVII Nr. 197. – Das Privileg wurde 1475 Sept. 30 durch Kaiser Friedrich III. für Graf Reinhard von Leiningen-Westerburg transsumiert; sein Wortlaut ist vollständig in die neue Urk. inseriert. Unbegl. Abschr.: HStA Wiesbaden, 339/948. Drucke: Lünig, RA 11 S. 84f. Nr. 60; L-W, Gegenbericht, Lit. A (Nd. in L-D-H, Gründliche Refutation); L-W, Deductio juris et facti, Beylagen Lit. NN. Auszug: Brinckmeier I S. 144f. Anm. 6. Regesten: Lünig, RA 22 S. 432 Nr. 2; Chmel Nr. 7014.

124 Schubert (1979) S. 311 sieht in den Fürstenerhebungen des 15. Jhs. eine »Entleerung der Rechtsqualifikation des Reichsfürstenstandes«: »Nicht mehr Rechtsaussage, sondern lediglich Rangerhöhung sind diese Privilegien«. Die Liste der seit 1310 gefürsteten Grafen (Schubert S. 311 Anm. 105) ist stattlich; sie wäre um das Beispiel des Landgrafen Hesso von Leiningen zu vermehren.

3. Grafschaft und Territorium

Das Wesen der von Pfalz zu Lehen gehenden Grafschaft war auch Gegenstand heftiger Dispute im leiningischen Dignitätenstreit des 17. und 18. Jahrhunderts. Sowohl hardenburgischer- als auch westerburgischerseits wurden dabei teils richtige, teils falsche Interpretationen geboten. Auf seiten Leiningen-Westerburgs erkannte man, daß nicht der gesamte territoriale Nachlaß des Landgrafen Hesso zur Landgrafschaft zu rechnen sei, versteifte sich aber darauf, daß diese »blos in Agersheim und der Aue zu Hermingersheim bestehe«[125]. Leiningen-Hardenburg behauptete zwar fälschlicherweise, daß der Begriff der Landgrafschaft auf das gesamte leiningische Territorium bezogen werden müsse, sah jedoch sehr richtig[126], daß die an die eigene Linie ergangenen pfälzischen Lehensbriefe indirekt eine Anwartschaft auf die an die Vettern zu Altleiningen verliehenen Landgrafschaftsrechte auswiesen[127].

Die Grafschaft Leiningen, wie sie von den Pfalzgrafen zu Lehen ging, konnte zu keiner Zeit identisch sein mit dem von den Grafen von Leiningen beherrschten Territorium. Gesetzt den Fall, die pfälzische Belehnung wiese ins 12. Jahrhundert zurück, so fiele sie in eine Zeit, in welcher sich allenfalls erst die Anfänge einer territorialen Entwicklung abzeichneten, eine sich auf Ortsbesitz stützende, also flächendeckende Hoheit erst nach und nach herausbilden mußte. Auch in der Zeit der eigentlichen Territorialentwicklung konnte das Grafschaftslehen nicht mit Territorialbesitz verbunden gewesen sein, weil das Territorium der Grafen von Leiningen sich, selbst und gerade im möglichen Einflußbereich der gräflichen Landgerichte im Wormsgau, nachweislich aus Bestandteilen höchst unterschiedlicher Provenienz zusammensetzte.

Im 15. Jahrhundert dürfte hierüber noch Klarheit bestanden haben. Daß das pfälzische Lehen der älteren Leininger Linie sich nicht auf das gräfliche Territorium erstreckte, beweist u. a. der Vertrag der regierenden Gräfin Margarete von Leiningen mit Kurpfalz vom 2. Juni 1467[128], in dem erklärt wird, daß alle Lehen und Burglehen, die der verstorbene Landgraf Hesso von der Pfalz hatte, verfallen sein sollten. Wenn unter der verliehenen Grafschaft der gesamte Territorialbesitz im ehemaligen Wormsgau verstanden worden wäre, dann wäre wohl kaum etwas für die im selben Vertrag festgelegte Aufteilung des Gesamtnachlasses (mit

125 Z. B. L-W, Endliche Ausführung S. 33.

126 Z. B. L-D-H, Handgreifliche Schwäche S. 76 und L-D-H, Endliche Befestigung S. 77–79.

127 Siehe die Zusammenstellung oben S. 81–83. Noch der am 23. Juli 1461, also kurz vor dem Aussterben der älteren leiningischen Linie im Mannesstamm, an die jüngere ergangene Lehensbrief beginnt die Beschreibung der Lehensobjekte mit folgendem, inhaltlich unverändert aus den älteren Lehensbriefen übernommenen Passus: *Zum ersten so ruret die graveschafft von Liningen von uns und unser phaltz zu lehen, die der wolgeborn unser lieber oheym und getruwer Hesse landtgrave zu Liningen emphahen sol, wan(n) er der eltest stam(m) ist, als das die teylungsbrieff ußwysent, die ir altern daruber gemacht han. Was wir im da verlihen sollen, das verlihen wir ime, daz er und sin bruder bi iren rehten daran bliben.* Indem der Lehensherr auf die *rehte* der jüngeren Linie – zweifellos das Agnatenerbrecht – an der Grafschaft Leiningen verwies, erübrigte sich ein förmliches Expektanzversprechen.

128 *uff dinstag nach unnsers herren fronlichnamstag.* – Ausf. Perg.: BayHStA, Kurpf. Urkk. 1056. Druck: Lünig, RA 11 S. 536–539 Nr. 1. Auszug: L-W, Deductio juris et facti, Beylagen Lit. T. Regesten: Lünig, RA 22 S. 432 Nr. 3; Kremer, Ard. Geschl. CD S. 213 Nr. 169 (mit falsch aufgelöstem Datum); Fessmeyer (1931) Nr. 116 (mit falschem Datum). Erwähnt: Lehmann III S. 173; Brinckmeier I S. 150 (mit falschem Datum).

Ausnahme der Kirchenlehen) zwischen Margarete und Pfalzgraf Friedrich geblieben[129]. Nur weil dies nicht der Fall war, konnte jener Verzicht der Margarete von Leiningen-Westerburg auf sämtliche pfälzischen Lehen am leiningen-dagsburgischen, nunmehr leiningen-westerburgischen, Territorialgefüge zunächst wenig ändern. Jedenfalls fehlen in den gemeinsamen Huldigungslisten vom Juni 1467 für Leiningen-Westerburg und Kurpfalz[130] lediglich die tatsächlich als pfälzische Lehen bekannten Orte Dalsheim (¼) und Laumersheim[131]. Auch die drei Landgerichte[132] und die Geleitsrechte wurden in der Folgezeit nicht mehr zu Lehen gegeben. Daß dann 1481 die halbe *Graffschafft Leiningen*[133] durch Leiningen-Westerburg an Kurpfalz verkauft werden konnte, zeigt überdeutlich, daß spätestens im 15. Jahrhundert ein einziger Terminus für zwei gänzlich verschiedene Dinge gehandhabt wurde. In der Tat war dies sogar schon in der zweiten Hälfte des 13. Jahrhunderts der Fall: Graf Friedrich [IV.] von Leiningen gestattete am 3. Februar 1268 dem Prämonstratenserkloster [Kaisers]lautern, gegen jährliche Abgabe von einem Käse, alle Weiden *in comitia nostra* zu benutzen; des weiteren erklärte er, daß alle *in comitia nostra* gelegenen Klostergüter abgabenfrei seien, insbesondere in Bockenheim, Sülzen, Karlbach, Herxheim, Kallstadt, Ungstein und Pfeffingen[134]. Was hier unter der *comitia* subsumiert erscheint, sind allodiale Ortschaften sowie Reichs-, Weißenburger und Pfälzer Lehensdörfer. Der Gebrauch des Wortes ist in diesem Falle erkennbar territorialbezogen.

Eine terminologische Unterscheidung der sowohl in den Quellen als auch teilweise in der Literatur unter dem Begriff der »Grafschaft« gleichgeschalteten, in ihrem Wesen jedoch unterschiedlichen verfassungsgeschichtlichen Phänomene erscheint um so wünschenswerter, als es in diesem Zusammenhang, außer der Grafschaft als Gerichtsbezirk und der territorialen Grafschaft, die sich teilweise im gleichen Raume entwickelt hat, den Grafentitel als solchen zu berücksichtigen gilt, der auf beliebigen Territorialbesitz übertragen wird. Den Titel eines »Grafen von Leiningen« führen auch sämtliche Vertreter der Sekundogenitur Leiningen-Hardenburg, die lediglich Anwartschaft auf die von Pfalz zu Lehen gehende Grafschaft Leiningen besitzt, sowie deren Zweiglinien, die gänzlich abseits der alten Stammgebiete residieren. Er richtet sich also weder nach dem Besitz der Landgrafenrechte noch dem des angestammten Territoriums oder eines Anteils daran, sondern nach Stand und Familienzugehörigkeit. Obwohl Otto Brunners Forderung, von der mittelalterlichen Begriffssprache und nicht

129 Über die Teilung mit Pfalz in den Jahren 1467ff. existiert kein authentisches Verzeichnis. Der Vertrag der Margarethe von L-Westerburg mit Kurfürst Friedrich nennt die Teilungsobjekte nur summarisch. Lehmann III S. 173 hat die jeweils zugehörigen Dörfer also wohl auch nur erschlossen, Brinckmeier I S. 150f. von ihm abgeschrieben.

130 *in 6 Tagen den nächsten für und nach S. Johannes Baptisten Tag.* – Druck: L-W, Rechtliche Auszüge, Beylagen Nr. 29. Regest: Kremer, Ard. Geschl. CD S. 213 Nr. 170 (mit falschem Datum).

131 Vgl. Toussaint in Pfalzatlas S. 1081 u. 1095.

132 Die zeitliche Fortdauer dieser Institution ist allerdings auch fraglich. Wir hatten an anderer Stelle (Toussaint in Pfalzatlas S. 1056) angedeutet, daß hier möglicherweise gar die Lehensbriefe und -reverse des 14. Jhs. schon halbwegs fossile Rechtseinrichtungen ihrer Herkunft erinnern.

133 Zitiert nach dem Revers des Kurfürsten Philipp vom 2. August 1481 (Druck: Lünig, RA 11 S. 539–541 Nr. 2; Regest: Fessmeyer, 1931, Nr. 141).

134 Unbegl. Abschr. (16. Jh.) Pap.: FLA, Urkk. Leiningen, sub dato. Es handelt sich um Großbockenheim (Gde. Bockenheim a. d. W.), Obersülzen, Großkarlbach, Herxheim am Berg, Kallstadt, alle Kr. Bad Dürkheim, und die Dürkheimer Ortsteile Ungstein und Pfeffingen.

von unserer heutigen Begrifflichkeit auszugehen[135], generell zuzustimmen ist, scheint mir in diesem Falle, um der Klarheit der Beschreibung willen, eine abgrenzende Begriffsbildung, unter Verwendung eines modernen Terminus, vonnöten[136]. Im Folgenden soll der Begriff der »Grafschaft« uneingeschränkt für das einem Grafen zugehörige, herkunftsmäßig wie auch immer geartete Territorium Anwendung finden (z. B. Grafschaft Leiningen-Rixingen), während wir den alten, aus der fränkischen Reichsverfassung hervorgegangenen »comitatus« als »Amtsgrafschaft« und die von Pfalz lehensrührige Grafschaft Leiningen als »Landgrafschaft« bezeichnen möchten.

135 Brunner, Land und Herrschaft S. 163.
136 Brunner selbst hat sein Postulat, eine an den Quellen orientierte Terminologie zu gebrauchen, dahingehend eingeschränkt, »daß historische Arbeit die modernen Begriffe [nicht gänzlich] entbehren könnte. Nur müssen sie selbst in ihrer geschichtlichen Bedingtheit erkannt werden« (a. a. O.).

VIERTES KAPITEL

Das ältere Haus Leiningen und das deutsche Königtum

1. Die Zeit der letzten Salier

Das Verhältnis der Grafen von Leiningen zu den deutschen Königen und Kaisern des Mittelalters läßt sich für die ausgehende salische Epoche nur unter Vorbehalten erörtern. Erst recht sind wertende Aussagen für diesen Zeitabschnitt nur in sehr beschränktem Maße möglich. Wenn die Vermutung richtig ist, daß jener Graf Emicho, der 1117 als Kampfgenosse Erzbischof Adelberts von Mainz und mutmaßlicher Führer der rheinischen Adelsopposition vor den Toren der erzstiftischen Hauptstadt fiel[1], ein Graf von Leiningen war[2] und sich die Gründung der Propstei Höningen als leiningisches Hausstift um 1120 in die propäpstliche Politik rheinischer Dynasten einreihen läßt[3], dann muß von einer gestörten Beziehung zu den salischen Herrschern gesprochen werden. Ausgeschlossen werden kann dabei allerdings nicht, daß, bei dem für diesen Zeitraum vorhandenen völligen Mangel an einschlägigen urkundlichen Belegen, auch sporadische Annäherungs- oder Wiederannäherungsversuche unbekannt bleiben, wie sie in späterer Zeit häufig der gräflichen Politik ein utilitaristisches Gepräge verleihen. In den Grundzügen erscheint zwar eine auf konkurrierendem Expansionsstreben der benachbarten Mächte beruhende Gegnerschaft[4] plausibel. Doch darf ihr eine Phase der Einigkeit oder Verständigung vorausgegangen sein. Auch ist nicht unmöglich, daß der als Vorfahre der Leininger anzusehende Graf Emicho, dessen Grafschaft sich am 6. Januar des Jahres 1100 im Wormsgau *(in pago Wormesfelt)* befindet[5] und der somit die vor dem Ende des 11. Jahrhunderts ausgestorbene Familie der Zeisolfe an dieser Stelle abgelöst hat, das besagte Amt König Heinrich IV. zu danken hat.

1 Ekkehard von Aura, Chronik, Recensio IV, ad a. 1117; Otto von Freising, Gesta Frederici I,13.

2 Vgl. Werle, Politische Anfänge S. 365, Kaul S. 226 und Toussaint, Leiningen im Wormsgau S. 164. Möglicherweise war jener Emicho aber auch nur ein Verwandter des ersten Grafen von Leiningen, s. oben S. 28.

3 Vgl. Naumann S. 111f. und Toussaint a. a. O.

4 Vgl. Werle a. a. O. S. 365f.

5 Die in diesem Zusammenhang bislang nicht beachtete Schenkungsurkunde des Bischofs Johannes zu Speyer für das von ihm gegründete Kloster Sinsheim ist abgedruckt: Lamey, Pagi Spirensis descr. S. 277–280 Nr. 12; WUB I Nr. 255; UBiSp I Nr. 70.

2. Die Zeit Lothars von Süpplingenburg

Direkte urkundliche Nachrichten über Beziehungen der Grafen von Leiningen zum deutschen Königtum fehlen noch für die Zeit der Regierung Lothars III. [6]. Vielleicht darf aus der häufigen Anwesenheit des Grafen Emich II. am Mainzer Hofe[7] auch ein spannungsfreies Verhältnis der Leininger zu dem von Erzbischof Adalbert begünstigten Reichsoberhaupt abgelesen werden. Zumindest ist nichts über eine Unterstützung des Gegenkönigs[8] bekannt. Ganz bestimmt aber haben die innenpolitischen Schwierigkeiten des deutschen Königtums dem rheinischen Adel eine ganze Menge Bewegungsfreiheit verschafft und möglicherweise bereits dem einen oder anderen Zugriff auf bislang amtsweise innegehabtes Reichsgut Vorschub geleistet.

3. Die Zeit Konrads III.

Leiningische Zeugenauftritte bei königlichen Amtshandlungen sind erstmals für die Stauferzeit dokumentiert[9]. Von einer »Hinwendung zu Konrad« zu sprechen, die »mit der veränderten Haltung des Hauses Saarbrücken gegenüber den staufischen Brüdern« zusammenhänge[10], erscheint nicht sinnvoll. Es war damals noch lange keine verwandtschaftliche Beziehung zwischen den beiden Häusern Leiningen und Saarbrücken in Sicht, die eine solche Interdependenz wahrscheinlich machen könnte[11]. Ebensowenig stichhaltig ist ein zweiter begründender Hinweis, daß den Leininger Grafen in der Mitte des 12. Jahrhunderts wegen der staufischen Machtposition an Ober- und Mittelrhein »eine antikaiserliche Politik ganz unmöglich gewesen wäre« [12]. Sie war damals lediglich nicht opportun, denn die lokale Macht der Staufer im Umfeld des leiningischen Besitzes hatte sich auch nicht verringert, als sich die Grafen von Leiningen später den staufischen Gegnern anschlossen[13]. Wir vermögen die mehrmalige, etwa im Zweijahresrhythmus erfolgte Anwesenheit Emichs III. am Hofe Konrads III. also nur festzustellen, aber nicht mit speziellen Interessen oder Rücksichtnahmen zu verknüpfen. Dazu sagen uns die Quellen zu wenig. Über eine Beteiligung der Grafen von Leiningen an den kriegerischen Auseinandersetzungen zwischen Konrad III. und den Welfen ist nichts bekannt.

6 Die Richtigkeit der S. 71–73 vorgetragenen Vermutungen über die leiningischen Abstammungsverhältnisse zugrunde gelegt, wäre Graf Emich II. von Leiningen am 27. Dez. 1128 und am 23. Apr. 1131 bei Hof gewesen (s. S. 222). – Der von Lothar mit der Herzogswürde in seiner Diözese ausgestattete einflußreiche Würzburger Bischof Embriko (vgl. HEUERMANN S. 85 und NAUMANN S. 110f.) kann nicht als Graf von Leiningen angesehen werden (vgl. S. 29f.).

7 S. unten S. 217f. Vgl. KAUL S. 228 Anm. 22 (mit veralteten Quellenhinweisen).

8 Zu diesem vgl. jetzt Wolfgang GIESE, Das Gegenkönigtum des Staufers Konrad 1127–1135, in: ZRG Germ. Abt. 95 (1978) S. 202–220.

9 Aus der Regierungszeit Konrads III. sind diesbezüglich folgende Daten zu ermitteln: 1138 (April 17/23) Mainz, 1140 (Febr. 2/13) Worms, 1144 (Mai) Bamberg, 1145 (Mai) Speyer (nur *Emicho comes*), 1145 (Mai) Worms, 1147 Jan. 4 Speyer, 1147 Apr. 24 Nürnberg, 1150 Febr. 8 Speyer (verunechtet?), 1150 (Febr.) Speyer, 1150 Aug. 20 Rothenburg (MGH DDK III Nr. 9, 41, 102, 127, 128, 164, 188, 220, 221 und 237).

10 So KAUL S. 229.

11 Daß KAUL a. a. O. auch noch den [1137 verstorbenen!] Mainzer Erzbischof Adalbert I. als unstreitig »führende(n) Kopf« der beiden Grafenhäuser »in der Frühphase des staufischen Königtums« bezeichnet, ist ein bedenklicher Mißgriff.

12 KAUL a. a. O.

13 Vgl. S. 103ff.

4. Die Zeit Friedrich Barbarossas

Für Interpretationsansätze geeigneter sind die Informationen, die wir in großer Fülle über die Anwesenheit Emichs III. am Hofe Friedrichs I. erhalten. Bereits seit Barbarossas erstem Regierungsjahr erscheint der Leininger mindestens einmal jährlich in den Zeugenlisten der Königsurkunden[14]. Wir finden ihn erstmals im August 1152 am Hofe in Speyer[15], dann am 10. Januar 1153 in Metz[16], von wo er den König auf dem Wege nach Colmar über Hohenburg[17] und möglicherweise bis nach Burgund begleitet hat[18]. Vermutlich in der ersten Hälfte des Jahres 1154 ist er Zeuge einer Gütertauschbestätigung für das Kloster Maulbronn, die, undatiert, wohl auf der Reise von Worms in Richtung Augsburg erteilt wurde[19]. Nach einer nicht einwandfreien, durch ein gefälschtes Siegel verunechteten, aber bezüglich der Zeugen wohl authentischen Urkunde für das Stift Hördt hat er sich am 18. Dezember 1155 auf dem Trifels aufgehalten[20]. Mit Sicherheit verbrachte er das Weihnachtsfest in der Umgebung des Kaisers in Worms. Die Freude dort war allerdings nicht ungetrübt. Wurde doch gerade am 25. Dezember über die während Barbarossas Romzug – an welchem Emich folglich nicht teilgenommen hatte – zwischen dem Mainzer Erzbischof Arnold und dem u. a. von Graf Emich von Leiningen unterstützten Pfalzgrafen Hermann von Stahleck geführte Fehde verhandelt. Beide Parteien erhielten die empfindliche Ehrenstrafe des Hundetragens auferlegt[21]. Da somit kaum Parteilichkeit bei der Strafverfolgung im Spiel gewesen sein kann[22], wird die Strafverbüßung wohl keinen tiefen Groll bei dem Leininger Grafen hinterlassen haben, zumal er sich bei diesem sonst schimpflichen Vorgang in recht illustrer Gesellschaft befand. Jedenfalls hielt sich Graf Emich acht Wochen später wieder (oder noch?) am Hofe auf[23]. Keinesfalls hat ihn das Urteil so mitgenommen, daß er »danach nicht mehr lange gelebt zu haben« scheint[24]. Wir werden ihn noch mindestens zehn Jahre lang sehr regelmäßig im Gefolge Friedrichs I. finden.

Kurz nach dem Osterfest des Jahres 1157 treffen wir den Grafen von Leiningen bei Kaiser Rotbart in Worms[25] und am 3. August in Halle[26], von wo er am nächsten Tage mit dem kaiserlichen Heer zum Polenfeldzug aufbrach[27]. Die nicht mehr als gefälscht[28] anzusehende

14 Vergleichsmöglichkeiten mit dem übrigen Gefolge des Kaisers bietet für die Jahre 1152–1158 jetzt die übersichtliche Tabelle von Herbert Reyer bei Patze (1979) S. 64–67.

15 1152 Aug. 19 u. 25 (MGH DF I Nr. 26 u. 27).

16 MGH DF I Nr. 44.

17 1153 Jan. 27 (MGH DF I Nr. 45).

18 Zum Itinerar Barbarossas s. Simonsfeld S. 150ff. und jetzt auch Opll (1978) S. 10f.

19 MGH DF I Nr. 76. Zur Datierungs- und Lokalisierungsfrage s. den Kommentar des Hg.

20 MGH DF I Nr. 130.

21 Die Vorgänge sind lediglich aus erzählenden Quellen (Ann. S. Disibodi S. 28f.; Otto von Freising, Gesta Frederici II/45 u. 48) bekannt; ausführliche Zusammenfassung bei Simonsfeld S. 386–389 u. 402f.

22 Vollzogen wurde die Strafe allerdings nur an Pfalzgraf Hermann und seinen Mitstreitern, während sie der Gegenpartei wegen hohen Alters und Würde des Erzbischofs erlassen wurde (vgl. die vorige Anm.).

23 1156 Febr. 20 Frankfurt (MGH DF I Nr. 134).

24 So Kaul S. 229f.

25 1157 Apr. 6 (MGH DDF I Nr. 165 u. 166). – Die Urkunde von 1156 Okt. 20 Worms (QuStW I Nr. 73) gilt als gefälscht (s. d.; vgl. auch die Vorbemerkung zu MGH DF I Nr. 153).

26 MGH DF I Nr. 176.

27 Beschreibung der Vorgänge bei Simonsfeld S. 541ff. Vgl. auch Gattermann I S. 61–63 und II S. 159; Opll (1978) S. 22 mit weiterer Literatur.

28 So noch Simonsfeld S. 607f. Anm. 33.

Urkunde vom 9. Februar 1158 läßt den Leininger am Hoftage zu Ulm teilnehmen[29]. Ende April tritt Emich als Zeuge zu Sinzig auf[30]. Er hatte wohl eher den von einer Reise an den Niederrhein[31] zurückkehrenden Kaiser dorthin begleitet, als daß er ihm nach Sinzig entgegengezogen ist.

Überhaupt finden wir den Grafen jetzt an größeren Unternehmungen des Kaisers beteiligt. Für den 25. Oktober 1158 läßt sich seine Anwesenheit in der Grafschaft Verona nachweisen[32]. Er muß also bereits im Sommer 1158 mit Barbarossa zum zweiten Italienzug aufgebrochen sein[33], der ja Ende März als Reichskrieg gegen Mailand verkündet und auf dem Wormser Reichstag, an dem auch Emich teilgenommen hatte[34], beschworen worden war[35]. Allerdings scheint die Reichsheerfahrt zumindest für den südwestdeutschen Laienadel obligatorisch gewesen zu sein[36]. Ein zweites deutsches Heer unter Heinrich dem Löwen kam erst ein Jahr später über die Alpen[37]. Trotz des unfreiwilligen Charakters der Heerfahrt läßt die Teilnahme des Leiningers besonderes Engagement erkennen. Kurz nach dem bedeutsamen Ronkalischen Reichstag (11. November 1158) beauftragte ihn der Kaiser, zusammen mit dem Bischof Konrad von Eichstätt die Huldigung der Korsen und Sarden für das Reich entgegenzunehmen. Die Städte Pisa und Genua, denen das Geleit zu geben befohlen war, wußten, laut Rahewin, die Ausführung der Gesandtschaft zu verhindern[38]. Konnte sich Emich mit diesem Auftrag demnach keine großen Verdienste, so muß er sich doch bei späterer Gelegenheit die besondere Gunst des Kaisers erworben haben. Auf emsige Fürsprache *(sedulo interventu)* seines Getreuen, des Grafen Emich, erteilte Kaiser Friedrich dem leiningischen Stift Höningen am 18. Januar 1160, während der Belagerung Cremas, einen Schutzbrief[39]. Erinnern wir uns Hönin-

29 MGH DF I Nr. 205. Die Anführung Emichs als *Egeno comes de Liningen* beruht auf einem Versehen, das wohl auf die vorherige Nennung des Grafen Egeno von Urach zurückzuführen ist.

30 1158 Apr. 26 u. 27 (MGH DDF I Nr. 215 u. 216).

31 Zum Itinerar s. Simonsfeld S. 633–636 und Opll (1978) S. 23 u. 181.

32 MGH DF I Nr. 228. Über den Zug gegen die Stadt Verona s. Giesebrecht V S. 171 f. mit Nachweisen VI S. 369.

33 Die schlechte Überlieferung der Teilnehmer vor Herbst/Winter 1158 gestattet den zeitlichen Schritt innerhalb dieser Schlußfolgerung; vgl. hierzu Gattermann I S. 64 f.

34 S. Anm. 25.

35 Vgl. Giesebrecht V S. 134; Gattermann I S. 63 und II S. 159.

36 Vgl. Gattermann I S. 63.

37 Giesebrecht V S. 202.

38 *Itaque* [imperator] *electos nuntios, episcopum videlicet Conradum Eistetensem et comitem Emichonem, in Sardiniam et Corsicam dirigit, commendans eos Pisanis et Ianuensibus conducendos, pro eo quod he due civitates maximum in Tyrreno mari viderentur habere principatum. Verum quam ob rem eadem legatio sine efficacia remanserit, conicient hii, quibus notum est, in quantis emolumentis Pisanis atque Ianuensibus insula Sardinia prostituta sit. Unde non incongrue putatur illorum astu et falsis occasionibus iter nuntiorum fuisse impeditum.* (Rahewin, Gesta Frederici IV,12.) Vgl. Giesebrecht S. 183 f. Bei Gattermann II S. 159 nicht richtig dargelegt.

39 Die Ausf. der Urk. ist nicht mehr erhalten. Drucke: Kremer, Ard. Geschl. CD S. 248 f. Nr. 2 (»Ex autographo archivi Westerburgici«); Remling, Abtt. u. Kll. II Beil. Nr. 5; MGH DF I Nr. 294. Vgl. jetzt auch das Regest bei Debus (1978) Nr. 15. Gattermann II S. XLIV ist dieser Beleg für einen Intervenienten entgangen. Entsprechend ist seine Liste Bd. I S. 71 f. der an der Belagerung Cremas teilnehmenden Personen um den Grafen von Leiningen zu ergänzen.

gens als einer vermutlichen Gegengründung der päpstlichen Partei zur salischen Limburg[40], dann kann wohl nichts besser als jene Urkunde des Staufers das gewandelte Verhältnis der Grafen von Leiningen zum deutschen Kaisertum dokumentieren.

Nach dem allgemeinen Konzil zu Pavia im Februar 1160, auf welchem auch *comes Emmicho* zugegen war[41], wurde die Mehrzahl der Fürsten nach Hause entlassen[42], der Leininger ist vielleicht geblieben, da auch anderswo nicht nachgewiesen. Er dürfte an der Unterwerfung Mailands im März 1162 beteiligt gewesen sein; wir treffen ihn jedenfalls am 16. April in Lodi[43], im Juni in der Lombardei und in der Markgrafschaft Tuszien, bereit zum Zuge in die Romagna[44]. Nachdem er während Barbarossas kurzer Anwesenheit in Deutschland an drei Reichshoftagen teilgenommen hatte[45], brach Graf Emich möglicherweise im Herbst des Jahres 1163 erneut mit dem Kaiser nach dem Süden, zum geplanten Feldzug gegen Sizilien, auf[46]. Wir hören dann allerdings erst wieder von Emichs Gegenwart auf dem Hoftag zu Worms im September 1165[47]. Von dort aus hat er Friedrich nach Niederlothringen begleitet[48]. Den fünf erwähnten Zeugenauftritten im Jahre 1165 folgen drei im Jahre 1166, in Frankfurt und Hagenau[49].

Graf Emich von Leiningen hat auch am vierten Italienzug teilgenommen. Wir finden ihn 1167 in der Umgebung des kaisertreuen Mainzer Erzbischofs Christian von Buch in der Romagna[50]. Er befand sich dann wohl auch in der unter dessen und Rainalds von Dassel Führung auf Rom vorstoßenden Streitmacht[51]. Der nach der Eroberung der Stadt im Heer ausgebrochenen Seuche[52] ist Graf Emich nicht erlegen. Er weilt am 19. März 1168 bei Erzbischof Christian in Mainz[53]. Auf kaiserlichen Hoftagen ist er wieder ab 1169 zu finden, so

40 Vgl. S. 93.
41 MGH DF I Nr. 310. Vgl. auch Gattermann I S. 74 u. II S. 159.
42 Gattermann I S. 74.
43 MGH DF I Nr. 315.
44 1162 Juni 9, 10 und 13 jeweils S. Salvatore bei Pavia; *comes Emecho, comes Emicho, comes Immiko* (MGH DDF I Nr. 367–369). 1162 Juni 26 bei Savignano; *comes Emerco de Liningen* (MGH DF I Nr. 372). Vgl. Gattermann I S. 82 u. II S. 159.
45 1163 Apr. 18 Mainz (MGH DF I Nr. 398). 1163 Juli 28 Worms (MGH DF I Nr. 403). 1163 Aug. 3 Frankfurt (MGH DF I Nr. 404). Vgl. Giesebrecht S. 373f.
46 Argumentum e silentio, das hier nicht überbewertet werden soll..
47 1165 Sept. 24 (MGH DF I Nr. 491). 1165 Sept. 26 (MGH DF I Nr. 492).
48 1165 Nov. 25 Utrecht (MGH DF I Nr. 495). 1165 (Nov., Utrecht) (MGH DF I Nr. 496). 1165 Dez. 28 Aachen (MGH DF I Nr. 499).
49 1166 Jan. 29 Frankfurt (MGH DF I Nr. 504). (1166 Jan. ex.) (MGH DF I Nr. 505). 1166 Sept. 25 Hagenau (MGH DF I Nr. 517).
50 1167 März 6/8 Pieve del Ponte di S. Proculo, Bistum Faenza (MUB II/1 Nr. 300. Vgl. Giesebrecht V S. 520; Gattermann I S. 90 und II S. 159).
51 Über die Aufteilung des ks. Heeres bei S. Proculo s. Giesebrecht V S. 532f. mit Nachweisen VI S. 462f.
52 Vgl. Giesebrecht V S. 550–552 und Opll (1978) S. 41.
53 MUB II/1 Nr. 306.

1169 in Bamberg[54], 1170 in Frankfurt und Gelnhausen[55], 1171 in Köln[56], 1172 in Worms[57], 1173 in Worms und Speyer[58]. Die Orte, an denen er präsent ist, nähern sich unverkennbar immer mehr dem heimatlichen Raum.

Trotzdem kann, da für die Zeit des langen fünften Italienzugs Barbarossas kein Graf von Leiningen im deutschen Raume nachweisbar ist, nicht ausgeschlossen werden, daß sich der schon sehr gealterte Emich noch einmal mit dem Kaiser in die Lombardei begeben hat und mit diesem erst in den Monaten Juli bis Oktober 1178[59] durch Burgund nach Deutschland zurückgekehrt ist; eine Zäsur im familiären Bereich liegt jedenfalls nicht vor[60]. Auch hat an der Reichsheerfahrt nach Italien mindestens ein leiningischer Vasall teilgenommen, zuletzt sogar im persönlichen Gefolge des Kaisers auf dem Zug durch das Königreich Arelat: Helfrich von Leiningen[61]. Der von Gattermann auf Grund einer Würzburger Urkunde[62] fälschlich als ostfränkischer Edelfreier angesehene Helfrich[63] gehört in den Kreis der gräflich leiningischen Ministerialen und nannte sich zweifellos nach Altleiningen[64].

Graf Emich war zugegen, als am 18. Februar 1179 zu Weißenburg der von Kaiser Karl begründete rheinfränkische Landfriede erneuert wurde[65]. Ein Jahr später wohnte er dem Prozeß gegen Heinrich den Löwen bei; er wird als Zeuge in der berühmten Gelnhäuser Urkunde[66] sowie eines weiteren, vermutlich um dieselbe Zeit zu Gelnhausen ausgestellten Dokuments[67] genannt. Im entscheidenden Moment verlassen uns jedoch leider die Quellen. Wir wissen nichts über die Haltung Leiningens im Reichskrieg gegen Heinrich den Löwen[68].

54 1169 Juni 23 Bamberg (Druck: LEUCKFELD, Antiquitates Poeldenses S. 284–286 Nr. 12. Statt *Comes Einigo de Liningen* ist wohl zumindest *comes Emigo de Liningen* zu lesen. Regest: DOBENECKER II Nr. 380).

55 1170 Jan. 1 Frankfurt (DOBENECKER II Nr. 390). 1170 Jan. 5 Frankfurt (Druck: STUMPF, AI Nr. 151. Regest: STUMPF Nr. 4107). 1170 Juli 25 (?) Frankfurt (DOBENECKER II Nr. 401; Nr. 402 vom selben Tag ist eine Fälschung). 1170 Juli 25 Gelnhausen (HessUB II/1 Nr. 102; BATTENBERG, Isenburger Urkk. Nr. 17).

56 1171 Juni 24 Köln (Druck: MrhUB II Nr. 4a. Regg.: STUMPF Nr. 4125; MrhRegg II Nr. 296).

57 1172 Nov. 29 Worms (AI selecta Nr. 132). Die Nichtteilnahme des Grafen am zweiten Polenfeldzug läßt sich mit der Beschränkung des Aufgebots – im großen und ganzen – auf den ostsächsischen Adel erklären (vgl. GATTERMANN I S. 93).

58 1173 Juni 19 Worms (PARISSE, Pfeddersheim Beil. Nr. 1). 1173 Juli 2 Speyer (MUB II/1 Nr. 349). 1173 Nov. 29 Worms (QuStW I Nr. 83. Frage der Echtheit bzw. korrekten zeitlichen Einordnung noch nicht endgültig entschieden; hierzu zuletzt Peter ACHTS Vorbemerkungen zu MUB II/1 Nr. 350).

59 Zur Heimkehr s. GIESEBRECHT V S. 897 und OPLL (1978) S. 71f.

60 Vgl. S. 37.

61 1177 Aug. 17 Venedig (Drucke: Monumenta monasterii Leonensis brevi commentario illustrata [ed. Ludov. LUCHI], Rom 1759, S. 99–103; Francesco Antonio ZACCARIA, Dell'antichissima badia di Leno libri tre, Venezia 1767, S. 124–127. Regest: STUMPF 4212). – 1178 Juni 14 Turin (Druck: STUMPF, AI Nr. 158. Regest: STUMPF 4248). – 1178 Aug. 15 Vienne (Druck: Gallia christiana 16 (1865), Instrumenta Sp. 106–108 Nr. 6. Regest: STUMPF 4261. Vgl.: GATTERMANN I S. 105).

62 STUMPF, AI Nr. 116 von 1151 Juli 8.

63 GATTERMANN I S. 101 u. II S. 160. Die Lokalisierung nach Ostfranken stammt aus dem Register zu STUMPF, AI. In der Urkunde tritt jedoch auch der Bischof von Speyer als Zeuge auf, und der mittelbar nach ihm genannte *Herimannus comes* ist möglicherweise ein Graf von Leiningen.

64 S. Anhang III/1.

65 MGH Const. I Nr. 277. Bezüglich der Landvogteifrage s. Anm. 114.

66 1180 Apr. 13 Gelnhausen (jüngster Abdruck bei GÜTERBOCK, Die Gelnhäuser Urkunde S. 24–27).

67 (1180 Apr.) Gelnhausen (MGH Const. I Nr. 280).

68 Eine Unterstützung Heinrichs des Löwen ist ziemlich unwahrscheinlich; zu keiner Zeit hatten zu diesem Beziehungen bestanden. Die Erwähnung eines Grafen Emich von Leiningen im Register zu den

Darüber hinaus fehlen aber auch Nachrichten über die Grafen von Leiningen bis zum Jahre 1187. Ursache ist wohl ein durch Emichs III. Tod fällig gewordener Regierungswechsel im gräflichen Hause[69]. Was Emichs III. Verhältnis zu Friedrich Barbarossa anbelangt, so dürfen wir als Fazit eine stetige Loyalität festhalten, die sich in einer überdurchschnittlich häufigen Präsenz im engeren Gefolge des Kaisers sowie einem nicht zu verkennenden Diensteifer manifestierte, und derentwegen der Leininger sich, wie wir aus dem Beispiel »Höningen« ersehen konnten, auch der »gratia« des Herrschers erfreute.

Bei jenem *comes de Leninghis*, der den Kaiser zur Zusammenkunft mit dem König von Frankreich an die Maas begleitete[70], handelte es sich bereits um Friedrich I. (Emich)[71]. Seinem Alter gemäß ist es dann aber der junge König Heinrich VI., der ihn persönlich mehr anspricht und in dessen Gefolgschaft wir ihn in der zweiten Julihälfte des Jahres 1188 in der Nähe von Lyon[72] und kurz vor Weihnachten desselben Jahres in Worms[73] finden. Auch nach Hagenau, wo er am 14. April 1189 einem Gütertausch zwischen Barbarossa und dem Hochstift Straßburg als vornehmster Zeuge beiwohnt[74], ist er zweifelsohne nur als Begleiter des gleichzeitig anwesenden Heinrich VI. gekommen. Bei diesem hält er sich schließlich auch am 7. Mai in Basel auf[75].

Da er nun erst wieder Anfang 1193 in den Zeugenlisten der Königsurkunden erscheint[76] und die Grafen von Leiningen für die Zeit des dritten Kreuzzuges auch sonst keine Nachrichten auf deutschem Boden hinterlassen haben, darf vermutet werden, daß der Graf von Leiningen am Zug ins Heilige Land teilgenommen hat. Hinweise darauf geben auch zwei literarische Quellen, die allerdings gut hundert Jahre später entstanden sind. Die jüngere ist Johanns von Würzburg 1314 abgeschlossener phantasievoller Versroman »Wilhelm von Österreich«[77], dem »sehr lose Anknüpfung an historisches Kreuzzugsgeschehen«[78] nachzusagen ist. Trotzdem könnte die Gruppierung von Personen, die mit dem Grafen von Leiningen zusammen vor Akkon genannt werden, einer zeitgenössischen Vorlage entlehnt sein, wie auch in der Wendung *»als ich las«* angedeutet ist:

MGH DDHdL bezieht sich auf die Zeugenschaft im vier Tage jüngeren Bestätigungsvermerk Erzbischof Heinrichs von Mainz auf einer Urkunde des Herzogs (MGH DHdL Nr. 6; jetzt auch abgedruckt in MUB II/1 Nr. 58).

69 Vgl. S. 37.

70 1187 Dez. Virton (Gisleberti chronicon Hanoniense, ed. Léon VANDERKINDERE, Kap. 136 S. 202. Auszug und Regest: WAMPACH I Nr. 521, vgl. auch Nr. 522. Ausführliche Besprechung der chronikalischen Quellen bei GIESEBRECHT VI S. 673f.).

71 Wegen des wechselnden Vornamens s. S. 37f.

72 1188 Juli 23 u. 27 Thézillieu (oder Theyssonge?) u. Ambronay. In beiden Fällen hat die Urkunde verballhornte Namensformen (Regg.: RI IV/3 Nr. 70 u. 71. Vgl.: GIESEBRECHT VI S. 196).

73 1488 Dez. 23 Worms (RI IV/3 Nr. 73; dort wäre bei den Druckorten zu ergänzen: WAMPACH I Nr. 531. Vgl. auch GIESEBRECHT VI S. 198).

74 RI IV/3 Nr. 83a u. 83b.

75 RI IV/3 Nr. 86; dort unter den Druckorten zu ergänzen: RappUB I Nr. 47.

76 Vgl. S. 102.

77 Benutzt wurde die Textausgabe Ernst REGELS: Johanns von Würzburg Wilhelm von Österreich, aus der Gothaer Handschrift hg. (=Deutsche Texte des Mittelalters, Bd. 3), Berlin 1906. Vgl. Hartmut BECKERS, Zur handschriftlichen Überlieferung des ›Wilhelm von Österreich‹ Johanns von Würzburg, in: ZfdPh 93 (1974) Sonderh. S. 156–185.

78 WENTZLAFF-EGGEBERT S. 293.

V. 16903–16917: *der lantgrave von Hessen was*
auch da mit richait, als ich las;
zu Ko̊ln die gůt stat,
diu ze hauptman da hat
den graven von Sarbrucken;
zu den sach man auch rucken
von Liningen den werden,
von Zwaienbruck an gefær den
ruhen graven wilde;
von Spanheim auch dar zilde,
von Sein, von Kātzenellenbogen.
zu in sach man auch dar zogen
an můt ainn degen uz genomen:
der grave von Nazzawe, des nach komen
sit ain Ro̊mscher kůnc wart [...]

V. 17805–17814: *von Gůlch, von Cleven, von der Mark*
valten manigen haiden stark,
sam tet der werde von Spanhain,
von Liningen und der von Sain,
von Berge in richer schawe,
auch tets wol von Nazzawe,
von Ysemburg, von Valkenstain,
der da nam ain ende rain,
als ich kunde in wol sagen,
můst ich den strit niht fůrbaz jagen.

Stehen die in dieser Heeresabteilung genannten Teilnehmer unter der Führung des Herzogs Johann von Brabant (V. 17792), so wird Graf Friedrich in der nur wenig älteren zweiten Quelle, dem 1301 abgefaßten Gedicht »Landgraf Ludwigs Kreuzfahrt« eines unbekannten Verfassers[79] als Gefolgsmann eben dieses Landgrafen Ludwig in Anspruch genommen:

V. 1694: *Ludewic hielt die spitze vorn.*

Ihm folgen:

V. 1701–1704: *Friderîch von Bîchlingen,*
der edele von Lîningen
grâve Friderîch, sô hiez ouch der,
ein menlich herre gar was er[80].

79 Zitiert wird nach der Edition Hans NAUMANNS: Die Kreuzfahrt des Landgrafen Ludwigs des Frommen von Thüringen (= MGH Dt. Chron. IV/2), Berlin 1923.

80 Den folgenden Vers *vest gemût uf strîtes werc* wollte man bislang (LEHMANN III S. 21; BRINCKMEIER I S. 36 Anm. 1; so auch zuletzt KAUL S. 234, mit falsch bezogenen Nachweisen) ebenfalls für den Grafen von Leiningen verbuchen, er reimt und bezieht sich aber auf V. 1706: *der wol geborne von Hennenberc* [...].

An zwei weiteren Stellen wird des Leiningers in sehr gezwungen anmutenden Versen gedacht:

V. 3129–3132: *grâve Friderîch von Lîningen,*
ouch der von Bîchlingen
tâten mit strîte den heiden wê,
doch der lantgrâve mê:

V. 4451–4456: *von Tramne der edele Witige,*
gegen den vînden der unsitige,
den frunden senfte unde zam,
sîn leben dâ manigem heiden nam.
alsô tet der von Bîchlingen,
ouch der edele von Lîningen.

Indem sie wenig poetisches Gespür verraten, zeugen die zitierten Zeilen eher von der gewaltsamen Verarbeitung angesammelter historischer Überlieferungen. Doch stehen der chronistischen Konzeption des Werkes und der zumindest teilweisen Nachweisbarkeit von lateinischen Vorlagen der panegyrische Inhalt und mannigfaltige Verwechslungen, u. a. mit Teilnehmern und Begebenheiten des fünften Kreuzzugs von 1227/29, gegenüber[81]. So erhalten wir auch hier keinen letztlich brauchbaren Ansatz.

Das bislang zum Beweisstück der Teilnahme am dritten Kreuzzug erhobene[82] Minnelied eines Grafen Friedrich von Leiningen[83] gehört schon gar nicht hierher. Seine Neudatierung muß einer gesonderten Untersuchung vorbehalten bleiben.

Wenn nun die oben zitierten Stellen aus höfisch-ritterlichem Preisgedicht und sentimentalem Minneroman mit der allergrößten Vorsicht zu genießen sind, so können doch auch keine Gegenbeweise erbracht werden, die jene als pure Erfindung abqualifizieren ließen. Wesentlich vorbehaltloser haben die bisherige leiningisch-genealogische Literatur[84] wie ältere Darstellungen über die Kreuzzüge[85] gerade von »Landgraf Ludwigs Kreuzfahrt« Besitz ergriffen und den betreffenden Versen gleichsam dokumentarischen Wert zuerkannt. Weil Friedrich Emich am 7. Mai 1189 noch in Basel weilte[86], während sich Kaiser Friedrich bereits nach dem 15. April zum Sammelplatz nach Regensburg begeben hatte[87], wurde angenommen, daß er sich von Anfang an dem eigenmächtigen Landgrafen Ludwig von Thüringen angeschlossen habe[88], der etwas später, von Brindisi aus, auf dem Seewege den Kreuzzug begann[89]. Auch diese These läßt sich

81 De Boor S. 210f.
82 Lehmann III S. 21; Brinckmeier I S. 35–38; kritisch Kaul S. 234 Anm. 47.
83 Zuletzt abgedruckt bei Carl von Kraus (Hrsg.), Deutsche Liederdichter des 13. Jahrhunderts Bd. I, Tübingen 1952, S. 75f.; dazu Kommentar in Bd. II, besorgt von Hugo Kuhn, Tübingen 1958, S. 73–75.
84 Lehmann III S. 21; Brinckmeier I S. 35f.; Kaul S. 234 gar ohne Nennung des Titels.
85 Röhricht, Beiträge II S. 337; Röhricht, Die Deutschen im Heiligen Lande S. 65. Danach auch noch Gattermann I S. 113f. und II S. 159.
86 S. Anm. 75.
87 Toeche S. 109 und Opll (1978) S. 96. Der Ks. war am 7. Mai in Neuburg an der Donau angelangt, drei Tage darauf befand er sich in Regensburg; s. Opll (1978) S. 231.
88 Kaul S. 233f.
89 Vgl. Toeche S. 105.

weder ablehnen noch beweisen und kann somit nicht zu Interpretationszwecken herangezogen werden. Auch müßte im Falle ihrer Verifizierbarkeit stets dahingestellt bleiben, ob bei der Entscheidung des Grafen von Leiningen politische Motive eine Rolle spielten[90].

5. Die Zeit Heinrichs VI.

Die noch während Barbarossas Lebzeiten eröffnete Bekanntschaft des jugendlichen Friedrich Emich von Leiningen mit König Heinrich VI. läßt nach des Kaisers Tod und der Rückkehr des Leiningers vom eventuell miterlebten Kreuzzug kein besonderes Engagement mehr erkennen. Die gut bezeugten Aufenthalte des Grafen am Königshofe muten eher wie Pflichtübungen an, da sie ihn kaum über den heimatlichen Raum hinausführten: 1193 in Worms, Speyer, Kaiserslautern und Boppard, 1195 in Worms und Gelnhausen, 1196 in Worms[91]. Die für Heinrich so ruhmreiche Eroberung Siziliens hat er nicht miterlebt. Bemerkenswert ist die Tatsache, daß er zu dieser Zeit den freigelassenen Richard Löwenherz durch Brabant nach England begleitete (Februar/März 1194)[92]. Auf dieser Reise hat er wohl die Erfahrungen gesammelt, die ihn später dazu befähigten, als Gesandter die Werbung um die Kandidatur Ottos von Braunschweig zur deutschen Königswahl zu betreiben[93]. Spätestens im Oktober 1195 war er wieder in Deutschland[94].

90 Conrady S. 91 Anm. 1 verwechselt Graf Friedrich I. mit Graf Friedrich II. von Leiningen, wenn er davon spricht, daß Beziehungen zu Graf Ludwig von Thüringen durch Friedrichs Vater, den Grafen Simon von Saarbrücken, aufgenommen worden seien.

91 1193 März 28 Speyer (RI IV/3 Nr. 285). 1193 Apr. 28 Boppard (RI IV/3 Nr. 294). 1193 Juni 28 u. 29 Worms (RI IV/3 Nr. 303 u. 304). 1193 Juli 2–8 Kaiserslautern (RI IV/3 Nr. 306 u. 308–310). 1193 Aug. 15 Worms (RI IV/3 Nr. 313; dort unter den Druckorten zu ergänzen: RappUB I Nr. 48). 1195 Okt. 27 Gelnhausen (RI IV/3 Nr. 479); der hiesige Auftritt wird wohl dem allgemeinen Kreuzzugseifer zuzuschreiben sein, vgl. Toeche S. 389f. 1195 Dez. 5 Worms (RI IV/3 Nr. 487). 1196 Juni 10 u. 11 Worms (RI IV/3 Nr. 518 u. 519).

92 Ein *comes de Limingis* erhielt lt. Abrechnung der Chamberlainry of London 4 Pfd. für die Miete eines Schiffes zur Überfahrt von London nach Antwerpen. Für rund die gleiche Summe hat man ihm noch Lebensmittel mitgegeben, nachgewiesen *per breve* des Erzbischofs von Canterbury. The Chancellor's Roll for The Eigth Year of the Reign of King Richard the First, Michaelmas 1196 (Pipe Roll 42), ed. by Doris M. Stenton (= The Publications of the Pipe Roll Society, vol. XLV, new series vol. VII), London 1930, S. 17. Vgl. J[ean] de Sturler, Les relations politiques et les échanges commerciaux entre le duché de Brabant et l'Angleterre au moyen âge, Paris 1936, S. 96 Anm. 74a. Der *comes de Limingis* wurde erstmals von Trautz, Kge. v. Engl. S. 90 Anm. 156 als Graf von Leiningen identifiziert. Die zitierte Aufzeichnung des Exchequers findet sich zwar in der Pipe Roll des 8. Regierungsjahres Kg. Richards (zum Verhältnis von Regierungs- und Exchequerjahr vgl. Trautz a. a. O. S. 47f.). Doch steht sie innerhalb einer Abrechnung, welche die auf Pfingsten des 6. Jahres [= 1194] folgenden zwei Jahre umfaßt. Die Leiningen betreffende Notiz gehört nun tatsächlich noch zum 6. Jahre, wie sich aus Pipe Roll 6 Richard I ergibt: The Great Roll of the Pipe for the Sixth Year of the Reign of King Richard the First, Michaelmas 1194 (Pipe Roll 40), ed. by Doris M. Stenton (= The Publications of the Pipe Roll Society, vol. XLIII, new series vol. V), London 1928, S. 242. Ihr zufolge (Abrechnung des Sheriffs der Gft. Kent) wurden dem *comiti de Liminges*, ebenfalls *per breve* des Eb. H[ubert] von Canterbury, 79s. 6d. für seine Ausgaben bei Sandwich [Gft. Kent] erstattet, als er nach Deutschland *(in Alemanniam)* überschiffte.

93 Vgl. S. 103 mit Anm. 103.

94 Vgl. Anm. 91; die kgl. Genehmigung des Tausches von Reichslehen durch den Afterlehensmann Helenger von Frankenstein am 19. Juli desselben Jahres zu Worms (RI IV/3 Nr. 464) erforderte nicht notwendigerweise die persönliche Anwesenheit des Grafen von Leiningen, wie Kaul S. 234 anzunehmen scheint.

6. Die Zeit Philipps von Schwaben und Ottos IV.

Für das künftige Verhalten des Leiningers auf reichspolitischer Ebene scheinen mir, mit Kaul[95], die Beziehungen zu Erzbischof Johann von Trier[96] bezeichnend zu sein. Am 20. Januar 1197 ist Friedrich Emich Zeuge des Metropoliten in einem zu Koblenz ausgestellten Schutzbrief für Kloster Arnstein[97]. Am 6. April desselben Jahres hält er sich am Hofe zu Trier auf, als der welfische Pfalzgraf Heinrich auf seine Trierer Vogtei Verzicht leistet[98]. In ebendasselbe Jahr gehören wahrscheinlich auch die Überlieferungen, nach denen er eine umfangreiche Lehensauftragung des Grafen Heinrich von Sponheim bezeugt[99] und schließlich selbst sein Allod zu Hadamar dem Erzbischof zu Lehen aufträgt[100]. Diese Bindungen zum Trierer Erzstift resultieren wohl in nicht unerheblichem Maße aus dem Leiningen zugewachsenen Fernbesitz im Lahngebiet[101], der eines mächtigeren Schutzes bedurfte, als ihn der Graf selbst vom Wormsgau aus zu gewähren vermochte. Ob über die besitzrechtlichen Zugeständnisse hinaus dem Leininger als Gegenleistung auch politische Bekenntnisse abverlangt wurden oder ob letztere des Grafen eigenen Anschauungen entsprangen, ist nicht zu entscheiden. Jedenfalls sehen wir Friedrich Emich Ende März 1198 als Vertrauensmann der welfischen Seite, der sich auch der Trierer Kirchenfürst entschieden angeschlossen hatte[102], nach England reisen, um dem bei seinem Onkel, König Richard Löwenherz, weilenden Otto von Poitou auftragsgemäß die deutsche Krone zu offerieren[103].

In den kriegerischen Verwicklungen mit der staufischen Partei hat der Leininger in seinem Stammgebiet anfangs konsequent, wenn auch ohne Erfolg, die Sache des Welfen verfochten[104]. Ob die Begegnung mit König Philipp im September 1199 zu Mainz[105] als bloße Fühlungnahme zu interpretieren ist oder sich in ihr bereits ein erster, wenn auch nicht dauerhafter Frontwechsel anzeigt, wird wohl nie mit letzter Sicherheit festgestellt werden können[106]. Im letzteren Falle

95 Kaul S. 237.

96 Aus unbekanntem Hause. 1173–1186 war er Propst von St. German in Speyer, 1186–1189 Kanzler Friedrich Barbarossas. Wegen seiner großen Stiftungen an das Kloster Eußerthal, als dessen Mitbegründer er überdies gilt, denkt Margret Corsten-Loenartz, Erzbischof Johann I. von Trier (1189–1212), in: Zs. f. d. Gesch. d. Saargegend 13 (1963), S. 127–200, hier S. 127–129, und mit ihr Hermann Issle, Das Stift St. German vor Speyer (= Quellen u. Abhh. z. mrh. Kirchengeschichte, Bd. 20), Mainz 1974, S. 147–149 an eine Herkunft aus reichem mittleren oder niederen Adel der Pfalz oder [unbegründet] Lothringens.

97 MrhRegg II 790.

98 MrhRegg II 795; Kurzregesten: Jungk 167 u. RGZ 22.

99 MrhRegg II 796.

100 MrhRegg II 799.

101 Vgl. hierzu die S. 17 angeführte Literatur.

102 Vgl. Kaul S. 236f.

103 Hauptquellen sind die Chroniken Ottos von St. Blasien Kap. 46 S. 73 u. Burchards von Ursberg S. 81. Regesten: RI V 198a (mit ausführlichem Kommentar); REK II 1538; RBStr I 695. Zur Interpretation der Vorgänge vgl. auch Trautz, Kge. v. Engl. S. 91f. u. Kaul S. 237.

104 Ausführliche Darstellung bei Kaul S. 237f.

105 1199 Sept. 29 (RI V 32).

106 Die Erwägung Gattermanns I S. 127, die Zeugen der Urkunden RI V 31 u. 32 könnten an Philipps Heerfahrt zum Niederrhein gegen Otto in den Monaten August und/oder September (vgl. RI V 30a) beteiligt gewesen sein, läßt sich auch hier nicht beweisen oder auch nur wahrscheinlicher machen. Allerdings hatte es Philipp bereits im Mai verstanden, den leiningischen Parteigänger im Streit mit dem Wormser Bischof und vorher ebenfalls welfisch gesinnten Werner von Bolanden auf seine Seite zu ziehen, nachdem durch seine (des Königs) Vermittlung die Fehde beigelegt worden war (vgl. Winkelmann, Jbb. Philipps S. 143f. mit S. 144 Anm. 1).

müßte das in Ottos IV. kampfloser Einnahme der Stadt Mainz an Weihnachten 1200[107] kulminierende »Schwanken des Kriegsglücks«[108] dafür Anlaß gewesen sein, daß die Welfen am 3. Februar 1201 den Grafen gegenüber dem Erzstift Köln als Bürgen zu stellen vermochten[109] und sich Friedrich Emich am 26. September desselben Jahres bei König Otto in Köln aufhielt[110].

Als in Folge der Niederlage Johanns ohne Land im englisch-französischen Krieg die Geldquellen für den Welfen und seinen Anhang versiegten und ein allgemeiner Abfall vom Königtum Ottos IV. einsetzte[111], verlor der welfische Hof auch für Friedrich Emich an Anziehungskraft. So finden wir ihn zwischen Oktober und November 1205 bei Strafexpeditionen Philipps gegen die Stadt Bonn und die Grafen von Sayn vermittelnd einwirken und Zerstörungen verhindern[112]. Kaul[113] sieht es wohl richtig, wenn er den Übertritt des Grafen von Leiningen auf die Seite des Staufers in den Sommer 1204 legt und in Zusammenhang mit dem gleichartigen Verhalten des Pfalzgrafen bringt. In beiden Fällen waren offenbar stattliche Belohnungen ausschlaggebend für den Gesinnungswandel: Pfalzgraf Heinrich hatte sich wegen Braunschweig mit seinem Bruder überworfen und erhielt nun von Philipp nicht nur die Pfalzgrafschaft zurück, sondern auch die Vogtei über Goslar. Der Leininger wurde allen Anzeichen nach damals zum Landvogt im Speyergau erhoben. Als solcher wird er am 26. November 1205 vom staufischen König erstmals tituliert, der ihm den Schutz seines Hausklosters Limburg anvertraut[114].

Man kann diese Maßnahmen als Vertrauensbeweis von seiten Philipps nicht hoch genug einschätzen. Mögen sie dem Grafen zunächst nur Amt und Würden bedeutet haben, sie brachten mit der Zeit zweifellos auch materiellen Zugewinn. Der leiningischen Territorialpolitik sollten Landvogtei und Klostervogtei jedenfalls ganz neue Perspektiven eröffnen. Daneben profitierte das gräfliche Hausstift Höningen von der Gunst des Königs[115].

Zwar kann von offener Gegnerschaft zu Otto IV. nicht die Rede sein und sind auch keinerlei Konfliktsituationen nachzuweisen, in denen Leiningen gegen den Welfen hätte Stellung beziehen müssen. Doch scheint die Anerkennung als Reichsoberhaupt nunmehr ausschließlich Friedrich Emichs Gönner, dem staufischen König, gegolten zu haben, der die reale Macht im Reiche besaß. Auf dessen Hoftagen war der Graf nicht nur anwesend, wenn sie in Speyer[116]

107 Vgl. WINKELMANN a. a. O. S. 194.
108 Ebd. S. 206.
109 RI V 216; REK II 1596.
110 RI V 219.
111 TRAUTZ, Könige S. 94f.
112 RI V 122e.
113 KAUL S. 240.
114 Drucke: WÜRDTWEIN, Mon. Pal. I Nr. 8 und LAMEY, Advocati prov. Spirg. S. 225 Nr. 2, beide mit falscher Jahreszahl [es liegt Bedanische Indiktion vor]. Regest: RI V 123. Vgl.: ZINSMAIER S. 4 Anm. 4 u. S. 40 (zur Überlieferung der Urk.); KAUL S. 240; ACHT S. 189. – Daß Graf Friedrich I. (Emich) von Leiningen bereits 1179 Landgraf im Speyergau gewesen sei, läßt sich nicht beweisen (vgl. hierzu Anhang III/2).
115 *Philippus rex* erscheint unter den *fundatores* [hier: Wohltätern] Höningens (DEBUS, 1978, Nr. 31; vgl. ebd. Nr. 3 Anm. 4).
116 1205 Nov. 26 u. 28 (RI V Nr. 123 u. 124).

oder Worms[117] stattfanden, sondern in ebenso vielen Fälle auch, wenn sie ihn über den Bereich der engeren Heimat hinausführten[118].

Allerdings kann das erkennbare Engagement für Philipp letztlich keiner unerschütterlichen Überzeugung entsprochen haben, denn allzu reibungslos gestaltete sich nach des Königs gewaltsamem Tod die Rückkehr des Leiningers – wie aber auch des übrigen Stauferanhangs – an den Hof des Welfen. Dort taucht er bereits am 20. November 1208 zu Mainz wieder auf[119]. Zu Speyer bezeugt er am 2. Dezember Ottos Privileg für die Stadt Speyer[120] und wohl zum selben Termin ein solches für die Bürger von Worms[121], ist dort auch im nächsten Frühjahr wieder zugegen[122], anschließend mehrere Tage in Würzburg nachzuweisen[123] und findet sich schließlich im Sommer 1209 zu Augsburg ein[124]. Es spricht nichts dagegen, daß er bereits von dort mit König Otto den Romzug angetreten hat[125]. In den in der Lombardei nach der Kaiserkrönung und vor dem Zug nach Süditalien ausgestellten Urkunden wird er häufig als Zeuge genannt, so am 20. und 23. April 1210 zu Mailand[126], am 27. April in Pavia und San Salvatore[127], vom 30. April bis 2. Mai in Lodi[128] und Ende August in San Salvatore[129]. Der Grund seiner vorzeitigen Rückreise aus Italien[130] ist nicht bekannt. Möglicherweise hat er den Kaiser wegen Krankheit oder körperlicher Schwäche um Entlassung ersucht; ein Zerwürfnis mit Otto lag jedenfalls nicht vor. Denn am 16. April 1212 zu Hagenau ist er, von der Exkommunikation des Welfen und der Wahl Friedrichs II. unbeeindruckt, noch einmal am Hofe Ottos IV. nachzuweisen[131] und muß nicht lange darauf verstorben sein[132]. Mit ihm ist das ältere Haus Leiningen im Mannesstamme erloschen.

117 1208 Mai 17 (RI V Nr. 181).
118 1207 Mai 28–Juni 1 Basel (RI V Nr. 146–148; zu Nr. 147 vgl. ZINSMAIER, 1954, S. 244). 1207 (ca. Aug. 15) Nordhausen (RI V Nr. 159; DOBENECKER II Nr. 1346).
119 RI V Nr. 245; DOBENECKER II Nr. 1374.
120 UStSp Nr. 25.
121 QuStW I Nr. 110.
122 RI V Nr. 275.
123 RI V Nr. 281–283.
124 RI V Nr. 290.
125 Die zu RI V Nr. 290 geäußerte Ansicht FICKERS, daß »zweifellos keiner« der »vier pfälzische(n) Lehensgrafen«, die sich im Lager zu Augsburg einfanden, die »eigentliche romfahrt mitgemacht« habe, sondern einige von ihnen erst nach Beendigung derselben in Italien in Anspruch genommen worden seien, kann ich nicht teilen. Zumindest für den Grafen von Leiningen läßt sich sagen, daß dieser sich nicht unbedingt in seiner Eigenschaft als pfälzischer Lehensmann, sondern weit eher als Vasall des Königs zu Augsburg eingefunden hatte. Daran ändert auch die Tatsache nichts, daß es sich bei RI V Nr. 290 um eine pfalzgräfliche Urkunde handelt, in der er als Zeuge erscheint. Es mußte der Umstand, daß der Pfalzgraf als Reichsverweser *super Mosellam* eingesetzt wurde und nicht nach Italien ging (Caesarius Heisterbacensis: Dialogus miraculorum, hg. v. Joseph STRANGE Bd. I, Köln–Bonn–Brüssel 1851, distinctio prima, cap. XXXI), nicht notwendig Einfluß auf das Verhalten des Leiningers haben, dessen oberster Lehensherr der König war. – GATTERMANN I S. 136 u. 139 übernimmt die ältere Argumentation und gibt II S. 159f. noch einmal deren Ergebnis wieder, mit der Begründung, daß Friedrich Emich auf dem Romzug »zunächst nicht nachzuweisen« sei.
126 RI V Nr. 381 u. 384; zu Nr. 384 vgl. ZINSMAIER (1954) S. 246.
127 RI V Nr. 388–389.
128 RI V Nr. 391 u. 393–395; zu Nr. 395 vgl. ZINSMAIER (1954) S. 246.
129 RI V Nr. 435 u. 437, wahrscheinlich auch Nr. 434.
130 1211 bezeugt er die Übergabe des Zehnten und der Patronatsrechte zu Mettenheim durch den Speyerer Bischof Konrad III. an Kloster Hemmenrode (UBiSp I Nr. 152; UStSp Nr. 27).
131 WINKELMANN, Acta I Nr. 67; RI V Nr. 474.
132 Vgl. S. 41.

7. Versuch einer Gesamtbeurteilung

Ebensowenig, wie es möglich ist, die »Königsherrschaft im Reiche in der Epoche der Staufer durch ein einheitliches Urteil zu charakterisieren«[133], ist es angängig, das Verhältnis der Grafen von Leiningen zu den Königen und Kaisern dieser Epoche undifferenziert zu beurteilen. Die Untersuchungen am Spezialfall Leiningen spiegeln bereits im Itinerar der Grafen das allgemeine Urteil Hans Patzes, daß einem »Zusammenwirken von König und hohem Adel« unter Konrad III. und Barbarossa eine Tendenz zur »Verabsolutierung des Königtums« unter Heinrich VI. gegenübersteht[134]. Letztere hat einem partnerschaftlichen Nebeneinander von Herrscher und Kronvasall kaum mehr Raum gegeben und das Interesse auch der Leininger erlahmen lassen, mit dem königlichen Hofe zu ziehen. Zugewinn an Macht, Ehre und Reichtum hat man sich von dort offensichtlich nicht mehr versprochen.

Diese für Leiningen unfruchtbare Situation mag ausschlaggebend gewesen sein für den Übertritt ins welfische Lager und die hoffnungsvolle Unterstützung von Ottos Königtum. Bezeichnend für den materiellen Aspekt der leiningischen Königstreue ist gerade auch der spätere Frontwechsel zu einem Zeitpunkt, als der Welfe mit leeren Taschen dastand. Die wohl eher berechnete als intuitive Hinwendung zum jeweils stärkeren Reichsoberhaupt war vonnöten, um sich nicht gänzlich in die Abhängigkeit jener Reichsfürsten zu begeben, die sich eine oppositionelle Haltung kräftemäßig leisten konnten. Wir hatten die zunächst in diese Richtung weisende Beziehung des Leiningers zum Trierer Erzbischof angedeutet. Letztlich muß man der leiningischen Politik zugute halten, daß sie in ihrem Opportunismus keineswegs isoliert dastand, sondern im mehrmaligen Parteienwechsel ganz mit dem Strome schwamm.

133 Hans PATZE, Herrschaft und Territorium, in: Die Zeit der Staufer, Katalog der Ausstellung, Stuttgart 1977, Bd. III S. 35–49, hier: S. 49.
134 Ebd.

FÜNFTES KAPITEL

Der leiningische Besitzstand um 1237

1. Der Leininger Altbesitz

Unsere Betrachtung hat ihren Ausgang zu nehmen vom ersten bekannten Teilungsvertrag, dem des Jahres 1237[1], der uns gleichwohl nur einen Einblick in frühe leiningische Besitzverhältnisse gewährt, aber keinen Überblick verschafft. Es geht um die Verteilung einiger Burgen und recht grob umrissener Einkünfte und Nutzungsrechte zwischen den Brüdern Friedrich [III.] und Emich [IV.] von Leiningen, wobei verschiedene Dörfer wohl mehr wegen ihrer Erträge als wegen der auf ihnen ruhenden Hoheitsrechte Erwähnung finden. Der Katalog der aufgezählten Stücke trägt deutlich den Stempel einer Auswahl, fehlt doch vor allem die Stammburg Leiningen. Es kann also zunächst einmal festgestellt werden, daß der Vertrag ganz offensichtlich nur der Regelung strittiger Fälle diente. Darauf weist nicht zuletzt auch die vorausgegangene Einsetzung eines Schiedsgerichts aus leiningischen Ministerialen und Burgmannen, unter Vorsitz des den teilenden Brüdern nahe verwandten Bischofs Konrad von Speyer, der übrigens auch als Aussteller der Urkunde zeichnet. Was nicht der Teilung unterlag, war wohl vor allem der gesamte angestammte Allodialbesitz, der gesondert dem Ältesten zugekommen sein muß. So werden aus den dem Jüngeren zugewiesenen lehnbaren Höfen, Vogteien und Burgzugehörungen ausdrücklich die *allodia et bona hereditaria* ausgenommen. Streitpunkte dürften hingegen der elterliche Zuerwerb und die von den Brüdern selbst erworbenen Besitzungen gebildet haben, wobei zu ersterem allen Anzeichen nach auch das gerechnet wurde, was durch Graf Friedrich II. aus der Grafschaft Saarbrücken eingebracht worden war. Was man von der Urkunde von 1237 erwarten darf, ist also kaum mehr, als mit dem Neuerwerb zweier Generationen bekannt gemacht zu werden[2]. Wir befinden uns somit in der paradoxen Situation, aus der ältesten Besitzliste nichts über den Altbesitz zu erfahren und denselben aus anderen und zum größten Teil jüngeren Quellen erschließen zu müssen.

Auf der Suche nach jenen Orten, die bereits im 12. Jahrhundert im Herrschaftsbereich der Grafen von Leiningen lagen, stoßen wir zunächst auf das sogenannte ältere Bolander Lehnbuch[3]. Es verzeichnet unter den zahlreichen Vasallitätsverhältnissen Werners II. von

1 S. den Abdruck im Anhang II.

2 Beispielsweise wird gleich an erster Stelle die von Graf Friedrich II. kurz vor 1214 in den Forsten der Abtei Limburg errichtete Hardenburg genannt.

3 Die seit Wilhelm Sauer (1882) gängige Datierung von Inhalt und Schrift des Lehnbuches in den Zeitraum zwischen 1194 und 1198 wird durch neueste Untersuchungen widerlegt: Albrecht Eckhardt, Das älteste Bolander Lehnbuch, Versuch einer Neudatierung, in: Archiv für Diplomatik 22 (1976) S. 317–344. Der für die leiningischen Betreffe in Frage kommende Teil – das Lehnbuch Werners II. – ist ca. 1189/90 verfaßt (ebd. S. 326) und das ganze Bolander Lehnbuch »in der vorliegenden Form unmöglich vor 1230/40 geschrieben worden«; der von Eckhardt »mit aller Vorsicht« vorgetragene paläographische Befund weist in »das Jahrzehnt zwischen 1250 und 1260 mit leichter Tendenz über 1260 hinaus« (ebd. S. 336). Als Vorlage müssen ältere Aufzeichnungen gedient haben (ebd. S. 342).

Bolanden (†wohl 1189/93)[4] auch ein solches zu den Grafen von Leiningen. Von diesen gingen zu Lehen[5]: Der *comitatus* von Ober-Flörsheim, Stetten, Esselborn, Freimersheim, Weinheim, Offenheim, Rüssingen, Weitersweiler, Steinbach am Donnersberg zum Teil, Herfingen (jetzt Herfingerhof bei Börrstadt) zum Teil, Dreisen und Gimbsheim, die *prefectura* über Einselthum sowie in Kirchheimbolanden der dritte Teil *tocius iusticie*. Neben diesen den Leiningern selbst wohl durchweg vom Reiche zu Lehen gegebenen Herrschaftsrechten – feudalisierten Resten der alten Amtsgrafschaft? – wird die *advocatia* in Albisheim an der Pfrimm erwähnt, die mittelbar von der Reichsabtei Prüm lehensrührig war. Wahrscheinlich besaßen die Bolander bereits umfangreiches Eigengut in allen diesen Orten[6]. Dann war ihnen hier ein Immunitätsbezirk geschaffen worden, in dem sie selbst die hohe Gerichtsbarkeit auszuüben befugt waren. Es tauchen jedoch auch Fragen auf, die wir heute nicht mehr zu beantworten vermögen: Was veranlaßte die Leininger zu dieser umfangreichen Lehensvergabe? Welche wichtigen Vasallendienste können die Bolander noch geleistet haben, die doch gleichzeitig 44 andere Lehensherren benennen[7] und vorrangig dem König bzw. Kaiser verpflichtet waren? Waren die Grafen von Leiningen vom Reichsoberhaupt – etwa von Heinrich VI. – zur Weitergabe dieser Lehen genötigt worden? Wir können hier nur feststellen, daß das Bolander Lehnbuch etliche der genannten Stücke erst- und letztmals als leiningische Lehen erwähnt, die demnach dem gräflichen Hause endgültig verloren gegangen sein müssen. Es verblieben dort lediglich Ober-Flörsheim, Stetten, Steinbach am Donnersberg und das Prümer Lehen Albisheim[8]; Einselthum wurde wohl zwischen 1291 und 1309 durch Kauf zurückerworben[9].

Die leiningischen Lehen der von Bolanden lagen, mit Ausnahme Gimbsheims, sämtlich in der Hügelzone vor dem Osthang des Nordpfälzer Berglandes, gaugeographisch gesehen im beiderseitigen Grenzsaum von Nahe- und Wormsgau. Gimbsheim wird zusammen mit Rheindürkheim[10], Dienheim[11] und Uelversheim[12] 1160 zu jenen Orten gerechnet, die sich in der Wormser Diözese, in der Grafschaft des Grafen Emicho von Leiningen *(in episcopatu Wormatiensi in comitatu comitis Emichonis de Liningen)*, also in dessen Amtsbereich, befinden[13]. Alle vier Orte liegen in den Rheinniederungen zwischen Worms und Oppenheim oder nur wenig weiter landeinwärts.

4 Eckhardt a. a. O. S. 323.

5 Sauer (1882) S. 23f.; Toussaint, Leiningen im Wormsgau S. 180 u. 196. Alle nachfolgend genannten Orte liegen entweder im Donnersbergkreis oder im Kr. Alzey–Worms.

6 Nachweisbar für Ober-Flörsheim (Güter und Hörige), Steinbach am Donnersberg (Güter und Hörige), Gimbsheim (Güter) und Kirchheimbolanden (Güter); vgl. die Karte von Werle (1969).

7 Aufgezählt bei Jacob S. 42f.

8 Vgl. Toussaint in Pfalzatlas S. 1077f. und 1080.

9 Ebd. S. 1078.

10 Teil der kreisfreien Stadt Worms.

11 Kr. Mainz–Bingen.

12 Kr. Mainz–Bingen.

13 Druck: UBStStr I Nr. 110; Regest: RBStr I Nr. 566. Während Wentzcke in RBStr, wie bereits Stumpf Nr. 4534 und nach ihm Wiegand im UBStStr, wegen der Zeugen und der Anwesenheit Barbarossas noch für die Verlegung der Handlung in den Januar 1156 nach Straßburg votierte, rechnete Simonsfeld, Jbb. I S. 527 dieselbe dem Wormser Hoftag an Ostern 1157 zu.

Als früher Schwerpunkt der leiningischen Macht und Kristallisationszentrum beim Aufbau des Territoriums darf der Allodialbesitz um die Stammburg Altleiningen angesehen werden, so vor allem die Siedlungen Altleiningen, Zwingweiler, Seckenhausen und Wattenheim[14]. Kennzeichnend für die frühe Mittelpunktsfunktion dieses Gebiets sind die Gründungen eines Augustiner-Chorherrenstifts (Höningen, um 1120)[15] und eines Augustiner-Chorfrauenstifts (Hertlingshausen, vor 1212)[16] im Altleininger Waldbereich. Höchstwahrscheinlich gehörten zu diesem allodialen Besitz damals auch schon die Dörfer des später sogenannten »Hintergerichts«, nämlich Lautersheim, Quirnheim, Boßweiler, Mertesheim und Ebertsheim[17]; Güter in den drei erstgenannten Orten zählten zur Grundausstattung des Stifts Höningen. Auch das benachbarte Tiefenthal[18] und die im engeren Umkreis befindlichen Allode Wachenheim a. d. Pfrimm[19], Bubenheim[20] (Anteil), Obrigheim[21], Albsheim a. d. Eis[22], Obersülzen, Sausenheim, Bissersheim, Großkarlbach und Gerolsheim, Dackenheim, Freinsheim (Anteil), Eygersheim und Erpolzheim[23] sind vermutlich dem Altbesitz zuzurechnen, ebenso wie die weiter nördlich im rheinhessischen Hügelland und in der Vorbergzone gelegenen Ottersheim und Immesheim[24], Erbes-Büdesheim, Aulheim, Rode und Nack[25], ein Anteil an Selzen[26], die Dörfer Wintersheim[27] und Hangen-Wahlheim[28], ein Anteil an Alsheim[29], die Orte Bermersheim und Dalsheim, Mörstadt und Monsheim[30], in der Rheinebene ein allodialer Anteil an Rheindürkheim[31] und die Dörfer Herrnsheim[32], Beindersheim, Heßheim[33] und Flomers-

14 Vgl. TOUSSAINT in Pfalzatlas S. 1076. Alle Orte liegen im Kr. Bad Dürkheim; Zwingweiler ist Wüstung auf Altleininger Gemarkung, Seckenhausen in Carlsberg aufgegangen, zu welcher Gemeinde nunmehr auch Hertlingshausen gehört.

15 Zur Gründung Höningens s. oben S. 34f.

16 Stift Hertlingshausen wird erstmals 1212 erwähnt (Propst *Rustein* von *Hertingeshusen* als Zeuge in einer Wormser Urkunde; Regest: DEBUS, 1978, Nr. 35). DEBUS (1978) Nr. 16 Anm. 1 tut Christ Unrecht, wenn er ihm die Behauptung zuschreibt, daß Propst Hartung von Höningen das Augustiner-Chorfrauenstift gegründet habe, welches nach ihm benannt worden sei. Diese Ansicht geht auf REMLING, Abtt. u. Kll. II S. 75 Anm. 2 zurück, der sie jedoch nur als Vermutung äußerte.

17 Vgl. TOUSSAINT in Pfalzatlas S. 1082. Alle Orte im Kreis Bad Dürkheim, Boßweiler zur Gde. Quirnheim gehörig.

18 Kr. Bad Dürkheim.

19 Kr. Alzey-Worms.

20 Donnersbergkreis.

21 Kr. Bad Dürkheim.

22 Gde. Obrigheim, Kr. Bad Dürkheim.

23 Alle Kr. Bad Dürkheim; Sausenheim ist Ortsteil von Grünstadt, Eygersheim eine Wüstung bei Weisenheim a. S.

24 Beide im Donnersbergkreis.

25 Alle Kr. Alzey-Worms; Aulheim und Rode sind Wüstungen bei Erbes-Büdesheim.

26 Kr. Mainz-Bingen.

27 Kr. Mainz-Bingen.

28 Gde. Alsheim, Kr. Alzey-Worms.

29 Kr. Alzey-Worms.

30 Alle Kr. Alzey-Worms; Flörsheim heute Doppelgde. Flörsheim-Dalsheim.

31 Stadtteil von Worms.

32 Dto.

33 Beide Kr. Ludwigshafen.

heim[34], sowie in der Nachbarschaft des Kaiserslauterer Reichswaldes die Burg Wartenberg[35] und die Dörfer Münchweiler an der Alsenz, Gonbach[36] und Eichenbach[37,38].

Zum reichslehnbaren Frühbesitz sind, neben den Bolander Afterlehen, die in der Hügelzone zwischen Haardt und Nordpfälzer Bergland angesiedelten Orte Biedesheim, Kindenheim und Gossenheim zu rechnen[39]. Dazu kamen kurz vor 1237 die benachbarten Orte Groß- und Kleinbockenheim[40]. Auch die an dieselben grenzenden Dörfer Mühlheim an der Eis, Colgenstein und Heidesheim[41], das in der Rheinebene gelegene Mettenheim[42], die in den Reichswäldern um Kaiserslautern gelegenen Orte Rohrbach[43], Sembach (Anteil), Mehlingen, Baalborn und Schwanden[44] mit Anteil an der späteren Waldmark Otterberg[45] sowie die sich südlich von Kaiserslautern erstreckende Herrschaft Wilenstein gehörten vermutlich zum ältesten Reichslehensbestand der Grafen von Leiningen[46].

Einen wesentlichen Bestandteil des leiningischen Kernlandes bildeten wohl bereits 1179 die Hornbacher Vogteilehen Harxheim, Niefernheim und Zell, die aus der Schirmvogtei über das Kollegiatstift Zell herrührten[47]. Mölsheim[48] kam erst kurz vor 1237 hinzu[49]; hingegen zählt der Hornbacher Anteil von Osthofen[50], in welchem Ort die Leininger außerdem für das Mainzer Liebfrauenstift und das Wormser Domkapitel die Vogtei ausübten, vermutlich zum Altbesitz[51]. Mit einiger Sicherheit gehören hierzu auch das Weißenburger Vogteilehen Lambsheim mit seiner großen Gemarkung in der Rheinebene[52], daneben wahrscheinlich die unmittelbar im leiningischen Einflußbereich gelegenen Murbacher Lehen Weisenheim am Berg, Bobenheim am Berg, Battenberg und Kleinkarlbach sowie das strategisch wichtige Hochspeyer im Kaiserslauterer Tal[53].

Eine gewisse Unsicherheit müssen wir bei der Altersbestimmung der späteren Wormser Lehen bekennen: der Ortsvogtei über das Dorf Ibersheim[54] des Stifts St. Paul zu Worms sowie

34 Teil der kreisfreien Stadt Frankenthal.
35 Gde. Wartenberg-Rohrbach, Donnersbergkreis.
36 Beide im Donnersbergkreis.
37 Wüstung zwischen Sembach und Neuhemsbach, Kr. Kaiserslautern.
38 Vgl. Toussaint in Pfalzatlas S. 1081–1083, für Wartenberg S. 1076f., für Obrigheim und Sausenheim unten S. 158f.
39 Vgl. Toussaint in Pfalzatlas S. 1078. Biedesheim gehört zum Donnersbergkreis, Kindenheim mit der dabeigelegenen Wü. Gossenheim zum Kr. Bad Dürkheim.
40 S. unten S. 114. Gde. Bockenheim, Kr. Bad Dürkheim.
41 Alle drei Orte heute Gde. Obrigheim, Kr. Bad Dürkheim.
42 Kr. Alzey–Worms.
43 Gde. Wartenberg-Rohrbach, Donnersbergkreis.
44 Alle Kr. Kaiserslautern; Baalborn zu Gde. Mehlingen, auch Schwanden als Südteil von Neukirchen heute Teil von Mehlingen.
45 S. Anhang III/3.
46 Vgl. Toussaint in Pfalzatlas S. 1083f.
47 Ebd. S. 1080. Harxheim liegt im Kr. Mainz–Bingen, Niefernheim und Zell bilden jetzt die Gde. Zellertal im Donnersbergkreis.
48 Kr. Alzey–Worms.
49 Vgl. S. 114 mit Anm. 97.
50 Heute Stadt im Kr. Alzey–Worms.
51 Vgl. Toussaint in Pfalzatlas S. 1085.
52 Ebd. S. 1080. Der Ort liegt im Kr. Ludwigshafen.
53 Ebd. S. 1084f. Mit Ausnahme von Hochspeyer (Kr. Kaiserslautern) alle Orte im Kr. Bad Dürkheim.
54 Ebd. S. 1084. Stadtteil von Worms.

der Anteile an Rheindürkheim[55], Osthofen[56] und den mutmaßlich domstiftischen Orten Hamm[57] und Rodenbach[58]. Es widerstreiten sich dort jeweils die beiden Möglichkeiten, daß die betreffenden grundlegenden Rechte von den Leiningern in ihrer Eigenschaft als Grafen im Wormsgau[59] und von den Saarbrücker Grafen als Wormser Hochstiftsvögten erworben wurden[60]. Dazu kommt noch der Umstand, daß die Saarbrücker Grafen im Jahre 1217 mit Heinrich II., dem Bruder des ersten leiningischen Grafen aus saarbrückischem Hause[61], einen der ihren auf den Wormser Bischofsstuhl heben konnten, der seinem Hause zweifellos auch etliche Vergünstigungen gewährt hat[62]. Jeder Zugriff bis 1237 auf Wormser Kirchengut war aber doch wohl lediglich vogteiherrlicher Art; ein Lehensverhältnis zum Hochstift scheint zunächst nicht bestanden zu haben. Denn als Friedrich III. von Leiningen am 29. September 1242 dem Herzog von Lothringen huldigte[63], wurden als vorrangige Lehensherren der Kaiser und die Bischöfe von Speyer und Straßburg, nicht aber der Bischof von Worms genannt.

Vergleichsweise bescheiden nehmen sich neben den aufgezählten alten Kirchenlehen und -vogteien in Leininger Hand die pfälzischen Lehen aus: Oggersheim[64] in der Rheinebene und wohl auch bereits ein Anteil an der kleinen Grafschaft Pfeffingen mit Pfeffingen, Ungstein und Kallstadt[65] in der vorderpfälzischen Hügelzone.

55 Ebd. S. 1079. Stadtteil von Worms.
56 Ebd. S. 1085. Kr. Alzey–Worms.
57 Ebd. S. 1084. Kr. Alzey–Worms.
58 Ebd. Gde. Ebertsheim, Kr. Bad Dürkheim.
59 Möglicherweise war auch jener *Embecho*, der 1161 als Propst zu St. Paul in Erscheinung tritt (Baur II Nr. 10), ein Angehöriger des leiningischen Grafenhauses. Urkundlich sind Verbindungen der Leininger nach Worms erstmals unter Bischof Konrad II. (1171–1192) faßbar: ca. 1173 (Baur II Nr. 11; QuStW I Nr. 84) und im Jahre 1180 (Parisse, Pfeddersheim, Beil. Nr. 5). Die für 1199 in der Chronica regia Coloniensis (S. 167) bezeugte Gegnerschaft zu dem [staufisch gesinnten] Bischof [Lupold] (Vgl. auch RI V Nr. 211i) war bei der labilen reichspolitischen Haltung des damaligen leiningischen Grafen (s. oben S. 103–105) nicht unbedingt von Dauer und kaum unversöhnlich.
60 Vgl. Schaab, Diözese Worms S. 151. Graf Simon I. von Saarbrücken ist 1158 als Vogt des Hochstifts und 1141–1166 als Wormser Burggraf (Stadtpräfekt) nachweisbar (Pöhlmann, Gesch. d. Gfen v. Zwbr. S. 9; Schaab, Diözese Worms S. 149).
61 Winkelmann, Jbb. Friedrichs II., II S. 329 nennt irrtümlich den Bischof selbst einen Leininger.
62 Seine Verbundenheit mit den leiningischen Verwandten läßt sich leider nur an wenigen und territorialgeschichtlich nicht relevanten Beispielen aufzeigen. Er bestätigt am 17. Nov. 1221 die unter den Grafen Friedrich [I.] von Leiningen, seinem verstorbenen Onkel, und Friedrich [II.] von Leiningen, seinem Bruder, getätigten Schenkungen an das leiningische Hausstift Höningen (Druck: Kremer, Orig. Nassoicae II Nr. 136. Regesten: Kremer, Ard. Geschl. CD S. 182 Nr. 9; Naumann S. 103 mit der weiteren Überlieferung. Erwähnt: Brinckmeier I S. 44), ist vielleicht zu diesem Zeitpunkt, mit Sicherheit aber am 30. Nov. desselben Jahres, zusammen mit einem weiteren Bruder (Graf Simon [III.] von Saarbrücken) zu Besuch auf [Alt-]Leiningen, dem Ort einer auch von Heinrich bezeugten Beurkundung der Abgabenfreiheit des Deutschordens im leiningischen Biedesheim (Drucke: Hennes I Nr. 59; HessUB I/1 Nr. 12; Brinckmeier I S. 43f. Anm. 3 nach Hennes, unter Auslassung der Arenga. Regesten: MrhRegg II Nr. 1547; Jungk Nr. 231. Erwähnt: Lehmann III S. 29 und Conrad II/1 S. 4, der jedoch die Rolle der Brüder mißverstanden hat) und besiegelt die Friedensobligation seines Neffen Simon gegenüber dem Bischof von Metz vom 29. Aug. 1227 (s. unten S. 123f.). Durch Heinrichs Protektion ist sicher auch noch der am 27. Aug. 1235 als Kanoniker nachweisbare Heinrich von Leiningen (Malottki Nr. 1), der spätere Bischof von Speyer, in das Wormser Domkapitel gelangt.
63 Vgl. S. 237.
64 Vgl. Toussaint in Pfalzatlas S. 1080. Der Ort ist Stadtteil von Ludwigshafen.
65 Ebd. S. 1085. Alle drei Orte Kr. Bad Dürkheim; Pfeffingen und Ungstein sind Eingemeindungen der Stadt Bad Dürkheim.

2. Der ehemals saarbrückische Besitz

Der Übergang der Grafschaft Leiningen an das Haus Saarbrücken um das Jahr 1212[66] wirft in Bezug auf die Scheidung von Leininger und Saarbrücker Besitz mancherlei Probleme auf. Es kann in vielen Fällen allenfalls erschlossen, wenn nicht gar nur vermutet werden, was ursprünglich zur Grafschaft Leiningen gehörte und Gräfin Lukarde dem Hause Saarbrücken zugebracht hat bzw. was dem Begründer des zweiten leiningischen Geschlechts noch zusätzlich aus seinem saarbrückischen Stammhause zugefallen ist.

Einen Teil des Saarbrücker Erbes finden wir unter dem 1237 aufgeteilten Zugewinn. Daß die mit der Grafschaft Leiningen vereinigten saarbrückischen Besitzteile als solcher zu betrachten sind und nicht etwa, wie die Logik des Erbfalls will, die Grafschaft Leiningen als Zugewinn einer gräflich-saarbrückischen Linie, muß sich schon aus dem quantitativen Verhältnis der beiden höchst ungleichen Besitzmassen ergeben, die hier vereint wurden. Es zeigt sich aber auch in dem Umstand, daß sich der neue Besitzer dieses zusammengewürfelten Territoriums »Graf von Leiningen« nannte, und ferner in der Tatsache, daß das Saarbrücker Löwenwappen eine Generation später an die Sekundogenitur, nämlich die 1290 wieder ausgestorbene Linie Leiningen-Landeck, gelangte[67].

Mit Sicherheit gehörte zum ehemals saarbrückischen Besitz die zumindest teilweise auf Vogteigebiet der Abtei Herbitzheim an der Saar entstandene Herrschaft Gräfenstein, zu der im 13. und 14. Jahrhundert das später selbständige Dorf Thaleischweiler zählte, Ausgangsbasis wohl auch für die Besiedelung des späteren Höheinöd[68], und die allodiale Ebernburg mit dem gleichnamigen Dorf und den Orten Feil und Bingert im Nahegau[69]. Gleicher Herkunft waren

66 Zur zeitlichen Einordnung vgl. S. 38–42.

67 Siehe das Siegel des Grafen Emich IV. von Leiningen, z. B. an den Urkunden von 1248 Dez. 11 (Ausf. Perg.: StA Luzern, GA 76; Druck: Croll, 1794, S. 438f. Nr. 2; Regest: Scriba III 1484) und 1263 Mai 1 (Ausf. Perg.: StA Luzern, GA 113; Druck: QuStW I Nr. 311). Im Wappen der von diesem gegründeten Stadt Landau lebte der Saarbrücker Löwe bis in unsere Tage fort; vgl. das Landauer Stadtsiegel von 1334, abgebildet auf der 1. Umschlagseite von »Landau in der Pfalz« (1794); die dort auf der 2. Umschlagseite gegebene Beschreibung spricht irrtümlich vom »Leiningen-Dagsburger Löwenschild«. Die Falschmeldung vom »Dagsburger Löwen« im Schilde Emichs IV. findet sich schon bei Brinckmeier I S. 95 Anm. 1 und bei Karl Emich Gf. zu L-W in Brinckmeier II S. 382f. Diese Fehlinterpretation stützt sich auf die Behauptung, Emich IV. habe bei der Teilung von 1237 die Grafschaft Dagsburg erhalten (a. a. O. S. 383); davon kann jedoch keine Rede sein. Auch der »deutliche, breite Schildrand [...], der bis heute ein Bestandtheil des Dagsburger Wappens« sei (a. a. O.), findet sich nicht im Siegel Simons von Dagsburg (vgl. die Abb. bei Lehmann III S. 32), der das »Dagsburger Wappenthier« eingebracht habe (Brinckmeier II S. 382). Simon war der Sohn Friedrichs II. von Leiningen aus dem Hause Saarbrücken und konnte von daher noch gut das Saarbrücker Wappen führen. Man vergleiche sein bei Lehmann abgebildetes Siegel aus dem Jahre 1229 mit dem Siegel des Grafen Simon III. von Saarbrücken aus dem Jahre 1223 (Gesch. Lk. des Saarlandes II Abb. 11). Ein gräflich-dagsburgisches Wappen aus der Zeit vor dem Erbfall ist nicht bekannt.

68 Vgl. Toussaint in Pfalzatlas S. 1077. Alle Orte Kr. Pirmasens.

69 Ebd. S. 1076. Ebernburg u. Feilbingert (so seit 1969; vgl. Kaufmann, 1979, S. 42), beide Gde. Bad Münster am Stein – Ebernburg, Kr. Bad Kreuznach. Graf Heinrich von Saarbrücken, Propst von Neuhausen bei Worms, schenkte das Patronatsrecht an der Kirche von Ebernburg dem Wormser Domstift, wie aus der Bestätigung Bischof Lupolds vom 2. Dez. 1212 hervorgeht (Jungk 201; vgl. auch Fabricius TT S. 71 und Werner Vogt, Ortsartikel »Ebernburg« in Hb. d. hist. St. V S. 83f.). Nach einer Aufzeichnung von 1215 trug Rheingraf Wolfram ein Drittel der Vogtei von *Heberenburg* vom Grafen von Saarbrücken zu Lehen (Jungk 213).

mit großer Wahrscheinlichkeit die reichslehnbare Herrschaft Landeck im Speyergau, die Leiningen im Kondominat mit den ebenfalls aus dem Hause Saarbrücken hervorgegangenen Grafen von Zweibrücken besaß[70], der wohl zu dieser Herrschaft gehörige Ort Dammheim[71], vielleicht auch die Vogtei über das nahe gelegene bischöflich-speyerische Mühlhausen[72], der Hornbacher Lehensanteil am Dorfe Dittelsheim[73] im Wormsgau und allen Anzeichen nach das Lütticher Lehen Bechtheim[74].

Dazu kommt natürlich der frühe Eigenbesitz im lothringischen Raume[75]: Anteile an den Burgen Mörsberg[76], Saargemünd[77] und Waldeck[78] sowie den wohl auf Vogteigebiet des Priorats Zellen durch die Grafen von Leiningen selbst gegründeten Dörfern Leiningen und Freialtdorf[79], deren Gegenstücke sich sämtlich bei Zweibrücken befanden[80]. Absolute Sicherheit haben wir für die Saarbrücker Herkunft des leiningischen Anteils von Lisdorf (heute Ortsteil von Saarlouis)[81], einem wohl bereits im frühen 10. Jahrhundert nicht unbedeutenden Ort[82].

3. Zuerwerb kurz vor der Teilung von 1237

Wir kommen nun auf den Teilungsvertrag von 1237 zurück, um jene Bestandteile des leiningischen Territoriums vorzustellen, die, neben der bereits herausgegriffenen Saarbrücker Erbmasse, erst kurz vor 1237 erworben sein können.

Da wird zunächst Hardenburg[83] genannt, eine Burg, die widerrechtlich auf Grund und Boden des Klosters Limburg errichtet wurde, wie wir aus den späteren Streitigkeiten mit der Abtei wissen. Der Bau der Festung erfolgte vor dem Jahre 1212[84] und steht zweifelsohne in

70 Ebd. S. 1078. Zum leiningischen Herrschaftsanteil gehörten später die heute im Kr. Südliche Weinstraße gelegenen Orte Klingenmünster, Gleiszellen, Gleishorbach (Gde. Gleiszellen-Gleishorbach), Göcklingen, Heuchelheim (Gde. Heuchelheim-Klingen), Appenhofen (Gde. Billigheim-Ingenheim), Insheim, Offenbach an der Queich, Bornheim und Oberhochstadt (Gde. Hochstadt), die in der kreisfreien Stadt Landau aufgegangenen Mörzheim und Wollmesheim sowie Lingenfeld und Schwegenheim im Kr. Germersheim.

71 Ebd. S. 1084. Jetzt Ortsteil der kreisfreien Stadt Landau.

72 Ebd. Wüstung im Banne der kreisfreien Stadt Landau.

73 Ebd. S. 1085. Gde. Dittelsheim-Heßloch, Kr. Alzey-Worms.

74 Ebd. S. 1084. Kr. Alzey-Worms.

75 Ebd. S. 1077.

76 Marimont-lès-Bénestroff, Dép. Moselle, Arr. Château-Salins, Kant. Albestroff.

77 Sarreguemines, Dép. Moselle, Hauptort des Arr.

78 Bei Egelshardt = Eguelshardt, Dép. Moselle, Arr. Sarreguemines, Kant. Bitche.

79 Léning et Francaltroff, Dép. Moselle, Arr. Château-Salins, Kant. Albestroff.

80 Über den Zweibrücker Frühbesitz in Lothringen vgl. RGZ 170, 195, 332 u. 380, Charles HIEGEL (1964) S. 68f., HERRMANN, Territoriale Verbindungen S. 149 und PARISSE S. 573.

81 S. Anhang IV S. 243.

82 Lisdorf erhielt bereits 911 – damals im Besitze des Bistums Cambrai – Markt-, Münz- und Befestigungsrecht, über dessen tatsächliche Nutzung jedoch nichts überliefert ist. Vgl. Edith ENNEN, Stadtgeschichtliche Probleme im Saar-Mosel-Raum, in: Landschaft und Geschichte, FS für Franz Petri, Bonn 1970, S. 157–170, hier S. 163, und Hanns KLEIN in: Gesch. Lk. d. Saarl. II S. 229 Anm. 15.

83 Vgl. TOUSSAINT in Pfalzatlas S. 1076. Ortsteil Hardenburg der Kreisstadt Bad Dürkheim.

84 Vgl. S. 40.

Zusammenhang mit dem 1205 vom Reiche erhaltenen Auftrag, das Kloster zu schützen[85]. Mit der Schutzvogtei über Limburg hat Leiningen die Burg Frankenstein[86] und die Hochgerichtsbarkeit über das an der Isenach gelegene Dorf Dürkheim[87] erlangt. Hinzu kam zweifelsohne, wenn auch im Vertrag von 1237 nicht erwähnt, die hohe Obrigkeit im Dürkheimer Tal mit Hausen und dem Terrain des zu Beginn des 14. Jahrhunderts erstmals erwähnten Grethen[88], vielleicht auch als leiningische Eigengründung der später limburgische Anteil an Weidenthal[89]. Möglicherweise hat Leiningen damals bereits das Schirmrecht über das Benediktinerinnenkloster Seebach[90] vom Hochstift Speyer übertragen bekommen[91].

Der Erwerb des reichslehnbaren Ortes Bockenheim im Wormsgau (Groß- und Kleinbokkenheim, heute wieder eine einzige Gemeinde)[92] geht wohl, wie jener der Limburger Vogtei, auf die Gunstbezeugung eines Reichsoberhauptes während des staufisch-welfischen Thronstreites zurück, genauso der des nahe gelegenen Hofes Biedesheim[93], um den sich wohl das bereits damals bei Leiningen befindliche Dorf entwickelt hatte. Ebenfalls jüngeren Datums dürfte der Besitz der von verschiedenen Kirchen lehensrührigen Dörfer Lambrecht[94] (wohl Hochstift Speyer), Leistadt[95] (Kloster Murbach), Dolgesheim[96] (Erzstift Köln), Höfe Mölsheim[97] (Kloster Hornbach), Abenheim[98] (Kloster Fulda), Uelversheim und Guntersblum[99] (Erzstift Köln) und Vogteien Westhofen[100] (Kloster Weißenburg), Biebelnheim[101] (Erzstift Mainz) und Hedesheim[102] (wohl Erzstift Köln) sein, bei denen der Anlaß der jeweiligen Erstbelehnung allerdings nicht ermittelt werden kann.

Auch der jüngere Zuerwerb wird in der Teilungsurkunde von 1237 nicht vollständig erfaßt. Augenscheinlich unstrittig war die Unaufteilbarkeit der mütterlicherseits eingebrachten

85 Vgl. S. 104 mit Anm. 114.
86 Vgl. Toussaint in Pfalzatlas S. 1080. Gde. Frankenstein, Kr. Kaiserslautern.
87 Ebd. Heute Kreisstadt Bad Dürkheim.
88 Ebd. Stadtteile von Bad Dürkheim.
89 Ebd. S. 1085. Kr. Bad Dürkheim.
90 Ebd. S. 1084. Ortsteil Seebach der Kreisstadt Bad Dürkheim.
91 Über die frühen leiningischen Beziehungen zum Bistum Speyer vgl. auch unten S. 117f.
92 Vgl. Toussaint in Pfalzatlas S. 1078. Kr. Bad Dürkheim. – Auch das Patronat über die dortige St. Martinskirche und die Kapelle des Nachbarortes Kindenheim stand den Grafen von Leiningen zu. Alberadis, die kinderlose Witwe des Grafen von Cleeberg, schenkte beide ererbten Rechte 1196, auf Rat des Grafen Friedrich von Leiningen und der Gräfin Lukardis von Saarbrücken, ihrer Geschwister, dem Kloster Wadgassen [einer Saarbrücker Gründung von 1135] (RGZ Nr. 18; Debus, 1978, Nr. 29, dort irrtümlich »Gleiberg«). Gleichermaßen verfuhren Graf Simon von Saarbrücken und seine Frau Lukardis mit Lukardis' väterlichem Erbteil, der Michaelskirche zu Bockenheim (Druck: MrhUB II Nr. 153; Regest: Jungk 161). Für beide Vorgänge liegen auch Bestätigungen Dompropst Ulrichs zu Worms von 1196 (Druck: MrhUB II Nr. 159; Regest: Jungk Nr. 163, unvollständig) und Bischof Lupolds von Worms (Druck: MrhUB II Nr. 160 u. 154; Regesten: Jungk 164 u. 162) aus demselben Jahre vor.
93 Vgl. Toussaint in Pfalzatlas S. 1078. Donnersbergkreis.
94 Ebd. S. 1079. Heute Stadt Lambrecht, Kr. Bad Dürkheim.
95 Ebd. S. 1084f. Teil der Kreisstadt Bad Dürkheim.
96 Ebd. S. 1079. Kr. Mainz-Bingen.
97 Ebd. S. 1080. Kr. Alzey-Worms.
98 Ebd. Teil der kreisfreien Stadt Worms.
99 Ebd. S. 1079. Beide Kr. Mainz-Bingen.
100 Ebd. S. 1080. Kr. Alzey-Worms.
101 Ebd. S. 1079. Kr. Alzey-Worms.
102 Ebd. Heute Stadecken, Gde. Stadecken-Elsheim, Kr. Mainz-Bingen.

Lehensmannen, da wir in dem kurzgefaßten Schriftstück nicht erfahren, welcher der beiden Brüder einen gewissen Aktivlehensbesitz zu vergeben hatte, dessen Existenz in Leininger Hand wir uns nur über die Heirat Graf Friedrichs II. von Leiningen mit Gräfin Agnes von Eberstein erklären können. Auf diesen Besitz sich gründende Rechtsgeschäfte wurden im 13. Jahrhundert stets von Leiningen und Leiningen-Landeck gemeinsam getätigt. Es handelt sich um Hoheitsrechte und Einkünfte im Rechtsrheinischen, wo die Grafen von Leiningen nur derart beiläufig zugegen sind, daß sich ihre Präsenz wohl kaum auf althergebrachte Rechte zurückführen läßt[103].

Da ist zunächst ein Anteil an Bauschlott[104] im westlichen Enzgau zu nennen, der 1445 von Graf Hesso von Leiningen-Dagsburg für 2540 fl. an Kloster Maulbronn verkauft wurde[105] und zuvor den 1442 ausgestorbenen[106] von Straubenhardt zu Lehen gegeben war[107]. Das Vasallenverhältnis läßt sich in die erste Hälfte des 13. Jahrhunderts zurückverfolgen: Ritter Konrad von Straubenhardt trug bis zum Jahre 1244 die Zehnten zu Mühlhausen *(Mulehusen)*[108] und Bauschlott *(Buslath)* von den Grafen F[riedrich] und E[mich] von Leiningen zu Lehen, die ihrerseits dafür dem Speyerer Bischof gehuldigt hatten[109]. Als Bischof Konrad 1244 diese Einkünfte dem Kloster Maulbronn zuwies, mußte er die Zustimmung nicht nur der Grafen von Leiningen, sondern auch *fratrum nostrorum E. et O. de Eberstein* einholen[110]. Die Ebersteiner hatten also ein direktes rechtliches Interesse an den gerade verhandelten Lehensobjekten. Bei einiger Vorsicht darf in diesem Zusammenhang ein weiterer Umstand Berücksichtigung finden. Am 16. Juni 1262 reversiert Ritter Heinrich von Enzberg als gerade bestätigter kommissarischer Schutzvogt des Klosters Maulbronn[111] und läßt die betreffende Urkunde mit dem Siegel

103 Eine andere Ansicht vertritt Meinrad SCHAAB (1976) S. 21, der den Besitz der Leininger im Pfinz- und Enzgau aus deren Stellung im Saliergefolge ableiten möchte.

104 Gde. Neulingen, Enzkreis. – Die Ortsgeschichte von Wilhelm SCHMIDT, Chronik der Gemeinde Bauschlott bei Pforzheim, Karlsruhe 1908, war offensichtlich Grundlage für die nur stichwortartige Übersicht von Johannes CANIS, Heimat Bauschlott, Dokumentation aus Geschichte, Kultur und Wirtschaft, Bauschlott 1971, und ist durch diese nicht überholt. Beiden Darstellungen fehlt ein wissenschaftlicher Apparat, doch sind die überprüfbaren Fakten relativ zuverlässig mitgeteilt.

105 KRIEGER I Sp. 136; SCHMIDT (wie Anm. 104) S. 13.

106 Ebd.

107 Lehensbrief des Grafen Hesso von Leiningen für *Strube von Strubenhart* vom 16. September 1435 *(off fritag nach deß heligen crutze tag exaltacionis)*, worin jener diesem die bereits von seinem verstorbenen Vater Graf Friedrich zu Leiningen verliehenen Lehen übergibt, u. a. *sin teil an der fautie, dorff und gericht zu Bußlacht, in Spier bisthum gelegen, mit allen ire herligkeit und zugehorungen, und zweyteil deß zehends in dorff und in marck zu Bußlacht und den kirchensatze daselbs* (Abschrift in GLA 67/1903 fol. 24v–25r). Desgl. Lehensbrief Hessos vom 11. November 1438 *(off Sant Martinsdag)* für Hans von Straubenhardt über das *manlehen, das Strube von Strubenhart, sin vatter selige, von unsern altern seligen und uns gehabt hat* (Abschrift in GLA 67/1903 fol. 72v–73r). Nach dem Tode des letzten von Straubenhardt verkaufte Graf Hesso seine Dorfhälfte 1445 an das Kloster Maulbronn (Hans Georg ZIER und Gerhard TADDEY, Ortsartikel »Bauschlott« in Hb. d. hist. Stätten VI S. 66f.).

108 Statt an einen abgegangenen Ort östl. Bauschlott (WUB IV Nr. 1018 Anm. 2) wäre vielleicht auch an das in Landau aufgegangene Mühlhausen (vgl. S. 149) zu denken.

109 WUB IV Nr. 1018. Vgl. SCHMIDT (wie Anm. 104) S. 8f.

110 WUB IV Nr. 1018; dort jedoch das Verwandtschaftsverhältnis durch falsche Zeichensetzung auf die Leininger Grafen bezogen.

111 Zur Enzberger Vogteiherrschaft vgl. Werner RÖSENER, Südwestdeutsche Zisterzienserklöster unter kaiserlicher Schirmherrschaft, in: Zs. f. Württ. LG 33 (1974) S. 24–52, hier S. 31, 35–37, und Eberhard GOHL, Die Entstehung des Klosters, in: Kloster Maulbronn, 1178–1978 (Redaktion: Wolfgang IRTEN-

dominorum meorum, u. a. des Bischofs H[einrich] von Speyer [aus dem Hause Leiningen], des Grafen O[tto] von Eberstein und des Grafen E[mich] von Leiningen versehen[112]. Da sich im Besitz der Enzberger die andere Hälfte des Dorfes Bauschlott befand[113], dieselbe aber bis zum Lehensauftrag an Baden im Jahre 1454 deren freies Eigen war[114], läßt sich zwar gerade hier nicht der Bezugspunkt des 1262 angesprochenen Abhängigkeitsverhältnisses suchen. Er darf aber in der später von Leiningen an Straubenhardt verlehnten Ortshälfte vermutet werden, die im 13. Jahrhundert durchaus noch den Enzbergern zu Lehen gereicht worden sein kann und die möglicherweise sogar dem Bistum Speyer mittelbar über die Grafen von Eberstein durch die von Enzberg zu Lehen aufgetragen worden war.

Ähnlich mag es sich mit der Herkunft der ebenfalls von Leiningen an die von Straubenhardt verlehnten Kirchensatz und Fronhof zu Dietlingen[115] *(Tutlingen)* im Pfinzgau verhalten, die gleichzeitig mit dem Lehen Bauschlott ausgegeben wurden[116]. Auch das Zisterzienserkloster Herrenalb, eine Stiftung der Grafen von Eberstein[117], hatte Besitz im Ort, und ein Geschlecht von *Dudelingen* stand in ebersteinischen Diensten[118]. Ebenso war das Patronatsrecht zu Aurich[119] im östlichen Enzgau[120], das Ritter Konrad von Hohenheim und seine Söhne, mit Genehmigung der Grafen Emich [IV. von Leiningen-Landeck] und Friedrich [IV.] von Leiningen, im Jahre 1272 der Abtei Herrenalb übertrugen[121], allen Anzeichen nach einmal im Besitz der Grafen von Eberstein. Denn Otto der Ältere von Eberstein wird als *dominus noster*

KAUF), Maulbronn 1978, S. 25–45, hier: S. 39 Anm. 6. Der Speyerer Ministeriale Heinrich von Enzberg war, wie aus einer Urk. Bischof Heinrichs vom Jahre 1270 (WUB VII Nr. 2155) hervorgeht, bereits unter Bischof Konrad von Eberstein (1237–1245) kommissarischer Schirmherr der Zisterze, wurde jedoch in oder vor 1240 abgelöst (GOHL a. a. O.), hatte die Vogtei dann vor dem 2. Mai 1252 pfandweise inne (WUB IV Nr. 1231; MALOTTKI Nr. 113 Anm. 1) und wurde schließlich noch einmal am 2. Sept. 1252 als *ministerialis et fidelis* des Speyerer Bischofs Heinrich von diesem widerruflich mit dem Schutz des Klosters betraut (Druck: WUB IV Nr. 1237. Regest: MALOTTKI Nr. 113. Vgl. ebd. S. 129). Die von Enzberg sind identisch mit den Herren von Niefern (RÖSENER a. a. O. S. 35 und SCHAAB, 1976, S. 16).

112 Druck: WUB VI Nr. 1663. Regest: MALOTTKI Nr. 267.

113 SCHMIDT (wie Anm. 104) S. 12 und SCHAAB (1976) S. 17.

114 SCHMIDT S. 14.

115 Gde. Keltern, Enzkreis. – Ortsgeschichte von Gustav ROMMEL, Dietlingen (Amt Pforzheim), Dietlingen 1925.

116 Nachweise wie Anm. 107 (Urkunden vom 16. Sept. 1435 und vom 11. Nov. 1438). Kirchensatz, Fronhof und Einkünfte zu Dietlingen (darunter nunmehr auch der Zehnte) wurden am 13. Mai 1473 durch Graf Reinhard von Leiningen-Westerburg für 2270 rhein. fl an Markgraf Karl von Baden verkauft (RMB IV Nr. 10429; vgl. ROMMEL, wie Anm. 115, S. 12). Derselbe hatte bereits 1471 und 1472 Gülten aus seinen zwei [!] Fronhöfen zu Dietlingen an das Kollegiatstift St. Michael zu Pforzheim veräußert (ROMMEL a. a. O.; das Urkundenmaterial zu den Jahren 1471–1473 befindet sich, lt. frdl. Mitteilung von Prof. Dr. Meinrad Schaab, in GLA 38/22 und 24).

117 Zur Gründung von Herrenalb vgl. Helmut PFLÜGER, Schutzverhältnisse und Landesherrschaft der Reichsabtei Herrenalb von ihrer Gründung im Jahre 1149 bis zum Verlust ihrer Reichsunmittelbarkeit im Jahre 1497 (bzw. 1535) (= Veröffentll. d. Komm. f. gesch. LK i. B.-Württ., Reihe B: Forschungen, 4. Bd.), Stuttgart 1958, S. 7ff. und den Ortsartikel von Herbert NATALE in Hb. d. hist. St. VI S. 330f.

118 ROMMEL (wie Anm. 115) S. 12.

119 Gde. Vaihingen an der Enz, Kr. Ludwigsburg.

120 Vgl. SCHAAB (1976) S. 19.

121 WUB VII Nr. 2258 und 2273. Die Grafen von Leiningen erhielten entsprechenden Lehensersatz aufgetragen.

um Besiegelung der Ritter von Hohenheimschen Urkunde vom 10. Januar[122] gebeten und als *avunculus* der Grafen von Leiningen zur Zeugenschaft in deren Einwilligungsbrief vom 6. März[123] herangezogen. Auch für das halbe Dorf Schöllbronn[124] *(Scheltpronn)* im hochmittelalterlichen Ausbaugebiet des Ufgaus[125] scheint mir eine ebersteinische Provenienz nicht unmöglich zu sein. Die betreffende Ortshälfte wurde 1457 von den von Remchingen als leiningischen Lehensmannen an die Markgrafen von Baden verkauft[126]. Wie sich aus den bereits erwähnten Urkunden von 1272 ergibt, von denen die eine den Ritter Konrad von Remchingen als Mitsiegler[127], die andere die Ritter Berthold und Konrad von Remchingen als Zeugen[128] nennt, standen dieselben in engem Kontakt sowohl zu den Grafen von Eberstein als auch zu denen von Leiningen.

Territorialgeschichtlich gesehen hatte der mit der ebersteinischen Heirat gewonnene Besitz rechts des Rheins bei der gegebenen Streulage keine Zukunft. Der durch Agnes' Bruder Konrad, Bischof von Speyer (1237–1245), zum Speyerer Dom hin stark erweiterte Blickwinkel[129] war, langfristig gesehen, wohl der bedeutendere Gewinn für Leiningen. Auch ist die von Speyer auf die Grafschaft ausgehende Anziehungskraft augenscheinlich. Es dürfte kein Zufall sein, daß nach Konrad von Eberstein nacheinander dessen Neffe Graf Heinrich von Leiningen (1245–1272)[130], dann Heinrichs Schwestersohn Friedrich von Bolanden (1272–1302)[131] und, nach einer kurzen »Verschnaufpause« von zwölf Jahren, mit Graf Emich (1314–1328)[132] wieder ein Leininger an der Spitze der Speyerer Kirche standen. Gleichzeitig sollten für nahezu ein Jahrhundert direkte Nachkommen von Agnes' Schwester Hedwig, und damit Blutsverwandte der Grafen von Leiningen, auf dem Wormser Bischofsstuhl sitzen: Hedwigs Sohn Raugraf

122 WUB VII Nr. 2258.

123 WUB VII Nr. 2273.

124 Gde. Ettlingen, Kr. Karlsruhe (vgl. KRIEGER II Sp. 881f.), nicht Schollbrunn bei Eberbach am Neckar, wie ich noch irrtümlich in Pfalzatlas S. 1090 annahm.

125 Vgl. SCHAAB (1976) S. 9.

126 Verkaufsurkunde vom 22. Februar 1457 (RMB IV 8085). Genehmigung des Grafen Hesso von Leiningen vom 10. März 1457 (RMB IV 8091; BRINCKMEIER I S. 148 mit falschem Datum und ohne Nachweis). Mit Urkunde vom selben Tage gab Hesso dem Wilhelm von Remchingen den Verkaufserlös von *vierzehendehalb hundert gulden* [= 1350 fl] an Stelle des halben Dorfes *Scheltbronne* zu Lehen (Abschrift in GLA 67/1903 fol. 131r–132v).

127 WUB VII Nr. 2258.

128 WUB VII Nr. 2273.

129 Auch vor 1237 bestanden schon Verbindungen nach Speyer. Dieselben beschränkten sich keineswegs auf einige wenige Zeugendienste für Bischof Konrad [III. von Scharfenberg, nicht Scharfeneck wie bei GAMS S. 314 und EUBEL I S. 460; vgl. die einschlägige Arbeit von BIENEMANN]: 1211, Zehnten und Patronatsrechte im [leiningischen] Dorfe Mettenheim betreffend (UBiSp I Nr. 152; UStSp Nr. 27), 1216 wegen einer Schenkung an das Kloster Maulbronn (MONE in ZGO 13, 1861, S. 33; WUB III Nr. 584) und 1221 Okt. 27 in einer zu Speyer ausgestellten Urk. für Kloster Hornbach (RGZ Nr. 65). Die Leininger hatten auch schon hochstiftische Vogtei-, Zehnt- und Patronatsrechte inne (s. unten S. 149 u. 152ff. und oben S. 114 u. 115f.). Das Lehensverhältnis wird in einer Urk. v. 1242 Sept. 29 indirekt angesprochen (Nachweis in Anhang III/4 Anm. 6). – Über die angeblich dem Hause Leiningen entstammenden Bischöfe Siegfried (1127–1146) und Gunther (1146–1161) s. S. 30.

130 Über dessen Leben und Wirken unterrichtet gründlich und ausführlich die jetzt gedruckt vorliegende Dissertation von Hans von MALOTTKI (vgl. Einltg. S. 16).

131 S. Kap. 6 Anm. 215.

132 Vgl. S. 184. Zuvor war Emich Domherr zu Speyer (FLA, Urkk. Leiningen, 1313 Apr. 10).

Eberhard (1257–1277), dann dessen Bruder Friedrich (1277–1283), nach einer Unterbrechung von elf Jahren beider Neffe Raugraf Emich (1294–1299) und schließlich, nach zwei Fremdbesetzungen, Emichs Schwestersohn Heinrich von Daun (1318–1319)[133].

4. Der Dagsburger Erbfolgestreit (1225–1241)

Ein territorialgeschichtlich bedeutsames Ereignis liegt noch vor dem Teilungsvorgang von 1237: Der Anfall eines Bruchstücks der Dagsburger Erbschaft[134] an das Haus Leiningen und damit dessen erster und entscheidender Vorstoß in den elsässischen Nordgau.

Nach dem übereinstimmenden Zeugnis der Chronisten hatte Gräfin Gertrud von Dagsburg in dritter Ehe einen Grafen von Leiningen geheiratet[135]. Bei diesem handelte es sich um Simon, den Bruder des Grafen Friedrich III. von Leiningen[136]; Gertrud war die Tochter des Grafen

133 Nach Gerd Wunder, Otto von Eberstein (1975) S. 100; hier ein kaum veränderter Auszug aus seiner »Skizze 3«:

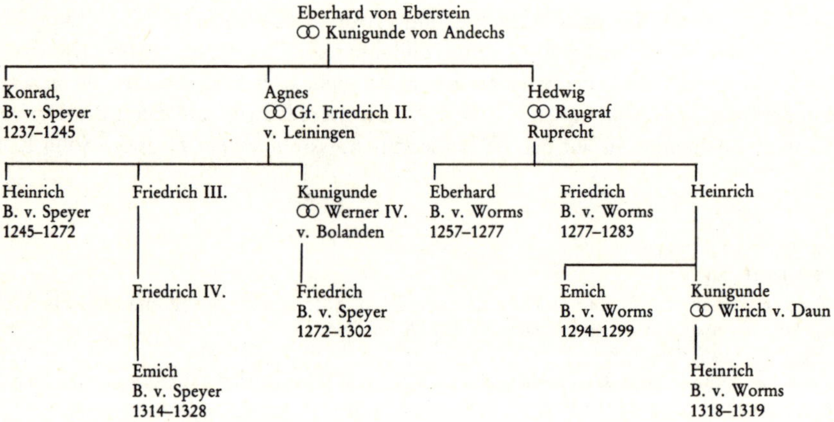

134 Die bis zum Jahre 1966 erschienene Literatur zur Dagsburger Geschichte verzeichnet die Bibliographie Lorraine, Bd. III, Metz 1972, S. 141–144 (89 Nummern). Hervorzuheben sind vor allem die Monographien von Beaulieu (2. Aufl., 1858) und Huffel (1924). Gute Zusammenfassungen des Erbgeschehens boten jüngst Herrmann (1975) S. 142–147 und Parisse I S. 520–523.

135 Alberich von Troisfontaines, zu 1225: *Comitissa Gertrudis cum esset heres unica de Daborch et de quodam castro Leodiensis dyocesis quod Musacum dicitur cum appenditiis, et esset primo ducissa Lotharingie, deinde comitissa Campanie, novissime vero de Linengis comitissa, tandem moritur sine herede.* – Richer von Senones, lib. IV cap. 23: *Contigit igitur eo tempore, ducem Lotoringie Theobaldum ab hac vita migrare, qui sortitus fuerat filiam comitis de Daxporc in uxorem. Unde ei comitatus ille provenerat. Erat enim idem comitatus castris et municionibus et opidis ditissimis et terre fertili admodum ditatus. Sed dictus dux non dimidians dies suos iuvenis obiit, et ita uxorem cum comitatu reliquit. Comes vero Campanie adhuc adolescens audiens comitatum illum tam opulentum, relictam ducis Lotoringie accepit in uxorem, et hoc causa comitatus. Set cum eam aliquandiu habuisset, quia sterilis erat, eam repudiavit; ipsa vero comiti de Lignigne nupsit. Set non post multos annos anbo mortui sunt; ita comitatus de Dasporc herede caruit.*

136 Die von Winkelmann, Jbb. Friedr. II., I S. 395 Anm. 5 vorgetragene Ansicht, daß der mit Gertrud vermählte Leininger nicht Simon, sondern dessen Bruder Friedrich gewesen sei, ist nicht haltbar. Nur Simon nannte sich »Graf von Dagsburg«. Jener von Winkelmann für Gertruds Gatten gehaltene Graf Friedrich von Leiningen, der sich 1224 Nov. 17 beim König in Toul befindet (RI V 3944), ist Simons Vater

Albert (†1211)[137], kinderlose Witwe des Herzogs Theobald (=Thiébaut) I. von Lothringen (†im Februar 1220)[138], nach zwei Jahren Ehe geschiedene Gattin des Grafen Theobald (=Thiébaut) IV. von Champagne[139] und Alleinerbin[140] nicht nur der Grafschaft Dagsburg, sondern auch stattlichen Besitzes im übrigen Nordgau, im Sundgau, im lothringischen Raume und an der unteren Maas. Die Grafen von Dagsburg waren 1153 von Barbarossa mit der Grafschaft Metz und der Vogtei des Metzer Hochstifts bedacht worden[141]. Seit anderthalb Jahrhunderten hatten sie die 38 km südwestlich Lüttich gelegene Herrschaft Moha[142] inne, die unter ihnen zur Titulargrafschaft wurde[143].

Sie besaßen[144] eine stattliche Anzahl von Burgen im jeweils zugehörigen kleinen Herrschaftsbereich: Dagsburg (=Dabo)[145] auf dem nördlichen Kamm der Vogesen, an deren Osthang Ringelstein[146], Girbaden (=Guirbaden)[147], Bernstein[148], Wieneck (=Wineck)[149], Hohnack[150] und die drei Egisheimer Burgen (=Eguisheim)[151], am Westhang Türkstein (=Turquestein)[152], dicht bei der Zaberner Senke Herrenstein[153], an der oberen Saar die Orte Saarburg (=Sarrebourg)[154] und Saaralben (=Sarralbe)[155] und schließlich Diedersdorf (=Thi-

Friedrich II. Wenn Richer von Senones, der die Auseinandersetzungen um das Dagsburger Erbe allerdings sehr undifferenziert sieht, lib. IV cap. 23 berichtet, daß *non post multos annos anbo* [Gertrud und ihr dritter Gemahl] *mortui sunt* und *ita comitatus de Dasporc herede caruit*, dann ist das nicht so zu verstehen, daß beide gleichzeitig verstorben seien. In der gedrängten Zusammenfassung der Ereignisse, wie sie Richer bietet, können auch zehn Jahre noch eine kurze Zeitspanne darstellen. Übrigens kam WINKELMANN a. a. O. S. 396 Anm. 6 bereits mit seiner eigenen These in Konflikt.

137 Alberich von Troisfontaines, zu 1211 (S. 893): *Obiit Albertus comes Dasburgensis et domnus de Muisal relinquens parvulam filiam et elegantem, Gertrudem nomine, de qua suo loco dicemus.* – Reiner von Lüttich, zu 1225 (s. Anm. 176).

138 Alberich von Troisfontaines, zu 1220 (S. 910); Richer von Senones (Zitat in Anm. 135). Vgl. Herrmann (1975) S. 142–146.

139 Alberich von Troisfontaines, zu 1220 (S. 910) und zu 1222 (S. 912); Richer von Senones (Zitat in Anm. 135). Vgl. WAMPACH II, Vorwort zu Nr. 140 und HERRMANN (1975) S. 146.

140 Alberich von Troisfontaines und Richer von Senones (Zitate in Anm. 135); Gesta episc. Met., cont. II S. 547: *que heres unica in hereditate paterna successerat.*

141 PARISSE I S. 521 und (ausführlicher) II S. 715–717.

142 Belgien, Provinz Lüttich, Arr. Huy. – Alberich von Troisfontaines (Zitat in Anm. 135) und Richer von Senones (Zitat in Anm. 137).

143 PARISSE I S. 522.

144 Wir verlassen uns im folgenden auf die sich ergänzenden Zusammenstellungen von HERRMANN (1975) S. 142f. und PARISSE I S. 520–523.

145 Dép. Moselle, Arr. Sarrebourg, Kant. Phalsbourg.

146 Gde. Oberhaslach, Dép. Bas-Rhin, Arr. und Kant. Molsheim.

147 Gde. Mollkirch, Dép. Bas-Rhin, Arr. Molsheim, Kant. Rosheim.

148 Gde. Dambach-la-Ville, Dép. Bas-Rhin, Arr. Sélestat, Kant. Barr.

149 Gde. Katzenthal, Dép. Haut-Rhin, Arr. Ribeauvillé, Kant. Kaysersberg.

150 Gde. Labaroche, Dép. Haut-Rhin, Arr. Ribeauvillé, Kant. Lapoutroie.

151 Dép. Haut-Rhin, Arr. Colmar, Kant. Wintzenheim. – Wie sich aus der kaiserlichen Bestätigung vom März 1236 (RBStr II 1043) ergibt, war Egisheim nur zum Teil im Besitze des Grafen Albert von Dagsburg gewesen; von den drei Burgen besaß er namentlich die Wahlenburg, auf welche die Grafen von Pfirt am 5. Februar 1251 Verzicht leisten mußten (SCHÖPFLIN, Als.dipl. I Nr. 544).

152 Gde. Turquestein-Blancrupt, Dép. Moselle, Arr. Sarrebourg, Kant. Lorquin.

153 Gde. Neuwiller-lès-Saverne, Dép. Bas-Rhin, Arr. Saverne, Kant. Bouxwiller.

154 Dép. Moselle, Hauptort des gleichnamigen Arr.

155 Dép. Moselle, Arr. Forbach, Hauptort des Kant.

court)[156] an der Römerstraße zwischen Deutscher und Französischer Nied. Die Vogtei übten sie aus über die am Osthang oder im östlichen Vorland der Vogesen gelegenen Klöster Altdorf (= Altorf)[157], Baumgarten (= Bongart)[158], Andlau[159], Erstein[160], Pairis[161] und Hl. Kreuz in Woffenheim (heute Ste. Croix-en-Plaine)[162] – die beiden letztgenannten waren Stiftungen ihrer Vorfahren, der Egisheimer Grafen –, über das Eigenkloster Hessen (= Hesse)[163], das Priorat St. Quirin[164] und die Abtei Haute Seille[165], am Westhang der Vogesen über die Klöster Herbitzheim[166] an der oberen Saar und Salival[167] im Bereich der oberen Seille, sowie über die von ihnen selbst gestiftete Abtei Val-Notre-Dame zu Antheit[168] und das Priorat Wanze[169], beide ganz in der Nähe von Moha, im Gebiet der unteren Maas. Dazu kamen im Oberelsaß u. a. auch noch die Vogtei über den Colmarer Hof des Klosters Peterlingen, weiter nördlich ein vom Bistum Toul zu Lehen gehender Anteil an Bergheim[170] und zu alledem Vogteirechte über den Besitz der lothringischen Abtei Lüders (= Ludres)[171], der bis in die burgundische Pforte reichte.

Als Gertrud 1225 starb[172], trat eine beträchtliche Anzahl von Anwärtern auf ihr reiches Erbe auf.

- Der Bischof von Metz zog die seinem Hochstift heimgefallenen Lehen ein, laut Aufzählung der Chronisten die Burgen Herrenstein und Türkstein, die Städte Saaralben und Saarburg sowie die Grafschaft Metz mit den zugehörigen Ländereien und Untertanen[173].

156 Dép. Moselle, Arr. Boulay-Moselle, Kant. Faulquemont.
157 Dép. Bas-Rhin, Arr. und Kant. Molsheim.
158 Gde. Bernardvillé, Dép. Bas-Rhin, Arr. Sélestat, Kant. Barr.
159 Dép. Bas-Rhin, Arr. Sélestat, Kant. Barr. – Im 12. Jh. an die Staufer abgetreten; Herrmann (1958) S. 60.
160 Dép. Bas-Rhin, Hauptort des Arr.
161 Gde. Orbey, Dép. Haut-Rhin, Arr. Ribeauvillé, Kant. Lapoutroie.
162 Dép. Haut-Rhin, Arr. Colmar, Kant. Colmar-Sud.
163 Dép. Moselle, Arr. und Kant. Sarrebourg. Vgl. jetzt Hiegel (1977) und Debus (1977) S. 242.
164 Dép. Moselle, Arr. Sarrebourg, Kant. Lorquin.
165 Gde. Cirey-sur-Vezouze, Dép. Meurthe-et-Moselle, Arr. Lunéville, Hauptort des Kant.
166 Dép. Bas-Rhin, Arr. Saverne, Kant. Sarre-Union.
167 Gde. Morville-lès-Vic, Dép. Moselle, Arr. und Kant. Château-Salins.
168 Belgien, Provinz Liège, Hauptort des Arr., 5,5 km von Moha entfernt. – Stiftungsurkunde von 1210 auszugsweise abgedruckt bei Butkens I preuves S. 235.
169 Belgien, Provinz Liège, Arr. Huy, 3 km von Moha entfernt.
170 Dép. Haut-Rhin, Arr. und Kant. Ribeauvillé.
171 Dép. Meurthe-et-Moselle, Arr. Nancy, Kant. Nancy-ouest.
172 Der Tod muß vor dem 19. März erfolgt sein; dies geht aus den Maßnahmen des Bischofs von Lüttich hervor (s. unten bei Anm. 176).
173 Richer von Senones, lib. IV cap. 23: *Nam Metensis episcopus Iohannes audiens defectum heredum illius comitatus, quedam castra, scilicet Hernestem et Turquestem, et quedam opida peroptima, videlicet Albam et Saleborc, et comitatum civitatis Metensis et terras et homines, que omnia comes de Daxporc a priscis temporibus nomine feodi possederat ab eodem episcopo, ad ius et proprietatem Metensis episcopii resumpsit et xaxiit* [= sasivit]. – Gesta episc. Met., cont. II S. 548: *Nam idem episcopus comitatum Metensem et quatuor castra nobilia, Saraborc videlicet, Albam, Truquestein et Herrestein, quae erant de feodo predicto, cum suis appendiciis adquisivit et Metensi ecclesie perpetuo contulit possidenda.* Die Angaben dieser zeitgenössischen Darstellungen decken sich nicht ganz mit den urkundlichen Nachrichten über die Zusammensetzung der Metzer Lehen (s. S. 121 f.). Sie waren wohl auch Grundlage für die einschlägigen Passagen in der Chronik Philippe von Vigneulles' (S. 332); dieser verwechselt Saarburg mit Saarbrücken *(Sarrebruche)*.

- Der Bischof von Lüttich begehrte die seiner Kirche 1204[174] von Graf Albert von Dagsburg (in der Urkunde *de Musal* = von Moha) geschenkten Allode Moha und [Vieux-]Waleffe[175], für die sich dieser lediglich die lebenslängliche Nutznießung und die Lehensnahme durch eventuelle Leibeserben – *omni alio herede excepto* – ausbedungen hatte. Er bemächtigte sich der beiden Burgen am 19. März 1225[176].
- Die Staufer forderten den in den Vogesen gelegenen Besitz der Grafen von Dagsburg (Breuschtal und Burgen Egisheim, Bernstein, Girbaden, Dagsburg und Rieneck mit allem Zubehör)[177].
- Graf Simon von Leiningen als letzter Gatte der Verstorbenen forderte Heiratsgut und Nachlaß Gertruds[178].
- Die Markgrafen Hermann und Heinrich von Baden machten, als Oheime der Erblasserin mütterlicherseits, Erbrechte geltend[179].
- Herzog Walter von Limburg, Graf von Luxemburg, begehrte die Metzer Kirchenlehen[180].
- Herzog Matthäus II. von Lothringen, Bruder und Nachfolger Theobalds, war zweifellos auch am Heiratsgut seiner verstorbenen Schwägerin interessiert, wiewohl er in der Überlieferung zum Erbfolgestreit nicht unmittelbar in Erscheinung tritt. Bekannt ist nur, daß er das Touler Lehen Bergheim *(Berken)* an sich ziehen konnte[181].
- Die Grafen von Pfirt im Sundgau beanspruchten als Nachkommen der Stephanie von Vaudemont, der Tochter Hedwigs von Egisheim, vor allem die Egisheimer Burg Wahlenburg und das zugehörige Woffenheim mit der Vogtei über Hl. Kreuz, daneben die beiden anderen Egisheimer Burgen und zumindest noch Hohnack und Wieneck[182].
- Dem Herzog Heinrich I. von Brabant hatte der Halbbruder seines Vaters Gottfried von Löwen, Graf Albert von Dagsburg, die Burg Dagsburg *(Dasbourgh)* mit der Abtei Hessen *(Hessen)*, die Burg Girbaden *(Gerbaden)*, die Abtei Altdorf *(Altorf)*, die Burgen Türkstein

174 Bormans et Schoolmeesters I Nr. 92. Vgl. Butkens I preuves S. 234; Le Mercier de Morière S. 25; Ramm, Einltg. S. 8; Parisse I S. 522.

175 Belgien, Provinz Lüttich (= Liège), Arr. Huy.

176 Reiner von Lüttich S. 679: *Defuncta sine liberis comitissa de Musau Gertrude, filia comitis Alberti, domnus Leodiensis episcopus Hugo fidelitatem et hommagia castellanorum et hominum terre absque omni coactione recipit, et castella Musau et Waleve sine aliqua contradictone ingreditur 14. Kal. Aprilis feria 4. ante pasca floridum.* – Alberich von Troisfontaines, zu 1225 (S. 916), an zeitlich falscher Stelle: *Episcopus autem Leodiensis castrum Musaci cum appendiciis, tam emptionis titulo quam iure mortue manus, potenter et victoriose retinuit.* – Vgl. Winkelmann, Jbb. Friedr. II., I S. 397 Anm. 1.

177 Geht hervor aus den am 28. November 1226 und im März 1236 ausgesprochenen Verzichtserklärungen König Heinrichs (VII.) bzw. Kaiser Friedrichs II. gegenüber Bischof Berthold I. von Straßburg, der diesen Besitz von den Markgrafen von Baden aufgekauft hat (RBStr II Nr. 921 und 1043; vgl. unten S. 125f.).

178 Alberich von Troisfontaines, zu 1225 (S. 916): *ex dote vel remanentia uxoris;* vgl. Le Mercier de Morière S. 25.

179 Geht hervor aus RBStr II 918, 921 und 923.

180 Gesta episc. Met., cont. II S. 547f. Vgl. Ramm, Einltg. S. 8.

181 Le Mercier de Morière Nr. 48 u. 49 v. 1225 Aug. 8 und Einltg. S. 28. Herzog Theobald von Lothringen soll bereits 1219 auf das zukünftige Erbe seiner Gattin verzichtet haben (Herrmann, 1975, S. 145). Daß Matthias II. sich möglicherweise in den Erbfolgestreit einmischen könnte, scheint jedoch noch 1228 für möglich gehalten worden zu sein (Herrmann a. a. O. S. 147).

182 Dies geht aus der Auftragung Egisheims an König Heinrich (VII.) vom 24. September 1227 (RI V 4080) und aus der Übereinkunft mit Bischof Heinrich III. von Straßburg vom 5. Februar 1251 (RBStr II 1356; vgl. alte Terr. Lothr. I S. 151) hervor.

(?Drotein) und Saaralben *(Albapai)*, die Abtei und Vogtei Herbitzheim *(Herbreheym)*, die Grafschaft Metz, die Metzer Hochstiftsvogtei und bischöflichen Lehen, ausgenommen die Burg Herrenstein *(Hernesteyn)* und die Vogtei [des darunter gelegenen Ortes] Neuweiler *(Nouiler)*, als Erbe versprochen – nicht ohne dafür eine stattliche Summe Geldes (3 Ratenzahlungen zu je 5000 Mark) und die Zusage ausgehandelt zu haben, sich jederzeit der finanziellen und militärischen Hilfe des Herzogs, sei es im Elsaß, sei es in Brabant, versichern zu dürfen. Darüber hinaus waren dem Herzog die Reichslehen sowie die Allode Moha *(Musal)* und Waleffe *(Waleve)* vermacht worden für den Fall, daß der Graf ohne legitime Leibeserben verstürbe; noch bei dessen Lebzeiten sollte er überdies die Burg Diedersdorf *(Tiecurt)* erhalten[183]. Dieser Vertrag muß dann allerdings doch – zumindest in einigen Punkten – abgeändert worden sein, wie ein Vergleich mit jenen Abmachungen zeigt, die Graf Albert von Dagsburg 1204 mit dem Lütticher Bischof getroffen hat[184]. Neben der Übereinkunft mit dem künftigen Erblasser lag dem Herzog ein Lehensversprechen König Philipps vom 12. November 1204 über alle Reichslehen des Grafen Albert von Dagsburg vor, *ita quod ipse Dux post mortem ipsius Comitis, in omnibus bonis sive pactis absque cujuslibet contradictionis impedimento (si tamen Comes sine hærede discesserit) ei succedat*[185]. Im selben Jahre hatte er vom König die Zusage erhalten, daß dieser sich im beschriebenen Falle dafür einsetzen wolle, daß Herzog Heinrich auch die Belehnung mit den Straßburger und Metzer Lehen erlange[186].

Schlüsselfiguren des Dagsburger Erbfolgestreits waren die beiden Bischöfe von Metz und Straßburg, der eine als direkt betroffener Lehensherr, der andere als eigennütziger Vermittler[187]. Gegen den ersten richteten sich von Anfang an kriegerische Maßnahmen des Hauptprätendenten, der um sein Erbe betrogen zu werden glaubte, mit dem anderen wurden entscheidende Verträge geschlossen, die dann allerdings auch noch bewaffnete Auseinandersetzungen nach sich zogen.

Im Falle der Metzer Lehen hatte die rechtliche Handhabe zum Zugriff zweifelsfrei der Bischof. Er hatte die Gräfin Gertrud von Dagsburg unter der Bedingung belehnt, daß, *si ipsam sine herede proprii corporis mori contingeret, feodum ipsum ad Metensem ecclesiam pleno iure rediret*[188]. Im Mai 1225 erklärte Bischof J[ohann] von Metz, daß er den Metzer *»comitatus«* und

183 BUTKENS I preuves S. 234 (»Lettres tirée des Chartes de Brabant«, undatierter Auszug). Vgl. PARISSE I S. 522.

184 S. S. 121 mit Anm. 174. Über die Spannungen Bischof Hugos II. von Lüttich mit Herzog Heinrich wegen ihrer sich widerstreitenden Erbberechtigungen berichten Alberich von Troisfontaines, zu 1225 (S. 916), und ausführlicher Reiner von Lüttich S. 679: *Henricus dux Lovaniensis audit* [daß der Bischof sich in der Herrschaft Moha huldigen ließ und die Burgen Moha und Waleffe angriff] *et irascitur, fremit et minatur, curiam apud Franckenefort adiens, episcopum ad curiam citari facit per quarentenam.* Vgl. WINKELMANN, Jbb. Friedrichs II., I S. 397 und 539f.; RAMM, Einltg. S. 8f.

185 Zitiert nach dem Abdruck bei LÜNIG, Cod. Germ. II Sp. 1075–1078 Nr. 15; Regest: RI V 87 mit weiteren Druckorten; vgl. FRITZ S. 38.

186 Druck: LÜNIG, Cod. Germ. II Sp. 1077–1080 Nr. 16; Kurzregest: RBStr II 742, ausführlicher: RI V 88.

187 Einzelheiten über die Zusammensetzung der von FRITZ S. 39 Anm. 1 bestrittenen Straßburger Lehen in Händen der Grafen von Dagsburg sind uns nicht bekannt. Daß aber solche in der Erbmasse vorhanden gewesen sein müssen, wenn auch ihr Umfang möglicherweise nicht sehr bedeutend war, beweist das oben bei Anm. 186 erwähnte Versprechen König Philipps von 1204, dem Herzog Heinrich von Brabant nach dem Aussterben der Dagsburger zu deren Straßburger Lehen zu verhelfen.

188 Gesta episc. Met., cont. II S. 547.

all das, was die verstorbene Gräfin von Dagsburg in der Stadt Metz samt Zubehör besessen hatte, zum Nutzen des Bistums zurückgehalten habe. Er bekannte, auch Diedersdorf *(Tibecort)*, Saarburg *(Sareborc)* und Hessen *(Hesse)* mit Zubehör einbehalten zu müssen, und versprach, über die genannten Rechte nur mit Zustimmung des Dekans P[eter], des Schatzmeisters B[erthold] und des Kanzlers A[rnold] verfügen zu wollen[189]. Der starke Einfluß des Metzer Domkapitels auf die Politik Johanns von Apremont wird hier außerordentlich deutlich. Ramm[190] vermutet wohl ganz richtig, daß das Kapitel nur auf Grund jener Zusage Geldmittel für einen Krieg gegen Leiningen bewilligt hat. Der Bischof wandte sich im selben Monat um militärische Hilfe an die Herzöge von Brabant. Das schriftlich fixierte Bündnis[191] richtete sich in erster Linie gegen den Grafen [Friedrich II.] von Leiningen und dessen Sohn [Simon], den ehemaligen *(quondam)* Grafen von Dagsburg. Bischof Johann versprach darüber hinaus Hilfe gegen alle, die sich der zwischen Rhein und Mosel gelegenen Allode der verstorbenen Gräfin bemächtigt hätten, wohingegen der Herzog und sein Sohn sich zum Krieg gegen die Usurpatoren der Metzer Kirchenlehen innerhalb der gleichen Grenzen verpflichteten. Herzog Heinrich war jedoch gänzlich mit seinem Kampf gegen den Bischof von Lüttich um die Herrschaft Moha beschäftigt[192]. Da er seinem Alliierten nicht beistand, schaute sich der Metzer Bischof nach anderen Bundesgenossen um. Er wandte sich Graf Heinrich II. von Bar zu und erkaufte sich dessen Hilfe am 5. Oktober 1225 durch Lehensbesserung mit den Burgen Diedersdorf und Freiburg (= Fribourg)[193] samt Zubehör[194]. Zwar war auch mit diesem neuen Verbündeten zeitweise nicht zu rechnen: Um Weihnachten 1225 geriet Heinrich von Bar in die Gefangenschaft des Grafen Johann von Chalon[195], aus welcher er erst an Pfingsten des folgenden Jahres entlassen wurde[196]. Letzten Endes hatte es der Bischof dann aber doch dem Grafen von Bar zu verdanken, daß er über Leiningen den Sieg davontrug[197].

Der Friedensvertrag vom 29. August 1227, von dem nur eine für den Bischof von Metz bestimmte, einseitige Ausfertigung des Leiningers bekannt ist[198], bedeutete für Graf Simon die totale Kapitulation. Von der Grafschaft Metz und den übrigen bischöflichen Lehen ist hier schon gar nicht mehr die Rede. Graf Simon bekennt, mit dem Bischof Johann Frieden geschlossen zu haben, erbringt dazu das Einverständnis seines Vaters und verpflichtet sich, die Tochter von Johanns Bruder G[obert] von Apremont zu heiraten. Als Wittum sollte diese die

189 *Mense maio* (Ausf. Perg.: AD Metz, G 152, Nachtrag 2; Regest: Ramm S. 5).

190 Ramm, Einltg. S. 9 bis, Anm. 17.

191 Druck: Butkens I preuves S. 71; Lünig, Cod. Germ. II Sp. 1093f. (zweifelsohne aus Butkens). Regesten: RI V 10942; MrhRegg II 1713 (Kurzregest).

192 Vgl. Anm. 184.

193 Dép. Moselle, Arr. Sarrebourg, Kant. Réchicourt-le-Château.

194 Regest: Ramm S. 7. Druck der Gegenurkunde Heinrichs von Bar: Marichal I Nr. 187. Vgl. hierzu auch Parisse I S. 587 Anm. 249.

195 Ramm, Einltg. S. 9.

196 Alberich von Troisfontaines S. 918.

197 Ebd. S. 916: *Longam concertationem habuit Metensis episcopus contra comites, qui castra dicte comitisse sibi vendicabant maxime ex vicinitate, et ille de Linengis ex dote vel remanentia uxoris, que recipere debebat de manu episcopi, qui per comitem Barri de ipsis triumphum optinuit.* Vgl. Grosdidier de Matons, Le comté de Bar S. 263. – Wahrscheinlich waren die Leininger auch durch ihre Saarbrücker Verwandten unterstützt worden. Im Dezember 1226 hatte der Metzer Bischof nämlich das Hilfeversprechen des Grafen Heinrich von Blieskastel *contra comitem Sarepontis et contra alios* erlangt (Marichal I Nr. 44).

198 Abgedruckt: Marichal I Nr. 4; Regest: Jungk 281 (fehlerhaft).

Burg Dagsburg mit Zubehör und alles, was Simon erblich an den Burgen und Ländereien von Mörsberg *(Morespec)*[199], Saargemünd *(Gumunde)*[200] und Waldeck *(Waldeske)*[201] zufallen würde, erhalten. Eine Veräußerung Dagsburgs durfte nicht ohne die bischöfliche Genehmigung geschehen. Simon war schuldig, die ihm zu Lebzeiten der Gräfin von Dagsburg ausgehändigten Lehensbriefe Johanns [für die Grafschaft Metz etc.] sogleich bei der neuen Eheschließung zurückzugeben. Zum Zeitpunkt der Hochzeit sollte jene Burg zerstört werden, die Bischof Johann vor Dagsburg errichtet hatte[202]. Die dem Leininger vom Bischof im Laufe des Jahres zu zahlenden 200 Pfund wären diesem zurückzuerstatten, falls die Heirat nicht zustande käme; dafür mußte Simon Bürgschaften über insgesamt 500 Metzer Pfund erbringen. Dem Bischof Johann bedeutete dieser Sieg einen doppelten Gewinn: Er hatte die Interessen seiner Kirche erfolgreich verfochten und – wie es für ihn zunächst den Anschein haben mußte – hausmachtpolitische Vorteile aus der Angelegenheit gezogen. Daß die geplante Verheiratung seiner Nichte an den ehemaligen Widersacher dann doch nicht stattfinden würde[203], war nicht vorauszusehen. Einen Grafen von Metz gab es von nun an nicht mehr; Türkstein, Herrenstein, Saarburg und Saaralben fielen an das Hochstift[204]. Wenn wir den Gesta episcoporum Mettensium Glauben schenken dürfen, tauschte der Bischof auch die Vogtei Marsal weit unter ihrem Wert gegen einige Weinberge ein[205]. Aus dieser Niederlage Leiningens im Dagsburger Erbfolgestreit resultierten Ressentiments der Grafen gegenüber der Metzer Kirche, die in der Folgezeit immer wieder zu Spannungen führten.

Im Krieg Johanns von Apremont mit dem Patriziat seiner Stadt (1232–1234) hat Simon von Leiningen offenbar eine Chance erblickt, seine ungerechtfertigten Ansprüche auf die Grafschaft Metz doch noch durchzusetzen[206]. Jedenfalls hat er zur selben Zeit den Kampf gegen das Hochstift wiederaufgenommen. Er wurde bei Zellweiler *(apud Teltewilre)*[207] im Elsaß gefangengenommen[208] und mußte am 16. März 1234 zu Kaiserslautern mit dem Bischof Frieden

199 Marimont-lès-Bénestroff, Dép. Moselle, Arr. Château-Salins, Kant. Albestroff.

200 Sarreguemines, Dép. Moselle, Hauptort des Arr.

201 Gde. Eguelshardt, Dép. Moselle, Arr. Sarreguemines, Kant. Bitche.

202 Dieser Burgenbau ging wohl in den vorausgegangenen kriegerischen Auseinandersetzungen vonstatten und kann nur den Zweck gehabt haben, der unbezwingbaren Dagsburg die Nachschubwege abzuschneiden. Von der Errichtung einer Festung gegenüber der Dagsburg, zum Zwecke, die dortige Besatzung auszuhungern, berichten auch die Benediktiner von Metz (François-Tabouillot II S. 428), allerdings ohne Quellenangabe und nur im Zusammenhang mit obengenannter Urkunde. In dieser mußte der Leininger unerklärlicherweise der Schleifung der bischöflichen Burg zustimmen *(consensi etiam quod castrum* [...] *destruatur)*. Hätte er das Gebäude, das wohl auf seinem Grund und Boden errichtet worden war, gerne selbst behalten?

203 Vgl. Parisse I S. 398 Anm. 48.

204 Vgl. Anm. 173.

205 Gesta episc. Met., cont. II S. 548.

206 Daß er diesen Aufstand gar angestiftet hat, ist unwahrscheinlich. Le Mercier de Morière (S. 35) und nach ihm Grosdidier de Matons (Le comté de Bar S. 275) und Wampach (II Nr. 247) sahen in Simon den *inimicus homo*, von dem die Gesta episcoporum Mettensium (cont. II S. 548) sprechen. Die Chronik verwendet hier jedoch lediglich einen bildlichen Ausdruck für den Satan. So verstand es auch Philippe von Vigneulles (Chron. I S. 332): *l'Annemy, qui jay ne dort, mist grand discord entre luy* [den Bischof] *et la cité de Mets*. Vgl. Schneider S. 131 und Ramm S. 13 bis, Anm. 8.

207 Zellwiller, Dép. Bas-Rhin, Arr. Erstein, Kant. Obernai.

208 Dies geht aus der Urkunde von 1234 März 16 (s. Anm. 209) hervor. Alberich von Troisfontaines (S. 933 zu 1233) spricht in diesem Zusammenhang irrtümlich von der Gefangennahme eines *Theodoricus de Linengis*; bereits von Le Mercier de Morière S. 35 Anm. 3 richtiggestellt.

schließen. Sein wiederum einseitiges Friedensgelöbnis[209] enthält die Verpflichtung zum endgültigen Verzicht auf die Grafschaft Metz und die anderen dagsburgischen Besitzungen, die er zu Lebzeiten der Gräfin vom Bistum zu Lehen getragen hatte; die entsprechenden Lehensurkunden hat Simon nun zurückgegeben. Er verspricht, keine Schadensersatzforderungen an den Bischof und dessen Helfer, namentlich den Herzog von Lothringen, zu stellen und nennt zwölf Friedensgaranten, an erster Stelle den Bischof von Speyer, die sich mit insgesamt 1000 Pfund für ihn verbürgen. Am Krieg des Bischofs gegen den Grafen von Bar und die Metzer Bürger will er sich auf keinen Fall gegen Johann von Apremont beteiligen. Die Erfahrung hatte den Bischof wohl gelehrt, daß eine Friedenssicherung ohne Zugeständnisse seinerseits bei diesem Kontrahenten nicht möglich sei; so hat er den Leininger mit Metzer Fernbesitz jenseits der Vogesen ausgestattet. Simon reversierte für die Belehnung mit Dorlisheim *(Doresevin)*[210], Hersbach *(Herwenspach)*[211] und Mühlbach *(Milspach)*[212]. Das ihm scheinbar entgangene Erbteil konnte der Erwerb dieser drei Dörfer[213] – bei denen es sich übrigens um kein feudum hereditarium handelte – freilich nicht aufwiegen. Doch gab er sich nunmehr damit zufrieden und eilte dem Johann von Apremont sogar im selben Jahre gegen die Metzer Bürger zu Hilfe[214].

Erfolgreicher für Leiningen endeten die Querelen um das Dagsburger Allodialerbe in den Vogesen. Auf einem Wormser Hoftag, wohl Anfang September 1225, war die Entscheidung der durch die Markgrafen von Baden und den Herzog von Brabant vor König Heinrich (VII.) getragenen Auseinandersetzung an das Gericht des Grafen delegiert worden, zu dessen Grafschaft das Erbgut gehöre[215]. Sie sollte somit den Landgrafen des Elsaß obliegen. Als solche hatten Graf Siegbert von Werd und dessen Sohn Heinrich die Erbschaft den Brüdern von Gertruds Mutter, den Markgrafen Hermann und Heinrich von Baden zugesprochen[216], die Grafen von Leiningen also scheinbar übergangen. Wenn wir das Actum der Urkunde (Dezember 1226) als zutreffend, was vielfach bezweifelt wurde[217], anerkennen, dann haben die Richter hier nichts anderes getan, als sich den Machtverhältnissen angepaßt und vollendete Tatsachen sanktioniert. In die Schiedsurkunde hat nämlich noch der Passus Eingang gefunden, die Markgrafen hätten die Erbschaft sogleich dem Bischof von Straßburg geschenkt. Die

209 Abgedruckt: Marichal I Nr. 130 zu 1233 Metzer Stil; Regest: Grosdidier de Matons, Catalogue Nr. 475.

210 Dép. Bas-Rhin, Arr. und Kant. Molsheim. – Der Ort kam also nicht erstmals 1239 als Pfand an Leiningen, wie ich noch in Pfalzatlas S. 1088 annahm. Vgl. unten S. 164f.

211 Herspach, Gde. Wisches, Dép. Bas-Rhin, Arr. Molsheim, Kant. Schirmeck.

212 Muhlbach-sur-Bruche, Dép. Bas-Rhin, Arr. und Kant. Molsheim.

213 Die von Marichal I S. 318 Anm. 1 vorsichtig vorgenommene Bestimmung der Orte ist richtig. Dieselben Objekte sind schon im 12. Jahrhundert im Besitz des Bistums nachzuweisen. Bischof Friedrich von Metz verpfändete 1172 dem Ernst von Fleckenstein auf 30 Jahre *les terres de Milback, d'Hersvemback et de Doroltzeim* (François-Tabouillot II S. 295; vgl. Parisse I S. 489).

214 Gesta episc. Met., cont. II S. 548; vgl. Schneider S. 132 mit Anm. 15; Ramm S. 13 hat den Zeitpunkt der Hilfeleistung nicht richtig erkannt.

215 Hierauf nimmt die Urkunde vom Dezember 1226 (s. die folgende Anm.) Bezug; vgl. RMB I Nr. 269.

216 Abgedruckt: Grandidier, Œuvr. inéd. III S. 302f. Nr. 291, im Kopfregest falsch datiert. Regest: RBStr II 923 (dort bei den Nachweisen zu ergänzen: RMB I 282).

217 Fritz S. 40 Anm. 2; Winkelmann, Jbb. Friedr. II., I S. 497 Anm. 4, inkonsequent im Text S. 497; Fester in RMB I 282; Ficker und Winkelmann in RI V 10978. Daß sechs von neun Zeugen der Urkunde Bischof Bertholds für Graf Simon vom 29. September (s. Anm. 220) auch in der fraglichen Urkunde erscheinen, zwingt nicht, dieselbe gleichfalls in den September zu verlegen. Ebenfalls sechs jener Zeugen treten auch noch in einer Urkunde von 1227 Apr. 25 auf (UBStStr I Anm. zu Nr. 201).

verbriefte Spontaneität entsprach wohl ebensowenig der Wirklichkeit wie der genannte Übertragungsmodus: Eine Schenkung lag hier keinesfalls vor. Die gleiche Behauptung der hierüber jedenfalls am 2. November 1226 ausgestellten Urkunde der Markgrafen von Baden für Bischof Berthold von Straßburg[218] wird widerlegt u. a. durch die päpstliche Bestätigung vom 19. Januar 1228, in der von einer gewissen Kaufsumme die Rede ist[219]. Die angebliche Schenkung betraf die ehemaligen Besitzungen Gertruds in den Bistümern Metz, Straßburg, Basel, namentlich aufgeführt werden die Burgen Dagsburg, Girbaden, Bernstein und Egisheim. Die Initiative zu diesem dubiosen Geschäft war zweifellos von Bischof Berthold ausgegangen und dieses selbst von langer Hand vorbereitet worden.

Eine mit Graf Simon von Leiningen *(de Tagesburc)* am 29. September 1226 getroffene Vereinbarung[220] macht Bertholds doppeltes Spiel offenkundig. Darin hatte er sich des Grafen Recht an den Burgen Alt- und Neu-Girbaden übertragen lassen, ihm dafür einen Teil Neu-Girbadens und des Umlandes zu Lehen gegeben und ihn mit Dagsburg und Bernstein zu belehnen versprochen, sobald diese für die Straßburger Kirche gewonnen seien. Wäre der Schiedsspruch des Landgrafen damals schon ergangen gewesen, wie man bisher wollte, so wäre Simon hier kaum mit *de Tagesburc* tituliert worden und hätte keine rechtliche Handhabe mehr gehabt, über Girbaden zu verfügen; er hätte auch nicht mehr auf den Erwerb von Dagsburg und Bernstein durch das Hochstift vertröstet werden müssen, da dieser ja angeblich sogleich nach dem Urteil Siegberts erfolgte. Wir sehen also in den Urkunden vom 29. September und vom 2. November 1226 den Beweis für stattgefundene präjudizierende Verhandlungen und Rechtsgeschäfte. Die Markgrafen sollten mit Geld abgefunden werden, der Leininger im faktischen Besitz der Burgen bleiben, der Bischof von Straßburg als »ehrlicher Makler« die Oberlehensherrlichkeit erhalten. Bei dieser gemeinsamen Front von heimlichen Gewinnern konnte der Verlierer nur noch der Herzog von Brabant sein. Es war wohl im Sinne aller elsässischen Dynasten und auch im Sinne König Heinrichs (VII.), der den Kaufkontrakt vom 2. November am 28. November 1226 ausdrücklich guthieß und auf Ansprüche seinerseits verzichtete[221], daß Herzog Heinrichs Vordringen an den Oberrhein schließlich durch den offiziellen Schiedsspruch des Landgrafen vereitelt wurde. Die Zustimmung der machtlosen Lehensherrin über Burg Dagsburg, der Äbtissin von Andlau, zum Erwerb der Feste durch das Bistum Straßburg kam, wenn auch zögernd, am 4. März 1227[222].

Es dauerte allerdings keine zwei Jahre, da fühlte sich Graf Simon in der Erbangelegenheit überrumpelt und betrogen. Sei es, daß ihm der Straßburger Bischof zugesagte Lehen vorenthielt, sei es, daß den Leininger der eingegangene Vertrag reute und er nunmehr weitere

218 RBStr II 918.

219 *»pro certa pecunie summa emisse a marchionibus de Badena«*. Druck: Schöpflin, Als.dipl. I Nr. 448, fälschlich zu 1227. Regest: RBStr II 929 (dort bei den Nachweisen zu ergänzen: RMB I 278 und Fritz S. 41f.).

220 Druck: Würdtwein, Nova Subs. XIII Nr. 76; Regest: RBStr II 917. Ausführlich nimmt zu der Urkunde Fritz S. 44f. Stellung. Er spricht allerdings – wie nach ihm auch Winkelmann, Jbb. Friedr. II., I S. 497 – fälschlich von einer Kaufsumme von 1000 Mark, die der Bischof zu erbringen hatte. Bei diesem Betrag handelte es sich um eine Sicherheitsleistung für den Fall, daß der Bischof seinen ihm aus dem Vertrag erwachsenen Verpflichtungen nicht nachkäme.

221 RBStr II 921. – Über die wenig später geänderte Haltung Heinrichs gegenüber den Erwerbungen der Straßburger Kirche vgl. Winkelmann, Jbb. Friedrichs II., I S. 514.

222 Abgedruckt bei Schöpflin, Als.dipl. I Nr. 449. Regest: RBStr II 924.

Forderungen erhob: Das in der Urkunde vom 29. September 1226 bestimmte Schiedsgericht unter Graf H[einrich] von Werd mußte zusammentreten und sprach das Hochstift am 25. April 1227 von allen Verpflichtungen und Versprechungen gegenüber Simon und seinen Erben los[223]. Spätestens dieser Entscheid gab Anlaß zu einem kriegerischen Konflikt, über den jedoch nichts weiter überliefert ist, als daß Bischof Berthold 1227, nach nahezu einmonatiger Belagerung, die Burg Bernstein eroberte[224]. Nach der Niederlage auch der Pfirter Grafen im Oberelsaß (8. Juni 1228)[225] – mit deren Interessen die des Königs in Einklang gestanden hatten[226] – soll sich der Leininger bemüßigt gesehen haben, mit dem Bischof zu einem Ausgleich zu gelangen[227].

Am 5. Juli 1228[228] bekundete Berthold, daß sein *dilectus consanguineus*[229] [...] *et ecclesie nostre homo legius* sich die Belehnung mit seinem Anteil an Neu-Girbaden und dem, was dazu gehöre, habe erneuern lassen. Die Vogtei über Kloster Altdorf und alle Güter am Ort verbleiben jedoch dem Bischof[230], der auch alle einstigen Leute des Grafen in und unterhalb Girbadens an sich zieht und das Terrain zwischen Ruitbach (Rintbach?) und Magel[231] behält. Der Graf muß ferner in eine gemeinsame Nutzung des Waldes *Nuweban* und der Fischereien willigen. Dagegen wird Simon erstmals mit der Burg Dagsburg samt Zubehör – ausgenommen Vasallen und Dienstleuten – belehnt. Strittig war offenbar noch das ehemalige Dagsburger Eigenkloster Hessen. Wenn es Allod sei, solle es der Bischof, wenn Lehen, der Graf erhalten. Da die Benediktinerinnenabtei 1215 durch Gräfin Gertrud dem Hochstift Metz zu Lehen aufgetragen worden war[232], mußte sie dem Grafen verbleiben.

Erstmals sollte Leiningen auch zwei Orte im Rechtsrheinischen zugewiesen bekommen: Renchen[233] und Ullenburg[234]. Möglicherweise hatte der Bischof beide den Markgrafen verpfändet, als er das Dagsburger Erbe von ihnen kaufte[235]; zu Gertruds Hinterlassenschaft gehörten sie jedenfalls nicht. Da sie erst von den Markgrafen von Baden zurückgekauft werden mußten und der Bischof sich nicht für die fristgerechte Übergabe (Woche nach Ostern) verbürgen konnte, sollte Leiningen bei Terminüberschreitung die Burg Ringelstein mit Einkünften von 50 Straßburger Pfund so lange in Nutznießung nehmen, bis die versprochenen Lehen verfügbar seien. Wie wir aus einer späteren Urkunde[236] wissen, mußte von diesem

223 Druck: GRANDIDIER, Œuvr. inéd. III S. 307 Nr. 298; Regest: RBStr II Nr. 925. Vgl. WINKELMANN, Jbb. Friedrichs II., I S. 514.

224 RBStr II Nr. 928; vgl. FRITZ S. 46f. und WINKELMANN a. a. O.

225 RBStr II Nr. 933.

226 Vgl. WINKELMANN a. a. O. S. 514f.

227 In diesem Sinne die Vermutungen von FRITZ S. 47f.

228 Ausf. Perg.: AD Straßburg, G 45. Druck: GRANDIDIER, Œuvr. inéd. III S. 313–316 Nr. 307. Vorzügliches, sehr ausführliches Regest: RBStr II Nr. 934. Vgl. auch FRITZ S. 48 (nicht ganz fehlerlos) und WINKELMANN a. a. O. S. 515 Anm. 6.

229 Der Verwandtschaftsgrad konnte nicht ermittelt werden. Bischof Berthold I. war ein Herzog von Teck (RBStr II Nr. 885), also zähringischen Stammes.

230 Auf diesen Verzicht nimmt am 14. April 1258 Bischof Heinrich [III.] in der Prozeßverhandlung der Abtei gegen die milites von Hohenstein Bezug, die sich Vogteirechte angemaßt hatten. Es wird festgestellt, daß die Straßburger Bischöfe seit dem Vertrag mit Graf Simon die Vogtei besessen hätten (RBStr Nr. 1534).

231 Versuch einer Gebietsbeschreibung bei FRITZ S. 44f.

232 Alte Terr. Lothr. II S. 202f.

233 Ortenaukreis.

234 Ruine bei Tiergarten, Gde. Oberkirch, Ortenaukreis. Vgl. KRIEGER II Sp. 1238.

235 Vgl. FRITZ S. 41f.

236 S. unten S. 129 zur Urkunde vom Juni 1239.

Alternativangebot Gebrauch gemacht werden. Mit Ringelstein war somit kurzfristig eine weitere Bastion im Elsaß gewonnen.

Zwar begab sich Graf Simon von Leiningen ausdrücklich aller Ansprüche auf Bernstein, Egisheim und die übrigen Burgen und Besitzungen, welche der Bischof von den Markgrafen käuflich erworben hatte. Aber angesichts der nunmehr vollzogenen Belehnung mit Dagsburg und der versprochenen Belehnung mit Renchen und Ullenburg bzw. Burg Ringelstein an Stelle Bernsteins sind dem Grafen gegenüber der Regelung von 1226 kaum Nachteile entstanden. Dieser hatte wohl erfolgreich auf Vertragserfüllung oder Herausgabe qualitativ gleichwertigen Ersatzes gepocht. Nicht zuletzt die wesentlich höhere Anzahl von Bürgen, die der Bischof stellen mußte – das Verhältnis betrug 16:6 –, weist auf den eigentlichen Sieger der vorangegangenen Fehde. Auch hätte Berthold bestimmt nicht auf die sonst üblichen Devotionsformeln und Schuldeingeständnisse seitens des Vasallen verzichtet, wenn der Vertrag das Ergebnis einer kriegerischen Unternehmung gewesen wäre, in welcher er selbst die Oberhand errungen hätte.

War im Vertrag vom 5. Juli 1228 noch von den künftigen Erben die Rede, für welche die gleichen Pflichten bezüglich der Unveräußerlichkeit der bischöflichen Lehen gelten sollten, so war der Bischof nach Simons Tod (zwischen 1234 und 1236)[237] plötzlich nicht mehr geneigt, männliche Blutsverwandte des Erblassers in dessen Rechte einzusetzen. Wiederum können wir den Konfliktverlauf nur an Hand urkundlichen Materials nachvollziehen, zeitgenössische Berichte und Notizen fehlen fast völlig.

Auf kriegerische Auseinandersetzungen zwischen dem Hochstift und den Grafen weist zunächst das Schutzprivileg Kaiser Friedrichs II. vom 10. Juli 1237 für die Bürger von Straßburg[238] hin. Ausgestellt unter der Bedingung, daß diese sich während der andauernden Fehde neutral verhielten und dem Bischof keine Hilfe gegen Leiningen leisteten, ist es gleichzeitig ein Zeugnis der unverhohlenen kaiserlichen Sympathie für die diesmal schwächere Partei. Die in falschem Zusammenhang erscheinende kurze Mitteilung des Chronisten, daß der Bruder des Verstorbenen sich mit Waffengewalt der Dagsburg bemächtigt habe[239], schließt nicht aus, daß am Kriege mit Straßburg um Simons Nachlaß zunächst auch noch dessen Vater beteiligt war. Nach Graf Friedrichs II. Tod (1237), der durchaus auf dem Schlachtfeld erfolgt sein mag, blieben in Friedrich III. und Emich IV. zwei Junggrafen zurück, die wohl das Mündigkeitsalter noch nicht sehr weit überschritten hatten[240] und mit denen Bischof Berthold offensichtlich leichtes Spiel hatte. Zwei Urkunden schufen nunmehr endgültige Verhältnisse. Ihnen liegt erkennbar das Recht des Stärkeren zugrunde.

In einem Vorvertrag vom 13. Februar 1239[241], der vermutlich erst die Türen zu den Hauptverhandlungen öffnete, mußte Graf Friedrich zunächst einmal einseitige Zugeständnisse machen. Die Güter, die er der Straßburger Kirche zu Lehen auftrug, gehörten zweifelsfrei nicht zu den eigentlich strittigen Objekten: sein *patrimonium* in Wingen[242], Güter im Dorfe

237 Vgl. Stammtafel I im Anhang.

238 Druck: UBStStr I Nr. 253; Regest: RBStr II Nr. 1052 (dort nachzutragen das Regest bei Kremer, Ard. Geschl. CD S. 183 Nr. 10, fälschlich zu 1222).

239 Richer von Senones, lib. IV cap. 23; vgl. auch Fritz S. 49.

240 Vgl. Stammtafeln II–III im Anhang.

241 Druck: Grandidier, Œuvr. inéd. III S. 351f. Nr. 370. Regest: RBStr II Nr. 1065.

242 Nicht mit Sicherheit zu lokalisieren; fraglich, ob Wingen-sur-Moder bei Zabern (Dép. Bas-Rhin, Arr. Saverne, Kant. La Petite-Pierre) oder Wingen bei Weißenburg (Dép. Bas-Rhin, Arr. und Kant. Wissembourg) – beides in alte Terr. Lothr. I S. 152 bestritten – oder ein sonstiges Wingen.

Rodalben[243] in der Metzer Diözese im Ertragswert von 10 Pfund und sein *patrimonium* in Guntersblum[244] in der Wormser Diözese. Darüber hinaus mußte er sich verpflichten, sein künftiges großmütterliches Erbe saarbrückischerseits dem Bischof soweit aufzulassen und lehensweise wieder von ihm zu empfangen, als 30 Mark Einkünfte daraus zu ziehen waren.

Auch der Hauptvertrag vom Juni 1239[245] fiel eindeutig zugunsten des Bischofs aus, der seine Lehensherrschaft erheblich erweitern konnte. Eingangs wird festgehalten, daß *discordia* entstanden war über die Lehensburg Dagsburg und zugehörige Dörfer, eine Befestigung in Girbaden mit zugehörigem Weinberg, über Dörfer im Breuschtal und über die an Stelle Renchens verpfändete Burg Ringelstein mit 50 Pfund Einkünften. Daraus wird klar, daß dem eingesetzten Schiedsgericht nicht sämtliche Positionen des Vertrags von 1228 zur neuerlichen Entscheidung anheimstanden, sondern dieses sich lediglich mit dem weiteren Verbleib der damals dem Grafen Simon zugestandenen Besitzstücke zu befassen hatte. Es ging also nicht um eine Revision jener Abmachungen, sondern tatsächlich um die Frage der Vererbbarkeit der durch Auftragungen teuer erkauften bischöflichen Lehen, die nach dem Wortlaut der Urkunde von 1228 an sich nur positiv hätte beantwortet werden können. Der Streit wurde hingegen folgendermaßen beigelegt: Der Leininger mußte auf alle Rechte an der Befestigung in Girbaden mit dem Weinberg, an den Dörfern im Breuschtal und an der für Renchen zu Pfand erhaltenen Burg Ringelstein mit den genannten Einkünften verzichten[246]. Belehnt wurde er lediglich mit Burg Dagsburg und jenen dazugehörigen Dörfern, die bereits sein Bruder Simon zu Lehen getragen hatte, sowie mit Dürrenstein *(Durrestein)*[247] und *Colredal*[248]. Der Verzicht auf Herrschaftsgebiete, die dem Bischof zur Arrondierung des eigenen Territoriums trefflich zustatten kamen, wurde zum größten Teil mit Bargeld abgegolten (430 Mark Silber), daneben durch Belehnung mit dem Dorfe Hohengöft *(Geffede)*[249], dessen Wert mit 200 Mark Silber veranschlagt wurde.

Dieser Vertrag wurde im Juni 1241[250] neu gefertigt und dahingehend erweitert, daß Friedrichs Bruder Emich mit allen Rechten und Pflichten den Abmachungen beitrat. Beider Verzichtsleistungen wurden mit beider Belehnung entgolten, wobei die Regelung des alten Vertrags, daß Friedrichs männliche Erben das Lehensverhältnis zum Bischof aufrecht erhalten sollten, dergestalt modifiziert wurde, daß im Falle des söhnelosen Todes des Grafen Friedrich

243 Heute Stadt Rodalben, Kr. Pirmasens – der Ort später zur Herrschaft Gräfenstein gehörig.

244 Kr. Mainz–Bingen.

245 Die durch den Bischof ausgefertigte Urkunde ist abgedruckt: SCHÖPFLIN, Als.dipl. I Nr. 496; Regest: RBStr II Nr. 1071 (bei den Nachweisen ist dort zu ergänzen: KREMER, Ard. Geschl. CD S. 183 Nr. 12). – Ausf. Perg. der Gegenurkunde des Leiningers in den AD Straßburg, G 2712(3); RBStr II Nr. 1071 ist dahingehend zu berichtigen.

246 Alte Terr. Lothr. I S. 152 sprechen fälschlich von einer Belehnung mit Girbaden.

247 Heute St. Leon = St. Léon, in der ehemaligen Grafschaft Dagsburg gelegen; vgl. alte Terr. Lothr. I S. 147.

248 Ich halte es nicht für restlos geklärt, daß hierunter das Köllerthal bei Saarbrücken zu verstehen sei, wie alte Terr. Lothr. I S. 152 behaupten. Es ist durchaus davon auszugehen, daß es auch in der Nähe der Burg Dagsburg einmal ein Köhlertal gab. Das saarbrückische Köllerthal müßte, falls gemeint, zuvor dem Straßburger Bischof aufgetragen worden sein, was aus den uns überlieferten Urkunden jedoch nicht hervorgeht.

249 Hohengoeft, Dép. Bas-Rhin, Arr. Saverne, Kant. Marmoutier.

250 Ausfertigung des Grafen Friedrich von Leiningen abgedruckt bei MONE in ZGO 4 (1853) S. 275f.; Regest: RBStr II Nr. 1099.

die männlichen Erben Emichs die Lehensnachfolge antreten durften. Die lehensrechtlichen Verhältnisse waren somit klar geregelt, und künftigen Auseinandersetzungen war vorgebeugt. Der Bischof hatte sich beide Leininger Grafen per Lehensband verpflichtet und sich seinen Erwerb aus dem Dagsburger Erbe nach dieser Seite hin endgültig gesichert. Er konnte künftig nur noch dazugewinnen.

[...] *etiam hii*, klagt Richer von Senones, *ad quos nichil penitus de comitatu ipso* [Dagsburg] *pertinebat, municiones et terras sibi usurpare presumpserunt. Episcopus namque Argatenensis Bertoldus, cum videret sibi adiacere duo castra fortissima, Guirebade* [Girbaden] *scilicet et Vernestem* [Bernstein], *cum appendiciis eorum, sollerti industria adquisivit et obtinuit. Et ita comitatus de Daxporc celebre nomen cum rebus amisit*[251]. Doch der einzige größere Wirkungsbereich, der den Grafen von Leiningen aus dem ehemals so umfangreichen Besitz der Grafen von Dagsburg letztendlich verblieb, war zugleich dessen Herzstück: die nahezu unbezwingbare Burg Dagsburg mit den zugehörigen Dorfschaften und ausbaufähigen Wäldern, im ganzen gesehen ein, wenn auch nicht großer, so doch optimal geschlossener Herrschaftskomplex.

251 Richer von Senones, lib. IV cap. 23. Der letzte Satz wurde von WINKELMANN, Jbb. Friedr. II., I S. 498 irrtümlich dahingehend interpretiert, daß es eine Grafschaft Dagsburg »seitdem auch dem Namen nach nicht mehr« gegeben habe.

SECHSTES KAPITEL

Leiningische Territorialentwicklung 1237 bis 1290

1. Leiningische Territorialpolitik im Speyergau

a) Leiningen und das deutsche Königtum: Politik, Ämter und Lehen

Den wechselhaften Beziehungen der älteren Grafen von Leiningen zu den deutschen Königen und Kaisern[1] war unter dem ersten Leininger aus saarbrückischem Hause eine konstante Parteinahme für Friedrich II. gefolgt, die der reichspolitischen Haltung der übrigen Saarbrükker Grafen in den letzten Jahren Kaiser Ottos IV. entsprach[2]. Erst recht war Graf Friedrich II. von Leiningen in den Zeiten fehlenden Gegenkönigtums den Staufern verbunden. Sein Aufenthalt im Gefolge Heinrichs (VII.) ist für die Jahre 1224, 1225, 1227, 1234 und 1235 bezeugt[3]. Seine Beteiligung am Aufstand des jungen Königs[4] erscheint bei den intensiveren Beziehungen zu diesem nur konsequent.

Auch Graf Friedrich III. von Leiningen stand als Lehensmann des Kaisers[5] auf seiten der Staufer, deren Wohlwollen seine Familie während der dagsburgischen Erbfolgestreitigkeiten genossen hatte[6]. Er leistete 1242 (?) dem [Reichshofkämmerer] Philipp von Hohenfels Hilfe gegen den am südlichen Mittelrhein und nördlichen Oberrhein brandschatzenden Erzbischof

1 S. das 4. Kapitel.

2 Belege oben S. 40.

3 1224 Nov. 17 bei Kg. Heinrich (VII.) in Toul. Druck: HUILL.-BRÉH. II S. 812–814. Regesten: RI V Nr. 3944; JUNGK Nr. 257. Vgl. WINKELMANN, Jbb. Friedr. II., I S. 451. – 1225 Sept. 7 bei Kg. Heinrich (VII.) in Worms. Druck: WINKELMANN II Nr. 63. Regest: RI V Nr. 3982. – 1227 Apr. (6) bei Kg. Heinrich (VII.) in Oppenheim. Druck: HUILL.-BRÉH. III S. 321 f., Regest: RI V Nr. 4052 (ohne Kenntnis von Mon. Zoll. I Nr. 123). – 1234 März 18 bei Kg. Heinrich (VII.) in [Kaisers-]Lautern. Druck: HUILL.-BRÉH. IV S. 644 f. Regesten: MrhRegg II Nr. 2108; RI V Nr. 4313 mit unvollständiger Zeugenreihe. Vgl. ZINSMAIER (1952) S. 551–553 und DENS. (1954) S. 266. Wohl am gleichen Tage: RI V Nr. 4314. – 1235 (März) bei Kg. Heinrich (VII.) auf Spiegelberg. Druck: HUILL.-BRÉH. IV S. 722 f. Regest: RI V Nr. 4375. – Daß der Graf die Beurkundung Ks. Friedrichs II. für den Deutschen Orden im Januar 1223 bezeugt habe (so BRINCKMEIER I S. 43, noch dazu fälschlich zu 1226 und ohne Beleg), sich also bei diesem in Capua aufgehalten haben müßte, ist ein Irrtum. Die betreffende Zeugenreihe ist inseriert und bezieht sich auf ein Privileg von 1214 Sept. 5; vgl. den Abdruck der Urkunde von 1227 bei HUILL.-BRÉH. II S. 294–296; Regest: RI V Nr. 1435.

4 RI V Nr. 11145a von 1234 Okt. 9 und MrhRegg II Nr. 5152 = RI V Nr. 4380a von 1235 Apr. 25; dazu auch FRANZEL, König Heinrich VII. von Hohenstaufen S. 162 und KAUL S. 248. Analyse und Bewertung des teilweise nur scheinbaren Gegensatzes zwischen Kaiser Friedrich II. und seinem Sohn bei Hansmartin SCHWARZMAIER, Das Ende der Stauferzeit in Schwaben: Friedrich II. und Heinrich (VII.), in: Bausteine zur gesch. LK v. B.-Württ., Stuttgart 1979, S. 113–127.

5 Bei der Huldigung als *homo legius* des Herzogs von Lothringen am 29. Sept. 1242 (s. S. 237 mit Anm. 6) hat Graf Friedrich [III.] als mehrfach gebundener Vasall seinen Treuevorbehalt an erster Stelle zugunsten des Kaisers ausgesprochen.

6 Zur Haltung Heinrichs (VII.) 1226 und Friedrichs II. 1237 im Dagsburger Erbfolgestreit vgl. S. 126 u. 128.

von Mainz[7] und war am 17. September 1246 auf dem Trifels zugegen, als Isengard, die Gemahlin des königlichen Truchsessen Philipp von Falkenstein, Konrad IV. Burg und Reichsinsignien aushändigte[8]. Von Kaiser Friedrich II. erhielt er 1247 den Befehl, den Klerus aus der Stadt Speyer zu vertreiben[9]. Ob dieser Auftrag zur Ausführung gelangte, ist nicht überliefert[10]. Jedenfalls scheint sich Graf Friedrich auf diese oder andere Weise um die staufische Sache verdient gemacht zu haben, denn König Konrad stattete seinen *familiaris et fidelis* am 9. März 1247 zu Eßlingen bis zur Hauptentscheidung durch seinen Vater mit dem Dorfe St. Paul bei Weißenburg im Speyergau und sämtlichen dem Reiche heimgefallenen Lehensgütern des kinderlos verstorbenen B. von Wegelnburg *(Wæglenb(ur)c)* aus[11]. Daß zu diesem Lehen auch die Burg Wegelnburg gehörte, wie Kaul vermutet[12], ist nicht zu belegen. Die provisorische Belehnung mit St. Paul hingegen fand offensichtlich die kaiserliche Zustimmung, denn Graf Friedrich IV. konnte den Ort 1301 dem Ritter Heinrich von Bannacker zu Lehen geben. Er tat dies unter dem Vorbehalt des Rückkaufs für 50 Mark Silber, die gegebenenfalls in aufzutragenden Eigengütern anzulegen seien[13]. Vor 1292 sollen die von Fleckenstein dieses leiningische Reichslehen als Unterlehen besessen haben[14].

Ganz anders als Graf Friedrich verhielten sich zur gleichen Zeit sein Bruder Emich IV. von Leiningen-Landeck und der Speyerer Elekt Heinrich von Leiningen den Staufern gegenüber. Befand sich Graf Emich mehr oder minder im Fahrwasser seines jüngeren Bruders[15], so dürfte sich die Politik Heinrichs schon sehr früh nach der reichspolitischen Haltung des Mainzer Metropoliten, Siegfried III., gerichtet haben, der ihn seit 1244 protegiert hat[16]. Die konsequente Parteinahme für die päpstliche Seite durchzieht wie ein roter Faden die Lebensgeschichte dieses Speyerer Oberhirten. Sein Pontifikat war von Anfang an politisch fixiert. So befand er

7 RI V Nr. 11384–11385. – RI V Nr. 4446 von 1241 Okt., die den Grafen in Cremona anwesend sein läßt, ist wahrscheinlich eine Fälschung (vgl. Zinsmaier, 1952, S. 535 Anm. 211 und Dens., 1954, S. 267). – Daß sich König Konrad IV. bei seinem Aufenthalt in Speyer im Januar 1246 in der Begleitung des Grafen Friedrich und der Ebersteiner Otto und Eberhard befunden hätte (so Malottki S. 40), geht aus der Urkunde (QuStW I Nr. 216) nicht hervor.

8 Druck: Huill.-Bréh. VI S. 877–879. Regest: RI V Nr. 4515. Erwähnt: Brinckmeier I S. 64.

9 Annales Spirenses S. 84: *Anno 1247. mandavit domnus Fridericus imperator eici clerum Spirensem a civitate Spirensi per Fridericum comitem de Liningen.* Vgl. das Regest bei Malottki Nr. 25, mit den älteren Druckorten.

10 Erhebliche Zweifel meldet diesbezüglich Malottki S. 17f. Anm. 74 an.

11 Ausf. Perg.: FLA, Urkk. Leiningen, sub dato. Druck: Huill.-Bréh. VI S. 882f. (nach einer von [Joh. Gg.] Lehmann über [Joh. Friedr.] Böhmer mitgeteilten fehlerhaften Abschrift des 15. Jhs.). Regest: RI V Nr. 4520 (vgl. Zinsmaier, 1954, S. 266). Erwähnt: Lamey (1773) S. 250; Lehmann III S. 36; Schreibmüller, Landvogtei S. 60 Anm. 2.

12 Kaul S. 255. Seine Ansichten über den Erwerb der Hft. Guttenberg und der Burgen Falkenburg und Neukastel, der ein Jahr zuvor erfolgt sein soll (S. 253f.), sind geradezu abenteuerlich (vgl. dazu unten S. 145 u. 181f.).

13 Am 3. April erteilte Heinrich von Bannacker dem Grafen Friedrich dem Älteren [= IV.] hierüber Revers, ausweislich dessen der Belehnung ein Streit zwischen Lehensherr und Vasall vorausgegangen war. Ausf. Perg.: FLA, Urkk. Leiningen, sub dato. Drucke: Schöpflin, Als. dipl. II Nr. 821; Lamey, advocati prov. Spirg. S. 226f. Nr. 4. Regest: Kremer, Ard. Geschl. CD S. 191 Nr. 52. Erwähnt: Lehmann III S. 36; Schreibmüller, Landvogtei S. 60; Conrad II/1 S. 95.

14 Reichsland III/2 S. 978 und Clauss S. 977, beide leider ohne Nachweis.

15 Dazu S. 148ff.

16 Vgl. Malottki S. 35–38.

sich, zusammen mit seinem Bruder Emich, im Mai 1246 unter den stauferfeindlichen Fürsten, Grafen und Herren, die sich in Veitshöchheim zur Wahl des Gegenkönigs Heinrich Raspe zusammenfanden; allerdings wurde er nicht dessen Kanzler, wie Ficker vermutete[17]. Von seiner aktiven Teilnahme an den folgenden Machtkämpfen zeugen die Benefizien und Provisionen (u. a. auf ein Erzbistum), die der Günstling des Papstes während dieser Zeit empfing[18]. Auch die Wahl des nächsten Gegenkönigs, Wilhelms von Holland, hat Heinrich ausweislich eines päpstlichen Belobigungsschreibens[19] unterstützt, wenn er auch nicht persönlich in Neuß zugegen war[20]. Wie es zu seiner Ernennung zum Reichskanzler kam – als solcher urkundet er bereits 1247[21] –, ist nicht bekannt; Malottki zieht eine Empfehlung durch den Mainzer Erzbischof und die Einflußnahme des Kardinallegaten in Erwägung[22]. An der finanziellen Unterstützung des neuen Königs war im August 1248 Heinrichs Bruder Emich mit einer Leihgabe von 100 Mark Silber beteiligt[23]. Beide Leininger Grafen halfen Wilhelm bei der Belagerung Ingelheims[24] und befanden sich in dessen Gefolge auch noch einen Monat nach Einnahme der königlichen Pfalz (1249 März 28)[25], nämlich am 27. April in der Stadt Mainz[26], wo der Erzstuhl vakant geworden war.

Die Vermutung hat einiges für sich, daß Heinrich, der als päpstlicher Kandidat für das Amt des Metropoliten am Durchsetzungsvermögen des Domkapitels scheiterte[27], die Anerkennung Christians von Weisenau und dessen Investitur durch Wilhelm mit einem verärgerten Wegzug vom Hofe des Gegenkönigs beantwortet hat[28]. Der aus den Wormser Annalen möglicherweise herauslesbare Aufenthalt des Grafen Emich, zusammen mit seinem staufertreuen Bruder Friedrich [III.] von Leiningen, bei König Konrad nach dem 16. August 1249[29] ließe sich mit einem solchen Sachverhalt in Verbindung bringen. Malottki stellt in diesen Zusammenhang mit gutem Grund auch die undatierten Nachrichten über die Besetzung der damals mainzischen

17 RI V Nr. 4867 u. 4868 von Mai 22 u. 23 = Malottki Nr. 4 u. 5. Vgl. Brinckmeier I S. 91; Malottki S. 40 f. – RI V Nr. 4868 von Mai 25 = Malottki Nr. 6 ist eine Fälschung; vgl. Dobenecker III Nr. 1312 (dort nachzutragen das Regest: Mon. Zoll. II Nr. 49) und Zinsmaier (1954) S. 270.

18 Vgl. Malottki S. 42–45.

19 Ebd. Nr. 22.

20 Vgl. ebd. S. 46.

21 Ebd. Nr. 19 u. S. 47 mit Anm. 251.

22 Ebd. S. 48 u. 62.

23 Verpfändungsurkunde Heinrichs vom 2. Aug. (Ebd. Nr. 34. Vgl. Brinckmeier I S. 92, mit falschem Quellennachweis; Malottki S. 51 f).

24 Urkk. v. 1249 Febr. 19 u. 25: RI V Nr. 4964 u. 4967 = Malottki Nr. 44 u. 46. Zu der letztgenannten Urk. sind die Hinweise von Schmitz-Kallenberg (1904) S. 178 Nr. 14 und Zinsmaier (1954) S. 270 auf die in Coesfeld liegende Ausfertigung zu beachten. Zu den Vorgängen vgl. Demandt S. 146 f. und Malottki S. 83. Der Speyerer Elekt befand sich wohl auch am 18. März noch im Lager bei Ingelheim (Malottki Nr. 47 u. S. 83 Anm. 125). Dort mag durchaus auch noch Emich Handlungszeuge der Urk. von März 21 gewesen sein, die nach Ansicht Fickers (RI V Nr. 4972) erst im Juni 1251 zu Neuß ausgefertigt worden ist.

25 RI V Nr. 4972a.

26 Malottki Nr. 48 (dort fehlt ein Hinweis auf das Regest bei Wampach III Nr. 45). Kurz erwähnt auch bei Brinckmeier I S. 91, allerdings irrig zu 1251.

27 Hierzu ausführlich Malottki S. 82–85.

28 Ebd. S. 86 f.

29 Annales Wormatienses, hg. v. Boos, S. 151 f. (dort versehentlich 6. Aug.). Regest: RI V Nr. 4524. Vgl. Malottki S. 86 f. Anm. 3.

Starkenburg an der Bergstraße durch Heinrich und Emich von Leiningen[30]. Während der Speyerer Elekt sich spätestens im Dezember wieder als pflichtbewußter Diener des Apostolischen Stuhls erwies, sein Groll sich also damals gelegt zu haben scheint[31], war Emichs Wankelmut, wenn wir den Wormser Annalen Glauben schenken dürfen[32], doch von längerer Dauer. Obwohl Heinrich am 6. April 1250 von einer eigens gegen ihn gerichteten Heerfahrt König Konrads IV. betroffen worden war und er am mittelrheinischen Kleinkrieg der beiden Reichsoberhäupter im Sommer 1250 aktiv teilgenommen, zumindest am 25. Juli im Bechtolsheimer Lager Wilhelms gestanden hatte[33], soll es im August seiner Überredungskünste bedurft haben, seinen ihm sonst immer gleichgesinnt gewesenen Bruder Emich am Übertritt auf die staufische Seite zu hindern, für welche diesen die Ebersteiner Verwandten zu gewinnen suchten[34]. Von einem Racheakt Konrads gegen die Leininger[35] ist in der genannten Quelle allerdings nicht die Rede; lediglich [das speyerische!] Deidesheim wurde niedergebrannt.

Da sich Graf Emich am 15. Dezember 1251 am Hofe Wilhelms in Köln befindet[36], ist es denkbar, daß er diesen auch im Januar des folgenden Jahres auf der Brautfahrt durch Westfalen nach Braunschweig begleitete. Bei den Hochzeitsfeierlichkeiten war jedenfalls der Speyerer Elekt und Reichskanzler zugegen[37]. Diesem und seinen Nachfolgern auf dem Bischofsstuhl hat der König am 20. März 1252 zu Braunschweig vielfältiger Verdienste wegen die Reichsdörfer Haßloch und Böhl mit Zugehör für 500 Mark reinen Silbers verpfändet[38], in Wirklichkeit jedoch lediglich die Pfandsumme für die bereits von König Philipp versetzten Dörfer erhöht[39]. Dafür, daß Heinrich sie sogleich seinem Bruder Emich lehens- oder pfandweise weitergereicht habe, wie Kaul vermutet[40], bestand deshalb kein aktueller Anlaß; daß sie sich in Emichs Besitz befunden hätten, ist auch nicht im geringsten zu belegen.

Die Annäherung Wilhelms an den exkommunizierten Erzbischof Gerhard von Mainz im Sommer 1252, die den Speyerer Elekten dem König für längere Zeit entfremdet haben soll[41], hatte keine Auswirkungen auf das Verhältnis des Grafen Emich zum Hofe. Bei seinem Frankfurter Aufenthalt am 5. Oktober 1252 genehmigte Wilhelm dem Leininger, seine

30 Malottki Nr. 51, 92, 93 sowie S. 87–93 u. 95; zum weiteren Fortgang der Streitigkeiten um die Burg ebd. S. 121f. u. 133.
31 Vgl. ebd. S. 96.
32 Zur Kritik dieser Quelle ebd. S. 99f.
33 Zorn, Wormser Chronik S. 91f.; Annales Wormatienses S. 152. Vgl. Malottki Nr. 67 u. 69 und S. 97f.
34 Annales Wormatienses S. 153. Regest: Malottki Nr. 72a. Vgl. auch ebd. S. 98f.
35 So Malottki S. 99.
36 Regest: RI V Nr. 5054; Malottki Nr. 90. Kurz erwähnt: Brinckmeier I S. 91.
37 Malottki Nr. 95; vgl. ebd. S. 122f.
38 Druck: UBiSp I Nr. 271. Regest: Malottki Nr. 97.
39 Vgl. die Urk. Kg. Alfons' von Kastilien von 1257 Sept. 21 (Malottki Nr. 197).
40 Kaul S. 266f. Die dort gegebene Begründung ist nicht stichhaltig. Mitaussteller der Urk. von 1253 Juni 18 ist Graf Emich wohl als Patronatsherr, wie er auch als Lehensherr der Ritter Anton von Kirrweiler und Kuno gen. von Hardenburg (nicht von Hartenstein, wie Kaul angibt) über zwei Teile des großen Zehnten zu Haßloch genannt wird (Ausf. Perg.: BayHStA, Rhpf. Urkk. Nr. 1874; Regest: Malottki Nr. 130; vgl. ebd. S. 134f.). Von einer »Pflege« Haßloch zu sprechen ist überdies anachronistisch. Die spätere Direktverpfändung von Haßloch, Böhl und Iggelheim durch das Reich an Leiningen (s. unten S. 182) ist Kaul (S. 267 Anm. 211) entgangen.
41 Malottki S. 127–133.

Gemahlin Elisabeth auf die reichslehnbare Burg Landeck samt Zugehör zu bewittumen[42]. Wahrscheinlich war Emich persönlich anwesend, als ihm dieser Gunstbeweis zuteil wurde. Auch am 27. November zu Mainz befand er sich im königlichen Gefolge, als die Verdienste seines Bruders Heinrich belohnt wurden[43]. Seit dem 18. Mai 1254 ist auch der Reichskanzler wieder bei Hofe nachweisbar[44]. Den vom Papst für ein Bistum nach Wahl providierten Speyerer Elekten[45] hat König Wilhelm im Würzburger Bischofsstreit[46] damit unterstützt, daß er dem kanonisch gewählten Iring von Reinstein die Verleihung der Regalien versagte[47].

Dem am 13. Juli 1254 gegründeten[48] und von König Wilhelm am 10. März 1255 anerkannten[49] Rheinischen Bund[50] hielt sich der erwählte Bischof Heinrich fern[51]. Freunde und Feinde dieser von den Städten angeregten Landfriedenseinung fanden sich in seiner Verwandtschaft gleichermaßen. Zu den gräflichen Bundesgliedern gehörten Ende 1255 [Friedrichs III. Witwe] Adelheid und [ihr Sohn] Friedrich [IV.] von der Leininger Hauptlinie[52]. Friedrich, welcher der Wormser Chronik zufolge schon bei der Gründung zugegen gewesen sein soll[53], beteiligte sich Ende November/Anfang Dezember 1255 am Landfriedenszug des Bundes gegen Hermann von Rietburg[54]. Hingegen hat sein Oheim, Graf Emich [IV. von Leiningen-Landeck], im Herbst 1254 dem Werner von Bolanden militärische Unterstützung gegen die Bündischen gewährt[55] und den auf den 29. September 1255 anberaumten Straßburger Städtetag durch Gefangennahme der Mainzer und Wormser Gesandten tags zuvor verhindert[56].

42 Ausf. Perg.: BayHStA, Kaiserselekt 933. Druck: Mone in ZGO 11 S. 288 (nach der damals in Straßburg gelegenen Ausf.). Regest: RI V Nr. 5126. Vgl. hierzu auch S. 171.

43 Die Speyerer Domkirche erhielt die mutmaßlichen Reichsrechte an der bedeutenden Burg Kislau zum Geschenk. Druck: UBiSp I Nr. 273. Regest: Malottki Nr. 117. Die Bedeutung dieser Burg für die Herrschaft über den oberen Bruhrain hat Meinrad Schaab, Herrschaft und Staat, in: Die Stadt- und Landkreise Heidelberg und Mannheim, Amtliche Kreisbeschreibung, Bd. I. [Stuttgart] 1966, S. 215–267, hier S. 231, herausgestellt. Vgl. auch Malottki S. 131f.

44 Malottki Nr. 142.

45 Ebd. S. 139–141.

46 Hierzu ausführlich Malottki S. 138–150 und 156–165.

47 Ebd. Nr. 176 u. S. 146 Anm. 50.

48 MGH Const. II Nr. 428/I; Zeumer, Quellenslg. 1. Aufl. Nr. 67/I = 2. Aufl. Nr. 71/I. Regest: Ruser I Nr. 209. Vgl. auch die Aussagen der erzählenden Quellen, zusammengestellt bei Ruser I Nr. 210–214.

49 MGH Const. II Nr. 371. Regest: Ruser I Nr. 226. Am 6. Febr. begegnen erstmals Städteboten in der Reichsversammlung (MGH Const. II Nr. 370. Regest: Ruser I Nr. 224).

50 Hierzu vor allem Bielfeldt (1937) mit der älteren Literatur; die jüngere Literatur führt Gerlich (1967) S. 61 Anm. 56 auf; das Thema berühren auch Angermeier (1966) S. 37–47 und Trautz (1969) S. 30. Vgl. jetzt Ruser I S. 192–229 mit der Zusammenstellung aller erreichbaren Quellen.

51 Vgl., auch für das Folgende, Malottki S. 150–156.

52 MGH Const. II Nr. 428/VI; Zeumer, Quellenslg. 1. Aufl. Nr. 67/VI = 2. Aufl. Nr. 71/VI. Regest: Ruser I Nr. 255. Lehmann III S. 38 spricht fälschlich vom Anschluß Friedrichs III. und seiner Gattin Adelheid. Zur Datierung der Liste vgl. Bielfeldt S. 80 und Trautz (1978) S. 29.

53 Zorn, Wormser Chronik S. 102. Regest: Ruser I Nr. 213.

54 Chronicon Wormatiense saec. XV, hg. v. Boos, S. 54 (zu 1254); Zorn, Wormser Chronik S. 104. Regesten: RI V Nr. 5285a; Ruser I Nr. 259 und 259a. Vgl. Bielfeldt S. 56f.; Trautz (1978) S. 31 mit Anm. 57.

55 Annales Wormatienses, hg. v. Boos S. 154; Zorn, Wormser Chronik S. 102 (= Zusatz Flersheims, ohne namentliche Nennung Leiningens). Regest: Ruser I Nr. 217. Erwähnt: Brinckmeier I S. 95 (irrtümlich zu 1254; von einer Friedensvermittlung durch Emich kann nicht die Rede sein).

56 Nach Friedrich Zorns Wormser Chronik fand der Überfall am 24. Sept. statt und mußte Gf. Emich seine Gefangenen – Wolfram von Pfeddersheim *(Pettersheim)*, Ritter, u. Heinrich Richer, Ratsherren von

Die erstgenannte, angesichts der Machtverhältnisse geradezu vermessene Unternehmung scheint Emichs Verhältnis zum Reichsoberhaupt noch keineswegs getrübt zu haben. Gerade für den Beginn des Jahres 1255 sind von ihm relativ zahlreiche Hofaufenthalte bezeugt: Am 13. Februar zu Speyer (bei der königlichen Bestätigung der städtischen Privilegien!)[57], am 5. März zu Hagenau[58], am 23. März zu Boppard. Dort gehörte er zu jenen Getreuen des Königs, die beauftragt wurden, den Grafen von Katzenelnbogen, den von Eppstein und Hanau und den Eppsteinschen Erben für die Hälfte gehabter Schäden und aufgenommener Schulden Reichsgüter zu verpfänden[59]. Ihm selbst hat Wilhelm an diesem Tage das Meieramt in Billigheim *(Bullinkem)* und den Hof in Godramstein *(Goderamestein)* mit allen zugehörigen Gütern für 500 Mark Silbers versetzt[60]. Durch die Gefangennahme der Städteboten Ende September hat sich der Graf dann offenbar beim König unbeliebt gemacht. Der Tag des Rheinischen Bundes vom 10. November zu Oppenheim fand in Wilhelms Gegenwart statt und war ein deutliches Strafgericht über den Leininger[61].

Emichs Verhältnis zum Rheinischen Bund hat sich danach keineswegs gebessert. Als ehemalige Bundesstädte an Pfingsten 1257 erfolglos den Markgrafen Rudolf [I.] von Baden in Selz belagerten, stand der Graf auf der Gegenseite. Die Stadt Worms mußte am 27. Mai etliche Bürger aus leiningischer Gefangenschaft freikaufen[62]. Erst am 28. September desselben Jahres konnte Emich für Worms gewonnen werden. Die Bürger versicherten sich seiner Hilfe auf zwei Jahre gegen 300 Kölner Mark[63]. Der Vertrag wurde wohl 1259 erneuert, jedenfalls exakt am 28. September 1262 um zwei weitere Jahre verlängert[64]. So gewährte Emich am 5. Juni 1260 den seinem Bruder Heinrich verbündeten Wormsern Unterstützung gegen Jakob von Stein und Simon von Gundheim samt deren Helfern[65]. Neben dem Grafen F[riedrich IV.] von Leiningen

Worms, sowie etliche Boten von Mainz – neun Tage darauf freilassen, ohne daß er ein Lösegeld erhalten hatte (ZORN, Wormser Chronik S. 103. Regest: RUSER I Nr. 252. Erwähnt: CONRAD II/1 S. 36). Nach der zeitgenössischen Version der Bundesaufzeichnungen (Druck: MGH Const. II Nr. 428/V. Regesten: RI V Nr. 11723a; RUSER I Nr. 253. Erwähnt: LEHMANN III S. 38; BRINCKMEIER I S. 95) ist das Geschehen jedoch auf den 28. Sept. zu datieren. Die Namen der Wormser Gesandten sind die gleichen wie bei Zorn, als Mainzer Boten werden der Kämmerer Arnold und der Schultheiß Friedrich genannt. Die Gefangennahme erfolgte nicht bei Haardt (so CONRAD II/1 S. 36 auf Grund von Zorns Angabe *Hardt*); *Herde* (so die zeitgenössische Quelle) ist eindeutig Hördt/Kr. Germersheim (vgl. die Namensformen bei CHRISTMANN I S. 270).

57 Druck: UStSp Nr. 84.

58 MALOTTKI Nr. 150.

59 Druck: HessUB II/1 Nr. 305. Regest: RGZ Nr. 117. Erwähnt: BRINCKMEIER I S. 94 (unter falschem Datum und mit den Fehlern der älteren Drucke). Eine generelle Verfügungsgewalt des Grafen Emich IV. von Leiningen-Landeck über Reichsgut, sei es auch nur in einem bestimmten Gebiet, ist uns nicht bekannt. Zur Problematik vgl. SCHWIND, Die Landvogtei in der Wetterau (1972) S. 89.

60 Ausf. Perg.: BayHStA, Sponh. Urkk. Nr. 1027. Druck: KREMER, Ard. Geschl. CD S. 251 Nr. 5 (fehlerhaft). Regest: RI V Nr. 5248 (mit falscher Pfandsumme). Erwähnt: BRINCKMEIER I S. 94 (mit falschem Datum); KAUL S. 269 u. 289f. spricht übertreibend vom »Amt Billigheim« und konstruiert daraus einen ganzen Herrschaftskomplex.

61 MGH Const. II Nr. 428/VII; ZEUMER, Quellenslg. 1. Aufl. Nr. 67/VII = 2. Aufl. Nr. 71/VII. Regesten: RI V Nr. 5281a; RUSER I Nr. 258. Erwähnt: BRINCKMEIER I S. 65.

62 Annales Wormatienses, hg. v. BOOS S. 155; RUSER I Nr. 273.

63 Annales Wormatienses, hg. v. BOOS S. 155. Erwähnt: MONE in ZGO 6 (1855) S. 167 Anm. 4; BRINCKMEIER I S. 97.

64 Annales Wormatienses, hg. v. BOOS S. 159. Erwähnt: MONE a. a. O.

65 Chronicon Wormatiense S. 197; MALOTTKI Nr. 230. Der Streit wurde am 16. Sept. durch Kg. Richard entschieden (QuStW I Nr. 289; MALOTTKI Nr. 235).

und Bischof Heinrich beteiligte er sich auch am Zug der Wormser Bürger gegen die »Räuberhöhle« Alzey *(speluncam latronum Altzeiam)*, der am 1. Juli 1260 begonnen und elf Tage später erfolgreich beendet wurde[66]. Allerdings hatte sich die reichspolitische Szene insgesamt verändert.

In der Phase der Entscheidung für einen Nachfolger des am 28. Januar 1256 von den Friesen erschlagenen Wilhelm von Holland[67], waren der Speyerer Elekt und sein Bruder Emich zunächst getrennte Wege gegangen[68]. Heinrich nahm am 1. April 1257 zu Frankfurt an der Wahl Königs Alfons' von Kastilien teil[69] und führte die Gesandtschaft an, die im Sommer 1257 nach Spanien reiste, um dem neuen König die erfolgte Electio anzuzeigen[70]. Er blieb auch nach Abschluß seiner eigentlichen Mission noch in Burgos, wurde dort zum Kanzler ernannt und erhielt am 21. und 22. September königliche Bestätigungen der von Alfons' Vorgängern an die Speyerer Kirche getätigten Verpfändungen und Schenkungen; wie es heißt, zur Belohnung seiner treuen Ergebenheit und in Erwartung weiterer nützlicher Dienste[71].

Inzwischen hatte sich sein Bruder Emich dem König Richard von Cornwall angeschlossen und von diesem am 21. Juni zu Bonn die Bestätigung über die von König Wilhelm getätigte Verpfändung – Dorf Godramstein *(»villam de Goderamesteine«)* und Hof Billigheim *(»curtem de Bullinchem«)* – erwirkt[72]. Territorialpolitisch bedeutsamer war die am 25. September 1257 zu Alzey erlangte königliche Zusage, die Reichslehen auf die Töchter vererben zu dürfen[73]. Im gleichen Zusammenhang steht die tags darauf erfolgte Genehmigung, das Wittum der Elisabeth von Leiningen auf die Reichsburg Landeck anzuweisen[74].

Daß die Entscheidung für das eine oder das andere Reichsoberhaupt keiner tiefen inneren Überzeugung entsprang, sondern der Nützlichkeitsgedanke dabei im Vordergrund stand, läßt sich am gegenseitigen Verhalten der beiden Brüder ablesen, die sich nun keineswegs als Feinde betrachteten: Bei der Wormser Bischofswahl am 28. Dezember 1257 befand sich Emich im Gefolge Heinrichs[75]. Den Bürgern der Stadt gegenüber hat jeder für sich seine Sache verfochten. Der Elekt verband am 16. Januar 1258 die Wormser den Speyerern unter dem gemeinsamen Ziel, dem gewählten König Alfons Gehorsam zu leisten, wenn dieser das Reich in Besitz nehme und verteidige, und nur falls dies nicht geschehe, sich – wiederum gemeinsam –

66 Annales Wormatienses, hg. v. Boos S. 156f. Regesten: MALOTTKI Nr. 231; RUSER I Nr. 274; vgl. auch ebd. S. 231.

67 Vgl. hierzu TRAUTZ (1969) S. 31ff. u. 38–41.

68 Vgl. zum folgenden KAUL S. 271–273 und MALOTTKI S. 166–170.

69 MALOTTKI Nr. 193.

70 Ebd. Nr. 196. – Ankunft in Burgos am 15. Aug., »am 18. fand die feierliche Verkündigung der Wahl vor K. Alfons statt, am 21. erklärte dieser sie anzunehmen« (Oswald REDLICH, Zur Wahl des römischen Königs Alfons von Castilien, 1257, in: MIÖG 16, 1895, S. 659–662, hier: S. 660. Unter Bezug darauf auch Antonio BALLESTEROS-BERETTA, Alfonso X el Sabio, Barcelona etc. 1963 S. 186f.; über den weiteren Aufenthalt der dt. Gesandten ebd. S. 187–189).

71 MALOTTKI Nr. 197–198.

72 Ausf. Perg.: BayHStA, Sponh. Urkk. Nr. 1028. Druck: AI selecta Nr. 379 (nach einer nicht buchstabengetreuen Abschrift). Regest: RI V Nr. 5312 (ungenau). Erwähnt: BRINCKMEIER I S. 96. Die Ansicht KAULS S. 272, daß dieser Besitz dem Grafen »rechtlich als am wenigsten abgesichert erscheinen mochte«, ist völlig unbegründet.

73 Vgl. Anm. 357.

74 Vgl. Anm. 356.

75 Chronicon Wormatiense, hg. v. Boos S. 188f. Regest und Zitat: MALOTTKI Nr. 200.

einem anderen König anzuschließen[76]. Hingegen hat im Juli 1258 Graf Emich zusammen mit u. a. dem Mainzer Erzbischof als Unterhändler der Stadt Worms die Anerkennung König Richards betrieben[77]. Nicht auszuschließen ist allerdings, daß sich auch Heinrich von Leiningen bereits damals eines anderen hat belehren lassen, wie ja auch die Abmachungen vom 16. Januar schon nicht mehr von der hundertprozentigen Überzeugung getragen waren, daß Alfons von Kastilien einmal deutschen Boden betreten werde. Jedenfalls befinden sich am 6. Oktober 1258 in Speyer anläßlich der Privilegienbestätigung für die Stadt beide leiningische Brüder unter den Beurkundungszeugen König Richards[78]. Sowohl Bischof Heinrich[79] als auch Graf Emich wurden vom nunmehr unbestrittenen Reichsoberhaupt verschiedentlich zu Schiedsrichtertätigkeiten oder zur Ahndung künftiger Friedensbrüche ausersehen[80]. In die Zeit zwischen den Hofaufenthalt der zwei Leininger am 22. und 23. November 1262 in Weißenburg[81] und den von ihnen besuchten Wormser Reichstag vom April 1269, der sich in erster Linie mit der Erneuerung des rheinischen Landfriedens befaßte[82], fällt die lange Abwesenheit Richards vom Reiche[83].

1269 fand auch beider Leininger Neffe[84], Graf Friedrich IV. von der Leininger Hauptlinie, Zugang zum Hofe. Noch vor Eröffnung des erwähnten Reichstags, an dem er ebenfalls teilgenommen hat, nämlich bereits am Ankunftstag des Königs in Worms (7. März), ließ er sich von Richard zu dessen Hofgesinde annehmen[85]. Daß er auch bei der Königshochzeit am 16. Juni in Kaiserslautern zugegen war, ist aus diesem Grunde wahrscheinlich, aber nicht überliefert. Die Teilnahme seiner Oheime (Bischof Heinrich von Speyer, Bischof Berthold von Bamberg, Dompropst Walram von Worms und Graf Emich [IV.] von Leiningen[-Landeck]) kann aus dem drei Tage später bei Neustadt, also wohl auf der Rückreise von Kaiserslautern,

76 Annales Wormatienses, hg. v. Boos S. 155. Regest und Zitat: Malottki Nr. 204.

77 Zorn, Wormser Chronik S. 109f. Regest und Zitat: RME II Nr. XXXV/224. – Kaul S. 273 sah in jenem Hilfeleistungsabkommen Emichs mit den Wormser Bürgern vom 28. Sept. 1257 (vgl. oben S. 136 mit Anm. 63) eine »Rückversicherung bei Alfons von Kastilien«, zu welchem die Stadt »damals noch fest« gestanden habe. Das ist bestimmt nicht richtig gesehen. Es handelte sich hierbei um ein einseitiges Schutzbündnis, für das der Graf die stattliche Summe von 300 Kölner Mark empfing.

78 Druck: UStSp Nr. 91. Regesten: RI V Nr. 5355; Malottki Nr. 209. Daß erst der Übertritt des Elekten die Speyerer Bürger »zur Anerkennung des Königs bewogen« habe (Kaul S. 273), ist eine äußerst fragwürdige Interpretation. In der Regel ging die Stadt doch andere Wege als ihr geistliches Oberhaupt. Daß es diesmal die gleichen waren, liegt m. E. einzig in des Gegenkönigs Abwesenheit vom Reiche begründet.

79 Die Weihe fand zwischen dem 22. Nov. 1259 und dem 7. März 1260, wahrscheinlich am Weihnachtsfest, statt (Malottki Nr. 225).

80 Heinrich am 26. Aug. u. 12. Sept. 1260 (Malottki Nr. 232 u. 233), beide Grafen am 16. Sept. 1260 (QuStW I Nr. 289; Malottki Nr. 235).

81 Elsäss. Urkk. Nr. 27 u. 28; Malottki Nr. 271 u. 272.

82 Annales Wormatienses S. 161. Regesten: RI V Nr. 5455a; RME II Nr. XXXVI/223; Malottki Nr. 344; Ruser I Nr. 276. Erwähnt: Brinckmeier I S. 62 (fälschlich zu 1269 Nov. 14) u. S. 65; Kaul S. 276 (zu 1268; sieht auf Grund dieses Irrtums den Landfriedenszug gegen die badische Stadt Selz vom Mai 1268 – s. unten S. 169 – als eine Folge jener Erneuerung des Landfriedens an). Vgl. auch Gerlich (1967) S. 115 und Trautz (1969) S. 46.

83 RI V Nr. 5421a–5443a. Vgl. Trautz a. a. O.

84 Brinckmeier I S. 62 spricht hier irrtümlich von den »Brüder(n)« Friedrich und Emich, desgl. S. 65.

85 Annales Wormatienses S. 160. Regest: RI V Nr. 5451a. Erwähnt: Brinckmeier I S. 55f.

ausgestellten Urkunden über die Belehnung des Pfalzgrafen durch den Bamberger Bischof erschlossen werden[86].

Für die Regierungszeit Rudolfs von Habsburg treffen wir auf das ergiebigste Urkundenmaterial über die leiningischen Beziehungen zum Reichsoberhaupt. Es dokumentiert eine für die Grafen besonders fruchtbringende Zusammenarbeit mit dem König, bei der die – allerdings nicht zwei- oder gar dreifache – Verwandtschaft der Häuser Habsburg und Leiningen[87] eine gewisse Rolle gespielt haben dürfte. Andererseits sollte diese familiäre Bindung auch nicht überbewertet werden, zumal es sich bei den damals lebenden Akteuren nicht mehr um Vettern ersten Grades handelte und sich die für die Hauptlinie gültige Blutsverwandtschaft für die von Emich IV. getragene Nebenlinie Leiningen-Landeck nur als Schwägerschaft darstellt.

Schon die Tatsache, daß die Anwesenheit Emichs IV., nicht hingegen die des näher mit Rudolf versippten Friedrich IV., in Frankfurt in den Tagen der Königswahl verbürgt ist[88], macht deutlich, daß sich hier nicht einfach Anverwandte zusammenfanden. Emichs Gegenwart erklärt sich doch auch zu einem erheblichen Teil aus seinem Ansehen bei den Reichsfürsten und der Rolle, die er bislang in der Reichspolitik – zunächst im Schlepptau seines Bruders Heinrich, dann aber auch eigenständig – gespielt hatte. Schließlich gab es ja auch Gegenstimmen innerhalb

86 RI V Nr. 5463a; MALOTTKI Nr. 347. Vgl. KAUL S. 277. Der Name der Gemahlin König Richards (Beatrix von Valkenburg) wird auch in der jüngsten Literatur immer wieder unrichtig wiedergegeben (KAUL: »von Falkenberg«, MALOTTKI: »von Falkenstein«). Zur Klärung der Mißverständnisse über Beatrix' Herkunft sei nachdrücklich auf die Abhandlung von Fritz TRAUTZ (1969) über Richard von Cornwall (hier: S. 47–50) hingewiesen; dort wird auch die Ansicht von einer zweiten Ehe der Königin Beatrix, nach Richards Tod (2. Apr. 1272), eindeutig widerlegt (S. 52). Zur Genealogie der Herren von Valkenburg aus dem Hause der Grafen von Kleve vgl. jetzt SCHWENNICKE VI Tafel 22. – Über den Neustadter Aufenthalt der Leininger Grafen s. unten S. 156 (mit den Nachweisen).

87 Die von REDLICH S. 18 angeführte Eheverbindung Friedrichs I. (Emich) von Leiningen mit einer Schwester Rudolfs II. von Habsburg, des Großvaters König Rudolfs, schuf keine Blutsverwandtschaft des Königs mit dem jüngeren (= saarbrückischen) Hause Leiningen. Auch das Modell der Verwandtschaft über Gottfried von Staufen (REDLICH a. a. O. u. S. 768 Tafel 4; KAUL S. 278 u. Tafel im Anhang = unverändert nach Redlich) ist hinfällig. Friedrichs III. und Emichs IV. von Leiningen Großvater mütterlicherseits, Eberhard von Eberstein, war nicht mit einer Kunigunde von Staufen verheiratet, sondern mit Kunigunde von Andechs, Tochter Herzog Bertholds von Meranien und der Agnes von Rochlitz (vgl. WUNDER, 1975, S. 99 f.). So bleibt allein die Verwandtschaft über das Haus Kyburg (vgl. hierzu auch die Stammtafeln von Ernst DIENER und Carl BRUN sowie BRUN S. 77–81):

Ulrich III. v. Kyburg
⚭ Anna v. Zähringen

Werner I. v. Kyburg
⚭ Alix-Bertha v. Lothringen
|
Adelheid v. Kyburg
⚭ Friedr. III. v. Leiningen – Bruder: *Emich IV. v. L-Landeck*
|
Friedrich IV. v. Leiningen

Heilwig v. Kyburg
⚭ Albrecht IV. v. Habsburg
|
Kg. Rudolf

Eine weitere Verschwägerung zwischen dem König und der Linie Leiningen-Landeck sollte sich später dadurch ergeben, daß Emichs IV. gleichnamiger Sohn in Katharina von Ochsenstein eine direkte Nichte Rudolfs heiratete, vgl. Anm. 376.

88 S. Anm. 91.

der Familie, wenn auch nicht aus Eigeninitiative: Emichs Bruder, Bischof Berthold von Bamberg[89], hat am 29. September 1273 namens Ottokars von Böhmen gegen Rudolfs Wahl protestiert[90]. So dürfte es kaum allein die gerne herbeizitierte verwandtschaftliche Beziehung und können es schon gar nicht die vermeintlichen Blutsbande gewesen sein, die Emich am 7. Oktober veranlaßten, gegenüber dem Trierer Erzbischof Gewähr für den diesem vom gewählten König zugesagten Wahlkostenersatz zu übernehmen[91]. Hier wird überdies von der Leiningen-Literatur im Eifer oder mit Fleiß übersehen, daß der Graf keineswegs der einzige und auch nicht der vornehmste der gestellten Bürgen gewesen ist[92]. Nüchtern gesehen ging es wohl um den persönlichen Kredit, der sich durch diesen Vertrauensbeweis gewinnen ließ.

Daß die Beziehungen zum neuen Reichsoberhaupt damit einen guten Anfang nahmen, ist kaum zu bestreiten. Es künden davon nicht nur die zahlreichen Hofaufenthalte Emichs IV. und seines mit dem Habsburger blutsverwandten Neffen Friedrich IV., später auch beider Söhne[93], die Teilnahme an Rudolfs kriegerischen Unternehmungen[94] und königlicherseits angeordneten Landfriedenszügen[95], die Vermittlerrollen, welche die Leininger im Auftrage des Königs oder zwischen diesem und seinen Gegnern übernahmen[96], die ihnen aufgetragenen Schutzfunktionen[97] und die sehr nachsichtige Ahndung leiningischer Untaten[98]. Der Habsburger entgalt den Grafen ihre Anhänglichkeit und Dienstbeflissenheit mit der größtmöglichen Hilfestellung, die er ihnen beim Ausbau ihrer politischen und territorialen Macht im Speyergau leisten konnte.

Die hervorragendste Aufgabe, mit der König Rudolf einen Leininger betraut hat, war die Ernennung des Grafen Friederich [IV.] von Leiningen zum Landvogt im Speyergau[99]. Wann sie geschah, ist nicht zu ermitteln; es ist fraglich, ob sie jemals schriftlich fixiert wurde. Ebensowenig bekannt ist, wer der direkte Vorgänger war; unter König Wilhelm übte das Amt

89 Das Verhältnis Bertholds zu Rudolf steht hier nicht zur Untersuchung an. Es sei jedoch auf die durch den Bamberger Bischof wohl im Sommer (?) 1279 in Wien vorgenommene und am 17. Sept. 1279 zu Bamberg beurkundete Belehnung des Königs für seine Söhne mit den dem Hochstift heimgefallenen Lehen in Österreich, Kärnten, Krain und der Windischen Mark hingewiesen (RI VI/1 Nr. 1128; RGK Nr. 229).

90 RI VI/1 Nr. 1 S. 5; vgl. Redlich S. 164 und Kaul S. 278. Zur verfassungsgeschichtlichen Problematik: Bruno Saurbier, Der sogen. bayrisch-böhmische Kurstreit im 13. Jahrhundert, Phil. Diss. Breslau 1929.

91 MGH Const. III Nr. 7.

92 Brinckmeier I S. 102; Kaul S. 278.

93 S. Anhang I/5.

94 Während des Österreichfeldzuges ist Graf Friedrich IV. von Sept. 1276 bis Mai 1277 am Hofe nachweisbar; bei der Belagerung Colmars ist er am 14. Juni 1285 zugegen (s. Anhang I/5).

95 So im Jahre 1274 gegen die markgräflich badische Stadt Selz (Anm. 338, letzter Absatz).

96 S. Anhang IV S. 243f.

97 Am 18. Jan. 1275 erhielt Graf F[riedrich IV.] von Leiningen den Auftrag, das Kloster Otterberg [wohl vor allem gegen die von Wartenberg, vgl. S. 243, Urk. v. 1274 Sept. 11] zu schützen, insbesondere an dessen Rechten in den Wäldern Waldmark, Brand und Fronden, die es von dem Reichsministerialen Reinhard von Hohenecken erkauft hat (Drucke: Würdtwein, Mon. Pal. I Nr. 80; [besser:] Lamey, advocati prov. Spirg. S. 225f. Nr. 3. Regest: RI VI/1 Nr. 320. Vgl. Redlich S. 461 und Schreibmüller, 1905, S. 38f.; Kaller, 1961, S. 39f.; vgl. unten S. 144 bei Anm. 126). – Zu unbekanntem Termin vor 1282 beauftragte König Rudolf den Grafen [Friedrich IV.] von Leiningen mit dem Schutze der Dominikanerinnen von St. Lambrecht, den dieser aber, nach Ansicht der Nonnen, nicht wirkungsvoll ausübte (RI VI/1 Nr. 1469).

98 S. Anhang IV S. 244.

99 Vgl. zum Folgenden die gründliche und immer noch unentbehrliche Abhandlung Schreibmüllers über die Landvogtei im Speyergau (1905), hier S. 37ff., wo der Graf allerdings irrtümlich als Friedrich III. beziffert wird.

Graf Adolf von Waldeck aus[100]. Die älteren Ansichten und Behauptungen, wonach Graf Emich IV. von Leiningen[-Landeck] in den Jahren 1255 bis 1268 Landvogt im Speyergau gewesen wäre[101], hat schon Schreibmüller als unbegründet zurückgewiesen[102]; dies wird in der neueren Literatur leider nicht immer beachtet[103].

Graf Fr[iedrich IV.] nennt sich erstmals am 11. August 1277 *iudex provincialis a serenissimo domino R*(udolfo) *Romanorum rege constitutus*, als er die Straßburger Bürger auffordert, bevollmächtigte Boten zu den auf Mittwoch nach Mariä Himmelfahrt [18. August] anberaumten Landfriedensverhandlungen nach Mainz zu senden[104]. Die gleiche Amtsbezeichnung findet sich in der Intitulatio des von Friedrich am 30. November 1277 für den Ritter Heinrich von Hohenecken ausgestellten Lehensbriefs über die von dem Leininger selbst vom Reich zu Lehen getragene Burg Hohenecken[105] und in jener der von Friedrich ausgestellten Urkunde über den am 13. Juni 1279 *in iudicio provinciali* verhandelten Allmendetausch zwischen dem Kloster

100 Vgl. ebd. S. 35.

101 Lehman, Chronica S. 296 gibt das Jahr 1268 (ohne Nachweis); Lehmann, Gesch. von Landau S. 6: »erhielt nach dem Absterben des Königs Wilhelm Graf Emich IV. im Jahre 1256 [!] diese Würde von dem deutschen Könige Richard von England« (ohne Bezeichnung der Vorlage); Mone in ZGO 3 (1852) S. 300 und nach ihm Brinckmeier I S. 100 Anm. 1 sehen einen direkten Zusammenhang zwischen dem Besitz der Landvogtei und der Gründung der Stadt Landau, die »zum Schutze« des »eine Stunde [!] nordwestlich von Landau« gelegenen Landgerichts »wünschenswerth« gewesen sei (Brinckmeier); Probst S. 6 u. S. 15: »1255 von König Wilhelm ernannt«, habe Graf Emich von Leiningen »noch 1268 dieses Amt bekleidet« (mit Berufung auf Lehmans Chronica, wo jedoch an den angegebenen Stellen das Jahr 1255 gar nicht erwähnt wird).

102 Schreibmüller (1905) S. 36.

103 So bei Henrich (1974) S. 87f. und Hess (1974) S. 53 u. 56. Graf Emich IV. hatte in Landau einen Vogt sitzen, aber keinen »Untervogt« der Landvogtei!

104 Druck: MGH Const. III Nr. 155; dort und auch vorher nie genannte ältere Regesten: Kremer, Ard. Geschl. CD S. 187 Nr. 34; Scriba III Nr. 1877 (irrig zu Aug. 10); RME II Nr. XXXVI/405 (fälschlich zu 1276) u. 432. Jüngstes Regest: Ruser I Nr. 283 mit Anmerkungen ebd. S. 232. Vgl. auch die nur als Formulare erhaltenen diesbezüglichen Schreiben Kg. Rudolfs: MGH Const. III Nr. 153 u. 154. Der Tag fand dann allerdings entweder nicht am 18. Aug., sondern erst am 26. Nov. statt (vgl. das im Anschluß daran erfolgte Schreiben des Grafen an den Kg., Anhang IV S. 244), oder blieb doch zumindest ergebnislos wie die Novembertagung. Hinter der Initiative des Leiningers sieht die jüngere Forschung den »Anspruch des Königtums auf die Friedenswahrung aus übergeordneter Kompetenz«; der vom Mainzer Erzbischof vorgesehene Regionallandfrieden sollte verhindert werden (Gerlich, Landfriedenspolitik S. 60; hiernach Angermeier S. 63, Schwind S. 193 und Martin S. 129). Das Scheitern der Mainzer Verhandlungen führte zum Hagenauer Landfrieden vom 24. Juni 1278 als einem Bündnis lediglich königlicher Parteigänger – Pfalzgraf Ludwigs und der Grafen Albert von Hohenberg, Eberhard von Katzenelnbogen und Friedrich von Leiningen – mit den Städten an Mittel- und Oberrhein, ohne Beteiligung von Kurmainz. Die Urkunde wurde allein in den Jahren 1886–1906 viermal gedruckt: UBStStr II Nr. 68; HessUB II/1 Nr. 559; Böhmer-Lau I Nr. 402; MGH Const. III Nr. 157. Regesten: RGK I Nr. 223; Ruser I Nr. 285. Zur Bedeutung des Hagenauer Landfriedens für Königtum und Städte vgl. Gerlich, Landfriedenspolitik S. 61–63; Angermeier S. 63f.; Schwind S. 193; Martin S. 130ff.

105 *in die beati Andree apostoli.* Durch Philipp Franz Adolf Frhr. zu Hohenecken begl. Abschr. Pap. einer am 23. Aug. 1348 *(in vigilia beati Bartholomaei ap(osto)li)* vom Hornbacher Abt Sigilo begl. Abschr.: FLA, Urkk. Leiningen, 1277 Nov. 30. Druck: Spiess, Inwärtseigen S. 91f. Erwähnt: Lehmann V S. 54; Brinckmeier I S. 62f. (ohne Beleg); Schreibmüller, Reichsministerialen (1910) S. 84 (ebenfalls ohne Bezeichnung der Vorlage, wohl nach Brinckmeier); Conrad II/1 S. 51 (fast wörtlich nach Schreibmüller); Rödel, Reichsburgmannschaft S. 98. Vgl. unten S. 146f.

Eußerthal und der Gemeinde Offenbach[106]. Die deutsche Entsprechung bietet eine nach dem 26. Januar 1283 ausgestellte Urkunde des Grafen über das durch Heinrich von Bannacker, *der von des riches wegen an minerstat lantrihter was unn zu gerihte saz,* ergangene Urteil in Sachen Kloster Eußerthal gegen die Gemeinde Godramstein und die anderen allmendeberechtigten Dörfer wegen des Allmendewalds Haingeraide *(heingereide)*: *Ich der greve Friderich von Liningen, lanfaut von mines herrn des romischen kunig Rudolfes wegen*[107]. Die Begriffe Landrichter und Landvogt werden also durchaus synonym gebraucht[108].

Kaum ausschließlich in seiner Eigenschaft als Landvogt im Speyergau trägt Friedrich den Titel *iusticiarius generalis et vicem gerens in partibus pro bono pacis domini R*[udolfi] *regis,* der ihm in der Verkaufsurkunde des Heinrich und der Margareta von Hohenecken für Kloster Otterberg vom 23. Juni 1279 zugelegt wird[109]. Es ist durchaus denkbar, daß der Graf hier auch als Obmann des Hagenauer Landfriedens[110] bezeichnet werden soll[111].

Vom gesteigerten Selbstbewußtsein des Grafen zeugt ein im Jahre 1281 – vermutlich in der zweiten Novemberhälfte[112] – in Hagenau ausgestelltes Mandat, in dem er seinem *dilecto fideli* Heinrich von Bannacker[113] und seinen übrigen Getreuen bekanntgibt, daß das Schiff des Abts und Konvents zu Neuburg *(Novi castri)* freie Fahrt auf dem Rhein hat und von ihm kein Zoll erhoben werden darf: Hier nennt er sich *Fridericus Dei gratia comes de Liningen*[114].

Zwar fällt die Bezeichnung »Speyergau« nie in der Titulatur des Leiningers, aber sein

106 Transsumpt Perg. des Ritters *Symond Schleder* [= Schliederer] *von Lachen*, Landrichters im Speyergau im Auftrage des Pfalzgrafen Rud[olf], von 1347 Apr. 17: BayHStA, Rheinpf. Urkk. Nr. 861. Druck des Inserts: WÜRDTWEIN, Nova subs. XII Nr. 104. Druck des gesamten Transsumpts: MONE in ZGO 1 (1850) S. 412–416. Erwähnt: SCHREIBMÜLLER (1905) S. 89. Zur sozialen Stellung der Schliederer von Lachen vgl. Kurt ANDERMANN, Die Schliederer von Lachen und ihr Besitz in Luxemburg, Beobachtungen zur geographischen Mobilität einer Familie des pfälzischen Niederadels, in: Jb. f. westdt. LG 2 (1976) S. 179–194.

107 WÜRDTWEIN, Nova subs. XII Nr. 109. Erwähnt: BRINCKMEIER I S. 67 (irrig zu 1280; spricht völlig unzutreffend vom Lutramsforst als dem Streitobjekt). Der durch den Leininger bestätigte Entscheid Heinrichs von Bannacker: WÜRDTWEIN, Nova subs. XII Nr. 110 (undatiert; die Verhandlung fand am 26. Jan. 1283 statt); eine bereits am 17. Nov. 1282 in dieser Sache durch den Ritter von Bannacker geleitete Gerichtssitzung: ebd. Nr. 108. Der Streit war auch schon einmal im Februar 1256 unter dem Landrichter Graf Adolf von Waldeck gerichtsanhängig (Drucke: WÜRDTWEIN, Nova subs. XII Nr. 72–74; Regesten: MALOTTKI Nr. 179, 181, u. 182. Vgl. BRINCKMEIER I S. 95, SCHREIBMÜLLER, 1905, S. 35 f., u. MALOTTKI S. 166). Zur Vorgeschichte der Eußerthaler Berechtigungen vgl. L. Anton DOLL, Beobachtungen zu den Anfängen des Zisterzienserklosters Eußerthal und zur Entwicklung der Haingeraide (mit einem Plan), in: MHVPf 68 (1970) S. 194–221.

108 Dies läßt sich auch am wechselnden Titel des Grafen von Waldeck in den drei gleichzeitig ausgestellten Urkunden von 1256 (s. die vorige Anm.) beobachten: Die Gerichtsverhandlung im Lutramsforst leitet der *iudex provincialis, iudex provincie* bzw. *advocatus illustris domini Wilhelmi regis in provinciali iudicio.*

109 Druck: WÜRDTWEIN, Mon. Pal. I Nr. 100, das Zitat auf S. 375. Erwähnt: BRINCKMEIER I S. 57 f. (löst das Initial *R* irrig zu »Rich.« auf); REDLICH S. 435 Anm. 1; ANGERMEIER S. 64; CONRAD II/1 Anm. 91a.

110 Vgl. Anm. 104.

111 REDLICH S. 435 mit Anm. 1 und ANGERMEIER S. 64 denken gar nur an diese Lösung.

112 Der als Zeuge fungierende Ludwig von Lichtenberg befand sich am 18. Nov. zusammen mit Graf Friedrich von Leiningen in Hagenau (s. Anhang I/5).

113 Dieser war sein Stellvertreter in der Landvogtei (s. Anm. 115).

114 Ausf. Perg.: AD Straßburg, E 4388,1. Die bis jetzt ungedruckt gebliebene Urk. ist erwähnt: Elsäss. Urkk. Nr. 33 Anm. 4.

Stellvertreter in der Landvogtei, Heinrich von Bannacker[115], wird in einer Urkunde des Grafen Emich [(V.)] von Leiningen vom 7. Februar 1289 als *iudex provincialis per Spier Goyam* erwähnt[116]. Auch an anderer Stelle läßt sich nachweisen, daß sein Amtsbezirk begrenzt war. Die Bestellung Ottos von Ochsenstein zum Landvogt im Breisgau und Elsaß[117] wird am 17. Dezember 1280 durch den König allen Richtern, Schultheißen, Vögten, Amtleuten und Meiern *per universam Brisgoiam et Alsaciam a Basilea usque ad nobilis viri Friderici de Liningen officium constitutis* mitgeteilt[118]. Mag hier die Grenze des elsässischen Nordgaus zum Speyergau angesprochen sein, die alte Gaueinteilung also für die Südgrenze des leiningischen Amtsbezirks noch Gültigkeit gehabt haben, so griff, wie wir aus den 1309 angefertigten Untersuchungsberichten über die Reichseinkünfte und die illegalen Schatzungen des Landvogts Raugraf Georg wissen[119], die Landvogtei im Speyergau im Norden und Nordwesten auch in den Wormsgau und den südlichen Nahegau aus, indem sie vor allem das Reichsland um [Kaisers-]Lautern mit einbezog. Gerichtsort war 1283 wie bereits 1256 der Lutramsforst *(daz lantgerichte zu Lutramesvorst)*[120]. 1303 wird Landau als Sitz des Landgerichts begegnen[121].

Als zweifelsfrei zum Aufgabenbereich des Landvogts respektive Landrichters im Speyergau gehörig, läßt sich aus den genannten Beurkundungen aus der Zeit König Rudolfs zunächst die Rechtsprechung erkennen[122]. Über den Einsatz des Landvogts bei den Revindikationen könnte eine Spezialuntersuchung vielleicht Ergebnisse zutage fördern. Wie nachweislich zu Heinrichs VII. und seines Vorgängers Zeiten[123], so gehörte wohl auch bereits unter Rudolfs Königtum die Krongutverwaltung und die Beitreibung der Reichseinkünfte in das Aufgabengebiet des Landvogts im Speyergau. Ein wenn auch überlieferungsschwaches Beispiel hierfür bietet der Streit der Landvögte Leiningen und Bannacker um die durch den König eingelöste markgräflich-badische Stadt Selz[124].

Gegen die Ansicht Redlichs[125], der Landvogt sei von Amts wegen mit dem Schutze von Kirchen und Klöstern betraut gewesen, ließe sich ins Feld führen, daß es der diesbezüglichen königlichen Aufträge dann ja nicht mehr bedurft hätte. Bei aller anzuwendenden Vorsicht ist jedoch davon auszugehen, daß die Kompetenzbereiche der mittelalterlichen Amtsträger nicht

115 Über die lein. »Untervögte« Markward Kaufmann und Heinrich von Bannacker vgl. SCHREIBMÜLLER (1905) S. 41–43; CONRAD II/1 S. 50. SCHREIBMÜLLERS Ansicht von einer Tätigkeit Heinrichs von Bannacker als selbständiger Vogt seit 1287 (S. 43 ff.) geht von der irrigen Voraussetzung aus, daß Graf Friedrich III. – statt IV. – Landvogt gewesen und 1287 gestorben sei.

116 WÜRDTWEIN, Nova subs. XII Nr. 119. Erwähnt: BRINCKMEIER I S. 108.

117 Nicht nur im Oberelsaß, wie MONE (s. nächste Anm.) meinte.

118 Drucke: MONE in ZGO 11 (1860) S. 293; MGH Const. III Nr. 264. Regest: RI VI/1 Nr. 1236.

119 MGH Const. IV/1 Nr. 284 u. 285; SCHREIBMÜLLER (1905) S. 62–73.

120 Nachweis in Anm. 107.

121 1303 Juni 4 und 1304 Mai 5 (Belege Kap. 7 Anm. 57). Weitere Beispiele: 1306 Dez. 20 (WINKELMANN II Nr. 1090); 1347 Apr. 17 (Belege in Anm. 106).

122 Bemerkenswerterweise ist kein Fall von Kriminalgerichtsbarkeit darunter.

123 Vgl. MGH Const. IV/1 Nr. 284–285.

124 Vgl. die S. 144 mit Anm. 134 besprochene Schiedsurkunde von [5. Jan.] 1292, Corpus II Nr. 1524, hier S. 690 Z. 19–25. Corpus Regesten Nr. 1524,15 ist eine Fehlinterpretation. Die Stadt wurde nicht per Spruch zur gemeinsamen Nutzung angewiesen »ungeachtet der Behauptung« des Bannackers, daß er sie vom Markgrafen (nicht »Emich von Leiningen«) zum Pfand hatte, sondern gerade deswegen. Im übrigen sollten die Städte nämlich dem Leininger allein folgen (S. 689 Z. 25–29).

125 RI VI/1 Nr. 1469.

so klar abgegrenzt waren, wie wir sie vom neuzeitlichen Beamtentum her kennen. Man darf voraussetzen, daß der Sachwalter des Königs auf seine Aufgaben – vor allen Dingen, wenn sie nicht zu den einträglichen gehörten – oftmals im einzelnen hingewiesen werden mußte. In diesem Sinne dürfte das von Redlich und Schreibmüller angeführte Beispiel, daß der Graf am 18. Januar 1275 angehalten wurde, das Kloster Otterberg in seinen Waldrechten zu schützen[126], seine Berechtigung haben[127]. Ein weiteres Indiz: am 30. November 1280 bittet Propst *Volpreth* von Hördt den Grafen Friedrich von Leiningen, *d(er) vo(n) dez kuniges wegen uns(er) voit ist,* um sein Siegel[128].

Weniger als Sonderauftrag denn als dem landvogteilichen Bereich zuzurechnende Aufgabe ist auch ein Fall von Reichslehensgutverwaltung zu betrachten, für den eine Parallele aus der Wetterau bekannt ist[129]. Graf Friedrich legte den Wert der Ersatzgüter fest, die dem Reiche von Heinrich und Margareta von Hohenecken für die an Kloster Otterberg verkauften Güter und Rechte aufgetragen werden mußten. Es ist bei der Beurkundung dieses Vorgangs durch König Rudolf am 29. Januar 1282 die Rede von dem Grafen F[riedrich] von Leiningen, *cui vices nostras in hac parte commisimus*[130]. Der Leininger wird, wie oben bereits dargelegt[131], in derselben Angelegenheit 1279 als *iusticiarius generalis et vicem gerens in partibus pro bono pacis domini R*[udolfi] *regis* tituliert. Alles in allem scheint der Landvogt innerhalb seines Amtsgebiets in jeder Hinsicht Stellvertreter des Königs gewesen zu sein[132].

»Was für Gefälle Friedrich in seiner Stellung als Landvogt innehatte«, ist keine Frage, die, wie Schreibmüller meint, nicht beantwortet werden kann[133]. Nach Rudolfs Tod waren zwischen dem Grafen Friedrich und seinem ehemaligen Stellvertreter, Heinrich von Bannacker, Streitigkeiten entstanden, die sich wohl hauptsächlich an der weiteren Nutznießung der vogteilichen Rechte entzündet hatten. Am 5. Januar 1292 [Tagesdatum erschlossen] fällten Graf Walram von Zweibrücken und die Städtevertreter von Mainz, Worms und Speyer als gewählte Schiedsrichter, nach Beratung mit dem Grafen Heinrich von Veldenz und anderen ehrbaren Leuten, einen Spruch, der die zahlreichen Streitpunkte im einzelnen berührt. Die in Amorbach liegende Ausfertigung der Schiedsurkunde war auch Schreibmüller bereits bekannt[134], aber die vielen – zum großen Teil beabsichtigten – Textbeschädigungen und unleserlichen Stellen bereiten manche Verständnisschwierigkeit. Sie haben Schreibmüller den entscheidenden Passus übersehen lassen, der zu der von ihm aufgeworfenen Frage in der Tat eine relativ befriedigende

126 Nachweise in Anm. 97.

127 »Zur Landvogtei Wimpfen gehörte ganz eindeutig der Klosterschirm« (frdl. Mitteilung von Prof. Dr. Meinrad Schaab). Weitere an Amtleute des Reichs ergangene Einzelaufträge, bestimmte kgle. Schutzaufgaben wahrzunehmen, sind aufgeführt bei SCHUBERT (1979) S. 201f.; für die Landvogtei Elsaß vgl. unten S. 198f.

128 Ausf. Perg.: BayHStA, Rhpf. Urkk. Nr. 1101. Das Regest BIUNDO, Hördt Nr. 47 ist in jeder Hinsicht falsch.

129 SCHWIND S. 104 mit Anm. 31.

130 Druck: WÜRDTWEIN, Mon. Pal. I Nr. 105; Regest: RI VI/1 Nr. 1618.

131 Vgl. S. 142 mit Anm. 109.

132 Hierzu jetzt auch die vergleichende Darstellung bei SCHUBERT (1979) S. 189–203, insbes. S. 193f.

133 SCHREIBMÜLLER (1905) S. 40.

134 Ausf. Perg.: FLA, Urkk. Leiningen, sub dato. Druck: Corpus II Nr. 1524 (= S. 688–692). Regesten: RGZ Nr. 340; Corpus Regesten Nr. 1524. Vgl. SCHREIBMÜLLER (1905) S. 45–49 (nicht ganz fehlerfrei) und CONRAD II/1 S. 93f. (nach Schreibmüller).

Antwort gibt: Soweit noch lesbar, ist davon die Rede[135], daß alle – [Lücke] – Dörfer, Gelder und Nutzungsrechte, die zum Amt der Landvogtei im Speyergau *(ambahte der lantfogetie in Spirgawe)* gehörten, den streitenden Parteien gemeinsam verbleiben und die Einnahmen jeweils hälftig geteilt werden sollten, ungeachtet des durch den Grafen vorgebrachten Einwands der *vriheit etzlicher stette*[136]. Städte gehörten also neben abgabepflichtigen Dörfern zu den Geldquellen des Landvogts, aber auch die Juden von Landau[137]. Somit dürften schon die rein monetären Erträge seines Amtes nicht gerade unerheblich gewesen sein[138].

Als Verwaltungssitze dienten bewirtschaftete Reichsburgen[139]. Ein Amtsgut der Landvogtei im Speyergau bildete wahrscheinlich die Madenburg mit Zubehör[140], mit Sicherheit aber die ganz in deren Nähe gelegene Burg Neukastel, die Streitpunkt zwischen dem Leininger und dem von Bannacker war[141]. Die Burg befand sich 1277 in der unmittelbaren Gewalt des Königs[142]. Ein Jahr zuvor waren die Reichsministerialen von Schüpf ausgestorben[143], von denen sich Ludwig von Schüpf 1252 und 1255 nach Neukastel genannt hatte[144] und ein gleichnamiger Familienangehöriger 1132 als Landrichter im Speyergau aufgetreten war[145]. Der erwähnte Streit zwischen den ehemaligen Landvögten König Rudolfs erstreckte sich auch auf die Burg Guttenberg mit Zubehör[146]. Die Herrschaft Guttenberg befand sich laut Urkunden des 14. Jahrhunderts im Pfandbesitz der Grafen von Leiningen[147]. Die ständigen Geldnöte Rudolfs von

135 Corpus II Nr. 1524 S. 688 Z. 41–S. 689 Z. 4.

136 An einer anderen Stelle (S. 689 Z. 25–38) wird dann aber doch zwischen Städten und freien Städten unterschieden und erhält der Graf die Abgaben der – wohl zahlungskräftigeren – freien Städte ab einem bestimmten Termin (1. Aug. 1291) allein.

137 Ebd. S. 690 Z. 13–16.

138 Beispiele aus anderen Landvogteien, allerdings erst für das 14. u. 15. Jh., bringt SCHUBERT (1979) S. 195 Anm. 45.

139 Ebd. S. 691 Z. 3–8.

140 Vgl. S. 149–151.

141 Corpus II Nr. 1524 S. 689 Z. 38–42. Da sich die wegen *Nickastel* eingesetzten Ratleute nicht einigen konnten, sollte die Burg unter den gemeinsamen Besitz beider Parteien fallen.

142 König Rudolf gab am 5. Februar 1277 dem Vogt [Markward] Kaufmann [lein. Untervogt im Speyergau] den Auftrag, das durch den Tod Drutwins erledigte Burglehen auf Neukastel dem Friedrich gen. Jud zuzuweisen. Druck des Mandats: Osw[ald] REDLICH, Ungedruckte Urkunden Rudolfs von Habsburg, in: MIÖG 25 (1904) S. 323–330, hier: S. 327f. Anm. 2. Vgl. SCHREIBMÜLLER (1905) S. 42. Friedrich Jud wird 1269 als ehemaliger leiningischer Vogt in Landau erwähnt (vgl. KAUL S. 280).

143 PÖHLMANN (wie Anm. 178) S. 65 u. 67.

144 WUB IV Nr. 1242 von 1252 um Dez. 25, in der Siegelumschrift; WUB V Nr. 1328 von 1255 März. – Ein Berengar von Schüpf (als solcher 1165–1168) tritt bereits in den Jahren 1174–1183 unter dem Namen Berengar von Neukastel auf; vgl. PÖHLMANN (wie Anm. 178) und BOSL, Reichsministerialität I S. 234.

145 RI V/2 Nr. 14769 von 1132 Sept. 30.

146 Corpus II Nr. 1524 S. 688 Z. 31–36. In Corpus Regesten Nr. 1524, 2–3 werden nicht zusammengehörige Dinge miteinander vermengt.

147 Vgl. TOUSSAINT in Pfalzatlas S. 1086. – Daß die Besiegelung der Urkunde über einen am 15. Jan. 1261 zu Minfeld stattgefundenen Gütertausch durch Heylmann Luch, Vogt des Grafen Emich von Leiningen (GMELIN in ZGO 26, 1874, S. 455), auf den leiningischen Besitz des Ortes und dieser wiederum auf den Besitz der ganzen Herrschaft Gutenberg weise (so KAUL S. 253f. und HESS, 1974, S. 52, mit der falschen Belegstelle), halte ich nicht für zwingend. Noch weniger läßt der Nachweis von allodialem Grundbesitz zu Minfeld (WÜRDTWEIN, Nova subs. XII Nr. 86) einen solchen Schluß (KAUL a. a. O.) zu. Der angebliche Erwerb der Reichsfeste Guttenberg im Jahre 1246 (KAUL und HESS a. a. O.) ist noch dürftiger begründet. Nicht annähernd so nachdrücklich äußerte erstmals LEHMANN I S. 218 diese bloße Vermutung.

Habsburg sind sattsam bekannt, und daß die Leininger in der Lage waren, mit finanziellen Mitteln auszuhelfen, ist urkundlich bezeugt: Bis zur Rückzahlung einer Summe von 476 Mark Silbers, die der Graf in Freiburg im Üchtland für ihn ausgegeben hatte, verschrieb der König am 14. Juni 1285 in Kaysersberg Friedrich [IV.] von Leiningen, seinem *avunculus* und Getreuen, 30 Fuder Wein vom jährlichen Ertrag der Reichsweinberge in Balbronn *(Baldeburne)* in der Straßburger Diözese[148].

Weitere von der Landvogtei unabhängige Einkünfte bezogen die Leininger aus ihren Reichsburglehen. Die sehr knapp gefaßte Urkunde vom 14. Mai 1280 über die Annahme des Grafen Friedrich [IV.] zum Reichsburgmann in Hagenau[149] macht leider keine Angaben über den Wert des Burglehens. Es ist nicht unbedingt vergleichbar dem am 9. Dezember 1286 an Emich [(V.)] von Leiningen[-Landeck] ausgegebenen Burglehen zu Germersheim, das mit 200 Mark Silbers dotiert werden sollte. Bis zur vollen Abzahlung, nach welcher die Gesamtsumme in aufzutragenden Lehensgütern angelegt werden mußte, erhielt der Junggraf jährlich an Martini 30 Mark Silbers von den Reichssteuern in Weißenburg[150]. Zu unbestimmtem Zeitpunkt hat auch Graf Friedrich V. von Leiningen von König Rudolf ein nicht näher beschriebenes Burglehen erhalten. Der Burgdienst war in [Kaisers-]Lautern zu verrichten[151].

Selbst mit kurz vor dem Heimfall stehenden Reichslehen hat der König die Leininger begünstigt und ihre territoriale Stärkung im Speyergau gefördert. Am 10. Mai 1274, also noch in seinem ersten Regierungsjahr, verlieh er den Grafen Emich [IV. von Leiningen-Landeck] und Friedrich [IV.] von Leiningen sämtliche Lehen, welche Merkelin von Lindelbrunn *(Lindelbolle)* besaß, bis dessen minderjähriger Sohn erwachsen sei[152]. Es wurde also keine Vormundschaftsverwaltung eingerichtet, sondern die Nutznießung der Güter sollte durch die Grafen selbst erfolgen. Noch bedeutsamer war die gleichzeitig erteilte Anwartschaft auf den dauernden Besitz ebendieser Objekte, für den Fall, daß Merkelins Sohn früher stürbe. Das Lehen muß dem Reiche in der Tat ledig geworden sein: Vom Jahre 1317 an bis zur Französischen Revolution finden wir Burg Lindelbrunn mit Zubehör anteilig beim Hause Leiningen, wenn auch im Spätmittelalter zumeist an Niederadlige verpfändet[153].

Als mutmaßlich in die Zeit der landvogteilichen Amtsausübung fallender Zuerwerb der Grafen von Leiningen ist auch die im alten Wormsgau, aber im Tätigkeitsbereich des Landvogts im Speyergau[154] gelegene Burg Hohenecken[155] zu nennen. Graf Friedrich [IV.] von Leiningen

148 Nachweise in Anhang I/5. – Schreibmüller (1905) S. 40 hat irrtümlich »Weselbronn«.

149 Ausf. Perg.: FLA, Urkk. Leiningen, sub dato. Druck: Schöpflin II Nr. 721. Regesten: Kremer, Ard. Geschl. CD S. 187 Nr. 35; RI VI/1 Nr. 1197. Erwähnt: Lehmann III S. 42 und Conrad II/1 S. 82 (beide beziehen den Vorgang irrig auf Friedrich III.). Kurz erwähnt auch bei Redlich S. 475 und Rödel, Reichsburgmannschaft S. 98.

150 Nachweise s. Anhang I/5. – Graf Friedrich [IV.] von Leiningen war nie Burgmann oder »Burggraf« in Germersheim, wie Biundo in zwei Urkunden von 1277 und 1280 Nov. 30 hineininterpretiert (Biundo, Hördt Nr. 42 u. 47).

151 Corpus II Nr. 1524 S. 690 Z. 33–42. Vgl. Rödel, Reichsburgmannschaft S. 99.

152 Ausf. Perg.: FLA, Urkk. Leiningen, sub dato. Druck: Lünig, RA 22 S. 381 Nr. 3. Regesten: Kremer, Ard. Geschl. CD S. 186 Nr. 28; RI VI/1 Nr. 158. Vgl. Kaul S. 279 und Spiess, Inwärtseigen S. 92. Unpräzise Georg Biundo, Ortsartikel »Lindelbrunn« in Hb. d. hist. St. V S. 207.

153 Näheres bei Toussaint in Pfalzatlas S. 1086.

154 Vgl. S. 143.

155 Zur Geschichte der Burg und des sich nach ihr benennenden Ministerialengeschlechts sind vor allem heranzuziehen: Trautz, Hohenecken (1961), Friedel, Hohenecken (1964), und Spiess, Inwärtseigen (1974/75).

gab sie, die er selbst vom Reich zu Lehen trug, am 30. November 1277 seinem Getreuen, dem Ritter Heinrich von Hohenecken, zu Lehen[156]. Karl-Heinz Spieß nimmt auf Grund gewisser Anzeichen für eine Schwächung der Hohenecker an, daß die Reichsministerialen von Hohenekken [= von Lautern[157]] ursprünglich direkt vom Reich belehnt worden waren und erst König Rudolf den Leininger als Zwischenlehensträger eingeschaltet habe[158]. Zwar ist einer der hierfür angeführten Gründe hinfällig: daß nämlich die Grafen von Leiningen in gleicher Art und Weise erst unter dem Habsburger zu Lehensherren der vorher vom Reiche selbst belehnten Kolb von Wartenberg geworden seien[159]. Aber die übrigen, hier nicht zu referierenden Argumente sind nicht von der Hand zu weisen und verleihen der These noch in ausreichendem Maße Halt. Die Grafen von Leiningen finden sich zu Anfang des 14. Jahrhunderts als Zwischeninstanz ausgegliedert; das hängt jedoch keineswegs mit der »Ende des 13. Jahrhunderts einsetzende(n) Schwächung des leiningischen Hauses«[160] zusammen. Die Leiningen-Landecker Linie, deren Reichslehen 1290 heimfielen, hatte mit Hohenecken nichts zu schaffen. Daß die leiningische Lehensherrschaft über Burg Hohenecken gleichzeitig mit dem Amt der Landvogtei verloren ging, ist ein Indiz dafür, daß die Lehensdienste der Hohenecker dem Grafen Friedrich in seiner Eigenschaft als Landvogt zugestanden worden waren.

Von den zahlreichen Stadtrechtsverleihungen König Rudolfs profitierten auch die Leininger[161]. Emichs IV. von Leiningen-Landeck Stadt Landau[162] erhielt auf dessen Bitten bereits am 30. Mai 1274 neben einem Wochenmarkt auch Hagenauer Recht[163]. Erst ein- bzw. dreieinhalb Jahre später wurden beispielsweise die pfalzgräflichen Städte Neustadt und Alzey gefreit, und selbst das königliche Kaiserslautern sollte erst 1276 privilegiert werden[164]. Vom König

156 Nachweise in Anm. 105. Zweifel am Lehensempfang durch Leiningen, wie sie Rödel, Reichsburgmannschaft S. 98, hegt, halte ich nicht für angebracht.
157 Trautz (1961) S. 56.
158 Spiess (1974/75) S. 92f.
159 Vgl. dazu Anhang III/3.
160 Spiess (1974/75) S. 93.
161 Die Verleihung Hagenauer Rechts für das Dorf Neustadt bei Dagsburg *(villam suam que dicitur Nova civitas iuxta Dagensburg sitam)* – wohl der heutige Ort Dagsburg selbst; als Pendant existierte laut Reichsland III/1 S. 195 im Banne Dagsburg ein verschwundener Ort Altdorf –, auf Bitten des Grafen Friedrich [IV.] von Leiningen, am 15. Juli 1290 zu Erfurt (Nachweise s. Anhang I/5), kann hier außer Betracht bleiben. Zum Ausbau des hochgelegenen Vogesendorfes zur Stadt ist es nicht gekommen.
162 Bereits im Febr. 1268 nennt Graf Emich *Landowe* seine Stadt *(civitas nostra)*; in ihr werden Zoll und Ungeld erhoben. Ausf. Perg.: BayHStA, Rhpf. Urkk. Nr. 448. Druck: Würdtwein, Nova subs. XII Nr. 87. Regest: MrhRegg III Nr. 2337. Vgl. Kaul S. 280. Die Bemerkungen Kauls S. 279 zur Entwicklung der Ortschaft sind in sich widersprüchlich. Über die älteste Geschichte Landaus vgl. jetzt den Aufsatz von Henrich (1974), der allerdings in etlichen Punkten korrekturbedürftig ist und vielfach auf veralteter Literatur fußt. Hans Jürgen Brenner, Die Pfandschaft des Hochstifts Speyer über die Reichsstadt Landau von 1324 bis 1511 (= Rechts- und wirtschaftswiss. Diss. Saarbrücken 1968), Tegernsee 1969, geht S. 11ff. auch kurz auf die Geschichte der Stadt vor der Verpfändung ein.
163 Jüngster und bester Druck des Privilegs: Eckhardt (1977) S. 53. Mit dieser Stadtrechtsverleihung beschäftigt sich eingehend Hess (1974) S. 49–72. Dazu die Kritik von Eckhardt (1977) S. 41; vgl. auch ebd. S. 34 u. 37ff.; Martin, Habsburg S. 119 u. Tabelle S. 122. Die Interpretation der Urkunde durch Kaul S. 280 greift völlig daneben. Mit keiner Silbe erteilte Kg. Rudolf die Bewilligung zum Wochenmarkt, weil »dieses neue Gemeinwesen [...] als Gerichtsstätte besonders günstig gelegen sei«. Auch wurde für den Markttag nicht »der Dienstag festgesetzt« (Erläuterung Kauls: »denn der Dienstag war von altersher auch der Gerichtstag«), sondern der Mittwoch.
164 Vgl. Eckhardt (1977) S. 39f. u. 54f. – Um Mißverständnissen vorzubeugen: Freiung meint im allgemeinen nicht etwa Erhebung zur Reichsstadt, sondern Erteilung von Freiheiten und innerstädtischen

gefördert wurde überdies die durch Emich vorgenommene Gründung eines Augustinerchorherrenstifts in Landau, für die der Graf, Anfang 1276, Ordensleute von Obersteigen in der Straßburger Diözese kommen ließ[165]. So war Landau zweifellos zum wirtschaftlichen und kulturellen Mittelpunkt des leiningen-landeckischen Territoriums im Speyergau – der Herrschaft Landeck – ausersehen.

b) Die Verbindungen zum Hochstift Speyer

Die mit dem zweimaligen Erwerb der Landvogtei (1205 und um 1277) eröffnete Gelegenheit zum Ausgriff in den Speyergau[166] hat durch die verwandtschaftlichen Bindungen der Grafen von Leiningen zu den Speyerer Bischöfen des 13. Jahrhunderts[167] sicherlich eine weitere Dimension erfahren. Es gilt allerdings, von der Zwangsvorstellung abzurücken, es hätten die Speyerer Bischöfe aus leiningischem oder den Leiningern verwandtem Hause ihrer Familie zu Territorialbesitz ungeahnten Ausmaßes im Speyergau verholfen. Von einem solchermaßen blühenden Protektionismus kann bei unvoreingenommener Betrachtung der Überlieferung keine Rede sein. Die von Theodor Kaul[168] vorgenommene Zusammenstellung vermeintlicher Gunstbeweise Bischof Heinrichs[169] an seinen politisch eng mit ihm zusammenarbeitenden Bruder Emich IV. von Leiningen-Landeck ist in allen Punkten hypothetisch wo nicht nachweisbar falsch[170]. Malottki sieht sich demgegenüber zu der Feststellung genötigt, daß die

Rechten einer meist namentlich genannten Reichsstadt (seltener: Territorialstadt) an eine landesherrliche Stadt. Die neben dem verliehenen »ius« stets angesprochene »libertas« (später meist im Plural: »libertates«) ist nicht näher definiert, liegt aber vor allem wohl in der Selbstverwaltung und in der Möglichkeit zur Aufnahme neuer Bürger. Der Ausdruck des Freiens ist auch in der Verbform durchaus urkundlich: *libertamus civibus ipsius civitatis omnia iura et libertates, quibus gaudet civitas Spirensis,* heißt es z. B. im Privileg für Neustadt a. d. H. vom 6. April 1275 (abgedruckt: ECKHARDT, 1977, S. 54; vgl. ebd. S. 38 mit Literaturhinweisen zum Stichwort). Über den hiervon zu scheidenden Begriff der »freien Stadt«, der bis zur Mitte des 14. Jhs. für Reichsstädte gebräuchlich war, dann aber eine ideologische Einengung erfuhr, vgl. jetzt Gisela MÖNCKE, zur Problematik des Terminus »Freie Stadt« im 14. und 15. Jahrhundert, in: Bischofs- und Kathedralstädte des Mittelalters und der frühen Neuzeit, hg. v. Franz PETRI, Köln und Wien 1976, S. 84–94.

165 SCHÖPFLIN II Nr. 703–705; KREMER, Ard. Geschl. CD S. 187 Nr. 32–33 (Nr. 33 falsch datiert); RI VI/1 Nr. 520. Kurz und fehlerhaft erwähnt bei BRINCKMEIER I S. 102; ausführlicher bei KAUL S. 280f. – Am 29. Aug. 1279 stattete Emich [IV.] die Ordensbrüder mit der Kirche im Dorfe Schwegenheim *(Schwebechenheim)* und der Pfarrkirche der Stadt Landau *(in Landawe nostro oppido)* aus (UBiSp I Nr. 397; KAUL S. 281 u. 284). – Die päpstliche Bestätigung der Klostergründung datiert vom 28. März 1285 (SCHÖPFLIN II Nr. 745; KREMER, Ard. Geschl. CD S. 188 Nr. 37; KAUL S. 281).

166 Zur Landvogtei s. S. 104 mit Anm. 114 und S. 140–145, zu den hochstiftischen Lehen der Leininger bis 1237 s. S. 114ff. Bei der Huldigung des Grafen Friedrich [III.] von Leiningen gegenüber dem Herzog von Lothringen am 29. Sept. 1242 (s. S. 237 mit Anm. 6) wird der Bischof von Speyer unter den vorrangigen Lehensherren genannt.

167 Vgl. die Zusammenstellung auf S. 117f. – Außerdem waren des erwählten Bischof Heinrichs Bruder Walram von Leiningen, der Wormser Dompropst, lt. Beleg von 1249 (KREMER, Ard. Geschl. CD S. 250 Nr. 4) auch Propst von St. Guido in Speyer und sein Bruder Berthold, der spätere Bischof von Bamberg (1258–1285), zunächst Speyerer Domherr (MALOTTKI Nr. 118 von 1252 Dez. 17; ebd. Nr. 186 von 1256 Juni; WUB V Nr. 1448 von 1257 Juli 11).

168 KAUL S. 266–268.

169 Zu dieser Persönlichkeit vgl. jetzt die materialreiche Monographie Hans von MALOTTKIS, die sich auch eingehend mit dem politischen Zusammenwirken Bischof Heinrichs und seines Bruders Emich befaßt.

170 Wegen der von KAUL S. 266f. u. 290 angenommenen Verlehnung oder Verpfändung der von dem Speyerer Elekten Heinrich 1252 pfandweise erworbenen Reichsdörfer Haßloch und Böhl an Graf Emich von Leiningen vgl. oben S. 134 mit Anm. 40.

Übertragung der Herrschaft Madenburg »der einzige größere Dienst gewesen zu sein« scheine, »den der Leininger auf dem Speyerer Bischofsthron seiner nach dem Aufbau einer größeren Machtposition strebenden Familie erwiesen« habe[171]. Auch diese Wertung bedarf in zweifacher Hinsicht der Richtigstellung.

Die Madenburg wird erstmals bei der Erbteilung von 1317 als leiningisch erwähnt[172]. Daß sie vom Hochstift Speyer lehensrührig gewesen sei, ist eine bloße, von Lehmann[173] verbreitete Vermutung, die sich offensichtlich darauf gründet, daß im näheren und weiteren Umkreis der Burg Besitzungen in später teilweise von der Madenburg aus verwalteten Dörfern als Speyerer Lehen der Grafen von Leiningen erscheinen. Die betreffenden Ortschaften werden in der Literatur kurzerhand zum Zubehör der Burg erklärt. So spricht auch Kaul a priori von »zur Herrschaft Madenburg gehörigen« Orten, in denen Graf Emich von 1254 an erscheine[174]. Er meint damit Walsheim und Mühlhausen[175]. Es besteht jedoch kein Anlaß, die von Speyer lehensrührigen Zehntanteile und Güter in Walsheim als Pertinenz der Madenburg zu deklarieren, zumal diese Besitzstücke gerade ausweislich der angesprochenen Urkunden allesamt veräußert wurden. Die gleiche Zugehörigkeit Mühlhausens aus dem ersatzweise vorgenommenen Lehensauftrag zweier dortiger Mühlen durch den Ritter Johann von Metz schließen zu wollen, ist vollends absurd. Überdies sind an sämtlichen Transaktionen die Vertreter beider Linien beteiligt, was darauf hindeutet, daß die genannten Berechtigungen zu Walsheim aus der Zeit vor 1237 datieren, also nicht erst zu Zeiten Bischof Heinrichs erworben wurden. Das Entsprechende gilt für die Speyerer Kirchenvogtei, welche die Grafen von Leiningen 1270 Juni 29 zu Mühlhausen ausübten[176]. Daß ein Drittel des Dorfes 1434 als Zubehör der Madenburg erwähnt wird[177], verweist nur auf eine – aus geographischen Gesichtspunkten naheliegende – verwaltungsinterne Regelung der Grafen von Leiningen.

Die Madenburg gelangte aber allen Anzeichen nach erst in der zweiten Hälfte des 13. Jahrhunderts an Leiningen. Die Präsenz der Reichsministerialen von Schüpf auf der Burg –

171 MALOTTKI S. 136.

172 Nachweise Kap. 7 Anm. 210.

173 LEHMANN I S. 308f. Den wohl speyerischen Ursprung der Madenburg (»Jungfrauen-« = »Marienburg«, vgl. SCHAAB in Pfalzatlas S. 768) will ich nicht bestreiten. Die Verhältnisse des 11./12. Jhs. bleiben von meiner Argumentation unberührt, Zeitpunkt und Gründe des Verlusts bischöflicher Zuständigkeit können hier nicht erörtert werden. Es geht mir um den Stand der Dinge zur Zeit des Erwerbs durch Leiningen.

174 KAUL S. 267; hiernach MALOTTKI S. 135.

175 Urkunden von 1254 Dez. 14 (UBiSp I Nr. 281), 1255 Apr. 12 (UBiSp I Nr. 285; MALOTTKI Nr. 154), 1266 Sept. 23 (UBiSp I Nr. 343; MALOTTKI Nr. 313) und 1268 (UBiSp I Nr. 350; MALOTTKI Nr. 342).

176 Drucke: SCHÖPFLIN I Nr. 663 (»Ex autographo civitatis Landav«); WÜRDTWEIN, Nova subs. XII Nr. 94 (mit kleineren Abweichungen); WÜRDTWEIN, Mon. Pal. III Nr. 25 (unter Nennung nur eines Ausstellers, des Grafen Friedrich). Regesten: KREMER, Ard. Geschl. CD S. 186 Nr. 26; MALOTTKI Nr. 360. – Zu den von beiden Linien wahrgenommenen Rechten gehört auch der Empfang des großen und kleinen Zehnten zu Böhl; bei der Beurkundung des Rückkaufs durch das Domkapitel am 1. März 1256 – *iure patronatus excepto* –, für 80 Mark Silber, vermerkt Elekt Heinrich ausdrücklich, daß bereits die Vorfahren der Grafen Emich [IV.] und Friedrich [IV.] diese Speyerer Lehen besessen hatten (Druck: UBiSp I Nr. 293; Regest: MALOTTKI Nr. 183). Gleiches Alter ist auch für die zwei Teile des großen Zehnten im benachbarten Haßloch anzunehmen, die am 18. Juni 1253 die Ritter Anton von Kirrweiler und Kuno von Hardenburg von Graf E[mich IV.] zu Lehen trugen (Ausf. Perg.: BayHStA, Rhpf. Urkk. Nr. 1874; Regest: MALOTTKI Nr. 130).

177 FLA, Urkk. Leiningen, 1434 März 10.

Konrad, Sohn Ludwigs von Schüpf, nennt sich 1255 nach ihr[178], wie bereits 1241 ein zweifellos den Schüpfen zuzurechnender Schenk Eberhard[179] – scheint mir nun doch, entgegen meiner früheren Ansicht[180], dafür zu sprechen, daß es sich bei ihr um ein unter Leiningen entfremdetes Reichslehen oder Amtsgut handelte. Ludwig von Schüpf ist 1232 September 30 *judex provincialis* im Speyergau[181]. Das gleiche Amt hat seit 1277 Graf Friedrich [IV.] von Leiningen inne[182]. Er könnte zu diesem Termin und gerade in seiner Eigenschaft als Landrichter sehr wohl in den Besitz der Burg gelangt sein[183]. Denn die Schüpfer, die übrigens zu keiner Zeit als leiningische Dienstmannen nachgewiesen werden können[184], sind mit Konrad 1276 oder kurz danach ausgestorben[185]. Als gewichtiges Argument für die Provenienz der Madenburg aus reichsvogteilichem Amtsgut haben schließlich noch die analogen Verhältnisse auf der benachbarten, in der zweiten Hälfte des 13. Jahrhunderts ohne jeden Zweifel dem Reich gehörigen Burg Neukastel zu gelten[186].

Auch im aus den genannten Gründen sehr unwahrscheinlichen Falle, daß es sich bei der Madenburg um ein Speyerer Lehen handelte, könnte der Erwerb nur durch Graf Friedrich IV., keinesfalls jedoch – wie die bisherige Literatur will[187] – durch den Grafen Emich IV. geschehen sein. Denn die Speyerer Lehen der Linie Leiningen-Landeck sollten auf die Töchter vererbt werden[188], die Madenburg findet sich aber 1317 bei der leiningischen Hauptlinie[189]. Vom Bistum Speyer lehensrührig müßte sie sehr bald allodifiziert worden sein, weil bei den zahlreichen Verpfändungen im 14. Jahrhundert kein Lehensherr um Genehmigung ersucht wurde und selbst der Urkunde über die Versetzung an das Hochstift im Jahre 1361 kein Hinweis auf eine Lehensabhängigkeit zu entnehmen ist[190]. Zudem sind uns die speyerischen Lehens-

178 RI V/2 Nr. 11710 von 1255 Apr. 18. Vgl. Carl PÖHLMANN, Die Herrschaft Schüpf, ein Lehen des Klosters Weißenburg i. E., in: MHVPf 59 (1961) S. 62–70 [Manuskript von 1939, aus dem Nachlaß hg. v. Kurt BAUMANN], hier S. 65.

179 UBiSp I Nr. 300; vgl. DOLL (1969) S. 271.

180 TOUSSAINT in Pfalzatlas S. 1087.

181 RI V/2 Nr. 14769.

182 MGH Const. III Nr. 155; vgl. S. 140ff.

183 Auf diese Möglichkeit hat bereits DOLL (1969) S. 272 hingewiesen, allerdings in einem zeitlich sehr weit gesteckten Rahmen.

184 Nach KAUL S. 267 wäre der Reichsministeriale Konrad von Schüpf »in dieser kaiserlosen Zeit [...] in die Dienste Emichs getreten«.

185 Vgl. PÖHLMANN (wie Anm. 178) S. 65, 67 und 70. – Ob Konrad bis zu seinem Tode die Madenburg innehatte, bleibt natürlich als Frage im Raum.

186 Vgl. S. 145.

187 Stellvertretend seien genannt: KAUL S. 267; MALOTTKI S. 135.

188 Vgl. S. 172.

189 Nachweise Kap. 7 Anm. 210.

190 1361 Aug. 29 *(am Sunnendage nach Sant Bartholomeus Dage)* Verpfändung durch die Brüder Friedrich den Alten [= den Dompropst] und Friedrich den Jungen [= VII.] von Leiningen und des letzteren Gattin Jolantha von Jülich, zusammen mit anderen Gerechtsamen, um 7200 fl an Bischof [Gerhard] von Speyer (Druck: GUDEN, CD V S. 647–651. Regest: KREMER, Ard. Geschl. CD S. 198 Nr. 92, mit falsch aufgelöstem Datum. Erwähnt: LEHMANN I S. 310f.; BRINCKMEIER I S. 128 mit falsch aufgelöstem Datum und ohne Beleg; CONAD II/1 S. 210f.). – 1365 Jan. 3 *(feria sexta post Circumcisionem Domini)* Verpfändung durch dieselben um 4560 kleine fl *von gutem Golde Wormesser Gewicht* an den Ritter Diether Kämmerer von Worms (Druck: GUDEN, CD V S. 659–662. Regest: KREMER, Ard. Geschl. CD S. 199 Nr. 95, mit falsch aufgelöstem Datum. Erwähnt: CONRAD II/1 S. 211, nach LEHMANN I S. 311, mit der dort bereits falsch bezifferten Pfandsumme). Am 24. Dez. 1365 *(feria quarta post Thome Apostoli)* wurde die

stücke aus der Zeit Bischof Gerhards (1336–1363) sehr detailliert überliefert[191]; die Madenburg wird nicht erwähnt. Zum Zubehör der Madenburg mögen die daruntergelegenen Siedlungen Waldrohrbach, Waldhambach und Eschbach gehört haben[192], keineswegs jedoch die Dörfer Arzheim, Servelingen und Ranschbach, die stets mit dem Speyerer Erbkämmereramt verbunden waren. Diese sind, ebenso wie die Ortschaft Nußdorf, erst in der Mitte des 14. Jahrhunderts unter den leiningischen Passivlehen nachzuweisen, und zwar ohne daß in den detaillierten Lehensbeschreibungen die Burg Madenburg erwähnt würde[193].

Tatsächlich gibt es aber doch einen eindeutigen Hinweis, daß Bischof Heinrich die leiningen-landeckische Besitzerweiterung im Speyergau gefördert hat, wenn auch der Versuch, die in Frage kommenden Lehensobjekte näher zu bestimmen, nicht unproblematisch ist. Es handelt sich um eine am 13. September 1260 zu Lauterburg verhandelte und beurkundete Neuausgabe Speyerer Lehen, und zwar jener, die durch den Tod des Grafen Gerlach von Veldenz an das Hochstift heimgefallen waren, und anderer, mit denen der Edle Hermann von Rietburg belehnt gewesen war[194]. Sowohl mit den ehemaligen Lehen des Veldenzers, mit Ausnahme derjenigen, die Graf Gerlach weiterverliehen hatte, als auch mit den linksrheinisch gegen den Wasichen zu gelegenen Lehen des von Rietburg, das Dorf Schifferstadt mit Zubehör ausgenommen, begünstigte nun Bischof Heinrich seinen Bruder Emich, dessen Ehefrau Elisabeth und ihre Töchter[195]. Während sich für die Lokalisierung der ehemaligen Veldenzer Lehen keinerlei Anhaltspunkte bieten[196], läßt sich der Beschreibung des zweiten Lehenskomplexes entnehmen, daß es sich bei ihm mit großer Wahrscheinlichkeit um die Burg Rietburg mit ihrem um das Dorf Schifferstadt gekürzten Zubehör handelte. Diese Annahme findet ihre Bestätigung in einem kurz nach dem 1290 erfolgten Aussterben der Linie Leiningen-Landeck

Pfandsumme um 1800 fl (Druck: GUDEN, CD V S. 666f.; Regest: KREMER, Ard. Geschl. CD S. 199 Nr. 96, mit falsch aufgelöstem Datum), am 18. März 1370 *(feria secunda ante Dominicam Letare in Quadragesima)* um 474 fl erhöht (Druck: GUDEN, CD V S. 674f.; Regest: KREMER, Ard. Geschl. CD S. 199 Nr. 98, mit falsch aufgelöstem Datum). – 1372 Juni 15 *(ipsa die Viti et Modesti Martirum)* genehmigen dieselben und Friedrichs des Jungen gleichnamiger Sohn die Auslösung eines Drittels der Burg um 2372 fl aus den Händen Johanns von Frankenstein, Schwiegersohn des verstorbenen Dieter Kämmerer, durch den Ritter Konrad Landschad, der den Grafen weitere 300 fl auf seinen Pfandanteil leiht (Druck: GUDEN, CD V S. 682–684. Regest: KREMER, Ard. Geschl. CD S. 201 Nr. 106. Erwähnt: BRINCKMEIER I S. 132, fälschlich zu 1370). Am Tag darauf *(feria quarta post Viti et Modesti martirum)* wurde die gesamte Pfandsumme um weitere 1400 fl (1000 fl Anleihe und 400 fl Baugeld) erhöht (Druck: GUDEN, CD V S. 685–687. Regest: KREMER, Ard. Geschl. CD S. 201 Nr. 108, mit falsch aufgelöstem Datum). – Die in den Verträgen stets vorgesehene Einlösung der Pfandschaft trat nach der Verpfändung von 1365 nicht mehr ein.

191 S. Kap. 7 Anm. 81.

192 Aus der (nicht belegten) Zusammenstellung bei LEHMANN I S. 308.

193 S. Kap. 7 Anm. 81.

194 Diesem war sein Lehen wohl entzogen worden. Er ist sicherlich in Ungnade Bischof Heinrichs als des Reichskanzlers gefallen, nachdem er im Jahre 1255 König Wilhelms Gemahlin Elisabeth auf seine Burg entführt hatte (vgl. Wormser Chronik von Friedrich ZORN S. 104; MALOTTKI S. 153).

195 Ausf. Perg.: BayHStA, Rhpf. Urkk. Nr. 3164. Regesten: RLGV Nr. 59; hiernach MALOTTKI Nr. 234. Bei KAUL S. 274f. nur knapp erwähnt, noch dazu irrtümlich zu 1261.

196 Mit äußerster Zurückhaltung möchte ich die Möglichkeit andeuten, daß es sich dabei um Anteile an denselben Lehen handeln könnte, die dem Hermann von Rietburg verliehen gewesen waren. So könnte es eine Wiedereinsetzung in einmal innegehabte Rechte bedeuten, wenn Bischof Walram am 24. Juni 1330 der Witwe des Grafen Fritzmann von Veldenz die Rietburg und die Dörfer Weyher und St. Martin verpfändet (UBiSp I Nr. 536).

ausgebrochenen Streit zwischen Bischof Friedrich [von Bolanden] und dem Grafen Friedrich [IV.] von Leiningen um ebendiese Burg *Rihperg*[197].

Keineswegs waren die Grafen von Leiningen im Verhältnis zum Bistum Speyer unter Bischof Heinrich nur der nehmende Partner. Gerade in die Zeit dieses Kirchenoberhaupts fällt der Verzicht auf zahlreiche vom Hochstift lehensrührige Güter und Gerechtsamen: Am 14. Dezember 1254 traten Graf Emich [IV.] von Leiningen[-Landeck] und sein Neffe Friedrich [IV.], der jüngere Graf von Leiningen, – wiewohl gegen Entschädigung – den dritten Teil des großen und kleinen Zehnten zu Walsheim ab, den ihr Lehensmann Ritter Johannes von Metz dem Domkapitel verkauft hatte[198]. 1266 veräußerten dieselben an das Domkapitel ein ebenfalls in Walsheim gelegenes Gut, für das sie dem Hochstift Eigengüter in Thaleischweiler *(Eiswilre)* zu Lehen auftrugen[199]. Bereits 1256 hatten die beiden Leininger dem Domkapitel für 80 Mark Silber ihren Anteil am großen und kleinen Zehnten zu Böhl überlassen[200]. Im Mai 1262 trennte sich Graf Emich [IV.] von allen Gütern (*bona;* in der Urkunde des Bischofs präzisiert als Vogtei, Zehnten und Patronatsrecht) in den Dörfern Watzenhofen und Edenkoben, die er dem Ritter Burkhard von Breitenstein zu Lehen gegeben hatte (und dieser, laut der bischöflichen Urkunde, dem Kloster Heilsbruck verkauft hat). Ebenso gab er den dritten Teil der dort fälligen Zehnten ab, die Ritter Heinrich von Ruppertsberg auf gleiche Weise von ihm zu Lehen getragen hatte[201]. Aus der Gebefreudigkeit des Leiningers zog sogar das Hochstift seinen Nutzen. Denn die advocatia behielt – natürlich auch zum Vorteil des Klosters – der Bischof ein, der sich den Nonnen gegenüber verpflichtete, die Vogtei über die beiden Orte nicht mehr zu verlehnen oder zu veräußern.

Die Hauptsorge Bischof Heinrichs hatte aber wohl der Umsiedlung und Neuausstattung des Frauenklosters Heilsbruck gegolten, an denen sein Bruder Emich mit den genannten Transaktionen in entscheidendem Maße beteiligt war. Während sich Emichs Lehensmann Burkhard von Breitenstein den Verzicht mit 300 Mark reinen Silbers entgelten ließ[202], leistete der Graf die Übergabe seiner Rechte für sein, seiner Gattin und seiner Vorfahren Seelenheil. Weitere Schenkungen an die Zisterzienserinnenabtei folgten, ausweislich der Bulle Papst Martins [V.]

197 Vgl. S. 183.

198 UBiSp I Nr. 281; Einverständnis des Elekten als Oberlehensherrn, vom 12. Apr. 1255: UBiSp I Nr. 285; MALOTTKI Nr. 154.

199 Bestätigung durch Bischof Heinrich vom 23. Sept. 1266 (Druck: UBiSp I Nr. 343; Regest: MALOTTKI Nr. 313). Vgl. auch die Urkunden der beiden Grafen von 1268 (Druck: UBiSp I Nr. 350; Regest: MALOTTKI Nr. 342).

200 Einverständniserklärung des Elekten vom 1. März 1256 (Druck: UBiSp I Nr. 293; Regest: MALOTTKI Nr. 183).

201 Ausf. Perg.: StA Luzern, GA 110. Erwähnt: MALOTTKI Nr. 262 Anm. 2 (nach Urkunden-Inventaren des 17. Jhs.). – Privilegienbrief Bischof Heinrichs zur Umsiedlung nach Watzenhofen und Neuausstattung des Frauenklosters Heilsbruck vom 3. Mai 1262; ausführliches, aber nicht in allen Punkten exaktes Regest, mit der Überlieferung: MALOTTKI Nr. 262 (dort zu ergänzen: Ausf. Perg. im StA Luzern, GA 111, und Auszug bei WÜRDTWEIN, Nova subs. I S. 148–150); unbrauchbar die Angaben bei BRINCKMEIER I S. 50 mit Anm. 3. – Zur Geschichte von Kloster Heilsbruck liegen annähernd 200 Original-Urkunden im StA Luzern (Gatterer-Apparat). Eine Auswertung würde sich lohnen.

202 Empfangsquittung des Burkhard von Breitenstein von 1263 Juli 10 *(septe(m) fratru(m) et martyru(m))*, Ausf. Perg.: StA Luzern, GA 119. Die Verkaufssumme wird auch in der bischöflichen Urkunde von 1262 Mai 3 erwähnt.

von 1418[203], auf ähnlichem Wege. In allen Fällen dürften die Grafen von Leiningen – entweder durch ihren Verzicht auf Lehenshoheit oder durch ihren Einfluß – maßgeblich mitgewirkt haben. In keineswegs chronologischer Abfolge und ohne Nennung der Handlungs- oder Beurkundungsdaten werden, neben der uns bereits bekannten Donation von Gütern *(bona)* in Edenkoben und Watzenhofen (Punkt 3), erwähnt:

1. das Patronatsrecht in Maikammer *(Meinkemere)*, das der Ritter Reinhard von Hohenecken *(Hoinecke(n))* mittelbar über die Grafen Emich [IV.] und Friedrich [IV.] von Leiningen vom Bischof von Speyer zu Lehen getragen hatte und zum Zwecke der Schenkung an das Kloster – *zelo ca(r)itatis acce(n)sus* – den Grafen zurückgab, die ihm wiederum gegenüber dem Speyerer Bischof Heinrich entsagten;
2. das Patronatsrecht in Burrweiler *(Bubenwilre)* mit dem der Kapelle in Flemlingen *(Flemeringe(n))*, das dem Ritter Johannes von Metz *(de Metis)* gehört hatte;
4. das Patronatsrecht in Winden *(Winden)*, das der Ritter Johannes von Metz *(de Metis)* der Ältere und seine Söhne der Äbtissin und dem Konvent schenkten.

Die Papstbulle ist inseriert in ein Transsumpt des Johann von Calw, Bakkalaureus der Theologie und Dekan der Marienkirche [= Liebfrauenstift] in Neustadt, Speyerer Diözese, vom 19. April 1419, der mittels eben jener päpstlichen Urkunde bevollmächtigt wurde, die Inkorporation der dem Kloster im Laufe der Zeit gemachten Schenkungen zu bestätigen[204]. Diese Beglaubigung geschieht durch Aufzählung der dem Johann von Calw von den Nonnen vorgelegten Urkunden, welche den rechtmäßigen Besitz der in der Papstbulle genannten Gerechtsamen verbriefen. Leider werden auch hierbei keine Ausstellungsjahre genannt, aber die knappen Regesten geben doch Anhaltspunkte für eine relative Chronologie und – wenn auch keineswegs vollständige – Hinweise auf die an den Schenkungen beteiligten Personen und Instanzen. Nicht ausreichend dokumentiert ist der Betreff Edenkoben und Watzenhofen (Punkt 3): Die Urkunde Bischof Heinrichs wird nicht genannt. Dafür verrät die Nennung einer Urkunde seines Nachfolgers, daß die Inkorporation der beiden Kirchen erst unter Bischof Friedrich (1272–1302) zum Abschluß kam. Offenbar mußten erst weitere Teilbesitzer des Patronatsrechts zum Verzicht bewogen werden. Es lagen vor:

a) die Schenkungsurkunde [!] des Ritters Burkhard von Breitenstein, seiner Stiefsöhne *(p(ri)vign*[or]*u(m) suor(um))* Konrad und Heinrich von Hohenburg *(Hoenburg)* und des Friedrich von Winstein *(Wyne(n)stein)*, besiegelt von Burkhard, Konrad und Heinrich;
b) eine Urkunde des Ritters Billung von Kirrweiler *(Kyrwilr)* wegen der Heilig-Kreuz-Kirche in Watzenhofen *(Wassenhoven)*, mit Siegel Billungs;
c) die Zustimmung des Grafen Emich von Leiningen zu dieser Schenkung [!];
d) die Einverständniserklärung des Bischofs Friedrich von Speyer, des Dompropstes und zuständigen Archidiakons und des Domkapitels.

Die zuletzt genannte Urkunde ist zweifach im Original erhalten und datiert vom April 1279[205].

Die Übertragung der Kirche in Maikammer (Punkt 1) vollzog sich noch unter Bischof Heinrich. Hierzu wird die Existenz nur einer Urkunde erwähnt, nämlich einer gemeinsamen,

203 Ausgestellt am 22. Sept. 1418 in Turin *(Datum Taurini, decimo kalen(das) octobr(is), pontificat(us) n(ost)ri anno p(ri)mo)*; inseriert in einer Urk. von 1419 Apr. 19 (s. nächste Anm.).

204 Ausf. Perg.: StA Luzern, GA 1161. Regest (unvollständig): Glasschröder, Urkk. Nr. 205.

205 Ausff. Perg.: StA Luzern, GA 191 und GA 192. Regest: Glasschröder, Urkk. Nr. 16. Mutterkirche war Heilig-Kreuz [zu Watzenhofen], Filiale die Kapelle in Edenkoben (GA 191: *Etthenkove(n)*; GA 192: *Etthencoben*).

mit sechs Siegeln, des Bischofs Heinrich von Speyer, des Kapitels, des Propstes, der Grafen Emich [IV. v. Leiningen-Landeck] und Friedrich [IV.] von Leiningen und des Ritters Reinhard von Hohenecken zur Schenkung, Übergabe und Inkorporation besagter Kirche[206]. Im Original erhalten ist stattdessen eine vom Oktober 1265 datierende und von Bischof Heinrich, den vier Speyerer Stiftspröpsten und Reinhard von Hohenecken besiegelte Übertragungsurkunde[207].

Die Schenkung des Patronatsrechts in Winden (*Wynden*, Punkt 4) fand unter Bischof Friedrich (1272–1302) ihren Abschluß; es lagen dem päpstlichen Bevollmächtigten vor:

a) die Urkunde über die vor dem Speyerer Hofgericht von Ritter Johann von Metz *(de Metis)* und seinen drei Söhnen vorgenommene Schenkung;
b) eine Urkunde über den vor demselben Gremium ausgesprochenen Verzicht des Heinrich von Scharfeneck *(Scharphenecke)* und seiner Gemahlin Lukardis, genannt von *Kelenbach*[208];
c) die Zustimmungserklärung des Dompropstes Peter[209];
d) die Einverständniserklärung des Dekans und des Kapitels der Domkirche;
e) der Konsensbrief des Bischofs Friedrich[210].

Die Übertragung der Kirchen in Burrweiler und Flemlingen (Punkt 2) scheint in zwei Teilen vonstatten gegangen zu sein. Es werden aufgeführt bezüglich Burrweiler *(Bubenwiler)* der Schenkungsbrief des Ritters Johann von Metz *(de Metis)* und eine mit vier Siegeln versehene Urkunde des Bischofs Friedrich [1272–1302], des Dekans, des Kapitels und des Archidiakons, die Zustimmung zur Schenkung und Inkorporation der Kirche enthaltend[211], bezüglich Flemlingen *(Flemeringe(n))* nur die gemeinsame Inkorporationsurkunde Bischof Sigibodos [1302–1314], des Propstes, des Dekans und des Kapitels.

Die von Metz waren leiningische Vasallen, so daß es nicht unwahrscheinlich ist, daß die Patronatsrechte zu Winden, Burrweiler und Flemlingen Speyerer Afterlehen waren, wenn darüber auch keine urkundliche Bestätigung vorliegt. Immerhin trugen die Grafen von Leiningen später noch 72 Kirchenpatronate vom Hochstift zu Lehen[212].

Auch freies Eigen haben die Leininger der Speyerer Kirche zu Zeiten ihres Oberhirten Heinrich abgetreten: am 1. März 1256 dem Domkapitel für 150 Mark reinen Silbers einen beiden gräflichen Linien gehörenden Hof zu Böhl mit Gebäuden, Äckern, Wiesen, Weinbergen, Zinsen, bebautem und unbebautem Land und allen zugehörigen Rechten[213] und im Juni desselben Jahres dem Elekten schenkungsweise einen sämtlichen Leininger Grafen gemeinsam

206 Regest: MALOTTKI Nr. 374 (nach dem Regest – nicht Druck! – des Transsumpts bei GLASSCHRÖDER, Urkk. Nr. 205).
207 Regest: MALOTTKI Nr. 301 (nach der Ausf. Perg. im StadtA Straßburg).
208 Ausf. Perg. von 1291 Dez. 7 erhalten; vgl. das Regest bei GLASSCHRÖDER, Urkk. Nr. 25. Das Patronatsrecht gehörte zur Morgengabe der Lukardis. – Des weiteren glaubte Agnes, die Tochter des Johann von Metz und Gattin Philipps d. J., Kämmerers von Mainz, Ansprüche auf das Patronatsrecht zu haben, auf welche sie am 14. Sept. 1293 verzichtete (GLASSCHRÖDER, Urkk. Nr. 27, nach der Ausf. Perg. in Luzern).
209 Ausf. Perg. von 1291 Nov. 12 im StA Luzern; vgl. das Regest bei GLASSCHRÖDER, Urkk. Nr. 24.
210 Ausf. Perg. von 1291 Sept. 14 im StA Luzern; vgl. das Regest bei GLASSCHRÖDER, Urkk. Nr. 23.
211 1278 befand sich das Kloster bereits im Besitz des Patronatsrechts (vgl. GLASSCHRÖDER, Urkk. Nr. 14).
212 S. Kap. 7 Anm. 81.
213 Druck: UBiSp I Nr. 294. Erwähnt: BRINCKMEIER I S. 95 (mit falscher Verkaufssumme und unzutreffendem Quellennachweis); KAUL S. 271; MALOTTKI Nr. 183 Anm. 1 (mit der hs. Überlieferung).

gehörenden Leibeigenen (und Ministerialen?) namens Johannes, Sohn des Ritters Kuno von Dürkheim, zur Freilassung[214].

Da diese Besitzrechte jedoch allesamt keine entscheidenden Grundlagen der Territoriumsbildung waren, kann die Tatsache, daß sie dem Hochstift zur Verfügung gestellt wurden, bei der Beurteilung der Territorialpolitik sogar eine positive Wertung erfahren: Die durch die Verkäufe freigesetzten finanziellen Kräfte und das durch die Schenkungen gewonnene Ansehen dürften dem Weiterbau des Territoriums zugute gekommen sein.

Das Verhältnis zu Bischof Heinrichs Nachfolger und Neffen, dem den Grafen von Leiningen ebenfalls blutsverwandten Friedrich von Bolanden[215], war nicht allezeit ungetrübt. Spannungen zwischen Friedrich [IV.] von Leiningen und diesem Speyerer Oberhirten bestanden in den Jahren 1278 aus unbekannten Motiven[216] und 1291 wegen der leiningen-landeckischen Lehensnachfolge[217]. Als königlicher Landvogt hatte der Graf überdies die Interessen der ihm anvertrauten Klöster und Stifte im Speyergau gegen die unrechtmäßigen Eingriffe des Diözesanbischofs zu verteidigen[218]. Vielleicht sind aus diesen Gründen gemeinsame Handlungen des Bischofs und des Grafen so spärlich dokumentiert[219]. Auch Zugewinne scheinen für Leiningen sehr dürftig ausgefallen zu sein. Bekannt ist nur, daß Bischof Friedrich zu seinen Lebzeiten dem jüngeren Grafen von Leiningen [= Friedrich V.] ohne Genehmigung des Kapitels einige Einkünfte zu Dürkheim verbriefte, die Bischof Sigibodo am 30. April 1302 gelegentlich seiner Wahl nach Kräften wiederzuerlangen sich verpflichten mußte[220].

c) Pfälzische Lehen und Burglehen

Emich [IV.], der jüngere Graf von Leiningen [= von Leiningen-Landeck], trat am 29. Juli 1248 in ein Dienstverhältnis zu Pfalzgraf Otto, wobei die Initiative offenbar von ihm selbst ausging. Über den pfälzischen Marschall Zurno erwirkte er, als Gegenleistung für die von ihm vorzunehmende Verproviantierung der [vom Trierer Erzbischof] belagerten Burg Thurandt an der Mosel[221], neben einer Entschädigung von 500 Mark die Aufnahme als Burgmann zu

214 Druck: UBiSp I Nr. 296; Regest: MALOTTKI Nr. 186. Vgl. KAUL S. 271.

215 Friedrich von Bolanden war als Sohn der Kunigunde von Leiningen der Schwestersohn seines Vorgängers Bischof Heinrich (vgl. die Stammtafel Kap. 5 Anm. 133). – Von *pischof Friderich von Speir, von Leiningen* [die bessere Lesart ist zweifellos *Lyningen*] *geborn*, berichtet in fabulösem Zusammenhang die erste bairische Fortsetzung der sächs. Weltchronik (ed. WEILAND S. 329). In kurzer Erwähnung der gleichen Begebenheit wenden die Annales breves Wormatienses (ed. PERTZ S. 77 Z. 1–3) die richtige Herkunftsbezeichnung *»de Bolandia«* an. Die falsche Version hat durch die von der 1. bair. Forts. d. sächs. Weltchr. abhängigen spätmittelalterlichen und frühneuzeitlichen Darstellungen weite Verbreitung gefunden; vgl. die überlieferungsgeschichtliche Zusammenstellung der »Anekdotenwanderung« bei Willi TREICHLER, Mittelalterliche Erzählungen und Anekdoten um Rudolf von Habsburg (= Geist und Werk der Zeiten, 26), Bern und Frankfurt/M. 1971, S. 104. Die dort unter »Cuspinianus« nachgewiesene Stelle stammt aus einer keinem bestimmten Verfasser zuzuweisenden Sammlung rudolfinischer Anekdoten und ist im Anhang zu der von Hofmeister edierten Chronik des Mathias von Neuenburg in kommentierter Fassung zugänglich (S. 546–548, hier: S. 547f.).

216 UBiSp I Nr. 390 von 1278 Aug. 18.

217 Vgl. S. 183.

218 RI VI/1 Nr. 1469.

219 1281 Febr. 23 (BIUNDO, Hördt Nr. 49; in UBiSp nicht verzeichnet).

220 UBiSp I Nr. 466.

221 Über Alken/Kr. Mayen-Koblenz. – Vgl. Kurt BECKER, Ortsartikel »Alken«, in: Hb. d. hist. St. V S. 4f.

Winzingen[222], bei einem Lehensgeld von 300 kölnischen Mark[223]. Am 20. November 1258 hat ihm Pfalzgraf Ludwig für seine pfälzischen Lehen erbrechtliche Vergünstigungen gewährt; vermittelnd hatte sich dabei Emichs Bruder, der Speyerer Elekt Heinrich, eingeschaltet[224]. Beide Leininger Grafen genossen 1261 als Schiedsrichter das Vertrauen des Pfalzgrafen wie des Wormser Bischofs[225], tendierten aber letztlich doch dazu, den Konflikt auf seiten des letzteren austragen zu helfen[226]. Bischof Heinrich selbst befand sich 1267 in kriegerischen Verwicklungen mit Ludwig II.[227].

Bald darauf scheint sich das Verhältnis gebessert zu haben. Jedenfalls profitierte zwei Jahre später der Pfalzgraf von seiner Verwandtschaftsbeziehung[228] zu den Grafen von Leiningen. Bei der Belehnung Ludwigs mit dem von Kaiser Friedrich II. innegehabten bischöflichen Truchsessenamt[229] und dem durch den Tod des Markgrafen von Hohenburg dem Hochstift Bamberg heimgefallenen Lehen Amberg[230] am 19. Juni 1269 durch den Bamberger Bischof Berthold [von Leiningen] waren drei weitere Leininger anwesend, nämlich Bertholds Brüder Bischof Heinrich von Speyer, Dompropst Walram von Worms und Graf Emich [IV.]. Diesen dürfte es ein erhebendes Gefühl vermittelt haben, dabeizusein, wie Pfalzgraf Ludwig einem der ihren huldigte. Eine gewisse Überlegenheit mögen Bischof Heinrich und sein Bruder Emich auch verspürt haben, als sie [im Juni] 1270 im Landfriedenszug des Mainzer Metropoliten mitzogen und gemeinsam die [pfalzgräflichen Zoll-]Burgen Eichelsheim *(Elchesheim)* und Rheinhausen *(Husen)* [beide auf Mannheimer Gemarkung] in den Grund hinein zerstörten[231].

Bei einem Emich von Leiningen, den wir am 14. Juni 1278 in der Rolle des pfälzischen Burgmannes finden, handelt es sich bereits um Emich (V.)[232]. Er wird Burgmann zu Wachenheim [an der Haardt] gegen 300 Mark Kölner Pfennige, für die er Lehensgüter zu kaufen hat und für die ihm vorerst der Zehnte und andere Einkünfte in Friesenheim versetzt werden[233]. Für den [noch Unmündigen] nimmt sein pfalztreuer Vetter Graf Friedrich [IV.] von

222 Ortsteil der kreisfreien Stadt Neustadt a. d. W.
223 Druck: MrhUB III Nr. 959. Regesten: RPR I Nr. 539; RI V Nr. 11548. Zuletzt erwähnt bei MALOTTKI S. 86f. Anm. 3 und unter verschiedenen Aspekten betrachtet bei SPIESS, Lehnsrecht S. 96, S. 207 Anm. 203, S. 221, S. 223 Anm. 291 und S. 224f.
224 Vgl. Anm. 359.
225 MALOTTKI Nr. 244.
226 Ebd. Nr. 252.
227 RMB I Nr. 470; MALOTTKI Nr. 324.
228 Pfalzgraf Ludwig und der Bamberger Bischof Berthold [von Leiningen] nennen sich in den Belehnungsurkunden und Reversen (s. Anm. 229–230) gegenseitig jeweils »dilectus consanguineus noster«, ebenso der Pfalzgraf den Grafen Friedrich [IV.] von Leiningen in der Urkunde vom 8. Nov. 1292 (s. S. 184 mit Anm. 83).
229 Druck des Lehensbriefs: Wittmann I Nr. 97; Regest: MALOTTKI Nr. 348 (dort nachzutragen: RPR I Nr. 841). – Regest des Lehensreverses: MALOTTKI Nr. 349.
230 Regesten des Lehensbriefs: Mon. Zoll. II Nr. 107 (zu 1266); MALOTTKI Nr. 350. – Druck des Lehensreverses: WITTMANN I Nr. 98; Regest: MALOTTKI Nr. 350 Anm. 1 (dort nachzutragen: RI V Nr. 12067).
231 Annales Wormatienses, hg. v. BOOS, S. 161. Regesten: MALOTTKI Nr. 359; RUSER I Nr. 282. Vgl. KAUL S. 277. Zur Lokalisation: Hildegard SCHAAB, Geschichte der Stadt [Mannheim], in: Die Stadt- und die Landkreise Heidelberg und Mannheim, Amtliche Kreisbeschreibung, Bd. III, Karlsruhe 1970, S. 6–121, hier: S. 32.
232 Vgl. S. 45.
233 Abschr. Perg.: GLA 67/799 fol. 61r. Regest: RPR I Nr. 1016 (ungenau). Erwähnt: BRINCKMEIER I S. 107 (ohne Angabe der Burg und ohne Beleg); Fritz WENDEL, Geschichte der Stadt Wachenheim an der

Leiningen[234] die Lehen entgegen und verbürgt sich für den persönlichen Lehensempfang durch Emich binnen Jahresfrist[235].

d) Lehensauftrag durch Vasallen

Auch in Form eines Auftragslehens wußte sich die Leininger Hauptlinie neue Stützpunkte im Speyergau zu verschaffen. Der Ritter Friedrich von Meckenheim und sein Sohn Johannes hatten alle ihnen von Leiningen zu Lehen gegebenen Zinsen, Rechte und Besitzungen und zwei Teile des Zehnten zu Rheindürkheim *(Rinduringheim)* in der Wormser Diözese für 165 Pfund Heller dem Kapitel der Andreaskirche in Worms verkauft und diesem überdies das Patronatsrecht der Kirche in Rheindürkheim übertragen. Die Zustimmungserklärung des Grafen Friedrich [IV.] von Leiningen vom 6. Juli 1281[236] beschreibt ausführlich, mit welchen Stücken der Lehensverlust ausgeglichen wurde: Ritter Friedrich und Sohn Johannes trugen dem Grafen mit Zustimmung der Ganerben *(coheredum)* den vierten Teil der oberen Burg in Kirrweiler, 14 Morgen in der Nähe der Burg und des Bächleins, auf der Gemarkung des Dorfes Wachenheim *(Wachinheim)*[237] gelegene Weinberge, 2½ Morgen Weinberge der Lage *Buderich* im selben Dorf, ½ Morgen ebenda jenseits des genannten Bächleins, 2 Morgen ebenda in der Mittelheide *(mittelinheidin)* sowie ein in demselben Dorfe Wachenheim, an der gepflasterten, in Richtung Osthofen[238] *(Osthouin)* führenden Straße gelegenes Haus mit seinem Zubehör und angrenzenden 5 Morgen Weinberg zu Lehen auf.

Falls es sich bei beiden Burgen zu Kirrweiler um Speyerer Ministerialenburgen handelte[239], müßte die Oberlehensherrlichkeit über die obere Burg den Bischöfen schon entglitten gewesen sein, als der beschriebene Anteil in die Verfügungsgewalt der Grafen von Leiningen geriet. Allerdings war auch die leiningische Lehensherrschaft hier nicht von Dauer. Vielleicht hat das Hochstift den Lehensauftrag mit Erfolg moniert, denn von Kirrweiler ist in der leiningischen Überlieferung seither nicht mehr die Rede.

Weinstraße, Wachenheim 1967, S. 20 (irrig zu 1277; hat die von ihm mit veralteter Signatur zitierte Quelle gar nicht benutzt, sonst hätte sich die Erörterung einer angeblich dort vorzufindenden Lokalisierung Wachenheims »apud Alzejam« erübrigt, die wohl auf einer Vermengung mit Angaben aus dem gleichzeitigen Lehensrevers des Grafen Friedrich [IV.] von Leiningen für ein Alzeyer Burglehen = RPR I Nr. 1017 beruht). Knapp erwähnt bei KAUL S. 282 u. 284; unter verschiedenen Fragestellungen bei SPIESS, Lehnsrecht S. 96 mit Anm. 225, S. 223 mit Anm. 291 (die Angabe »200 Mark« ist falsch), S. 224f. und S. 226.

234 Vgl. S. 163f.

235 Abschr. Perg.: GLA 67/799 fol. 61r; Regest: RPR I Nr. 1016.

236 Druck: BAUR II Nr. 344. Erwähnt: BRINCKMEIER I S. 66 (ohne Beleg). – Die nachträgliche Genehmigung des Diözesanbischofs datiert vom 30. Aug. 1281 *(in crastino decollat. S. Joannis Baptistae)* und nennt nicht nur den Grafen Friedrich [IV.], sondern auch den Grafen Emich [IV.] von Leiningen als Lehensherrn des Ritters von Meckenheim für die Rheindürkheimer Gerechtsamen (Druck: SCHANNAT I S. 47. Regest: SCRIBA III Nr. 1922, fehlerhaft. Erwähnt: BRINCKMEIER I S. 108, mit zahlreichen Unachtsamkeiten).

237 Stadt Wachenheim an der Weinstraße, Kr. Bad Dürkheim.

238 Dieses Osthofen soll identisch sein mit dem eingegangenen Hollenburger Hof bei Wachenheim (WENDEL, wie Anm. 233, S. 109f.; vgl. CHRISTMANN II S. 422).

239 SCHAAB in Pfalzatlas S. 766.

2. Leiningische Territorialpolitik in Worms- und Nahegau

a) Die Lehensbeziehung zum Kloster Weißenburg

Für die leiningische Territorialentwicklung im Wormsgau dürfte im 13. Jahrhundert die – wenn auch äußerst spärlich belegte – Lehensbindung zum Kloster Weißenburg[240] von der größten Bedeutung gewesen sein[241]. Erhalten ist uns ein Lehensbrief des Weißenburger Abts Friedrich, mittels dessen er dem Grafen Emich [IV.] von Leiningen[-Landeck] die der Abtei durch den Tod des Ulrich *nobilis* von Münzenberg heimgefallenen [nicht namentlich aufgeführten] Lehen verlieh[242]. Die Bestandteile dieses Lehensobjekts lassen sich wohl kaum noch ermitteln[243]. Daß es sich um den gesamten Lehenskomplex um Grünstadt gehandelt habe, wird mit Recht in Frage gestellt. Die dortigen leiningischen Befugnisse sind wohl älteren Ursprungs. Zwar wird die Weißenburger Lehenshoheit über vier der Orte Grünstadt, Asselheim, Obrigheim, Sausenheim und Kirchheim [an der Eck] erstmals 1370 faßbar (ohne Obrigheim)[244]. Aber leiningische Rechte in dreien der genannten Dörfer sind bereits vorher bekannt[245].

Andererseits sind Teile aus dem späteren Lehenskomplex möglicherweise erst im 14. Jahrhundert durch die Grafen von Leiningen-Dagsburg aufgetragen worden, ebenso wie eine Urkunde vom 26. Juli 1350 einen Lehensauftrag des Grafen Emich [V.] von Leiningen[-Hardenburg] im Werte von 500 Pfund Hellern ankündigt[246]. Für eine leiningen-

240 Einen Überblick über die Klostergeschichte bietet Médard Barth Sp. 1678–1712.

241 Die ergiebigste Quelle zum Thema »Weißenburger Lehen der Grafen von Leiningen« ist der im LA Speyer unter der Signatur F 1, 86a aufbewahrte und im GLA unter der Nr. 67/1932 seit 1962 in Photokopie vorhandene »Liber feudorum des Stifts Weißenburg«, aus dem Zeuss (1842) kleinere Auszüge veröffentlicht hat. Die Seiten 59–77 dieses Lehenbuchs enthalten Leiningen betreffende Urkundenabschriften in zeitlich unregelmäßiger Folge, die älteste Urkunde leider erst aus dem Jahre 1300 datierend. Zu früheren Abschriften des Weißenburger Lehenbuchs, die im FLA ausfindig gemacht werden konnten, vgl. Toussaint, Liber feudorum.

242 Abschr. Pap.: FLA, Urkk. Leiningen, 1255 Okt. 15. Drucke: L-D-H, Endliche Deduction (1616, Nd. 1734) Lit. V (nach einer begl. Abschr., zu 1250); Lünig, RA 22 S. 381 Nr. 2 (ohne Quellenangabe, zu 1250); Grüsner III S. 173 (zu 1250). Regesten: Kremer, Ard. Geschl. CD S. 184 Nr. 17 (zu 1250); Fessmeyer Nr. 23 (zu »1250 oder 1255«) und Nr. 376; Hans Otto Keunecke, Die Münzenberger, Quellen und Studien zur Emancipation einer Reichsdienstmannenfamilie (= Quellen und Forschungen zur hessischen Geschichte, 35), Darmstadt und Marburg 1978 (= Phil. Diss. Erlangen–Nürnberg 1976), Nr. 376. Erwähnt: Wenck I S. 283f. Anm. n; Brinckmeier I S. 92f. (mit als solcher nicht gekennzeichneter Interpretation der Lehensobjekte); Kaul S. 270 mit Anm. 229 (ohne Kenntnis der Druckorte; spricht fälschlich von einem im FLA liegenden Original der Urkunde und von »Gütern zu Grünstadt«). – Die Neubelehnung fand schon kurz nach dem Tode Ulrichs von Münzenberg statt, der, wie Hintze (1885) S. 194 Anm. 1 exakt ermittelt hat, am 11. August 1255 erfolgte. (Vgl. auch Keunecke Nr. 372, zu August 10. – Ein Abschreibfehler von »in crastino Laurentii« zu »Laurentii« ist m. E. wahrscheinlicher als umgekehrt.) Ulrichs Reichslehen, namentlich das Kämmereramt, gingen am 22. Mai 1257 an den Reichsministerialen Philipp von Falkenstein (Keunecke Nr. 388; vgl. Trautz, 1978, S. 32 u. 34).

243 Nur in geringem Umfang kann innerhalb der später von Weißenburg lehnbaren Orte ehemals Münzenberger Besitz nachgewiesen werden. Im März 1244 schenkten Philipp von Falkenstein und dessen Gattin Isengard [von Münzenberg] dem Siechenhaus des Klosters Otterberg für ihrer beider Eltern Seelenheil Güter zu Kirchheim; vgl. Keunecke (wie Anm. 242) Nr. 313; Ders. irrt, wenn er S. 302 meint, daß hier nur Kirchheimbolanden in Frage komme.

244 S. Anhang IV S. 244f.

245 S. Anhang IV S. 245.

246 1350 Juli 26 *(des mandages aller neheste na s(an)c(t)e Jacobs dage)*; Ausf. Perg.: FLA, Urkk. Leiningen, sub dato.

dagsburgische »oblatio feudi« käme kaum Grünstadt in Frage, wo das Kloster bereits im 10. Jahrhundert umfangreichen Besitz hatte[247], dafür aber Sausenheim und Obrigheim, die 1316 als rechtes Eigen genannt werden[248]. Der möglicherweise sukzessive erfolgte Erwerb der Herrschaftsrechte über die anderen, wahrscheinlich von Ursprung an weißenburgischen Dörfer[249], dürfte hingegen in der ersten Hälfte des 13. Jahrhunderts einen gewissen Höhepunkt oder gar Abschluß erreicht haben. Zumindest liegt es nahe, im Zusammenhang damit die Erbauung der erstmals 1242 nachweisbaren[250] Burg Neuleiningen zu sehen, die sich auf Sausenheimer Gemarkung vollzog[251]; wir kommen darauf zurück[252].

b) Die Verbindung zu den Wormser Kirchen

Die Verbindung Leiningen–Worms wurde im 13. Jahrhundert personell weiter ausgebaut. Heinrich von Leiningen, der 1235 erstmals als Domherr zu Worms genannt wurde[253], erhielt am 7. Mai 1244 eine päpstliche Bestätigung für die von Erzbischof [Siegfried III.] von Mainz

247 Das Kloster verlor durch den sog. »Weißenburger Kirchenraub« von 985 (Annales Weissenburgenses = Lamperti Annales, hg. v. Oswald HOLDER-EGGER in: Lamperti monachi Hersfeldensis opera = MGH SSrerGerm, Hannover und Leipzig 1894, Nd. 1956, S. 9–57, hier: S. 47; ZEUSS S. 305 Nr. 311 = auf 991 datierter Eintrag im »Liber possessionum« des Abts Edelin (1262–1293); Regest: FESSMEYER Nr. 4) keineswegs sämtliche Rechte in Grünstadt (aufgezählt im »Liber possessionum« a. a. O. S. 285 Nr. 79; Regest: FESSMEYER Nr. 3; vgl. auch FESSMEYER, Grindestat in den Kodizes, 1933). Daß »die Salier bzw. ihre Vasallen, die Grafen von Leiningen [...] dann Herren von Grünstadt« geblieben seien (KRAFT S. 151), läßt sich nicht beweisen.

248 In der 1316 zum Zwecke der Besitzteilung eingeholten Kundschaft (s. Kap. 3 Anm. 78).

249 Für sie war 1316 (s. die vorige Anm.) nicht bekannt, ob sie Lehen oder Allod waren.

250 Die Existenz Neuleiningens im Jahre 1242 ergibt sich aus der erstmaligen Benennung der Stammburg als *Liningen antiquum* (Ausstellungsort einer Urk. v. 1242 Juli 26, abgedruckt bei WÜRDTWEIN, Mon. Pal. I Nr. 50). Dafür, daß die Entstehungszeit Neuleiningens nicht lange vor jenem terminus ante quem anzusetzen ist, spricht der Baubefund: Die, wie der Grundriß ausweist, von Anfang an vorgesehenen flankierenden Ecktürme sind eine Novität in der Wehrbautechnik des ober- und mittelrheinischen Raumes, die im Laufe des 13. Jhs., aus Frankreich kommend, hier Eingang fand (vgl. STEIN, 1976, S. 96). – Die bisherige Erklärung, daß Neuleiningen von Friedrich III. erbaut worden sei, weil Emich IV. bei der Teilung von 1237 Landeck erhalten habe und Altleiningen gemeinsam geblieben sei (so LEHMANN, leininger Thal S. 5, FREY II S. 370, Theodor KAUL, Ortsartikel »Neuleiningen« in Hb. d. hist. St. V S. 255f., und CONRAD II/1 S. 24), ist nicht stichhaltig. Schließlich besaß Friedrich noch die Hardenburg für sich allein. Ganz so exakt, wie behauptet wird, läßt sich die Bauzeit also nicht eingrenzen. – In Verbindung mit der Erbauung Neuleiningens wird in der Literatur auch gerne jene der nahebei, in dem von Kloster Murbach lehensrührigen Dorfe Battenberg (vgl. S. 110) gelegenen gleichnamigen Burg gesehen (LEHMANN III S. 38; BRINCKMEIER I S. 57; CONRAD II/1 S. 23; STEIN in Pfalzatlas S. 331). Hier ist jedoch äußerste Vorsicht angebracht. Über eine Existenz dieser Feste gibt uns die mittelalterliche Überlieferung keine Auskunft; erst 1623 wird neben dem Dorfe auch das »Schloß« Battenberg erwähnt (Hausverträge von 1623 Sept. 12 und Dez. 19: FLA, Urkk. Leiningen, sub datis). Nach den Kunstdenkmälern von Bayern, Regierungsbezirk Pfalz, Bd. 8, S. 132 (hiernach Theodor KAUL in Hb. d. hist. St. V S. 32), soll die Battenburg erstmals 1359 erwähnt sein. Diese Behauptung beruht auf einer voreiligen Schlußfolgerung P. GÄRTNERS, Geschichte der bayerisch-rheinpfälzischen Schlösser [...], Speyer 1854–1855, Nd. Pirmasens 1973, Bd. II S. 154, der einen 1359 erwähnten Ditzo v. B. sich nach dem »Schlosse« nennen läßt. Aufschlüsse über das wirkliche Alter der Burg kann nur eine fachgerechte Aufnahme des Baubefunds, nach Freilegung der Grundmauern, liefern. Auch dann bleibt fraglich, ob es sich um eine von Anfang an leiningische Anlage handelte.

251 LEHMANN, leininger Thal S. 6; FREY II S. 370f. u. 383; BRINCKMEIER I S. 57 Anm. 3; CONRAD II/2 S. 201; TOUSSAINT, Leiningen im Wormsgau S. 187.

252 Vgl. S. 161.

253 S. Kap. 5 Anm. 62.

erlangte Propstei des Stifts St. Martin zu Worms[254]. Zwar ist es fraglich, ob er jemals in den faktischen Besitz dieses Amtes und den Genuß seiner Pfründe kam[255]. Aber die leiningischen Beziehungen zum St. Martinsstift bestanden auch nach Heinrichs Wahl zum Speyerer Bischof (im Jahre 1245) fort[256]. Nachfolger des kanonisch zum Bischof von Worms gewählten, aber vom Papst nicht anerkannten Eberhard[257] als Dompropst zu Worms ist wohl schon 1247 Graf Walram von Leiningen geworden, der als solcher erstmals 1249 und zugleich als Propst von St. Guido in Speyer urkundet[258]. Seine starke Familienverbundenheit erweist sich in zahlreichen gemeinsamen Beurkundungen, Bürgschaftsleistungen und Zeugenauftritten mit seinen Brüdern[259]. Die letzte von ihm bekannte Handlung, eine fromme Stiftung für Kloster Otterberg, geschah in Anwesenheit seiner Neffen Friedrich des Älteren [= IV.] und Emich [(V.)] von Leiningen; bei der Beurkundung siegelten diese mit[260].

Mit Bischof Eberhard (1257–1277) aus dem Hause der Raugrafen verband die Leininger eine enge Verwandtschaft. Die leiningischen Brüder Simon, Friedrich III., Emich IV., Heinrich, Walram und Berthold waren Söhne der Gräfin Agnes von Eberstein, diese eine Schwester von Eberhards Mutter Hedwig[261]. Eberhard hatte als Gegenbischof (1247–1252) schon die Unterstützung seines Vetters, des Speyerer Elekten Heinrich von Leiningen, und militärische Hilfe durch den Grafen Emich IV. erfahren[262]; auch nach seiner erneuten Kandidatur im Jahre 1257 trat Heinrich für ihn ein[263]. Emich [IV.] durfte den Dank des Wormser Elekten im Februar 1258 in Form einer seine Töchter begünstigenden Regelung der Lehensnachfolge entgegennehmen[264]. Emich und Heinrich waren im Sommer 1260 Kombattanten Eberhards auf dem Zug gegen die Stadt Alzey[265], fungierten 1261 als Schiedsrichter zwischen dem Wormser Bischof und dem Pfalzgrafen[266] und sammelten sich, bei erneutem Ausbruch der Zwistigkeiten im Oktober 1261, mit Bischof Eberhard zur Gegenwehr gegen Ludwig II.[267]. Emich [IV.] und sein Neffe Friedrich [IV.] sind in der Folgezeit nicht nur in schiedsrichterlicher Funktion, sondern auch unter den Mitsieglern und Urkundenzeugen Eberhards zu finden[268], wie auch der freundschaftliche Einfluß Heinrichs auf seinen Wormser Konprovinzialbischof nicht abriß[269].

254 Malottki Nr. 2. Die knapp gefaßte Darstellung von Franz Alois Como, Das kaiserliche Kollegiatstift St. Martin in Worms, Ein Beitrag zu seiner 900jährigen Geschichte, Koblenz 1962, macht hierzu keine Angaben.
255 Vgl. Malottki S. 35–37.
256 So erwirkte Graf E[mich IV.] von Leiningen[-Landeck] für das Kapitel eine päpstliche Schenkungsbestätigung; ausgestellt am 27. Febr. 1250 (MrhRegg III Nr. 770).
257 Wie Anm. 262.
258 Druck: Kremer, Ard. Geschl. CD S. 250 Nr. 4. Auszug: Brinckmeier I S. 92 Anm. 2.
259 1250 Juni 23 (Malottki Nr. 68); 1256 Juni (UBiSp I Nr. 296; Malottki Nr. 186); 1263 (RBStr Nr. 1741); 1266 Sept. 26 (MrhRegg III Nr. 2199); 1269 Juni 19 (Malottki Nr. 348–350).
260 1284 Aug. 16 (UB Otterbg. Nr. 237). Vgl. Conrad II/1 S. 10.
261 Vgl. Malottki S. 52.
262 Ausführliche Darstellung bei Malottki S. 52f.
263 Malottki Nr. 203 und S. 169.
264 Vgl. Anm. 358.
265 Auch beider Neffe, Friedrich [IV.] von Leiningen, war am Zug gegen die Stadt beteiligt (Malottki Nr. 231).
266 Malottki Nr. 244.
267 Malottki Nr. 252.
268 1261 Apr. 4 (StA Luzern, GA 105); 1263 Mai 1 (Ausf. Perg.: StA Luzern, GA 113; Regest: QuStW I Nr. 311); 1265 Juni 13 (Malottki Nr. 296); 1271 Dez. (HessUB I/1 Nr. 265).
269 1265/66 (Malottki Nr. 305); 1266 Juli 12 (Malottki Nr. 310).

Bemerkenswert ist, daß nun zwar eine jeweils gute Konnexion zwischen Bischof Eberhard und den genannten Leininger Grafen und zwischen ebendiesen Grafen und ihrem Bruder Walram bestand, daß aber Bischof Eberhard und Dompropst Walram nie zusammen auftraten. Malottki hat bemerkt, daß Walram 1257 offenbar nicht für den Wormser Bischofsstuhl in Frage kam[270]. Möglicherweise liegt hier die Erklärung für eine gewisse, zeitlebens nicht verhehlte Mißgunst des Leiningers.

Nicht unter Eberhards Nachfolger, dem Raugrafen Friedrich (1277–1283), aber wieder unter Simon von Schöneck (1283–1291) treten Leininger Grafen in Angelegenheiten des Wormser Hochstifts hervor: Am 1. April 1287 beurkunden die Grafen Friedrich der Ältere [= IV.] und Emich [(V.)] von Leiningen zusammen mit den Grafen Eberhard und Walram von Zweibrücken die gütliche Beilegung der zwischen Bischof, Domkapitel und Bürgern von Worms einer- und den Rittern von Drachenfels andererseits wegen einiger Lehen entstandenen Irrung[271]. Ebensowenig wie unter Eberhard sind jedoch unter Bischof Simon konkrete territoriale Zugewinne der Leininger verbürgt, die man doch aus den freundschaftlichen Beziehungen zum jeweiligen Inhaber des Bischofsstuhls[272] gerne herleiten möchte.

Als Lehen des Hochstifts Worms wurde im 14. Jahrhundert Neuleiningen[273] begriffen[274]; wie es dazu kam, ist nicht mit Sicherheit zu erweisen. Ebenso wie die Gemarkung Sausenheim galt die Burg Neuleiningen 1316 als *ein recht Eigen*[275]. Daß der Bischof sich, ausgehend von seiner Lehensherrlichkeit über 3½ Morgen Gartenland zu Leiningen[276] – übrigens wohl Alt-, nicht Neuleiningen –, allmählich die Lehenshoheit über ganz Neuleiningen angemaßt habe[277], ist nicht ernst zu nehmen. Wenn nicht doch ein Lehensauftrag vorliegt, müßte die 1316 von der Sausenheimer Einwohnerschaft *auf iren Eyde* gegebene Information unwissentlich falsch gewesen sein, ein Problem, das in unserem zeitlichen Rahmen jedoch nicht weiter zu erörtern ist.

c) Das Verhältnis zum Erzstift Köln

Einen Zuwachs erfuhr im Zeitraum von 1237 bis 1289 auch der Kölner Lehensbesitz der Grafen von Leiningen im Wormsgau. Erzbischof Konrad besserte im Februar 1243 das Lehen des Grafen [Friedrich III.] von Leiningen um insgesamt 200 Mark, für welche dieser der Kölner

270 Malottki S. 169.

271 RGZ Nr. 308. Vgl. Brinckmeier I S. 75 u. 109; Kaul S. 286.

272 Bischof Simon und Graf Friedrich IV. scheinen sich nun aber wiederum keineswegs blindlings vertraut zu haben, denn 1289 wurde leiningischerseits einem künftigen ungerechten Angriff des Bischofs vorgebeugt (s. Anm. 282).

273 Vgl. auch S. 159.

274 Erstmals in einer Urk. v. 1372 Febr. 21 *(an sant Peters abent, des heiligen aposteln, den man nennet cathedra Petri)*, in der die Grafen Friedrich der Alte [= der Dompropst] und Friedrich der Junge [= VII. Emich], Gebrüder von Leiningen[-Dagsburg], mit Einwilligung des Wormser Bischofs dem Grafen Emich [V.] von Leiningen[-Hardenburg] *eyn fierteil unß vesten zu der Nuwenlyninge, die von eyme bischove un dem stifte zu Wormßen gantz un gar mit aller zügehorunge zu lehen ruret* [...] für 4000 fl verpfänden. Ausf. Perg.: BayHStA, Rhpf. Urkk., Nr. 303. Auszug: Schannat I S. 242f. (ohne Nachweis). Regest: Kremer, Ard. Geschl. CD S. 201 Nr. 105. Erwähnt: Brinckmeier I S. 132 (irrig zu 1370 Jan. 17 und mit falschem Quellenzitat).

275 Kundschaft von ca. 1316 (vgl. Kap. 3 Anm. 78).

276 Ebd.

277 Lehmann, leininger Thal S. 10f.; umständlich wiederholt von Conrad II/2 S. 202–204.

Kirche ein noch zu kaufendes Allod zu Lehen auftragen sollte[278]. Wahrscheinlich handelte es sich bei dem schließlich für die genannte Summe erworbenen Objekt um das Dorf Wallertheim[279].

Ansonsten ist über die leiningischen Beziehungen zum Erzstift Köln zu jener Zeit wenig bekannt. Insbesondere Graf Emich IV. von Leiningen-Landeck und sein Bruder, Bischof Heinrich von Speyer, standen wohl, als entschiedene Parteigänger König Wilhelms, in der Gunst des kirchlich gesinnten Kölner Metropoliten. An der Seite Erzbischof Konrads vermittelte Graf Emich am 25. Januar 1251 einen Vergleich zwischen dem Grafen Gerhard von Diez und Heinrich von Isenburg[280]. Auch die am 25. Januar 1276 beendete Schiedsrichtertätigkeit Erzbischof Siegfrieds zwischen dem Mainzer Kirchenfürsten und den Mainzer Bürgern hat er unterstützt[281].

d) Konkurrenz und Dienstverhältnis zu den Pfalzgrafen

Mit dem Erwerb der Lehenshoheit über das *castrum* der Truchsessen Philipp und Gerhard von Alzey und Werners und Philipps genannt »Winter« traten die Grafen von Leiningen in Alzey kurzfristig in ein Konkurrenzverhältnis zu den Pfalzgrafen. Die genannten Besitzer trugen ihre Burg am 9. Juni 1289 den Grafen Friedrich [IV.] von Leiningen und Emich [IV.] von Leiningen[-Landeck] zu Lehen auf und versprachen, ihnen gegen jedermann – das Reich ausgenommen – zu helfen. Ausdrücklich richtet sich eine zusätzliche Öffnungsverschreibung von seiten der Winter gegen den Pfalzgrafen [Ludwig II.], während die Truchsessen für den Konfliktfall Neutralität zusicherten[282]. Daß diese[r] Burg[anteil] in Wirklichkeit von Pfalz lehensrührig war, hat neuerdings Karl-Heinz Spieß dargelegt[283]. Durch den Lehensauftrag an

278 *1242 mense februarii* (Köln beobachtete den Osterstil). Ausf. Perg.: FLA, Urkk. Leiningen, sub dato. Abschr.: FLA 4/36, Kopb. »Lehenbriefe für Leiningen 1329–1641« S. 376. Regest: REK III Nr. 1075a.

279 Vgl. Toussaint, Leiningen im Wormsgau S. 193f. Das Ausstellungsjahr der Urkunde ist dort zu berichtigen.

280 REK III Nr. 1618; RGK I Nr. 106.

281 Druck: NassUB I Nr. 899. Regest: RGK I Nr. 208.

282 Ausf. Perg.: FLA, Urkk. Leiningen, sub dato. Regest: RPR I Nr. 1199 (unrichtig). Vgl. Brinckmeier I S. 76 u. 108 (von einer Genehmigung des Pfalzgrafen zu dieser Öffnungsverschreibung kann natürlich keine Rede sein!); Conrad II/1 S. 100; Kaul S. 287; Spiess, Lehnsrecht S. 202. – Im Falle eines ungerechten Angriffs des Bischofs von Worms gegen die Grafen von Leiningen galt das Öffnungsrecht für den Burganteil der Truchsessen, die Pflicht zur Neutralität für die Wintronen.

283 Spiess, Alzey S. 106f. Die pfalzgräfliche Lehenshoheit über Burganteile der Truchsessen ist zwar erst für 1292 verbürgt (Baur II Nr. 486; Wimmer S. 255f. Nr. 47), aber eine oblatio feudi an Kurpfalz, die dann kurz vorher stattgefunden haben müßte und Folge der 1291 (s. Anm. 286) zur endgültigen Bereinigung anstehenden Zwistigkeiten gewesen sein könnte, scheidet in Anbetracht der Tatsache, daß eben jener Anteil als Zubehör des Truchsessenamtes bezeichnet wird, aus. Nicht zuzustimmen vermag ich der These von Spiess a. a. O., daß die Truchsessen und Wintronen die gesamte Burg innegehabt hätten. Daß in der Urkunde von 1289 keine Mitbesitzer genannt werden, rechtfertigt diesen Schluß nicht; jene Art der verkürzten Wiedergabe von Sachverhalten ist durchaus typisch für die mittelalterliche Urkundensprache. Die Gewinnung des Grafen Friedrich [IV.] von Leiningen als pfalzgräflichen Burgmann zu Alzey am 14. Juni 1278 (s. Anm. 289) kann auch nicht als »programmatische Verpflichtung gegen die erst noch aus der Burg zu verdrängenden Alzeyer Geschlechter« (Spiess S. 108) gedeutet werden. In solchem Falle wäre Truchseß Philipp von Alzey schwerlich unter den Beurkundungszeugen zu finden.

Leiningen sollten offensichtlich das bestehende Lehensverhältnis abgestritten und eine neue Realität geschaffen werden. Es steht aber außer Zweifel, daß der Lehensauftrag bald darauf rückgängig gemacht wurde. Erstens ist von leiningischen Eigentumsrechten an der Burg Alzey seither nie mehr die Rede, und zweitens haben sich die Truchsessen und die Wintronen gegen die Pfalzgrafen nicht behaupten können: Die 1289 genannten Vertreter beider Familien wurden 1292 als Burgmannen auf ihrer Burg verpflichtet[284], und die Erben zumindest der Truchsessen haben bis zum 20. April 1305 ihre Anteile sämtlich an die Pfalzgrafen verkauft[285]. Daß das aus der Urkunde von 1289 herauszulesende gespannte Verhältnis der Leininger zu den Pfalzgrafen allenfalls von kurzer Dauer gewesen sein kann, ergibt sich aus der Tatsache, daß sich zur Beilegung des Streits zwischen den Truchsessen und Wintronen einer- und Pfalzgraf Ludwig andererseits beide Parteien am 24. August 1291 auf Graf Friedrich von Leiningen als Schiedsrichter einigten[286]. Umgekehrt soll man sich 1291 wegen massiver Händel mit Todesfolge zwischen den Truchsessen und Alzeyer und Leininger Burgmännern der Entscheidung des Pfalzgrafen Ludwig unterworfen haben[287].

Auch für die vorausgegangenen Jahre ist nichts bekannt, was die Beziehung der Pfalz zur Leininger Hauptlinie auch nur als zeitweise feindselig bezeichnen ließe[288]. Graf Friedrich [IV.] wurde am 14. Juni 1278 Burgmann des Pfalzgrafen Ludwig in dessen Burg Alzey gegen 300 Mark Kölner Pfennige, wofür ihm bis zur Auszahlung 200 Malter Getreide jährlich vom Zehnten und anderen pfälzischen Gefällen zu Friesenheim angewiesen wurden. Nach Erhalt der Geldsumme sollte er dafür Güter kaufen, die jährlich 30 Mark Kölner Pfennige oder 20 Malter Getreide abwürfen, und dieselben als Erblehen besitzen[289].

Gemeinsame Interessen verbanden den Grafen Friedrich mit dem Pfalzgrafen beim Abschluß des Hagenauer Landfriedens vom 24. Juni 1278[290]. Zweifellos hatte schon das hieran

284 1292 Dez. 19. Ausf. Perg.: StA Darmstadt, Abt. A 2, Alzey, sub dato. Drucke: Andreas LAMEY, Dapiferi palatinatus Rheni de Alceia dicti, Disquisitio genealogico-historica, in: Acta Academiae Theodoro-Palatinae 7 (1794) S. 249–284, hier S. 277–279; WIMMER S. 254f. Nr. 46 (nach Lamey, mit nicht ganz korrekt zitiertem Datum). Vgl. SPIESS, Alzey S. 106.

285 Ausf. Perg.: StA Darmstadt, Abt. A 2, Alzey, sub dato. Drucke: LAMEY (wie vorige Anm.) S. 281 Nr. 12; WIMMER S. 263 Nr. 57 (nach Lamey). Vgl. SPIESS, Alzey S. 106.

286 Ausf. Perg.: StA Darmstadt, Abt. A 2, Alzey, sub dato. Drucke: BAUR II Nr. 471 (nicht ganz vollständig); WIMMER S. 252–254 Nr. 44 (nach Baur). Regesten: RPR I Nr. 1247; RGK Nr. 330. Erwähnt: WIMMER S. 75; CONRAD II/1 S. 101.

287 Dies berichten WIDDER III S. 21 (leider ohne Beleg) und nach ihm SCRIBA III Nr. 2063 und RPR I Nr. 1228.

288 Anders stellt sich im 13. Jh. das Verhältnis zwischen Emich IV. von Leiningen-Landeck und den Pfalzgrafen dar (vgl. S. 155f.).

289 Abschr. Perg.: GLA 67/799 fol. 63v. Drucke: BAUR II Nr. 313 (mit Auslassungen und abweichender Orthographie); WIMMER S. 240f. Nr. 30 (nach Baur, mit fehlerhaftem Kopfregest). Regesten: MrhRegg IV Nr. 523; RPR I Nr. 1017. Erwähnt: LEHMANN III S. 41f.; CONRAD II/1 S. 81 u. S. 274 (hat fälschlich Juli 18 und behauptet S. 274 zu Unrecht, daß mit dem Burglehen »auch Besitz in Dorf und Mark Dalsheim verbunden« gewesen sei); SPIESS, Alzey S. 108 (dazu oben Anm. 283); unter verschiedenen Gesichtspunkten bei SPIESS, Lehnsrecht S. 91 Anm. 181, S. 96 mit Anm. 225, S. 223 mit Anm. 291 (die Angabe »200 Mark« ist falsch), S. 224f., S. 226, S. 228 Anm. 328 (mit berechtigter Kritik an TOUSSAINT, Leiningen im Wormsgau S. 198). – Zu der genannten Ablösung kam es nicht: Noch Graf Friedrich [VIII.] empfing am 4. April 1399 die 200 Malter Korngült zu Friesenheim als Alzeyer Burglehen (RPR I Nr. 5947).

290 S. Anm. 104.

sichtbare gute Verhältnis beider zu König Rudolf Berührungspunkte zwischen ihnen geschaffen[291]. Aber auch persönliches Vertrauen scheint eine Rolle gespielt zu haben[292].

3. Leiningische Territorialpolitik in Lothringen und im Elsaß

a) Im Spannungsfeld zwischen dem Herzogtum Lothringen und dem Hochstift Metz

Durchaus in saarbrückischer Tradition dürfte die Erweiterung der Interessensphären im lothringischen und elsässischen Raume gestanden haben[293]. Mit Adelheid von Kyburg hatte Friedrich III. von Leiningen eine Enkelin Herzog Friedrichs (= Ferri) II. von Lothringen geheiratet. Diese brachte ihm 1242 die Herrschaft Ormes zu. Der umfangreiche und geschlossene Herrschaftskomplex ging vom Herzogtum zu Lehen[294]. Die vorzüglichen Beziehungen zu diesem Lehensherrn waren später sicher vom beiderseitigen gespannten Verhältnis zum Bistum Metz motiviert. Zur Zeit des Erwerbs von Ormes war das jedoch noch nicht der Fall. Während der kriegerischen Auseinandersetzungen um das Dagsburger Erbe hatte Herzog Matthäus II. von Lothringen zuletzt auf der Seite des Metzer Bischofs Johann gegen die Grafen von Leiningen gestanden[295]. In diesem Zusammenhang ist die erwähnte Eheverbindung – eine Schwägerschaft weitläufigerer Art bestand bereits[296] – doch wohl als eine Art Kompensationsgeschäft zu betrachten, das sich an den Friedensvertrag Metz-Leiningen von 1234 anschloß. Dies, zumal Adelheid über ihre Mutter nicht nur eine Nichte ersten Grades des regierenden Herzogs von Lothringen, Matthäus[297], sondern auch des Metzer Bischofs Jakob von Lothringen war[298], dessen Vorgänger Johannes von Apremont sich eine ähnliche Verschwägerung zugunsten seines Hauses vergeblich erhofft hatte.

Für Leiningen war der mit dieser Heirat verbundene Gebietszuwachs ohne Zweifel bedeutender als dies die am 15. September 1239 für 400 Metzer Pfund aus den Händen des

291 Am Königshof befinden sich der Pfalzgraf und der Leininger gemeinsam vom 24. bis zum 29. Nov. 1282 (RI VI Nr. 1727, 1728 u. 1730).

292 So wird dem Grafen Friedrich [IV.] von Leiningen im Heiratsvertrag zwischen Herzog Ludwigs [II.] gleichnamigem Sohn und Herzog Friedrichs [III.] von Lothringen Tochter Elisabeth vom 27. Nov. 1287 (Druck: Wittmann I Nr. 170. Regesten: RPR I Nr. 1175; de Pange Nr. 863) eine schiedsrichterliche Funktion zugedacht.

293 Zu den frühen Beziehungen der aus dem Elsaß stammenden Grafen von Saarbrücken zu den Herzögen von Lothringen und den Bischöfen von Metz vgl. Hans-Walter Herrmann in Gesch. Lk. d. Saarl. II S. 66–68; für die aus dem Saarbrücker Hause abgezweigten Grafen von Zweibrücken s. die Abhandlung von Ch. Hiegel (1964).

294 S. Anhang III/4.

295 Dies geht aus der Urk. v. 1234 März 16 (s. S. 124f. mit Anm. 209) hervor.

296 Vor 1208 hatte Graf Simon III. von Saarbrücken, Bruder des nachmaligen Grafen Friedrich II. von Leiningen, Lorette von Lothringen, eine Schwester des späteren Herzogs Matthäus II., geheiratet (vgl. die Stammtafeln bei Parisse S. 865 für das Haus Lothringen und bei Kurt Hoppstädter in Gesch. Lk. d. Saarl. II S. 284 für Saarbrücken). – Eine Verwandtschaftsbeziehung dergestalt, daß Heinrich von Leiningen, erwählter Bischof von Speyer, ein Neffe Matthäus' II. gewesen wäre (so Malottki S. 50 mit darauf gründender Interpretation reichsgeschichtlicher Vorgänge), hat es nicht gegeben.

297 Vgl. die Urk. v. 1242 Sept. 29 (Anhang III/4 Anm. 6).

298 Vgl. Calmet 1. Aufl. II Sp. 454.

Metzer Bischofs erworbene Pfandschaft Dorlisheim[299] sein konnte. Die Ortschaft war mit dem zwischen 1234 und 1236 erfolgten Tode des Grafen Simon an das Hochstift heimgefallen, das sich zu einer erneuten Lehensausgabe wohl nicht verstehen wollte. Das Verpfändungsgeschäft sollte offensichtlich dazu dienen, die Leininger bei guter Laune zu halten.

Erst in der zweiten Hälfte des 13. Jahrhunderts vermochte wieder ein Graf von Leiningen eine Lehensbeziehung zum Metzer Bistum zu schaffen: Am 21. April 1262 konnte Bischof Philipp bekanntgeben, daß er den Grafen Emich [IV.] von Leiningen[-Landeck] für 200 Metzer Pfund, für die er ihm eine jährliche Rente von 20 Pfund auf seine Saline zu Saaralben anwies, zu seinem und aller seiner Nachfolger Lehensmann gewonnen habe. Ein Risiko ging der Bischof nicht ein: Für die 200 Metzer Pfund mußte der Leininger Grundbesitz oder Einkünfte links der Saar erwerben und dem Hochstift zu Lehen auftragen[300]; von einer Vererbbarkeit des Lehens ist nicht die Rede.

Auf welch tönernen Füßen diese Lehensbindung ruhte, zeigte sich knapp fünf Jahre später. Hatte Emich am 3. Oktober 1264 noch um 500 Metzer Pfund einen Erblehensvertrag mit Herzog Friedrich (= Ferri III) von Lothringen unter dem Vorbehalt abgeschlossen, keine Kriegsdienste u. a. gegen den Metzer Bischof leisten zu müssen[301], so war er im Januar 1267 für 800 Metzer Pfund zur Hilfeleistung *contra omnem hominem qui possit vive(re) et mori, et n(omi)natum contra Guil(he)lm(um) nunc ep(iscopu)m Meten(sem) et cont(ra) quoscumq(ue) alios ep(iscop)os Meten(ses)* bereit, außerdem auch gegen Graf Theobald (= Thiébaut II) von Bar und dessen Nachfolger[302]. Offensichtlich war es die klingende Münze, mit der Herzog Friedrich den Bischof zu überbieten vermochte, die den Grafen zur Aufgabe von zunächst noch geübter Neutralität und zur Felonie gegenüber dem Hochstift Metz oder zur uns nicht bekannt gewordenen Aufkündigung des Treueverhältnisses veranlaßte. Zwar mußte sich Emich für die zu erhaltende Summe zur Auftragung von Eigengütern verstehen; da ihm diese aber sofort wieder zu Lehen gereicht wurden, erwuchs ihm daraus zumindest kein persönlicher Nachteil. Wiewohl 1267 nicht mehr auf den Vertrag von 1264 Bezug genommen wird, dürfte es wahrscheinlicher sein, daß die Summe von 500 Metzer Pfund, für die dem Grafen zunächst der herzogliche Hof Bisbingen[303] verpfändet wurde, auf eben jene 800 Pfund erhöht wurde, als daß beide Summen zur Auszahlung gelangten. War im ersten Vertrag auch noch offen, welche Güter dem Herzogtum zu Lehen aufzutragen seien, so werden 1267 als solche, in einer

299 Druck: Marichal I Nr. 32; Regesten: Marichal II S. 113 (mit falscher Pfandsumme) und Arveiler-Ferry Nr. 79 (mit ausführlichen Angaben zur hs. Überlieferung, aber unrichtiger Wiedergabe des Rechtsinhalts der Urkunde).

300 Druck: Mone in ZGO 13 (1861) S. 60f.

301 Ausf. Perg. der von Herzog Friedrich ausgestellten Urk.: BayHStA, Rhpf. Urkk. Nr. 5585; Druck: Mone in ZGO 13 (1861) S. 61f.; Regesten: Jungk Nr. 457 und RBStr II Nr. 1764. – Revers des Grafen Emich vom selben Tag, Ausf. Perg.: AD Nancy, B 566 Nr. 19; Abschr.: AD Bar-le-Duc, B 256 fol. 355r–v. Regesten: Jungk Nr. 394 und hiernach RBStr II Nr. 1446 (beide irrtümlich zu 1254); de Pange Nr. 253 (vermengt die Überlieferung dieser mit jener der Gegenurkunde; *mat(er)t(er)a* ist die Tante, nicht die »belle-mère«). Vgl. Parisse S. 573.

302 1266 *mense januar* [wohl Empfänger-Ausf., daher Annunciationsstil zugrunde gelegt]. Ausf. Perg.: AD Nancy, B 566 Nr. 20. Regesten: de Pange Nr. 302; RBStr II Nr. 1836 (spricht irrtümlich von 80 Metzer Pfd.) und hiernach Malottki Nr. 318. Vgl. Parisse S. 573 (hier sind die Verwandtschaftsangaben zu korrigieren).

303 Bisping, Dép. Moselle, Arr. Sarrebourg, Kant. Fénétrange.

zusätzlichen Urkunde[304], des Grafen Anteil an Burg *Morsperch*[305] mit Zugehör, die Hälfte des Hofes zu *Benderstorf*[306], sein Anteil an der Saline zu *Brede*[307], an Gütern in der *terra s(ancti) Dyonisii*[308] und zu *Cella*[309] genannt. Es handelte sich hierbei um ehemals saarbrückischen Besitz[310].

Demgegenüber ist nicht bekannt, inwieweit der Vertrag mit dem Hochstift von 1262 vollzogen worden war – 1264 scheint die Beziehung ja noch intakt gewesen zu sein –, ob der Bischof nach 1267 den Versuch unternommen hat, bereits aufgetragene Güter einzuziehen, ja, ob er überhaupt von dem Tatbestand des Verrats Kenntnis erlangt hat oder ob die zielgerichteten Abmachungen mit dem Herzog geheimgehalten wurden. Über kriegerische Verwicklungen im direkten Anschluß an die schriftliche Fixierung des Bündnisses von 1267 ist uns nämlich nichts überliefert. Bevor Lothringen und Metz die Waffen gegeneinander erhoben, hatten sich die Fronten bereits wieder verschoben. Zwischen Bischof Wilhelm und seinem ehemaligen Verbündeten, Graf Theobald von Bar, war es zum Zerwürfnis gekommen, und Theobald hatte sich daraufhin am 21. Juli 1267 mit dem Lothringer zusammengetan[311].

Bischof Wilhelm starb am 4. Januar 1269[312]. Unter dessen Nachfolger Lorenz von Leistenberg scheinen sich die Leininger einer gewissen Neutralität befleißigt zu haben, die allerdings ihre besonders vertrauensvollen Beziehungen zum Herzogtum nicht zu überdecken vermag. Am 16. Februar 1273 befinden sich die Grafen Emich [IV. von Leiningen-Landeck] und Friedrich [IV.] von Leiningen unter den Garanten der zwischen Herzog Friedrich und seinem ehemaligen Gefangenen, dem Straßburger Kantor Konrad [von Lichtenberg], getroffe-

304 Ausf. Perg.: AD Nancy, B 657 Nr. 5. Abschr. Pap.: BN, Coll. Lorr. 88 Nr. 198–199. Regesten: Jungk Nr. 476; de Pange Nr. 302.

305 Mörsberg = Marimont-lès-Bénestroff, Dép. Moselle, Arr. Château-Salins, Kant. Albestroff.

306 Wohl Bénestroff, Dép. Moselle, Arr. Château-Salins, Kant. Albestroff, das in der Reichslandzeit den Namen Bensdorf trug; vgl. alte Terr. Lothr. II S. 149–151. Jungk Nr. 476 deutet Biedesdorf (= Bidestroff, Dép. Moselle, Arr. Château-Salins, Kant. Dieuze), de Pange Nr. 302 (hier Register) Bledersdorf, beide allerdings auf Grund von entstellt zitierten Namensformen.

307 Im Forst Bride? (vgl. alte Terr. Lothr. II S. 314). Wolfram-Gley S. 106 nennen »Bredes (Bride)« unter den gesicherten Wüstungen des Kant. Château-Salins. Ältere Lokalisierungsversuche zusammengestellt bei Marichal I S. 361 Anm. 2.

308 Die reiche Abtei Saint-Denis hatte umfänglichen Besitz im lothringischen Raume (vgl. Michel Parisse, Saint-Denis et ses biens en Lorraine et en Alsace, in: Bulletin philologique et historique, Année 1967 (1969) S. 233–256). Eine sichere und exakte Lokalisierung der leiningischen Güter im »St.-Denis-Land« ist mir deshalb nicht möglich; doch spricht einiges dafür, daß es sich um den Saargemünder Besitz handelte (vgl. H. Hiegel, 1937, S. 51; Ch. Hiegel, 1964, S. 68 mit Anm. 5).

309 Zellen bei Kleintännchen (= Petit-Tenquin, Dép. Moselle, Arr. Forbach, Kant. Grostenquin), Priorat von St. Denis.

310 Die Brüder Walram und Simon von Zweibrücken hatten bereits 1263 ihre allodialen Besitzungen zu Saargemünd, Mörsberg und Linder vom Herzog von Lothringen zu Lehen genommen (vgl. Parisse S. 573). – Am 17. Nov. 1253 verkaufte Propst Stephan von Neuhausen, Bruder des verstorbenen Grafen Simon [III.] von Saarbrücken, dem Bischof Jakob von Metz und dessen Nachfolgern den fünften Teil *ex meo michi provenientem patrimoniali allodio, quam habebam apud Bredes, in salina, in piscaria, in censibus, in justicia et districtu, et in appendiciis omnium predictorum, et domum quam habebam ibidem in qua sal fieri faciebam* für 300 Metzer Pfd. (Druck: Marichal I Nr. 162; Regest: Marichal II S. 117). – Stephans Nichte, Gräfin Lorette von Saarbrücken, hat 1271, kurz vor ihrem Tode, ihren Anteil an der Saline Brede dem Kloster Wadgassen geschenkt (alte Terr. Lothr. II S. 314).

311 Vgl. François-Tabouillot II S. 460.

312 Eubel I S. 338.

nen Vereinbarungen[313]. Auch in einem zweiten Abkommen des Lothringers mit dem Lichtenberger, dem nunmehrigen Bischof Konrad III. von Straßburg, vom 7. Juni 1274 werden sie in eine gewisse Vertrauensposition berufen[314]. Beide Leininger leisten gegenüber Friedrich von Lothringen am 5. und 6. April 1274 Bürgschaft für den Ritter Burkhard von Geroldseck[315], einen zu Hattigny nahe Châtel-sur-Moselle gefangen genommenen Kombattanten des Metzer Bischofs und der mit diesem verbündeten Herren von Lichtenberg[316], und am 4. April 1275 für ihren Verwandten, den Grafen Heinrich von Zweibrücken[317]. Am 30. Juni 1276 halten sie sich zusammen mit dem Herzog bei König Rudolf in Hagenau auf[318].

In der Fehde Herzog Friedrichs von Lothringen mit dem u. a. von Bischof Lorenz unterstützten Grafen Heinrich von Salm um die Grafschaft Blieskastel[319] hat Graf Friedrich offenbar für keine Seite Partei ergriffen; sein Oheim Emich IV. war zu dieser Zeit vielleicht schon tot[320]. Oder sollte er auf lothringischer Seite gefallen sein? Dem Grafen Friedrich widerfuhr zu einem nicht exakt zu ermittelnden Termin nach dem 19. August 12(77) die Ehre, mit Ermächtigung König Rudolfs und zusammen mit dem Mainzer Propst Peter und Herrn Reinhard von Hanau, zwischen den Gegnern Frieden zu stiften. Der erfolgte Schiedsspruch lautete u. a. dahingehend, daß die strittige Burg Schaumburg[321] bis zur gütlichen Einigung der Hauptgegner von den Grafen Friedrich von Leiningen und Heinrich von Zweibrücken zu verwalten sei[322]. Da der Zweibrücker als wichtigster Verbündeter des Bischofs an den Kämpfen beteiligt gewesen war und mehrere Siege über den Lothringer davongetragen hatte[323], ließe sich erwägen, ob der Leininger von der lothringischen Partei in das Schiedskollegium abgeordnet worden war. Da zwischen der leiningischen Hauptlinie und dem Hochstift kein Lehensverhältnis bestand, hätte es für den Grafen Friedrich ja keinen Grund gegeben, seinen Lehensverpflichtungen gegenüber dem Herzogtum nicht nachzukommen und sich einer aktiven Beteiligung an der kriegerischen Austragung des Konflikts zu entziehen. Doch hier hatte seine Mitwirkung am österreichischen Feldzug König Rudolfs den Vorrang[324]: Das gräfliche Itinerar beweist, daß der Leininger bei den 1276/77 stattgefundenen Kämpfen in Lothringen nicht zugegen gewesen sein kann.

Am 21. Oktober 1277 bekannte Graf Friedrich [IV.] von Leiningen, *homo legius* des Bischofs Lorenz und von dessen Nachfolgern geworden zu sein. Unbeschadet anderer – nicht genannter – Lehen, die er von der Metzer Kirche innehabe, habe er für sich und seine Nachfolger jenen vierten Teil der Burg Mörsberg *(Morespech)* mit Zubehör zu Lehen empfangen, der vorher sein Allod gewesen sei. Außerdem seien er und seine Nachfolger

313 RGZ Nr. 214. Graf Emich war der Oheim Konrads von Lichtenberg, des späteren Bischofs Konrad III. von Straßburg (vgl. RBStr II Nr. 1994 von 1275 Juni 25).
314 RBStr II Nr. 1969 Abs. 5.
315 De Pange Nr. 468–469.
316 Zum Konfliktsverlauf vgl. François-Tabouillot II S. 468f.
317 RGZ Nr. 228. Vgl. Gayot (1926) S. 159f. und Pöhlmann (1935) S. 453 (beide irrtümlich zu Apr. 3).
318 RI VI/1 Nr. 567 und RMB I Nr. 503.
319 Vgl. Gayot (1926) S. 163–165; Pöhlmann (1935) S. 454–456; Ch. Hiegel (1964) S. 72.
320 Vgl. S. 45.
321 Bei Tholey, Kr. St. Wendel, Saarland.
322 RBStr II Nr. 2019; RGZ Nr. 244.
323 Vgl. François-Tabouillot II S. 471; Pöhlmann (1935) S. 454f.
324 S. Anm. 94.

verpflichtet, entweder selbst oder vertreten durch einen geeigneten und vertrauenswürdigen Ritter, zwei aufeinanderfolgende Monate pro Jahr auf der bischöflichen Homburg den Burgdienst zu versehen. Der Ritter müsse dem Bischof für die Zeit seiner Burgwachtstätigkeit den Treueid leisten. Im Falle der Pflichtverletzung durch den Grafen solle der jeweilige Bischof berechtigt sein, die vorgenannten leiningischen Güter einzubehalten[325].

Dieser Lehensvertrag dürfte vor allem den Sicherheitsbedürfnissen des Bischofs Rechnung getragen haben. Burg Mörsberg, die zehn Jahre zuvor durch Graf Emich von der Leiningen-Landecker Linie zu dessen viertem Teil dem Herzogtum zu Lehen aufgetragen worden war, bedeutete dem Bistum offensichtlich eine stete Bedrohung. Nunmehr zum gleichen Teil Ledighaus des Hochstifts geworden, war ihre Bedeutung als potentielles Ausfalltor in die Metzer Lande zwischen Seille und oberer Saar gemindert. Durch die Umwandlung leiningischen Eigenguts in ein Erblehen trachtete der Bischof den Leininger besonders eng an seine Kirche zu binden. Die im zitierten Lehensrevers nicht referierten Gegenleistungen des Bischofs für die Burghut auf Homburg verrät uns eine Verpfändungsurkunde vom 14. Dezember 1278: Als Pfand für ein geschuldetes Burglehen von 400 Metzer Pfund, das er *p(ro) quib(us)dam defectibus et expensis* um 100 Pfund erhöht, weist Bischof Lorenz dem Grafen Friedrich nicht nur eine jährliche Gült von 10 Pfund zu St. Nabor[326] an, sondern auch die Dörfer *Remerevile*[327] *et Vilene*[328] *cum officiis, villicac(i)o(n)ibus, precariis, exacc(i)o(n)ibus et hominibus, censibus, casualib(us), eventib(us), hospitalitatib(us), pascuis, pratis, silvis, furnis, molendinis, piscariis et attinenciis universis*[329].

Der gegenüber dem Hochstift gezeigte Entspannungswille scheint die Beziehungen Leiningens zum Herzogtum nicht verschlechtert zu haben. Das Lehensverhältnis zu Herzog Friedrich III. blieb unangefochten bestehen. Dieser erteilte im Mai 1282 seine Zustimmung zur Anweisung des Wittums der Johanna von Apremont, Gattin Friedrichs IV. von Leiningen, auf die Herrschaft Ormes[330] und besiegelte selbst am 14. Mai die Wittumsverschreibung des Grafen[331].

b) Das Verhältnis zum Hochstift Straßburg

Die Aktivität der Grafen von Leiningen im Elsaß war nach dem Abschluß des Dagsburger Erbfolgestreits auf einen Tiefpunkt gesunken. Die Leininger unterließen es für den Rest des Jahrhunderts, sich mit dem Hochstift Straßburg in territorialpolitischen Kraftakten zu messen, bei denen sie nur ihre nunmehr gesicherte Position in der Grafschaft Dagsburg aufs Spiel gesetzt hätten. Ihrer Treuepflicht haben sie stets Genüge geleistet.

Als Graf Friedrich [IV.] von Leiningen am 29. September 1242 dem Herzog von Lothringen huldigte[332], hat er den Bischof von Straßburg – damals noch Berthold von Teck – unter den

325 Druck: Marichal I Nr. 257. Regesten: Marichal II S. 127; Jungk Nr. 284 (irrtümlich zu 1227) und Nr. 567. Erwähnt: François-Tabouillot II S. 472, wo allerdings der Lehensauftrag nicht deutlich gemacht wird; alte Terr. Lothr. II S. 100f. sprechen fälschlich von einer Belehnung des Grafen mit Oberhomburg.

326 Es handelt sich um Saint-Avold, Dép. Moselle, Arr. Forbach, den Hauptort des gleichnamigen Kant.

327 Réméréville, Dép. Meurthe-et-Moselle, Arr. Nancy, Kant. Saint-Nicolas-de-Port.

328 Velaine-sous-Amance, Dép. Meurthe-et-Moselle, Arr. Nancy, Kant. Nancy-sud.

329 Ausf. Perg.: FLA, Urkk. Leiningen, sub dato.

330 De Pange Nr. 678.

331 *leu jeudi devant la panthecoste;* Ausf. Perg.: AD Nancy, B 623 Nr. 9.

332 S. Anhang III/4 Anm. 6.

vorrangigen Lehensherren genannt. Auch Graf Emich IV. von Leiningen-Landeck nahm in seinen Lehensverträgen mit Lothringen (1264 Oktober 3 und 1267 Januar) den Straßburger Bischof von allen Bündnisverpflichtungen aus[333]. Das außerordentliche Vertrauen seines Straßburger Amtskollegen, dessen sich der Speyerer Bischof Heinrich von Leiningen erfreute[334], übertrug sich zweifellos auf dessen Brüder, insbesondere den ihm eng verbundenen Emich IV. An den Verhandlungen über den Verkauf der bambergischen Besitzungen in der Mortenau an das Bistum Straßburg (1263) waren neben dem Bamberger Bischof Berthold [von Leiningen] auch dessen Geschwister Bischof Heinrich von Speyer, Propst Walram von Worms und Graf Emich von Leiningen beteiligt[335].

In der zu Pfingsten 1257 von Worms und anderen rheinischen Städten begonnenen Fehde mit Markgraf Rudolf [I.] von Baden, wegen dessen Zollerpressungen zu Selz, hatte Graf [Emich IV.] von Leiningen[-Landeck] zunächst auf der Seite des Markgrafen gestanden[336]. Gut zehn Jahre später koalierte er in derselben Angelegenheit mit der Gegenpartei. Die Bischöfe Heinrich von Straßburg und Heinrich von Speyer und die Grafen E[mich IV.] und F[riedrich IV.] von Leiningen vereinbarten am 4. Mai 1268 die gemeinsame Zerstörung der Stadt Selz *(ipsum funditus destruemus)*[337]. Zwar hat sich Graf Emich, trotz der schriftlichen Fixierung dieser »Endlösung«, wieder vom Bund distanziert. Der Markgraf war dem Ritter von Bannacker eine nicht genannte Summe Geldes schuldig. Auf Bitten des Gläubigers nahm der Leininger Selz als Pfand, um es [gegen seine ehemaligen Bundesgenossen] zu schützen. Dies tat er unter dem Vorwand, nur ein Niederlegen der Mauern und Einebnen der Gräben sei vereinbart gewesen, hingegen nicht die gänzliche Zerstörung der Stadt, wie sie der Bischof von Straßburg zugelassen habe. Aber als er seine Maßnahme und Interpretation des Sachverhalts dem Straßburger Oberhirten kundtat und an dessen Einsicht appellierte, erklärte er doch gleichzeitig seine Bereitschaft, alles rückgängig zu machen, was diesem nicht genehm sei[338].

333 S. Anm. 301 u. 302.

334 Vgl. auch die Urk. König Richards für den erwählten Bischof Walther von 1260 Sept. 12 (Malottki Nr. 233). Als Fehdehelfer Bischof Walthers tritt Heinrich Mitte Juli 1261 bei der Belagerung der Stadt Straßburg auf (Malottki Nr. 249).

335 RBStr II Nr. 1741.

336 Vgl. S. 136.

337 Druck: UBStStr II Nr. 17. Regesten: RBStr II Nr. 1859 (dort wäre das Regest von Kremer, Ard. Geschl. CD S. 185 Nr. 22 nachzutragen); Malottki Nr. 332. Vgl. Redlich S. 513 und Martin, Habsburg S. 83.

338 Druck des undatierten gräflichen Briefes an den Bischof von Straßburg: UBStStr II Nr. 31. Regesten: RBStr II Nr. 1944 (dort ergänzend zu nennen die Regesten bei Kremer, Ard. Geschl. CD S. 185 Nr. 23 zu »an. 1268« und S. 186 Nr. 30 zu »circa an. 1274«); Malottki Nr. 375. – Wie aus einem nach der Zerstörung von Selz an die Stadt Straßburg gerichteten Brief des Markgrafen Rudolf hervorgeht (Druck: UBStStr II Nr. 30; Regest: RMB I Nr. 494. Datierung ohne Jahr, nur *feria sexta post octavam purificationis beate virginis*, also am Freitag nach dem 9. Febr. des betreffenden Jahres, nicht am 9. Febr., wie UBStStr meint, und, falls 1274 – so Kaul S. 278 nach RMB – auch nicht am 10. – so RMB –, sondern in diesem Falle am 16. Febr.; das Ausstellungsjahr liegt allerdings wohl näher bei 1269), hatte Graf E[mich] zwischen Schreiber und Adressatin einen – von der letzteren gebrochenen – Waffenstillstand errichtet. – Eine zweite Zerstörung der wohl eiligst wieder errichteten markgräflichen Festung Selz (sie wurde von Wiegand in UBStStr II Nr. 30 Anm. 1 erwogen, aber von Fester in RMB I Nr. 494 in Frage gestellt; vgl. dagegen die Bemerkungen in RBStr II Nr. 1944) wie auch eine Niederlegung der Festung Seldenau fand auf Befehl König Rudolfs statt. An ihr waren dieses Mal u. a. die Grafen E[mich] und F[riedrich] von Leiningen und die Straßburger Bürger, nicht aber der Straßburger Bischof beteiligt. Die Urkunde des Markgrafen mit dem Sühneversprechen datiert vom 29. Juli 1274 (Druck: UBStStr II Nr. 35. Regest: RGZ Nr. 226. Ein bisher nicht beachtetes

Auch zu Bischof Heinrichs Nachfolger, Konrad III. (1273–1299) aus dem Hause Lichtenberg, bestand von Anfang an ein gutes Vertrauensverhältnis[339], das auf einer verwandtschaftlichen Beziehung basierte[340]. Persönliche Spannungen zwischen dem Leininger und dem Lichtenberger sind nicht bekannt. Das vom Bischof zur Vermählung [Sophies], der Tochter des Grafen [Egino] von Freiburg, mit [Friedrich V.], dem Sohn des Grafen [Friedrich IV.] von Leiningen, am 7. Juli 1286 veranstaltete Fest[341] läßt vermuten, daß Lehensherr und Vasall einen partnerschaftlich-familiären Umgang miteinander pflogen.

Gütertransaktionen wurden mit dem Bistum im behandelten Zeitraum ausgesprochen zurückhaltend, nämlich nur in einem einzigen Falle, vorgenommen: Für 150 Mark Silber, mit denen Bischof [Walther] von Straßburg im Jahre 1261 die dem Grafen Friedrich verpfändet gewesenen Naturaleinkünfte zu Molsheim (15 Fuder Wein jährlich) auslöste, mußte dieser dem Hochstift Güter zu Lehen auftragen[342]. Um was es sich im Einzelfall dabei handelte, konnte nicht ermittelt werden.

4. Das Ende der Linie Leiningen-Landeck (1290) und die Spätfolgen der Teilung von 1237

Während der Dagsburger Erbfolgefrage, im ganzen gesehen, doch noch ein positives Ergebnis abgerungen werden konnte, sollte der brüderliche Teilungsvertrag von 1237 bald seine negativen Nachwirkungen zeitigen. Vom nicht angestammten Besitz[343] hatte Graf Emich, als der Jüngere, die Burgen Frankenstein und Landeck im Speyergau und Streubesitz vor allem nördlich des leiningischen Kerngebiets erhalten: Ebernburg mit Feil und Bingert, die Vogteien Hedesheim, Biebelnheim und Westhofen sowie die Einkünfte der Höfe Biedesheim, Mölsheim, Abenheim, Uelversheim und Guntersblum[344]. Altleiningen und Mörsberg blieben ihnen gemeinsam[345]. Außerdem hat Leiningen-Landeck zumindest über die Dörfer Dittelsheim[346] im Wormsgau und Dammheim[347] im Speyergau, den leiningischen Anteil an Burg Saargemünd und den Dörfern Leiningen und Freialtdorf[348] verfügt.

Die Vertragsklausel, daß, wenn einer der Brüder stürbe ohne Leibeserben zu hinterlassen,

älteres Regest: Kremer, Ard. Geschl. CD S. 187 Nr. 31. Vgl. Kaul S. 279). Über die Möglichkeit einer Beteiligung des Königs an jenem Zerstörungswerk äußerte sich positiv Oswald Redlich in RI VI/1 Nr. 190a, der es, dem Itinerar Rudolfs entsprechend, auf Juni bis Juli 1274 datiert. Der Friedensschluß zwischen dem Markgrafen und der Stadt Straßburg fand unter Beteiligung der beiden Leininger Grafen am 30. Juni 1276 vor König Rudolf in Hagenau statt (Druck: UBStStr II Nr. 50. Regesten: RI VI/1 Nr. 567 und RMB Nr. 503).

339 Vgl. S. 166f.

340 1275 Juni 25 nennt der Bischof den Grafen Emich von Leiningen *noster avunculus* (Druck: HessUB II/1 Nr. 510. Regest: RBStr II Nr. 1994).

341 RBStr II Nr. 2179.

342 RBStr II Nr. 1661.

343 Vgl. S. 112–130.

344 Anhang II.

345 Toussaint in Pfalzatlas S. 1076 u. 1077.

346 Ebd.

347 Ebd.

348 Ebd. S. 1077.

dessen Besitzteil an den anderen fallen solle, blieb letzten Endes wirkungslos, da (wider Erwarten?) ein Generationswechsel stattfinden und die getrennten Herrschaftsbereiche konsolidieren sollte. Auch gestaltete sich das Verhältnis der beiden Grafen zueinander nach der Übereinkunft von 1237 nicht spannungsfrei. So war z. B. Emich nicht damit einverstanden, daß Friedrich seiner Gemahlin Adelheid die Burg Leiningen als Morgengabe zugewandt hatte, und dieser mußte sich am 28. November 1248 vertraglich dazu bereit erklären, Adelheid von der Notwendigkeit des Verzichts auf dieselbe zu überzeugen. Für den Fall, daß ihm das mißlänge, wurden auch gleich Schiedsrichter benannt[349]. Zwei Tage darauf verglichen sich die beiden Grafen, in Gegenwart ihres Bruders Berthold, Domherrn zu Bamberg, und mehrerer Lehens- und Burgleute, wegen strittiger Leibeigener zu Münchweiler, aus Wattenheim und aus Dagsburg, wegen der Leininger Burgleute und eines Waldes zu Leistadt[350].

Die gegenseitige Zuneigung der beiden regierenden Brüder war also keineswegs so groß, wie sie in der Leiningen-Literatur idealisierend veranschlagt wird[351]. Auch der geistliche Walram, Dompropst zu Worms und Propst von St. Guido in Speyer, hat eindeutig Position bezogen: Er vermachte 1249 sein gesamtes Erbteil seinem Bruder Emich[352], ohne daß wir die genaue Zusammensetzung dieses Besitzes erführen. Als der leer ausgegangene Friedrich bald darauf verstarb, war die obenerwähnte Erbfallbestimmung hinfällig geworden. Für Emich fiel Friedrich als Erbe aus, und da dieser einen Sohn zurückließ, konnte Friedrich auch umgekehrt durch seinen Bruder nicht mehr beerbt werden. Daran, daß sich die beiden Besitzhälften einmal in der Hand seines Neffen wiedervereinigen könnten, hat Emich nie gedacht. Es hat eher den Anschein, daß er alles daransetzte, einen solchen Fall zu verhindern. Mit seinem wohl stattlichsten Besitzstück, dem leiningischen Anteil an der Reichsburg Landeck, bewittumte er am 13. April 1254 seine Gattin Elisabeth, damit sie 600 Mark Silber daraus zöge, ablösbar nur im Falle, daß sie ihm einen Sohn gebäre[353]. Die Zustimmung König Wilhelms zu dieser Wittumsverschreibung hatte er bereits am 5. Oktober 1252[354], die seines Kondominatspartners, des Grafen Heinrich von Zweibrücken, am 9. Feburar 1254[355] eingeholt; am 26.

349 *proximo sabbato ante festum Andree apostoli* (zitiert nach dem Krebsschen Zettelrepertorium zu den Urkunden Leiningen im FLA; die Urkunde selbst war in einer Pergamentausfertigung erhalten und gilt seit 1971 als vermißt).

350 *in festo Andree* (Ausf. Perg.: FLA, Urkk. Leiningen 1248 Nov. 30). Vgl. Lehmann III S. 37 (fehlerhaft und ohne Nachweis).

351 Vgl. z. B. Lehmann III S. 37. Es ist jedoch in Rechnung zu stellen, daß Lehmann irrtümlich die Daten für Friedrich IV. bei dieser Charakterisierung mit zu Grunde gelegt hat. In der Tat stellt sich die Beziehung zwischen Emich IV. von Leiningen-Landeck und seinem Neffen Friedrich IV. von Leiningen positiver dar. Der letztgenannte hatte auch ein gutes Verhältnis zu seinem Vetter Emich (V.) und seinen Cousinen Adelheid und Agnes von der Linie auf Landeck (s. Anm. 366).

352 Kremer, Ard. Geschl. CD S. 250 Nr. 4. Vgl. Brinckmeier I S. 92, der in Zusammenhang damit eine durch Friedrich II. von Leiningen »noch bei Lebzeiten« vorgenommene »Theilung der Güter unter seine Söhne« erfindet.

353 *13 Aprilis* (Ausf. Perg.: BayHStA, Rhpf. Urkk. 5984. Beglaubigte Zweibrücker Abschr. vom 25. Nov. 1778: BayHStA, Sponh. Urkk. 786).

354 Druck: Mone in ZGO 11 (1860) S. 288. Regest: RI V 5126. Die Ausf. befindet sich jetzt: BayHStA, Kaiserselekt, 933. Beglaubigte Abschr. vom 25. Nov. 1778 (versehentlich »1578«) in: BayHStA, Sponh. Urkk. 784.

355 Druck: Croll, Orig. Bipont. P II Decad. III Nr. 4 S. 108. Regesten: Kremer, Ard. Geschl. CD S. 184 Nr. 19 und RGZ 126. Vgl. Pöhlmann S. 6f.

September 1257 gab noch einmal König Richard seine lehensherrliche Genehmigung[356]. Emich glaubte offensichtlich nicht mehr daran, daß ihm Elisabeth noch den erhofften Stammhalter zur Welt bringen werde. Denn in den Jahren 1257 und 1258 sehen wir ihn eifrig bemüht, die weibliche Erbfolge vorzubereiten. Nachweislich gelang es dem Grafen zumindest, seine Reichs-[357], Wormser[358], Pfälzer[359] und Mainzer[360] Lehen in Kunkellehen zu verwandeln. Auch die Neubelehnungen, mit denen sich sein Bruder Heinrich vom Speyerer Bischofsstuhl aus am 13. September 1260 dem Hause Leiningen nützlich erwies, galten gleichzeitig Emichs Gemahlin Elisabeth und ihren Töchtern[361].

356 Ausf. Perg.: BayHStA, Sponh. Urkk. 787. Begl. Abschr. Pap. v. 1777 Nov. 24: BayHStA, Kaiserselekt Nr. 937. Druck: AI selecta 381 (nach Lehmanns Abschrift aus dem Sponheimer Kopb. in Karlsruhe). Regest: RI V Nr. 5333 (nach AI selecta). Erwähnt bei BRINCKMEIER I S. 96.

357 Mit Urkunde vom 25. September 1257 räumte König Richard den Töchtern des Grafen E[mich] von Leiningen die Nachfolge in allen Reichslehen ihres Vaters für den Fall ein, daß derselbe verstürbe, ohne einen Sohn zu hinterlassen. Ausf. Perg.: BayHStA, Kaiserselekt Nr. 936. Druck: AI Selecta Nr. 380. Regest: RI V Nr. 5332. Erwähnt: BRINCKMEIER I S. 96: KAUL S. 272f. – Die Bedeutung dieser Vergünstigung kann nur voll ermessen werden, wenn man berücksichtigt, daß die weibliche Erbrechtsvermittlung auf der Ebene der Reichslehen die – wenn auch im 13. Jh. nicht mehr seltene – Ausnahme war. Es handelte sich bei ihr immer noch um einen reinen Gnadenakt des Königs, der natürlich durchaus politisch motiviert war. Vgl. MITTEIS, Lehnrecht S. 648, und GOEZ, Leihezwang S. 29–49, bes. S. 45 Anm. 63 (Hinweis auf Leiningen).

358 1258 Febr. erlaubt der Wormser Elekt E[berhard], daß *Emecho comes de Liningen consanguineus noster dilectus* seinen Töchtern alle Wormsischen Lehen vererbe, *si ipsum sine liberis* [masculis] *decedere contigerit*. Ausf. Perg. mit sehr gut erhaltenem Siegel des Elekten: BayHStA, Sponh. Urkk. Nr. 917. Kopialbucheintrag: BayHStA, K.bl. 383/13 fol. 214; dort fälschlich *Emicho Dei gratia Wormatiensis episcopus*. Druck: MONE in ZGO 9 (1858) S. 290f. nach dem Sponheimer Kopb. zu Karlsruhe. Kurz erwähnt: KAUL S. 273.

359 1258 Nov. 20, *in campis apud Wizzenloh* [Wiesloch], erweist Pfalzgraf Ludwig [II.] dem Grafen Emich von Leiningen die besondere Gunst, daß er *omnia bona, que idem comes a nobis tenet in feodo, filiabus ipsius* überträgt, mit Ausnahme jedoch der Burglehen. Ausf. Perg.: BayHStA, Sponh. Urkk. Nr. 918. Regesten: RPR I Nr. 699 und MALOTTKI, 1977, Nr. 210 nach Abschriften; dort irrig »in campis apud Wysenburg« bzw. »Wyssenburg«. Erwähnt: BRINCKMEIER I S. 96 mit gleichem Fehler und KAUL S. 273; auch SPIESS, Lehnsrecht S. 89, hat noch »im Lager bei Weißenburg« als Ausstellungsort.

360 1258 Jan. erlaubte Erzbischof Gerhard I. von Mainz dem Grafen Emich von Leiningen, seine sämtlichen Mainzer Lehen auf seine Töchter zu vererben. Regest: RME II Nr. XXXV 207; die BÖHMER und WILL nicht bekannte Ausf. befindet sich im BayHStA, Rheinpf. Urkk. Nr. 5583. Kurz erwähnt: KAUL S. 273 (nach Böhmer-Will). Nach Erzbischof Gerhards Tod hat dessen erwählter Nachfolger Werner sofort – es ist die früheste von ihm bekannte Urkunde – die dem Grafen gewährte Vergünstigung erneuert: Er bestätigte am 30. Okt. 1259 den Mainzer Lehensbesitz seines *consanguineus* und übergab denselben gleichzeitig den Grafen G[erhard] von Diez *(de Ditsch)* und D[ieter] von Katzenelnbogen *(de Kaczenelembogen)* und den Herren G[ottfried] von Eppstein *(de Eppenstein)* und R[einhard] von Hanau *(de Hagenowe)*, die ihn Graf E[mich]s von Leiningen Töchtern ausliefern sollten, falls diese ihren Vater überlebten. Zitiert nach der Ausf. Perg. im BayHStA, Sponh. Urkk. 919. Druck: MONE in ZGO 19, 1866, S. 45 nach dem Sponh. Kopb. zu Karlsruhe. Regesten: RME II Nr. XXXVI 3 und RGK I 137, beide nach Mone. LEHMANN III S. 47 nennt irrtümlich »Erzbischof Walther«, vielleicht nach dem Kopialbucheintrag BayHStA, K.bl. 383/73 fol. 220, wo auch fälschlich *ertzbischoff Walther* steht. Kurze Erwähnung der Urkunde bei KAUL S. 273. – Graf Dieter von Katzenelnbogen war der Stiefvater Graf Emichs von Leiningen (s. Stammtafel I im Anhang); er hat seine Gattin Agnes, Emichs Mutter, überlebt (vgl. RGK I 130). Auch die anderen drei Bürgen der Erbregelung waren wohl Verwandte des Leiningers. Zumindest gilt das für Gottfried von Eppstein, da auch der Mainzer Elekt, der Emich seinen *consanguineus* nennt, dem Hause Eppstein entstammte.

361 Regest: MALOTTKI (1977) Nr. 234. Wir kommen S. 183 auf diese Belehnung zurück.

Vor dem 15. März 1265 müssen dann der männliche Erbe, Emich (V.), geboren worden und seine Mutter verstorben sein. Von genanntem Tag datiert nämlich der aufschlußreiche Heiratsvertrag Emichs [IV.] von Leiningen mit den Grafen von Sponheim-Kreuznach. Dieser sah eine dreifache Verbindung der beiden Familien vor. Emichs IV. Kinder Adelheid und Emich sollten Johann und Imene, die Kinder des verstorbenen Grafen Simon von Sponheim, heiraten. Emich IV. selbst wollte Simons Witwe, die Gräfin M[argarete] ehelichen[362]. Das Dreifachverlöbnis führte in zwei Fällen zu Eheschließungen (Adelheid–Johann und Emich–Margarete)[363]. Mitgift und Morgengabe waren jeweils auf Rentenbasis geregelt worden, aber die Aussicht auf ein reiches territoriales Erbe war wohl beiderseits Bestandteil der Kalkulation. Für die Sponheimer ging sie – zumindest teilweise – auf. Emich (V.) starb im Jahre 1289, nur ein Jahr überlebt von seinem Söhnchen Rudolf, dem letzten männlichen Sproß der Zweiglinie Leiningen-Landeck. Emich hinterließ drei namentlich bekannte Schwestern[364], neben Adelheid die mit Graf Otto I. von Nassau vermählte Agnes und die mit Heinrich Herrn von Blankenberg (= Blâmont) verheiratete Kunigunde[365]. Diese teilten sich in die Hinterlassenschaft, soweit sie nicht dem Reiche heimfiel. Ein gewisser Prozentsatz der im folgenden aufgeführten Besitzungen mag allerdings bereits als Heiratsgut an die genannten Häuser gelangt sein. Nassau und Sponheim[366] wurden Ganerben auf Altleiningen[367], Nassau und Blâmont auf Mörsberg[368]. Dazu erhielten die Grafen von Sponheim die Allode Ebernburg, Feil und Bingert[369] in der Nähe ihres Stammsitzes, die Herren von Blâmont den leiningischen Anteil an Burg Saargemünd und den Dörfern Leiningen und Freialtdorf, sämtlich Allodialbesitz im lothringischen Raume[370]. An die Grafen von Nassau waren als Mitgift der Agnes bereits die zwischen Worms und Alzey gelegenen Kirchenlehen Dittelsheim[371], Abenheim[372] und Mölsheim[373] gelangt.

Zum Opfer fiel der Auflösung des Leiningen-Landecker Besitzes auch ein Teil dessen, was man in der jüngsten Literatur unter dem Gesichtspunkt hoffnungsvoller Ansätze zu einer

362 MrhRegg III 2058; dort ist der Initialbuchstabe fälschlich zu »Mechtilde« ergänzt.

363 1269 Nov. 18 leistete Graf Emich von Leiningen zu Gunsten seines Schwiegersohnes Johann Verzicht auf die Mitgift seiner Gemahlin Margarete in der Burg zu Kreuznach (MrhRegg III 2473). Die Gräfin Margarete nennt er auch schon 1267 Apr. 13 seine Gemahlin (Würdtwein, Nova subs. XII Nr. 86). Daß Johann von Sponheim tatsächlich Adelheid und nicht eine andere Tochter Emichs geheiratet hat, beweist eine durch das Ehepaar ausgestellte Urkunde vom Mai 1270 (Druck: Guden, Cod. dipl. III Nr. 682. Regest: MrhRegg III 2514; dort nachzutragen ein Hinweis auf das ältere Regest von Kremer, Ard. Geschl. CD S. 186 Nr. 25). Brinckmeier I S. 105 irrt, wenn er die Vermählung in das Jahr 1275 setzt; wahrscheinlich meinte er das Verlöbnis von 1265.

364 Eine weitere Tochter Emichs IV und Elisabeths – wohl die älteste – war 1255 Nonne in Rosenthal (Remling, Abtt. u. Kll. I Beil. Nr. 36); von ihr kennen wir den Vornamen nicht.

365 Sämtliche vier Geschwister erscheinen mit ihren Ehepartnern in einer gemeinsam für Kloster Wadgassen ausgestellten Urkunde vom Januar 1288 (oder 1289, falls Empfängerausfertigung). Druck: Kremer, Ard. Geschl. CD S. 252f. Nr. 7; Regest: MrhRegg IV 1517. Heinrich von Blâmont wurde bereits im Januar 1267 von Emich IV. als Schwiegersohn bezeichnet (de Pange 302).

366 S. Anhang IV S. 245f.

367 Toussaint in Pfalzatlas S. 1076.

368 Ebd. S. 1077.

369 Ebd. S. 1076.

370 Ebd. S. 1077.

371 Ebd. S. 1085.

372 Ebd. S. 1080.

373 Ebd.

leiningischen Territorialbildung im Speyergau betrachtete[374]. König Rudolf zeigte sich offenbar nicht gewillt, zu Gunsten der Leininger Hauptlinie von seinem Heimfallsrecht abzusehen. Die junge leiningische Stadt Landau und das Dorf Dammheim unterstellte er der eigenen Gewalt, mit der Herrschaft Landeck leiningischen Teils belehnte er seinen Neffen Otto von Ochsenstein[375], den Schwager des verstorbenen Grafen Emich (V.) von Leiningen[376]. Ebenso verfuhr der Speyerer Bischof mit dem Lehen Rietburg[377]. Von einer Zerschlagung der leiningischen Herrschaft im Speyergau[378] kann zu diesem Zeitpunkt allerdings nicht gesprochen werden, da die leiningische Hauptlinie mit erheblich umfangreicheren Herrschaftskomplexen im genannten Gebiet vertreten war und auch später noch Zugewinn erfolgte.

Von den Leiningen-Landecker Reichslehen blieb Biedesheim[379] wie die Kölner Lehen Uelversheim und Guntersblum[380] aus ungeklärten Gründen dem Hause Leiningen erhalten. Auch die Leiningen-Landecker Dienstleute und Vasallen wurden nunmehr von der Hauptlinie belehnt: mit Hochspeyer die von Wartenberg und von Metz[381], mit dem Anteil an Stadecken die Herren von Hohenfels[382], dieselben wahrscheinlich auch mit Biebelnheim[383] und Westhofen[384]. Burg Frankenstein gelangte offenbar noch zu Emichs IV. Lebzeiten an den älteren Zweig zurück. Am 3. Februar 1268 spricht Graf Friedrich [IV.] von Leiningen jedenfalls von *castro nostro Franckestein*[385].

374 Kaul passim.
375 Druck: Schöpflin, Als. dipl. II Nr. 764; dazu die Überlieferungsverbesserungen Mones in ZGO 11 (1860) S. 432. Regesten: Kremer, Ard. Geschl. CD S. 189 Nr. 42; RI VI/1 Nr. 2277. Vgl. Brinckmeier I S. 109; Kaul S. 288 u. 291; Martin, Habsburg S. 113; Toussaint in Pfalzatlas S. 1078f. u. 1084.
376 Redlich S. 767 (Stammtafel); Möller I S. 19 (Stammtafel); kaul S. 286. Die Schwägerschaft stellt sich folgendermaßen dar:

Albrecht IV. v. Habsburg

Kg. Rudolf

Kunigunde v. Habsburg
⚭ 2. Otto III. v. Ochsenstein

Katharina v. Ochsenstein
⚭ 1. *Emich (V.) v. L-Landeck*

Otto IV. v. Ochsenstein

377 S. S. 183.
378 In diesem Sinne äußerte sich zusammenfassend Kaul S. 289 u. 291.
379 Toussaint in Pfalzatlas S. 1078.
380 Ebd. S. 1079.
381 Ebd. S. 1085.
382 Ebd. S. 1079.
383 Ebd.
384 Ebd. S. 1080.
385 Unbegl. Abschr. (16. Jh.) Pap.: FLA, Urkk. Leiningen, sub dato.

SIEBTES KAPITEL

Leiningische Territorialentwicklung 1290 bis 1317

1. Speyergau

a) Die Grafen von Leiningen und das deutsche Königtum

Die Auffassungen über das Verhältnis des Grafen Friedrich IV. von Leiningen zu König Adolf von Nassau bedürfen einer gründlichen Revision. Die Leiningen-Literatur hat hier aus der Tatsache, daß der Graf im Jahre 1298 auf seiten des Habsburgers an der Schlacht bei Göllheim teilnahm[1], ein Feindbild auch für die acht vorausgegangenen Jahre gezeichnet[2], das einem Vergleich mit der Überlieferung keineswegs standhält. Schon die Voraussetzungen werden nicht richtig, weil nur einseitig, gesehen.

Es stimmt, daß Albrecht mit Graf Friedrich IV. von Leiningen verwandt war: Sie waren Vettern zweiten Grades[3]. Nun ist eine bestehende Verwandtschaft nicht schon Garantin für eine einvernehmliche Beziehung zweier Häuser. Im Falle Leiningen-Habsburg spricht zwar nichts gegen eine solche Herleitung. Aber es muß doch endlich einmal hervorgehoben werden, daß eine intakte Verbindung der Grafen von Leiningen auch zur Familie Adolfs, und zwar bereits vor dessen Königswahl, bestand. Am 4. April 1288 war zwischen dem Leininger und dem Grafen von Nassau eine umfängliche Heiratsabrede zustande gekommen, die sich nur zerschlug, weil Adolfs ältester Sohn Heinrich kurz darauf verstarb[4]. Zur selben Zeit wurden die Grafen von Nassau der »Ottonischen Linie«[5] Ganerben auf Altleiningen[6]: Adolfs Oheim Graf Otto I. von Nassau war mit Agnes, Schwester Emichs (V.), des letzten regierenden Grafen der Linie Leiningen-Landeck, verheiratet[7]. Von Erbauseinandersetzungen zwischen Nassau und

1 Vgl. S. 178.

2 Lehmann III S. 59: »Der Neuerwählte, schon durch seine Erhebung den mächtigen Habsburgern abgeneigt, war es noch mehr gegen deren Anhänger, unter denen sich der leininger Graf, der nahen Blutsverwandtschaft wegen, ebenfalls befand«; Brinckmeier I S. 80f.; »Es spricht vielmehr Alles dafür, dass Friedrich noch immer unentwegt zu den mit ihm nahe verwandten Habsburgern gehalten habe«; Conrad II/1 S. 110: »Adolf nun König geworden, übertrug seine Abneigung gegen die Habsburger auch auf deren Verwandten und Anhänger, die Leininger.«

3 S. Kap. 6 Anm. 87.

4 Vgl. S. 48 u. 49. Es entspricht also keineswegs den Tatsachen, wenn Conrad II/1 S. 110 schreibt: »Der Eheverspruch seines Sohnes Rupert mit Graf Friedrichs Tochter wurde gelöst und dieser aufs neue verlobt mit der Königstochter von Böhmen, eine Verbindung, die dem Hause Nassau günstigere Aussichten eröffnete, als Leiningen sie bieten konnte.« Conrad beruft sich hierfür auf Trautz (1965) S. 17; dort wird jedoch in keiner Weise ein solcher Zusammenhang hergestellt.

5 Vgl. Dek S. 65ff.

6 Vgl. S. 173. Für Emich (V.) hatte sich der spätere König Adolf am 29. Januar 1288 in einer heiklen Angelegenheit verbürgt (Nachweise s. Kap. 6 Anm. 98).

7 Vgl. Isenburg, Europ. Stammtafeln I, 107 u. 108, Dek S. 65 und unsere Stammtafel III im Anhang.

der Leininger Hauptlinie ist nichts bekannt. Wenn Brinckmeier in scheinbarer Antithese zu seiner eigenen Ansicht einräumt, daß Friedrichs Auslagen für Pfalzgraf Ludwig den Strengen bei der Frankfurter Königswahl[8] zu dem Schluß verführen könnten, daß »Friedrich IV. für die Erwählung Adolphs von Nassau thätig gewesen sei«[9], so kehrt er die Situation geradezu um. Als Gatte der Mechthild von Habsburg hatte der Pfalzgraf ja zunächst die Wahl Albrechts von Österreich betrieben[10]. Aber in der Tat ist dieses Beispiel für die Beurteilung der politischen Einstellung des Grafen Friedrich untauglich, da nirgendwo davon die Rede ist, daß die verauslagten Mittel etwa zur Stimmungsmache Verwendung gefunden hätten. Dem einmal gewählten König Adolf gegenüber hat sich der Leininger durchaus loyal verhalten. Darin unterschied er sich nicht von Graf Eberhard I. von Katzenelnbogen, Otto von Ochsenstein und Graf Albrecht von Hohenberg, die unter König Rudolf ebenfalls exponierte Stellungen bekleidet hatten[11]. Vor dem Habsburger Verwandten brauchte er kein schlechtes Gewissen zu haben: Albrecht selbst hat Ende 1292 in Hagenau dem Rivalen gehuldigt[12].

Mitnichten hat der Leininger sich »dem neuen Hofe so viel als thunlich fern(gehalten)«[13]. Gerade die entscheidenden Anfänge von Adolfs Regierungszeit hat er mitgetragen. So war er nicht nur am 17. März 1293 auf dem Hoftage zu Speyer zugegen[14], und dies keineswegs allein deshalb, weil »er den Besuch am nahen Hofe wohl kaum vermeiden konnte«[15]. Er hat auch am Feldzug des Königs ins unbotmäßige Oberelsaß teilgenommen, wo er am 20. September im Lager bei Rappoltsweiler sowie am 22. und 23. Oktober vor Colmar nachgewiesen werden kann[16]. Daß er Adolf bei dieser Gelegenheit Zugeständnisse abgenötigt hat, macht keinen Unterschied zu seinem Profitstreben unter König Rudolf. Die ihm von dem Habsburger verpfändeten 30 Fuder Wein von den Reichsweinbergen zu Balbronn[17] – Oswald Redlich hieß bereits das »mit Zinseszinsen gezahlt«[18] – gingen laut Aussage des Grafen zu schleppend und unzuverlässig ein. Friedrich konnte den König am 20. September 1293 veranlassen, ihm an Stelle der Erträgnisse die Balbronner Weingärten samt und sonders als Pfand zu überlassen, damit diese nicht unbebaut blieben[19]. Geradezu astronomisch mutet die Summe Geldes an, die Adolf dem Leininger am 7. Juli 1297 zu Oppenheim für zukünftig abzuleistende Dienste auszuzahlen versprach: 3000 Pfund Heller aus den nächsten Steuerzahlungen von Christen und Juden[20]. Ganz gleich, welcher Art diese Dienste sein mochten[21], so viel läßt sich der Urkunde

8 Nachweise s. Anm. 83.
9 Brinckmeier I S. 80.
10 Vgl. Samanek, Studien S. 4, 11 u. 12f.
11 Vgl. Trautz (1965) S. 7 u. 10.
12 Vgl. Grundmann S. 495.
13 So Brinckmeier I S. 80. In diesem Sinne bereits Lehmann III S. 59 und noch Conrad II/1 S. 110.
14 RI VI/2 Nr. 212 u. 213.
15 So Brinckmeier I S. 80f.
16 RI VI/2 Nr. 311, 319, 320, 322 mit Zusätzen auf S. 392; vgl. auch die Bemerkungen Samaneks ebd. Nr. 316.
17 Vgl. S. 146 mit Anm. 148.
18 Redlich S. 507.
19 Druck: AI selecta Nr. 504. Regest: RI VI/2 Nr. 311.
20 Druck: Winkelmann II Nr. 247. Regest: RI VI/2 Nr. 856. Ewähnt: Brinckmeier I S. 81 (zu Mai 7, spricht von »Steuer(n) von Christen und Juden in Landau«; die Vorstellung stammt von Böhmer, RI 1246–1313, S. 186 Nr. 345, der sie allerdings als solche kenntlich machte und mit einem Fragezeichen versah).
21 Samanek, Studien S. 215 mit Anm. 55 und Ders. in RI VI/2 Nr. 856 bezieht dieses Zahlungsversprechen – im Zusammenhang einleuchtend – auf den »bevorstehenden Krieg gegen Frankreich«. Definitiv

entnehmen, daß Graf Friedrich damals noch nicht von den umstürzlerischen Ideen der Teinehmer des Prager Pfingsttreffens[22] angesteckt war. Der Treuebruch muß relativ spät erfolgt sein.

Die Gründe für den schließlich vollzogenen Übertritt ins oppositionelle Lager sind einigermaßen durchsichtig. Wir haben weiter oben festgestellt, daß Graf Friedrich und sein Unterlandvogt Heinrich von Bannacker nach dem Tode König Rudolfs die Landvogtei im Speyergau – wenn auch unter sich uneinig – in Eigenverantwortung weiter verwaltet[23] und ihren Nutzen daraus gezogen haben[24]. Daß König Adolf dann einen anderen Landvogt – Johannes von Rheinberg – einsetzte[25], war legitim, die Landvogtei weder ein Erbamt noch eine lebenslängliche Pfründe. Statt des wertenden Begriffs der »Absetzung«[26] würde man sich zur Beschreibung des politischen Vorgangs, der durchaus nicht als Affront gegen den Leininger gedacht gewesen sein muß[27], allerdings besser des Wortes »Neubesetzung« bedienen: Der neue »Regierungschef« bildete sein persönliches »Kabinett«, ohne deshalb die »Ressortleiter« seines Vorgängers der Untauglichkeit zu bezichtigen oder als persönliche Feinde zu betrachten. Daß Graf Friedrich sich in seiner Bewegungsfreiheit im Speyergau eingeschränkt sah, seit er dort nicht mehr die erste Geige spielte, steht auf einem anderen Blatt. Abgesehen davon, daß er plötzlich auf wertvolle Einkünfte Verzicht zu leisten hatte, muß es ihm naturgemäß zuwidergelaufen sein, sich in einem Bereich, in dem er selbst zu schalten und walten pflegte, nunmehr Vorschriften machen zu lassen. Dieses quälende Bewußtsein war zweifellos ein guter Nährboden für die Saat des Aufruhrs und der Verschwörung. Ellenhard, der als einen der Empörer, die sich um den Mainzer Erzbischof sammelten, den Grafen von Leiningen nennt, begründet den Abfall vom König ausdrücklich mit den Anmaßungen *(insolenciae)* seiner Vögte, und: *precipue causam dabat dapifer de Rinberg, advocatus imperii in Spirgauwe*[28]. Nach der gleichen Quelle soll der Leininger sich bereits [im März 1298] unter den Heerscharen Herzog Albrechts befunden haben, die von der Donau her gegen den Rhein zogen[29].

geklärt, wäre dies ein Argument gegen die sog. »Bestechungsthese«, derzufolge der französische Neutralisierungsversuch ja bereits im Mai 1297 eingesetzt hätte (kritisch befaßt sich mit dieser These TRAUTZ, Könige von England S. 151–173 und DERS., 1965, S. 22–27); leider nennt die Urk. nicht Art noch Zweck der Dienste.

22 RI VI/2 Nr. 837; vgl. TRAUTZ, 1965, S. 21f.

23 Schiedsspruch vom [5. Jan.] 1292 (s. Kap. 6 Anm. 134). Noch 1292 Febr. 10 fungiert der Leininger nachweislich als Landvogt (REM I Nr. 247; RGK Nr. 331; RGZ Nr. 342).

24 Die in seinem Bereich gelegenen Städte hat der Graf sogar über das übliche Maß hinaus geschatzt (Corpus II Nr. 1524 S. 690 Z. 16–19).

25 Vgl. SCHREIBMÜLLER (1905) S. 50–56. Die Bemerkungen SAMANEKS in RI VI/2 Nr. 311 sind in Unkenntnis der Schreibmüllerschen Abhandlung erfolgt.

26 In diesem Sinne LEHMANN III S. 59 und BRINCKMEIER I S. 80; die von CONRAD II/1 S. 92 erhobenen Einwände sind nichtig (vgl. S. 46 bei Anm. 208).

27 Auch in anderen Landvogteien wurden die bisherigen Amtsinhaber durch Personen aus Adolfs Verwandtschaft bzw. Anhängerschaft ersetzt; vgl. SCHUBERT (1979) S. 195 mit Anm. 43.

28 Ellenhard S. 135; hiernach die Ausführungen des später (1362) schreibenden Fritsche Closener, ed. HEGEL, S. 58. Vgl. SCHREIBMÜLLER (1905) S. 53f. (dort wird Ellenhards Chronik irrtümlich als »Kolmarer Annalen« bezeichnet).

29 Ellenhard S. 135f.; Closener S. 58f. Ottokar [aus der Gaal] läßt in seiner [obersteirischen, nicht österreichischen] Reimchronik den *von Lîningen* (V. 70775) erst in Freiburg im Breisgau mit Herzog Albrecht zusammentreffen.

Die Teilnahme des – fast sechzigjährigen! – Grafen an der Schlacht bei Göllheim[30] am 2. Juli 1298 auf seiten Herzog Albrechts ist bekannt[31]. Die einzigen Quellen, die sie direkt bezeugen, sind zwar literarischer Art[32], indirekt ergibt sie sich jedoch aus einer urkundlichen[33] und mehreren – voneinander abhängigen – erzählenden Quellen[34]. Anscheinend hat aber auch Friedrichs IV. Sohn, Graf Friedrich V., am Hasenbühl mitgestritten, und zwar – auf der

30 Am nachweisreichsten immer noch die Darstellung der Ereignisse in RI VI/2 Nr. 1002–1004 mit Zusatz S. 396; aus moderner Sicht TRAUTZ (1965) S. 35–38.

31 Vgl. LEHMANN III S. 61 f.; BRINCKMEIER I S. 78 (fälschlich zu Juli 27) und 81 (mit z. T. falschen, z. T. veralteten Nachweisen); weit ausholend, aber unkritisch: CONRAD II/1 S. 118–132.

32 Habsburgischerseits das Gedicht des fahrenden Sängers Hirzelin: Schlacht bei Göllheim, hg. v. R[ochus] VON LILIENCRON, Die historischen Volkslieder der Deutschen vom 13. bis 16. Jahrhundert, Bd. I., Leipzig 1865, Nr. 4, hier: V. 75–84 und 219–225:

Chünch Albreht rief eim edlen man
von Wadnauwe her Perhtram:
»ich mach di ritter, macht ir di scharn«.
Er sprach: »herre, ich wilz bewarn.
Bi mir si der erenrich
von Leiningen graf Friderich,
der über mer dicche hat
gezeiget ritterliche tat
und ob got wil hiute sol
den vinden bringen swertes zol«.

Mit den chom der erenrich
von Leiningen graf Friderich;
der wise grise ist manheit vol,
er nam und gap mit swerten zol
und tet do mangen härten swanch;
daz blůt und fiwer auz helmen dranch
und durch mangen cheuf erhal.

Wohl aus der Sicht der Gegenseite das nur fragmentarisch erhaltene und einem Meister Zilies von Seine zugeschriebene Gedicht, zuletzt textkritisch ediert von Adolf BACH, Die Werke des Verfassers der Schlacht bei Göllheim (Meister Zilies von Seine?) (= Rheinisches Archiv, 11), Bonn 1930, S. 193–209, hier: V. 56–64:

Küninc Adolf unversunnen dranc
Als ein man, der nâ dem dôde ranc:
He suchte den van Oesterrîch,
Van dem hê zůhant kêrte sich.
Mir sagde ein ritter, der it sach,
Dat hê in under ougen stach.
Hê sach entgên im dringen
Zweinbrücken unt Lîningen
Unt die banier van Veldenze.

33 Wie Anm. 35.

34 Die erste bairische Fortsetzung der Sächsischen Weltchronik weiß zu berichten, daß der Graf vor seinem Tode [1316] wahnsinnig wurde, und sieht darin und in der unnatürlichen Todesweise etlicher seiner (des Grafen) Kombattanten die göttliche Rache für die Verschwörung gegen König Adolf und für dessen Schlachtentod: *Also swur* [... u. a.] *der graf von Liningen* [...] *chunich Adolfs tot. Seht, dovon genam ir nie dehainer rehten tot* (ed. WEILAND S. 330). *Do wart der graf von Liningen vor sinem tode unsinnich.* [...] *Also wart der edel chůnich Adolf von got errochen an disen allen* (S. 331; im Register sind beide Textstellen fälschlich unter »Emicho von Leiningen« ausgeworfen). Auf diese Quelle gehen wohl die entsprechenden Abschnitte in den Chroniken Fritsche Closeners (S. 62: *der grove von Liningen wart vor sim ende unsinnig)* und des Mathias von Neuenburg (ed. HOFMEISTER, Fassungen WAU, S. 346: *Item comes de Liningen ante*

Gegenseite[35]. Dieser Sachverhalt erklärt sicher auch die bislang rätselhafte »Bevorzugung« des jüngeren Sohnes Jofried durch Friedrich IV.[36].

Ebenso wie das Verhältnis Leiningens zu König Adolf bislang unterbewertet wurde, bestand die Neigung, die Beziehungen der Grafen zu König Albrecht zu überschätzen. Lehmann spricht euphorisch von Albrechts »treue(m) und mannhafte(n) leininger Vetter«[37], Brinckmeier läßt ihn schon zu König Adolfs Zeiten »unentwegt zu den mit ihm nahe verwandten Habsburgern« halten[38], laut Conrad war er schließlich »treuer Berater und steter Begleiter des Königs«[39]. Zu diesen Auffassungen kann gelangen, wer nur die ersten Regierungsjahre des neuen Reichsoberhaupts im Auge hat.

Graf Friedrich beteiligte sich im Oktober 1298 an Albrechts Feldzug ins Oberelsaß[40] und war am 21. November in Nürnberg Zeuge, als die Habsburgersöhne mit Österreich und Steier etc. belehnt wurden[41]. Einen Tag darauf erhielt er vom König die *sunderlich genade*, gegen Pfahlbürger unter seinen Eigenleuten vorgehen zu dürfen. Gleichzeitig wurden ihm und seinen Erben auch die althergebrachten Gerichtsrechte über sein Land und seine Leute bestätigt[42]. Wie Graf Egeno von Freiburg, der ein gleichlautendes Privileg erhielt[43], wurde er damit belohnt *umbe den dienst, den er uns und dem Riche hat getan*. Daß sich später die Grafen von Leiningen der Hardenburger Linie die Urkunde von Karl V. und seinen Nachfolgern regelmäßig bestätigen ließen[44], liegt allerdings wohl nicht in einem bleibenden Wert jener neuen Begünstigung, sondern in der von der Sekundogenitur erwünschten Beglaubigung ihrer Gerichtshoheit begründet[45]. Bei der Begegnung Albrechts mit dem Kapetinger am 8. Dezember 1299 in

mortem suam amens factus in furia sua periit) zurück. LEHMANN III S. 66 bezeichnete diese Erzählung als »unverbürgte Sage«, kannte die Stelle aber nur aus den späten Überlieferungen des unzuverlässigen Trithemius und Bernhart Hertzogs.

35 Dies geht aus einer Urk. des von Friedrich von Leiningen dem Alten [=IV.] am Hasenbühl gefangengenommenen, ihm ebenfalls verwandten Heinrich von Eberstein vom 3. Aug. 1299 hervor, der sich für die Einhaltung einer befristeten Freilassungszeit verbürgt und sich zum selben Termin wie Friedrich von Leiningen der Junge [=V.] wieder zu stellen verspricht. Druck: Corpus IV Nr. 3439. Regesten: RGZ Nr. 405 und Corpus Regesten Nr. 3439. CONRAD II/1 S. 129f., ohne Kenntnis des Druckorts, deutet die Urk. auf beiderseitige Gefangene aus.

36 Vgl. LEHMANN III S. 67f.; BRINCKMEIER I S. 153; CONRAD II/1 S. 152 u. 155.

37 LEHMANN III S. 62.

38 BRINCKMEIER I S. 80.

39 CONRAD II/1 S. 132.

40 Am 18. Okt. befindet er sich *in castris in Sunkowia* (UBStStr II Nr. 215. Erwähnt: BRINCKMEIER I S. 82; CONRAD II/1 S. 132).

41 MGH Const. IV Nr. 41. Erwähnt: BRINCKMEIER I S. 82 (fehlerhaft); CONRAD II/1 S. 133.

42 Ausf. Perg.: FLA, Urkk. Leiningen, sub dato. Druck: Corpus IV Nr. 3125. Regesten: KREMER, Ard. Geschl. CD S. 190 Nr. 49; Corpus Regesten Nr. 3125 (dort nicht erwähnte ältere Druckorte: LÜNIG, RA 22 S. 282f. Nr. 5 und als Insert in L-D-H, Endliche Deduction, 1616 Nd. 1734, Lit. G–L). LEHMANN III S. 62, BRINCKMEIER I S. 82 und CONRAD II/1 S. 117 u. 132f. interpretieren die Hauptbestimmung des Privilegs als Wegzugsverbot für leiningische Untertanen. Das ist unrichtig; die Eigenleute durften in Reichsstädte ziehen, sofern sie sich dort auf Dauer *(ewichliche)* niederzulassen gedachten. Auch bestätigt die Urk. nicht die Reichsunmittelbarkeit der leiningischen Herrschaftsrechte, wie BRINCKMEIER a.a.O. behauptet.

43 Druck: Corpus IV Nr. 3043. Regest: Corpus Regesten Nr. 3043.

44 Transsumiert wurde die Urk. von den Kaisern Karl V. am 10. Febr. 1539 (Druck: L-D-H, Endliche Deduction, 1616 Nd. 1734, Lit. G), Ferdinand I. am 10. Juli 1559 (ebd. Lit. H), Maximilian II. am 22. Mai 1566 (ebd. Lit. I), Rudolf II am 6. Sept. 1594 (ebd. Lit. K) und Mathias am 26. Mai 1614 (ebd. Lit. L).

45 Vgl. dazu Anm. 70.

Quatrevaux an der Maas[46] scheint Friedrich IV. eine nicht unmaßgebliche Rolle gespielt zu haben oder doch zumindest, nach Ansicht der französischen Seite, dazu befähigt gewesen zu sein. In jener etwas anrüchigen Liste der von König Philipp dem Schönen zu beschenkenden oder beschenkten Deutschen findet man unter den Namen der *maiores* auch den *comes de Linenges*[47]. In der Tat hat dieser ein *donum Regis* in Höhe von 600 Pfund Turnosen entgegengenommen[48]. Damit erschöpfen sich die nachzuweisenden oder zu erschließenden Hofaufenthalte des Grafen von Leiningen unter König Albrecht[49].

Unser zweiter Blick gilt dem Amt der Landvogtei im Speyergau[50], mit dem Albrecht den Grafen zunächst wieder betraute. Ellenhard und nach ihm Fritsche Closeners straßburgische Chronik berichten davon: *in Spirgauwia instituit dominum Fridericum de Liningen*[51]. Und: *(Obreht) anderte die landfögte. in Spirgowe satte er zů landfogte grove Friderich von Liningen* [...][52]. In seiner wiedererworbenen Stellung ist der Graf nachweislich am 31. März 1299 tätig: *Frid(er)ic(us) comes de Lini(n)gen, advocat(us) p(ro)vi(n)cialis serenissimi d(omi)ni Alb(er)ti Romanor(um) regis p(er) Spirkaiam* nennt er sich selbst[53]. Am 19. Februar 1301 gab der König seinem Oheim *(avunculo)* und Getreuen, *nobili viro Friderico comiti de Liningen advocato provinciali*, Vollmacht, ihm und dem Reiche Freunde, Diener und Helfer zu werben[54]. Der Auftrag galt zweifellos der Mobilmachung gegen die rheinischen Kurfürsten. Man möchte zunächst annehmen, daß er mit des Grafen Amtstätigkeit selbst nichts zu tun hatte. Aber für organisatorische Einsätze der Landvögte bei kriegerischen Unternehmungen des Königs gibt es weitere Beispiele[55]. Der Landvogtstitel Friedrichs taucht bei der genannten Gelegenheit zum

46 Hierzu Alfred LEROUX, Recherches critiques sur les relations politiques de la France avec l'Allemagne de 1292 à 1378 (= Bibliothèque de l'École des Hautes Études, Sciences philologiques et historiques, 50e fascicule), Paris 1882, S. 103ff.

47 Acta imperii, Angliae et Franciae Nr. 279. Vgl. KERN, Die Anfänge der französischen Ausdehnungspolitik S. 206f. u. 301; eingehender SCHREIBMÜLLER (1913) S. 3–5; CONRAD II/1 S. 134–136 (zum Großteil wörtlich nach Schreibmüller; mit der unrichtigen Behauptung S. 136, daß sich die habsburgisch-kapetingischen Heiratsabmachungen zerschlugen).

48 Jules[-Edouard-Marie] VIARD (Hrsg.): Les Journaux du Trésor de Philippe IV le Bel (= Collection de documents inédits sur l'histoire de France), Paris 1940, Nr. 4217.

49 Die noch ausstehende Neubearbeitung der Böhmerschen Regesten für diesen Zeitabschnitt könnte vielleicht einige ergänzende Daten liefern, den Gesamteindruck wird sie kaum umkehren.

50 Zum Folgenden vgl. SCHREIBMÜLLER (1905) S. 58f. Acta Acad. II S. 42 dient LAMEY, advocati S. 215, LEHMANN III S. 62, BRINCKMEIER I S. 82, PROBST S. 15 und CONRAD II/1 S. 132 als Nachweis für die Wiedereinsetzung des Grafen in sein Amt. Die dort undatierte und nicht mit Quellenbeleg versehene knappe Nachricht bezieht sich auf die unten Anm. 53 mitgeteilte Angelegenheit von 1299 März 31.

51 Ellenhard, ed. JAFFÉ S. 138f.

52 Closener S. 61.

53 Entscheid von Streitigkeiten zwischen der Propstei und dem Dorfe Hördt *(Herde)* und der – jetzt rechtsrheinisch gelegenen – Gemeinde *Dettenheim* wegen eines Grundstücks namens *Mel(n)furt* zugunsten Hördts. Ausf. Perg.: BayHStA, Rhpf. Urkk. Nr. 1107. Regest: BIUNDO, Hördt Nr. 58 (mit willkürlicher Auflösung von Initialbuchstaben und unvollständiger Aufzählung der in der Urk. genannten Personennamen). Vgl. SCHREIBMÜLLER S. 59.

54 Abschr. Rühls (1737–1795) nach einer Abschrift des 14. Jhs.: FLA, Urkk. Leiningen, 1301 Febr. 19. Drucke: AI selecta Nr. 554 = MGH Const. IV Nr. 126. Erwähnt: LEHMANN III S. 63 und BRINCKMEIER I S. 83 (beide ohne Beleg); SCHREIBMÜLLER (1905) S. 59 u. DERS. (1913) S. 4 mit Anm. ***; HESSEL S. 94 u. 185; CONRAD II/1 S. 141.

55 Vgl. SCHUBERT, 1979, S. 192f. Anm. 23.

letzten Mal auf. Noch im selben Jahre versieht Heinrich von Bannacker dieses Amt[56], am 5. Mai 1304 ist Raugraf Georg königlicher Landvogt[57].

Warum Friedrich 1301 den Dienst quittierte oder quittieren mußte, ist nicht eindeutig zu klären. Seine richterlichen Fähigkeiten werden auch 1305 noch anerkannt und in Anspruch genommen[58]. Die von der ersten bairischen Fortsetzung der Sächsischen Weltchronik vermeldete Geistesgestörtheit, die den Grafen vor seinem Tode ergriffen haben soll[59], kann also damals nicht der Anlaß gewesen und muß – wenn überhaupt – erst später eingetreten sein. Da jeglicher Kontakt mit dem König nach dem 22. Januar 1303[60] abgerissen zu sein scheint, drängt sich der Verdacht auf, daß zwischen dem Reichsoberhaupt und dem Landvogt eine allmähliche Entfremdung stattgefunden hat. Die vorsichtig formulierte Vermutung Hessels, Friedrich könnte (1301) zur kurfürstlichen Partei übergetreten sein[61], läßt sich nicht bestärken. Vielleicht brachte den Grafen aber die am 25. Dezember 1298 gegenüber dem Mainzer Erzbischof Gerhard auf drei Jahre eingegangene Beistandsverpflichtung[62] in Gewissenskonflikt, und so hat er möglicherweise bereits die Ausführung der königlichen Anweisung vom 19. Februar 1301 abgelehnt.

Leiningischer Zuerwerb an vom Reiche rührigem Besitz im Speyergau läßt sich für die zehn Regierungsjahre König Albrechts nur in einem einzigen Falle, und da noch nicht einmal mit letzter Gewißheit, feststellen. Einer von Lehmann zitierten, aber leider nicht nachgewiesenen Urkunde des Grafen aus dem Jahre 1313 zufolge, soll Falkenburg zu den Pfandschaften gehört haben, *die uns der kunig versetzet hat und wir veriehen auch daz wir dise Pand etc. her hant*

56 Vgl. Schreibmüller (1905) S. 60; Conrad II/1 S. 143.

57 Von diesem Tag datiert ein Gerichtsentscheid des Ritters Johannes von Mühlhofen, ergangen im Auftrage des kgl. Landvogts im Speyergau, des Raugrafen Georg. Ausfertigungen Perg.: BayHStA, Rhpf. Urkk. Nr. 1111 u. 1112. Druck: Winkelmann II Nr. 1089. Regest: Biundo Nr. 65 (ohne Kenntnis des Druckorts). Erwähnt: Schreibmüller (1905) S. 62 (hat nur die Zeugenschaft Heinrichs von Bannacker erkannt, aber die viel wichtigere Nennung des Raugrafen Georg übersehen). – Das gleiche Urteil des Ritters Johannes von Mühlhofen erging bereits am 4. Juni 1303 *(an deme dinstage nach uzgende phingestwochen)*; die Verhandlung am Landgericht *bi Landauwe* erfolgte damals noch im Auftrage Heinrichs von Bannacker, *der do ist des romeschen kuncges lantfaut in Spiragauwe.* Als vornehmster Zeuge – vor Heinrich von Bannacker selbst – fungierte Graf Friedrich von Leiningen der Junge [= V.]. Ausf. Perg.: BayHStA, Rhpf. Urkk. Nr. 1110. Regest: Biundo, Hördt Nr. 64 (zu Mai 3). Erwähnt: Schreibmüller (1905) S. 60 u. S. 62 (jeweils zu Mai 3).

58 Die betreffende Urk. datiert vom 8. Aug. und ist abgedruckt: UB Otterbg. Nr. 320. Regest: RGZ Nr. 468. Vgl. Schreibmüller (1905) S. 62. Lehmann III S. 64, Brinckmeier I S. 83 und Conrad II/1 S. 144 lassen allesamt den Grafen Friedrich IV. das »Königsgericht zu Lautern hegen«. Dahiner steckt offenbar die Ansicht, der Leininger sei weiterhin mit einer landvogteilichen Teilaufgabe betraut gewesen. Die Urk. läßt jedoch keinen Zweifel daran, daß es sich bei dem Auftritt des Grafen als Schiedsmann um eine einmalige Angelegenheit handelte. Die Entscheidungsgewalt war ihm hier nicht vom König, sondern vom amtierenden Landvogt übertragen und dieselbe überdies nicht allein an ihn, sondern auch an den Grafen Walram von Zweibrücken delegiert worden.

59 Vgl. Anm. 34.

60 Unter diesem Datum gestattete Kg. Albrecht dem Grafen Friedrich den Verkauf der reichslehnbaren Burg Gundheim. Regest: Gerlich, Quellen (1953) S. 38. Erwähnt: Brinckmeier I S. 83 und Conrad II/1 S. 145.

61 Hessel S. 185 Anm. 29. Der am 3. Apr. 1301 beigelegte Zwist zwischen dem Leininger und seinem Nachfolger in der Landvogtei, Heinrich von Bannacker, war älteren Ursprungs (vgl. oben S. 144f.).

62 Verkürzter Abdruck: Schneider, Geschichte der Raugrafen aus authentischen Quellen, in: Wetzlar'sche Beiträge 2 (1845) S. 226–251, hier: S. 237f. Anm. 50. Regest: REM I Nr. 561.

bracht wol drutzehen jar von der konige wegen[63]. Ob man für die Pfandnahme hieraus exakt das Jahr 1300 errechnen darf, wie Lehmann es tat, wird doch mit einem kleinen Fragezeichen zu versehen sein[64]. Daß gleichzeitig auch Guttenberg zu den Pfandobjekten gehört hätte[65], ist ein Irrtum[66]. Hingegen umfaßte die Herrschaft Falkenburg damals auch die später sogenannte »Pflege Haßloch«, die sich aus den Dörfern Haßloch, Iggelheim und Böhl zusammensetzte[67].

Der oben geäußerte Verdacht, daß Friedrich IV. sich schon nach den ersten Regierungsjahren König Albrechts von diesem aus irgendeinem Grunde distanziert habe, wird durch seinen erneuten, wenn auch kurzen Eintritt ins Reichgeschehen nach der Ermordung des Habsburgers genährt. Die Vermutung Kerns, daß eine am französischen Hof entstandene undatierte Liste ausgewählter Adressaten, unter denen auch *H. comes de Lyneng(es)* genannt wird, im Zusammenhang mit der Kandidatur Karls von Valois für die deutsche Königskrone zu sehen sei[68], läßt sich zwar im Falle Leiningens nicht erhärten, aber auch nicht widerlegen. Tatsache dürfte hingegen sein, daß Graf Friedrich die Königswahl des Grafen von Luxemburg und dessen Regierungsantritt noch wachen Geistes erlebte. Er hat jedenfalls dafür gesorgt, daß seinem Hause die unter König Albrecht erworbene Vergünstigung abziehender Untertanen wegen[69] von Heinrich VII. nicht einfach erneuert, sondern erheblich gebessert wurde. Durften sich die Grafen nach dem Privileg König Albrechts an den Gütern von Pfahlbürgern ihres Herrschaftsbereiches schadlos halten, so sollte laut Urkunde von 1310 der Gütereinzug bei allen in Reichsstädte abwandernden leiningischen Leuten, also auch bei denen, die für immer dort blieben, rechtens sein[70]. Mit solchem Erfolg trat nun allerdings Friedrich IV. endgültig von der reichspolitischen Bühne und überließ das Feld seinem jüngeren Sohn Jofried, dem späteren Begründer der Linie Leiningen-Hardenburg. Unter diesem verlagerten sich die Möglichkeiten, im Dienste und auf Kosten des Reiches Territorialpolitik zu betreiben, vom Speyergau ins Elsaß[71].

63 Lehmann III S. 63; vgl. auch Lehmann I S. 339.

64 Brinckmeier I S. 82f. (unter Berufung auf Lehmann, aber mit falschen Seitenangaben) führt diese Möglichkeit gänzlich ad absurdum, indem er auch das von Lehmann III S. 63 Anm. 206 mitgeteilte Tagesdatum der Urk. v. 1313 *(an dem durnstage in der Oster Wochen)* dem überdies versehentlich mit 1302 bezifferten Erwerbsjahr hinzusetzt.

65 Lehmann III S. 63; bei Brinckmeier a. a. O. wird daraus »Guntersblum«; Conrad II/1 S. 136 (nach Lehmann).

66 Über Guttenberg s. S. 145f. Zur Geschichte der Herrschaft Falkenburg vgl. Toussaint in Pfalzatlas S. 1086f.

67 Vgl. ebd. S. 1087.

68 Acta imperii, Angliae et Franciae Nr. 286. In diesem Sinne auch Schreibmüller (1913) S. 5f. u. 9f., Schneider, Heinrich VII. (1924–1928) S. 11f. Anm. 49 und Conrad II/1 S. 148–150. – Der Initialbuchstabe *H* muß hier irrtümlich eingeflossen sein.

69 Vgl. S. 179 bei Anm. 42.

70 Druck: Lünig, RA 22, S. 383 Nr. 7. Regest: Kremer, Ard. Geschl. CD S. 192 Nr. 59. Erwähnt: Brinckmeier I S. 76 u. 85f.; Conrad II/1 S. 151 (irrtümlich auf Graf Jofried bezogen). Daß im 16. Jh. nicht dieses, sondern das ältere Privileg Kg. Albrechts dem jeweiligen Reichsoberhaupt zur Transsumierung vorgelegt wurde (s. Anm. 44), liegt wahrscheinlich darin begründet, daß es den Grafen hierbei mehr um die Bestätigung ihrer Gerichtsrechte zu tun war, über welche nur die ausführlichere Urk. von 1298 eine Aussage trifft.

71 Fortsetzung S. 196–201.

b) Die Beziehungen zum Hochstift Speyer

Zur Beilegung des nach dem Tode des letzten Grafen von Leiningen-Landeck zwischen dem Speyerer Bischof Friedrich und dem Grafen Friedrich [IV.] von Leiningen ausgebrochenen Zwistes um die Rietburg[72] *(Rihp(er)g)* ernannten beide Parteien am 16. November 1291 vier Schiedsrichter[73]. Wie es scheint, war das Hochstift ebenso wie der König verfahren[74] und hatte Emichs (V.) Schwager Otto von Ochsenstein mit dem heimgefallenen Lehen der Linie Leiningen-Landeck oder aber zunächst als Lehensträger für die verwitwete Gräfin Katharina belehnt. Die rechtlich nicht haltbaren Forderungen der leiningischen Hauptlinie[75] wurden 1291 durch die Verlobung des etwa dreijährigen Jofried mit Agnes von Ochsenstein[76], Ottos Tochter, kompensiert. Agnes erhielt jedenfalls als Mitgift die Burg Rietburg mit den Dörfern Schifferstadt, Fischlingen[77] und Weyher; ihr Schwiegervater, Graf Friedrich [IV.] von Leiningen, hat den gesamten Herrschaftskomplex kurz nach der Hochzeit (zwischen 1303 und 1305[78]) verkauft und seinem Sohn stattdessen am 29. September 1305 die Pfandburg Gundheim eingeräumt[79]. Da Bischof Walram von Speyer am 24. Juni 1330 über die ehemals mit Leiningen strittige Rietburg verfügte[80], darf mit einiger Berechtigung angenommen werden, daß der Verkauf durch Graf Friedrich IV. direkt an das Hochstift erfolgte.

Als Gegenleistung mögen einige der im 14. Jahrhundert recht zahlreichen anderen Speyerer Lehen in Empfang genommen worden sein, für die weder Anlaß noch Zeitpunkt des Erwerbs

72 Gde. Rhodt unter Rietburg, Kr. Südliche Weinstraße. – Zur älteren Besitzgeschichte s. S. 151f.

73 *in die b(ea)ti Ohtmari*, Speyer. Ausf. Perg.: FLA, Urkk. Leiningen, sub dato. Kauls Ansichten über den Grund der Streitigkeiten (S. 289 Anm. 330) sind hinfällig (s. Kap. 1 Anm. 282). – Auf ebendiesen Fall geht zweifelsohne auch die Einigung vom 27. Dez. 1291 *(Datum et actum Dythensheim* [= Deidesheim] *a. D. 1292 in die beati Johannis evangeliste)* auf fünf namentlich genannte Schiedsleute zur Schlichtung gegenwärtiger und zukünftiger Streitigkeiten zurück. Begl. Abschr. v. 1609 Juli 2: FLA, Urkk. Leiningen, 1291 Dez. 27. Drucke: L-D-H, Endliche Deduction (1616, Nd. 1734), Lit. M (nach einer mit der vorgenannten nicht identischen begl. Abschr.); Lünig. RA 22 S. 382 Nr. 4 (zu 1292); L-D-H, Gründl. Refutation (nach 1719) Nr. 6 (zu 1292 und mit fehlerhaftem Kopfregest); UBiSp I Nr. 431 (mit falsch aufgelöstem Datum 1292 Juni 24). Regest: Kremer, Ard. Geschl. CD S. 190 Nr. 47 (zu 1292). Erwähnt: Lehmann III S. 58 (zu 1292, ohne Nachweis der Vorlage); Brinckmeier I S. 79 (nach Lünig, zu 1290 [!]; Conrad II/1 (nach der Abschr. im FLA, die jedoch stellenweise mißverstanden wurde); Kaul S. 289 Anm. 330 (zu 1292, nach UBiSp u. Lehmann).

74 Vgl. S. 174 bei Anm. 375.

75 Rietburg war seit 1260 Kunkellehen (s. S. 172).

76 S. Kap. 1 Anm. 282. Die Ehepartner waren nach kanonischer Verwandtschaftsberechnung im 4. Grad miteinander verwandt. Papst Klemens V. erteilte am 30. März 1313 Dispens (Sauerland I Nr. 806).

77 Zu Kleinfischlingen *(Cleine Visselingen)* besaßen die Grafen von Leiningen auch Eigengüter (Äcker und Wiesen), die sie zuletzt an den Ritter Kuno von Kirrweiler *(Kirwilre)* verlehnt hatten und diesem am 16. März 1304 *(an deme nesten mandage vor deme palmetage)* wegen eines sich auf 200 Pfund Heller belaufenden Schadens, *den er von unser wegen gilieden hat*, als Allod überließen *(daz lazen wir ieme eigen unn frigen, ledic unn lois von aller manschafte, alse man billiche verlehent gut eigen unn fri machen sol unn mac)*. Die nicht ganz korrekte Intitulatio deutet auf Empfängerausfertigung: *Wir her* [!] *Friderich der alte* [= IV.] *von Liningen unn frowe Johanna, unser eliche wirten.* Ausf. Perg.: BayHStA, Rhpf. Urkk. Nr. 2472. Angenäht: Bestätigungsurkunde (Ausf. Perg.) des Grafen Friedrich [V.] von Leiningen und seiner Frau Sophie von 1324 Jan. 25 *(an sante Paules tage als er bekeret wart)*.

78 Zur Eingrenzung des möglichen Heiratsdatums s. Kap. 1 Anm. 282.

79 Ausf. Perg.: BayHStA, Rhpf. Urkk. Nr. 2586. Druck: Mone in ZGO 20 (1867) S. 313f. Vgl. unten S. 191 mit Anm. 125.

80 UBiSp I Nr. 536. Vgl. Schaab in Pfalzatlas S. 767.

bekannt sind[81], wie auch umgekehrt weder die lehensgeschichtlich relevanten noch sonstigen Beziehungen der Grafen von Leiningen zu den Bischöfen von Speyer in den Jahren von 1292 bis 1317 in irgendeiner Form dokumentiert sind[82]. Bedauerlich ist dieser Mangel vor allem für die Zeit Bischof Emichs von Leiningen (1314–1328), Sohn des Grafen Friedrich IV., die bestimmt nicht spurlos an der leiningischen Territorialentwicklung vorbeigegangen ist.

c) Die Kontakte zu den Pfalzgrafen

Neue pfalzgräfliche Lehen sind im Speyergau für die Jahre 1290 bis 1317 nicht zu verzeichnen. Die den Pfalzgrafen in diesem Zeitraum geleisteten Dienste zahlten sich nicht in neuen Lehensgütern, sondern in harter Währung und ablösbaren Einkünften aus. Für bei der Frankfurter Königswahl [1292 Mai 5] gehabte Kosten und andere ihm geleistete Dienste versprach Ludwig [II.] am 8. November 1292 dem Grafen Friedrich [IV.] von Leiningen, seinem *consanguineus*, 200 Pfund Heller auf nächsten Georgstag [1293 April 23] oder 20 Pfund Heller jährlich zum Martinstag [11. November] auf seine Bede zu Heidelberg, ablösbar durch jene 200 Pfund Heller[83]. Pfalzgraf Rudolf [I.] wies am 24. Dezember 1298 demselben Grafen (seinem *consanguineus*), dessen Ehefrau Anna und ihren Erben für ihm und seinem Vater durch Graf Friedrich geleistete Dienste, auch im Namen seines [ihm wieder versöhnten] Bruders Ludwig [des späteren Königs], 10 Fuder Wein von seinem Zehnten in Dürkheim an, ablösbar mit 100 Mark Silber[84]. Fünf Jahre später, am 1. Januar 1304, verschrieb er seinem *aw(u)nc(u)lo* für gehabte Kosten und Schäden 500 Pfund Heller, die ihm an vier bestimmten Terminen bezahlt werden sollten[85]. Als König wurde selbstverständlich Rudolfs Bruder Ludwig für die Leininger interessanter[86].

d) Mehrung des Aktivlehenbestands

Wie im Wormsgau[87], so gelangten auch im Speyergau ehemals bolandische Aktivlehen mit den beiden 1291 und 1309 aufgetragenen Vierteln der Burg Bolanden an die Grafen von Leiningen. Die Besitzer der im 12. und 13. Jahrhundert noch von Bolanden verlehnten Burg Erfenstein[88] dürften auf diese Weise den Lehensherrn gewechselt haben. Die Oberlehensherrschaft des Reiches ist nur für die Zeit Werners II. von Bolanden nachgewiesen[89]; unter den Grafen von

81 S. Anhang IV S. 246.

82 Ausgenommen ein gemeinsames Schutzprivileg Bischof Sigibodos und des Grafen Friedrich von Leiningen des Alten [= IV.] von 1308 Mai 8 für die Stadt Landau (Druck: UBiSp I Nr. 486 mit falsch aufgelöstem Datum. Erwähnt: Brinckmeier I S. 85 ohne Beleg).

83 Druck: Winkelmann II Nr. 1072. Regesten: RPR I Nr. 1277; RI VI/2 Nr. 118. Erwähnt: Brinckmeier I S. 80 (ohne Beleg, falsch zitiertes Datum).

84 Druck: Croll (1765) S. 118. Regesten: RPR I Nr. 1416 (mit Ergänzungen S. 512 und II S. 530); RLGV Nr. 7. Spiess, Lehnsrecht S. 160 mit Anm. 41, sieht hierin eine Lehensbesserung. Davon ist in der Urkunde jedoch keine Rede; m. E. handelte es sich um ein einfaches Geldgeschenk, das wegen augenblicklicher Zahlungsunfähigkeit der Pfalzgrafen oder vielleicht auch des zusätzlichen Anreizes wegen mit Naturalien verzinst wurde.

85 1304 *proxima quarta f(er)ia post nativitatem D(omi)ni*. Ausf. Perg.: FLA, Urkk. Leiningen, sub dato. Regest: RPR I Nr. 1509, nach einer Abschrift Lehmanns, fälschlich zu 1304 Dez. 26.

86 Vgl. S. 202 f.

87 Vgl. S. 186–189.

88 Vgl. Köllner S. 51 f. und Hopp S. 10 u. 11.

89 Vgl. Hopp S. 3.

Leiningen ging die Erinnerung an sie verloren. Vom 24. November 1380 stammt der erste bekannte Lehensrevers eines Bock von Erfenstein: *Emerich Bocg von Erffensteyn* bestätigt, für sich und seinen Gemeiner und Verwandten *(magen)* Werner *Bock* von Graf Johann zu Leiningen und zu Rixingen zu Lehen empfangen zu haben *Erffensteyn unser husse mit aller syner zůgehůrde*, nämlich das halbe Gericht Esthal *(Estall daz gerethe halbez)*, Wald, Wasser und Weide; desgleichen für sich und seine lehensfähigen Leibeserben allein, ohne Gemeinschaft, den oberen Burgstall Erfenstein, den man die alte Burg nenne, und das zugehörige andere Halbteil des Gerichts und Dorfes Esthal mit Wald, Wasser und Weide. Auf die Bolander Herkunft dieses Mannen weist das dritte genannte Lehensobjekt: vier Morgen Wiesen, zwischen Bolanden und Kirchheim gelegen und *in der Wagwissen* geheißen[90]. Für dieselben Mannlehen erteilte am 21. Mai 1432 *Sifridt Bocke von Erffenstein* dem Grafen Johann von Sponheim einen Revers. Sein verstorbener Vater *Conrat Bocke* habe sie von Graf Johann von Leiningen-Rixingen und später von Graf Johann von Sponheim von dessen Gattin Walpurga von Leiningen wegen innegehabt[91]. Seit 1438 schließlich trug Siegfried Bock die genannten Objekte von der Linie Leiningen-Hardenburg zu Lehen[92]. Dieser Wechsel muß im Rahmen des 1438 stattgefundenen Verkaufs der zu Bolanden gehörigen Lehensmannschaft vor sich gegangen sein[93].

2. Worms- und Nahegau

a) Die Beziehung zum Kloster Weißenburg

Das Verhältnis zum Kloster Weißenburg war auch nach 1290 spannungsfrei und freundschaftlich. Von Abt Wilhelm (1293–1301) erhielt Graf Friedrich von Leiningen der Jüngere [= V.] im Jahre 1300 zwei Fuder *nobilis vini* aus der Klosterkellerei jährlich auf Lebenszeit. Es war die Belohnung für geleistete und fürderhin zu leistende Dienste[94]. Welcher Art diese Dienste waren, ist nicht bekannt. Mit einem späteren Abt [Bartholomeus (1312–1316)] einigte sich der Graf auf die Ablösbarkeit der jährlichen Zuwendung. Der Leininger spricht hier vom Verzicht auf ein [!] Fuder edlen Weins für den Fall, daß Abt oder Konvent ihm oder seinen Erben [!] vor dem Gregorstag [12. März] 100 Pfund Heller überbringen würden (20. Januar 1315)[95].

Die persönliche Bindung Friedrichs des Jüngeren an die Abtei war damit nicht aufgehoben. Bereits ein Jahr zuvor war seiner Tochter Else, Witwe Emichs von Daun[-Oberstein], durch Abt Bartholomeus gestattet worden, ihren Vater als Lehnsträger für die Weißenburger Lehen ihrer unmündigen Kinder einzusetzen[96]. Die Weißenburger Lehen des Hauses Leiningen indes vermannte immer noch der Urgroßvater des Daunschen Erben, der greise Friedrich IV.

90 Ausf. Pap.: LA Speyer, A 1 Nr. 811a. Druck: UBiSp I Nr. 658.

91 Ausf. Perg.: LA Speyer, A 1 Nr. 811.

92 Reverse, Ausf. Perg.: FLA, Urkk. Leiningen, 1438 Juni 29 und 1454 Febr. 12.

93 Vgl. S. 188 mit Anm. 110.

94 Toussaint, Liber feudorum Nr. 1. Lehmann III S. 62 bezieht diese Vergünstigung irrtümlich auf Friedrich IV., ebenso Conrad II/1 S. 137.

95 Toussaint, Liber feudorum Nr. 2.

96 Ebd. Nr. 3 Anm. 5.

b) *Das Verhältnis zum Hochstift Worms*

Die Kontakte Leiningens zum Hochstift Worms beschränkten sich im angesprochenen Zeitraum auf die Pflege des bestehenden partnerschaftlichen Verhältnisses und bewirkten keine nachweisbaren territorialen Veränderungen. Es ist zunächst hervorzuheben, daß nach Eberhard II. von Strahlenberg (1291–1293) mit Raugraf Emich (1294–1299) wieder ein leiningischer Verwandter den Bischofsthron bestieg[97]. Seine Amtszeit läßt sich im Rahmen der leiningischen Geschichte allerdings nur mit der gemeinsamen Besiegelung einer Wadgassener Urkunde mit Graf Friedrich dem Älteren [=IV.] vom 11. Juli 1294[98] dokumentieren.

Unter Eberhards Nachfolger Eberwein [von Kronenberg] erfahren wir von einer Belehnung Friedrichs mit den Wormser Lehen, ohne daß dieselben in der betreffenden Urkunde einzeln genannt würden. Dafür wird das auf den 6. April 1300 datierte Schriftstück konkreter bezüglich der mit dem neuen Wormser Oberhirten im Rahmen des Lehensvertrags vereinbarten Hilfeleistungen. Sie richten sich speziell gegen die Wormser Bürger und Kleriker, für den Fall, daß diese die bischöflichen Rechte zu schmälern unternähmen. Andererseits mußte sich der Bischof verpflichten, aus solcherlei Spannungen resultierende vertragliche Vereinbarungen nur mit Wissen und Willen des Leininger Grafen zu treffen und diesen gegegenenfalls an einer Kriegsentschädigung, nach dem Schiedsspruch des Ritters Friedrich von Meckenheim und des Wormser Bürgers und Ratsherren Heinemann genannt Jude, zu beteiligen[99]. Unter Eberwein erlangte auch wieder ein nachgeborener Leiningersohn (Emich, Sohn Friedrichs [IV.]) ein Kanonikat und am 13. September 1304 eine Präbende[100]. Für die folgende Zeit bis zur Teilung von 1317/18 läßt uns die Überlieferung im Stich.

c) *Vergabe von Auftragslehen, Pfandnahme und Tausch*

Die Möglichkeit zum Zuerwerb bot sich im Wormsgau noch durch Vergabe von Auftragslehen, durch Kauf, durch Pfandnahme und durch Tausch.

Die Geldnöte seiner Vasallen, der Grafen von Sponheim und der Herren von Bolanden, haben dem Grafen Friedrich [IV.] von Leiningen binnen 20 Jahren die Lehensherrschaft über die halbe Burg [Alt-]Bolanden eingebracht. Zuerst hatte Graf Heinrich mit Ehefrau Kunigunde dem Leininger ein Viertel der Burg zu Lehen aufgetragen (1291), und zwar als Ersatz für die an das Kloster Otterberg veräußerte Hälfte des großen und kleinen Zehnten, ohne den Weinzehnten, zu Albisheim, die mittelbar über die Grafen von Leiningen von der Abtei Prüm zu Lehen rührten[101]. Am 1. Februar 1309 konnte Graf Friedrich den gleichen Vorgang für die

97 Vgl. S. 117f.

98 Jungk Nr. 745.

99 Drucke: L-D-H, Endliche Deduction (1616, Nd. 1734), Lit. P, zu 1308 (das VIII° in der Datumszeile muß zur Tagesbezeichnung *idus Aprilis* gezogen werden, denn Nachfolger Eberweins ist bereits am 16. Sept. 1307 Emerich von Schöneck, vgl. Eubel I S. 534); Lünig, RA 22 S. 383 Nr. 6, zu 1308. Auszug: Schannat I S. 242. Bei Brinckmeier I S. 85, zu 1308, wird der Lehensbrief »namentlich für die Burg Neuleiningen« erteilt, eine Behauptung, die jeder Grundlage entbehrt.

100 L-D-H, Endliche Deduction (1616, Nd. 1734) Nr. IV (nach einer begl. Abschr.).

101 Die Handlung geschah in Gegenwart des Erzbischofs von Mainz, der darüber am 24. Febr. 1291 urkundete (Druck: UB Otterbg. Nr. 247. Regest: REM I Nr. 194). Das Kopfregest im Otterberger Urkundenbuch ist unzutreffend: Die Genehmigung Erzbischof Gerhards bezieht sich nicht auf die ersatzweise Auftragung Bolandens, sondern auf den Verkauf des Zehnten einer in der Mainzer Diözese gelegenen Kirche. – Vom selben Tag datiert die Bestätigung des Abts und Konvents von Prüm (Druck: UB Otterbg. Nr. 248), so daß anzunehmen ist, daß der Verkaufs- und Übertragungsakt selbst ebenfalls am 24.

entsprechenden Anteile Ottos von Bolanden und seiner Ehefrau Loretta bestätigen[102]. Was eigentlich selbstverständlich war, daß Kloster Prüm auch die Oberlehensherrlichkeit über das neue sponheimische bzw. bolandische Lehensgut erhielt, wird ausdrücklich in der Genehmigungsurkunde des Erzbischofs von Mainz vom 24. Februar 1291 für den durch Sponheim vorgenommenen Verkauf des Zehnten und in den Prümschen Bestätigungen vom 24. Februar 1291 und vom 7. Februar 1309 für den durch Sponheim und Bolanden jeweils getätigten Handel vermerkt[103]. Des Klosters Rechte an seinen ertauschten Fernlehen können also nicht von Anfang an und vorsätzlich verschleiert worden sein. Wie ungefestigt die Prümer Oberlehensherrschaft trotzdem war, sollte sich bereits 1332 zeigen, als Graf Jofried von Leiningen [-Hardenburg] seinen Anteil an Bolanden unangefochten dem Erzbischof Balduin von Trier zu Lehen aufzutragen vermochte[104].

Der Wert des leiningischen Anteils an Altbolanden ergibt sich annähernd aus dem Verkaufserlös für den Albisheimer Zehnten: Der Graf von Sponheim hatte 690, der Herr von Bolanden 720 Pfund Heller für seinen Teil erzielt.

Durch den Erwerb der halben Burg Bolanden wurde, auch wenn dies in den Übertragungsurkunden nicht zum Ausdruck kommt[105], der leiningische Aktivlehenbestand zweifellos auch

Februar stattgefunden hat. – Die lehensherrliche Genehmigung des Grafen von Leiningen hat *actum et datum* 1291 März 11 (Druck: UB Otterbg. Nr. 249; Regest: MrhRegg IV Nr. 1873), doch war die mündliche Zusage ausweislich der beiden Urkk. v. 24. Febr. bereits damals gegeben. – Am 4. Juli 1291 willigte Philipp Herr von Bolanden als Besitzer der anderen Hälfte des Zehnten in den Verkauf (Druck: UB Otterbg. Nr. 250). Des Lehensauftrags geschieht hierbei keine Erwähnung, obwohl er den Bolander ebenso betraf. Doch war die Urk. nicht für den ehemaligen Gemeiner, sondern ausschließlich für Kloster Otterberg bestimmt. – Aus dem gleichen Grunde enthält die auf 5. Aug. 1291 datierte Verkaufsurkunde des Grafen Heinrich von Sponheim und seiner Gattin Kunigunde (Druck: UB Otterbg. Nr. 251; Regest: MrhRegg IV Nr. 1921) keinen Hinweis auf das Ersatzlehen. – Zum gesamten Vorgang vgl. FABRICIUS TT S. 405.

102 Druck: UB Otterbg. Nr. 344. – Die Urk. der Verkäufer ist ausgestellt am 3. Febr. 1309 (Druck: UB Otterbg. Nr. 345). Sie enthält keinen Hinweis auf den Lehensauftrag. – Am 7. Febr. 1309 bestätigten Abt und Konvent des Klosters Prüm das gesamte Rechtsgeschäft (Druck: UB Otterbg. Nr. 346). – Die Urk. des Mainzer Erzbischofs beschränkte sich diesmal auf die Genehmigung zur Übertragung des Zehnten, Burg Bolanden wird nicht erwähnt (Druck: UB Otterbg. Nr. 348; Regest: REM I/1 Nr. 1249). – Die Zustimmung des ehemaligen Mitbesitzers des Zehnten, Graf Heinrichs von Sponheim, datiert vom 23. Apr. 1309 (Druck: UB Otterbg. Nr. 350); auch diese Urk. enthält keine Angaben für den Lehensersatz. – Vgl. FABRICIUS TT S. 405 und SPIESS, Reichsministerialität (1978) S. 63f.

103 S. die beiden vorigen Anmerkungen.

104 1332 Apr. 22; [...] *unse teyl an der bůrg zu Bůlanden, die half unse recht eygen ist, unde darzu daz andere halbe teyl an derselben bůrg, daz ouch von uns zu lene růret, mit alle der gulde, herschaften unde gerichten, ho unde niͤder, unde waz darzu gehoret, wie man iz nennen mach, unde darzu ouch alle die man unde bůrgman, die von der herschaft belehent sin mit iͤren lehen, die von uns ruͤrent, iz sin unser afterlehen oder anders, wie iz si* [...] (Ausf. Perg.: LHA Koblenz, Abt. 1 A Nr. 4738. Regesten: REM I Nr. 3213; HERRMANN I Nr. 269 mit Zusätzen S. 673). – Zwar sollte der Lehensauftrag rückgängig gemacht werden, sobald Graf Jofried dem Erzbischof 50 Pfund Heller auf in derselben Hft. Bolanden gelegenes Eigengut anweise, von Trier zu Lehen empfange und dem Erzstift *daruber zweveldige briͤfe* gebe. Dann sollte auch gegenwärtige Urk. *dot sin und keͤine macht darnach nicht me haben.* Dazu ist es aber offenbar nicht gekommen. – Ungeklärt ist, ob es sich bei dem nicht in Afterlehenschaft gegebenen Teil der Burg um eines der beiden Viertel, an denen Graf Jofrieds Vater die Lehenshoheit erworben hatte, oder um einen weiteren Anteil handelte. – Die Empfangsquittung über die am 22. Apr. 1332 für den Lehensauftrag erhaltenen 500 Pfd. hlr. datiert vom 25. Apr. desselben Jahres (Ausf. Perg.: LHA Koblenz, Abt. 1 A Nr. 4731. Bemerkenswert ist die rückseitige Besiegelung der Urk.; das Siegel ist leider abgefallen).

105 Lediglich ein Weinberg wird 1309 als Zubehör genannt (UB Otterbg. Nr. 344 u. 346).

in Form von Burglehen und von Bolanden abhängigen Mannlehen vermehrt. Mutmaßlich gehörten zu letzteren die Herrschaftsrechte in den Orten Heßloch und Kriegsheim. Heßloch war schon unter Werner II. Katzenelnbogensches Lehen der Herren von Bolanden, nachweislich noch 1277 in deren Besitz[106] und im Laufe der Zeit offenbar allodifiziert worden, Kriegsheim wohl eine vom Wormser Domstift lehnbare Vogtei[107]. Beide Orte werden im 14. Jahrhundert von Leiningen-Rixingen zu Lehen ausgegeben[108], im 15. Jahrhundert von Leiningen-Hardenburg[109]. Sie müssen sich also unter den Lehensobjekten befunden haben, die 1438 mit der [zu Bolanden gehörigen] Lehensmannschaft (35 Vasallen) durch Graf Johann von Leiningen und Rixingen, als nach dem erbelosen Tod seines Schwiegersohnes Johann [V.] von Sponheim[-Starkenburg] wieder heimgefallen, an den Grafen Emich [VI.] von Leiningen [-Hardenburg] verkauft wurden. Deren Gesamtwert belief sich zusammen mit dem der zur Burg Frankenstein gehörigen Lehensleute, auf stattliche 2500 fl[110].

Gleichermaßen läßt sich für das halbe Dorf Fußgönheim die Vermutung einer bolandischen Herkunft begründen. Es wird 1385 durch die Linie Leiningen-Rixingen zu zwei Dritteln an die Ritter und Edelknechte von Meckenheim verlehnt[111], die 1416 dem Schwiegersohn des Grafen Johann von Leiningen-Rixingen, Graf Johann [V.] von Sponheim[-Starkenburg] noch für ein

106 Vgl. Fabricius TT S. 420.

107 Vgl. ebd. S. 211.

108 Heßloch 1369 den Rittern von Hirschhorn (Fabricius TT S. 420), Kriegsheim *(in dem dorfe zu Kriecheshein daz gerichte und den halben schutz)* am 7. Sept. 1338 *(an unser frowen abend der lesten)* zunächst durch Graf Jofried von Leiningen[-Hardenburg] an die Brüder Johann und Götz, gen. Kleinauge *(kleinouge)* (Lehensrevers, Ausf. Perg.: StA Darmstadt, Abt. A 5, Kleinauge, Nr. 1), dann, um 1400, *Crisheym daz dorf* resp. *das dorff zu Krichsheym, das gerecht und den halben schotz* durch Junker Johann von Leiningen[-Rixingen] denen von Ruppertsberg (undatierter Revers, Ausff. Pap.: StA Darmstadt, Abt. A 5, v. Rupertsberg Nr. 1 u. 2), die bereits 1361 von *Crisheim in unserm Gerichte* sprechen (Fabricius TT S. 211).

109 Heßloch seit 1443 Okt. 24 *(donrstag nechste vor sante Symon und Jude tag)* an die Kämmerer von Worms, gen. v. Dalberg (Lehensbrief u. -revers, Ausff. Perg.: FLA, Urkk. Leiningen, sub dato), Kriegsheim am 31. Mai 1476 *(fritage nach dem sontage Exaudi)*, in Nachfolge der von Ruppertsberg, welche die Mutung unterließen, an die Horneck von Heppenheim (Lehensrevers, Ausf. Perg.: FLA, Urkk. Leiningen, sub dato).

110 Verkaufsurkunde des Grafen Johann von 1438 Febr. 24 *(sant Mathis tag, des heiligen zwolffbotten)*, Ausf. Perg.: FLA, Urkk. Leiningen, sub dato. – Vom selben Tag der Schuldschein des Grafen Emich des Alten [= VI.] und seiner drei Söhne Emich, Schafried und Bernhard über 2500 fl für die Lehensmannschaft *uff dem gauwe* abzüglich bereits gezahlter 500 fl, bei gleichzeitiger Verpfändung eines Viertels ihres Anteils an Burg und Stadt Brumath für die mit jährlich 140 fl zu verzinsende Restschuld. Ausf. Perg.: FLA, Urkk. Leiningen, sub dato. – Am 25. Febr. 1438 *(dinstag nach sant Mathistag, des heiligen zwolfbotten)* entließ Graf Johann die Lehensleute aus ihrer Pflicht. Ausf. Perg.: FLA, Urkk. Leiningen, sub dato. – Die Einwilligung der sich zunächst sträubenden Walpurga von Leiningen-Rixingen, verwitweten Gräfin von Sponheim, zu dem durch ihren Vater getätigten Verkauf *soliche*[r] *manne, manschafft, lehene und lehengütere, so zü den sloßen Bolanden und Franckensteyn gehorig gewest sint*, erfolgte 1443 Juni 21 *(sant Albans tag, des heiligen mertelers)*; Ausf. Perg.: FLA, Urkk. Leiningen, sub dato. Am selben Tag verwies sie die Lehensmannen an den Grafen Emich als deren künftigen Herrn; Ausf. Perg.: ebd. – Vgl. Brinckmeier I S. 198 u. 256 (ohne Belege).

111 Lehensrevers von 1385, Ausf. Pap. mit zwei aufgedrückten Siegeln: LA Speyer, C 25, sub dato. *Ich Fryderich von Meckenheim, ritter, un(d) ich Fryder(ich) vo(n) Meckenh(eim), edelkneht, Ůlrichs son von Meckenh(eim), erken(n)en uns an dießem briefe, daß wir enphange(n) han von uns(er)m gnedige(n) jůnch(er)n g(ra)fe Johans vo(n) Lini(n)gen un(d) g(ra)ve zu Růxinge(n) uns(er) lehen, mit name(n) daz doͤrf zů Fuͤßgeinhein uns(er) deyle, des ich Fryderich vo(n) Meckenh(eim), ritt(er), dezselb(e)n halb(e)n doͤrfes ein dryͤtdeyle han un(d) my(n) brůde(r) Wolf my(n) gemeyn(er) daran ist un(d) ich Fryderich vo(n) Mecken-*

Viertel[112] und ab 1438 den Grafen von Leiningen-Hardenburg für *das halp teile an uns(er)m teile* des Dorfes huldigen[113].

Auch das Dorf Assenheim befand sich noch im 13. Jahrhundert in Händen der von Bolanden[114], 1340 hingegen ließ sich Graf Jofried von Leiningen[-Hardenburg] von Abt Eberhard von Weißenburg damit belehnen[115]. 1345 gelangte es offensichtlich an die Seitenlinie Leiningen-Rixingen, denn Rudwin von Dürkheim trug es am 15. August 1385 von Junker Johann von Leiningen[-Rixingen] zu Lehen[116]. Nachdem es die von Dürkheim 1416 und 1430 von Johanns Schwiegersohn, dem Grafen von Sponheim, gemutet hatten[117], huldigten sie seit 1438 für Assenheim den Grafen von Leiningen-Hardenburg[118].

Anscheinend zwischen 1309 und 1317 haben die Grafen von Leiningen die ursprünglich den Herren von Bolanden gehörende reichslehnbare Burg Wildenstein erworben, für die allerdings keine Mutung nachzuweisen ist. Sie war wohl stets unterverlehnt und befand sich 1337 und 1338 im Besitz der Ministerialengeschlechter von St. Alban und von Oberstein[119]. Der zugehörige Herrschaftsbezirk, der vielleicht die Dörfer Börrstadt und Jakobsweiler umfaßte[120], war allenfalls zu geringen Teilen als Lehen ausgegeben. 1345 wurde er völlig vom Burgbesitz abgetrennt[121].

h(eim), d(er) vorg(e)n(ant), deßselb(e)n halb(e)n dōrfes auch ein drytdeile und des my(n) feder Fryderich und Wolf myne gemeyn(er) sint in den zwein dritteilen un(d) ich auch ir gemeyn(er) in den zwein drytteilen. Und we(r)'s, daz wir yt me erfūnden, daz woll(e)n wir auch uns(er)m gnedig(en) jūnch(er)n g(er)ne geschrib(e)n geb(e)n. Dez zū urkūnde, so han wir un(ser)e inges(iegel)e an diese(n) brief gedrūcket. Dat(um) anno d(omi)ni M° CCC^{mo} LXXXq(ui)nto.

112 Lehensrevers des Friedrich von Meckenheim von 1416 Jan. 28 *fe(r)ia t(er)cia p(ro)x(i)m(a) an(te) pu(r)ificacio(ne)m Ma(r)ie v(ir)g(inis)*, Ausf. Perg.: LA Speyer, A 1 Nr. 940. Umstände und Bedingungen wie beim Dürkheimschen Lehen Assenheim (s. Anm. 117).

113 Lehensreverse, zugleich für ein Drittel am halben Dorfe Freinsheim (alle Ausff. Perg.) im FLA, Urkk. Leiningen, sub datis: 1438 Aug. 2, 1451 Jan. 21, 1454 Febr. 12, 1478 Mai 22, 1494 Juni 21, 1497 Dez. 27, 1506 Sept. 20 u. 1521 Juli 7. Der Revers von 1451 ist auch inseriert im Lehensbrief vom selben Datum (Ausf. Perg. im FLA). Daß dieser sich im leiningischen Archiv befindet, ist ein Anzeichen für die Ungültigkeit seines Wortlauts; als Ersatz diente dann die Beurkundung von 1454. Auch von 1521 Juli 7 wurde – wegen falscher Bezeichnung der Anteile – der Lehensbrief kassiert; vom Revers sind alte und neue Fassung vorhanden (alle Ausff. Perg. im FLA).

114 Am 1. März 1277 gaben Werner Herr von Bolanden und seine Ehefrau Elisabeth das Dorf zur Hälfte für 70 Pfd. hlr. pfandlehensweise an den Ritter Walter gen. *Kystalin* von Wachenheim, mit der Maßgabe, daß bei Nichteinlösung nach vier Jahren ein Erblehen daraus entstünde (Druck: Senckenberg, Meditationes S. 265f. Erwähnt: Köllner S. 55, fehlerhaft).

115 Lehensrevers von 1340 Febr. 14 *(an santte Valentins tag)*; nur in Abschriften überliefert: FLA 4/36, Kopb. Weißenb. I fol. 6v–7r; ebd. II fol. 5v–6r; LA Speyer, F 1, 86a S. 76f.

116 S. Anhang IV S. 246f.

117 S. Anhang IV S. 247.

118 Lehensreverse (alle Ausff. Perg.) im FLA, Urkk. Leiningen, sub datis: 1438 Dez. 16, 1453 Aug. 16 (z. Zt. nicht auffindbar), 1474 Jan. 21, 1483 Jan. 28.

119 Vgl. Fabricius TT S. 416f.; Toussaint, Leiningen im Wormsgau S. 184f.

120 Vgl. Fabricius a. a. O. – Die Zugehörigkeit Steinbachs war 1402 strittig (vgl. Toussaint in Pfalzatlas S. 1078).

121 Im leiningen-hardenburgischen Hausvertrag vom 27. Aug. 1345 bestimmen Fritzmann, Emich, Johann und Jofried über das Erbe ihres Vaters: Fritzmann erhält, [...] *was zu der burge zu Wildenstein horet sunderlichen oder gemenlichen, es sin manne, burgmanne, fautigen, gerichte, dürffer, lant, lute, gulte,*

Ein Paradebeispiel für den Versuch, ein Pfandgut fest in das eigene Territorium zu integrieren, ist die Erwerbsgeschichte von Burg und Dorf Gundheim. Auf den Inhalt der den Ausgangspunkt unserer diesbezüglichen Betrachtung bildenden Urkunde sei hier etwas ausführlicher eingegangen, da er in der Literatur bislang nur verkürzt oder völlig mißverstanden wiedergegeben wurde, obwohl die Urkunde gedruckt vorlag. Am 18. Oktober 1306 erklärte Hermann Herr von Hohenfels, daß er zu jener Zeit, als er seine nunmehr verstorbene Gattin Elisabeth ehelichte, dem Grafen Friedrich [IV.] von Leiningen, dessen Ehefrau Johanna und ihren Kindern die Hälfte der Burg Gundheim, der Burgmannen, der Burglehen und des Dorfes vor der Burg mit Genehmigung seines Bruders Werner für 1000 Pfund Heller verpfändet hatte. Er bestätigt ferner, daß die – teils namentlich genannten – Gläubiger und Pfandnehmer seines Bruders Werner, nach dessen Tode, mit seiner (Hermanns) Zustimmung, dessen Halbteil für ebenfalls 1000 Pfund Heller an Friedrich, Johanna und deren Kinder versetzt hatten. Bei der zuletzt erwähnten Verpfändung sei ausgemacht worden, daß Hermann innerhalb von zehn Jahren sowohl seinen als auch seines verstorbenen Bruders Teil für 2000 Pfund Heller auslösen könne, jedoch mit der Einschränkung, daß er dies in den ersten fünf Jahren nicht tun solle. Da diese Zusagen nicht beurkundet worden seien und er mit dem Grafen Friedrich in Streit geraten sei, weil er, Hermann, sich ein längeres Ziel für die Einlösung gesetzt habe, als ihm zustand, sei ein Schiedsgericht aus – wiederum namentlich genannten – Zeugen jener Abmachungen zusammengetreten, das nunmehr folgendes beschlossen habe: er, Hermann, oder seine Erben dürfen die Burg Gundheim mit Zubehör binnen fünf Jahren, vom nächsten St. Martinstag an gerechnet, zurückkaufen; nach Ablauf dieser Frist solle das Pfandobjekt den vorgenannten Grafen von Leiningen *eweclichen* gehören[122].

Dem Umstand, daß Hermann von Hohenfels offenbar die angeblich mündlich festgesetzte Zehnjahresfrist versäumt hatte, ist zu entnehmen, daß Leiningen sich spätestens 1296 im Besitz des ganzen Pfandobjekts befunden hat. Die Belehnung durch das Reich muß vor 1303 stattgefunden haben, denn am 22. Januar des genannten Jahres genehmigte König Albrecht dem Grafen Friedrich [IV.] von Leiningen, die reichslehnbare Burg Gundheim zu verkaufen[123]. Eine gewisse Rückendeckung war also bereits vorhanden für das Unternehmen, die Wiedereinlösung durch Hohenfels zu hintertreiben. Jedenfalls geschah der nach dem Vergleich von 1306 noch gar nicht statthafte Verkauf an einen Dritten bereits 1307 durch Friedrichs Sohn Jofried und dessen Gattin Agnes. Neuer Besitzer von Burg und Dorf Gundheim nebst Zubehör wurde

gut, zinse und alle nutze und gefelle, welde, waßer und weyde undt was darzu höret, es sy eigen undt lehen. Die Burg Wildenstein selbst, die ihr Vater dem nunmehr ebenfalls verstorbenen Ritter Siegfried von St. Alban *(St. Elben)* zu Lehen gegeben hatte, solle an Johann und Jofried fallen. Unbegl. Abschr. Pap.: FLA, Urkk. Leiningen, sub dato.

122 Ausf. Perg: StA Darmstadt, Abt. A 2, Gundheim, sub dato. Druck: BAUR II Nr. 673. Von einer Verpfändung im Jahre 1306 sprechen irrtümlich BRINCKMEIER I S. 83 und FABRICIUS LT S. 106; vgl. jedoch FABRICIUS TT S. 463, wo hinwiederum der Anlaß der Beurkundung nicht erkannt oder mitgeteilt wird. Verstümmelt erscheint der Urkundeninhalt auch bei KRAFT S. 144f. und noch nicht in seiner vollen Bedeutung erfaßt bei TOUSSAINT, Leiningen im Wormsgau S. 182.

123 GERLICH, Quellen (1953) S. 38.

Friedrich von Meckenheim der Alte[124], der in der Urkunde von 1306 unter den Schiedsleuten genannt wird. Der Verkauf bei Lebzeiten des Vaters erklärt sich daraus, daß Graf Friedrich [IV.] seinem Sohn am 29. September 1305 die Burg als Ersatz für die von ihm (Friedrich) verkaufte Mitgift seiner Schwiegertochter Agnes von Ochsenstein zur Verfügung gestellt hatte[125].

Falls die Streitigkeiten von 1306 und das Einlösebegehren des Hohenfelsers durch die Weitergabe der Pfandschaft an Friedrichs Sohn Jofried veranlaßt waren, dürfte auch beim Verkauf im Jahre 1307 schwerlich das Einverständnis des Pfandgebers vorgelegen haben. Man ist eher geneigt, an eine Politik der vollendeten Tatsachen zu glauben, die für Leiningen in diesem Falle sicher keine große Machtprobe war. Das Motiv ist unschwer zu erraten: Durch eine Rückgabe an Hohenfels hätte sich Leiningen eines wertvollen Zugewinns endgültig entäußert und einen – wenn auch kleineren – territorialen Konkurrenten gestärkt. Durch zeitigen Verkauf an einen der eigenen Vasallen sicherten sich die Grafen auch fürderhin den Zugriff auf die begehrten Herrschaftsrechte[126]. Die territorialen Interessen blieben auf diese Weise zunächst gewahrt.

Die Möglichkeit, einen neuen Stützpunkt im Wormsgau zu gewinnen, bot sich auch einmal im Falle eines besonders guten Einvernehmens mit einem benachbarten Territorialherren. Um 1313 setzten sich ein Graf von Leiningen und ein Graf von Veldenz wechselseitig in den Mitbesitz ihrer Dörfer Wallertheim und Armsheim[127]. Wir erfahren davon erst bei Aufhebung der Gemeinschaft im Jahre 1349. Am 15. Dezember des genannten Jahres erklärten Graf Emich [V.] von Leiningen[-Hardenburg], dessen Ehefrau Lukard und sein Bruder Jofried, *daz daz dorf und gerichte zu Armsheim von alder alleyne was des edeln herren, unsers neven, greven Georgien von Veldentzen, und siner aldern, und daz dorf und gerichte Waldertheim was alleyne*

124 Dies geht aus der am 14. Juni 1307 ausgestellten Einverständniserklärung des Grafen Georg von Veldenz und seiner Gattin Agnes [von Leiningen] hervor, deren Mitgift von 200 Pfd. hlr. durch Friedrich und Johanna von Leiningen [ihre Eltern] auf Gundheim angewiesen worden war (Ausf. Perg.: StA Darmstadt, Abt. A 2, Gundheim, sub dato; Druck: Baur II Nr. 683; erwähnt von Brinckmeier I S. 84, der jedoch die Personen verwechselt).

125 Ausf. Perg.: BayHStA, Rhpf. Urkk. Nr. 2586. Druck: Mone in ZGO 20 (1867) S. 313f. Brinckmeier I S. 83 spricht fälschlich vom »Witthum«, ebenso Kaul S. 289 Anm. 330 – Über Rechte Dritter an der Pfandburg vgl. die vorige Anm.

126 Die von Brinckmeier I S. 83 (hiernach auch von Conrad II/1 S. 145) mitgeteilte, sonst leider nirgendwo belegte Nachricht, daß Graf Friedrich von Leiningen sein Reichslehen Gundheim im Jahre 1308 dem Friedrich von Meckenheim und dessen Erben zu einem ewigen Lehen gereicht habe, könnte diese Interpretation stärken. Daß sich die Meckenheimer am 26. Juli 1401 durch König Ruprecht direkt mit Burg und Dorf Gundheim belehnen ließen (RPR II Nr. 1208) würde einen Rückschlag in den leiningischen Bestrebungen bedeuten.

127 Der annähernde Zeitpunkt erschließt sich aus einem ähnlichen Vorgang: Am 26. Nov. 1313 übergab Graf Friedrich von Leiningen der Alte [= IV.] seinem Schwiegersohn, dem Grafen Georg von Veldenz, und seinem Sohne Jofried [den leiningischen Anteil an der] Burg Stadecken mit Zugehör zum gemeinschaftlichen Besitze. Ausf. Perg.: BayHStA, Rhpf. Urkk. Nr. 3136. Abschriften: FLA, Urkk. Leiningen, sub dato (begl.); FLA 4/35, Kopb. A fol. 120–121. Druck: L-D-H, Endliche Deduction (1616, Nd. 1734) Nr. 3. Erwähnt: Brinckmeier I S. 86, wo allerdings fälschlich von einer Belehnung der beiden Grafen gesprochen wird. – Am 10. April 1313 *(an deme nehisti(n) dinstage nach deme palmetage)* bekundete Graf Georg von Veldenz, Landvogt im Speyergau *(in Spirckau)*, sich mit dem Grafen Jofried von Leiningen, Landvogt im Elsaß, und dessen Bruder Emich, Domherrn zu Speyer, seinen Schwägern, auf Lebenszeit verbündet zu haben (Ausf. Perg.: FLA, Urkk. Leiningen, sub dato).

unsers vader seligen, greven Joffrides von Lyningen, und siner aldern. Des gingen die vorg. greve Georgie von Veldentzen und unser vader selige, greve Joffrid von Lyningen, wan sie geswager waren[128] *und eyndrechtig als mogelich was, und macheten die vorg. dorfer Armsheim und Waldertheim gemeyne ir beyder, als lange iz in beyden fugete, und hat also in der gemeyneschaft lange zijt geseszen bis uff disen hutigen dag.* Nun habe ihr lieber Neffe, Graf Heinrich von Veldenz der Junge, Sohn des Grafen Georg von Veldenz, mit Erfolg um Aufhebung der Gemeinschaft gebeten und den Leiningern *ouch darumb gegeben eyne summe sines eygenen geldes*[129]. Zu Armsheim hatte Graf Jofried ein festes Haus mit Burgmannschaft; auch eine Mühle und ein offenbar recht einträglicher Bannbackofen sind nachgewiesen[130].

3. Lothringen und Elsaß

a) Das Verhältnis zu den Bischöfen von Metz und zu den Herzögen von Lothringen

Der durch den Lehensvertrag von 1277 eingegangene Friede mit dem Hochstift Metz[131] hatte bei den gleichzeitigen, viel konstanteren Beziehungen Leiningens zum Herzogtum keine Aussicht auf Dauer. Diese waren in erster Linie bedingt durch die außerordentlich langen Regierungszeiten sowohl Herzog Friedrichs (= Ferri) III. von Lothringen (1251–1303) als auch des Grafen Friedrich IV. von Leiningen (nach 1258–1316). Zudem mag sich die zwischen Lehensherr und Vasall bestehende Verwandtschaft[132] in diesem Falle fruchtbar ausgewirkt haben, obwohl eine solche im allgemeinen kaum die Garantie für ein besonders herzliches Verhältnis zweier Landesherren abgab. Der häufige Hauptfall in der Lehensbindung zum Bistum (1279 starb Bischof Lorenz, 1282 wurde Bischof Johannes nach Lüttich abberufen und durch Bischof Burkhard ersetzt[133]) fand keinen Niederschlag in den uns überlieferten Lehensurkunden.

Für die Beurteilung der konkreten Machtkonstellation ist die Frage der erfolgten oder unterlassenen Belehnung aber auch zweitrangig. Die Metzer Bischöfe konnten von Leiningen nur Hilfe erwarten in Situationen, in denen der Lothringer am Geschehen nicht beteiligt war, ansonsten aber noch nicht einmal die ihnen geschuldete Neutralität. Als Bischof Burkhard gegen Graf Heinrich von Bar zu Felde rückte und dessen Burg Lachaussée belagerte[134] [ca. 1287[135]], stand Graf Friedrich IV. von Leiningen auf seiner Seite. Für die Teilnahme konnte er

128 Graf Georg von Veldenz hatte um 1301 Jofrieds Schwester Agnes geehelicht (vgl. Stammtafel II im Anhang).

129 *Des nehesten dinstages nach sente Lutzien dag der heiligen jungfrouwen.* Ausf. Perg.: GehHausA, Pfälzer Urkk. Zwbr. 116. Gegenurkunde des Grafen Heinrich von Veldenz des Jungen vom selben Tag, Ausf. Perg.: FLA, Urkk. Leiningen, sub dato. Vgl. Brinckmeier I S. 168 (mit fehlerhaften Angaben und ohne Quellennachweis).

130 RLGV Nr. 438 (fälschlich zu 1301 Sept. 14; vgl. Kap. 1 Anm. 299).

131 Vgl. S. 167f.

132 Vgl. S. 237.

133 Eubel I S. 337.

134 François-Tabouillot II S. 479. – Lachaussée liegt ca. 27 km sw. Metz, im Dép. Meuse, Arr. Commercy, Kant. Vigneulles-lès-Hattonchâtel.

135 Wir haben hier nur eine relative Chronologie. Die Fehde hatte ihre Ursache im 1286 erfolgten Verkauf der Gft. Blieskastel durch den Bischof an Herzog Friedrich und wurde, nach François-Tabouillot a. a. O., zwei Jahre vor den in der Schlacht von Berweiler kulminierenden Ereignissen (s. unten bei Anm. 137) ausgetragen.

dem Bischof 800 Metzer Pfund, für auf dem Feldzug erlittene Verluste noch einmal 100 und an reichlich überhöhten »Verzugszinsen« bis zum 4. Mai 1291 weitere 500 Pfund in Rechnung stellen[136]. Als aber Herzog Friedrich zusammen mit Graf Heinrich von Bar wegen Blieskastel gegen Bischof Burkhard in den Krieg zog, wechselte der Leininger die Fronten. Er hatte das Pech, sich damit unter die Verlierer zu begeben. In der Schlacht bei Berweiler unter Berus im Warndtwald[137] (1289 Oktober 1) wurde er – zusammen mit seinem Sohn Friedrich V.[138] – gefangengenommen und über Saint Avold nach Marsal transportiert. Dort hat man ihm den Prozeß gemacht; er verlor seine bischöflich-metzischen Lehen und angeblich auch sein [Straßburger] Lehen Dagsburg (Bischof Konrad von Straßburg war auf seiten Burkhards an den Kämpfen beteiligt gewesen)[139].

Noch vor dem Abschluß der Friedensverhandlungen mit dem Herzog von Lothringen hat Bischof Burkhard mit dem Leininger reinen Tisch gemacht. Die sehr umfangreiche Verpflichtungsurkunde des Grafen Friedrich [IV.] vom 4. Mai 1291[140] enthält zunächst die Quittung für die Begleichung von insgesamt 1400 Metzer Pfund, die ihm der Bischof für die Waffenhilfe vor Lachaussée schuldete[141]. Dann erfahren wir, daß die 400 Metzer Pfund abgegolten seien, um die dem Grafen der Hof St. Avold wegen des [1277 aufgetragenen[142]] Lehens Mörsberg verpfändet gewesen war, daß der Graf und seine Erben auch weiterhin Vasallen des Hochstifts sein und [den Anteil an] Mörsberg mit Zugehör zu Lehen tragen werden, ferner, daß dieses Lehen mit der Burghut auf Homburg verknüpft sei. Hierauf folgt der bislang nicht bekannte Hauptteil der Urkunde, der zunächst kurz und unvermittelt die aktuelle Kriegsschuld des Grafen nennt. Sie belief sich auf 2000 Metzer Pfund und sollte bis zum 8. Juli *(la q(ui)nzaine de la feste Saint Jehan Baptiste ki our vient)* – also innerhalb von neun Wochen und zwei Tagen – zu Homburg oder Metz bezahlt werden. Außerdem mußte Friedrich bis zum selben Termin das ihm [vielmehr bereits seinem Vater 1239 von Bischof Jakob für 400 Metzer Pfund[143]] verpfändete Dorlisheim mit Zugehör los und ledig übergeben. Für den Fall, daß er die genannte Frist nicht einhalten könne, hat er sich bei seiner Ehre und durch seinen Eid verpflichtet, in das bischöfliche Gefängnis nach Vic zurückzukehren. Unter diesen Umständen wäre er nicht mehr schuldig, die 2000 Pfund zu zahlen und er bliebe auch im Besitz des Pfandortes. Falls sich in der [offenbar

136 S. unten bei Anm. 140.

137 Berweiler ist das heutige Berviller-en-Moselle, Dép. Moselle, Arr. Boulay-Moselle, Kant. Bouzonville. Das Nachbardorf Berus liegt auf deutscher Seite, ca. 7 km sw. Saarlouis.

138 *Episcopus Metensis cepit comites duos de Liningin*, melden die Annales Colmarienses maiores zwischen dem 2. Sept. und dem 25. Nov. 1289 (MGH SS 17 S. 216). Daß es sich um Friedrich IV. und Friedrich V. handelte, geht aus den im folgenden zu besprechenden Urkunden hervor.

139 Zu den Vorgängen vgl. die mehr oder minder ausführlichen Darstellungen von François-Tabouillot II S. 479f. (angeblich nach der »chronique de Colmard«; doch können die Angaben weder aus der knapp gehaltenen »älteste(n) deutsche(n) Chronik von Colmar«, zuletzt hg. v. August Bernouilli, Colmar 1888, noch aus dem ausführlicheren »Chronicon Colmariense«, zuletzt hg. v. Philipp Jaffé im MGH SS 17 (1861) S. 240–270, stammen); Gayot (1926) S. 170f.; de Pange, Introduction S. 43f.; Pöhlmann (1935) S. 457f; Wampach V Nr. 375 Anm. 1; RGZ Nr. 328 Anm. 1; Parisse S. 575.

140 Ausf. Perg.: AD Metz, G 446 Nr. 6. Druck: Marichal I Nr. 262 (nach einer unvollständigen Abschr. im Metzer Cartular, das lediglich ein Drittel der Urkunde erfaßt). Regesten: Marichal II S. 134; RGZ Nr. 329.

141 S. oben bei Anm. 134.

142 Vgl. S. 167f.

143 Vgl. S. 164f. mit Anm. 299.

gerade nicht greifbaren] Verpfändungsurkunde ein Passus darüber fände, daß der Pfandinhaber zur Huldigung verpflichtet sei[144], müsse Friedrich für die Dauer der Pfandnahme freies Eigen im gleichen Werte auftragen. Der Graf versprach für sich und seine Erben, keine Entschädigungsforderungen aus seiner Haft und seinen Verlusten abzuleiten, und gab die Zusage, weder dem Herzog von Lothringen noch dem Herrn von Blâmont gegen den Bischof von Metz zu helfen.

Die in dieser Urkunde protokollierten Regelungen sind in mehrfacher Hinsicht merkwürdig. Vor allem stellt sich die Frage, warum denn jene 1400 + 400 Pfund, die der Graf vom Bischof für den Feldzug vor Lachaussée und die Einlösung des Hofes St. Avold zu erhalten hatte, nicht einfach mit der Gegenschuld von 2000 Pfund verrechnet wurden. Der Wortlaut der entsprechenden Textstelle *(ke ie me tieng pour bien paiés)* läßt die Deutung zu, daß der Leininger die 1800 Pfund gar nicht ausbezahlt bekommen hat, sondern hier gleichsam die ebenfalls als Reparationsleistung gedachte Löschung einer Schuld beurkundet. Demnach hätte sich die Gesamtkriegsschuld des Grafen auf 1800 + 2000 + 400 (Wert des Pfandes Dorlisheim) = 4200 Metzer Pfund belaufen.

Die Leininger hatten allerdings auch ihrerseits erhebliche Entschädigungsforderungen bei ihrem lothringischen Lehensherrn geltend machen können. Für einen Teil der von Graf Friedrich IV. in der Schlacht erlittenen Verluste nahm Anfang Oktober 1290 dessen Amtmann zu Ormes insgesamt 1000 Pfund *de provenisiens forts* entgegen[145]. Friedrichs IV. Sohn, Friedrich V., erhandelte im Januar 1291 für sich und seine zahlreichen Mithelfer sogar einen Ausgleich von insgesamt 2152 Pfund Turnosen, von denen er 800 sofort erhielt[146]. Einen bescheidenen Vorschuß von 100 Pfund Touler [Pfennigen] erwirkte am 1. Mai 1291 Gräfin Johanna in Vertretung ihres Gatten, des Grafen Friedrich [IV.], für dessen Ausgaben im Gefängnis zu Vic; Einverständnis und Quittung des Grafen wollte sie bis Pfingsten nachliefern[147]. Am 7. November – demselben Tag, an dem der Herzog mit Bischof Burkhard zu einem Ausgleich gelangte[148] – erteilte der Leininger seinem Lehensherrn Entlastung für ihm selbst, seinem Sohn Friedrich sowie ihren Mitgefangenen abverlangte Lösegelder[149]. Ein Jahr darauf, am 13. Oktober 1292, vermochte der Graf einen abschließenden Revers darüber auszustellen, daß ihm sein lieber Herr und Vetter, Herzog Friedrich von Lothringen, seine und seiner Mithelfer anläßlich der Schlacht zu *Beivenges desouz Belreins* gehabten Schäden, Kosten und Verluste mit insgesamt 4000 Pfund *de provenesiens fors petis* entgelten wolle, von denen er 2000

144 Die Urk. v. 1239 gibt keinen Hinweis darauf, daß es sich bei Dorlisheim um ein Pfandlehen handeln könnte.

145 Quittungen von 1290 Okt. 9 und Okt. 18 (de Pange Nr. 954 u. 956).

146 RGZ Nr. 328. Auch erwähnt bei Gayot (1926) S. 171 Anm. 3 (irrtümlich zu 1290). – Friedrich V. wurde nicht erst im Sept. 1290 (so RGZ Nr. 328 Anm. 1) aus der Gefangenschaft des Bischofs entlassen. Die damals freizulassenden Personen nennt de Pange Nr. 946; unter ihnen befindet sich kein Leininger. Friedrich V. *(F*(ridericus) *filius comitis de Liningen)* ist bereits am 5. Apr. 1290 bei Herzog Friedrich III. von Lothringen in St. Dié (RBStr II Nr. 2272; Freiburger UB II Nr. 89), Friedrich IV. am 15. Juli 1290 bei König Rudolf in Erfurt (RI VI/1 Nr. 2343), offenbar allerdings nur »auf Urlaub«, da er sich erst mit dem besprochenen Vertrag von 1291 Juni 21 aus der Gefangenschaft freikaufte.

147 Ausf. Perg.: BN, Coll. Lorr. 2 Nr. 56. Druck: de Wailly Nr. 304. Regest: de Pange Nr. 992. Erwähnt: Gayot (1926) S. 171 Anm. 3.

148 Druck: de Wailly Nr. 310. Regest: de Pange Nr. 1023. Vgl. Gayot (1926) S. 172f.

149 Ausf. Perg.: BN, Coll. Lorr. 2 Nr. 54. Druck: de Wailly Nr. 309. Regest: de Pange Nr. 1024. Erwähnt: Gayot (1926) S. 171f. Anm. 3.

bereits empfangen habe. Den Rest werde er in Raten an St. Martin im Winter (500 Pfund), an Weihnachten (500 Pfund) und am darauffolgenden Osterfest (1000 Pfund) erhalten[150]. Diese Summen können natürlich nicht gegen die beim Hochstift abgetragenen Schulden aufgerechnet werden, da sie zum größten Teil nur Forderungen der am Feldzug beteiligt gewesenen leiningischen Vasallen abdeckten. Der Rest dürfte durch Ersatzbeschaffung von Kriegsmaterial restlos aufgebraucht worden sein. Die Tilgung der enormen Kriegsschulden hätte sich zwangsläufig auch auf die territoriale Entwicklung negativ auswirken müssen, wäre in den durch König Rudolf vermittelten Friedensverhandlungen zwischen den Hauptkontrahenten nicht eine für die Leininger günstige Wende herbeigeführt worden. Der am 21. Juni 1291 in Hagenau getroffene Entscheid setzte die durch Graf Friedrich unter dem Druck der Gefangenschaft getätigten Verpfändungen und Verzichtleistungen und abgegebenen Versprechen gänzlich außer Kraft[151]. Auch Dorlisheim blieb also als Pfandgut in Friedrichs Händen.

In der Folgezeit scheint eine gewisse Entspannung im Verhältnis der Leininger zum Bistum Metz eingetreten zu sein. Allerdings sind die Jahre bis 1317/18 urkundlich schwach belegt. Bekannt ist nur, daß Graf Friedrich [IV.] am 31. Oktober 1315 für den Ort Dorlisheim reversiert hat, der ihm für 400 Metzer Pfund bzw. 800 Pfund Turnosen verpfändet sei und der nun offenbar gleichzeitig zu Lehen genommen werden mußte[152].

Für den gleichen Zeitraum und somit für die Regierungszeit Herzog Theobalds (=Thibaut) II. (1303–1312) fehlen Nachrichten über die leiningischen Beziehungen zum Herzogtum völlig[153]. Der zweimalige Hauptfall fand keinen Niederschlag in uns überlieferten Lehensbriefen oder -reversen. Das Lehensverhältnis bestand jedoch fort.

b) Die Beziehungen zu den Bischöfen von Straßburg

Die Parteinahme für den Herzog von Lothringen im Krieg von 1289 gegen den Bischof von Metz, mit dem sich der Straßburger Bischof verbündet hatte, soll Graf Friedrich auch mit dem Verlust der Grafschaft Dagsburg bezahlt haben[154]. Dieser kann dann allerdings nur kurzfristig gewesen sein. Von einem unmittelbaren Zerwürfnis mit Bischof Konrad III. ist nichts bekannt. Hingegen wurden in dem am 22. März 1290 bereits vorgesehenen[155] und durch Graf Egino von Freiburg vermittelten Bündnis zwischen dem Straßburger Oberhirten und Herzog Fried-

150 Ausf. Perg.: BN, Coll. Lorr. 2 Nr. 58. Druck: de Wailly Nr. 314. Regest: de Pange Nr. 1070. Erwähnt: Gayot (1926) S. 171f. Anm. 3.

151 Acta imperii, Angl. et Franciae Nr. 72 (6). Der Graf von Leiningen war selbst in Hagenau anwesend. Er tritt dort am 20. Juni als Beurkundungszeuge König Rudolfs in Erscheinung (RI VI/1 Nr. 2490).

152 Marichal II Nr. 54 und S. 141.

153 Am 3. Nov. 1303, kurz vor seinem Tode – er starb am 31. Dez. (de Pange, Introduction S. 58) –, hatte Herzog Friedrich III. noch von Graf Friedrich [IV.] von Leiningen ein Schreiben erhalten, in welchem dieser seinem *très chier signor et très bien amei* mitteilte, daß er seinen Sohn Jofried aus der Vormundschaft entlassen und ihm *Harteberc* (Hardenburg) und *Toutein* (Türkstein?) und 100 Pfd. aus den zu beiden Burgen gehörigen Ländereien angewiesen habe. Der Graf bat den Herzog als seinen Herrn, *q(ue) vos li veilliez don(n)er v(ot)re lettre overte en tesmoignaige.* (*on moix de novembre, le diemange après la Touzseins;* Abschr. Perg.: AD Bar-le-Duc, B 256, fol. 304r–v. Regest: de Pange Nr. 1463). Ob der Herzog hier lediglich verwandtschaftshalber als Zeuge und »Notar« herangezogen werden sollte, oder ob die Genehmigung des Lehensherrn für die Weitergabe der nicht sicher zu identifizierenden Burg *Toutein* erwartet wurde, wird nicht recht klar.

154 Vgl. S. 193 mit Anm. 139.

155 RBStr II Nr. 2269; RGZ Nr. 322.

rich [III.] von Lothringen vom April 1290 Graf Friedrich [IV.] von Leiningen und sein Sohn durch beide Vertragspartner vom Personenkreis, gegen den bewaffnete Hilfe zu leisten sei, ausgenommen[156]. Bei den wohl am 5. April zu St. Dié stattgefundenen diesbezüglichen Verhandlungen war Graf F[riedrich V.] von Leiningen anwesend[157].

Völlig spannungsfrei scheinen sich die Beziehungen zu Bischof Konrads Nachfolgern Friedrich von Lichtenberg (1299–1305) und Johannes von Dirpheim (1305–1328) gestaltet zu haben. Dafür bleiben deren Amtsjahre aber auch für die leiningische Territorialentwicklung nahezu uninteressant[158]. Wann der Erwerb eines Anteils an Burg Nideck, die vielleicht Straßburger Lehen war, durch Leiningen stattfand, ist nicht exakt zu ermitteln: auf jeden Fall vor 1317[159].

c) Die Reichslandvogtei im Elsaß

Zum Reichslandvogt im Elsaß[160] wurde kurz nach Regierungsantritt König Heinrichs VII. mit Graf Jofried ein Sohn des noch lebenden Grafen Friedrich IV. von Leiningen aus zweiter Ehe ernannt[161]. Der in diesem Zusammenhang bislang nicht beachtete Lehensbrief des Abts Konrad von Murbach vom 8. Mai 1309 erwähnt Jofried zum ersten Mal in solcher Funktion: [...] *volumus pervenire, quod vir spectabilis dominus Fridericus comes de Liningen senior in nostra constitutus presentia nobis humiliter supplicavit, ut feuda, qui idem hactenus a nobis habuit, nobili viro domino Godefrido filio suo advocato Alsatiae provinciali concedere dignaremur*[162]. Jofrieds Mutter, Johanna von Apremont, stammte aus dem romanischen Sprachraum, er selbst war also wohl zweisprachig aufgewachsen und hätte schon von daher eine bevorzugte Behandlung am Hofe des Luxemburgers erwarten dürfen. Darüber hinaus war er aber auch

156 RBStr II Nr. 2273; HERRMANN I Nr. 174; RGZ Nr. 323.

157 Vgl. RBStr II Nr. 2272; Freiburger UB II Nr. 89 (Regest).

158 Vor Bischof Friedrich und Johannes von Lichtenberg, dem Landvogt des Elsaß, verkauften Friedrich, der jüngere Graf von Leiningen [= Friedrich V.], und dessen Gemahlin Sophia dem Straßburger Schultheißen Nikolaus Zorno am 25. Febr. 1301 Naturaleinkünfte und alle ihre Güter und Rechte in den Dörfern Gimbrett (Dép. Bas-Rhin, Arr. Strasbourg-campagne, Kant. Truchtersheim) und Geudertheim (Dép. Bas-Rhin, Arr. Strasbourg-campagne, Kant. Brumath) für 153 Mark Silber (Regesten: UBStStr III Nr. 445; RBStr II Nr. 2538).

159 Dies ergibt sich daraus, daß im Jahre 1346 zur Verpfändung eines Teils der Burg durch Graf Emich V. von Leiningen-Hardenburg an den Edelknecht Arnold von Lautersheim die Genehmigung der Grafen Friedrich und Friedrich VII. Emich von der 1317 abgespaltenen älteren Linie Leiningen-Dagsburg erforderlich war (LEHMANN III S. 78; CONRAD II/1 S. 197f.). Urkundlich wird die Burg erstmals am 19. Apr. 1340 *(an der mittwochen nach dem ost(er)tage)* bei Leiningen erwähnt, als Graf Jofried von Leiningen[-Hardenburg] seinem Sohn Emich [V.] die Hälfte an den *reht, die ich han an der burge von Nydecke*, abtrat. *Unde nach myme tôde gibe ich yme allez min teil gentzliche, d(a)z ich habe an der vorgenant(en) bůrge* (Ausf. Perg.: FLA, Urkk. Leiningen, sub dato. Erwähnt: BRINCKMEIER I S. 164).

160 Zur Geschichte und Vorgeschichte der Reichslandvogtei vgl. die materialreiche Monographie Joseph BECKERS (1905), die indes auch Lücken aufweist.

161 Daß einmal ein Bestallungsbrief existiert hat, geht aus der ks. Urk. von 1312 Dez. 2 (MGH Const. IV Nr. 883) hervor. Keineswegs wurde dem Leininger die Landvogtei »in erblicher Weise verliehen«, wie CONRAD II/1 S. 151 behauptet.

162 *octava calendarum maii.* Abschriften: Pap.: FLA 4/35, Kopb. Murbachische Lehenbriefe für Leiningen (nicht paginiert, 2 begl., 3 unbegl. Abschrr.); FLA, Urkk. Leiningen, 1309 Apr. 24 (unbegl.); BayHStA, Rhpf. Urkk. Nr. 2473 (unbegl.). Drucke: L-D-H, Endliche Deduction (1616, Nd. 1734) Nr. II; L-W, Schließliche Einreden (1739) Lit. C 2. Regest: KREMER, Ard. Geschl. CD S. 192 Nr. 58.

noch mit diesem verwandt, aller Wahrscheinlichkeit nach über die Mutter. In mehreren Mandaten nennt Heinrich den Grafen seinen *consanguineus*[163].

Während sein älterer Stiefbruder Friedrich sich für die Zeit vor des Vaters Tod (1316) dem Zugriff der Geschichtsschreibung weitgehend entzieht, vertritt Jofried in diesen Jahren die öffentlichen Interessen seines Hauses und hält die leiningische Tradition der engen Anlehnung an das jeweilige Reichsoberhaupt aufrecht. Vorzüglich belegt ist seine Teilnahme am Romzug des Königs (1310–1313). Urkundlich bezeugt ist seine Anwesenheit bei Hofe am 14. November und 24. Dezember 1311 [in Genua][164], am 24. Februar 1312 in Porto Venere[165], am 17. März 1312 in Pisa[166], [dort auch noch] am 11. April[167] sowie am 30. Juni[168] und 4. Juli[169] in Rom, am 17. Oktober im Lager vor Florenz[170]. Auch die – zeitgenössische – Bilderchronik im ersten Exemplar der Koblenzer Balduineen hat die Teilnahme des Leininger Grafen an der Romfahrt festgehalten. Die Miniatur 14b[171] gibt eine Kampfszene vom Sommer 1311 während der Belagerung Brescias wieder, untertitelt *Bellum in monte balistariorum*. Unter den Wappen der Gefechtsteilnehmer zeigt die lavierte Federzeichnung die – unverwechselbar leiningischen – drei silbernen Adler in Blau, wie sie auch bei den Krönungsfeierlichkeiten am 29. Juni 1312 in Rom gesichtet wurden[172]. Während des Italienzugs bekleidete Jofried die Vertrauensstellung eines Hofmeisters *(magister curie)*[173] bzw. Großhofmeisters *(magister magne curie imperialis)*[174]. Er ist also auch der in der Chronik des Giovanni Villani [gest. 1348] im Zusammenhang mit der Überfahrt von Genua nach Pisa in der zweiten Februarhälfte des Jahres 1312 genannte *conte d'Alvagna d'Alamagna chiamato Luffo Mastro, cioè in latino Mastro Siniscalco, uomo di grande valore*[175].

Die Landvogtei im Elsaß wurde dem Grafen, wie oben erwähnt, bereits vor dem Italienzug übertragen. Es ist zunächst festzuhalten, daß es sich dabei um das gesamte Elsaß, also den Nord- und den Sundgau, handelte. Dementsprechend nennt sich Jofried oder läßt sich nennen:

163 So am 28. Aug. 1311 (MGH Const. IV Nr. 672), am 30. Juni 1312 (ebd. Nr. 813), am 4. Juli 1312 (ebd. Nr. 817), am 10. Nov. 1312 (ebd. Nr. 882, irrtümlich zu Nov. 11), am 2. Dez. 1312 (ebd. Nr. 883), am 1. Jan. 1313 (ebd. Nr. 884), am 2. Jan. 1313 (ebd. Nr. 885).

164 MGH Const. IV Nr. 713 u. 716. Zum Itinerar des Kgs. vgl. Schneider (1924–1928) S. 77ff., William M. Bowsky, Henry VII in Italy, The Conflict of Empire and City-State, 1310–1313, Lincoln 1960, und die Karte bei Heyen, Romfahrt.

165 MGH Const. IV Nr. 750.

166 Ebd. Nr. 753.

167 Ebd. Nr. 768.

168 Ebd. Nr. 813.

169 Ebd. Nr. 815 u. 817.

170 Regest bei Lünig, RA 18 S. 414f.; hiernach Böhmer, RI 1246–1313, S. 304 Nr. 506. Ein Druckort ließ sich nicht ermitteln.

171 Heyen, Romfahrt, Abb. 14b, hierzu S. 145 Nr. 59.

172 MGH Const. IV Nr. 1224 (76).

173 Ebd. Nr. 815 u. 817 von 1312 Juli 4; Lünig, RA 18 S. 414f. von 1312 Okt. 17; Sauerland I Nr. 806 von 1313 März 30.

174 MGH Const. IV Nr. 813 von 1312 Juni 30.

175 Giovanni Villani, Cronica, hg. v. Franc. Gherardi Dragomanni, Bd. II, Firenze 1845, Nd. Frankfurt 1969, S. 165f. Regest: Böhmer, RI 1246–1313, S. 298 nach Nr. 456. Erwähnt: Brinckmeier I S. 153 (nach Böhmer, aber mit falscher Stellenangabe); Schneider, Heinrich VII. (1924–1928) S. 137 (mit Zitat in Anm. 39).

advocatus Alsatie[176], *advocatus per Alsatiam*[177], *advocatus provincialis*[178], *advocatus provincialis Alsacie* [bzw.: *per Alsatiam*][179], *advocatus per Alsatiam provinciam*[180] und *lantvoget in* [bzw.: *zu*] *Elsaz*[181]. Sein Amt ist das *officiu(m) seu regimen advocacie n(ost)re* [=Henrici imperatoris] *Alsacie*[182]. Ein einziges Beispiel – zu aktuellem Anlaß – gibt Zeugnis, daß er in Personalunion auch die Landvogtei im Breisgau verwaltet hat: Am 25. August 1311 gelobt *Gǒtfrit von Liningen des heiligen riches lantvoget ze Elsas un ze Brisgǒwe*, die Stadt Freiburg im Breisgau zu schirmen *alse des riches stetten*[183]. Das Fehlen jenes geographischen Zusatzes in der Siegelumschrift weist aus, daß der königliche Einflußbereich im Breisgau als bloßes Anhängsel des Landvogteibezirks Elsaß galt oder doch zumindest nicht den gleichen Stellenwert besaß wie dieser. Entsprechend der königlichen Macht war auch die Amtsgewalt des königlichen Vogts im Elsaß um vieles bedeutender als im Breisgau und hatte der Titel eines *advocatus Alsatiae* das größere Gewicht.

Längst nicht so deutlich wie bei Friedrichs IV. Amtszeit als Landvogt im Speyergau[184] steht in Jofrieds Amtsperiode als Landvogt des Elsaß die Gerichtsbarkeit im Vordergrund seiner Tätigkeit. Dies liegt in seinem langen Italienaufenthalt begründet, während dessen er nur Aufträge annehmen, aber keine Entscheidungen vor Ort fällen konnte. Daß jenseits der Alpen der Unterlandvogt Friedrich von Wangen an seiner Statt urteilte[185], hat das Verfahren, zumindest in zeitlicher Hinsicht, keineswegs vereinfacht, da dieser seine Anweisungen aus Italien erhielt. So steht die karge Überlieferung wohl in einem repräsentativen Verhältnis zur Anzahl der tatsächlich abgehandelten Streitfälle: Bekannt geworden ist einzig jener zwischen dem Kloster Niedermünster und denen von Bergheim[186]. Der situationsbedingten Handlungsunfähigkeit des Landvogts entsprechend, ergingen kaiserliche Aufträge exekutiven Charakters (Besitzeinweisungen) direkt an den Unterlandvogt oder doch zumindest gleichzeitig an denselben[187].

176 So 1310 Apr. 2 (Nachweise s. Anm. 194).
177 1310 Sept. 20 (Lünig, RA 22 S. 383 Nr. 8; vgl. Anm. 201).
178 So um 1311 (MGH Const. IV Nr. 520); 1311 Aug. 28 (ebd. Nr. 672); 1312 Nov. 10 (ebd. Nr. 882, irrtümlich zu Nov. 11).
179 1312 Febr. 24 (ebd. Nr. 750); 1312 Okt. 5 (ebd. Nr. 871); 1313 Jan. 2 (ebd. Nr. 885); 1313 Jan. 23 (ebd. Nr. 886).
180 1313 Jan. 1 (ebd. Nr. 884).
181 1310 Okt. 27 (ebd. Nr. 410 S. 360); 1310 Nov. 16 (UBStStr II Nr. 286); 1312 Aug. 14 (Becker, 1905, S. 30 Anm. 1); 1313 Apr. 10 (Ausf. Perg.: FLA, Urkk. Leiningen, sub dato); 1313 Juli 25 (UBStStr II Nr. 306 u. 307).
182 Urk. v. 1312 Dez. 2 (Nachweise s. Anm. 199).
183 Freiburger UB III Nr. 218.
184 Vgl. S. 140ff.
185 Zu Friedrich von Wangen s. Becker (1905) S. 29f. (ergänzungsbedürftig).
186 Ein Mandat Heinrichs VII. an Graf Jofried, den Fall zu untersuchen – es handelte sich um Güter in Kogenheim und Sermersheim (beide bei Benfeld im Unterelsaß) – erging am 28. Aug. 1311 (Druck: MGH Const. IV Nr. 672; dort nachzutragen das Regest bei Becker, 1894, Anhang Nr. 1. Vgl. Becker, 1905, S. 29). Am 14. Aug. 1312 erfolgte eine Entscheidung durch den Ritter Friedrich von Wangen zugunsten des Klosters (Becker, 1905, S. 29f.). Zur Schlichtung erneuter Streitigkeiten zwischen beiden Parteien – diesmal um den Wald Sermersheim – erhielt Jofried eine kaiserliche Aufforderung am 1. Jan. 1313 (Druck: MGH Const. IV Nr. 884; Regest: Becker, 1894, Anhang Nr. 2. Erwähnt: Brinckmeier I S. 153, zu 1312, mit verballhorntem Ortsnamen).
187 1312 Okt. 5 (MGH Const. IV Nr. 871); 1313 Jan. 23 (ebd. Nr. 886).

Relativ zahlreich sind die zum Schutze von Kirchen und Kirchengütern an den Grafen ergangenen Mandate, da ihre Ausführung nicht termingebunden war[188]; lediglich in einem Falle, in dem ein aktueller Anlaß vorlag, wurde gleichzeitig auch Friedrich von Wangen mit der entsprechenden Aufgabe betraut[189]. Die Ansicht Beckers, daß Graf Jofried die Garantien für die Straßburger Bürger am 10. November 1310[190] in seiner Eigenschaft als Landvogt übernahm[191], ist zurückzuweisen. Abgesehen davon, daß der Leininger zwar der vornehmste, aber nicht der einzige Bürge war, sind Sühnebürgschaften keine Angelegenheit gewesen, die ein Vorrecht oder gar Amtsbefugnisse vorausgesetzt hätte. Hingegen war dem Landvogt die Aufsicht über die Wahrung des allgemeinen Landfriedens in seinem Amtsbereich aufgetragen[192] und oblag ihm der Schutz der Städte[193].

Deutlich fassen läßt sich der Einsatz des Grafen in einer Revindikationspolitik, die der langsamen Entfremdung verpfändeter Reichsgüter steuern und gleichzeitig die Dienste der königlichen bzw. kaiserlichen Amtsträger und Vertrauten entlohnen sollte. Während die Bevollmächtigung des Landvogts vom 2. April 1310 wohl dem Rückkauf von Reichsgütern auf Rechnung und zugunsten des Reiches selbst galt – die urkundliche Formulierung ist leider nicht eindeutig[194] –, gab der Kaiser am 2. Januar 1313 bekannt, daß er dem Grafen Jofried die Genehmigung erteilt habe, Reichspfänder innerhalb des Landvogteibezirks von jedermann einzulösen und bis zum Wiederkauf durch das Reich erblich zu besitzen[195]. Zu den gleichen Bedingungen hatte Heinrich VII. dem Leininger bereits am 11. November 1312 gestattet, das um 400 Pfund Silbers an den *strenuus vir* Heinrich Waffler versetzte Schultheißenamt zu Schlettstadt *(officium scultetatus in Sletstat)* an sich zu bringen[196]. Nicht bekannt ist, wie weit es zum Gebrauch jener Generalvollmacht von 1313 kam. Aber die Tatsache, daß dem Grafen mit

188 1310 Sept. 24 Kloster Pairis (Böhmer, RI 1246–1313, S. 283 Nr. 328; Becker, 1905, S. 29); 1312 Juli 1 Zisterze Baumgarten (MGH Const. IV Nr. 814); 1313 Jan. 1 Kloster Niedermünster (ebd. Nr. 884); 1313 Jan. 23 Kloster Andlau (ebd. Nr. 886); 1313 Mai 15 Bischof von Basel (Becker, 1905, S. 29). – Bei der Urk. v. 1312 deuten das Fehlen einer namentlichen Anrede und die Formel *qui est vel pro tempore fuerit* innerhalb der Inscriptio darauf hin, daß das Mandat auch für zukünftige Landvögte Gültigkeit hatte, diese also keineswegs auf die Amtszeit des Leiningers beschränkt bleiben sollte.

189 1313 Jan. 23 (vgl. die vorige Anm.).

190 UBStStr II Nr. 286.

191 Becker (1905) S. 29.

192 MGH Const. IV Nr. 520 von [1311]. Weitere Beispiele gibt Schubert (1979) S. 194 Anm. 35.

193 Freiburger UB III Nr. 218 von 1311 Aug. 25.

194 AI selecta Nr. 607 = MGH Const. IV Nr. 349. Eine unbegl. frühe Abschr. Pap. befindet sich im FLA, Urkk. Leiningen, sub dato. Die Urk. ist erwähnt: Lehmann III S. 68 (versehentlich zu 1319); Becker (1905) S. 28f. Die vorhandene Abschr. [15. Jh.] weicht im folgenden von den Drucken ab: *Alsatie* statt *Elsacie*, *communiri* statt *consignari*, *Nördelingin* statt *Nordelingen*.

195 Ausf. Perg.: FLA, Urkk. Leiningen, sub dato. Unbegl. Abschr. 15. Jh.: ebd., 1310 Apr. 2. Drucke: Lünig, RA 22, S. 384 Nr. 9; L-D-H, Repraesentatio jurium (1734), Lit. C; MGH Const. IV Nr. 885 (nach Lünig, normalisiert). Regest: Kremer, Ard. Geschl. CD S. 192 Nr. 61. Erwähnt: Schöpflin, Als dipl. II Nr. 871; Lehmann III S. 69; Brinckmeier I S. 154 u. 156 (macht daraus zwei versch. Urkk.); Becker (1905) S. 29.

196 Drucke: Mone in ZGO 12 (1861) S. 207f. Nr. 67; MGH Const. IV Nr. 882 (irrtümlich zu Nov. 11). Erwähnt: Lehmann III S. 68 (nach Bernhard Hertzogs Chronik); Brinckmeier I S. 154 (dort wird daraus »mit einem Einkommen von 400 Mk. die Stelle eines Propstes in Schleistadt«); RappUB I Nr. 301 Anm. 1; Becker (1905) S. 29. – Diese Gunst hatte der Ks. aber auch am 19. Juni 1312 (MGH Const. IV Nr. 790) und noch einmal am 14. Juli 1312 (ebd. Nr. 832) dem Heinrich von Rappoltstein erwiesen.

ihr ein besonderer Dank abgestattet wurde, setzt doch zumindest Jofrieds Willen, sich ihrer zu bedienen, wenn auch nicht unbedingt seine augenblickliche Finanzkraft voraus.

Auch sie war jedoch gegeben. Erhebliche Mittel hat Heinrich VII. persönlich seinem Günstling zugespielt. Als Hofmeister erhielt dieser am 25. Dezember 1310 1000 Goldgulden, am 22. März 1311 *pro expensis impluribus vicibus* weitere 2000[197]. Am 2. Dezember 1312 nahm ihn der Kaiser für 4000 Pfund Heller zu seinem und des Reiches ligischen Lehensmann an[198], für weitere 700 Kölner Mark zum Vasallen und *homo ligius* der Grafschaft Luxemburg. Für die genannten Summen sollten je eine Burg – wobei dem Reiche der Vorzug gebührte – oder, bei deren Ermangelung, Liegenschaften *(p(re)dia sive allodia)* aufgetragen werden[199]. Höchst bemerkenswert ist die Klausel, daß bis zur vollständigen Auszahlung der versprochenen Gelder durch den Kaiser oder seine Nachfolger dem Grafen Jofried und seinen Erben [!] die Reichslandvogtei im Elsaß nicht entzogen werden dürfe. Hier zeigen sich erste Ansätze zur Unterhöhlung des reinen Amtscharakters dieser Institution, wie sie einige Jahre später auch in anderen Landvogteien aufscheinen[200]. Wann und auf welche Weise den aus dem Lehensvertrag resultierenden materiellen Verpflichtungen nachgekommen wurde, konnte ich nicht ermitteln. Das Haus Luxemburg jedenfalls hat noch nach Heinrichs Tod von der treuen Ergebenheit Jofrieds profitiert. Über dessen Wirken im Dienste Johanns des Blinden möchte ich mich an anderer Stelle gelegentlich äußern.

Bleibt nachzutragen, daß dem Grafen schon vor des Königs Romzug, am 20. September 1310, der Heilige Forst [um Hagenau] *(sylvam nostram et Imperii, quae sacra sylva dicitur)* mit allen Nutzungsrechten auf vier Jahre, respektive bis zur vollständigen Rückzahlung der Schuldsumme, versetzt worden war. Jofried hatte dafür 50 Fuder Wein – veranschlagt auf 600 Pfund Straßburger Pfennige – für König Johann von Böhmen und 30 Mark Silbers für den Weintransport nach Mainz verauslagt sowie König Heinrich 180 Mark Silbers in bar geliehen[201].

Bei der Königswahl am 20. Oktober 1314 zu Frankfurt war Jofried zugegen. Als Vasall des

197 Ausgabenrechnung der kgl. Kammer, MGH Const. IV Nr. 1149 S. 1146f.

198 Die althergebrachten Reichslehen des Hauses Leiningen befanden sich noch in Händen von Jofrieds Vater, Graf Friedrich IV.

199 Ausf. Perg.: FLA, Urkk. Leiningen, sub dato. Drucke: AI selecta Nr. 652 (nach Abschr.) = MGH Const. IV Nr. 883. Ausführliches Regest: Wampach VII Nr. 1413. Erwähnt: Lehmann III S. 68f.; Brinckmeier I S. 153f. (daß der Kaiser den Grafen »mit werthvollen Reichslehen im Elsass beschenkt«, geht aus der Urk. nicht hervor); Becker, 1905, S. 29 (spricht von einer Erhebung Jofrieds zum »Reichsgrafen«).

200 1330 konnte Gf. Ulrich v. Württemberg für die Verleihung der schwäbischen Landvogteien auf Lebenszeit durch Ks. Ludwig reversieren (Schubert, 1979, S. 195 Anm. 45). 1331 wurde die Landvogtei Speyergau an Kurpfalz verpfändet (Schreibmüller, 1905, S. 87). Die Landvogtei Ortenau kam 1334 als Pfand an die Markgrafen von Baden (Schubert, 1979, S. 197 Anm. 52). 1349 sicherte Karl IV. seinem Landvogt in der Wetterau, Ulrich III. von Hanau, die Unabsetzbarkeit zu (Schwind S. 142 u. 269). Die Liste ließe sich leicht vermehren. Zur weiteren Entwicklung der Institution vgl. jetzt Schubert (1979) S. 198ff.

201 Druck: Lünig, RA 22, S. 383 Nr. 8. Regesten: Kremer, Ard. Geschl. CD S. 192 Nr. 60; Böhmer, RI 1246–1313, S. 282 Nr. 325 (sieht die genannten 600 Pfd. Pfennige irrtümlich als den Gesamtwert der Pfandschaft an). Erwähnt: Schöpflin II Nr. 855; Lehmann III S. 68; Becker (1905) S. 29 (mit falscher Pfandsumme).

Hauses Luxemburg hatte er wohl König Johann dorthin begleitet und sich dem zu wählenden römischen König vertrauensvoll genähert. Jedenfalls befindet er sich unter den Bürgen für die Einhaltung der stattlichen Wahlversprechen des Herzogs und Pfalzgrafen Ludwig gegenüber dem böhmischen Kurfürsten[202]. Ob es erst dieser Geste bedurfte oder ob Ludwig die Verfügung seines Vorgängers bezüglich der Reichslandvogtei Elsaß als Unterpfand ohnehin anerkannt hätte oder ob dem Grafen die von Kaiser Heinrich versprochenen 4000 Pfund Heller noch zu dessen Lebzeiten ausbezahlt worden waren, der Graf sich also um das von ihm innegehabte Amt erneut bemühen mußte, ist nicht zu entscheiden. Der König verkündete am 3. Januar 1315 den Schultheißen, Bürgermeistern, Ratsherren und Bürgern der Städte Hagenau, Colmar, Schlettstadt, [Ober-]Ehnheim, Rosheim, Breisach, Neuenburg, Mülhausen, Kaysersberg und Münster sowie den Bewohnern der übrigen *ad advocaciam Alsaciensem* gehörigen Dörfer und Ortschaften die Einsetzung des Leiningers *in advocatum vestrum provincialem*[203].

Die Arenga *(de fidei puritate necnon circumspectionis industria nobilis viri Ioffridi de Liningen, dilecti fidelis nostri plenam obtinentes fiduciam)* ist naturgemäß zu formelhaft, als daß sie zur Erklärung der angeschnittenen Problematik herangezogen werden könnte, eine Narratio fehlt. Ebensowenig ist festzustellen, ob es sich bei den 2000 Pfund Hellern, die Ludwig am 23. November 1315 in München dem Leininger auszuzahlen versprach, sobald er wieder an den Rhein komme, um eine Restschuld aus jener Obligation seines Vorgängers handelte. Es wird gesagt, daß bei mangelnder Zahlungsmöglichkeit dem Grafen die [pfälzische] Burg Elmstein[204] *(Elberstein)* als Pfand zur Verfügung gestellt werden sollte und daß dieser Verpflichtungserklärung ein Schiedsspruch, also auch Unstimmigkeiten, vorausgingen[205]. Im Besitz Elmsteins läßt sich Leiningen zu keiner Zeit nachweisen; die 2000 Pfund Heller sind also wohl zur Auszahlung gelangt. Die gleiche Summe hatte Ludwig übrigens am 3. März desselben Jahres dem Grafen Georg von Veldenz geschuldet; die Urkunde nennt von den zahlreichen Bürgen an erster und zweiter Stelle den Speyerer Bischof Emich [von Leiningen] und [dessen Bruder] Graf Jofried[206].

Von einer tatsächlichen Ausübung des ihm bestätigten Amtes durch Jofried ist nichts bekannt. Dieser hat sich offenbar nicht gegen den Landvogt Friedrichs von Österreich durchzusetzen vermocht[207]. Erst unter König Wenzel haben sich wieder Leininger Grafen – beider Linien und jeweils nur kurzfristig – der landvogteilichen Aufgaben im Elsaß annehmen dürfen[208], in untergeordneter Position auch noch einmal in den Jahren 1436 bis 1438 im Auftrage der kurpfälzischen Pfandherren[209].

202 MGH Const. V Nr. 90.
203 Winkelmann II Nr. 453; MGH Const. V Nr. 189.
204 Gde. Elmstein, Kr. Bad Dürkheim.
205 Winkelmann II Nr. 461 (nach einer Abschr. des 15. Jhs.). Erwähnt: Lehmann II S. 373; Brinckmeier I S. 86 (deutet das Zahlungsversprechen bereits als Pfandurkunde und nennt fälschlich den Grafen Friedrich von Leiningen als deren Empfänger); Conrad II/1 S. 300 Anm. 235 (ohne Kenntnis des Druckortes).
206 MGH Const. V Nr. 214.
207 Vgl. Becker (1905) S. 30ff.
208 Vgl. ebd. S. 57–63.
209 Vgl. ebd. S. 69 u. 71.

4. Die Teilung von 1317/18

In zwei Verträgen vom 18. Oktober 1317[210] und 20. April 1318[211] haben die Stiefbrüder Graf Friedrich V. und Graf Jofried von Leiningen die Teilung des leiningischen Territoriums festgelegt. Die ohnehin nicht abgerundete Besitzlandschaft erhielt durch diese Maßnahme ein noch zersplitterteres Aussehen. Im kleinen Rahmen wurde zwar die Beibehaltung einer gewissen Flächenhaftigkeit beobachtet, übergeordnetes Teilungsprinzip war aber erkennbar die Aufgliederung des Lehensbesitzes nach Provenienzen. Indem die Lehen ein und desselben Herren als geschlossener und unteilbarer Komplex betrachtet wurden, sicherte sich die Linie, die daran keinen Anteil nahm, den Erbanspruch. Durch eine Totteilung wären hingegen jeweils zwei ganz neue Lehensverhältnisse begründet worden. Andererseits hätte im 14. Jahrhundert wohl auch kaum ein Lehensherr einer Lehensteilung zugestimmt.

Unteilbar war insbesondere die Landgrafschaft mit den drei Landgerichten[212]. Sie wurde ebenso dem Grafen Friedrich zugesprochen wie die übrigen pfälzischen Lehen: die Stadt Oggersheim und das Burglehen[sgut] zu Friesenheim [= Alzeyer Burglehen]. Jofried hingegen erhielt, mit Ausnahme der wohl bereits entfremdeten und als Allod betrachteten Madenburg, sämtliche Reichslehen: die Burg Lindelbrunn im Speyergau und den Komplex an reichslehnbaren Dörfern im Wormsgau, der sich aus den eng beieinander liegenden Orten Groß- und Kleinbockenheim, Kindenheim, Gossenheim, Biedesheim, Colgenstein, Heidesheim und Mühlheim zusammensetzte.

An den Kirchenlehen partizipierten beide Linien. Die vorzüglich geschlossenen Gebiete der Weißenburger (um Grünstadt) und Hornbacher Klosterlehen (um Zell) im Wormsgau erhielt der ältere Graf. Sein Bruder war bereits 1309, auf Bitten seines Vaters, mit den in den Verträgen nicht mehr genannten, ebenso abgerundeten Murbacher Lehen – den Dörfern Leistadt, Weisenheim am Berg, Bobenheim am Berg, Battenberg und Kleinkarlbach – belehnt worden[213]. Jofried wurden auch die Kölner Lehen zugestanden: Guntersblum, Uelversheim und Dolgesheim. Ferner durfte er die Vogtei über das Kloster Limburg ausüben und die Limburger Lehen empfangen. Nur am Dorf Dürkheim war Friedrich zur Hälfte beteiligt; hier fand eine echte Lehensteilung statt.

Allodialgüter und allodiale Herrschaftsrechte waren von vornherein dem Ältesten zugesprochen worden. Er sollte auch von der Stammburg Altleiningen Besitz nehmen [die allerdings

210 Ausf. nicht mehr vorhanden. Abschriften: LA Speyer, F 1, 186 fol. 2–4 (von 1609, begl.); ebd., C 28, Nr. 46 (16. Jh., unbegl., nach einer begl. Abschr.); FLA, Urkk. Leiningen, sub dato. Drucke (alle sehr fehlerhaft): L-D-H, Endliche Deduction, Lit. N; L-D-H, Gründlicher Bericht, Lit. A; LÜNIG, RA 22, S. 384f. Nr. 10; L-W, Rechtliche Auszüge, Beylagen Nr. 4; L-D-H, Deduction und Demonstr., Beylagen Nr. 4; CONRAD II/1 S. 157–162. Regesten: KREMER, Ard. Geschl. CD S. 193 Nr. 66; FESSMEYER Nr. 46. Erwähnt: LEHMANN III S. 72; BRINCKMEIER I S. 114 u. 155; KRISTEK S. 114.

211 Ausf. nicht mehr vorhanden. Abschriften: LA Speyer, F 1, 186 fol. 5–6 (von 1609, begl.); ebd., C 28, Nr. 47 (16. Jh., unbegl., nach begl. Abschr.). Drucke (alle sehr fehlerhaft): L-D-H, Endliche Deduction, Lit. O; L-D-H, Gründlicher Bericht, Lit. B; LÜNIG, RA 22, S. 385f. Nr. 11; L-W, Rechtliche Auszüge, Beylagen Nr. 5; L-D-H, Deduction und Demonstr., Beylagen Nr. 5; CONRAD II/1 S. 162–165. Regesten: KREMER, Ard. Geschl. CD S. 194 Nr. 67; SCRIBA III Nr. 3216 (fälschlich zu 1368 März 22, mit weiteren Fehlern); FESSMEYER Nr. 47. Erwähnt: LEHMANN III S. 73; BRINCKMEIER I S. 114 u. 155.

212 Siehe die einschlägige Stelle im oben Kap. 3 Anm. 79 nachgewiesenen Spruch der Ratleute Friedrichs vom 21. Apr. 1317.

213 Nachweise s. Anm. 162.

bereits Ganerbenburg war] und die Vogteien zu Höningen und Hertlingshausen ausüben. Burg Hardenburg rechnete man offenbar nicht zum alten Eigen, sondern betrachtete sie sehr richtig als Zugewinn. Sie wurde zum Stammsitz der Linie Leiningen-Hardenburg. Auch Neuleiningen, die in das Los Friedrichs fiel, wurde damals noch als Allod angesehen[214].

Bis zum Tode ihrer Mutter [Friedrichs Stiefmutter] stellten die Brüder die Teilung der Reichspfandschaften Guttenberg und Falkenburg, der vom Hochstift Straßburg lehnbaren Grafschaft Dagsburg und der vom Herzogtum Lothringen lehensrührigen Herrschaft Ormes zurück. Die Herrschaften Guttenberg und Falkenburg finden sich später im alleinigen Pfandbesitz Leiningen-Hardenburgs[215], die Grafschaft Dagsburg wurde Kondominat[216] und die Herrschaft Ormes erfuhr 1322 eine Realteilung[217].

So waren beide Linien sowohl im Speyer-, im Worms- und in geringem Maße im östlichen Nahegau als auch im elsässischen und lothringischen Raume vertreten. Quantitativ ergibt sich allerdings eine Vormachtstellung der Leiningen-Dagsburger im nördlichen, der Leiningen-Hardenburger im südlichen Teil des ehemaligen leiningischen Gesamtbesitzes[218]. Entsprechend war in der Folgezeit die Politik und Heiratspolitik der älteren Linie eher rheinabwärts gerichtet, die der jüngeren mehr dem lothringischen Raume zugewandt. Selbstverständlich wurde auch die in den Verträgen vorgegebene Fixierung auf bestimmte Lehensherren zum Maßstab künftigen Verhaltens. Die Grafen der jüngeren Linie, welcher die umfangreichen Reichslehen und -pfandschaften zugefallen waren, vertraten das Haus Leiningen in der Reichspolitik und bekleideten hohe Ämter im Dienste der deutschen Könige und Kaiser. Die ältere Linie suchte hingegen stärkeren Rückhalt bei Kurpfalz. Diese fast schon unnatürliche Ausrichtung nach dem territorialpolitischen Konkurrenten, die in der Heirat des Landgrafen Hesso mit Elisabeth, Herzogin von Bayern, gipfelte, sollte dem Gesamthause Leiningen denn auch zum erheblichen Schaden gereichen. Die Erbstreitigkeiten um den Hessoschen Nachlaß werden vor allem durch den militärischen Erfolg Friedrichs des Siegreichen über Graf Emich VII. entschieden; das Bündnis des Pfälzers mit Hessos Schwester Margareta wird Kurpfalz die Hälfte des leiningen-dagsburgischen Territoriums und der Lehensmannschaft einbringen.

214 Kundschaft der Ratleute von ca. 1316, vgl. Kap. 3 Anm. 78.
215 Vgl. Toussaint in Pfalzatlas S. 1086f.
216 Ebd. S. 1079.
217 Siehe Anhang III/4 S. 238.
218 Aus kirchlicher Sicht galten – der Lage ihrer Stammburgen entsprechend – die Vertreter der Altleininger Linie als Grafen aus der Wormser (Sauerland I Nr. 621 von 1330 Juli 13), jene des Hardenburger Zweigs als Grafen aus der Speyerer Diözese (Sauerland I Nr. 624f. von 1330 Juli 24).

ACHTES KAPITEL

Ergebnisse

1. Genealogie

Wir haben unsere Studien mit Untersuchungen zur leiningischen Genealogie begonnen. Einige wichtige Einzelresultate sollen noch einmal festgehalten werden:

- Der bislang als »Emich I. von Leiningen« bezeichnete Kreuzfahrer Emicho des Jahres 1096 nannte sich in Wirklichkeit nach Flonheim und gehört zur Familie der Grafen im Nahegau.
- Keine Grafen von Leiningen waren die Bischöfe Embriko von Augsburg (1063–1077), Embricho von Würzburg (1127–1146), Siegfried von Speyer (1127–1146) und Gunther von Speyer (1146–1161).
- Der erste urkundlich gesicherte Graf von Leiningen erscheint 1128 als Zeuge in einer Mainzer Urkunde.
- Die Stammfolge der Grafen von Leiningen bleibt für die erste Hälfte des 12. Jahrhunderts weiterhin unsicher.
- Graf Friedrich I. Emich starb zwischen dem 16. April 1212 und dem 1. April 1214, mit hoher Wahrscheinlichkeit in der 2. Hälfte des Jahres 1212.
- Graf Friedrich II., Begründer des Zweiten Hauses Leiningen (saarbrückischen Stammes), wurde – entgegen der bisherigen communis opinio – nicht bereits zu Lebzeiten seines Onkels dessen Nachfolger in der Grafschaft Leiningen.
- Friedrich III. von Leiningen starb nicht 1287, sondern zwischen dem 7. Dezember 1250 und dem 18. Februar 1251.
- Das Todesdatum Emichs IV. läßt sich auf die Zeit zwischen dem 30. Juni 1276 und dem 14. Juni 1278 eingrenzen.
- Friedrich IV. war nur zweimal verheiratet, zuerst mit Gräfin Mathilde von Sponheim und dann mit Johanna von Apremont.
- In den Besitz der Herrschaft Rixingen gelangte das Haus Leiningen bereits durch die Heirat Jofrieds mit Mathilde von Salm (vor 1321).
- Friedrichs VII. gleichnamiger Bruder, ehemals Dompropst zu Worms, hat 1353 Marie de Blois, Nichte König Philipps VI. von Frankreich und Witwe des Herzogs Rudolf von Lothringen, geehelicht.

2. Leininger Grafen im geistlichen Stand

Kanonikate an den großen Domkirchen erfreuten sich wohl kaum nur wegen des durch sie eröffneten Zugangs zu einträglichen Pfründen einer so großen Beliebtheit. Natürlich gewährten sie den nicht an der Regierung beteiligten Söhnen des Hochadels eine standesgemäße und von der wirtschaftlichen Situation des Stammhauses unabhängige Lebenshaltung und Altersversorgung. Der geistliche Stand bot aber auch Möglichkeiten zu sozialem Aufstieg, eine Chance, die Bischofswürde zu erringen und zu fürstlichem Rang zu gelangen. Im beschriebenen Zeitraum haben etliche nachgeborene Leininger Grafen diese Gelegenheit genutzt. Sie alle hatten zunächst ihr Auskommen in den Domkapiteln von Worms und Speyer gefunden. Pröpste wurden Heinrich im St. Martinsstift zu Worms (1244) und Walram im St. Guidostift zu Speyer (1249) und im Wormser Domkapitel (1249–1284), Bischöfe Heinrich in Speyer (1245–1272), Berthold in Bamberg (1258–1285) und Emich in Speyer (1314–1328).

3. Die Herkunftsfrage

Einen eigenen Abschnitt haben wir dem Problem der Herkunft der Grafen von Leiningen gewidmet. Für eine Abstammung von den Grafen im Nahegau (Emichonen) den urkundlichen Nachweis zu führen, gestattet die Quellenlage nicht. Doch ließ sich über besitzgeschichtliche Zusammenhänge mit den Emichonen und deren gesicherten Abkömmlingen sowie unter Berücksichtigung aufgezeigter politischer Verbindungen der Leininger zum Nahegau eine Verwandtschaft in hohem Maße wahrscheinlich machen. Auf dieser Grundlage konnte ein Rekonstruktionsversuch der genealogischen Verhältnisse gewagt werden. Demnach wären die Familien der Wildgrafen, Raugrafen, Grafen von Veldenz und Grafen von Leiningen gleichen Stammes. Die einzelnen Filiationen ließen sich hingegen nur vage andeuten.

4. Das Grafschaftsproblem

Im dritten Abschnitt habe ich versucht, die Vielschichtigkeit des Begriffs Grafschaft *(comitia, comitatus)* und dessen Bedeutungswandel aufzuzeigen. Bereits in der 2. Hälfte des 13. Jahrhunderts wurde er zur Umschreibung des Territoriums verwendet. Von der territorialen Grafschaft ist der aus der fränkischen Reichsverfassung hervorgegangene *comitatus* abzugrenzen. Wir haben ihn als »Amtsgrafschaft« bezeichnet. Bei der von Pfalz lehensrührigen »Grafschaft Leiningen« handelt es sich um eine Landgrafschaft. Ob sie eine unter Lothar von Süpplingenburg (?) neu geschaffene Institution oder eine reorganisierte Form der karolingischen Amtsgrafschaft war, läßt sich nicht mehr feststellen. Jedenfalls ist der leiningische Grafentitel nicht ursächlich mit der von den Pfalzgrafen bei Rhein zu Lehen gehenden Landgerichtsbarkeit verbunden. Er weist auf die allenfalls noch kurzfristig von den Leiningern selbst ausgeübte alte Amtsgrafschaft zurück.

Die vom Alzeyer Weistum als Ort der pfälzischen Lehensvergabe genannte Stadt Alzey kann diese Sonderstellung in den Jahren 1438 bis 1460 besessen haben. Die Entstehung der fraglichen Interpolation wird in der Regierungszeit des Kurfürsten Ludwig IV. (1442–1449) vermutet.

5. Der Begriff des Territoriums

Die Frage nach den Rechtsgrundlagen der Territorialgewalt war ein Streitgegenstand der neuzeitlichen Territorialstaatsrechtslehren[1]. Ihre Problematik war den mittelalterlichen Zeitgenossen, bei aller Vielfalt territorialer Herrschaftsformen, sicherlich nicht in diesem Maße, wenn überhaupt, gegenwärtig. Der unseren Ausführungen zugrundegelegte Territorialbegriff konnte nicht kontinuierlich von den besitzgeschichtlichen Anfängen des Grafenhauses her entwickelt werden. Die Nachrichten über den Besitz der Leininger setzen relativ spät und bruchstückhaft ein. Uns blieb in aller Regel nur, die fertig ausgebildeten Herrschaftsrechte festzustellen, wo sie sich das erste Mal zeigen. Sodann definiert sich mittelalterliches Territorium in unserem Untersuchungsgebiet – etwas verkürzt formuliert – in der Hauptsache als eine Summe von Ortschaften, die sich um den Herrschaftsmittelpunkt einer Burg gruppieren oder doch gewöhnlich einer solchen zugeordnet sind. Wo die Quellen Näheres verlauten lassen, gibt sich die Ortshoheit fast immer als Grundherrschaft plus Niedergerichtsbarkeit zu erkennen: »Dorf und Gericht mit Wald, Wasser, Weide…« ist die gängige Formel. Die Blutgerichtsbarkeit ist nur in einzelnen Fällen, vor allem im lothringischen Raume, klar faßbar, während die Fortdauer der drei Landgerichte in der Grafschaft Leiningen im Spätmittelalter nur dürftig belegt ist[2]. Das Rätsel, wie weit sich die auf einen oder wenige Orte bezogene Hochgerichtsbarkeit – abgesehen von ihrem Werdegang aus der Vogteiherrschaft über kirchliche Immunitäten und aus Relikten der Grafschaftsverfassung – auch aus der Grundherrschaft heraus entwickelt haben mag, ist an Hand des uns überlieferten Quellenmaterials nicht befriedigend zu lösen

6. Die Territorialentwicklung in Worms- und Nahegau

Die ältesten Herrschaftsrechte der Grafen von Leiningen sind im Raum des Wormsgaus und des südöstlichen Nahegaus vorzufinden. Hier treffen Relikte der alten Amtsgrafschaft (comitatus) und allodiale Besitzmassen zusammen. Es dürfte sich um die Grundausstattung des in den Grafen von Leiningen vermuteten Zweigs der Nahegaugrafen handeln. Wahrscheinlich gehörten die Vorfahren der Grafen von Leiningen zu den reichsten Grundherren im Wormsgau, bevor ihnen die dortige Grafschaft zufiel. Umgekehrt mag aber auch der durch das Grafenamt zusätzlich gewonnene Einfluß zur erheblichen Mehrung des Allodialbesitzes beigetragen haben: ob durch Kauf, Lehensauftrag durch andere Grundherren oder Entfremdung von Königsgut muß dahingestellt bleiben. Jedenfalls gewann dieses Eigen im Wormsgau für das künftige leiningische Territorium zentralörtliche Bedeutung. Auf ihm errichtete das neue Geschlecht seine erste Burg, nach der es den Namen führte, gründete sein Hausstift und schuf sich seine Grablege.

Der Allodialbesitz ist im Wormsgau eng verzahnt mit Lehensbesitz. Aber ebensowenig, wie sich über das Alter des Allods etwas Definitives sagen läßt, sind die frühen Erstbelehnungen zeitlich zu fixieren. Wichtigste Lehensherren waren im 12. Jahrhundert

1 Vgl. hierzu die gediegene Untersuchung Willoweits (1975).
2 Vgl. S. 85–89.

das Reich, das Kloster Hornbach, dem die geistliche Observanz über das von Leiningen bevogtete Kollegiatstift Zell zustand, das Kloster Weißenburg, das Kloster Murbach und Kurpfalz. Die Beziehung zu den Wormser Kirchen geht wohl auf die von seiten Saarbrückens ausgeübte Hochstiftsvogtei zurück.

Bei der Übernahme der Grafschaft Leiningen um 1212 durch einen Saarbrücker Grafen kam bedeutendes saarbrückisches Allod (Gräfenstein, Ebernburg) zum Territorium. Auch ein Lütticher Fernlehen (Bechtheim) verblieb von da an dem Zweiten Hause Leiningen. Die Gelegenheit zur Arrondierung des Kernbereichs ergab sich mutmaßlich während des staufisch-welfischen Thronstreits (Bockenheim, Biedesheim). Noch vor der Teilung von 1237 müssen auch die Lehensbeziehungen zum Erzstift Köln und zum Kloster Fulda geknüpft worden sein.

Die Möglichkeiten des territorialen Ausgreifens waren im Wormsgau schon relativ bald erschöpft. Eine Angelegenheit von Bedeutung war um die Wende vom 13. zum 14. Jahrhundert noch der Erwerb der Lehensherrschaft über die halbe Burg Bolanden. Der sukzessive Lehensauftrag durch die Familien von Sponheim und von Bolanden erstreckte sich nämlich auch auf eine zahlreiche Lehensmannschaft und damit auf einen beträchtlichen Bestand an Aktivlehen.

7. Die Territorialentwicklung im Speyergau

Gelegenheiten zur Neuentfaltung boten sich rheinaufwärts im Speyergau. Auch dort hat Saarbrücken sein Scherflein zur leiningischen Territorialentwicklung beigetragen (Hft. Landeck). Doch hatte schon der letzte Vertreter des Älteren Hauses Leiningen mit der Landvogtei und dem ihm übertragenen Schirm über Kloster Limburg das Gebiet südlich der Isenach in den Blick bekommen. Die Bevogtung des ehemals salischen Hausklosters vergrößerte die Einflußsphäre nur unwesentlich. Gegen Entfremdung von Kirchengut wußten sich die Benediktiner zu wehren. Der Kampf um jenen Grund und Boden, auf dem Friedrich II. widerrechtlich die Hardenburg baute, gibt davon beredtes Zeugnis. Hingegen war die Beziehung zum Reichsoberhaupt eine wichtige, wenn nicht die wichtigste politische Komponente der leiningischen Territorialbildung im Speyergau.

Die Grafen von Leiningen zeichneten sich durch relativ häufigen Aufenthalt am königlichen Hofe aus. Das gilt cum grano salis für alle Reichsregentschaften des behandelten Zeitraums. Durch Königsnähe war auch Einfluß in einer königsnahen Landschaft[3] zu gewinnen. Konkrete Bedeutung hatte in diesem Sinne vor allem Friedrichs IV. Amtszeit als Landvogt unter König Rudolf und noch einmal unter Albrecht I. Den gerne überschätzten, in Wirklichkeit jedoch

3 Im Gegensatz zu MORAW (zuletzt 1977, S. 185) will jetzt SCHUBERT (1979) S. 70 den Begriff der »königsnahen Landschaften« erst für die Zeit Karls IV. gelten lassen. Vor diesem Zeitpunkt möchte er im deutschen Südwesten von »Königslandschaften« sprechen. Denn der Verlust an Reichsgut sei im 14. Jh. ungleich größer gewesen als nach dem Ende der staufischen Ära, und bis zu den großen Verpfändungen durch den Luxemburger seien die Kernräume des Reichs »unmittelbarer Wirkungsbereich des Königtums« geblieben (vgl. dazu ebd. S. 153 ff). Dem ist einschränkend entgegenzuhalten, daß der Wandel wohl eben doch im Interregnum einsetzte, wenn er auch später ganz andere Ausmaße annahm. Die dem Königtum im 13. Jh. im oberrheinischen Raum verbliebenen Einflußmöglichkeiten betont gerade auch Moraw.

relativ geringfügigen Erwerbungen (Pfandschaften Godramstein, Hof Billigheim) seines Onkels, Emichs IV. von Leiningen-Landeck, stehen solche Friedrichs IV. in weit größerem Umfange entgegen: als Amtsgut die Madenburg und Burg Neukastel, als Pfandschaft die Herrschaft Guttenberg, als Lehen die Herrschaft Lindelbrunn und die Burg Hohenecken. Dazu kam unter König Albrecht als Pfandschaft vielleicht auch schon die Herrschaft Falkenburg inklusive der später sogenannten »Pflege Haßloch«. War das Hauptaugenmerk Friedrichs auf Expansion gerichtet, so galt das Interesse Emichs dem inneren Ausbau seines Territoriums, insbesondere durch Förderung der Stadt Landau (Stadtrechtsverleihung durch König Rudolf 1274).

Nicht von annähernd gleicher Bedeutung wie die intensiven Beziehungen zum deutschen Königtum waren für die leiningische Territorialentwicklung im Speyergau die Lehens- und Blutsbande zu den Speyerer Bischöfen. Der Vorwurf der Familienbegünstigung ist entkräftet; er trifft am wenigsten das Pontifikat Heinrichs von Leiningen. Von seiten des Elekten (1245–1259) ist keine einzige Zuwendung nachweisbar, der geweihte Bischof (1260–1272) hat die kurzlebige Linie seines Brudes Emich mit der Rietburg und weiteren ehemals an Veldenz ausgegebenen Lehen bedacht. Die Vogtei über Mühlhausen reicht in die Zeit vor 1237 zurück und wurde möglicherweise schon von den Grafen von Saarbrücken ausgeübt. Was die übrigen Positionen der ältesten bekannten Lehenzusammenstellung – unter Bischof Gerhard (1336–1363) – betrifft, so ist die jeweilige Erstbelehnung nicht im einzelnen auszumachen. Daß im einen oder anderen Falle die mehrmals durch Verwandtschaft gestärkte Verbindung nach Speyer Früchte trug, ist ebensowenig zu widerlegen wie zu beweisen.

Gar nicht weiterhelfen konnte der leiningischen Territorienbildung im Speyergau das Lehensverhältnis zur Pfalzgrafschaft. Seine Ausweitung vollzog sich lediglich in Form von Burgdienstverträgen. Was im 14. Jahrhundert an territorialisierbaren pfälzischen Lehen auftauchen wird, sind kurz zuvor abgelöste Reichspfandschaften. Hingegen wußte sich Friedrich IV., dessen Regierungszeit in der leiningischen Territorialpolitik als besonders erfolgreich hervorsticht, auch im Speyergau kleinere Besitzkomplexe dadurch zu verschaffen, daß er sie sich zu Lehen auftragen ließ. Auf diesem Wege gewann er zumindest kurzfristig Einfluß auf die obere Burg Kirrweiler, dauerhaft auf Burg Erfenstein.

8. Die Territorialentwicklung im Elsaß

Der erste Ausgriff ins Elsaß war zugleich der bedeutendste. Er galt dem umfangreichen Dagsburger Erbe, das den Grafen von Leiningen aus der Heirat Simons mit Gertrud, der letzten ihres Stammes, zugeflossen war. Die Ansprüche waren nicht kampflos zu befriedigen und mußten in etlichen Punkten aufgegeben werden. Doch das Kernstück, die Grafschaft Dagsburg, wurde dem Hause Leiningen gerettet. Es handelte sich um ein geschlossenes und im Innern ausbaufähiges Herrschaftsgebilde. Allerdings mußte es vom Straßburger Bischof zu Lehen genommen werden, der sich am strittigen Erbgut auch sonst saturiert hatte. Das Lehensverhältnis zum Hochstift wurde nicht nennenswert ausgebaut, blieb aber seit 1241 spannungsfrei.

Marginale Erscheinung war die kurzfristige Pfand- und Schirmherschaft über die Stadt Selz während der Fehde gegen den Markgrafen Rudolf I. von Baden. Auch die drei Dörfer

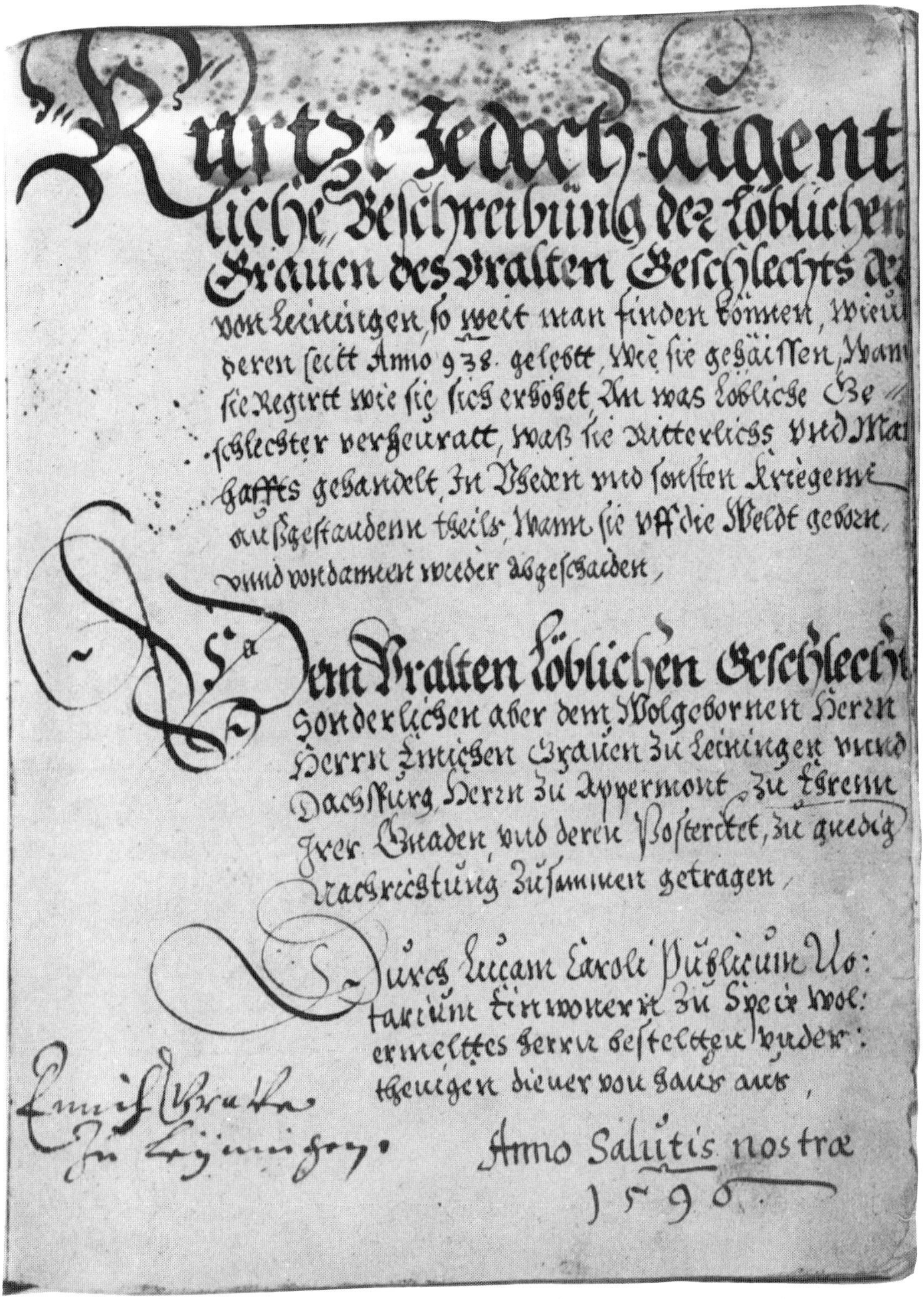

Kurtze Jedoch aigentliche Beschreibung der löblichen Grauen des vralten Geschlechts der[?] von Leiningen, so weit man finden können, wie[?] deren seitt Anno 938 gelebtt, wie sie geheissen, wan sie Regirtt wie sie sich erzeiget[?], An was löbliche Geschlechter verheuratt, waß sie Ritterlichs vnd Mannhaffts gehandelt, In Vheden[?] vnd sonsten Kriegen[?] außgestanden theils, Wann sie vff die Weldt geborn vnd von dannen wieder abgeschaiden,

Dem vralten löblichen Geschlecht sonderlichen aber dem Wolgebornen Herrn Herrn Emichen Grauen zu Leiningen vnnd Dachspurg, Herrn zu Appermont, zu Ehren[?] Jrer Gnaden, vnd deren Posteritet, zu gnedig[er] nachrichtung zusammen getragen,

Durch Lucam Caroli Publicum Notarium Einwonern zu Speir wol: ermeltes Herrn bestellten vnder: thenigen diener von haus aus,

Anno Salutis nostrae 1596

Emich Graffe zu Leiningen.

Tafel 1 Caroli, 1596, Titelblatt in Originalgröße. FLA 4/40/5. (Zu Seite 13f.)

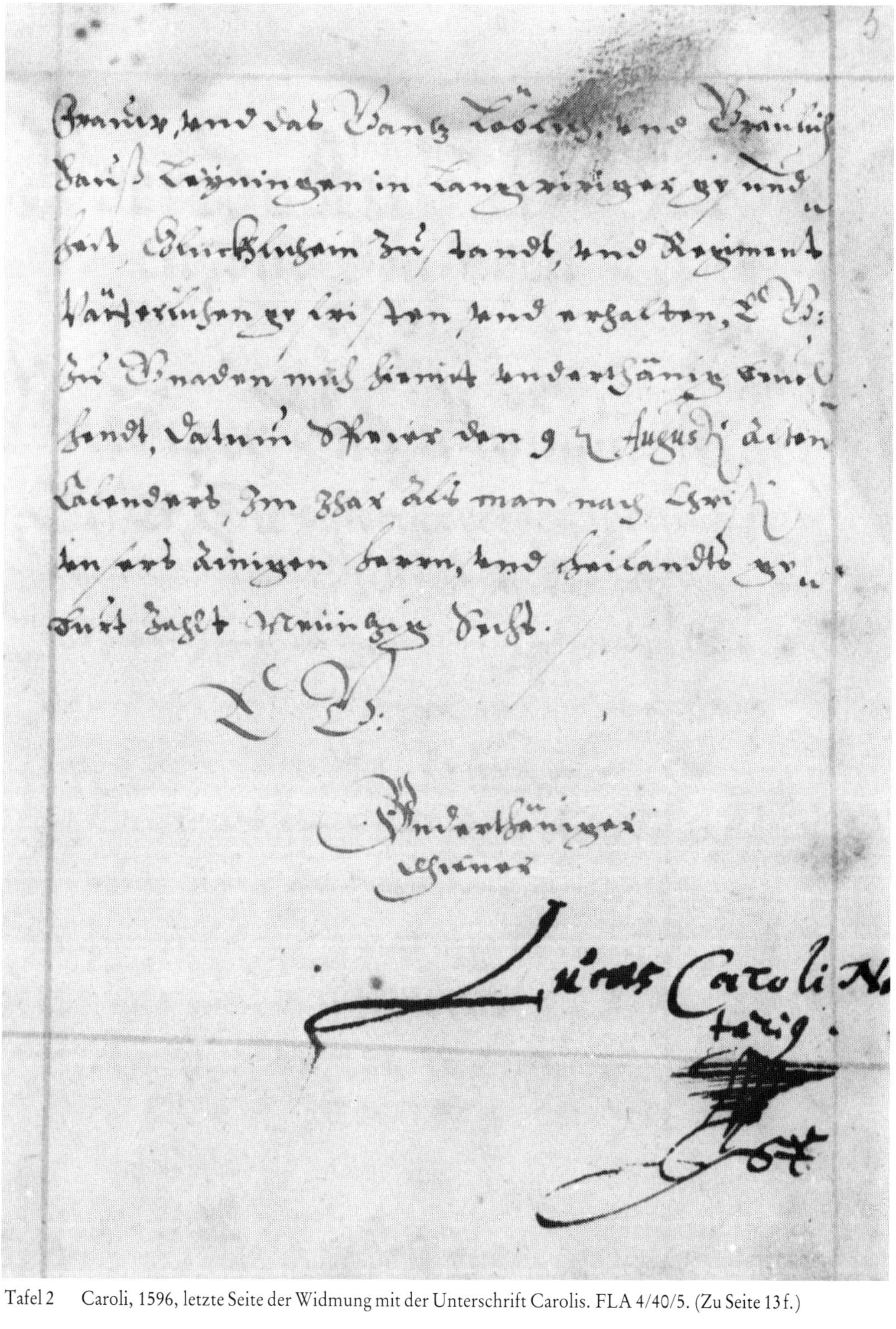

Tafel 2 Caroli, 1596, letzte Seite der Widmung mit der Unterschrift Carolis. FLA 4/40/5. (Zu Seite 13 f.)

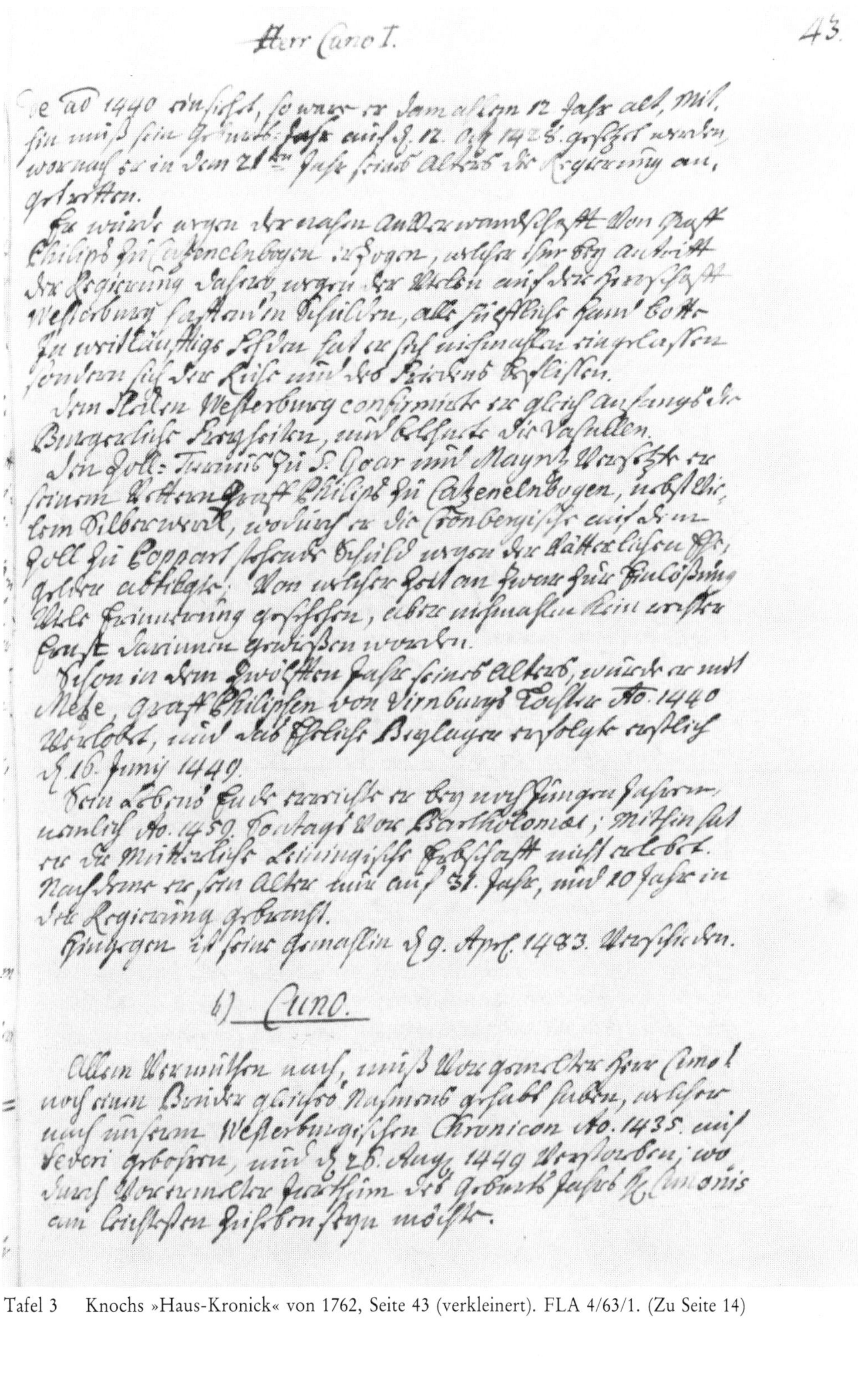

Herr Cuno I. 43

...e Ao 1440 ansieht, so war er damahlen 12 Jahr alt, mithin muß sein Geburts-Jahr auf d. 12. Oct. 1428. gesetzt werden
worauf er in dem 21ten Jahr seines Alters die Regierung an-
getretten.
Er wurde wegen der nahen Anverwandschaft von Graf
Philips zu Catzenelnbogen erzogen, welcher ihn bey Antritt
der Regierung daher, wegen der Ueberfälle auf der Grafschaft
Westerburg ... in Schulden, alle ... Gott
zu weitläufftiges Schiden hat er sich niemahlen eingelassen
sondern sich der Kirche und des Friedens beflissen.
Den Städten Westerburg confirmirte er gleich anfangs die
Burgerliche Freyheiten, und belehnte die Vasallen.
Den Zoll-Turnus zu S. Goar und Maynz versetzte er
seinem Vettern Graf Philips zu Catzenelnbogen, nebst vie-
lem Silberwerk, wodurch er die Cronbergische auf dem
Zoll zu Boppart stehende Schuld wegen der ... Ehe-
gelder abtilgte. Von welcher Zeit an zwar zur Einlösung
viele Erinnerung geschehen, aber niemahlen kein ernstlicher
Ernst darinnen ... worden.
Diesen in dem zwölften Jahr seines Alters, wurde er mit
Mete, Graf Philipsen von Dirnburgs Tochter Ao. 1440
verlobt, und das eheliche Beylager erfolgte erstlich
d. 16. Junij 1449.
Sein Lebens Ende erreichte er bey noch jungen Jahren,
nemlich Ao. 1459 Sontags vor Bartholomaei; mithin hat
er die ... Leiningische Erbschaft nicht erlebt.
Nachdeme er sein Alter nur auf 31. Jahr, und 10 Jahr in
der Regierung gebracht.
Hingegen ist seine Gemahlin d. 9. Apr. 1483 verschieden.

b) Cuno.

Allem Vermuthen nach, muß vorgemelter Herr Cuno I.
noch einen Bruder gleiches Nahmens gehabt haben, welcher
nach unserem Westerburgischen Chronicon Ao. 1435 auf
Severi gebohren, und d. 28. Aug. 1449 verstorben; wo
durch vorermelter Irrthum des Geburts Jahres H. Cunonis
am leichtesten zu heben seyn möchte.

Tafel 3 Knochs »Haus-Kronick« von 1762, Seite 43 (verkleinert). FLA 4/63/1. (Zu Seite 14)

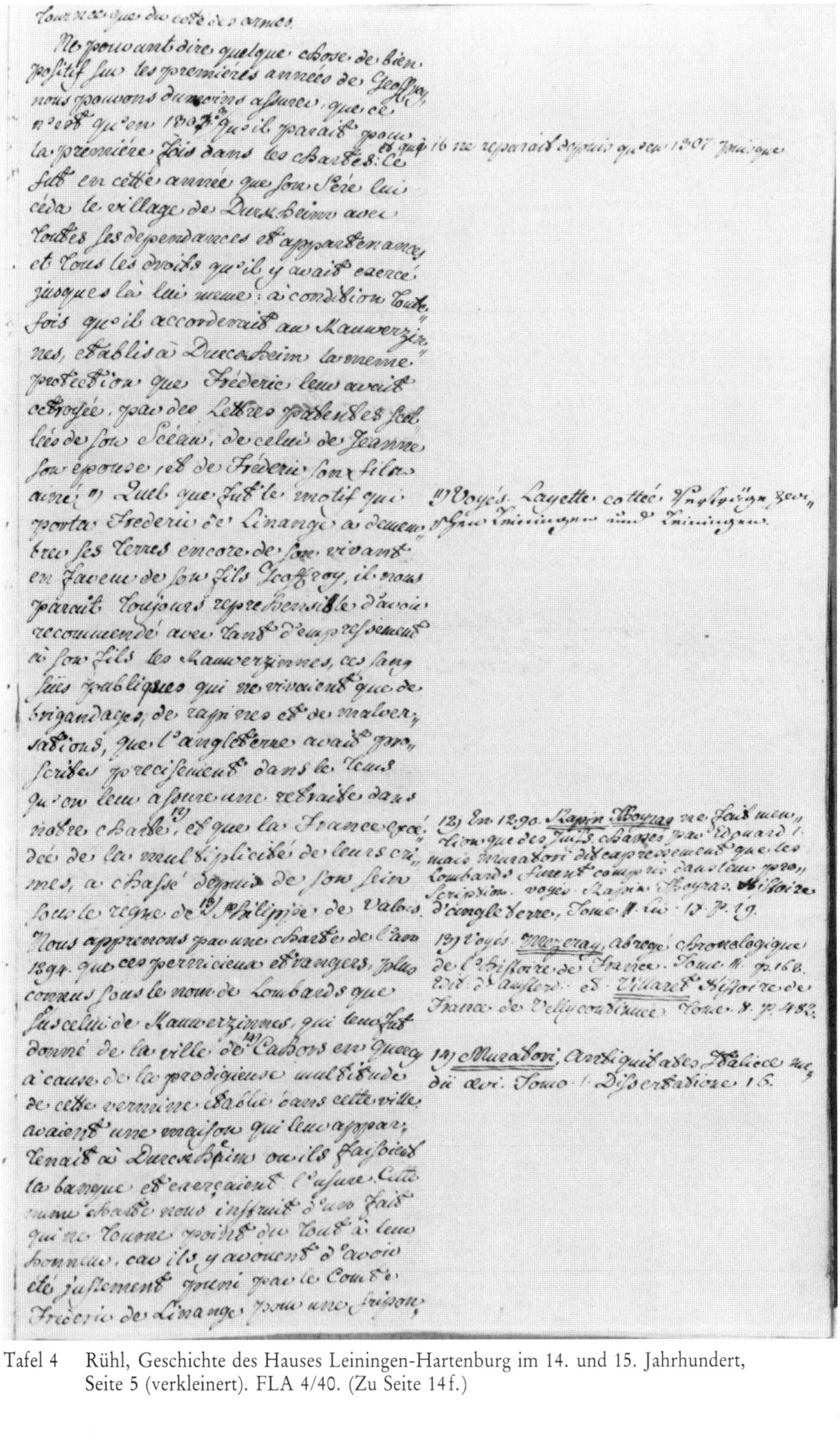
tour ne se que du coté des armes.

Ne pouvant dire quelque chose de bien positif sur les premières années de Geoffroy III, nous pouvons du moins assurer, que ce n'est qu'en 1307 qu'il paraît pour la première fois dans les chartes: et que il ne reparait depuis qu'en 1307 puisque ce fut en cette année que son Père lui céda le village de Durckheim avec toutes ses dependances et appartenances et tous les droits qu'il y avait exercé jusques là lui meme: à condition toutefois qu'il accorderait aux Mauwerzinnes, etablis à Durckheim la meme protection que Fréderic leur avait octroyée, par des Lettres patentes scellées de son Scéau, de celui de Jeanne son epouse, et de Fréderic son fils ainé. 11) Quel que fut le motif qui porta Frederic de Linange à demembrer ses terres encore de son vivant en faveur de son fils Geoffroy, il nous parait toujours reprehensible d'avoir recommendé avec tant d'empressement à son fils les Mauwerzinnes, ces sangsües publiques qui ne vivaient que de brigandages, de rapines et de malversations, que l'angleterre avait proscrites precisement dans le tems qu'on leur assure une retraite dans notre charte, 12) et que la France excedée de la multiplicité de leurs crimes, a chassé depuis de son sein sous le regne de 13) Philippe de Valois. Nous apprenons par une charte de l'an 1394 que ces pernicieux etrangers, plus connus sous le nom de Lombards que sous celui de Mauwerzinnes, qui leur fut donné de la ville de 14) Cahors en Quercy à cause de la prodigieuse multitude de cette vermine établie dans cette ville, avaient une maison qui leur appartenait à Durckheim ou ils faisoient la banque et exerçaient l'usure. Cette meme charte nous instruit d'un fait qui ne tourne point du tout à leur honneur, car ils y avouent d'avoir eté justement puni par le Comte Fréderic de Linange pour une fripon,

11) Voyés Layette cottée Vergleiche zwischen Leiningen und Leiningen.

12) En 12.90. Rapin Thoyras ne fait mention que des Juifs chassés par Edouard I. mais Muratori dit expressement que les Lombards furent compris dans leur proscription. voyés Rapin Thoyras Histoire d'angleterre, Tome II. liv. 13. p. 19.

13) Voyés Mezeray, abregé chronologique de l'histoire de France. Tome II. p. 168. Edit. d'amsterd. et Villaret Histoire de France de Velly continuée Tome 8. p. 482.

14) Muratori, Antiquitates Italicae medii aevi. Tomo I. Dissertatione 16.

Tafel 4 Rühl, Geschichte des Hauses Leiningen-Hartenburg im 14. und 15. Jahrhundert, Seite 5 (verkleinert). FLA 4/40. (Zu Seite 14f.)

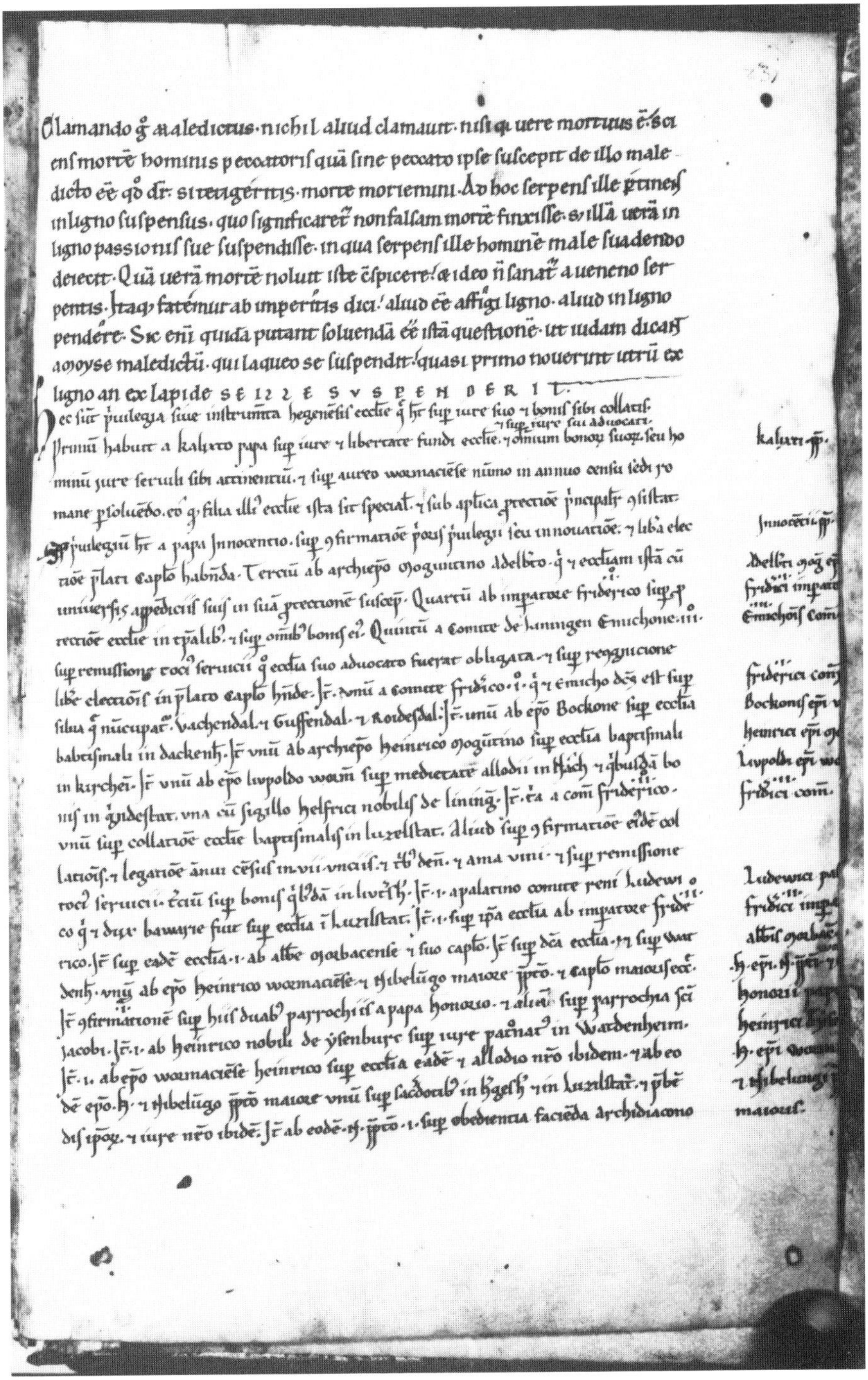

Tafel 5 Urkundenverzeichnis des Stifts Höningen aus der zweiten Hälfte des 13. Jahrhunderts, 1. Seite. Bayer. Staatsbibl. München, Clm 18 114 fol. 231r. (Zu Seite 30f.)

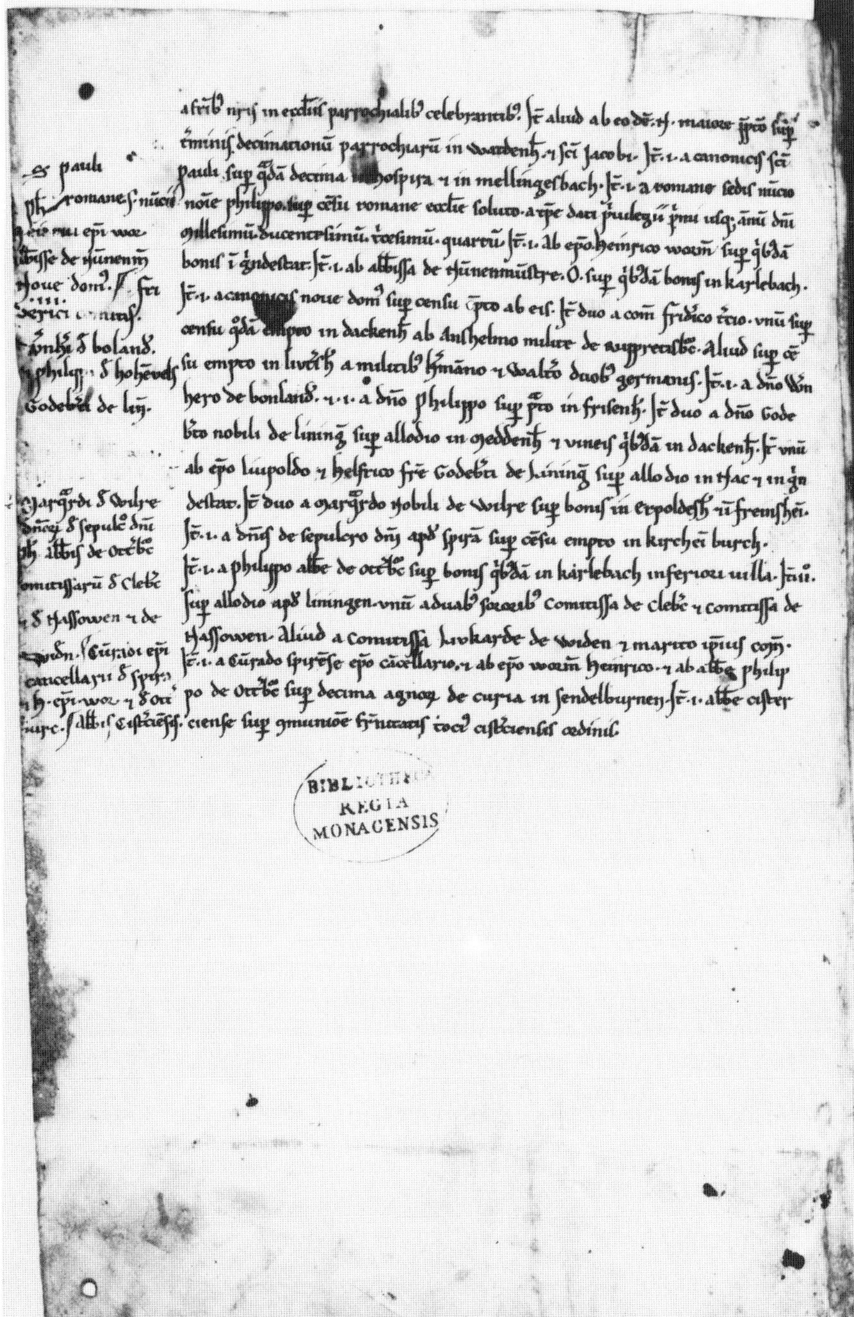

Tafel 6 Urkundenverzeichnis des Stifts Höningen aus der zweiten Hälfte des 13. Jahrhunderts, 2. Seite. Bayer. Staatsbibl. München, Clm 18 114 fol. 231 v. (Zu Seite 30f.)

a) Ältestes leiningisches Siegel:
Siegel des Grafen Friedrich I. (1179–1212/14) oder Friedrich II. (1214–1237) von Leiningen, von unbekannter Urkunde abgeschnitten.
Umschrift:
»FREDERICVS [COM]ES DE LIИIИGA«.
Germ. Nationalmuseum Nürnberg, Si 1738

b) Siegel des Grafen Friedrich III. von Leiningen (1237–1250/51).
StA Luzern, GA 76, 1. Siegel (1248)

c) Siegel des Grafen Friedrich IV. von Leiningen (1254–1316).
FLA, Urkk. Leiningen, 1307 Juni 24

a) Siegel des Grafen Emich IV. von Leiningen-Landeck (1237–1276/78).
StA Luzern, GA 76, 2. Siegel (1248)

b) Siegel des Grafen Emich (V.) von Leiningen-Landeck (1265–1289).
BayHStA, Rhpf. Urkk. Nr. 505 von 1286

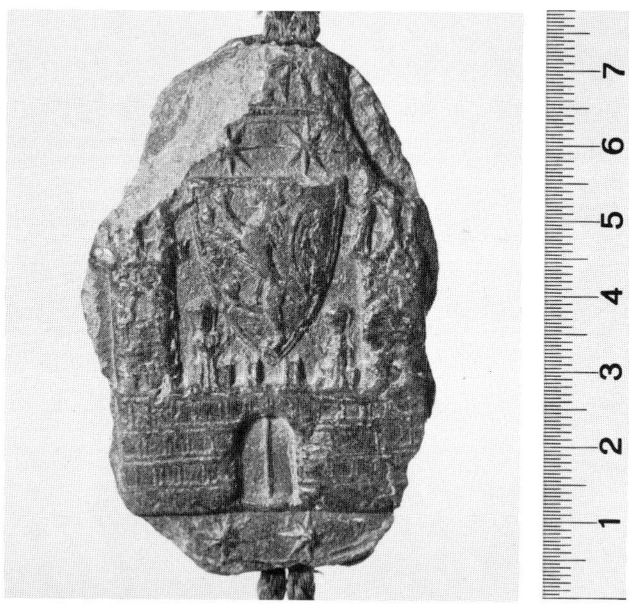

c) Siegel der Stadt Landau von 1286.
BayHStA, Rhpf. Urkk. Nr. 506 von 1286

Tafel 8 (Zu Seite 45 und Seite 112 Anm. 67)

a) Siegel des Grafen Friedrich V. von Leiningen-Dagsburg (1277–1327).
BayHStA, Rhpf. Urkk. Nr. 2475 von 1324 Jan. 25, 1. Siegel

b) Siegel der Gräfin Sophie von Leiningen (1286–n.1335), Gattin Friedrichs V.
BayHStA, Rhpf. Urkk. Nr. 2475 von 1324 Jan. 25, 2. Siegel

a) Siegel des Grafen Friedrich von Leiningen, Dompropst zu Worms († um 1377), und seines Bruders Graf Friedrich VII. (Emich) von Leiningen (1342–1397). FLA, Urkk. Leiningen, 1346 Juli 13

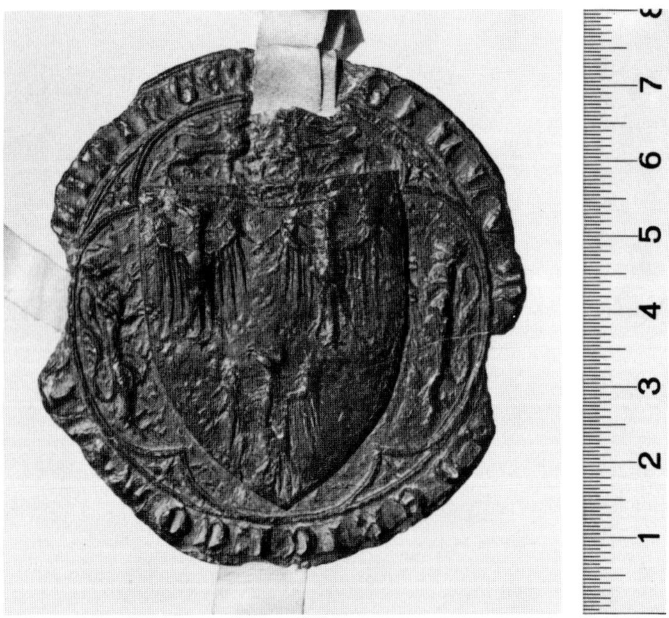

b) Siegel des Grafen Friedrich von Leiningen, ehem. Dompropst zu Worms, nach der Rückkehr in den weltlichen Stand. BayHStA, Sponh. Urkk. Nr. 1038 von 1362 Apr. 24, 1. Siegel

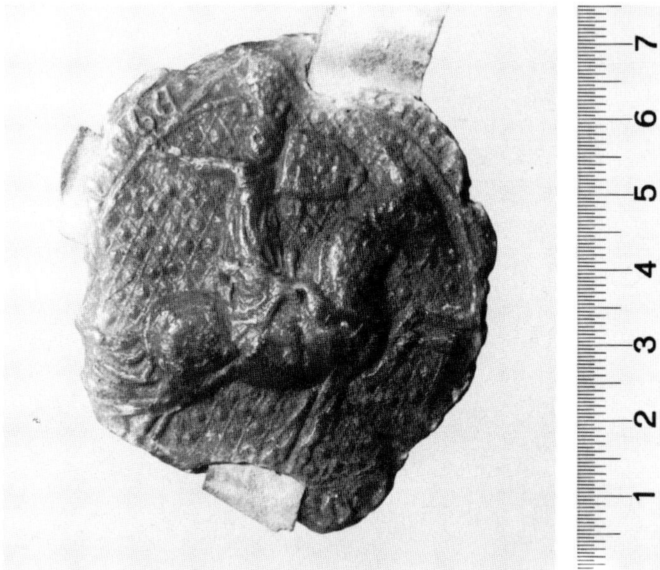

a) Siegel des Grafen Jofried von Leiningen-Hardenburg (1303–1344). FLA, Urkk. Leiningen, 1340 Okt. 24, 1. Siegel

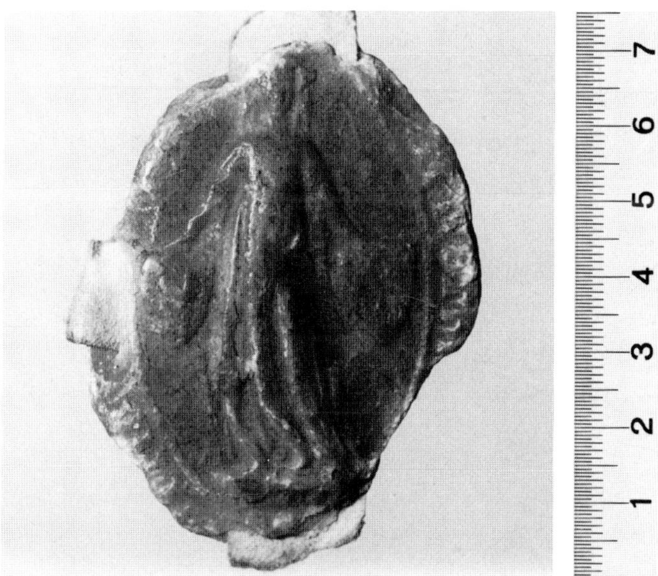

b) Siegel der Gräfin Mechthild von Leiningen-Hardenburg (1321–n. 1341). FLA, Urkk. Leiningen, 1340 Okt. 24, 2. Siegel

 (Zu Seite 53f.)

a) Burgruine Altleiningen im 19. Jahrhundert. Photographischer Ausschnitt aus einem Stahlstich von Frommel-Winkles nach einer Zeichnung von Th. Verhas

Tafel 12 b) Burgruine Hardenburg im 19. Jahrhundert. Photographischer Ausschnitt aus einem Stahlstich von Frommel-Winkles nach einer Zeichnung von Th. Verhas.
(Zu Seite 109 und Seite 113f.)

a) Isenachtal bei Bad Dürkheim (Dürkheimer Tal), im Hintergrund die Klosterruine Limburg. Aufnahme: Verf.

Tafel 13 b) Klosterruine Limburg. Aufnahme: Verf. (Zu Seite 113f.)

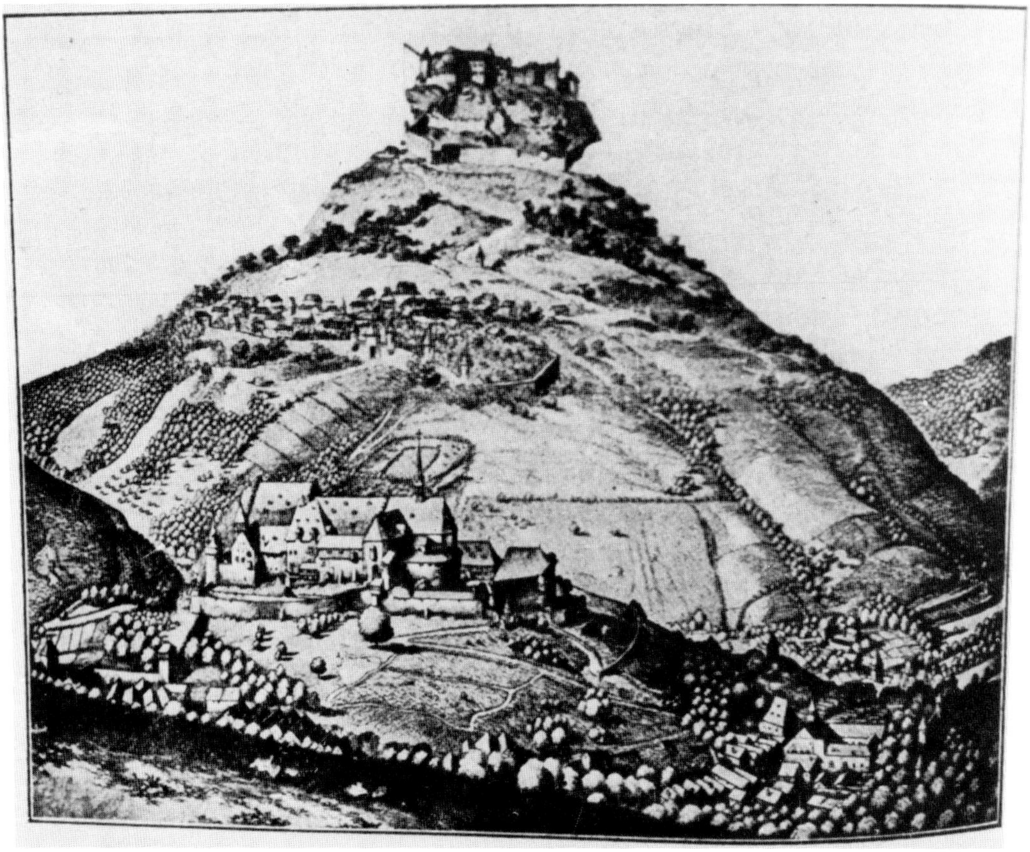

Tafel 14 Burg Dagsburg im 17. Jahrhundert. Graphik des 17. Jahrhunderts aus der Coll. Soc. d'Arch. Lorraine, abgebildet in Histoire de Lorraine (1939) Seite 14. (Zu Seite 118 ff.)

Tafel 15 Kaiser Heinrichs Romfahrt 1311, »Bellum in monte balistariorum«; in der linken unteren Bildhälfte der Schild des Leiningers mit dem 3-Adler-Wappen. LHA Koblenz, Abt. 1 C Nr. 1 (= Balduineum I), Miniatur fol. 14. (Zu Seite 197; untere Bildhälfte = Motiv des Schutzumschlags) ▷

multi moriunt' aere corrupto.

Dn̄s walr̄· fr̄ regis sagitta obiit brixie· sepelit' v̄one

·Bellum in monte balistariorū·

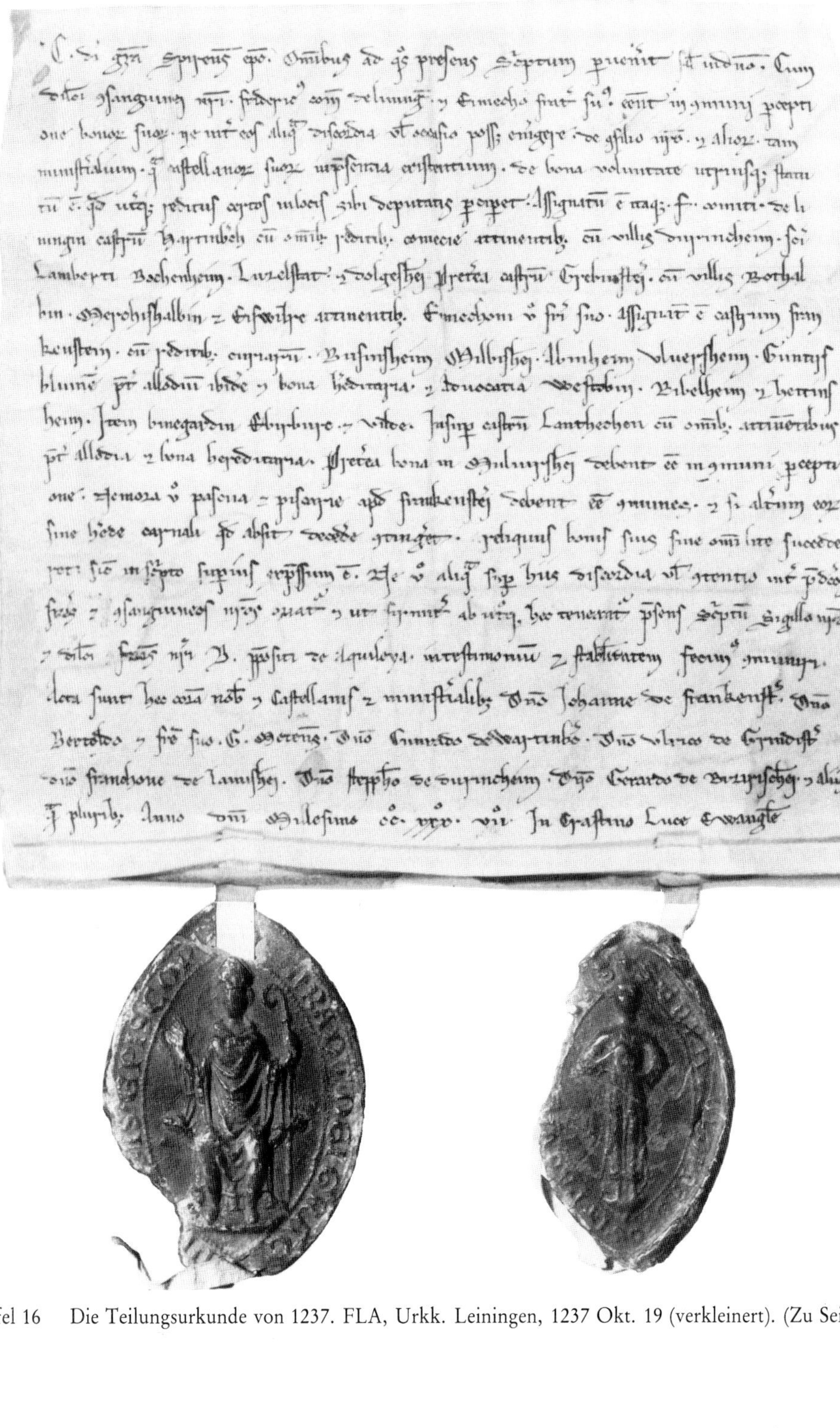

Tafel 16 Die Teilungsurkunde von 1237. FLA, Urkk. Leiningen, 1237 Okt. 19 (verkleinert). (Zu Seite 230)

Dorlisheim, Hersbach und Mühlbach, Lehen des Bischofs von Metz, konnten nicht auf Dauer gehalten werden.

Wie der Speyergau gehörte bekanntermaßen auch das Elsaß zu den »Königsländern«. Die Reichslandvogtei gelangte unter König Heinrich VII. in die Hände eines Leiningers. Graf Jofried wurde 1308 oder 1309 nicht nur Landvogt in Ober- und Unterelsaß, sondern auch im Breisgau. Doch hat er sein Amt nicht, wie sein Vater im Speyergau, für eine weitere territoriale Ausdehnung genutzt. Die Pfandherrschaft über den Heiligen Forst (1310–1314?) blieb Episode. Auch die 1313 empfangene Generalvollmacht zur beliebigen Auslösung und erblichen Nutznießung von Reichspfandschaften im Amtsbereich wurde nicht in den Dienst der Territorialinteressen gestellt.

9. Die Territorialentwicklung in Lothringen

Die Verbindungen Leiningens mit dem lothringischen Raume gehörten zum saarbrückischen Erbe. Friedrich II. brachte seiner neuen Grafschaft Kondominatsanteile vor allem der Burgen Saargemünd, Mörsberg und Waldeck zu.

Ansprüche Leiningens auf die Grafschaft Metz und die Hochstiftsvogtei als Bestandteilen der Dagsburger Erbmasse konnten nicht durchgesetzt werden. Die erste Fehde mit dem Metzer Bischof endete mit einer Niederlage des Grafen Simon, ehemals Lehensträger für die hochstiftischen Lehen seiner Gemahlin Gertrud. Nach einem zweiten bewaffneten Konflikt wurde der unnachgiebige Prätendent mit einem Metzer Fernlehen im Elsaß abgefunden. Ob und wie im 13. Jahrhundert die lehnbare Vogtei über das dagsburgische Eigenkloster Hessen behauptet werden konnte, ist nicht ganz durchsichtig. Denn mit Simons Tod (1234/36) war die Lehensbindung Leiningen–Metz zunächst einmal aufgelöst. Auch der Lehensvertrag mit Emich IV. von Leiningen-Landeck (1262) sah keine Lehensfolge der Deszendenz vor. Neue gesicherte Positionen konnten auf diese Weise schon gar nicht bezogen werden. Das gilt auch für das 1277 von der Leininger Hauptlinie auf der Grundlage eines Auftragslehens (eines Anteils an Burg Mörsberg) eingegangene Erblehensverhältnis. Die dem Grafen Friedrich IV. im Zusammenhang damit verpfändeten Dörfer Velaine und Réméréville waren keine Wirkungsbereiche mit Zukunft.

Das Verhältnis Leiningens zum Hochstift wurde belastet durch die dauerhaftere Beziehung zu dessen Gegenspieler. Die Heirat mit einer Enkelin Herzog Friedrichs II. von Lothringen hatte dem Grafen Friedrich III. von Leiningen 1242 ermöglicht, im Zentrum des Herzogtums seßhaft zu werden. Die Herrschaft Ormes als lothringisches Lehen bedeutete Anreiz und Verpflichtung. Diese führten bis zur Felonie gegenüber dem Metzer Bischof (1289). Die Herrschaft Ormes war groß und wichtig genug, daß sich 1319 beide Leininger Linien in sie teilen mochten.

10. Gegenläufige Entwicklungen

Neubelehnung, Lehenserweiterung, Pfandnahme, Lehensauftrag durch Vasallen, Mitgift und Erbschaft gehörten im Falle Leiningens zu den herausragenden Formen des territorialen Zuerwerbs. Daneben traten andere Möglichkeiten der Territorialbildung oder Territoriumserweiterung nur beiläufig (Territorialisierung bevogteter Gebiete, Tausch) oder in dem besprochenen Zeitabschnitt gar nicht erkennbar in Erscheinung (Kauf, Rodungstätigkeit, militärische Erfolge).

Damit korrespondieren ungefähr die Gründe gegenläufiger Entwicklungen. Kaum zu befassen hatten wir uns im gewählten zeitlichen Rahmen mit territorialen Verlusten auf Grund militärischer Niederlagen und auf Grund von Verkäufen, Verpfändungen und Tauschgeschäften. Dem Ansehen des verwandten Saarbrücker Hauses kamen die frommen Stiftungen der letzten Generation des Älteren Hauses Leiningen an das Kloster Wadgassen zugute; Herrschaftsrechte wurden durch sie kaum geschmälert. Dies gilt in vollem Umfang auch für die früheren reichen Zuwendungen an das leiningische Hausstift Höningen. Was auf diese Weise den Eigentümer wechselte, blieb dem Einfluß der leiningischen Vögte unterworfen. Relativ klein und für die territoriale Entwicklung unwesentlich dürfte die Besitzminderung durch Abfindung geistlich gewordener Söhne gewesen sein. Dompropst Walram hat auf das ihm Mitgegebene später sogar wieder verzichtet.

Das Gesamtbild der negativen Veränderungen entschieden die Besitzzersplitterungen durch Erbteilungen, Ausstattung von Töchtern, weibliche Erbfolge und Lehensvergabe. So gingen dem Hause Leiningen die zahlreichen *comitatus* im »Grenzbereich« zwischen Worms- und Nahegau, die sie im 12. Jahrhundert an die Reichsministerialen von Bolanden zu Lehen gegeben hatten, größtenteils verloren. Die schon früh praktizierte Ausstattung von Töchtern mit Herrschaftsrechten bewirkte, daß die territoriale Entwicklung Leiningens stets auch unter einem negativen Vorzeichen stand. Nicht nur Allode, sondern auch Lehen wurden an Töchter weitergegeben. Zwar hatte das von Emich IV. von Leiningen-Landeck Ende der fünfziger Jahre bei allen Lehensherren erlangte Zugeständnis der weiblichen Erbrechtsvermittlung keine sofortigen Konsequenzen, weil doch noch ein Stammhalter folgte. Aber als mit diesem 1289 die Linie ausstarb, rief das spürbare Veränderungen im Territorialbestand des Gesamthauses hervor. König Rudolf machte sein Heimfallsrecht geltend; die Stadt Landau und die Herrschaft Landeck waren damit dem Hause Leiningen für immer verloren. Der Bischof von Speyer zog das Lehen Rietburg ein. Die Schwestern des Erblassers brachten Anteile an der Stammburg Altleiningen, die allodiale Herrschaft Ebernburg im Nahegau und Teile des Besitzes in Lothringen an fremde Häuser.

Die Hausteilung von 1317/18 schließlich, die ein ohnehin nicht arrondiertes Territorium noch sichtbarer zersplitterte, gedieh für die Geschichte des Hauses Leiningen zur wichtigsten Zäsur. Besitzumschichtungen zwischen den damals begründeten beiden Hauptlinien Leiningen-Dagsburg (später Leiningen-Westerburg) und Leiningen-Hardenburg (später Leiningen-Dagsburg-Hardenburg) ergaben sich nur noch einmal, nämlich nach dem Tode des Landgrafen Hesso von Leiningen-Dagsburg (1467). Ansonsten sollten die zwei ihrerseits vielfach verästelten neuen Häuser politisch wie territorialgeschichtlich ihr Eigenleben führen.

Anhang

I. URKUNDENVERZEICHNISSE

1. Die Emichonen und der Nahegau 960 bis 1126

(zu Kap. 2)

(Nicht in diese Liste aufgenommen werden Nennungen des Nahegaus ohne Bezug zu den Emichonen oder ihrer Grafschaft. – Belegstellen aus Urkunden, deren Echtheit bislang nicht in Zweifel steht, sind durch Unterstreichung hervorgehoben.)

960 Febr. 25
in pago Nahgouue in locis qui vocentur Spiazcesheim [= Spiesheim/Kr. Alzey-Worms], *Treisę* [= Traisen, Kr. Bad Kreuznach] *in comitatu Emichonis comitis*.
(MGH DO I Nr. 207; RI II/1 Nr. 276; BÖHN, 1974, S. 84.)

961 Mai 29
Die Urk. nennt Güter [in Orten des Nahegaus], die *per Emichonem comitem secundum* dem Lantbert und dem Megingoz nach Frankenrecht entzogen worden waren.
(MGH DO I Nr. 226; RI II/1 Nr. 300; MUB I Nr. 202; BÖHN S. 84.)

963 Juli 21 (Fälschung Schotts)
curtem nostram [Ottonis regis] *Hergiesfeld* [= Hergenfeld/Kr. Bad Kreuznach] *dictam in pago Nahgowe in comitatu Emichonis comitis*.
(MGH DO II Nr. 9; RI II/2 Nr. 584; BÖHN, 1974, S. 85.)

966 Febr. 4
in comitatu Nagouue in locis subnotatis [...], *videlicet in marca Kira* [= Kirn/Kr. Bad Kreuznach], *in Bergon* [= Bergen/Kr. Birkenfeld], *in Puzuuilare* [= Potzweiler, Wü.], *in Husonbahc* [= Niederhosenbach/Kr. Birkenfeld], *in Bettonfors(t)* [= Bettenforst, Wü.].
(MGH DO I Nr. 320; RI II/1 Nr. 422; BÖHN, 1974, S. 84.)

966 Febr. 6
(in) c(om)itatu Nahgouue in locis su(b)notatis, videlicet in marca (K)ira [= Kirn/Kr. Bad Kreuznach], *in Bergon* [= Bergen/Kr. Birkenfeld], *(in Puzuuila)re* [= Potzweiler, Wü.], *in Husonbah* [= Niederhosenbach/Kr. Birkenfeld], *in Bettonforst* [= Bettenforst, Wü.].
(MGH DO II Nr. 321; RI II/1 Nr. 423; BÖHN, 1974, S. 84.)

966 Aug. 27
in pręfato pago Nahgeuue in comitatu Emichonis comitis in loco qui dicitur Gogunheim [= Jugenheim/Kr. Mainz-Bingen].
(MGH DO I Nr. 333; RI II/1 Nr. 435; MUB I Nr. 208; BÖHN, 1974, S. 84.)

973 Aug. 26 (Fälschung Schotts)
in villis Sowilnheim [= Saulheim/Kr. Alzey-Worms] *et in Olmeno* [= Nieder-Olm/Kr. Mainz-Bingen] *in pago Nahgowe in comitatu Emechonis comitis*.
(MGH DO II Nr. 56a; RI II/2 Nr. 634; BÖHN, 1974, S. 85.)

973 Aug. 27 (Fälschung Schotts)
in pago Nachgowe in villis Sowilnheim [= Saulheim/Kr. Alzey–Worms] *et in Olmene* [= Nieder-Olm/Kr. Mainz–Bingen] *in comitatu Emichonis comitis.*
(MGH DO II Nr. 56b; RI II/2 Nr. 635; Böhn, 1974, S. 85.)

973 Aug. 27
in pago et in comitatu videlicet Nahcgouue.
(MGH DO II Nr. 57; RI II/2 Nr. 636.)

973 Sept. 18
in villa Skerdestein [= Schierstein, Ortsteil von Wiesbaden] [...] *in comitatu Ymiconis comitis Chuningessundera vocato,* [...] *in Cardena* [= Karden, Gde. Treis-Karden/Kr. Cochem-Zell] [...] *in comitatu Ottonis comitis Nahkeuue.*
(MGH DO II Nr. 60; RI II/2 Nr. 639.)

985 Febr. 6
curtem Luthara [= Kaiserslautern] [...] *in pago* [...] *Nachgouue dicto atque in comitatu* [...] *Emichonis comitis sitam* [Singularformen von mir].
(MGH DO III Nr. 9; RI II/3 Nr. 966; Böhn, 1974, S. 85.)

992 Mai 29
in pago et in comitatu videlicet Nachgouue.
(MGH DO III Nr. 95; RI II/3 Nr. 1062.)

992 Sept. 29
praedium [...] *Hanenuuilare* [= Hennweiler/Kr. Bad Kreuznach] *vocatum in pago Nachgouue dicto ac comitatu Emichonis comitis situm.*
(MGH DO III Nr. 107; MUB I Nr. 231; RI II/3 Nr. 1072; Böhn, 1974, S. 85.)

992 (Fälschung Schotts)
inter Keberesheim [wo?] *et Wiselenbahe* [= Wieselbach, jetzt Truppenübungsplatz Baumholder/Kr. Birkenfeld] [...] *in pago Nahgowe in comitatu Emichonis comitis.*
(MGH DO III Nr. 105; RME I Nr. XVII/84 [zu 993]; MUB I Nr. 230 [Regest]; RI II/3 Nr. 1469.)

993 Aug. 27
in villa Nerstein [= Nierstein/Kr. Mainz–Bingen] [...] *et in pago Nachgovue nuncupato (ac comit)atu Emichonis comitis.*
(MGH DO III Nr. 137; RI II/3 Nr. 1106; Böhn, 1974, S. 85.)

995 Nov. 19
praedium Donnissa [= Denzen, Gde. Kirchberg/Rhein-Hunsrück-Kreis] *dictum* [...] *in pago Nachgouue dicto et in comitatu Emichonis comitis situm.*
(MGH DO III Nr. 185; RI II/3 Nr. 1159; Böhn, 1974, S. 85.)

996 Okt. 21 (Fälschung Schotts)
in villis Flanheim [= Flonheim/Kr. Alzey–Worms], *Wendelisheim* [= Wendelsheim, Kr. Alzey–Worms] *et in Haginhoven* [wo?] *in pago Nahgowe in comitatu Emmechonis comitis.*
(MGH DO III Nr. 230; MUB I Nr. 235 [Regest]; RI II/3 Nr. 1470 [versehentlich unter »994 Jan. 13, Straßburg«]; Böhn, 1974, S. 86.)

(996 Nov./Dez.) (Fälschung Schotts)
curtem unam Domnissa [= Denzen, Gde. Kirchberg/Rhein-Hunsrück-Kreis] *nominatum in pago Nacgouue vocitato in comitatu Emichonis comitis sitam.*
(MGH DO III Nr. 234; RI II/3 Nr. 1453; lt. Böhn, 1974, S. 86 doch echt; vgl. dagegen die Bemerkungen Achts zu MUB II/1 Nr. 119.)

1000 Febr. 6
Nerestein [= Nierstein/Kr. Mainz–Bingen] [...] *in comitatu Amichonis comitis ac etiam in pago Nahgowi.*
(MGH DO III Nr. 347; RI II/3 Nr. 1346; Böhn, 1974, S. 86.)

1001 Mai 12
in villa Inglinneim superiori [= Ober-Ingelheim, Gde. Ingelheim/Kr. Mainz–Bingen] *in comitatu Emichoni comitis in pago Nahggouue dicta.*
(MGH DO III Nr. 403; RI II/3 Nr. 1417; Böhn, 1974, S. 86.)

1019 Okt. 6
Urkunde Eb. Erkanbalds von Mainz für die Kirche zu Münchweiler [an der Alsenz, Donnersbergkreis]; u. d. Z.: *Emicho comes.*
(MUB I Nr. 260.)

1019 Dez. 15 [Fälschung Schotts]
in villa Flanheim [= Flonheim/Kr. Alzey–Worms] *et in Brunneheim* [= Bornheim/Kr. Alzey–Worms] *in pago Nahgowe in comitatu Emmechonis comitis sita.*
(MGH DH II Nr. 419; MUB I Nr. 261 [Regest]; RI II/4 ausgeschieden.)

1032 Okt. 2 (Fälschung Schotts)
in villis Wilre [= Weiler bei Bingen/Kr. Mainz–Bingen], *Haspenesheim* [= Aspisheim/Kr. Mainz–Bingen], *Holzhuson* [erfunden?], *Alginesheim* [= Gau-Algesheim/Kr. Mainz–Bingen], *Munzindale* [erfunden?], *Camuntim* [wo?] *in pago Nahgowe in comitatu Emichonis comitis.*
(RME I Nr. XX/13; MUB I Nr. 279.)

1048 Okt. 2
in Ingelenheim [= Ingelheim/Kr. Mainz–Bingen] *situm in pago Nachkowe in comitatu Emichonis comitis.*
(MGH DH III Nr. 223.)

1051 Juli 31
in superiori Ingelnheim [= Ober-Ingelheim, Gde. Ingelheim/Kr. Mainz–Bingen] [...] *in comitatu Emichonis comitis et in pago Nachgowe.*
(MGH DH III Nr. 274.)

1056 Juni 30 (Fälschung um 1116)
in presentia [...] *fidelium nostrorum* [Henrici III. imperatoris] [...] *Emichonis et Berhdolfi de Struomburg* [= Stromberg/Kr. Bad Kreuznach] *comitum.*
(MGH DH III Nr. 372 B.)

1059 März 14
in villa quę dicitur Nerestein [= Nierstein/Kr. Mainz–Bingen] *in pago Nahcgouuue in comitatu Emichonis.*
(MGH DH IV Nr. 51.)

1061 (Fälschung)
in uilla Munzecha [= Monzingen/Kr. Bad Kreuznach] *necnon Merkedesheim* [= Merxheim/Kr. Bad Kreuznach] *in pago Nahgouue in comitatu Emechonis.*
(MrhUB I Nr. 355; MrhRegg I Nr. 1383; vgl. auch ebd. Nr. 1384; vgl. Oppermann S. 173 u. 176f.)

1065 Aug. 30 (Fälschung um 1200)
villam unam Crucenachen [= (Bad) Kreuznach] *dictam in pago Nahgowe in comitatu Emichonis comitis sitam.*
(MGH DH IV Nr. 167 und Nachtrag S. 723.)

1071 (Fälschung Schotts)
Urkunde Eb. Siegfrieds I. von Mainz; u. d. Z.: *Emicho comes.*
(MUB I Nr. 330.)

1072 Mai 5
Eb. Siegfried I. von Mainz genehmigt die Verselbständigung der Eigenkapelle und Entschädigung der Mutterkirche zu Ravengiersburg [Rhein-Hunsrück-Kreis] durch den Grafen Berthold und dessen Gemahlin Hedwig. U. d. Z.: *Emmicho comes et frater suus Bertholdus,* [...] *Bertholdus comes. Arnoldus et frater suus Beretram* [= Miterben der Gräfin Kunigunde, Witwe des Grafen Emmecho].
(MUB I Nr. 333 mit fehlerhaftem Kopfregest.)

1074 Juni 12
in villa Ingelenheim [= Ingelheim/Kr. Mainz–Bingen] *in pago Nachgowe in comitatu Emichonis.*
(MGH DH IV Nr. 274.)

1074
Eb. Siegfried I. von Mainz bestätigt die Gründung und Dotierung des Stifts Ravengiersburg [Rhein-Hunsrück-Kreis] durch den Grafen Berthold und dessen Gemahlin Hedwig; Ausstattungsgüter *in Nachgouue, in Trachari, in Hundesruche, quorum quedam in comitatu eiusdem Bertholdi comitis, quedam in comitatu Emichonis comitis sita erant.*
(MUB I Nr. 341.)

1074 Fälschung Schotts
in villa Gunzinesheim [= Gonsenheim, Ortsteil von Mainz] *in pago Nahgowe in comitatu Emichonis*; u. d. Z. dieser Urkunde des Eb. Siegfried I. von Mainz: *Emicho comes. Bertolfus comes et frater eius Sifridus.*
(MUB I Nr. 342.)

1075 (Fälschung)
Urkunde Eb. Udos von Trier für das Simeonsstift; u. d. Z.: Graf *Embicho von Smideburch.*
(MrhRegg I Nr. 1448.)

1081 Febr. 16 (Fälschung Schotts)
Eb. Siegfried I. von Mainz bestätigt eine Schenkung an das Stift Ravengiersburg [Rhein-Hunsrück-Kreis]; u. d. Z.: *Emicho comes.*
(MUB I Nr. 359.)

1086 Okt. 21 (Fälschung Schotts)
Eb. Wezelo schenkt dem Stift Ravengiersburg [Rhein-Hunsrück-Kreis] seinen Hof *in villa Lindenescheida* [= Lindenschied/Rhein-Hunsrück-Kreis] und drei Mansen *in Runa* [= Rhaunen/Kr. Birkenfeld] und *Crumenowe* [= Krummenau/Kr. Birkenfeld] *in pago Nachgowe in comitatu Emichonis comitis.* Intervenienten die Grafen Emicho, Berthold und Eberhard.
(MUB I Nr. 370.)

1090
Eb. Ruthard von Mainz übergibt die Kirche zu Höchst [Kr. Gelnhausen] durch den Vogt *Wolfframmus de Strůmburc* [= Stromberg/Kr. Bad Kreuznach] dem Kloster St. Alban zu Mainz; u. d. Z.: *Bertholfus comes de Strůmburc et filius eius Bertholfus.*
(MUB I Nr. 374.)

1091 Sept. 21
in pago Nahcŏwe in comitatu comitis Emichonis.
(MGH DH IV Nr. 426.)

1091 (Fälschung Schotts)
Urkunde Eb. Ruthards von Mainz; u. d. Z.: *Emicho comes et frater eius Bertolf.*
(MUB I Nr. 378.)

1091 (Fälschung Schotts)
in pago Nahgowe in comitatu Emechonis comitis.
(MUB I Nr. 379.)

1097 Juli 11 (Fälschung 12. Jh.)
Urkunde Eb. Egilberts von Trier für das Simeonsstift zu Trier; u. d. Z.: *Comes Embicho. et frater eius Bertolfus.*
(MrhUB I Nr. 392; MrhRegg I Nr. 1543; vgl. OPPERMANN S. 247 und 251f.)

1098
Urkunde des Reginard, Domherren zu Speyer; u. d. Z.: *comes emicho de Vlanheim* [= Flonheim/Kr. Alzey–Worms].
(MrhUB I Nr. 395; MrhRegg I Nr. 1547.)

1100 Jan. 6
Alezenzi [= Alzey] *in pago Nachowi, in comitatu comitis Emechonis. Guntramesheim* [= Gundersheim/Kr. Alzey–Worms] *in pago Wormesfelt, in comitatu comitis Emechonis.*
(WUB I Nr. 255; UBiSp I Nr. 70.)

1103 (Fälschung 13. Jh.)
Urkunde der Pröpste von St. Stephan zu Mainz und von Ravengiersburg [Rhein-Hunsrück-Kreis]; u. d. Z.: *Bertholfus comes de Nůringes* [= Nürings, heute Falkenstein/Obertaunuskreis]. *Emicho comes Siluester* [= Wildgraf].
(MUB I Nr. 411.)

1107 Mai 11 (Fälschung 13./14. Jh.)
Urkunde Eb. Ruthards von Mainz; u. d. Z.: *Comes Emicho de Smydeburg* [= Schmidtburg, Burgruine im Rhein-Hunsrück-Kreis]. *et filius eius Emicho. Bertolfus comes de Nuringes.*
(MUB I Nr. 428.)

1107
Eb. Bruno von Trier beurkundet die Gründung des Stifts Springiersbach [Gde. Bengel/Kr. Bernkastel–Wittlich]; u. d. Z.: *Emecho de smitheburch.*
(MrhUB I Nr. 415; MrhRegg I Nr. 1601; WAMPACH I Nr. 336. Vgl. ENGELS, 1978, S. 87, mit Literaturhinweisen.)

1108 Mai 11 [Fälschung]
Urkunde Eb. Ruthards von Mainz; u. d. Z.: *Comes Emmicho de Smideburch et filius eius Emmicho. Bertholfus comes de Nůringen.*
(MUB I Nr. 436. Ich halte die Urkunde gegen STIMMING für unecht. Die Herkunftsbezeichnung »von Nürings« kommt erst 1128 auf.)

1112 Juni 16
Gugenheim [= Jugenheim/Kr. Mainz–Bingen], *Huffelesheim* [= Hüffelsheim/Kr. Bad Kreuznach], *Treisa* [= Traisen/Kr. Bad Kreuznach] *in pago Nachgowe in comitatu Emichonis;* u. d. Z. dieser Urkunde Ks. Heinrichs V.: *Emicho comes et Gerlacus frater eius.*
(MUB I Nr. 450.)

1112
Eb. Adalbert I. von Mainz bestätigt die Schenkung seines Vorgängers *in pago Nachgǒuue* in villa Algesheim [= Gau-Algesheim/Kr. Mainz–Bingen]. U. d. Z.: *Bertholfus, Emicho comites.*
(MUB I Nr. 452.)

1112
Urkunde des Propstes Ceizolf von Altenmünster zu Mainz; u. d. Z.: *comes Emicho, comes Berhtolfus.*
(MUB I Nr. 456.)

1113 Apr. 6 (Fälschung 12. Jh.)
Ks. Heinrich V. restituiert der Abtei St. Maximin bei Trier die Kirchen zu *Albucha* [= Albig/Kr. Alzey–Worms], *Weyldistein* [= Wöllstein/Kr. Alzey–Worms], *Gozoluesheim* [= Gaulsheim, Ortsteil von Bingen/Kr. Mainz–Bingen], Renten in *Apula* [= Münsterappel/Donnersbergkreis] und die villa *Folemaresbach* [= Vollmersbach/Kr. Birkenfeld], die ihr sämtlich *Emicho comes et Gerlah filius eius* entzogen hatten.
(MrhUB I Nr. 426; MrhRegg I Nr. 1662; vgl. Oppermann S. 66, 81 und 88–90.)

1116 (Fälschung Schotts)
Urkunde Ks. Heinrichs V.; u. d. Z.: *Emicho comes, Bertolfus comes.*
(Stumpf, AI Nr. 328; vgl. Wibel S. 738–741.)

1117
Emicho comes, auf seiten des Eb. von Mainz, fällt im Kampf gegen Hz. Friedrich von Schwaben.
(Nachweise Kap. 1 Anm. 34.)

(1122/25)
Ks. Heinrich V. bestätigt die von der Bürgerschaft zu Boppard geschehene Stiftung des Klosters S. Marien zu Boppard; u. d. Z.: *Gerlach comes. et frater eius emicho.*
(MrhUB I Nr. 444; fehlt MrhRegg I.)

1123 (Fälschung Schotts)
Urkunde Eb. Adalberts I. von Mainz; u. d. Z.: *Emicho comes et frater suus Gerlach. Meinhardus comes de Spanheim* [= Sponheim/Kr. Bad Kreuznach]. *Arnoldus de Lurinbergk* [= Laurenburg/Rhein-Lahn-Kreis]. *Sifridus comes de Nuringen* [= Nürings, heute Falkenstein/Obertaunuskreis].
(MUB I Nr. 515.)

1124 Juni 7
Eb. Adalbert I. von Mainz beurkundet die Übergabe der Kirche zu Sponheim durch *dominus Meginhardus de Spanheim et uxor eius Mechtild, comes Rudolfus et uxor eius Rigard* zwecks Einrichtung eines Benediktinerklosters. U. d. Z.: *Comes Goswinus et filius eius* [.] *Gerlacus et frater eius Emicho. Arnoldus et frater eius Rubertus de Lurenburc* [...]. *Bertholffus et frater eius Sigefridus.*
(MUB I Nr. 522; vgl. May S. 37.)

1125 März 20 (Fälschung Schotts)
Eb. Adalbert I. von Mainz bestätigt eine Schenkung von Gütern *in pago Nahgowe in comitatu Emichonis comitis de Smedeburc* [= Schmidtburg, Burgruine im Rhein-Hunsrück-Kreis]; u. d. Z.: *Emicho comes de Smedeburc et frater eius Gerlach. Meinhardus comes de Spanheim.*
(MUB I Nr. 532.)

1126 [Fälschung Schotts]
Urkunde Eb. Adalberts I. von Mainz; u. d. Z.: *Emicho comes de Kireberc* [= Kyrburg, Burgruine über Kirn, Kr. Bad Kreuznach]. *Bertolfus comes de Nuringin.*
(MUB I Nr. 541.)

2. Die Nachkommen der Emichonen und die Grafen von Leiningen in Mainzer Urkunden 1127 bis 1160

(zu Kap. 2)

(Wo nicht anders vermerkt, handelt es sich um Nennungen in den betreffenden Zeugenlisten. – Die Schreibweise der Eigennamen wird beibehalten, lediglich die lateinischen Endungen werden getilgt.
Bei den namengebenden Burgen handelt es sich um: Schmidtburg, Burgruine im Hahnenbachtal/Rhein-Hunsrück-Kreis; Kyrburg, Burgruine über Kirn/Kr. Bad Kreuznach; Veldenz/Kr. Bernkastel–Wittlich; (Alt-)leiningen/Kr. Bad Dürkheim; Naumburg, Burg bei Bärenbach, sw. Kirn/Kr. Bad Kreuznach; [Alten]baumburg, Burgruine über Altenbamberg/Kr. Bad Kreuznach.)

1127 Okt. 8
Urkunde Eb. Adalberts I. von Mainz für die Propstei St. Remigiusberg bei Kusel.
Gerlach Graf [von Veldenz] und *advocatus eiusdem loci.*
Emicho Graf [von Leiningen], dessen Bruder.
[...] *Emecho* Junker *(puer)* und Graf [von Leiningen?].
(MUB I Nr. 544.)

1128
Emicho (Graf) von *Kirberch* und dessen Bruder *Gerlach.*
(MUB I Nr. 553.)

1128
Emicho Graf von *Smideburch* und dessen Bruder *Gerlaus.*
Emicho Graf von *Liningen.*
(MUB I Nr. 554.)

1129 Dez. 25 [Fälschung Schotts]
Emicho Graf von *Boymeneburg* und dessen Bruder *Gerlach.*
(MUB I Nr. 556. Die Urkunde ist, was STIMMING nur für wahrscheinlich hielt, eine Fälschung Schotts; nach der Baumburg nannt sich erst ab 1154 die spätere raugräfliche Linie der Grafen von Kyrburg.)

1129
Gerlach von *Veldenza.*
(MUB I Nr. 557.)

1130 (vor Sept. 13)
Gerlah Graf von *Feldenzun.*
(MUB I Nr. 565.)

1130
Eb. Adalbert I. schenkt dem Mainzer Domkapitel u. a. Güter in Sulzheim *in pago Nachgowe in comitatu Emichonis comitis de Smedeburc.*
Emicho Graf [von Schmidtburg].
(MUB I Nr. 566.)

1130
Emmecho Graf [von Schmidtburg].
Emmecho Graf [von Leiningen].
(MUB I Nr. 567.)

1131
Gerlaus von *Veldence*.
Emecho Graf von *Liningen*.
(MUB I Nr. 571.)

1132 (vor Sept. 13)
Gerlach von *Veldence*.
(MUB I Nr. 578.)

1132 (nach Sept. 13)
Emicho Graf [von Schmidtburg] und dessen Bruder *Gerlah*.
(MUB I Nr. 579.)

1133 (vor Sept. 13)
Eb. Adalbert I. schenkt seinem Domstift ein Gut im Nahegau in der Gft. des Grafen *Emmecho* von *Smedeburch*.
(MUB I Nr. 586.)

1133 Okt. 21
Die Grafen:
Imicho von *Smetheburch*.
Gerlach von *Valdenza*.
(MUB I Nr. 588.)

1134 (Fälschung Schotts)
Eb. Adalbert I. schenkt dem Kloster St. Johann auf dem Bischofsberg Güter im Nahegau in der Grafschaft des Grafen *Emicho* von *Kereberck*.
Emicho Graf von *Kereberc*
und dessen Bruder *Gerlach* von *Veldenze*.
(MUB I Nr. 594.)

1135 (vor Juni 4)
Eb. Adalbert I. von Mainz bestätigt eine Schenkung im Nahegau in der Grafschaft des Grafen *Emmecho*.
Graf *Emmecho* [von Schmidtburg].
(MUB I Nr. 598.)

1135 (vor Juni 4)
Emmecho Graf [von Schmidtburg]
und dessen Bruder *Gerlaus*.
(MUB I Nr. 600.)

1135 (vor Juni 4)
Eb. Adalbert I. bestätigt der Propstei Zell im Nahegau Schenkungen der Äbte von Hornbach.
Graf *Emecho* von *Lintgun*.
Graf *Emmecho* von *Kyreberc* und dessen Bruder *Gerlaus*.
(MUB I Nr. 601.)

1135 Okt. 11
Emicho Graf von *Liningen*.
(MUB I Nr. 602 mit falschem Datum; die Ausf. Perg. im BayHStA, Rhpf. Urkk. Nr. 1022 hat *V. idus octobr.*)

1135 (Fälschung Schotts)
Emicho Graf, *Gerlach*, *Emicho*.
(MUB I Nr. 603.)

1136
Besitzungen in *Albicho* [= Albig/Kr. Alzey–Worms], *in comitatu Emichonis de Kirbach.*
(MUB I Nr. 610.)

1138 Sept. 4
Imico Graf [von Kyrburg].
(MUB II/1 Nr. 6.)

1140 (Febr. 2/13)
Conrad Graf von *Chireberc.*
(MUB II/1 Nr. 13.)

1140 (Febr. 2/13)
Schutzbrief Eb. Adalberts II. für das [leiningische] Stift Höningen.
Conrad Graf [von Kyrburg].
[...] *Emicho* Graf [von Leiningen].
(MUB II/1 Nr. 14.)

1143 März 20
Emicho (Graf) von *Liningen.*
[...] *Cůnrad* (Graf) von *Kirchberc.*
(MUB II/1 Nr. 37.)

1143 März 20
Emicho (Graf) von *Linungen.*
Conrad (Graf) von *Chireberech.*
(MUB II/1 Nr. 38.)

1143 (März 20)
Emicho (Graf) von *Linungen.*
Conrad (Graf) von *Chireberech.*.
(MUB II/1 Nr. 39.)

1143 (Sept. 29)
Cŏnrat Graf von *Kyrberch* und dessen Bruder *Emicho.*
[...] *Emicho* Graf von *Liningen.*
(MUB II/1 Nr. 43.)

1143 (nach Sept. 27)
Emicho Graf von *Linungun.*
[...] *Cŏnrat* Graf von *Kereberch* und dessen Bruder *Emicho.*
(MUB II/1 Nr. 44.)

1144 (vor Febr. 4)
Emmecho Graf von *Lin(ingen).*
[...] *Cŏnrad* Graf [von Kyrburg].
(MUB II/1 Nr. 48.)

1144 Juni 19
Emmicho (Graf) von *Liningin.*
(MUB II/1 Nr. 54.)

(1144) Juli 27
Emmicho (Graf) von *Liningin.*
(MUB II/1 Nr. 58.)

1144 Dez. 11
Graf *Emmecho* von *Liningen.*
(MUB II/1 Nr. 67.)

1144
Cůnrad Graf [von Kyrburg] und dessen Bruder *Emmecho.*
Emmecho Graf von *Linigun.*
(MUB II/1 Nr. 68.)

1144
Emmecho Graf von *Liningun.*
Cůnrad Graf und dessen Bruder *Emmecho* [von Kyrburg].
(MUB II/1 Nr. 69.)

1145 Mai 30
Gerlaus (Graf) von *Ueldece.*
(MUB II/1 Nr. 75.)

1145 (Juli)
Graf *Imico* [von Leiningen oder von Naumburg].
(MUB II/1 Nr. 79.)

1146 Nov. 13
Emmecho Graf von *Nuenburc* [= Naumburg = Raugraf].
(MUB II/1 Nr. 90.)

1146 Nov. 20
Embricho von *Novum Castrum* [= Naumburg].
(MUB II/1 Nr. 91.)

1148 (Febr.)
Graf *Emicho* von *Liningen.*
[...] Graf *Cůnrad* von *Kirchberc* und dessen Bruder [Emicho].
(MUB II/1 Nr. 106.)

1148 Okt. 8
Rugraue [Emicho].
(MUB II/1 Nr. 118.)

1149 (Sommer oder Frühherbst)
Graf *Emecho* [von Leiningen oder Raugraf].
[...] Graf *Gerlaus* [von Veldenz].
(MUB II/1 Nr. 123.)

1149 (Sommer oder Frühherbst)
Hirsutus comes [= Raugraf Emicho].
(MUB II/1 Nr. 124.)

1150 (Ende)
Emicho Graf von *Liningen.*
(MUB II/1 Nr. 139.)

1150 (Ende)
Gerlach Graf von *Veldencze.*
Cönrad Graf [von Kyrburg].
(MUB II/1 Nr. 141.)

1149 Sept. 24/Okt. 6 oder 1151 (Jan.) (Verunechtet)
Eb. Heinrich bestätigt die Übertragung der Kirche zu Kirchheim [an der Eck/Kr. Bad Dürkheim] an das [leiningische] Stift Höningen.
Embicho Graf von *Liningun.*
(MUB II/1 Nr. 151; Debus, 1978, Nr. 14.)

1151 (Sept.)
Graf *Cŏnrad* [von Kyrburg]
und sein Bruder *Embicho* [später: von Baumburg].
(MUB II/1 Nr. 157.)

1154
Emicho Graf von *Bomenburg.*
(MUB II/1 Nr. 197.)

1155 Nov. 23 [Handlung früher]
Cvonrad der Wildgraf *(comes Siluestris)* und dessen
Bruder der Raugraf *(Hirsutus comes).*
(MUB II/1 Nr. 209.)

1155 [verdächtig; wohl Fälschung Schotts]
Wildgraf *Conrad* von *Kyreberg*
und sein Bruder Graf *Emicho* von *Beimburg.*
(MrhRegg II Nr. 93.)

1156
Graf *Emecho* [wohl von Baumburg].
(MUB II/1 Nr. 217.)

1156 (Fälschung Schotts)
Emercho Raugraf *(comes Irsutus)*
(MUB II/1 Nr. 219.)

1158 Mai 22
Cůnrad Graf von *Kirberch*
und dessen Bruder *Emicho* von *Boimeneburch.*
(MUB II/1 Nr. 230.)

1158 Mai 22
Cůnrad Graf von *Kerberch*
und dessen Bruder *Emicho* von *Boimeneburch.*
(MUB II/1 Nr. 231.)

1158 (vor Juni) (Verunechtet)
Cůnrad und dessen Bruder, Grafen von *Kereberch.*
Gerlaus Graf von *Veldenze.*
(MUB II/1 Nr. 234.)

1159 (Aug. 24)
Cŏnrad Siluestris comes [= Wildgraf].
Embrico Irsutus comes [= Raugraf].
(MUB II/1 Nr. 242.)

1160 (März 27)
Embricho Graf von Linyngen.
(MUB II/1 Nr. 249.)

1160 (vor Juni 24)
Cůnrad comes Siluestris [= Wildgraf]
und dessen Bruder *Emmicho Irsutus* [= Raugraf].
Gerlaus Graf von *Veldenzen.*
(MUB II/1 Nr. 250.)

1160 (vor Juni 24)
Conrad comes Syluestris [= Wildgraf].
(MUB II/1 Nr. 252.)

3. Die Nachkommen der Emichonen und die Grafen von Leiningen in Königsurkunden 1127 bis 1160

(zu Kap. 2)

(Es handelt sich in allen Fällen um Erwähnungen in den Zeugenlisten. – Die Schreibweise der Eigennamen wird beibehalten, lediglich die lateinischen Endungen werden getilgt.)

1128 Dez. 27
Gerlag Graf [von Veldenz].
Imeko Graf [von Leiningen].
(MGH DL III Nr. 14.)

1131 Apr. 23
Gerlag Graf [von Veldenz]
und sein Bruder *Imecho* [von Leiningen].
(MGH DL III Nr. 36.)

1138 (Apr. 17/23)
Emecho Graf von *Liningin.*
(MGH DK III Nr. 9.)

1140 (Febr. 2/13)
Emicho Graf von *Liningin.*
Cůnrat Graf von *Chirberc* und sein Bruder.
(MGH DK III Nr. 41.)

1140 (Fälschung Schotts)
Gerlach von *Veldence* Graf.
Cunrad Graf [von Kyrburg]
und dessen Bruder *Emicho*
(MGH DK III Nr. 281; MUB II/1 Nr. 15.)

1144 (Mai)
Graf *Emicho* von *Liningen.*
[...] Graf *Emicho* und dessen Bruder *Cůnrad* von *Kirchberc.*
(MGH DK III Nr. 102.)

1145 (Mai)
Emicho Graf [von Leiningen]
(MGH DK III Nr. 127.)

1145 (Mai)
Emicho Graf von *Lyningen*.
(MGH DK III Nr. 128.)

1147 Jan. 4
Cůnrad Graf von *Kirberch*.
Gerlach Graf von *Ueldence*.
[...] *Emicho* Graf von *Liningen*.
(MGH DK III Nr. 164.)

1147 Apr. 24
Graf *Emicho* von *Liningen*.
(MGH DK III Nr. 188.)

1149 Aug. 21
Gerlach Graf von *Novum Castrum* [= Naumburg].
(MGH DK III Nr. 210.)

1150 Febr. 8 (Verunechtet?)
Emmico Graf von *Linigne*.
(MGH DK III Nr. 220.)

1150 (Febr.)
Graf *Imikho* von *Liningen*.
(MGH DK III Nr. 221.)

1150 Aug. 20
Graf *Emecho* von *Liningen*.
(MGH DK III Nr. 237.)

1152 Aug. 19
Emicho Graf von *Liningen*.
(MGH DF I Nr. 26.)

1152 Aug. 25
Emicho Graf von *Lininge*.
(MGH DF I Nr. 27.)

1153 Jan. 10
Emecho Graf von *Liniggen*.
(MGH DF I Nr. 44.)

1153 Jan. 27
Emecho Graf von *Liningen*.
(MGH DF I Nr. 45.)

1154 (Mai 3/17?)
Emecho Graf von *Liningen*.
(MGH DF I Nr. 76.)

1155 Dez. 18 (Zweifelhaft)
Emicho Graf von *Liningin*.
(MGH DF I Nr. 130.)

1156 Febr. 20
Graf *Emecho* von *Liningen*.
(MGH DF I Nr. 134.)

1156 Okt. 20 (Fälschung)
Emicho Graf von *Liningen*.
(QuStW I Nr. 73; vgl. Vorbemerkung zu MGH DF I Nr. 153.)

1157 Jan. 6
Cůnrad Graf von *Cherberc*.
Gerlah Graf von *Veldenze*.
(MGH DF I Nr. 156.)

1157 Apr. 6
Emicho Graf von *Liningen*.
(MGH DF I Nr. 165.)

1157 Apr. 6
Graf *Emicho* von *Liningen*.
(MGH DF I Nr. 166.)

1157 Aug. 3
Graf *Emicho* von *Liningen*.
(MGH DF I Nr. 176.)

1158 Febr. 9
Egeno [irrtümlich für Emicho] Graf von *Liningen*.
(MGH DF I Nr. 205.)

1158 Apr. 26
Emmeko Graf von *Liningge*.
(MGH DF I Nr. 215.)

1158 Apr. 27
Graf *Emicho* [von Leiningen].
(MGH DF I Nr. 216.)

1158 Okt. 25
Emmeco Graf von *Linigen*.
(MGH DF I Nr. 228.)

1160 Jan. 18
Graf *Emicho* [von Leiningen].
(MGH DF I Nr. 294.)

(1160 Febr.)
Graf *Emmicho* [von Leiningen].
(MGH DF I Nr. 310.)

1160 Apr. 16
Graf *Emmicho* [von Leiningen].
(MGH DF I nr. 315.)

4. Die Nachkommen der Emichonen in Trierer Urkunden 1127 bis 1160

(zu Kap. 2)

(Wo nicht anders vermerkt, handelt es sich um Nennungen in den Zeugenlisten.)

1135 [Ob echt?]
Emmecho Graf und dessen Bruder *Gerlach* von *Ueldenz*.
(MrhUB I Nr. 489, zu 1136; MrhRegg I Nr. 1881.)

1139 Juni 21
Emicho Graf von *Flanheim*.
(MrhUB I Nr. 512 mit falschem Datum im Kopfregest; MrhRegg I Nr. 1948.)

(1146)
Abt Siger von St. Maximin bei Trier bestätigt mit Konsens des abteil. Vogts und des Grafen *Emmicho* einen Gütertausch.
(MrhRegg I Nr. 2038.)

1152 Aug. 16
Wildgraf *Conrad (comes Salvagii)*.
(MrhRegg II Nr. 19.)

1159 März 9
Cunrad (Graf) von *Cherberch*.
[...] *Gerlach* (Graf) von *Veldenz*.
(MrhRegg II Nr. 151.)

1159 Juni (Fälschung)
Conrad Graf von *Kirberch*.
Emicho Graf von *Veldenza*.
(MrhUB I Nr. 616, spricht von »angeblichem Original«; MrhRegg II Nr. 158; vgl. Oppermann S. 261 und Brinken, 1974, S. 233ff.)

5. Leininger Grafen am Hofe König Rudolfs

(zu Kap. 6 Anm. 93)

(Soweit nicht anders bezeichnet, handelt es sich um die Grafen Emich IV. von Leiningen-Landeck und Friedrich IV. von Leiningen.)

1273 Dez. 7 Worms
Emich und Friedrich (QuStW I Nr. 366; RI VI/1 Nr. 47; erwähnt: Kaul S. 278).

1273 Dez. 13 Speyer
Emich und Friedrich (UStSp Nr. 126; RI VI/1 Nr. 49; erwähnt: Kaul S. 278).

1274 März 23 Gelnhausen
Emich (Baur I Nr. 142; Scriba II Nr. 634; RI VI/1 Nr. 128; vgl. ebd. Nr. 126).

1274 Mai 7–30 Hagenau
Emich und Friedrich (RI VI/1 Nr. 156, 158 u. 168; erwähnt: Kaul S. 279f.).

1274 Juni 15 Ensisheim
Friedrich (RI VI/1 Nr. 174; dort nachzutragen: Auszug in RappUB I Nr. 118).

1274 Sept. 10 u. 11 [Kaisers-]Lautern
Emich (RI VI/1 Nr. 215–216; letztgenannte Urk. abgedruckt bei Würdtwein, Mon. Pal. I Nr. 78, erwähnt bei Brinckmeier I S. 102, irrig zu Sept. 4, und Kaller, 1961, S. 39f.).

1274 Nov. 5 Hagenau
Friedrich (RI VI/1 Nr. 254).

1275 Sept. 10 Oppenheim
E[mich] (RI VI/1 Nr. 426 u. 427; MGH Const. III Nr. 88; erwähnt: Brinckmeier I S. 103 u. Kaul S. 281).

1275 Okt. 20–21 Lausanne
Emich und Friedrich (RI VI/1 Nr. 438c, 439, 440 u. 442; MGH Const. III Nr. 89–91. Erwähnt: Brinckmeier I S. 65f. zu 1277, mit zahlreichen weiteren Fehlern; ebd. S. 103; Redlich S. 192; Kaul S. 282).

1275 Dez. 8 Hagenau
Emich (RI VI/1 Nr. 457; dort zu ergänzen das Regest Mon. Zoll. II Nr. 145. Erwähnt: Kaul S. 282, wo irrtümlich vom letzten Hofaufenthalt Emichs die Rede ist).

1276 Juni 30 Hagenau
Emich und Friedrich (RI VI/1 Nr. 567; RMB Nr. 503. Erwähnt: Kaul S. 282, der irrig von einer »Voranstellung des Grafen Friedrich« redet und darauf Spekulationen über den am »Ritt nach Hagenau« verhinderten Emich IV. gründet).

1276 Sept. 26 bei Passau im Lager
F[riedrich] (Mon. Boica XXVIII/2 Nr. 129; RI VI/1 Nr. 601 hat fälschlich »Emich von Leiningen«; nachzutragen ist dort auch das Regest Mon. Zoll. II Nr. 156. Kurzregest: RGK I Nr. 212. Erwähnt: Brinckmeier I S. 56 u. 65 mit sachlichen Fehlern; Redlich S. 274f.).

1276 Okt. 15 bei Enns im Lager
Friedrich (RI VI/1 Nr. 608).

1276 Okt. 30 Wien
F[riedrich] (RI VI/1 Nr. 614).
Aus der Wiener Zeit des Grafen Friedrich IV. weiß Mathias von Neuenburg (ed. Hofmeister S. 34f. = Fassung B u. S. 325f. = Fassungen WAU; Fassg. B auch bei Treichler Nr. 30) eine makabre Anekdote zu erzählen, die in der Leiningen-Literatur als lustiges Heldenstück bejubelt wird (Hermann Schreibmüller, Ein Stücklein des Grafen Friedrich 3. von Leiningen und seines Ritters Kranich, in: LGeschBll 3, 1912, S. 17–20. Hiernach: Conrad II/1 S. 62f.). Lhotsky, Gesch. Österreichs S. 25 hält die Episode für glaubwürdig.

1276 Dez. 3 Wien
Friedrich (RI VI/1 Nr. 633; dort nachzutragen das Regest Mon. Zoll. II Nr. 159).

1277 Jan. 18 Wien
Friedrich (RI VI/1 Nr. 670; MGH Const. III Nr. 123. Erwähnt: Brinckmeier I S. 56 u. 65. Vgl. auch RI VI/1 Nr. 803 u. 974, deren Actum hierher gehören dürfte).

1277 Febr. 9 Wien
Friedrich (RI VI/1 Nr. 683).

1277 Febr. 18 Wien
Friedrich (RI VI/1 Nr. 697; dort nachzutragen das Regest Mon. Zoll. II Nr. 163, irrig zu Febr. 20).

1277 März 4 Wien
Friedrich (RI VI/1 Nr. 711).

1277 März 14 Wien
Friedrich (RI VI/1 Nr. 716 mit Nachtrag S. 562).

1277 März 17 Wien
Friedrich (RI VI/1 Nr. 718; dort nachzutragen das Regest Mon. Zoll. II Nr. 167, fehlerhaft).

1277 März 22 Wien
F[riedrich] (RI VI/1 Nr. 724).

1277 März 27 Wien
Friedrich (RI VI/1 Nr. 730).

1277 Apr. 3 Wien
Friedrich (RI IV/1 Nr. 735).

1277 Mai 22 Wien
F[riedrich] (RI VI/1 Nr. 772; WUB VIII Nr. 2684).

1280 Apr. 10 [Kaisers-]Lautern
Friedrich (DE PANGE Nr. 629).

1281 Nov. 10 Straßburg
Friedrich (RI VI/1 Nr. 1411; dort nachzutragen RappUB I Nr. 144).

1281 Nov. 13 Hagenau
Friedrich und Emich [(V.)] (RI VI/1 Nr. 1413. Erwähnt: KAUL S. 285).

1281 Nov. 18 Hagenau
Friedrich (RI VI/1 Nr. 2523; RMB I Nr. 535).

1281 Nov. 22 Hagenau
Friedrich (Elsäss. Urkk. Nr. 33).

1281 Dez. 12 Mainz
Friedrich, siegelt mit (RI VI/1 Nr. 1422; RGK Nr. 248 mit Versehen in der Personenbeschreibung).

1281 Dez. 17 Mainz
Friedrich und E[mich (V.)] (RI VI/1 Nr. 1424; erwähnt: BRINCKMEIER I S. 59 mit Irrtümern).

1282 Jan. 19 Oppenheim
F[riedrich] (RI VI/1 Nr. 1615 ohne Kenntnis von MrhRegg IV Nr. 884, wo der Lagerort der Ausf. nachgewiesen wird).

1282 Apr. 18 Hagenau
F[riedrich] (RI VI/1 Nr. 1647).

1282 Juli 30 Oppenheim
F[riedrich] (RI VI/1 Nr. 1691; dort nachzutragen das Regest BADERS in ZGO 4, 1853, S. 357).

1282 Nov. 24 Weißenburg
F[riedrich] (RI VI/1 Nr. 1727–1728).

1282 Nov. 29 Weißenburg
Friedrich (RI VI/1 Nr. 1730; dort zu ergänzen das Regest RPR I Nr. 1086. Erwähnt: BRINCKMEIER I S. 56 und CONRAD II/1 S. 85, beide fälschlich zu Nov. 9).

1284 Juli 25 Germersheim
Friedrich, sein Sohn Friedrich [V.] und [sein Vetter] Emich [(V.)] (RI VI/1 Nr. 1849; dort nachzutragen die Regesten SCRIBA III Nr. 1961 und Mon. Zoll. II Nr. 289. Erwähnt: KAUL S. 286).

1285 Juni 14 Kaysersberg
Friedrich (RI VI/1 Nr. 1909; dort zu ergänzen das Regest bei KREMER, Ard. Geschl. CD S. 188 Nr. 38; die Ausf. Perg. befindet sich im FLA, Urkk. Leiningen, sub dato. Vgl. BRINCKMEIER I S. 67, in zeitlich falscher Zuordnung, und REDLICH S. 506f.). Hierher – zur Belagerung Colmars – war Graf Friedrich IV. von Leiningen *(comes Friedricus de Liningen senior)* zusammen mit Graf Eberhard von Katzenelnbogen gekommen, um den König vor der Gefahr zu warnen, die von dem bereits in Wetzlar Hof haltenden falschen Kaiser Friedrich ausgehe, und um ihm zu raten, diesem schnellstens den Weg zu versperren

(Ellenhardi chronicon S. 126. Hiernach: Closener S. 45. Regesten: RI VI/1 Nr. 1911a; RGK Nr. 281. Vgl. REDLICH S. 528–543, der auch über die Umtriebe der sehr zahlreichen anderen falschen Friedriche in Italien und dann besonders in Deutschland ausführlich berichtet; vgl. ferner MARTIN, Habsburg S. 162).

1286 Dez. 9 Speyer
Emich [(V.)] (RI VI/1 Nr. 2057; MGH Const. III Nr. 384. Erwähnt: BRINCKMEIER I S. 108; PROBST, Germersheim S. 25; REDLICH S. 471; GERLICH S. 71 Anm. 81; CONRAD II/1 S. 51 u. 82; KAUL S. 286; RÖDEL, Reichsburgmannschaft S. 98).

1288 Jan. 29 (Mainz)
Emich [(V.)] (RI VI/1 Nr. 2144; dort ergänzend zu nennen das Regest RME II Nr. XXXVII/106; RGK Nr. 301. Erwähnt: BRINCKMEIER I S. 108 u. S. 110 Anm. 1, jeweils ohne Bezeichnung der Vorlage; KAUL S. 286f.).

1289 März 13 Eger
Emich [(V.)] (RI VI/1 Nr. 2214. Erwähnt: KAUL S. 287).

1290 Juli 15 Erfurt
Friedrich (AI selecta Nr. 476; RI VI/1 Nr. 2343. Erwähnt: BRINCKMEIER I S. 79; MARTIN, Habsburg S. 124. – Nach Erfurt war Graf Friedrich geritten, um sich vor dem Kg. zu verantworten, nachdem Heinrich von Bannacker vor Rudolf und anderswo Ehrenrühriges über ihn – den Grafen – gesprochen hatte: Corpus II Nr. 1524 S. 689 Z. 42–45).

1291 Juni 20 Hagenau
[Friedrich] (RI VI/1 Nr. 2490. Erwähnt: BRINCKMEIER I S. 77; CONRAD II/1 S. 106).

6. Dompropst Friedrich von Worms (1330–1351)

(zu Kap. 1 Anm. 248)

1330 Mai 1: *Frid(rich) grave, ... Frid(rich) sůn von Liningen, der dumprobest zů Worm(esze)* (QuStW II Nr. 236). – 1335 März 29: *Frederich Greve von Lynyngen, unde Jutte, sine eliche Wirtynne* bitten um Mitsiegelung u. a. *Frowen Sophien, mins Frederichs Můder unde Frederich den Důmprobest zu Wormezze, unsern eldesten Son* (HOEFER Nr. 179; REM I Nr. 3418). – 1339 Dez. 9: Wormser Dompropst Friedrich v. L. (NEUBAUER, Regg. Hornbach Nr. 228; REM I Nr. 4460). – 1340 Sept. 5: *friederichen von Liningen zu Wormizze und Conrad von Kirckel zu spir dumprobste* (WÜRDTWEIN, Nova subs. V Nr. 94; REM I Nr. 4584). – 1340 Okt. 4: Friedrich v. L., Dompropst zu Worms (HONTHEIM II Nr. 655; RPR I Nr. 2240 ohne Nennung der Mitsiegler). – 1342 Juli 21: *Friderich Domprobst zu Worms und Juncker Friderich Geprůder Grafen zu Leiningen* (L-W, Rechtliche Auszüge, Beylagen Nr. 21; bei dem WÜRDWEINschen Druck Nova subs. IX Nr. 120 handelt es sich um einen nicht ganz buchstabengetreuen Abdruck aus den Rechtlichen Auszügen; Regesten: SCRIBA III Nr. 2834 und NEUBAUER, Regg. Hornbach Nr. 230). – 1343 Mai 9: *Wir Friderich von Liningen Dumprobst zu Wurms und ich Emich Grave zu Liningen desselben Dumprobsts Bruder* (KREMER, Ard. Geschl. CD S. 257 Nr. 11). – 1344 Aug. 10: Friedrich v. L., Dompropst zu Worms (GLASSCHRÖDER, Neue Urkk. Nr. 250). – 1345 Juli 2: *Grave Friederichen von Liningen Thumb-Probst zu Worms* (L-D-H, Endliche Deduction Nr. 17). – 1346 Febr. 22 *(catedra Petri)*: *Wir Friderich von Liningen dumprobest zu Wurmessen und Emiche min bruder grave zu Liningen* (Ausf. Perg.: BayHStA, Rhpf. Urkk. Nr. 2136). – 1346 Mai 19: Friedrich, Dompropst zu Worms, und sein Bruder Emich, Grafen zu L. (RGK Nr. 983). – 1346 Juli 13: Friedrich, Dompropst, und Graf Emich, Gebrüder von Leiningen (RMB I Nr. 1030). – 1347 Juli 28: Friedrich v. L., Dompropst zu Worms, und sein Bruder, Graf Emich v. L. (RGZ Nr. 647). – 1347 Okt. 5: Friedrich v. L., Dompropst zu Worms, Graf Emich v. L. (RGZ Nr. 648). – 1347 Nov. 30: *Fridrich von Lyningen Dumprobestes zu Wormßin und Emichen Sines Bruder Grven zu Lyningen* (BACHMANN Nr. I). – 1347 Dez. 1 *(»in crastino beati Andree apostoli«)*: *Fryderich von Lyningen, dumprobst zu Wormßen, und grave Emiche von Lyningen, sin bruder* (Ausf. Perg.: BayHStA, Sponh. Urkk. Nr. 1001. Druck: BACHMANN Nr. III; vgl. auch ebd. Nr. II). – 1347 Dez. 7: Friedrich v. L., Domherr zu Worms (RGZ Nr. 651). – 1347 Dez. 12 *(uff den nehsten mitwochen nach Sancte Nicolais dage des heiligen bischofez)*: Friedrich v. L., Dompropst zu Worms, u. Graf Emich zu L., Gebrüder (Abschr. vom »in das Badische Loos gefallenen Original« durch den zweibrückischen Archivar Bachmann von 1791 Aug. 9; BayHStA, Sponh. Urkk. Nr. 868; Abschr. v. 1781 März 16: GLA 67/122 fol. 175r–186r. Ungenügendes Regest des sponheimischen Repertoriums abgedruckt bei BACHMANN Nr. IV). – 1348 Jan. 4: Friedrich v. L., Dompropst zu Worms, und sein Bruder, Graf Emich zu L. (RGZ Nr. 652). – 1348 März 13 u. 22: Friedrich v. L., Dompropst zu Worms (RGZ Nr. 655 u. 656). – 1348 Sept. 30: Friedrich v. L., Dompropst zu Worms (WÜRDTWEIN, Mon. Pal. I Nr. 140). – 1349 Febr. 5: *hern Friderich unsern dumprobest und hern Emichen Graven zu Lyningen sinen bruder* (BAUR III Nr. 1224). – 1349 Aug. 19: Dompropst Friedrich zu Worms u. sein Bruder Friedrich, Grafen zu L. (REM I Nr. 6305). – 1349 Sept. 26 *(sabbato proximo* [post] *festum beati Mathey apostoli et ewangeliste / des nestin samestages na sente Matheus dage des heiligin apostolin und ewangelistin)*: *Fryderich domproist zu Wormeze und grave Fryderich gebrudere von Liningin* / desgl. (2 versch. Urkk., Ausff. Perg.: BayHStA, Sponh. Urkk. Nr. 976 u. 1025; die zweite abgedruckt bei BACHMANN Nr. VII). – 1350 Apr. 27: Der Offizial des Wormser Dompropstes Friedrich v. L. und Graf Friedrich v. L., des Dompropstes Bruder (GLASSCHRÖDER, Neue Urkk. Nr. 251). – 1350 Juli 6: Friedrich, Dompropst von Worms, und Graf Friedrich v. L., Gebrüder (Ausf. Perg.: BayHStA, Rhpf. Urkk. Nr. 5897; Druck: BACHMANN Nr. VIII). – 1351 März 19: Friedrich v. L., Dompropst zu Worms, und Graf Friedr. v. L. (NEUBAUER, Regg. Hornbach Nr. 248 mit März 18). – 1351 März 22: *Wir Fryderich von Lyningen, Dumprobest zu Wormeße und wir Fryderich Greve zu Lyningen, Gebrudere unde wir Yolenta Gravynnen zu Lyningen, des selben Fryderiches Eliche frauwe* (BAUR III Nr. 1241; NEUBAUER, Regg. Hornbach Nr. 250 u. 251). – 1351 Sept. 20: Mitsiegler auf Bitten des Raugrafen Philipp u. a. *Friederich von Lyningen, domprobest zu Wormssen* und *grawe Friederich von Lyningen* (UBiSp I Nr. 594; REM I Nr. 5918).

7. Friedrich der Alte und Friedrich der Junge (1352–1376)

(zu Kap. 1 Anm. 252)

1352 Okt. 11: Friedrich d. A. und Friedrich d. J. von Leiningen und deren Vetter Graf Emich v. L. (GLASSCHRÖDER, Neue Urkk. Nr. 36). – 1357 Mai 9 *(off den nehesten dienstag nach dem suntage do man sang in der heiligen Christenheide Cantate)*: *Wir Friderich der alte, und friderich der junge, gebruder Graven zu Lyningen* (WÜRDTWEIN, Subs. dipl. VI Nr. 10). – 1359 Nov. 4: Die Brüder Friedrich der Alte und Friedrich der Junge Grafen zu L. (Ausf. Perg.: BayHStA, Rhpf. Urkk. Nr. 2629; RGZ Nr. 759). – 1361 März 7: Graf Friedrich der Alte und Graf Friedrich der Junge, Gebrüder, Grafen zu L. (Ausf. Perg.: GehHausA, Pfälzer Urkk. Zwbr. Nr. 136; RGZ Nr. 766). – 1361 Mai 16: Friedrich der Alte und Friedrich der Junge, Gebrüder, Grafen zu L. (Ausf. Perg.: GehHausA, Pfälzer Urkk. Zwbr. Nr. 137; RGZ Nr. 772). – 1362 Apr. 24 u. 25: Graf Friedrich der Alte und Graf Friedrich der Junge, Gebrüder, Grafen zu L. (BACHMANN Nr. IX, X u. XI; RGZ Nr. 779–781, vgl. auch Nr. 782). – 1363 Sept. 11: *Ferris aneis* [= ané] *comte de Lineinges* (RappUB I Nr. 765). – 1365 Sept. 17 *(le deixseptième jour de septembre)*: *Ferris anneis contes de Linenges et Ferris jonnes contes de Linenges frères* (Ausf. Perg.: BN, Coll. Lorr. 88 Nr. 203). – 1369 März 25 *(an Unser Frauen Kleibel Tage)*: *Wir Grave Friderich der Alte, und Wir Grave Friederich der Junge von Leiningen, Gebrüder, und ich Friederich von Leiningen, des Jungen Grav Friderichs Sohn* (L-D-H, Endliche Deduction Nr. XII). – 1372 Febr. 21 *(an sant Peters abent, des heiligen aposteln, den man nennet cathedra Petri)*: *Wir Fryderich der alte und Fryderich de junge, gebrüder, graven zu Lyningen* (Ausf. Perg.: BayHStA, Rhpf. Urkk. Nr. 303; Auszug: SCHANNAT I S. 242f., ohne Nachweis; Regest: J. M. KREMER, Ard. Geschl. CD S. 201 Nr. 105). – 1374 März 29: *Wir grave Friderich der alte und grave Friderich der jůnge gebrůdere graven zů Lyningen* (QuStW II Nr. 695). – 1376 März 3: Graf Emich v. L. bittet um Mitsiegelung *unsere lieben fetern grave Friderich zů Lyningen den eltern, grave Friderich zů Lyningen den jungen, gebrudere* (QuStW II Nr. 711; RPR I Nr. 4120).

II. URKUNDENABDRUCK

Die Teilungsurkunde von 1237

(zu Kap. 5 und Kap. 6 Abschn. 4)

Konrad [V. von Eberstein], Bischof von Speyer, beurkundet die zwischen seinen Blutsverwandten, dem Grafen Friedrich [III.] von Leiningen und dessen Bruder Emich [IV.], vermittelte Güterteilung.

1237 Oktober 19

Ausf. Perg.: FLA, Urkk. Leiningen, sub dato. Breite: 17 cm, Höhe: 16,5 cm, Plica: 0,8 cm. An Presseln die beschädigten Siegel Bischof Konrads und des Propstes von Aquileja.

Begl. Abschr. v. 1609: LA Speyer, F 1, 186 fol. 1r–v (unvollständig).

Drucke: LÜNIG, RA 22 S. 381 Nr. 1 (mit falschem Datum); L-W, Rechtliche Auszüge, Beylagen Nr. 1 (»Ex Orig.«); L-D-H, Deduction & Demonstr., Beylagen Nr. I (»Ex Orig.«); UBiSp I Nr. 214 (irrtümlich zu Okt. 20; Vorlage unbekannt, auf keinen Fall die Ausf.) – alle fehlerhaft.

Regesten: KREMER, Ard. Geschl. CD S. 183 Nr. 11; FESSMEYER Nr. 18; DEBUS (1978) Nr. 92.

Vgl.: REMLING, Gesch. d. Bb. zu Speyer I S. 471 f.; LEHMANN III S. 33–35; BRINCKMEIER I S. 58 f.; CONRAD II/1 S. 17–19 – alle ohne Autopsie der Originalurkunde; die Beschreibung eines in Wirklichkeit nicht vorhandenen leiningischen Siegels durch LEHMANN und – nach ihm – durch CONRAD geht auf SENCKENBERG (Meditationes S. 614 u. Abb. bei S. 600) zurück, dem allerdings eine andere Urkunde vorgelegen haben muß.

C(onradus) d(e)i gra(tia) Spirens(is) ep(isc)o(pus). Om(n)ibus ad q(uo)s presens sc(ri)ptum p(er)ven(er)it sal(utem) in d(omi)no. Cum dil(e)c(t)i consanguinei n(ost)ri Frideric(us) com(es) de Lining(en) et Eimecho frat(er) su(us) e(ss)ent in c(om)uni p(er)ceptione bonor(um) suor(um), ne int(er) eos aliq(ua) discordia v(e)l occasio poss(it) em(er)gere, de consilio n(ost)ro et aliorum, tam minist(er)ialium q(uam) castellanor(um) suor(um) in p(re)sentia existentium, de bona voluntate utriusq(ue) statutu(m) est, q(uo)d ut(er)q(ue) reditus certos in locis sibi deputatis p(er)cip(er)et. Assignatu(m) e(st) itaq(ue) F(riderico) comiti de Liningin castru(m) Hartinb(ur)ch cu(m) om(n)ib(us) reditib(us) comecie attinentib(us), cu(m) villis Durincheim, s(an)c(t)i Lamberti, Bochenheim, Luzelstat et Dolgeshei(m). Pret(er)ea castru(m) Grebinstei(n) cu(m) villis Rothalbin, Merchishalbin et Eiswilre attinentib(us). Eimechoni v(er)o fr(atr)i suo assignat(um) e(st) castrum Frankenstein cu(m) reditib(us) curiaru(m) Businsheim, Milbishei(m), Abinheim, Ulversheim, Guntirsblume(n), p(re)t(er) allodiu(m) ibide(m) et bona he(re)ditaria, et advocatia Westobin, Bibelheim et Hettinsheim. Item Binegardin, Ebirburc et Vilde. Insup(er) castru(m) Lanthechen cu(m) om(n)ib(us) attine(n)tibus p(re)t(er) allodia et bona hereditaria. Pret(er)ea bona in Mulvirshei(m) debent e(ss)e in c(om)muni p(er)ceptione. Nemora v(er)o, pascua et piscarie ap(u)d Frankenstei(n) debent e(ss)e c(om)munes. Et si alt(er)um eor(um) sine h(er)ede carnali, q(uo)d absit, deced(er)e conting(er)et, reliquus bonis suis sine om(n)i lite succederet, sic(ut) in sc(ri)pto sup(er)ius exp(re)ssum e(st). Ne v(er)o aliq(ua) sup(er) hiis discordia v(e)l contentio int(er) p(re)d(i)c(t)os fr(at)res et consanguineos n(ost)ros oriat(ur) et ut firmit(er) ab ut(ro)q(ue) hec teneant(ur), p(re)sens sc(ri)ptu(m) sigillo n(ost)ro et dil(e)c(t)i fra(tr)is n(ost)ri B(erhtoldi) p(re)positi de Aquileya in testimoniu(m) et stab(i)litatem fecim(us) c(om)muniri. Acta sunt hec cora(m) nob(is) et castellanis et minist(er)ialibus, d(omi)no Johanne de Frankenst(ein), d(omi)no Bertoldo et fr(atr)e suo G(odefrido) Metens(is), d(omi)no Cunrado de Wartinb(er)c, d(omi)no Ulrico de Grindist(at), d(omi)no Franchone de Lamishei(m), d(omi)no Stepph(an)o de Durincheim, d(omi)no Gerardo de Bizirischei(m) et aliis q(uam) plurib(us). Anno d(omi)ni Millesimo CC° XXX° VII°, in crastino Luce ewang(e)l(ist)e.

III. EXKURSE

1. Zur Datierung der Schenkungsurkunde Emichs III. für Stift Höningen (kurz vor 1179)

(zu Kap. 1 Anm. 124)

Eine für die leiningische Frühgeschichte bedeutsame Schenkungsurkunde für Stift Höningen trägt kein Datum[1]. Ein Graf Emich von Leiningen vermacht dem von ihm bevogteten Stift St. Peter, zu seinem und seiner Eltern Seelenheil, 30 Schillinge Wormser Währung und 10 Malter Hafer. Es handelt sich dabei um eine vorher jährlich fällig gewesene vogteiliche Abgabe, die jetzt zum Unterhalt der Beleuchtung während der Nokturn dienen soll. Ferner erläßt Emich den Kanonikern die Bede *(omnem exactionem quam versa vice vocamus peticionem)*, die ihm bislang von den in seinem Vogteibereich *(in advocatio mea)* gelegenen Stiftsgütern zu entrichten war. Darüber hinaus befreit er die Chorherren *ab universa servilis juris condicione*, mit deren Inanspruchnahme er und sein Gefolge die Stiftskapitulare öfter erregt hatten.

Dieser erste Teil der Verfügung – ein zweiter gestattet die freie Propstwahl – geschieht unter *consensu et admonitione conlateralis mee Elise et filiis meis Hermanno, Eberhardo, Friderico consentientibus.* Als Zeugen werden am Schluß der Urkunde genannt: *Cunradus Wormatiensis episcopus. Ego Emicho. Hermannus. Eberhardus. Fridericus. filii mei. Ruberdus Comes de Nassowen Gener meus. Helfricus de Liningen. Helgerus de Frankenstein. Udelricus de Rorburen. Cunradus Dapifer et frater eius Ortdo. Hugo et frater eius de Isenburc. Hildeboldus et fratres eius de Isenburc. Sigefridus eiusdem loci prepositus cum omnibus suis.*

Die beim Abdruck durch Senckenberg und J. M. Kremer vorgeschlagene Datierung (ca. 1159) kann nicht akzeptiert werden, erst recht nicht eine vorbehaltlose Zuordnung zu 1159, wie sie bereits Brinckmeier vornahm, ohne Rücksicht auf das »circa« seiner Vorlage zu nehmen[2]. Dagegen haben die nach der nassauischen Geschichte hin orientierten Forscher schon zu Ende des 19. Jahrhunderts diese Datierung anzuzweifeln gewagt. Conrady setzt die Urkunde, allerdings auf Grund fehlerhafter Rechenexempel, »erheblich nach dem Jahre 1179« an[3], Hillebrand, der ihm in einigen Punkten widerspricht, entscheidet sich schließlich[4] doch für dessen zeitliche Zuordnung. Krüger und Kaul haben mit 1170/78 bzw. 1169/72 bessere Vorschläge unterbreitet[5]. Kauls terminus ante quem, der sich auf die Nichterwähnung Hermanns in der Urkunde von 1172[6] stützt, muß allerdings fallengelassen werden. Denn auch Friedrich hätte dort genannt werden müssen, wenn die Zeugenschaft sämtlicher Grafen von Leiningen nötig gewesen wäre. Krüger kam zwar dem von uns bevorzugten Zeitraum[7] am nächsten, doch brachte er wenig glückliche Argumente. Daß ein Vater von drei Söhnen und einem Schwiegersohn unmöglich jünger als vierzig Jahre sein könne[8], will nicht recht einleuchten, schon gar nicht in Anbetracht mittelalterlicher Eheschließungsge-

1 Drucke: SENCKENBERG, Meditationes S. 624–626 Nr. 2 (»ob Origine Arch. Westerb.«, mit »circa an. 1159«); KREMER, Orig. Nassoicae II Nr. 114 (»Ex originali Archivi Westerburgensis«, mit »circa an. 1159«). Regg.: KREMER, Ard. Geschl. CD S. 181 Nr. 2 (nach Senckenberg, »circa an. 1159«); SCHMITZ-KALLENBERG (1915) S. 116 Nr. 3 (nach kopialer Überlieferung, mit Hinweis auf Senckenberg, »Um 1159«); NAUMANN S. 100f. (unter Mitberücksichtigung weiterer kopialer Überlieferung, »1159«); DEBUS (1978) Nr. 20 (»1160/1179«).

2 BRINCKMEIER I S. 17 und 19.

3 CONRADY S. 93.

4 HILLEBRAND S. 211.

5 KRÜGER S. 306; KAUL S. 231.

6 Vgl. Kap. 1 Anm. 121.

7 S. unten im Text.

8 So sinngemäß KRÜGER S. 306 Anm. 50.

wohnheiten. Die Begründung, daß »Bischof Konrad von Worms erst 1165 Bischof wurde«[9], beruht wohl auf einem Versehen. Jüngst kam Karl Heinz Debus[10] unabhängig von mir zu ähnlichen wie den im folgenden vorgetragenen Ergebnissen.

Gegen 1159 spricht erstens die Tatsache, daß sich Graf Emich III. in diesem Jahre in Italien befand[11], zweitens, daß der in der Urkunde genannte Sohn Friedrich 1179 noch *puer* ist[12]. Die Urkunde ist zwar wegen des 1179 in wichtiger Familienangelegenheit nicht mehr erwähnten, demnach wohl bereits verstorbenen ältesten Sohnes Hermann vor diesem Zeitpunkt anzusiedeln, aber auch nicht viel früher.

Hilft die Zeugenliste weiter? Wir greifen zunächst die hinsichtlich der Datierungsfrage wenig oder gar nicht aussagekräftigen Fälle heraus:

a) Bischöfe Konrad von Worms gab es 1150 bis 1171 und 1171 bis 1192[13].
b) Der erwähnte Schwiegersohn ist Rupert III. Graf von Nassau[14]. Er selbst ist 1159 [?] bis 1191 nachgewiesen, das Jahr seiner Verehelichung mit Gräfin Elise von Leiningen jedoch nicht überliefert[15].
c) Den Truchsessen Konrad und seinen Bruder Orto vermag ich nicht anderweitig zu belegen[16].
d) Hugo und Hildebold von Isenburg[17] mit ihren jeweiligen Brüdern könnten zwar mit den 1146 erwähnten *Huc. Hildebold, Heinrich, Godefried, Eberbern de Isenburc*[18] identisch sein. Als Einzelbeleg ist die Zeugenreihe jedoch zur Datenbestimmung ungeeignet, zumal hier in der Familie mehrmals wiederkehrende Namen vorliegen können.
e) Die Erwähnung des Propstes Siegfried von Höningen zum Jahre 1159 geschieht bei Remling[19] lediglich auf Grund vorliegender Urkunde. Nun war auch dem Verfasser der pfälzischen Klöstergeschichte sehr gut bekannt[20], daß bereits zu Beginn des auf 1159 folgenden Jahres, nämlich am 18. Januar 1160, eine Urkunde Kaiser Friedrichs I. für Stift Höningen den damaligen Propst Hartung nennt[21]. Da Hartung I. am 5. Mai 1155 verstorben sein soll[22], wird jener von Remling als Hartung II. geführt[23]. Der nächste Propst, Amilius, wird erst 1212 bekannt[24]. Es bleibt also eine weite Zeitspanne für das Auftreten eines Propstes Siegfried, jedenfalls eine zehnmal längere als zwischen Hartung I. und Hartung II. Ein von Hillebrand und Debus[25], im Gegensatz zu älteren Ansichten, als Propst von Höningen angesprochener

9 Ebd.

10 Debus (1978) Nr. 20 Anm. 1.

11 Vgl. S. 96.

12 Vgl. S. 37.

13 Gams S. 323.

14 Conradys Deutung von *gener* als »Schwager« (S. 69 u. 88) wurde bereits von Hillebrand S. 210f. widerlegt.

15 Vgl. Heck (1961) S. 27 Stammtafel; Dek S. 12. Das angebliche Jahr der Ersterwähnung, wahrscheinlich auf Grund der vorliegenden Urkunde eingeführt, von Debus (1978) Nr. 20 Anm. 1 stillschweigend geändert zu 1160.

16 Die Vermutung von Debus (1978) Nr. 20 Anm. 13, beim Truchsessen Konrad handle es sich vielleicht um einen von Reichenbach, gründet auf einem Versehen: ebd. Nr. 37 wird nicht Werner von Reichenbach als Truchseß, sondern ein Gottfried als solcher genannt.

17 Stadt Eisenberg, Donnersbergkreis; vgl. Christmann I S. 132f.

18 Remling, Abtt. u. Kll. I Beil. Nr. 17.

19 Ebd. II S. 51f.

20 Ebd. S. 52.

21 Fundstellen: Kap. 4 Anm. 39.

22 Remling a. a. O. S. 51, leider ohne Beleg. Debus (1977) S. 243 geht in seiner Pröpsteliste nicht auf dieses angebliche Todesdatum ein.

23 Remling a. a. O. S. 52.

24 Ebd. – Debus (1977) S. 243 nennt das Jahr 1196. Ders. (1978) Nr. 29 Anm. 5 vermutet nämlich den Höninger Propst in dem 1196 erwähnten gleichnamigen Kaplan des Grafen Friedrich von Leiningen.

25 Hillebrand S. 211; Debus (1977) S. 243; Debus (1978) Nr. 19.

Sigefridus prepositus de Hagene aus einem undatierten, wohl um 1173 ausgefertigten Wormser Chirograph für Kloster Otterberg und die Ibersheimer Dorfgenossenschaft[26] gehört allerdings doch wohl zu Kloster Hane bei Bolanden[27].

Die restlichen Zeugennennungen scheinen für unsere Interpretation etwas ergiebiger zu sein:

f) Die nacheinander genannten Helger von Frankenstein[28] und Ulrich von *Rorburen*[29] sind möglicherweise identisch mit jenen Freien *(liberi) Helnger et germanus suus Ulricus de Franchenstein*, die 1173 Juni 19 zusammen mit Graf Emich von Leiningen als Zeugen in einer zu Worms ausgestellten Barbarossaurkunde auftauchen[30]. Zusammen mit ihrem Vater Helenger treten diese vor 1161 in Erscheinung: *Hellengerus de Frangenstein et filii ejus Hellengerus et Udolricus*[31]. Einzeln erscheinen Vater bzw. Sohn Helenger von Frankenstein 1146 Apr. 24 *(Helenger de Franckenstein)*[32], 1164 *(Hellengerus ingenuus de Vankenstein*[!])[33], in zwei Urkunden von 1195 Juli 19 (mit Neffen Helenger und Werner)[34] sowie in einer solchen von 1196[35]. Wir halten natürlich besonders an jenem Helenger von 1173 fest, der am besten den im obigen Text dargelegten Zeitumständen entspricht.

g) Auch der noch vor den von Frankenstein genannte Helfrich von Leiningen ist uns aus jener Zeit bekannt, und zwar aus drei kaiserlichen Urkunden der Jahre 1177 und 1178[36]. Er gehört zu einer leiningischen Vasallenfamilie, die vorwiegend den Namen Gottbert trug, von 1146 bis 1229 erwähnt wird und 1214 nachweislich den Burgdienst auf [Alt-]Leiningen versah: 1146 Apr. 24 *Godebreth de Liningen*[37], 1151 Juli 8 *Helfricus filius Goteberti de Liningin*[38], vor 1161 *Godebertus et filii ejus Godefridus et Helfericus*[39], 1164 *Helfricus ingenuus* [de Liningen, da nach ihm gleich Helenger von Frankenstein][40], 1177 Aug. 17 *Helpericus de Liningen*[41], 1178 Juni 14 *Helphricus de Liningen*[42], 1178 Aug. 15 *Helfricus de Linugen*[43], 1196 Helfrich, Godebert von *Liningen*[44], [1196/1217] *Helfricus nobilis de Liningen* (mit

26 Druck: Baur II Nr. 11. Regest: Debus (1978) Nr. 19.

27 Vgl. die Namensformen zu Höningen und Hane bei Christmann I S. 268 u. II S. 95, Debus (1978) Nr. 18 Anm. 1 über »Hagen« sowie ebd. Nr. 26 über »de Hagene«.

28 Burg und Dorf Frankenstein, Kr. Kaiserslautern.

29 Rehborn, Kr. Bad Kreuznach. Vgl. Christmann I S. 485f.; Debus (1978) Nr. 20 Anm. 11 (mit Fragezeichen im Text).

30 Druck: Parisse, Pfeddersheim Beil. Nr. 1.

31 Remling, Abtt. u. Kll. I Nr. 18. Den zeitlichen Ansatz vermittelt der Schlußsatz der undatierten Kaiserurk.: *Recognita fuerunt dona ista in praesentia Gonteri venerabilis episcopi Spirensis.* Bischof Günther von Henneberg starb am 16. Aug. 1161 (Gams S. 314). Die Zuordnung der inserierten Zeugennennung zu 1146 (Debus, 1978, Nr. 20 Anm. 9) kann ich nicht akzeptieren. In die Urkunde Kaiser Friedrichs I. sind eine ganze Reihe undatierter Schenkungsurkunden oder -vorgänge transsumiert. Bei der bezeugten Handlung dreht es sich nicht um die Stiftung Bertholds von Winzingen von 1146 (vgl. Remling a. a. O. Nr. 17 u. S. 264), sondern um eine testamentarische Verfügung seines Sohnes Burkhard, die aller Wahrscheinlichkeit nach später erfolgt ist. Bei Gleichzeitigkeit wären ja wohl auch die Zeugen dieselben wie 1146.

32 Remling a. a. O. Nr. 17.

33 UBiSp I Nr. 99.

34 MrhRegg II Nr. 735 und RI IV/3 Nr. 464. – Sämtliche Daten auch bereits bei Lehmann II S. 395 und Hillebrand S. 211.

35 Ausf. Perg.: FLA, Urkk. Leiningen, sub dato. Regesten: RGZ Nr. 18; Debus (1978) Nr. 29 (ohne Nennung dieses Zeugen).

36 1177 Aug. 17 Venedig (Monumenta monasterii Leonensis S. 99–103; Zaccaria S. 124–127; Stumpf 4212); 1178 Juni 14 Turin (Stumpf AI Nr. 158; Stumpf 4248); 1178 Aug. 15 Vienne (Gallia christiana 16, Instrumenta Sp. 106–108 Nr. 6; Stumpf 4261).

37 Wie Anm. 32.

38 Stumpf AI Nr. 116.

39 Wie Anm. 31.

40 Wie Anm. 33.

41 Wie Anm. 36.

42 Wie Anm. 36.

43 Wie Anm. 36.

44 RGZ Nr. 18; Debus (1978) Nr. 29 (ohne diese Zeugen).

eigenem Siegel)[45], [1196/1217] *Helfricus frater Godeberti de Liningen*[46], 1214 *Godebertus* und *Helfricus filius Godeberdi* unter den *castrenses de Liningen*[47], [1214/20] *Godeberdus de Liningen*[48], 1217 *Godebertus de Liningen*[49], 1221 Okt. 27 Godebert von *Liningen*[50], 1225 *Godebertus de Liningin*[51], 1226 *fidelis noster Gotebertus de Liningen* und *De Liningen Helfericus filius Goteberti*[52], 1227 *Gotebertus de Liningen et filius eius Helfricus*[53], 1227 Juli: *Godelbertus de Liningen*[54], 1229 Juli 18 *Godebertus de Lyningen*[55]. Dazu kommen undatierte Nennungen eines *Godebertus de Liningen* mit Sohn und Töchtern bzw. *Godebertus nobilis de Liningen* als Urkundenaussteller und Wohltäter Höningens[56].

Aus den genannten Belegen läßt sich, mit allem Vorbehalt, folgende kleine Stammtafel für die Edelherren[57] von Leiningen entwickeln:

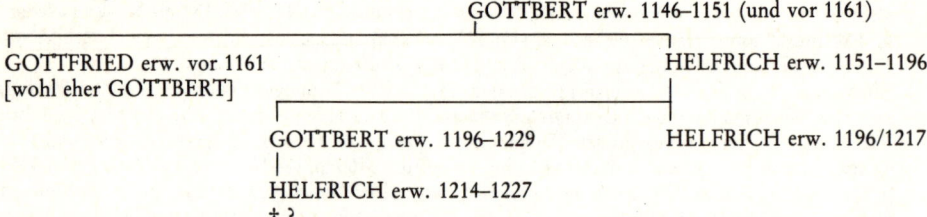

GOTTBERT erw. 1146–1151 (und vor 1161)

GOTTFRIED erw. vor 1161 [wohl eher GOTTBERT] | HELFRICH erw. 1151–1196

Söhne des HELFRICH erw. 1151–1196: GOTTBERT erw. 1196–1229 | HELFRICH erw. 1196/1217

Sohn des GOTTBERT erw. 1196–1229: HELFRICH erw. 1214–1227 † ?

Wie hieraus ersichtlich, decken zuletzt auch die Lebensdaten der Helfriche von Leiningen einen größeren Zeitabschnitt ab. Selbst die Kombination Helenger von Frankenstein / Helfrich von Leiningen erscheint in den Urkunden von vor 1161 über 1164 bis 1196. Sonach läßt sich aus der Zeugenliste nicht auf ein bestimmtes Ausstellungsjahr rückschließen. Andererseits vermag keine der Zeugennennungen den oben begründeten Ansatz der fraglichen Urkunde auf kurz vor 1179 zu widerlegen. Lediglich die zweite Hälfte des Jahres 1177 und die folgenden Monate bis zum Herbst des Jahres 1178 sind, wegen der zumindest zeitweiligen Teilnahme des Zeugen Helfrich von Leiningen am fünften Italienzug Barbarossas, von der Diskussion auszuklammern.

45 Debus (1978) Nr. 39.
46 Ebd. Nr. 40.
47 Druck: Kremer, Ard. Geschl. CD S. 249f. Nr. 3. Regest: Debus (1978) Nr. 37.
48 Vgl. Kap. 1 Anm. 131; wegen der Abfassungszeit s. S. 41.
49 UB Otterbg. Nr. 20 u. 21.
50 RGZ Nr. 65.
51 Debus (1978) Nr. 70.
52 Druck: Remling, Abtt. u. Kll. II Beil. Nr. 59. Regest: Debus (1978) Nr. 74.
53 Ausf. Perg.: BayHStA, Rhpf. Urkk. Nr. 2290. Druck: Remling, Abtt. u. Kll. II Nr. 27.
54 Druck: UB Otterbg. Nr. 50. Regest: Debus (1978) Nr. 79.
55 UBiSp I Nr. 175; MrhUB III Nr. 373.
56 Debus (1978) Nr. 80–82, zu »1191–1229«. Der von Debus vorgeschlagene terminus post quem ist hinfällig.
57 Die *nobilis*-Belege stammen alle aus dem in der Mitte des 13. Jhs. (vgl. Debus, 1978, S. 22) angefertigten Höninger Urkundenverzeichnis. Im leiningischen Hausstift dürfte man über das gräfliche Gefolge wohlinformiert gewesen sein. Trotzdem wollte ich einen Trugschluß des abfassenden Chorherren nicht ganz ausschließen, wenn nicht der *ingenuus*-Beleg der Speyerer Urk. v. 1164 alle Zweifel beseitigen würde. Eine Edelfreienfamilie, die sich nach einer gräflichen Stammburg nannte, in der sie den Burgdienst versah, bleibt ein Rätsel.

2. Die Landgrafschaft im Speyergau 1179

(zu Kap. 4 Anm. 114)

Die Vermutung, daß ein Graf von Leiningen 1179 Landgraf im Speyergau gewesen sei, wurde von Hermann Schreibmüller erstmals publiziert[1]. Dieser konnte, nach eigenen Angaben, auf eine Annahme Schäffers in dessen handschriftlicher »historischer Geographie des Mittelalters« zurückgreifen[2]. Der nicht namentlich genannte Landgraf findet indirekte Erwähnung in der rheinfränkischen Landfriedensurkunde vom 18. Februar 1179[3]: Die Südgrenze des Landfriedens erstreckt sich *usque ad pontem Lutherichewilre* [= Leutersweiler], *ubi finitur episcopatus Spirensis et potestas iurisdictionis langravii in terra Spirchowe.* Die Zeugenreihe führt Pfalzgraf Konrad an, gefolgt von Graf Emich [= Friedrich I. Emich] von Leiningen. Für Schreibmüller kam als Landgraf nur der Leininger in Frage, da das Pfalzgrafenamt damals keineswegs die Befugnis zur »Verwaltung der königlichen Güter in seinem Bezirke« gehabt habe. Werle möchte »nur die Staufer als Inhaber dieser Landgrafschaft« gelten lassen, welche allerdings die Leininger ausgeübt haben könnten[4]. Pfalzgraf Konrad, für den er mehrere Möglichkeiten durchspielt, kommt für ihn jedoch nicht als Landgraf in Betracht[5]. Gelbach will aus Werles Ausführungen schließen, daß nur Graf Emich von Leiningen der Träger jenes Amtes gewesen sein könne[6]. Ich vermag diese These nicht mit weiteren Argumenten zu bereichern.

Alle genannten Bemühungen, die Person des Amtsträgers ausfindig zu machen, gehen von der m. E. äußerst hypothetischen Voraussetzung aus, daß der Landgraf im Speyergau, dessen Gerichtssprengel im Landfriedensbezirk lag, unter den Zeugen der Urkunde genannt sein müsse. Dem ist entgegenzuhalten, daß auch die in der Grenzbeschreibung mit ihren Gebieten namentlich genannten, ebenso vom Landfrieden betroffenen Grafen nicht in der Zeugenliste erscheinen.

Eine triftigere Begründung für ein leiningisches Landgrafenamt gib Anton Doll, der den Erwerb der im späten 13. Jahrhundert im leiningischen Besitz befindlichen Madenburg auf eine solche Stellung zurückführen möchte[7]. Auch hier sind jedoch Vorbehalte anzumelden. Denn abgesehen davon, daß für diese These die Reichsministerialen von Schüpf als sonst nicht als solche belegte Lehensmannen der Leininger im 13. Jahrhundert in Anspruch genommen werden müssen[8], tauchen in der Zeit von 1179 bis zur Jahrhundertwende keinerlei Hinweise auf Obliegenheiten oder Handlungen der Grafen von Leiningen im Speyergau auf und erst recht keine auf Grundbesitz und Einkünfte, mit denen man ja immerhin in Form von Amtslehen rechnen könnte. Dagegen gibt es zu der sicheren Überlieferung der von einem Leininger im Jahre 1205 innegehabten Landvogtei[9] auch die obiger Annahme ermangelnden Bestätigungen: Wir hören von der Übertragung der Schutzvogtei über das zwar im alten Wormsgau, aber doch im Landvogteibereich gelegene Kloster Limburg und finden Leininger in der folgenden Zeit erstmals als Zeugen der Speyerer Bischöfe, was nun schon eher auf eine beginnende Amtstätigkeit im Speyergau hindeutet.

1 Schreibmüller (1905) S. 15–17.

2 Von mir nicht nachgeprüft. Das Manuskript befindet sich, laut Schreibmüller, in der Stadtbibliothek Frankfurt a. M. (jetzt: Stadt- und Universitätsbibliothek).

3 MGH Const. I Nr. 277.

4 Werle (1961) S. 72.

5 Ebd. S. 73f.

6 Gelbach (1966) S. 122.

7 Doll (1964) S. 16 und (1969) S. 271f.

8 S. meine Ausführungen zum Erwerb der Madenburg, S. 149ff.

9 Vgl. S. 104.

3. Die Waldmark Otterberg

(zu Kap. 5 Anm. 45)

In früheren Arbeiten[1] hatte ich mit Fabricius[2] angenommen, daß die Grafen von Leiningen ursprünglich mit der ganzen späteren Otterberger Waldmark vom Reiche belehnt gewesen seien. Dieser Schluß war verfehlt. Nachweisbar ist lediglich die leiningische Zwischenlehensherrschaft über die Anteile der Kolb von Wartenberg im 13. Jahrhundert[3]. Über die bei der Übertragung des von Hoheneckenschen Anteils an das Kloster Otterberg beobachtete Rolle des Grafen Friedrich von Leiningen[4] spricht Spieß mit Recht von einer »Treuhänderstellung«[5]. Das Verkaufsobjekt lag zum damaligen Zeitpunkt (1279) im Bereich der Landvogtei Speyergau[6]. Daß sich Heinrich von Hohenecken *fidelis* des Grafen von Leiningen nennt[7], ist dennoch nicht nur Devotionsformel dem Ranghöheren gegenüber, sondern hat seinen konkreten Bezug in der leiningischen Afterlehensherrschaft über Burg Hohenecken[8]. Weil sich »die restlichen Teile [...] der Waldmark als unmittelbare Reichslehen im Besitz von Reichsministerialen zeigen«, glaubt Spieß, daß sich die Grafen von Leiningen im Falle der Wartenberger als Zwischeninstanz nur eingeschoben haben[9]. Dieser Schluß klingt plausibel, ist aber nicht zwingend. Für die von Spieß hierfür anvisierte Zeit Rudolfs von Habsburg ist er zu widerlegen. Denn bereits 1255 werden die Grafen Emich [IV. von Leiningen-Landeck] und Friedrich [IV.] von Leiningen als Lehensherren des Konrad von Wartenberg wegen dessen [an der Waldmark beteiligten] Hofes [Mittel]Rohrbach genannt[10]. Ein Jahr später schlichten dieselben Grafen einen die Wald- und Weiderechte betreffenden Streit zwischen ihren *fideles* Kolb von Wartenberg und dem Kloster Otterberg[11].

Die jüngst von Volker Rödel ausgesprochene pauschale Ablehnung einer leiningischen Zwischenlehensherrschaft über die Waldmark Otterberg[12] ist also in dieser Form nicht haltbar. Der Interpretation, daß die Grafen von Leiningen 1276 [Apr. 10] bei der Substituierung verkaufter Reichslehen durch Eigengüter »als Vermittler – *mediantes* –« aufgetreten seien[13], kann ich mich nicht anschließen. Es heißt vielmehr von den Lehensgütern, daß Konrad von Wartenberg und seine Frau Agnes sie *cu(m) om(n)ib(us) suis jurib(us) et p(er)tinenciis, mediantib(us) nobilib(us) viris, E*[michone (IV. von Leiningen-Landeck)] *et F*[riderico (IV.)] *comitib(us) de Liningen, ab imp(er)io in feodu(m)* trugen[14]. Eindeutig ist auch der diesbezügliche Inhalt der königlichen Bestätigung vom 12. April 1276[15]. Der Verkauf der Wartenbergschen [Anteile an den] Wälder[n] Waldmark und Brand im gleichen Jahre an das Kloster Otterberg schließlich geschieht *nec non et nobilium virorum dominorum Comitum de Leiningen* [vielmehr: Liningen] *feodatariorum nostrorum libera voluntate*[16].

1 Toussaint, Leiningen im Wormsgau S. 181f. und Pfalzatlas S. 1083. Exakter, als wir es bei der kartographischen Darstellung im Pfalzatlas vermochten, hat sich Gerhard Kaller (1967) mit Umfang und Grenzen der Otterberger Waldmark beschäftigt; vgl. jetzt auch Kaller (1976) S. 121–129.

2 Fabricius TT S. 263f.

3 Würdtwein, Mon. Pal. I Nr. 63 S. 305, Nr. 87, 89, 90 u. 92.

4 Ebd. Nr. 100, 101 und 105.

5 Spiess, Inwärtseigen S. 90.

6 Vgl. S. 143 bei Anm. 120.

7 Würdtwein, Mon. Pal. I Nr. 101.

8 Vgl. S. 146f.

9 Spiess, Inwärtseigen S. 93.

10 UB Otterbg. Nr. 6; zur Neudatierung s. oben S. 41f.

11 Würdtwein, Mon. Pal. I Nr. 62.

12 Rödel, Reichsburgmannschaft S. 98.

13 Ebd.

14 Ausff. Perg.: StA Luzern, GA 175 und BayHStA, Rhpf. Urkk. Nr. 1388. Druck: UB Otterbg. Nr. 201 (nach kopialer Überlieferung).

15 Würdtwein, Mon. Pal. I Nr. 92; RI VI/1 Nr. 545; Kraft S. 90.

16 Würdtwein, Mon. Pal. I Nr. 87 S. 342 u. S. 344.

4. Die Herrschaft Ormes

(zu Kap. 6 Anm. 294)

Bei der Herrschaft Ormes[1] handelte es sich um die Mitgift der Alix-Berta[2], Tochter des Herzogs Friedrich (= Ferri) II. von Lothringen, die erst mit dem Grafen Werner von Kyburg, dann mit Gautier sire de Vignory (Dép. Haute-Marne, Arr. Chaumont) verheiratet war[3]. Die aus erster Ehe hervorgegangene Tochter Adelheid vermählte sich mit dem Grafen Friedrich III. von Leiningen und brachte ihm die Herrschaft zu, die etwa 25 km südlich von Nancy, zwischen Mosel und Madon, in der Tat »au cœur du duché«[4] gelegen war. Wenn nicht das Heiratsdatum, so läßt sich doch der Zeitpunkt der Herrschaftsübernahme exakt bestimmen. Alix-Berta lebte noch am 9. April 1242[5], hingegen wird sie im ersten bekannten Lehensrevers des Grafen Friedrich von Leiningen für Burg Ormes mit Zugehör, vom 29. September 1242, als die verstorbene Vorbesitzerin erwähnt[6].

Am 14. Mai 1282 verschrieb Graf Friedrich IV. seiner zukünftigen Gemahlin Johanna von Apremont als Wittum *lou chastel d'Ourmes, la chastellerie et toute la terre qui app(arti)ent en ban, en justice, en homes, en fames, en boix, en revieres, en fiez et en toutes autres vaillances* [= valeur, biens, richesses], *queilz quelles soient et puent estre* [...], wozu Herzog Friedrich von Lothringen, der mit siegelte, seine lehensherrliche Genehmigung erteilte[7]. In der Erbteilung vom 18. Oktober 1317 zwischen Friedrich V. und seinem Bruder Jofried wurde die Entscheidung über den Verbleib von Ormes bis *nach der alten Grävin Todte* verschoben[8]. Dieser Fall trat 1319 ein; erste Regelungen wurden am 6. September durch die Ritter Johann und Heinrich von *Baon* [= Bayon, östl. Ormes], die die Leininger Grafen ihre *amis et cousins*[9] nennen, als Unparteiischen, getroffen. In der von ihnen ausgestellten Urkunde[10] wird die verstorbene Johanna von Apremont ausdrücklich nur die Mutter Jofrieds von Leiningen genannt. Dessen älterer Bruder Friedrich V.

1 Ormes-et-Ville, Dép. Meurthe-et-Moselle, Arr. Nancy, Kant. Haroué.

2 Wegen der Identität von Berta und Alix vgl. Le Mercier de Morière S. 94f., der alle Zweifel auszuräumen vermag.

3 Le Mercier de Morière Nr. 103–105 und Introduction S. 48 u. 93. Bei Parisse S. 569 Anm. 117 u. Stammtafel S. 865 wird Graf Werner irrtümlich als »comte sauvage du Rhin« bezeichnet; die Grafen von Kyburg (bei Winterthur im Schweizer Kanton Zürich) dürfen jedoch nicht mit den Wildgrafen von Kyrburg (bei Kirn, Kr. Bad Kreuznach) verwechselt werden.

4 Parisse S. 390.

5 Calmet 1. Aufl. II, preuves Sp. 455; Le Mercier de Morière, Anm. zu Nr. 251.

6 Ausf. Perg.: AD Nancy, B 623 Nr. 45. Druck: Le Mercier de Morière Nr. XXXVI; Regest: ebd. Nr. 256; Teilregest: RBStr Nr. 1112; erwähnt bei Lepage, Meurthe II S. 256 (nach einer Abschr.).

7 *leu jeudi devant la panthecoste* (Ausf. Perg.: AD Nancy, B 623 Nr. 9; erwähnt bei Lepage, La Meurthe statistique II S. 447f.). Die Zustimmungsurk. des Herzogs ist verzeichnet bei de Pange Nr. 678.

8 Druck: L-D-H, Endliche Deduction Lit. N; zahlreiche weitere Abdrucke in den Prozeßschriften; vgl. Lehmann III S. 72 und Brinckmeier I S. 155.

9 Das Verwandtschaftsverhältnis konnte nicht geklärt werden.

10 *le jeudi avant le* [!] *nativité de le* [!] *benoité vierge Marie on mois de septembre* (Abschr. 14. Jh. in Kopialheft Pap. mit Perg.einband: AD Nancy, B 623 Nr. 49 fol. 11v–14r). Die Abschr. ist fälschlich auf 1390 *(Mil III^{c}. IIII^{xx} et dix)* datiert und wird auch so von Lepage, Meurthe II S. 256f., wie auch bereits im Repertorium Lancelots (AD Nancy, B 445 fol. 167) zitiert. (Der erste, von Lepage zitierte Abschnitt stammt überdies aus der Urkunde von 1322 Apr. 14 [I], vgl. unten.) 1390 gab es jedoch kein Brüderpaar Friedrich und Jofried von L. Da die Abschr. den Vater der beiden Grafen, den verstorbenen Grafen Friedrich von L., und die ebenfalls verstorbene *dame Jehannette d'Aspremont se femme, jadis mere dudit seigneur Joffroy* nennt, können die beiden Grafen hinreichend als Friedrich V. und Jofried identifiziert werden, die 1317/18 den Nachlaß ihres Vaters unter sich aufteilten. Da laut Vertrag von 1317 die Teilung Ormes' noch ausstand (s. oben), ist auch ein Vertragsmotiv für die Zeit nach 1317 gegeben. Naheliegend ist

stammte demnach aus erster Ehe des Grafen Friedrich IV. von Leiningen. Aus diesem Grunde beanspruchte Jofried gewisse Teile an Ormes – einige im einzelnen aufgeführte Liegenschaften –, als gemeinsamen Erwerb (*aqueste* = aquêt) seiner Eltern, für sich allein. In die Einkünfte und Herrschaftsrechte hingegen sollten die beiden Brüder sich teilen, *de moitié et moitié*. Es folgt eine sehr weitschweifige Beschreibung, auf welche Art und Weise die Burg zu unterteilen sei. Handelte es sich also hierbei lediglich um eine beschränkte Nutzteilung, so wurden am 14. April 1322 auch die Herrschafts- und übrigen Besitzrechte halbiert. Darüber fertigte man zwei sich ergänzende Urkunden an (Aussteller: die beiden Brüder), von denen die erste die herrschaftlichen[11], die andere die grundherrschaftlichen Verhältnisse regelte[12], und zwar in Form einer nahezu totalen Aufteilung sämtlicher Gerechtsamen, bei Schaffung zweier gleichsam selbständiger, wenn auch stark ineinander verzahnter Territorien[13]. Ein Ergänzungsvertrag vom 7. September desselben Jahres erledigte schließlich die Aufteilung der Lehensmannschaft, einiger in der ersten Urkunde vom 14. April noch nicht aufgeführter Leibeigener und etlicher externer Güter[14].

Der Halbteil der Linie Leiningen-Hardenburg

Bezeichnend für das Bewußtsein um die Endgültigkeit dieser Hälftung der Herrschaft ist der ungewöhnliche Titel, dessen sich Graf Jofried von nun an in lothringischen Urkunden bedient: *cuens de Linanges et sires d'Ourmes on partie*[15]; desgleichen sein Sohn Emich V.: *cuens de Linanges et cuens d'Ormes en partie*[16]; Entsprechend fand auch keine Belehnung zur gesamten Hand statt. Graf Emich [von Leiningen-Hardenburg] empfing den väterlichen Anteil an der Herrschaft Ormes, in seinem und seiner Brüder Namen, 1345 von Herzog Raoul, ohne daß der Hälfte der leiningen-dagsburgischen Vettern Erwähnung geschah[17]. In der Erbteilung der vier Brüder Fritzmann, Emich V., Johann und Jofried, im Jahre 1345, fiel ein Drittel des hardenburgischen Anteils an Graf Fritzmann, der die Seitenlinie Leiningen-Rixingen begründet hatte, die anderen *zweyteil des teiles, das unser vater selige beseßin hatte*, sollte den übrigen drei Grafen gehören, und zwar auch an *mannen, burgmannen, durffern, gerichten, fautigen* [etc.][18]. Im Gegensatz zur Teilung von 1322, die das Gesamteigentum gänzlich aufgelöst hatte, liegt hier lediglich eine Mutschierung vor. Demgemäß empfing Graf Emich VI. [von Leiningen-Hardenburg] am 6. Februar 1394

das Jahr 1319, da ein Lesefehler von M.CCC.XIX nach M.CCC.XC bei zu eng aneinandergeratenen *I* und *X* sehr leicht möglich ist. Der Abschreibfehler mag auch durch eine vermeintliche chronologische Reihung begünstigt worden sein – vor der Abschrift der Urk. von »1390« stehen drei weitere Abschrr. von Teilungsverträgen zwischen Friedrich und Jofried, Ormes betreffend, aus dem Jahre 1322 (s. unten) –, möglicherweise auch von dem zur Zeit der Abschr. (ausgehendes 14. Jh.) aktuellen Datum beeinflußt worden sein. Auf alle Fälle geschah die Einung vor 1322, da die aus diesem Jahre datierenden obg. Urkk. die im fraglichen Vertrag erst angekündigte Aufteilung der herrschaftlichen und grundherrlichen Rechte im einzelnen festlegen.

11 *le XIIII jour du mois d'avril* (Abschr. 14. Jh., a. a. O. fol 4v–7r).

12 *le quatorsieme jour d'avril* (Abschr. 14. Jh., a. a. O. fol. 7v–11r).

13 Der erstgenannte Vertrag zählt die zugehörigen Ortschaften auf; er wird weiter unten erörtert.

14 *en le* [!] *vigille de le* [!] *nativité Notre Dame du moix de septembre* (Abschr. 14. Jh. in Kopialheft Pap. mit Perg.einband: AD Nancy, B 623 Nr. 49 fol. 1r–4r).

15 So 1335 Sept. 10 (*le diemange apres la nativitei Notre Dame on mois de septembre;* Ausf. Perg.: AD Nancy, B 623 Nr. 22; Regest: LEVALLOIS Nr. 99 nach einer Abschr.) und 1337 Sept. 15 (LEVALLOIS Nr. 122).

16 So 1343 Juli 2 *(venredy devant la division des apostres;* begl. Abschr. von 1742: AD Nancy, 7 F 3 fol. 518r–519r = Cartulaire de l'abbaye de Saint-Epure de Toul, Bd. 3).

17 Notariatsinstrument über den Belehnungsakt vom 14. Jan. 1345 (*die quartadecima mensis januarii* 1344, *apud Nanceyum in hospicio prefati domini ducis*), Ausf. Perg.: AD Nancy, B 623 Nr. 46; Regest: LEVALLOIS Nr. 455; erwähnt bei LEPAGE, Meurthe II S. 256 mit 1344. – Revers des Grafen Emich v. L. vom 30. Jan. 1345 (*le diemange devante la chandelour* 1344), Ausf. Perg.: AD Nancy, B 623 Nr. 47; Regest: LEVALLOIS Nr. 460.

18 *den nehesten samestag nach sante Bartholomeus tage, des heiligen zwolffbotten* (Abschr.: FLA, Urkk. Leiningen, sub dato).

das Lehen *Ormes, die burg, stat, dorffere* [...], *unser deyl, do ynne wir yn gemeynschaff sytzen mit unsern vettern von Lyningen*[-Rixingen][19].
Fritzmanns Sohn Jofried verpfändete am 3. Februar 1372 *la moitié deis murs que nos et Jacomins notres freires avons a Ormes, tant on chaisteil, come en lai ville et auxi* [...] *en toute lai chaistellerie de Ormes, en villes, en boix,* [...] *en toutes justices et signories haltes, basses, en fiedz, en homaiges* [...] auf Wiederlösung an Theobald von Blâmont[20], wozu der Herzog am 4. März seine Genehmigung erteilte[21]. Die Pfandschaft scheint nicht wieder eingelöst worden zu sein. Überhaupt ist von einer Präsenz Leiningen-Rixingens zu Ormes seither nicht mehr die Rede. Lediglich die Mitsiegelung des Grafen Johann bei der im folgenden besprochenen Beurkundung von 1399 läßt noch darauf schließen, daß Leiningen-Rixingen gewisse Rechte in der Herrschaft wahrnahm.
Am 4. Juni 1399 verpfändete Graf Emich VI. [von Leiningen-Hardenburg] eine Hälfte seines Anteils für 600 Taler *couronnés de fin or du coing de roy de France* an den Ritter Heinrich von *Ogieviller*[22] [= Ogéviller, zw. Lunéville und Blâmont]. Die am selben Tage erbetene Genehmigung des Herzogs von Lothringen[23] wurde bereis am nächsten Tage erteilt, doch behielt sich Herzog Karl ein persönliches Wiederkaufsrecht vor[24]. Am 8. Dezember 1403 bekundete Graf Emich, *a notre amée dame Agnes de Sampegney* [= Sampigny, sw. Apremont], *dame de Haruel* [= Haroué in der Herrschaft Ormes] *en partie, a monsieur Werri de Haruel chevalier, fil de feu monsieur Guy de Haruel chevalier qui fuit et fil de la dite dame Agnes, et a dame Margarite de Tolon* [= Toulon], *feme dudit monsieur Werri* 800 Taler in Gold aus der königlichen Münze zu schulden, nämlich der Agnes zur einen und dem Werri nebst Gattin zur anderen Hälfte, wofür er ihnen *le tier de la moitié*, demnach das restliche in seinem Besitz befindliche Sechstel, der Herrschaft Ormes verpfändete[25]. Damit hat sich Leiningen-Hardenburg zunächst ganz aus der Herrschaft Ormes zurückgezogen. Auch für das letztgenannte Pfandgut behielt sich der Herzog selbst in seiner Einwilligungserklärung vom 13. Dezember 1403 den Wiederkauf vor[26]. In der Tat hat Herzog Karl am 3. August 1416 von seinem Rückerwerbsrecht in beiden Fällen Gebrauch gemacht[27], den Ogévillerschen wie auch den Harouéschen Pfandanteil aber für insgesamt 1400 Taler am 1. April 1417 erneut der Agnes von Haroué und deren Sohn und Schwiegertochter verpfändet[28]. Der Wiederkaufsvorbehalt wurde auch zugunsten des Grafen Emich ausgesprochen. Dieser hat offenbar bald die Pfandsumme aufzubringen vermocht. Jedenfalls konnte er am 18. April 1421 Herzog Antons ältester Tochter, die mit einem der Söhne Emichs in zehn Jahren eine – nie zustande gekommene – Ehe eingehen sollte, ein Wittum von 6000 fl u. a. auf *unserme deile der stat Ormes, mit den dorffern und allen dem, das darinn und dartzu gehoret, nust nit ußgenomme*, aussetzen[29].
Mit Testament vom 26. Dezember 1436 vermachte Graf Emich VI. seinem zweitältesten Sohne Schafried *unser deile an der stat Ormes und dorffere zu unserm deile gehorig*, sowie die Mannschaft *zu welschem lande zu Ormes unserm deile gehorig*[30]. Diese Verfügung trat, noch zu Lebzeiten des Vaters, mit dem

19 *ipso die Dorothee virginis* 1393 (Ausf. Perg.: AD Nancy, B 623 Nr. 48).
20 *lou jour de feste sainct Blaize, tier jour dou mois de fevrier* 1371 (Ausf. Perg.: AD Nancy, B 575 Nr. 137; erwähnt bei LEPAGE, Meurthe II S. 256).
21 *le quairt jour dou mois de mairs* 1371 (Ausf. Perg.: AD Nancy, B 575 Nr. 138; erwähnt bei LEPAGE, Meurthe II S. 256).
22 *le quatryme jour dou moix de juing* (Ausf. Perg., mit sechs anderen Urkk. per Pressel verbunden: AD Nancy, B 623 Nr. 33).
23 *le quatryme jour dou moix de juing* (Ausf. Perg.: AD Nancy, B 623 Nr. 34).
24 *le cinquyme jour dou moix de juing* (Ausf. Perg., mit sechs anderen Urkk. per Pressel verbunden: AD Nancy, B 623 Nr. 33).
25 *le vetime jour du mois de decembre* (Ausf. Perg., a. a. O.).
26 *le treizeme jour du moix de decembre* (Ausf. Perg., a. a. O.).
27 *le tier jour du moix d'aoust / le tier jour du mois d'aoust* (2 Ausff. Perg. = Quittungen der Pfandnehmer, a. a. O.).
28 *le premier jour d'avril* (Ausf. Perg., a. a. O.).
29 *fe*[r]*ia sexta ante festum beati Gerorii* [!] *martiris* (Abschr. 15. Jh.: FLA, Urkk. Leiningen, sub dato; vgl. LEHMANN III S. 155).
30 *sant Stefeß dag nest nach dem helgen cristdag* 1437 (Ausf. Pap.: FLA, Urkk.Leiningen). Nach BRINCKMEIER I S. 197 sollte das Testament bereits zu Lebzeiten Emichs VI. verloren gegangen sein.

Teilungsvertrag der drei Söhne vom 3. März 1448, der die gleiche Bestimmung enthielt[31], in Kraft. Eine neuerliche Verpfändung eines Teils der leiningen-hardenburgischen Herrschaftsrechte zu Ormes, den Graf Schafried 1454 dem Ludwig von Dommartin [= Dommartin-sous-Amance, nö. Nancy] von Friedrich von Parroy [ca. 13 km nö. Lunéville] und Heinrich von Lenoncourt [östl. Nancy] einzulösen gestattete[32], geht wohl noch auf Graf Emich VI. zurück, der am 29. September 1445 mit Friedrich von Parroy und Marie von Chambley einen Burgfrieden zu Ormes errichtete[33]. Ludwig von Dommartin hat für diesen Pfandanteil, nämlich einen vierten Teil an den Dörfern Haroué, Affracourt und Haplemont sowie verschiedene Häuser und Liegenschaften, noch am 25. März 1471 dem Herzog von Lothringen gehuldigt[34]. Schafried überließ, als er sich in kaiserliche Dienste begab[35], seinen restlichen Anteil an Ormes offenbar seinen jüngeren Brüdern Philipp und Dietrich, von denen Philipp bereits im Jahre 1466 als Herr von Ormes auftritt[36]. Beide Brüder nahmen am 29. September 1480 die Huldigung des Dietrich von Lenoncourt, der sich im Revers einen Herren von Haroué nennt, für gewisse Lehen in der Herrschaft Ormes entgegen[37]. Aus dem Jahre 1486 ist noch ein durch den Grafen Philipp getätigter Gütertausch zu Ormes bekannt[38]. Nach Philipps Tod fiel der leiningen-dagsburg-hardenburgische Anteil an Ormes an dessen ältesten Bruder Emich VII. und damit kurzfristig an die Primogenitur des Hauses Leiningen-Dagsburg-Hardenburg zurück – Emich empfing am 12. Februar 1493 die Belehnung durch Herzog René[39] –, wo er allerdings nur sehr kurze Zeit verblieb.

Nach Emichs Ableben (1495) findet sich wieder einer der nachgeborenen Söhne im Genuß der dortigen Herrschaftsrechte, jedoch nicht der zweitälteste, Friedrich, wie Lehmann und nach ihm die Stammtafel des mediatisierten Hauses und Brinckmeier irrtümlich annehmen[40]. Der leiningen-dagsburg-hardenburgische Amtmann zu Ormes nennt den Grafen Hesso (den jüngsten Bruder Emichs VIII. von L-D-H) als seinen Herrn und Auftraggeber eines von ihm erstellten Einkünfte- und Ausgabenverzeichnisses für 1513/14[41]. Hesso war noch 1526 Herr von Ormes[42]. Als solchen weist ihn auch die Inschrift eines 1529 von ihm und seinem Kondominatspartner zu Ormes, dem Ritter Gérard de Haraucourt [ca. 15 km sw. Nancy], gestifteten Kirchenfensters aus[43]. Hessos Sohn Philipp hat, nach Streitigkeiten mit dem Stammhaus L-D-H., u.a. seinen Anteil an Ormes mit Urkunde vom 2. September 1550 dem Herzog von Nevers geschenkt[44], über den die Herrschaft wohl wieder an den Herzog von Lothringen zurückgelangte. Die Forderungen der Linie L-D-H an Ormes blieben weiterhin bestehen und wurden als solche im Teilungsvertrag vom 27. Juni 1560 ausdrücklich erwähnt[45]. Es war ihnen auch bald Erfolg beschieden, denn

31 *am sondage Letare zu halpfasten* (2 Ausff. Perg.: FLA, Urkk. Leiningen, sub dato); vgl. Brinckmeier I S. 208 (dort jedoch ohne Beleg).

32 Lepage, Meurthe II S. 257.

33 Ebd. *(Le jour de la Saint-Michel).*

34 Lepage, Meurthe I S. 471.

35 Als kaiserlicher Rat wird Schafried erstmals 1464 Nov. 26 genannt (Chmel Nr. 4127).

36 Lepage, Meurthe II S. 258.

37 Ebd.

38 Lepage, Meurthe I S. 470.

39 Registereintrag: AD Nancy, B 5 fol. 48v. Vgl. Lepage, Meurthe II S. 258 (mit nicht modernisierter Jahreszahl).

40 Lehmann III S. 225 u. 194; Stammtafel des med. Hauses, Tafel III; Brinckmeier I S. 226. Was jedem Sohn konkret zufiel, geht aus dem Erbvertrag vom 11. Februar 1501 (*uff dornstag nach sant Appollonien tag, der heiligen jungfrawen;* begl. Abschr. v. 1609: LA Speyer, F 1/186 fol. 26r–31r) nicht hervor und wurde auch von Lehmann lediglich aus späteren Verhältnissen erschlossen.

41 AD Nancy, B 8086.

42 Lepage, Meurthe II S. 258.

43 Léon Germain [de Maidy], Les anciens vitraux d'Ormes émigrés en Amérique, in: MSAL 68 (1928/29) S. 129–144, hier: S. 1f.

44 AN, Section Ancienne, Série Y, 96 fol. 52r–53v; BN, Coll. Lorr. 663 fol. 302.

45 *dornerstag nach Johannis Baptistae* (Insert in der ks. Bestätigungsurk. von 1602 Sept. 7 eines leiningischen Familienvertrags von 1600 März 19, Ausf. Perg.: GLA, 44 K. 274). Dieser Vertragspunkt wird von Brinckmeier I S. 266f. und 329f. nicht registriert.

im Hausvertrag der 1560 abgespaltenen Seitenlinie Leiningen-Dagsburg-Falkenburg vom 19. März 1606 wird *unser antheil an Ohem* unter dem faktisch aufteilbaren Territorialbesitz erwähnt[46]. Es ist allerdings die letzte Nachricht, die uns von einer leiningischen Präsenz in Ormes überhaupt zuteil wird. 1623 wurde das ehemals zugehörige Dorf Haroué von Herzog Heinrich von Lothringen zu Ehren und wegen der Verdienste seines Vasallen François de Bassompierre, Marschall von Frankreich, zum *marquisat* erhoben, in welchem auch die gesamte Herrschaft Ormes aufging[47].

Der Halbteil der Linie Leiningen-Dagsburg

Auch nicht annähernd so viel Quellenmaterial steht für die Geschichte des von der älteren Leininger Linie 1322 in Besitz genommenen Anteils der Herrschaft Ormes zur Verfügung. Die wenigen überlieferten Daten lassen hier kaum eine gültige Aussage zu. Letztmals spricht Graf Hesso von Leiningen-Dagsburg im Jahre 1439 von *unserm halben theile Orms*[48], doch werden auch hier schon lange vorher Auflösungstendenzen sichtbar. Eine genealogisch nicht bestimmt einzuordnende Klara von Leiningen, Herrin von Boulay, hat, nach nicht unzuverlässigen Angaben, im Jahre 1350 zugunsten ihres Vetters Friedrich von Leiningen auf etliche dem leiningen-dagsburgischen Anteil zugehörige Dörfer der Herrschaft Ormes Verzicht geleistet, mit denen sie von der Herzogin Marie de Blois belehnt worden war[49]. Es war hier aus Teilen der Herrschaft wohl vorher eine stattliche Mitgift geschaffen worden. Am 4. Juni 1399 befand sich Leiningen-Hardenburg im – pfandweisen? – Besitz auch sämtlicher Leiningen-Dagsburg zugeteilter Ortschaften[50], in deren Genuß Leiningen-Dagsburg nach den beschriebenen Umständen – falls überhaupt – erst nach 1417 wieder gelangt sein kann.

Über den endgültigen Verbleib der leiningen-dagsburgischen Hälfte lassen sich nur Vermutungen anstellen. Hier ist vor allem die Tatsache zu notieren, daß den Grafen von Leiningen-Hardenburg in der zweiten Hälfte des 15. Jahrhunderts in den Herren von Haraucourt ein recht rühriger Nachbar erwachsen ist. Auf ihn geht die Gründung des Franziskanerinnenklosters zu Ormes im Jahre 1472 zurück[51], und ein Vertreter seiner Familie scheint sich als einer der Herren von Ormes auch noch 1529 an exponierter Stelle befunden zu haben[52]. Auf Grund dessen ist immerhin in Erwägung zu ziehen, daß Haraucourt nach Aussterben des Hauses Leiningen-Dagsburg im Mannesstamm (1467) von Lothringen die Belehnung mit dessen Hälfte an Ormes erhalten hat.

Umfang der Herrschaft

Der bereits zitierte Vertrag vom 14. April 1322[53] teilte die Herrschaft wie folgt auf:

Leiningen-Dagsburg erhielt:
Ormes-et-Ville *(Orme)*, Anteil nach Köpfen; Crantenoy, heute: les Mesnils-sur-Madon *(Crantenoy)*; Haroué *(Haruel)*; Affracourt *(Affrocour)*; Benney *(Berney)*; St. Remimont *(Serremont)*; Lemainville *(Mainville)*, Anteil; jeweils mit hoher und niederer Gerichtsbarkeit.

Leiningen-Hardenburg erhielt:
Ormes-et-Ville *(Orme)*, Anteil nach Köpfen; Vaudeville *(Waudeville)*; Ville-sur-Madon *(Ville-su-Madon)*; Gerbécourt *(Gerbecourt)*; Lemainville *(Lemeville)*, Anteil; Herbémont *(Herbemont)*; Vaudigny *(Waudegney)*; alle Dörfer ebenfalls mit hoher und niederer Gerichtsbarkeit.

46 2 Ausff. Perg.: FLA, Urkk. Leiningen, sub dato.
47 1623 Juli 28 (Lepage, Meurthe I S. 471).
48 L-W, Schließliche Einreden Lit. H 2; Regest: Scriba III Nr. 3966 mit sehr fehlerhaftem Zitat.
49 Lepage, Meurthe I S. 214.
50 AD Nancy, B 623 Nr. 33; s. oben S. 239.
51 Lepage, Meurthe II S. 259f.
52 Vgl. S. 240 bei Anm. 43.
53 AD Nancy, B 623 Nr. 49 fol. 4v–7r.

Dazu empfing jeder der beiden Brüder im Zusatzvertrag vom 7. September 1322[54] noch eine Anzahl jeweils namentlich aufgeführter Höriger *(des hommes et des femmes)* zu Laneuveville-devant-Bayon[55] *(Nueveville)* und Ceintrey *(Cintrey)*. Gleichzeitig wurden die Männer und Frauen des Herrschaftsmittelpunkts Ormes aufgeteilt. Die im Vergleich hierzu nicht geringe Anzahl der in den beiden vorhergenannten Dörfern lebenden leiningischen Hintersassen dürfte darauf schließen lassen, daß auch dort die Leininger die einzigen Grund- und damit wohl auch die Ortsherren waren.
Auf Gemarkung Gerbécourt hat Leiningen-Hardenburg offenbar das Dörfchen Haplemont *(Haplemont)* gegründet, das im Pfandbrief vom 4. Juni 1399[56] erstmals erwähnt wird[57].

54 Ebd. fol. 1r–4r.
55 Die Aufzählung von Friedrichs Grundholden zu Laneuveville fällt in eine Textlücke zwischen fol. 1r und fol. 2r; offenbar hatte der Kopist hier Leseschwierigkeiten, wie auch später noch an einigen Stellen.
56 AD Nancy, B 623 Nr. 33.
57 Vgl. LEPAGE, Dict. top. S. 64f.

IV. GRÖSSERE ANMERKUNGEN

Kap. 5 Anm. 81
Die Gräfin Lukardis von Saarbrücken besitzt im Jahre 1218 noch Zinsen zu Lisdorf, die sie mit Zustimmung ihres Sohnes Simon dem Kloster Wadgassen vermacht (JUNGK 221), desgl. 1220 und 1223, nebst einigen Zinsen, ihre Anteile des Patronatsrechtes an der dortigen Kirche (JUNGK 227 und RGZ 69). Auf ihre und ihres Sohnes Bitte schenkt 1220 auch Wildgraf Konrad dem Kloster den ihm durch seine Gemahlin, die Schwester Simons von Saarbrücken, zugefallenen Teil des Patronats (JUNGK 226), ebenso Graf Friedrich von Leiningen seinen ererbten Anteil im Jahre 1223 (WAMPACH II Nr. 154). Graf Simon hat Wadgassen ein Viertel der Einkünfte aus dem Allod zu Lisdorf überlassen, wozu nach seinem Tode der Propst von Neuhausen Stephan [Graf von Saarbrücken], Gräfin Loretta von Saarbrücken mit ihren Schwestern, die Grafen Friedrich und E[mich] von Leiningen, Wildgraf E[mich], Raugraf H[einrich] und S[igebert] Edler von Geroldseck mit seinen Brüdern durch Urkunde vom 18. März 1247 ihre Einwilligung erteilen (MrhRegg III 533; JUNGK 354).
Die Grafen von Zweibrücken haben 1225 und 1228 noch Eigenleute am Ort (RGZ 78 und 80) und vermögen um dieselbe Zeit dem Kloster Wadgassen gewisse Einnahmen aus Lisdorf zu übertragen (RGZ 82). Ihre dortigen Lehens- und Dienstmannen schenken sie dem Kloster im Jahre 1300 (RGZ 416, 417 u. 1029). Ein Zweibrücker Hof zu Lisdorf ist 1260 nachweisbar (RGZ 143). Stattliche (von Lothringen lehnbare?) Güter daselbst verkaufen die Grafen [auf Wiederkauf] im August 1266 an Johann von Warsberg, Vogt von Chaussy (RGZ 186, vgl. Ch. HIEGEL, 1964, S. 71), der die Pfänder am 23. April 1284 und am 6. Juni 1285 dem Kloster Wadgassen vermacht (RGZ 285 u. 295). Von diesem tauschen sie die Zweibrücker vor 1305 wieder ein (RGZ 472). Den Zehnten erhält Wadgassen am 8. September 1282 von Graf Heinrich von Zweibrücken geschenkt (RGZ 276). Von Zweibrücken haben die Grafen von Saarwerden offenbar die Lehenshoheit über ein Fünftel des Ortes geerbt, das sie im September 1262 an Johann von Warsberg verlehnen (RGZ 163).
Mit genanntem Johann von Warsberg dürfte Vogt Johann von Kelche, Herr der neuen Burg von Warsberg, identisch sejn. Ihm verkauft Graf Emich von Leiningen[-Landeck] am 13. Januar 1270 seine Güter und Rechte im Dorfe Lisdorf (JUNGK 499). Emichs Nachkommen bestätigen die Veräußerung im Januar 1288 (oder 1289, falls Empfängerausfertigung vorliegt) dem Kloster Wadgassen; diesem hat Johann von Neu-Warsberg seinen Erwerb *longo tempore ante mortem suam* zum Geschenk gemacht (Druck: KREMER, Ard. Geschl. CD S. 252f. Nr. 7; Regest: MrhRegg IV 1517; BRINCKMEIER I S. 106, ohne Beleg, gibt irrig »Linstorf« an). Länger hält die leiningische Hauptlinie an ihrem Erbteil fest. Graf Friedrich von Leiningen [-Dagsburg] und dessen Ehefrau Sophia beurkunden am 5. März 1323 (oder am 24. März 1324, falls Empfängeravsfertigung) den mit Bewilligung ihres Sohnes Friedrich geschehenen Verkauf ihrer Geldgefälle und Rechte im Dorfe Lisdorf, u. a. auch *von Herschaft und von Gericht* um 80 Pfund hlr. an Wadgassen; um Mitsiegelung wird Graf Johann von Saarbrücken gebeten (1323 *an dem Samstag vor Letare*; abgedruckt bei KREMER, Ard. Geschl. CD S. 254f. Nr. 9 mit falschem Datum im Kopfregest; Regest: JUNGK 1096, fehlerhaft; unrichtige Angaben bezüglich Datum und Verkaufssumme auch bei BRINCKMEIER I S. 116). 1323 scheint ein Großteil des Dorfes in Händen Wadgassens zu sein (RGZ 528). Doch auch die Linie Leiningen-Rixingen hat noch Besitz daselbst, den sie erst am 24. August 1327 für 80 Pfund hlr. an das Kloster abtritt (JUNGK 1160).

Kap. 6 Anm. 96
Wohl am 13. Dez. 1273 vermittelte Graf Emich [IV.] von Leiningen[-Landeck] zwischen Kg. Rudolf und den Grafen Diether und Eberhard von Katzenelnbogen (RI VI/1 Nr. 56 u. RI VI/2 Nr. 923; RGK Nr. 192, 356, 391).
Am 11. Sept. 1274 erhielt Graf Emich [IV.] zusammen mit Dietrich von Hohenfels vom Kg. den Auftrag, im Streit zwischen dem Kloster Otterberg und den Kolben von Wartenberg [leiningischen Vasallen] um die Wälder Waldmark und Brand und den Hof Alsenz Recht zu sprechen (Nachweise s. Anhang I/5). Der Schiedsspruch ist abgedruckt bei WÜRDTWEIN, Mon. Pal. I Nr. 79, allerdings mit dem unmöglichen anno 1272.
Um das Jahr 1276 wurde Graf Fr[iedrich IV.] von Leiningen vom Grafen Ot[to] von Orlamünde gebeten, ihm wieder die Gunst des Königs zu erwirken, die er wegen seiner – aus Geldnöten erfolgten – Parteinahme

für den Böhmenkönig [Ottokar II.] verloren hatte (RI VI/1 Nr. 652; DOBENECKER VI Nr. 1253. Vgl. REDLICH S. 265 mit Anm. 4).
Ende 1277 wurde Graf Friedrich IV. zusammen mit dem Mainzer Propst Peter und Herrn Reinhard von Hanau von Kg. Rudolf mit der Aufgabe betraut, die in der Blieskasteler Erbfolgefrage entstandenen und bereits mit Waffengewalt ausgetragenen Streitigkeiten zwischen dem Erzbischof von Trier, den Bischöfen von Metz und Straßburg sowie den Grafen von Zweibrücken und Salm einerseits und dem Herzog von Lothringen andererseits beizulegen (vgl. S. 167.)
In einem nach dem 26. Nov. 1277 abgefaßten Brief des Grafen Fr[iedrich IV.] von Leiningen an den König kommt der Leininger den dringenden Bitten des Mainzer Erzbischofs Werner nach, Rudolf klarzumachen, daß die Gerüchte über eine gegen den König gerichtete Verschwörung des Mainzers mit den beiden anderen rheinischen Metropoliten und einigen Bischöfen des Wahrheitsgehaltes völlig entbehrten (MGH Const. III Nr. 156. REK III Nr. 2729; RUSER I Nr. 284. Vgl. REDLICH S. 302f. u. 434; MARTIN, Habsburg S. 129f.).
Am 11. Dez. 1281 bestimmte Kg. Rudolf den Grafen Friedrich [IV.] zum Schiedsrichter zwischen den Brüdern Johann und Heinrich Grafen von Sponheim, nachdem er in deren Streitigkeiten mit dem Erzbischof von Mainz und [ihrem Vetter] Graf Heinrich von Sponheim[-Starkenburg] selbst entschieden hatte (RI VI/1 Nr. 1421. Erwähnt bei BRINCKMEIER I S. 56, mit sachlichen Unrichtigkeiten. Vgl. auch die Urkunden vom 12. und 17. Dez., nachgewiesen in Anhang I/5).

Kap. 6 Anm. 98
Zur Wiedergutmachung einer von den Burgmannen der Grafen Emich [IV. von Leiningen-Landeck] und Friedrich [IV.] von Leiningen dem Reichsministerialen Peter von Bechtolsheim *(Berhtolfesheim)* und dessen Sohn Peter zugefügten Verletzung und um ihnen die Annahme der von ihm vermittelten Sühne schmackhafter zu machen, verlieh Kg. Rudolf den Geschädigten am 9. Sept. 1275 aus den Reichseinnahmen des Frankfurter Schiffszolls 6 Mark als ein mit 60 Mark ablösbares Mannlehen (RI VI/1 Nr. 425; BÖHMER-LAU I Nr. 358; KAUL S. 281).
Im Januar 1288 erschlugen Graf Emich [(V.)] von Leiningen[-Landeck] und sein Gefolge bei Flörsheim einen Mann namens Heinrich. Zusammen mit Erzbischof Heinrich von Mainz vermittelte der König die Sühne zwischen dem Täter und den Oheimen des Ermordeten, den Brüdern Heinrich, Werner, Johann und Arnold gen. *Wilschüssel*, und ihren Verwandten und Freunden. Die in der Urk. vom 29. Jan. 1288 im einzelnen festgehaltenen Sühneverpflichtungen weisen aus, daß der Graf einigermaßen glimpflich davonkam. Druck: AI selecta Nr. 466. Regesten: RI VI/1 Nr. 2144 (dort zu ergänzen: RME II Nr. XXXVII/106); RGK Nr. 301 (daß der Erschlagene ein »von Flörsheim« war, ist wohl ein Druckfehler: bei Flörsheim geschah die Tat). Erwähnt: BRINCKMEIER I S. 108 u. 110 Anm. 1 (läßt »bei Ilbersheim« den »Heinrich von Wildschüssel« erschlagen sein; abgesehen von der eigenwilligen Übertragung ins Neuhochdeutsche: der Schwestersohn trug wohl kaum denselben Beinamen wie seine Oheime); KAUL S. 286f. (ausführlich, aber ohne Benutzung der gedruckten Urk.; bezüglich des Beinamens gilt das zu Brinckmeier Gesagte).

Kap. 6 Anm. 244
Es handelt sich um ein ganzes Urkundenpaket, das im Zusammenhang mit der Verpfändung der vier von Weißenburg lehensrührigen Dörfer Grünstadt, Asselheim, Kirchheim und Sausenheim durch die Grafen von L-Dagsburg an die Grafen von L-Hardenburg entstanden ist. Am 13. Nov. bitten die Grafen Friedrich der Alte und Friedrich [VII. Emich] von Leiningen[-Dagsburg] Abt Eberhard um lehensherrliche Genehmigung zur Verpfändung (Druck: TOUSSAINT, Liber feudorum Nr. 6). Am selben Tag verbrieft Graf Emich [V.] von Leiningen[-Hardenburg] die Wiedereinlösbarkeit der Pfanddörfer und erwähnt seine und seiner Lehenserben Berechtigung, die Dörfer zu vermannen, falls die andere Linie ausstürbe (Regest: FESSMEYER Nr. 60; dort zu ergänzen: Vidimus von 1467 Sept. 7 im StA Darmstadt, Abt. A 13 Nr. 192 und ein älteres Regest bei KREMER, Ard. geschl. CD S. 200 Nr. 102. Vgl. auch CONRAD a. a. O.). Am 28. Nov. gibt Abt Eberhard sein Einverständnis (Regest: FESSMEYER Nr. 61; dort zu ergänzen: Vidimus von 1467 Sept. 7 im StA Darmstadt, Abt. A 13 Nr. 192 und ein älteres Regest bei KREMER, Ard. Geschl. CD S. 200 Nr. 103. Vgl. auch CONRAD a. a. O.). Am 21. Dez. bekennt Graf Emich [V.] von Leiningen[-Hardenburg], wegen der ihm verpfändeten vier Dörfer Lehensmann des Abts von Weißenburg geworden zu sein (Druck: TOUSSAINT, Liber feudorum Nr. 5). Noch im selben Jahr (ohne Tagesdatum) soll Graf Emich die vier Dörfer mit lehensherrlicher Genehmigung dem Kurfürsten Ruprecht I. v. d. Pfalz verpfändet haben (Regest: FESSMEYER Nr. 63; dort zu ergänzen: das ältere Regest bei KREMER, Ard. Geschl. CD S. 200 Nr.

101; in den RPR nicht verzeichnet); es müßte noch untersucht werden, ob hier eine Verwechslung vorliegt. – Der erste leiningische Lehensrevers über alle fünf Dörfer datiert vom 7. Februar 1390 (Regest: Fessmeyer Nr. 77).

Kap. 6 Anm. 245

Am 6. Jan. 1287 hatte Graf Friedrich der Ältere [= IV.] von Leiningen einen Schultheißen namens Sigilo zu *Grindestat* sitzen (Urk. f. Kloster Rosenthal, Ausf. Perg.: BayHStA, Rhpf. Urkk. Nr. 1453; Regest: Fessmeyer Nr. 34, unrichtig). Berthold von Metz aus der leiningischen Vasallenfamilie der von Metz hatte schon unter Abt Kuno (1224–1248) ein Lehen zu Grünstadt, das, lt. Wiederbelehnungsurkunden vom 20. u. 22. Dez. 1276 und vom 6. Aug. 1288, aus dem halben Patronatsrecht und dem halben Zehnten der unteren Kirche sowie dem dabei gelegenen Hubhof samt Zugehör bestand (Fessmeyer Nr. 15, 30, 31 und 35). Ein Ulrich und ein G. von Grünstadt kommen in von den oder für die Grafen von Leiningen oder im Umkreis der leiningischen Lehensmannschaft ausgestellten Urkunden vor, sind also wohl zu den leiningischen Dienstmannen zu rechnen: ca. 1225 (Fessmeyer Nr. 16), 1227 (Remling, Abtt. u. Kll. II Beil. Nr. 27), 1248 Aug. 2 (Malottki Nr. 34).

Am 27. Apr. 1287 *(V.kal.maii)* vermochte Graf Friedrich [IV.] von Leiningen u. a. die Kirchheimer Güter der Tempelherren vom See gegen Zahlung einer einmaligen Abfindung von allen Abgaben und Lasten zu befreien, die sie ihm schuldig waren (Ausf. Perg. durch *frat(er) Frid(er)ic(us) p(re)ceptor* für die Dörfer *G(er)nsh(eim)* und *Kirch(eim)*: FLA, Urkk. Leiningen, sub dato. Die Urk. ist dreiseitig beschnitten; sie hat offenbar als Buchumschlag gedient).

Graf Friedrich [IV.] von Leiningen stellte am 3. Febr. 1268 *(in crastino purificationis b(ea)te Marie virginis)* das Kloster Lautern für seine Güter *in villa nostra Susenheym, pro duobus porcis* [wohl verlesen für *centis*] *libra(rum) denariorum Wormatien(sium)*, die jährlich nach Leiningen zu liefern waren, frei von allen sonstigen Lasten und Abgaben (Unbegl. Abschr., 16. Jh., Pap.: FLA, Urkk. Leiningen, sub dato).

Kap. 6 Anm. 366

Die Gräfinnen Agnes von Nassau und Adelheid von Sponheim bestätigten am 30. Juni 1293, daß zwischen ihnen einerseits und ihrem Blutsverwandten, dem Grafen Friedrich von Leiningen, andererseits wegen der ihnen zustehenden Eigen-, Erb- und Lehensgüter aus dem Nachlaß ihres Vaters Emicho [IV.] und ihres Bruders Emicho [(V.)] eine Einigung dahingehend erfolgt sei, daß die Ritter Johann von Randeck, Friedrich von Lautersheim, Simon [die Abschrift hat Kuno] von Montfort und Emicho von Leiningen, ihre Burgmannen auf Altleiningen, die strittigen Güter in den durch die Aussteller oder ihre Boten zu zeigenden Dörfern untersuchen sollten. Auf Grund des Berichts der vier Burgmänner sollten dann am Michaelstag [= 29. Sept.] die Grafen Eberhard von Katzenelnbogen und Heinrich von Veldenz als gemeinsam gewählte Schiedsrichter eine Entscheidung fällen (Begl. Abschr. Pap. vom 25. Nov. 1778: BayHStA, Sponh. Urkk. Nr. 816. Druck: C. J. Kremer, Dipl. Beytrr. S. 256–259 Nr. 15, falsch datiert. Regesten: J. M. Kremer, Ard. Geschl. CD S. 190 Nr. 48; MrhRegg IV Nr. 2194; RGK Nr. 355. Erwähnt: Frey II S. 301 mit unrichtiger Wiedergabe des Inhalts; Lehmann III S. 57; Brinckmeier I S. 107 u. 110). Über das Ergebnis der Erkundigungen und den Entscheid liegt keine urkundliche Nachricht vor. Die anderslautende Darstellung Conrads II/1 S. 104 beruht auf einer unglücklichen Wiedergabe des von Frey II S. 301 und Lehmann III S. 57f. erschlossenen Inhalts einer möglichen Einigung. Das angebliche Datum des Urteilsspruchs (16. Juli 1293) ist wohl das falsch aufgelöste Datum des vorgenannten Vertrags, in dem ja auch der 29. Sept. als Spruchtermin festgelegt worden war.

Zumindest zwischen Friedrich und der Gräfin von Sponheim bestand trotz Erbauseinandersetzung – die Lehmann III S. 57 wohl allzusehr dramatisiert – ein gewisses Vertrauensverhältnis. Der Leininger hatte sich am 1. Juli 1291 verpflichtet, der Gräfin und ihren Kindern im Kriegsfalle – das Reich als Gegner ausgenommen – mit fünfzehn wohlausgerüsteten Reitern auf seine Kosten Unterstützung zu gewähren. Falls jemals Streitigkeiten unter ihnen selbst entstünden, wollten sie sich freundschaftlich versöhnen und zu diesem Zweck dem Schiedsspruch der beiden leiningischen Burgmänner und Ritter Johann von Randeck und Simon von Montfort sowie der beiden sponheimischen Burgmänner und Ritter Rudolf von Alsenborn und Wilderich von Sponheim unterwerfen (Drucke: C. J. Kremer, Dipl. Beytrr., S. 247–249 Nr. 12; J. M. Kremer, Ard. Geschl. CD S. 253f. Nr. 8. Regesten: J. M. Kremer, Ard. Geschl. CD S. 189 Nr. 44; MrhRegg IV Nr. 1909. Erwähnt: Lehmann III S. 56; Brinckmeier I S. 84, fehlerhaft und ohne Nachweis).

Am 29. Okt. 1291 fungierte Graf Friedrich von Leiningen zusammen mit Graf Walram von Zweibrücken

als Schiedsrichter in einem Streit Adelheids und ihrer Kinder mit ihrem Schwager Eberhard; nebenbei bemerkt, befand sich Johann von Randeck diesmal bei den von Adelheid ernannten Ratleuten (Druck: CROLL, Orig. Bipont. II S. 256–260 Nr. 8. Regesten: KREMER, Ard. Geschl. CD S. 189 Nr. 45; MrhRegg IV Nr. 1951; RGZ Nr. 334, zu Okt. 22. Erwähnt: LEHMANN III S. 56). Eine weitere Streitsache zwischen denselben Parteien schlichtete Friedrich zusammen mit Graf Johann von Sponheim[-Starkenburg] am 8. Apr. 1292 (Druck: C. J. KREMER, Dipl. Beytrr. S. 250–252 Nr. 13, falsch datiert. Regesten: J. M. KREMER, Ard. Geschl. CD S. 190 Nr. 46, falsch datiert; MrhRegg IV Nr. 1996. Erwähnt: LEHMANN III S. 57; FABRICIUS TT S. 151). Daß Friedrichs Verhältnis zu den beiden Cousinen auch nach 1293 nicht feindseliger Natur war, erweist eine nunmehr nassauischerseits ausgestellte Urkunde vom 29. Jan. 1295. Gräfin Agnes verspricht darin, den Grafen Friedrich von einer für sie eingegangenen Bürgschaft ohne Schaden wieder zu lösen und verpfändet ihm sicherheitshalber ihren Anteil an Burg Altleiningen *(in veteri castro Liningen) cum civibus, villis et bonis allodialibus* und an Mörsberg *(Morisberc)* sowie die zu ihrer Mitgift gehörenden Orte Abenheim *(Abinheim)*, Mölsheim *(Melvinsheim)* und Dittelsheim *(Dytilnsheim)* (Ausf. Perg.: FLA, Urkk. Leiningen, sub dato. Erwähnt: LEHMANN III S. 57f., ungenau; CONRAD II/1 S. 114f.).
Für die beiderseitigen Nachkommen war die Erbangelegenheit allerdings nicht bereinigt. Graf Heinrich von Nassau versprach am 27. Febr. 1303 seinem Bruder Emich und dessen Gemahlin Anna, alle Eigen- und Lehensgüter, die ihnen durch ihren Großvater Emich [IV.] Grafen von Leiningen und dessen Sohn Emich [(V.)], ihren Onkel, anerstorben seien oder ihnen auf künftig aus diesem Erbe zufallen könnten, wenn beide es wünschten, samt der Burg in Leiningen mit ihnen zu teilen (Druck: WENCK I Nr. 380 – falsch datiert – und in vollem Wortlaut ein zweites Mal ebd. II Nr. 250. Regest: ebd. I Nr. 327,2; älteres Regest: KREMER, Ard. Geschl. CD S. 191 Nr. 53 mit unrichtigem Datum und Quellenzitat). Auf welche Weise ein künftiger Erwerb noch möglich war, erläutert ein Passus im zweiten Teilungsvertrag der leiningischen Brüder Friedrich und Jofried von 1318 (Nachweise Kap. 7 Anm. 211): Es sei verabredet, daß, wenn einem von ihnen oder seinen Erben durch des seligen Grafen Emichs Erben oder dessen Verwandte Besitzminderung mittels Gewalt oder auf Grund Gerichtsurteils geschähe, der andere ihm Unterstützung gewähren solle.

Kap. 7 Anm. 81
Die älteste Überlieferung stammt aus der Zeit zwischen 1336 und 1363; im sog. »Lehenbuch des Bischofs Gerhart v. Speier« (Moderne Überschrift) in GLA 67/285 fol. 147r–162v erscheint fol. 147r (auf einer Lage Perg.) folgender Eintrag: *Emicho* [darüber von gleicher Hand *Fridericus*] *comes de Lynynge(n) tenet ab ecc(lesi)a Spiren(si) in feodu(m) p(ri)mo jus p(at)ronatus LXXIIarum ecc(lesi)arum. Ite(m) redditus X carratarum vini in Dure(n)keim sit(os). Item decima(m) vini in Meynkem(er) p(ro) p(ar)te eum tange(n)tem. Item has villas, Nusdorff videlicet et Mulhusen, cum univ(er)s(is) et singulis juribus et requisic(i)o(n)ibus suis. Item virtute officii sui, videlicet camerariatus, tenet villas subsc(ri)ptas, Armesheim videlicet, Serflingen et Ramspach cum univ(er)s(is) et sin(gulis) juribus et requisic(i)o(n)ibus suis.* (Knapp erwähnt auch bei LEHMANN I S. 309, aber ohne Beleg). Von den genannten Lehensstücken geht nur Mühlhausen nachweislich ins 13. Jh. zurück (s. S. 149). Dafür wird dieser wohl im 15. Jh. ausgegangene Ort in den späteren Lehensbriefen nicht mehr erwähnt, während sämtliche übrigen Lehensobjekte, zunächst von Leiningen-Dagsburg, ab 1467 von Leiningen-Dagsburg-Hardenburg, bis zur Französischen Revolution gemutet wurden: das z. T. wohl auch ins frühe 13. Jh. zurückreichende Patronatsrecht über 72 Kirchen – die übrigens nie namentlich aufgezählt erscheinen –, zehn Fuder Wein zu Dürkheim, ein Teil des Weinzehnten zu Maikammer, das Dorf Nußdorf mit allen Rechten und das Kämmereramt mit seinem Zubehör, nämlich den Dörfern Arzheim, Servelingen (Wü.) und Ranschbach. Die Lehensbriefe – stets gleichen Inhalts – sind zum größten Teil im Orig. erhalten (FLA, Urkk. Leiningen, sub datis): 1467 Dez. 27 (unbegl. Abschr. Pap.), 1478 Okt. 26 (unbegl. Abschr. Pap.), 1497 März 6 (Ausf. Perg.), 1522 Juni 17 (Ausf. Perg.), 1530 Dez. 12 (Ausf. Perg.), 1541 Dez. 22 (Ausf. Perg.), 1554 Apr. 26 (Ausf. Perg.), 1561 Sept. 22 (Ausf. Perg.), 1583 Febr. 4 (begl. Abschr. Pap.; erwähnt bei BRINCKMEIER I S. 269 mit stark verballhornten Namensformen und ohne Beleg), 1609 Juni 2 (unbegl. Abschr. Pap.; erwähnt bei BRINCKMEIER I S. 276, ohne Beleg), 1611 Nov. 2 (Ausf. Perg.), 1628 Mai 29 (Ausf. Perg.), 1654 Nov. 28 (Ausf. Perg.), 1658 Apr. 30 (Ausf. Perg.), 1706 Nov. 9 (Ausf. Perg.), 1789 Juni 9 (Ausf. Perg.).

Kap. 7 Anm. 116
Sehr knapp gefaßte Lehensbeschreibung von 1385 Aug. 15, Ausf. Pap. mit aufgedrücktem, aber nun fast ganz abgefallenem Siegel: LA Speyer, C 25, sub dato. *Ich Rodewin von Dorrenkeim han von myme edeln junck(er) Johan vo(n) Lyni(n)gen zů lehen Assinheim daz dorff un(d) waz darzů gehort. Un(d) dez zů*

orkůnde han ich myn ingesiegel unde(n) an diese(n) brieffe gedrůcket, der geb(e)n wart in dem jare, do man zalt von (Christi) geborte důsentdruhundertun(d)fůnfun(d)achtzich, off uns(er) frauwen dage, als sie zů hiemel fore.
Die undatierte Lehensbeschreibung eines Hans von Dürkheim (Ausf. Pap. [!] mit – relativ gut erhaltenem – aufgedrücktem Siegel: LA Speyer, C. 25, ca. 1430) dürfte noch dem 14. Jh. zugehören. Sie hat die gleiche einfache Form wie die Urk. von 1385. Vielleicht ist sie um 1380 angefordert worden, als Graf Johann von Leiningen-Rixingen die Nachfolge seines Vaters Jofried antrat, also älter als jene von 1385.
Auf jeden Fall geschah diese Aufzählung vor 1416, weil danach die Belehnung durch Sponheim erfolgte (vgl. die folgende Anm.). Vollständiger Wortlaut des Reverses: *Diz sint die lehen, die ich, Hans vo(n) Dorenkeim und min geswiest(er) han vo(n) dem edeln mime genedige(n) ju(n)ghern ju(n)gher Jehans vo(n) Liningen, und ist daz daz dorff Assenhein mit siner zůgehorde. Dez zů urkůnde, so han ich min ingesigel gedrucket zů einde dieser schrift.*

Kap. 7 Anm. 117
Lehensrevers des Hans Rudwin von Dürkheim *(Dorrenkeim)* von 1416 Jan. 28 *(fer(i)a t(er)tia p(ro)xi(m)a an(te) pu(r)ificat(i)o(ne)m Ma(r)ie v(ir)g(inis))*; Ausf. Perg.: LA Speyer, C 25, sub dato; Vidimus (Orig. Pap.) von 1478 Nov. 11 *(»sant Martins tag«)* nach einem Kopiareintrag: FLA, Urkk. Leiningen, 1478 Nov. 11. Der Aussteller bekundet, seine Eltern und er hätten das Lehen bisher von Junker Johann, Graf von Leiningen und Graf zu Rixingen getragen. Dieser habe es zusammen *mit andern lehen und manschafft* dem Grafen Johann [V.] von Sponheim[-Starkenburg] als Mitgift seiner Tochter Walpurga übergeben, von dem es Hans Rudwin von Dürkheim nunmehr für sich und seinen Bruder empfangen solle. Falls der Graf von Sponheim jedoch ohne Leibeserben verstürbe, wollten er, seine Brüder und ihre Leibeserben hierfür wieder dem Junker von Leiningen und seinen Erben Mannschaft leisten.
Lehensrevers des Hans Rudwin von Dürkheim *(Durekeym)* für Graf Johann von Sponheim von 1430 Mai 12 *(fe(r)ia sexta post d(omi)nicam Jubilate)*; Ausf. Perg.: LA Speyer, C 25, sub dato.

STAMMTAFEL I

Erstes Haus Leiningen

(1)

EMICH I. [?] - - - - - - - - - - - Hermann - - - - - - - - - - Hedwig

EMICH I. [?] †1117	Hermann erw. um 1110 [?] ∞ Adela [Gfin. v. Prozelten]	Hedwig ∞ Konrad I. Gf. v. Württemberg

EMICH II.
erw. seit 1128, †vor 1138
∞ Alberat [Gfin. v. Laurenburg]

EMICH III.
1127 *puer*, †1180/87
∞ Elisa, erw. 1179

Hermann †vor 1179	Eberhard erw. 1172–1179	FRIEDRICH I. (EMICH) erw. 1179–1212, †vor 1214 ∞ Gertrud [Gfin. v. Habsburg], erw. 1196, †nach 1214	Elisa †nach 1235 ∞ Ruprecht Gf. v. Nassau	Alberat erw. Wwe. 1196, †nach 1235 ∞ vor 1196 Siegfried Gf. v. Peilstein-Mörle-Cleeberg	Lukard †nach 1235 ∞ 1. vor 1180 Simon II. Gf. v. Saarbrücken ∞ 2. 1220 Lothar Gf. v. Wied

Zweites Haus Leiningen (Saarbrücker Stamm)

FRIEDRICH II.
als Gf. v. Leiningen erw. 1214–1236, †1237
∞ Agnes Gfin. v. Eberstein
∞ 2. Diether V. v. Katzenelnbogen

Simon †[1234/36] ∞ 1223 Gertrud Gfin. v. Metz u. Dagsburg, Wwe. des Hz. Theobald I. v. Lothringen u. geschieden v. Gf. Theobald IV. v. Champagne	FRIEDRICH III. (2)	EMICH IV. (3)	Heinrich Bischof v. Speyer 1245–1272	Walram als Dompropst zu Worms erw. 1249–1284	Berthold als Domherr zu Speyer erw. 1247–1257, B. v. Bamberg 1258–1285	Kunigunde erw. 1231–1236 ∞ Werner IV. v. Bolanden [?]	N. ∞ Merbodo II. v. Malberg-Vinstingen [?]	N. ∞ Konrad Burggraf v. Nürnberg [?]

STAMMTAFEL II

(2) Leiningen

FRIEDRICH III.
erw. seit 1237, †[1250/51]
⚭vor 1242 Adelheid Gfin. v. Kyburg †nach 1258

FRIEDRICH IV.
erw. seit 1254, †1316
⚭1. vor 1268 Mechthild Gfin. v. Sponheim †nach 1270
⚭2. 1282 Jeanne-Julienne v. Apremont †1317/19

1	1	1	1	2?	2	2	2	2
FRIEDRICH V. (4)	N. Tochter 1288	N. Tochter 1288	Mechthild ○ 1288 Gf. v. Nassau	Emich B. v. Speyer 1314–1328	Agnes ○ 1288 u. ⚭ um 1301 Georg Gf. v. Veldenz	Ferriata †1314/15 ⚭vor 1309 Johann I. Gf. v. Saarwerden	JOFRIED (5)	Jenate (Jutta, Johanna) ⚭1318 Hannemann v. Lichtenberg

STAMMTAFEL III

(3) Leiningen-Landeck

EMICH IV.
erw. seit 1237, †[1276/78]
⚭1. Elisabeth †vor 1264
⚭2. 1265 Margarete v. Hengebach, Wwe. des Gfen. Simon v. Sponheim-Kreuznach

1	1	1	1
Adelheid †1301 ⚭1265 Johann I. Gf. v. Sponheim-Kreuznach	Kunigunde †nach 1288 ⚭vor 1267 Heinrich I. v. Blâmont	Agnes †1299/1303 ⚭vor 1288 Otto Gf. v. Nassau	EMICH (V.) erw. seit 1265, †1289 ⚭Katharina v. Ochsenstein (⚭2. Johann Gf. v. Sponheim-Starkenburg) — Rudolf †1290

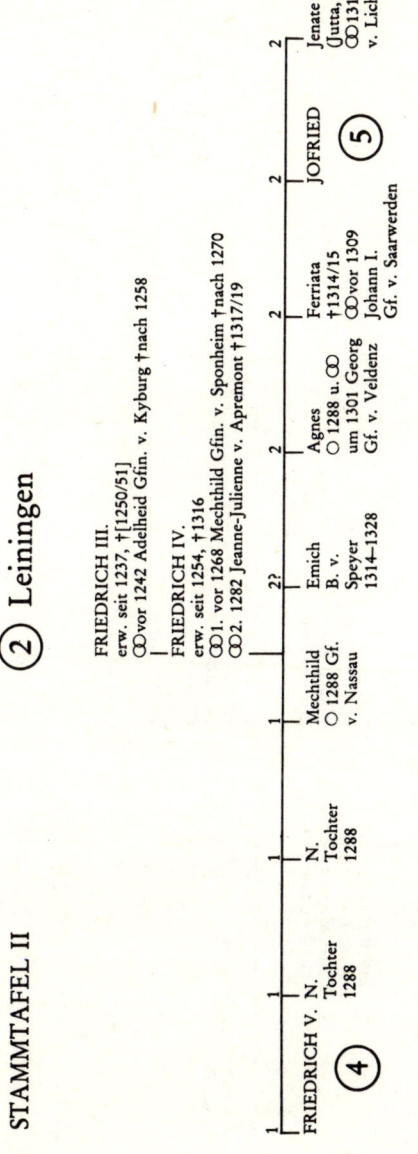

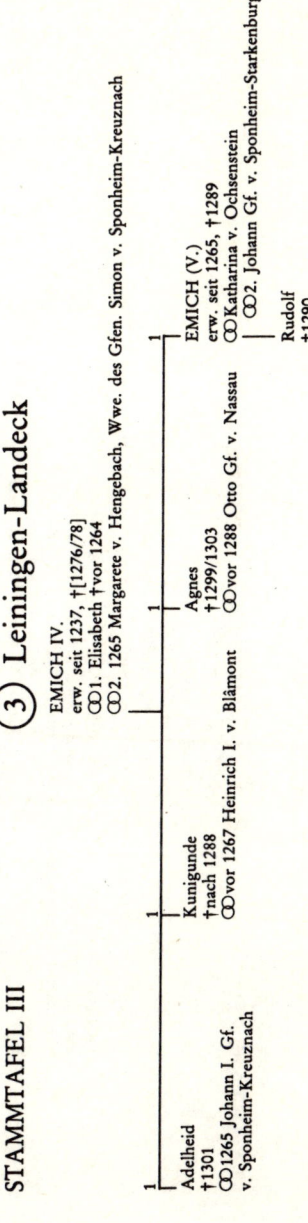

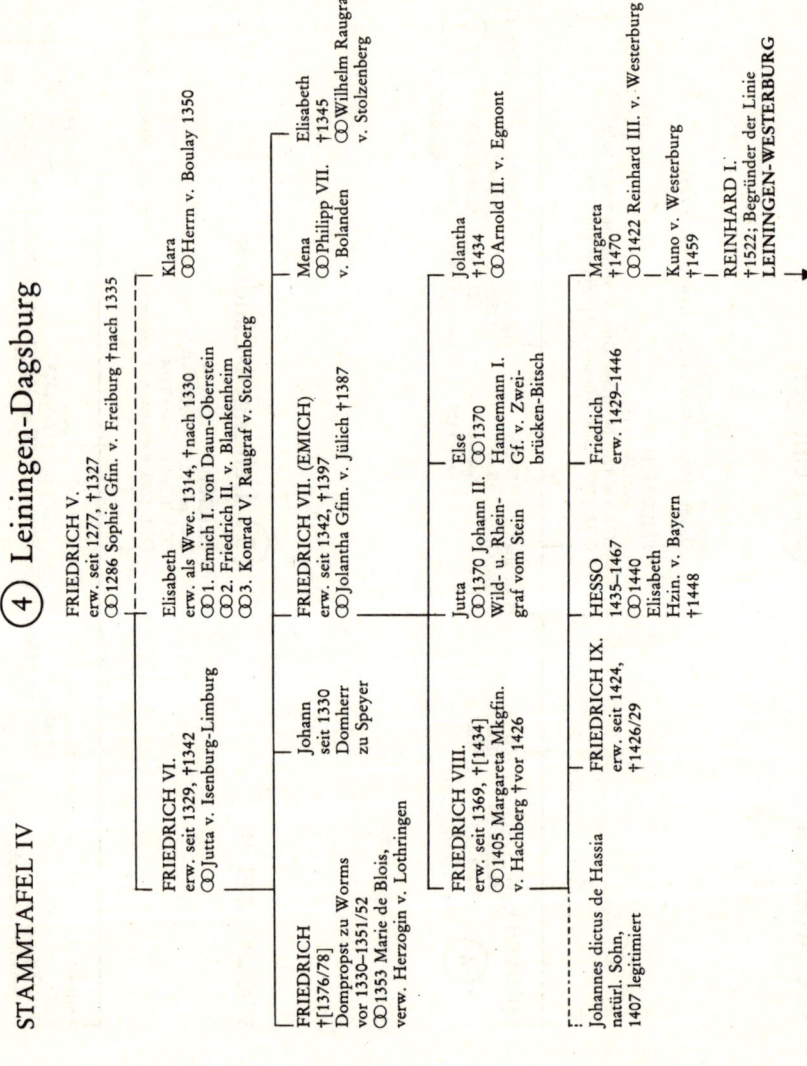

STAMMTAFEL IV

④ Leiningen-Dagsburg

FRIEDRICH V.
erw. seit 1277, †1327
∞1286 Sophie Gfin. v. Freiburg †nach 1335

FRIEDRICH VI.
erw. seit 1329, †1342
∞Jutta v. Isenburg-Limburg

Elisabeth
erw. als Wwe. 1314, †nach 1330
∞1. Emich I. von Daun-Oberstein
∞2. Friedrich II. v. Blankenheim
∞3. Konrad V. Raugraf v. Stolzenberg

Klara
∞Herrn v. Boulay 1350

FRIEDRICH
†[1376/78]
Dompropst zu Worms
vor 1330–1351/52
∞1353 Marie de Blois,
verw. Herzogin v. Lothringen

Johann
seit 1330
Domherr
zu Speyer

FRIEDRICH VII. (EMICH)
erw. seit 1342, †1397
∞Jolantha Gfin. v. Jülich †1387

Mena
∞Philipp VII.
v. Bolanden

Elisabeth
†1345
∞Wilhelm Raugraf
v. Stolzenberg

FRIEDRICH VIII.
erw. seit 1369, †[1434]
∞1405 Margareta Mkgfin.
v. Hachberg †vor 1426

Jutta
∞1370 Johann II.
Wild- u. Rhein-
graf vom Stein

Else
∞1370
Hannemann I.
Gf. v. Zwei-
brücken-Bitsch

Jolantha
†1434
∞Arnold II. v. Egmont

Johannes dictus de Hassia
natürl. Sohn,
1407 legitimiert

FRIEDRICH IX.
erw. seit 1424,
†1426/29

HESSO
1435–1467
∞1440
Elisabeth
Hzin. v. Bayern
†1448

Friedrich
erw. 1429–1446

Margareta
†1470
∞1422 Reinhard III. v. Westerburg

Kuno v. Westerburg
†1459

REINHARD I.
†1522; Begründer der Linie
LEININGEN-WESTERBURG

(5) Leiningen-Hardenburg (nach 1467: Leiningen-Dagsburg-Hardenburg)

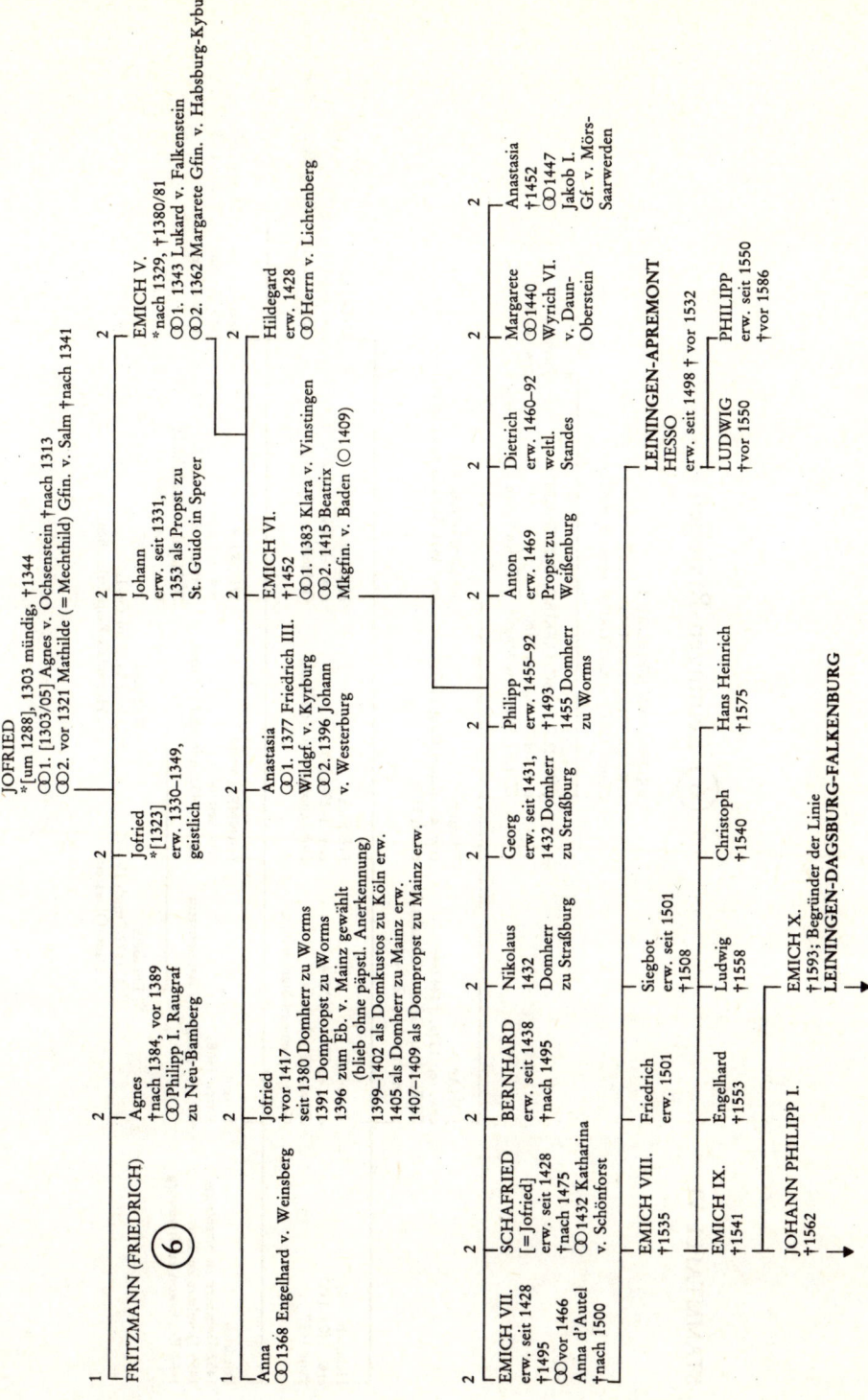

JOFRIED
*[um 1288], 1303 mündig, †1344
⚭1. [1303/05] Agnes v. Ochsenstein †nach 1313
⚭2. vor 1321 Mathilde (= Mechthild) Gfin. v. Salm †nach 1341

- 1 FRITZMANN (FRIEDRICH) (6)
- 2 Agnes, †nach 1384, vor 1389, ⚭Philipp I. Raugraf zu Neu-Bamberg
- 2 Jofried, *[1323], erw. 1330–1349, geistlich
- 2 Johann, erw. seit 1331, 1353 als Propst zu St. Guido in Speyer
- 2 EMICH V., *nach 1329, †1380/81, ⚭1. 1343 Lukard v. Falkenstein, ⚭2. 1362 Margarete Gfin. v. Habsburg-Kyburg

Kinder Emichs V.:

- 1 Anna, ⚭1368 Engelhard v. Weinsberg
- 2 Jofried, †vor 1417, seit 1380 Domherr zu Worms, 1391 Dompropst zu Worms, 1396 zum Eb. v. Mainz gewählt (blieb ohne päpstl. Anerkennung), 1399–1402 als Domkustos zu Köln erw., 1405 als Domherr zu Mainz erw., 1407–1409 als Dompropst zu Mainz erw.
- 2 Anastasia, ⚭1. 1377 Friedrich III. Wildgf. v. Kyrburg, ⚭2. 1396 Johann v. Westerburg
- 2 EMICH VI., †1452, ⚭1. 1383 Klara v. Vinstingen, ⚭2. 1415 Beatrix Mkgfin. v. Baden (○1409)
- 2 Hildegard, erw. 1428, ⚭Herrn v. Lichtenberg

Kinder Emichs VI.:

- 2 EMICH VII., erw. seit 1428, †1495, ⚭vor 1466 Anna d'Autel †nach 1500
- 2 SCHAFRIED [= Jofried], erw. seit 1428, †nach 1475, ⚭1432 Katharina v. Schönforst
- 2 BERNHARD, erw. seit 1438, †nach 1495
- 2 Nikolaus, 1432 Domherr zu Straßburg
- 2 Georg, erw. seit 1431, 1432 Domherr zu Straßburg
- 2 Philipp, erw. 1455–92, †1493, 1455 Domherr zu Worms
- 2 Anton, erw. 1469, Propst zu Weißenburg
- 2 Dietrich, erw. 1460–92, weltl. Standes
- 2 Margarete, ⚭1440 Wyrich VI. v. Daun-Oberstein
- 2 Anastasia, †1452, ⚭1447 Jakob I. Gf. v. Mörs-Saarwerden

Kinder Emichs VII.:

- EMICH VIII., †1535
- Friedrich, erw. 1501
- Siegbot, erw. seit 1501, †1508
- LEININGEN-APREMONT: HESSO, erw. seit 1498 † vor 1532
  - LUDWIG, †vor 1550
  - PHILIPP, erw. seit 1550, †vor 1586

Kinder Emichs VIII.:

- EMICH IX., †1541
- Engelhard, †1553
- Ludwig, †1558
- Christoph, †1540
- Hans Heinrich, †1575

Kinder Emichs IX.:

- JOHANN PHILIPP I., †1562 ↓
- EMICH X., †1593; Begründer der Linie **LEININGEN-DAGSBURG-FALKENBURG** ↓

STAMMTAFEL VI

(6) Leiningen-Rixingen

- **FRITZMANN (FRIEDRICH)**
  erw. seit 1316, †nach 1366
  ∞um 1321 Jonathe, Tochter seiner Stiefmutter
  - **JOFRIED II. (SCHAFRIED, GOTTFRIED)**
    erw. seit 1355, †vor 1380
    ∞1361 Margarete Mkgfin. v. Baden †nach 1380
    - **JOHANN**
      erw. seit 1385, †1442/45
      ∞Elisabeth Gfin. v. Lützelstein †nach 1414, vor 1437
      - Heinrich
        erw. 1408–1417
        †vor 1437
      - Walpurga
        erw. als Wwe. 1438–43
        ∞vor 1416 Johann V. Gf. v. Sponheim-Starkenburg
      - Friedrich
        erw. 1427–1445
        Domscholaster zu Straßburg
      - Henriette
        erw. als Wwe. 1437
        ∞Herrn v. Vinstingen
      - **RUDOLF**
        erw. seit 1435, †1473
        ∞1435 Agnes Gfin. v. Zweibrücken-Bitsch
        - Friedrich
          1452 Domherr zu Straßburg
          1455 Domherr zu Trier
          1467 Erzdiakon zu Straßburg
        - Imagina
          †nach 1468
          ∞1452 Kaspar v. Rappoltstein
        - **HANNEMANN**
          erw. seit 1469
          ∞vor 1453 Adelheid v. Sierck
          - Elisabeth
            ∞1477 Emich IV. v. Daun-Oberstein
          - Walpurga
            ∞vor 1492 Johann I. v. Hohenfels-Reipoltskirchen
        - **WECKER**
          erw. seit 1468
          †1499/1500
          ∞Mahal [=Mechthild?] Gfin. v. Armois
        - Heinrich
          1459 Domherr zu Straßburg
        - Margarete
          †nach 1519
    - Friedrich
      erw. als minderjährig 1380
      †nach 1398
    - Schanate [=Jonathe]
      erw. 1411 Äbtissin v. Lichtental
  - Jacomin
    erw. 1371

Verzeichnis der benutzten Archive und Handschriftensammlungen

Amorbach:	Fürstlich Leiningensches Archiv – Urkunden Leiningen – 4/35–37 (Kopialbücher) – 4/40 – 4/63
Bad Dürkheim:	Stadtarchiv – Abt. I (Urkunden)
Bar-le-Duc:	Archives départementales de la Meuse – B 256
Darmstadt:	Hessisches Staatsarchiv – A 2 (Urkunden Rheinhessen) – A 5 (Lehnsurkunden) – A 13 ([Urkunden-]Sammlung Häberlin): Nr. 192 u. 661 – B 2 (Urkunden der Grafschaft Hanau-Lichtenberg) – B 3 (Urkunden der Grafschaft Katzenelnbogen) – B 15 (Urkunden der Familie von Dalberg) – C 3 (Weistümer) – O 1, Buch 3 (Kopb. der Besitzurkunden der Familie von Dalberg) – O 1, Buch 25 (Verzeichnis der Lehnsurkunden der Familie Dalberg)
Grünstadt:	Stadtarchiv – Abt. I (Älteste Urkunden)
Heidelberg:	Handschriftenabteilung der Universitätsbibliothek – Urkunden, Lehmannsche Sammlung – Hdb. Hs. 500–502 (Johann Georg Lehmanns Urkundenbuch der Pfalz, Bde. 1–3 [aus 18]) – Hdb. Hs. 2590 (Regesten zur Lehmannschen Sammlung)
Karlsruhe:	Badisches Generallandesarchiv – 44/274 (Urkunden Leiningen) – 46/86–90 (Personalia) – 65/903 (Leiningensia) – 67/285 *(Registratura literarum in castro Kestenberg)* [betr. Speyerer Lehen] – 67/799 (Kopb. Pfalz Ewige Briefe) – 67/881 (Kopb. Pfalz Urkunden) – 67/1903 (Lehenbuch des Grafen Hesso zu Leiningen) – 72/ Specialia von Leiningen
Koblenz:	Landeshauptarchiv (früher: Staatsarchiv) – 1 A (Erzstift und Kurfürstentum Trier, Urkunden der geistlichen und staatlichen Verwaltung) – 1 B (Erzstift und Kurfürstentum Trier, Urkunden des Trierischen Lehnhofes) – 1 C Nr. 1–3 (Balduineen)
Luzern:	Staatsarchiv des Kantons Luzern – Gatterer-Apparat [Von einem Teil dieser Urkunden besitzt das Landesarchiv Speyer Ablichtungen auf Mikrofilm]
Metz	Archives départementales de la Moselle – B 2337–2340 [Register der Réunionskammer zu Metz von 1698] – 1 E Nr. 15–18 [betr. Grafschaft Dagsburg] – G 446 Nr. 6
München:	Bayer. Hauptstaatsarchiv (früher: Abteilungen Allgemeines Staatsarchiv und Geheimes Staatsarchiv) – Rheinpfälzer Urkunden – Kaiserselekt

	– Kurpfalz Urkunden
	– Pfalz-Zweibrücken Urkunden
	– Sponheim Urkunden
	– Sponheimer Kopialbuch, 3 Bde. (Kasten blau 383/11–13)
München:	[Wittelsbachisches] Geheimes Hausarchiv (= Sonderabteilung des Bayer. Hauptstaatsarchivs)
	– Pfälzer Urkunden: OA Germersheim, OA Neustadt, OA Lautern, Zweibrücken
München:	Bayer. Staatsbibliothek, Handschriftenabt.
	– Codex latinus Monacensis (Clm) 18114 (= Tegernseer Hs.), fol. 231r–v
Nancy:	Archives départementales de Meurthe-et-Moselle
	– Série B (Chambre des Comptes de Lorraine): Kopbb. B 1, B 2, B 3, B 5, B 8, B 11, B 12, B 14, B 17, B 23, B 376, B 397;
	Urkk.-Konvv. B 522, B 566, B 575–576, B 623, B 657, B 708, B 808, B 821–822, B 824, B 832, B 852, B 881, B 946, B 956
Nancy:	Bibliothèque municipale, Département des Manuscrits
	– MS 1185$^{2-4}$ (Henri Le Vallois – vgl. Lit.verz.)
Paris:	Archives nationales, Section ancienne
	– Série J (Trésor des Chartes): J 408 Nr. 38–39; J 620 Nr. 24; J 681 Nr. 29
	– Série K (Monuments historiques), Cartons des rois, K 57 Nr. 9^{17}
	– Série L (Monuments ecclésiastiques): L 739 Nr. 100
	– Série S (Biens des corporations supprimées): S 2220 Nr. 7, 9 u. 10
Paris:	Bibliothèque nationale, Département des Manuscrits
	– Pièces Originales 1724 Nr. 39.994
	– Dossiers bleus 397 Nr. 10.714
	– Collection de Lorraine 88 *(Linanges)*
Speyer:	Landesarchiv (früher: Staatsarchiv)
	– A 1 (Urkunden der Kurpfalz)
	– C 25 (Grafschaft Leiningen, Urkunden)
	– C 30 (Höningen, Akten)
	– D 1 (Urkunden des Hochstifts Speyer)
	– D 11 (Urkunden des Hochstifts Worms)
	– D 27: Repertorium der Urkunden des Stifts Weißenburg (1899)
	– D 29: Repertorium der Urkunden des Stifts Klingenmünster (1897)
	– D 30: Repertorium der Urkunden des Klosters Limburg (1904)
	– D 32: Repertorium der Urkunden des Klosters Hornbach
	– D 36: Repertorium der Urkunden des Stifts Höningen
	– F 1 Nr. 86a (Liber feudorum des Stifts Weißenburg)
	– F 1 Nr. 186 (Kopb. Leiningen, Teilungen und Vergleiche 1237–1540)
Straßburg:	Archives départementales du Bas-Rhin
	– E 2675–2678 [betr. Burg Windstein]
	– E 4126–4866 (Urkunden und Akten *Linange, seigneurie)*
	– G 45, G 50, G 52, G 728, G 2712 (3) [betr. Grafschaft Dagsburg]
Wiesbaden:	Hessisches Hauptstaatsarchiv
	– 339 (Akten Leiningen-Westerburg)
	– 1010 (Nachlaß Johann Martin Kremer)
	– 3005 (Deduktionen)

Literaturverzeichnis

Literatur zu Einzelaspekten ist hier nicht aufgeführt; sie wird an Ort und Stelle zitiert.
Die alphabetische Anordnung der Sachtitel folgt den »Preußischen Instruktionen«, die auch heute noch den meisten Bibliothekskatalogen zugrunde liegen. Ihre Anwendung hat hier einen praktischen Grund: Als regierende Substantive erlauben die Begriffe »Acta«, »Chronik« (»Chronica«, »Chronicon«, »Cronica«), »Codex«, »Fontes«, »Monumenta«, »Quellen«(-»sammlung«), »Regesten« (»Regesta«) und »Urkunden«(-»buch«) eine schnelle Orientierung über den größten Teil der benutzten Quellenwerke. Bei einer Alphabetisierung nach der gegebenen Wortfolge würde dieser Überblick verloren gehen. Die sachliche Zusammenschau ist auch der Grund dafür, daß Regestenwerke, entgegen den Preußischen Instruktionen, i. d. R. nicht unter dem Namen des Bearbeiters, sondern unter dem Sachtitel geführt werden. Vom Bearbeiter wird verwiesen.

ACHT, Peter (Bearb.): s. Mainzer Urkundenbuch II.

ACHT, Peter: Das Verhältnis der Klöster Limburg und Seebach im 12. und 13. Jahrhundert. In: Oberrheinische Studien III (1975) S. 175–197.

Acta Academiae Theodoro-Palatinae, 7 Bde., auch u. d. T. Historia et commentationes Academiae Electoralis scientiarum et elegantiorum litterarum Theodoro-Palatinae. Mannheim 1766–1794. – Zitiert: *Acta Acad.*

Acta Imperii: s. Stumpf-Brentano.

Acta imperii, Angliae et Franciae ab a. 1267 ad a. 1313. Dokumente vornehmlich zur Geschichte der auswärtigen Beziehungen Deutschlands, hg. v. Fritz KERN, Tübingen 1911.

Acta imperii inedita: s. Winkelmann.

Acta imperii selecta. Urkunden deutscher Könige und Kaiser mit einem Anhange von Reichssachen. Gesammelt von Joh. Friedrich BÖHMER. Hg. aus seinem Nachlasse. 2 Bde. Innsbruck 1870. – Zitiert: *AI selecta.*

ALBERICH VON TROISFONTAINES: Chronica Albrici monachi Trium Fontium, a monacho Novi Monasterii Hoiensis interpolata, hg. v. Paul SCHEFFER-BOICHORST in: MGH SS XXIII, Hannover 1874, S. 631–950.

ALBERT VON AACHEN: Alberti Aquensis Historia Hierosolymitana. In: Recueil des Historiens des Croisades, Historiens Occidentaux, Bd. IV, Paris 1879, S. 265–713.

ALBRECHT, Karl (Hrsg.): s. Rappoltsteinisches Urkundenbuch.

ALTER, Willi: Die Emicho-Gruppe zu Ende des 8. Jahrhunderts. In: MHVPf 60 (1962) S. 5–32.

ALTER, Willi: Der Brunicho der Emicho-Gruppe des 8. Jahrhunderts. In: MHVPf 60 (1962) S. 33–87.

ALTER, Willi (Hrsg.): s. Pfalzatlas.

ALTER, Willi-BAUMANN, Kurt: Die Herrschaftsgebiete um das Jahr 1350. In: Pfalzatlas, hg. v. Willi Alter, Karte Nr. 54 (= vorl. Nr. 79), Speyer a. Rh. 1974. Dazu: Textband S. 913 ff.

ALTMANN, Wilhelm (Bearb.): s. Regesta Imperii XI.

700 [siebenhundert] Jahre Stadt Alzey: s. Becker, Friedrich Karl.

1750 [siebzehnhundertfünfzig] Jahre Alzey: s. Becker, Friedrich Karl.

AMMANN, Hektor (Hrsg.): s. Geschichtlicher Atlas für das Land an der Saar.

ANGERMEIER, Heinz: Königtum und Landfriede im deutschen Spätmittelalter. München 1966.

ANGERMEIER, Heinz: Landfriedenspolitik und Landfriedensgesetzgebung unter den Staufern. In: Probleme um Friedrich II., hg. v. Josef Fleckenstein (= Vorträge und Forschungen, Bd. XVI), Sigmaringen 1974, S. 167–186.

Annales breves Wormatienses, hg. v. Georg Heinrich PERTZ. In: MGH SS XVII, Hannover 1861, S. 74–79.

Annales Colmarienses maiores, hg. v. Ph[ilipp] JAFFÉ. In: MGH SS XVII, Hannover 1861, S. 202–232.

Annales Colonienses maximi: s. Chronica regia Coloniensis.

Annales Patherbrunnenses. Eine verlorene Quellenschrift des zwölften Jahrhunderts, aus Bruchstücken wiederhergestellt von Paul SCHEFFER-BOICHORST. Innsbruck 1870.

Annales Sancti Disibodi (auch: Annales Disibodenbergenses), hg. v. Georg WAITZ, in: MGH SS XVII, Hannover 1861, S. 4–30.

Annales Spirenses, hg. v. Georg Heinrich PERTZ, in: MGH SS XVII, Hannover 1861, S. 80–85.

Annales Wormatienses, hg. v. Heinrich Boos, in: Quellen zur Geschichte der Stadt Worms Bd. III (s. d.) S. 143–162.

Annalista Saxo, hg. v. G[eorg] Waitz, in: MGH SS VI, Hannover 1844, S. 542–777.

Mainzer Anonymus, in: Hebräische Berichte über die Judenverfolgungen während der Kreuzzüge [mit dt. Übers.], hg. v. A. Neubauer und M. Stern (= Quellen zur Geschichte der Juden in Deutschland, II. Bd.), Berlin 1892, S. 47–57 und Übers. S. 169–186.

Appelt, Heinrich (Bearb.): s. Regesta Imperii III/1.

Appelt, Heinrich (Bearb.): s. MGH Diplomata X/1.

Arnold, Wilhelm (Hrsg.): s. Zorn, Friedrich.

Arthen, Franz Josef (Bearb.): s. Probleme der Geschichte und Landeskunde am linken Oberrhein.

Arveiler-Ferry, Monique: Catalogue des Actes de Jacques de Lorraine. Evêque de Metz 1239–1260. In: ASHAL 57 (1957), S. 1–114.

Elsaß-lothringischer Atlas. hg. v. Georg Wolfram und Werner Gley. 2 Bde. (Veröffentll. d. wiss. Inst. d. Elsaß-Lothringer im Reich a. d. Univ. Frankfurt). Frankfurt a. M. 1931.

Geschichtlicher Atlas für das Land an der Saar, hg. v. Hektor Ammann und Emil Meynen (= Veröffentlichungen des Instituts für Landeskunde des Saarlandes). Saarbrücken 1965 ff.

Geschichtlicher Atlas der Rheinprovinz, hg. v. der Ges. f. Rhein. Gesch.kde. (= Publikationen der Ges. f. Rhein. Gesch.kde., XII). Köln 1894–1909.

Aubin, Hermann (Hrsg.): s. Geschichtlicher Handatlas der Rheinprovinz.

Baaken, Gerhard (Bearb.): s. Regesta Imperii IV/3.

Bachelard, Pierre: Dabo. Comté d'Alsace et Commune de Lorraine. Metz 1947.

Bachmann, Georg August: Nachrichten von der Herrschaft Landstuhl mit mehreren Urkunden. In: Ders., Ueber Archive deren Natur und Eigenschaften, [...]. Amberg u. Sulzbach 1801, S. 233–304.

Bad Dürkheim. Chronik einer Salierstadt. Von W[ilhelm] Dautermann, Georg Feldmann, Walther Klein, Ernst Zink†.

Bader, Karl S[iegfried]: Burghofstatt und Herrschaftseigen. Ländliche Nutzungsformen im herrschaftlichen Bereich. In: Hans Patze (Hrsg.), Die Burgen im deutschen Sprachraum [...] (= Vorträge und Forschungen, Bd. XIX), Sigmaringen 1976, Bd. II S. 249–272.

Baldes, Heinrich: Die Salier und ihre Untergrafen in den Gauen des Mittelrheins. Marburg 1913 = Marburg Phil. Diss. 1912.

Barth, Médard: Handbuch der elsässischen Kirchen im Mittelalter (= Études générales, Forschungen zur Kirchengeschichte des Elsass, NF Bd. IV). In: Archives de l'Église d'Alsace NF XI–XIII (1960–1963).

Battenberg, Friedrich [Bearb.]: Isenburger Urkunden. Regesten zu Urkundenbeständen und Kopiaren der fürstlichen Archive in Birstein und Büdingen 947–1500. 3 Bde. (= Repertorien des Hess. Staatsarchivs Darmstadt). Darmstadt, Marburg 1976.

Baumann, Fr. L. (Bearb.): s. Fürstenbergisches Urkundenbuch.

Baumann, Kurt: s. Alter, Willi-Baumann, Kurt.

Baur, Ludwig: Hessische Urkunden [...]. 5 Bde. Darmstadt 1860–1873. Register zu Bd. I–IV bearb. v. Fr. Ritsert, Darmstadt 1867.

Beaulieu, Dugas de: Le comté de Dagsbourg, aujourd'hui Dabo (Ancienne Alsace). Archéologie et histoire. 2. Aufl. Paris 1858.

Becker, Friedrich Karl (Hrsg.): 1750 Jahre Alzey. FS, hg. im Auftrage der Stadt Alzey (= Alzeyer Gesch.bll., Sonderh. 6). Alzey 1973.

Becker, Friedrich Karl: Das Weistum des pfalzgräflichen Hofes zu Alzey. In: Alzeyer Kolloquium 1970 (= Geschichtliche Landeskunde, Bd. X), Wiesbaden 1974, S. 22–71.

Becker, Friedrich Karl (Hrsg.): 700 Jahre Stadt Alzey. FS, hg. im Auftrage der Stadt Alzey. Schriftleitung: Karl-Heinz Spiess (= Alzeyer Gesch.bll., Sonderh. 7). Alzey 1977.

Becker, Joseph: Die Landvögte des Elsass und ihre Wirksamkeit von Heinrich VII. 1308 bis zur Verpfändung der Reichslandsvogtei an die Kurfürsten der Rheinpfalz 1408. Phil. Diss. Strassburg 1894.

Becker, Josef: Die Reichsdörfer der Landvogtei und Pflege Hagenau. In: ZGO 53 (1899) S. 207–247.

Becker, Joseph: Geschichte der Reichslandvogtei im Elsass. Von ihrer Einrichtung bis zu ihrem Übergang an Frankreich. 1273–1648. Mit einer Übersichtskarte. Straßburg i. E. 1905.

Becker, Joseph: Urkunden zur Geschichte der Reichslandvogtei in Elsass (= Separat-Abdruck aus den Mitteilungen der Ges. f. Erhaltung der geschichtl. Denkmäler im Elsass, Band XXI, 2. Lief., 1906). Strassburg 1906.

Bellaire, Fr.: Die Leiningische Burg zu Haßloch. In: NLBll II (1928) S. 6–8.
Bernhardi, Wilhelm: Jahrbücher der Deutschen Geschichte, Lothar von Supplinburg. Leipzig 1879, Nd. Berlin 1975.
Bernhardi, Wilhelm: Jahrbücher der deutschen Geschichte, Konrad III. Leipzig 1883, Nd. Berlin 1975.
Beyer, Heinrich (Bearb.): s. Urkundenbuch zur Geschichte der [...] mittelrheinischen Territorien.
Bielfeldt, Erich: Der Rheinische Bund von 1254. Ein erster Versuch einer Reichsreform (= Neue deutsche Forschungen, Abt. Mittelalterliche Geschichte, Bd. 3 = Bd. 131 [d. Gesamtreihe]). Berlin 1937. Zugleich Phil. Diss. Kiel 1937 [1936].
Bienemann, Friederich: Conrad von Scharfenberg, Bischof von Speier und Metz und kaiserlicher Hofkanzler 1200–1224. Straßburg 1887.
Biundo, Georg: Geschichte Thaleischweilers und seiner Umgebung. [Thaleischweiler] 1924.
Biundo, Georg: Regesten der ehemaligen Augustinerpropstei Hördt (= Veröffentll. d. Pfälz. Ges. z. Förd. d. Wiss., Bd. 32). [Speyer] 1954.
Neue Leininger Blätter. Heimatschrift für die Lande zwischen Peterskopf und Donnersberg, hg. v. Altertumsverein Grünstadt und dem Heimatschutzverein (Verschönerungsverein) Rosenthal. Schriftleitung: Emil Kleemann, ab Jg. 6 Hans Fessmeyer und B. Beck. Grünstadt 1 (1926/27) – 8 (1934). – Zitiert: *NLBll.*
Bloch, H. (Bearb.): s. MGH Diplomata III.
Böhmer, Johann Friedrich: Regesta Imperii inde ab anno MCCCXIIII usque ad annum MCCCXLVII. Die Urkunden Kaiser Ludwigs des Baiern, König Friedrich des Schönen und König Johanns von Böhmen [...]. [Mit 3 Erg.bden.]. Frankfurt a. M. 1839 [ff.].
Böhmer, Johann Friedrich: s. Fontes rerum Germanicarum.
Böhmer, Johann Friedrich: Regesta imperii inde ab anno 1246 usque ad annum 1313. Die Regesten des Kaiserreichs unter Heinrich Raspe, Wilhelm, Richard, Rudolf, Adolf, Albrecht und Heinrich VII. 1246–1313. Stuttgart 1844, 2 Ergänzungshefte 1849 und 1857.
Böhmer, Johann Friedrich: s. Acta imperii selecta.
Böhmer, Johann Friedrich: s. Regesta archiepiscoporum Maguntinensium.
Böhmer, Johann Friedrich: s. Regesta imperii.
Böhmer, Johann Friedrich: s. Urkundenbuch der Reichsstadt Frankfurt (Böhmer-Lau).
Böhn, Georg Friedrich: Beiträge zur Territorialgeschichte des Landkreises Alzey (= Mainzer Abhh. zur mittleren u. neueren Gesch., [Bd. I]). Meisenheim am Glan 1958.
Böhn, Georg Friedrich: Das Breidenborner Kopialbuch im Fürstlich v. d. Leyen'schen Archiv zu Waal (Schwaben). In Regestenform bearbeitet. In: Jb. z. Gesch. v. Stadt u. Lkr. Kaiserslautern 4 (1966), S. 121–137.
Böhn, Georg Friedrich: Salier, Emichonen und das Weistum des pfalzgräflichen Hofes zu Alzey. In: Alzeyer Kolloquium 1970 (= Gesch. Landeskunde, Bd. X), Wiesbaden 1974, S. 72–96.
Böshenz, [Jakob]: Ueber Graf Emich I. gehen die Meinungen auseinander. Zwei Heimatforscher vertreten ihre Ansicht – Eine Antwort aus Großbockenheim. In: Die Rheinpfalz, Ausg. Grünstadt, 7 (1951) Nr. 226.
Böshenz, J[akob]: Die Burgen der Grafen von Leiningen. Die Bedeutung der Emichsburg in Kleinbockenheim. In: Die Rheinpfalz, Ausg. Grünstadt, 7 (1951) Nr. 231.
Böshenz, Jakob: Ursitz der Leininger Grafen. Die »Emichsburg« in Kleinbockenheim. In: Pfälz. Heimatbll. 1 (1952/53) S. 45. Auch in: FS aus Anlaß des 18. Bockenheimer Winzerfestes, Bockenheim 1958, S. 19–25.
Boor, Helmut de (Hrsg.): s. Corpus der altdeutschen Originalurkunden.
Boor, Helmut de: Die deutsche Literatur im späten Mittelalter. Zerfall und Neubeginn. Erster Teil: 1250–1350 (= Gesch. d. dt. Lit. von den Anfängen bis zur Ggw., von Helmut de Boor und Richard Newald†, 3. Bd., 1. T.). München 1967.
Boos, Heinrich (Hrsg.): s. Quellen zur Geschichte der Stadt Worms.
Bormans, S[tanislas]-Schoolmeesters, E. (Hrsgg.): Cartulaire de l'église Saint-Lambert de Liége. 5 Bde. (= Collection de chroniques belges inédites, 26). Bruxelles 1893–1913.
Bosl, Karl: Die Reichsministerialität der Salier und Staufer. Ein Beitrag z. Gesch. d. hochma. dt. Volkes, Staates und Reiches (= Schriften der Monumenta Germaniae historica, 10). 2 Teile. Stuttgart 1950–1951.
Bosl, Karl: s. Kirchner, Gero.

BOSL, Karl: Staat, Gesellschaft, Wirtschaft im deutschen Mittelalter. In: Gebhardt, Hb. d. dt. Gesch., 9. Aufl., hg. v. Herbert Grundmann, Bd. 1, Stuttgart 1970, S. 693–835.

BOUCHHOLTZ, Fritz: Burgen und Schlösser im Elsaß. Nach alten Vorlagen (= Burgen – Schlösser – Herrensitze, Bd. 24). Frankfurt am Main 1962.

BOUR, René: Histoire du département de la Moselle. Metz 1955.

BOUTEILLER, [Ernest] de: Dictionnaire topographique de l'ancien département de la Moselle (= Dictionnaire topographique de la France [...]). Paris 1874.

BRACKMANN, Albert (Bearb.): Germania Pontificia [...] (= Regesta pontificum Romanorum, [Abt. I]). Bd. III. Berlin 1935.

BRESSLAU, Harry: Jahrbücher des Deutschen Reichs unter Konrad II. 2 Bde. Leipzig 1879–1884, Nd. Berlin 1967.

BRESSLAU, H[arry] (Bearb.): s. MGH Diplomata III, IV und V.

BRIDOT, Jean: Catalogue des actes de Ferry IV, duc de Lorraine (1312–1329). Diplôme d'Etudes Supérieures (Institut d'études lorraines, faculté des lettres). Nancy 1949 [Masch.schr.].

BRIEGER, Rudolf: Die Herrschaft Rappoltstein. Ihre Entstehung und Entwickelung (= Beiträge zur Landes- und Volkeskunde von Elsaß-Lothringen, Bd. 7, H. 31). Straßburg 1907.

BRILMAYER, Karl Johann: Rheinhessen in Vergangenheit und Gegenwart. Geschichte der bestehenden und ausgegangenen Städte, Flecken, Dörfer, Weiler und Höfe, Klöster und Burgen der Provinz Rheinhessen nebst einer Einleitung. Gießen 1905.

BRINCKMEIER, Ed[uard]: Genealogische Geschichte des uradeligen, reichsgräflichen und reichsfürstlichen, standesherrlichen, erlauchten Hauses Leiningen und Leiningen-Westerburg [...]. 2 Bde., der 2. umgearb. u. verm. von Karl Emich, Graf zu LEININGEN-WESTERBURG. Braunschweig 1890–1891.

BRINKEN, Bernd: Die Politik Konrads von Staufen in der Tradition der Rheinischen Pfalzgrafschaft. Der Widerstand gegen die Verdrängung der Pfalzgrafschaft aus dem Rheinland in der zweiten Hälfte des 12. Jahrhunderts (= Rheinisches Archiv, 92). Bonn 1974.

BRUN, Carl: Geschichte der Grafen von Kyrburg bis 1264. Phil. Diss. Zürich 1913.

BRUNEAU, Charles (Hrsg.): s. Philippe de Vigneulles.

BRUNNER, Karl: Der fränkische Fürstentitel im neunten und zehnten Jahrhundert. In: Herwig Wolfram (Hrsg.), Intitulatio II, Lateinische Herrscher- und Fürstentitel im neunten und zehnten Jahrhundert (= MIÖG Erg.bd. XXIV), Wien, Köln, Graz 1973, S. 179–340.

BRUNNER, Otto: Land und Herrschaft. Grundfragen der territorialen Verfassungsgeschichte Südostdeutschlands [ab 4. Aufl.: Österreichs] im Mittelalter. 5. Aufl. Wien 1965 u. Ndd. Darmstadt 1970 u. 1973.

BÜSCHING, Anton Friderich: Neue Erdbeschreibung. 3. Theil: Das deutsche Reich nach seiner gegenwärtigen Staatsverfassung. 1. Bd. 3. Aufl. Hamburg 1761, S. 1234–1245. 6. Aufl. Hamburg 1779, S. 1498–1509.

BÜTTNER, Heinrich: Andlau und der Dagsburger Wald. Zur frühmittelalterlichen Geschichte der Landschaft im Quellgebiet von Saar und Zorn. In: Elsaß-Lothringisches Jb. XX (1942) S. 10–27.

BURCHARD VON URSBERG: Burchardi praepositi Urspergensis chronicon. 2. Aufl., hg. v. Oswald HOLDER-EGGER und Bernhard VON SIMSON (= MGH SSrG). Hannover u. Leipzig 1916.

BUSCH, Konrad von-GLASSCHRÖDER, Franz Xaver: Chorregel und jüngeres Seelbuch des alten Speierer Domkapitels. 2 Bde. (= Veröffentl. d. Hist. Ver. d. Pfalz, Bd. 1–2). Speyer a. Rh. 1923–1926.

BUTKENS, F. Christophre: Trophées tant sacrés que profanes du duché de Brabant. 4 Bde. [3–4 = Suplements]. A la Haye 1724–1726.

CALMET, Augustin: Histoire Ecclesiastique et Civile de Lorraine. 3 Bde. [Hierzu: Preuves de l'histoire de Lorraine, 3 Bde.]. Nancy 1728. – 2. [zensierte] Aufl. u. d. T.: Dom Calmet, Histoire de Lorraine, 7 Bde., Nancy 1745–1757, Nd. Paris 1973. – Zitiert: *Calmet.*

CALMET, Dom Aug[ustin]: Notice de la Lorraine. 2 Bde. Nancy 1756, Nd. Paris 1973.

Cartulaire de l'église Saint-Lambert de Liége: s. Bormans, S[tanislas] – Schoolmeesters, E.

CHATELAIN, V[ictor]: Le comté de Metz et la vouerie épiscopale du VIIIe au XIIIe siècle. In: JGLGA 10 (1898) S. 72–119 und 13 (1901) S. 245–311. [Nicht fortgesetzt].

CHMEL, Joseph: Regesta chronologico-diplomatica Friderici IV. Romanorum regis (imperatoris III.) [2. Abt.: ... Friderici III Romanorum imperatoris (regis IV.)]. 2 Abtt. Wien 1838 u. 1840, Nd. Hildesheim 1962.

CHRIST, Karl: Die Stallbühle [!], besonders der bei Frankenthal. In: Monatsschrift des Frankenthaler Altertumsvereines 11 (1903) S. 12.

CHRIST, Karl: Das fragliche Kloster Hagen bei Lorsch und die darauf bezogenen Besitzungen der pfälzer Klöster Höningen und Hagen. In: Vom Rhein, Monatsschrift des Altertumsvereins für die Stadt Worms 5 (1906) S. 67–69, 74–76 u. 83–84.

CHRISTMANN, Ernst: Die Siedlungsnamen der Pfalz. Teil I–III (= Veröffentll. d. Pfälz. Ges. z. Förd. d. Wiss., Bd. 29, 47 u. 37). Speyer a. Rh. 1952–1953, 1964 u. 1958. T. I 1. Lief. 2. Aufl. 1968. – S. auch Kaufmann, H. (1971).

CHRISTMANN, Ernst: Vom Landgericht »uff dem Stamp« bei Alsenborn. In: Die Rheinpfalz, Ausg. Rockenhausen 25. 11. 1961.

Chronica: s. auch Cronica.

Chronica praesulum Spirensis civitatis: s. Seffried von Mutterstadt.

Chronica regia Coloniensis (Annales maximi Colonienses), hg. v. Georg WAITZ in: MGH SSrG [18] (1880) S. 1–299.

Chronicon Alsatiae: s. Hertzog, Bernhart.

Chronicon Ebersheimense, hg. v. Ludwig WEILAND in: MGH SS XXIII, Hannover 1874, S. 427–453.

Chronicon Wormatiense saeculi XIII, hg. v. Heinrich BOOS in: Quellen zur Geschichte der Stadt Worms Bd. III (s. d.) S. 163–199 [mit Beilagen S. 201–305].

Chronicon Wormatiense saeculi XV: s. Cronica civitatis Wormatiensis [. . .].

Wormser Chronik: s. Zorn, Friedrich.

Zimmerische Chronik, urkundlich berichtet von Graf Froben Christof von Zimmern †1567 und seinem Schreiber Johannes Müller †1600. Nach der von Karl BARACK besorgten zweiten Ausg. neu hg. v. Paul HERRMANN. 4 Bde. Meersburg am Bodensee und Leipzig 1932.

CLAUSS, Joseph M. B.: Hist.-topograph. Wörterbuch des Elsaß. Zabern 1895–1914. [Erschienen bis Lief. 16 = bis »Schlierbach«.]

CLOSENER: Fritsche (Friedrich) Closener's Chronik, 1362, hg. v. C. HEGEL. In: Die Chroniken der oberrheinischen Städte, Straßburg 1. Bd. (= Die Chroniken der dt. Städte vom 14. bis ins 16. Jh., 8. Bd.). Leipzig 1870, 2. Aufl. (= photomech. Nd.) Göttingen 1961.

Codex diplomaticus Fuldensis. Hg. v. Ernst Friedrich Johann DRONKE. Cassel 1850, Nd. Aalen 1962. – Zitiert: *CDFuld.*

Codex diplomaticus ordinis Sanctae Mariae Theutonicorum: s. Hennes, Johann Heinrich.

Codex diplomaticus Moenofrancofurtanus: s. Urkundenbuch der Reichsstadt Frankfurt.

Codex diplomaticus Nassoicus (Nassauisches Urkundenbuch). Hg. v. K[arl] MENZEL und W[ilhelm] SAUER. Erster [= einziger] Band [in 3 Abtt.]: Die Urkunden des ehemals kurmainzischen Gebiets [. . .], bearb. v. W[ilhelm] SAUER. Wiesbaden 1885–1887, Nd. Aalen 1969. – Zitiert: *NassUB.*

Codex diplomaticus Rheno-Mosellanus: s. Günther, Wilhelm.

Codex Germaniae diplomaticus: s. Lünig, Johann Christian.

Codex Hirsaugiensis, hg. v. E[ugen] Schneider (= Württembergische Geschichtsquellen, I). Stuttgart 1887. – Zitiert: *CH.*

Codex Laureshamensis, hg. v. Karl GLÖCKNER, 3 Bde. Darmstadt 1929–1936, Nd. Darmstadt 1963 u. ö. – Zitiert: *CL.*

Lorscher Codex – Deutsch. Urkundenbuch der ehemaligen Fürstabtei Lorsch. [. . .] ins Deutsche übertragen von Karl Josef MINST. 6 Bde. Lorsch 1966–1972.

COMO, Franz Alois: Das kaiserliche Kollegiatstift St. Martin in Worms. Ein Beitrag zu seiner 900jährigen Geschichte. Koblenz 1962.

CONRAD, Heinrich: Das vergessene Dorf. Geschichte der Wüstung Gössesheim in der Gemarkung Kindenheim. Kindenheim 1960 [Masch.schr. vervielfältigt].

CONRAD, Heinrich: Bittersheim, das verschwundene Dorf im Lochacker. In: Die Rheinpfalz, Ausg. Eisenberg und Kirchheimbolanden 20. 7. 1961.

CONRAD, Heinrich: Die Altleininger. Aus der Werkstatt eines Heimatforschers. In: Frankenthal, Einst und jetzt 1966/1 S. 8–13.

CONRAD, Heinrich: Leiningen. Vom Stammhaus und den Stammlanden. Bde. I und II/1 Frankenthal 1967 und 1968, Bd. II/2 Bad Dürkheim 1971. – Zitiert: *Conrad.*

CONRAD, Hermann: Deutsche Rechtsgeschichte. Bd. I: Frühzeit und Mittelalter. Ein Lehrbuch. 2. Aufl. Karlsruhe 1962.

CONRADY, Ludw[ig]: Die Geschichte des Hauses Nassau. Von den ältesten Zeiten bis zu den ersten Trägern des Namens Nassau. Ein historisch-kritischer Versuch. In: Annalen des Vereins f. Nass. Altertumskunde u. Gesch.forsch. 26 (1894) S. 1–130.

Corpus der altdeutschen Originalurkunden bis zum Jahr 1300, begründet v. Friedr. WILHELM, fortgeführt v. Richard NEWALD, mithg. v. Diether HAACKE, hg. v. Helmut DE BOOR u. Bettina KIRSCHSTEIN. 5 Bde. Lahr 1929–1975. – Regesten zu den Bden. I–IV: Lahr 1963. – Zitiert: *Corpus* bzw. *Corpus Regg.*

CROLL(IUS), Georg Christian: Originum Bipontinarum pars I [et] partis II seu historiae comitum Geminipontis genealogico diplomaticae vol. I. Zweibrücken 1761–1769. – Zitiert: *Croll, Orig. Bipont. I* bzw. *II.*

CROLL(IUS), Georg Christian: Beyträge zu der pfalzgräflichen Geschichte vom Jahr 1294 bis 1329 [...]. In: Abhh. der Churfürstlich-baierischen Adademie der Wissenschaften III/1 (1765) S. 43–128, »Zehen Beylagen« S. 113–128.

CROLL(IUS), Georg Christian: Brevis notitia historico diplomatica de cella S. Mariae in Offenbach ad Glanum [...]. o. O. [Mannheim] 1769.

CROLL(IUS), Georg Christian: Vorlesung von dem ersten geschlecht der alten graven von Veldenz und dessen gemeinschaftlichen abstammung mit den ältern Wildgraven von den graven im Nohgau. In: Acta Academiae Theodoro-Palatinae 2 (1770) S. 241–305.

CROLL(IUS), Georg Christian: Fünfte Fortsetzung der erläuterten Reihe der Pfalzgraven zu Aachen und bey Rhein in der Geschichte, Pfalzgrav Hermann III von Stahleck 1142–1156, I. Abtheilung und Versuch über desselben Abkunft und Erbherrschaften im östlichen Grabfeld. Zweybrücken 1775.

CROLL(IUS), Georg Christian: Vorlesung von dem zweiten geschlechte der grafen von Veldenz, aus dem hause der herren von Geroldseck in der Ortenau. In: Acta Academiae Theodoro-Palatinae. Vol. IV (1778) historicum, S. 272–401, Beylagen S. 303–315 u. 347–401.

CROLL(IUS), Georg Christian: Beiträge zur bolandischen Geschlechtsgeschichte. In: Acta Academiae Theodoro-Palatinae 7 (1794) S. 420–452, Appendix diplomatica S. 437–452.

Cronica: s. auch Chronica.

Cronica civitatis Wormatiensis per monachum quendam Kirsgartensem descripta. Hg. v. Heinrich Boos in: QuStW III S. 1–95. – Zitiert: *Chronicon Wormatiense saec. XV.*

D[AMBACHER, Joseph]: Urkundenarchiv des Klosters Herrenalb. XII., XIII. Jahrhundert. In: ZGO 1 (1850) S. 354–384.

DAUTERMANN, Wilhelm (Mitarb.): s. Bad Dürkheim.

DAUZAT, Albert-ROSTAING, Charles: Dictionnaire étymologique des noms de lieux en France. Paris 1963.

DEBUS, Karl Heinz: Früher kirchlicher Fernbesitz. In: Pfalzatlas, hg. v. Willi Alter, Karte Nr. 70 (= vorl. Nr. 76). Speyer a. Rh. 1972. Dazu: Textbd. S. 861–912 (= 23. Heft 1975).

DEBUS, Karl-Heinz: Domus sancti Petri apostoli in Hegene (Höningen). In: Monasticon Windeshemense, hg. v. Wilhelm Kohl, Ernest Persoons und Anton G. Weiler (= Archives et Bibliothèques de Beligique, numéro spécial 16), T. 2: Deutsches Sprachgebiet, unter Schriftleitung von Klaus Scholz. Brüssel 1977. S. 218–243.

DEBUS, Karl Heinz: Regesten zur Geschichte des Augustiner-Chorherrenstifts Höningen. Teil I: Gründung und Aufstieg 1120–1251. Von der Errichtung bis zum großen Papstprivileg (Nr. 1–108). In: MHVPf 76 (1978) S. 19–127.

DECKER, Albert: Die Benediktinerabtei Klingenmünster von der Merowinger- bis zur Stauferzeit. In: Archiv für mittelrhein. Kirchengesch. 2 (1950) S. 9–87.

DEHIO, Georg: Handbuch der deutschen Kunstdenkmäler. Rheinland-Pfalz. Saarland. Bearb. v. Hans CASPARY, Wolfgang GÖTZ und Ekkart KLINGE. München, Berlin 1972.

DEICKE, Hermann: Besitzstand des Hochstifts Worms in Wagners: »Das Rhein-Main-Gebiet vor 150 Jahren (1787)«. In: Der Wormsgau 4 (1959/60) S. 105f.

DEK, A[driaan] W[illem] E[liza]: Genealogie van het vorstenhuis Nassau. Zaltbommel 1970.

DEMANDT, Karl E. (Bearb.): s. Regesten der Grafen von Katzenelnbogen.

DEMANDT, Karl E.: Der Endkampf des staufischen Kaiserhauses im Rhein-Maingebiet. In: Hess. Jb. f. LG 7 (1957) S. 102–164.

DEPOUX, Michèle: Les variations territoriales de la seigneurie épiscopale de Metz entre 962 et 1415. In: Ècole des Chartes (Paris). Positions des thèses (1954) S. 43–49.

DERICHSWEILER, Hermann: Geschichte Lothringens. (Der tausendjährige Kampf um die Westmark). 2 Bde. Wiesbaden 1901. – [Kurzfassg.:] Leipzig 1905 (= Slg. Göschen, Nr. 6).

Dewarat, Peter: s. Kriegs Theater.

Dickel, Günther (Bearb.): s. Pfälzische Weistümer.

Diener, Ernst: Die Grafen von Kiburg aus dem Hause Dillingen. In: Genealogisches Handbuch zur Schweizer Geschichte. Hg. v. der Schweizerischen Heraldischen Gesellschaft. I. Bd.: Hoher Adel, Zürich 1900–1908, S. 8–11 mit [Stamm-]Tafel II [= S. 7] und Siegeltafel I [bei S. 32]. Nachträge in I S. 403 und III (1908–1916) S. 405.

Dobenecker, Otto (Hrsg.): Regesta diplomatica necnon epistolaria historiae Thuringiae. 4 Bde. Jena 1896–1939.

Doll, Anton: Das Pirminkloster Hornbach. Gründung und Verfassungsentwicklung bis Anfang des 12. Jahrhunderts. In: Archiv f. mittelrhein. Kirchengesch. 5 (1953) S. 108–142.

Doll, Anton: Die geschichtliche Entwicklung des Landkreises [Kaiserslautern]. In: Landkreis Kaiserslautern. Monographie einer Landschaft. Trautheim 1961, S. 27–37.

Doll, Anton (Bearb.): s. Regesten der Grafen von Zweibrücken.

Doll, Anton: Geschichte des Landkreises Bergzabern. In: Landkreis Bergzabern. Monographie einer Landschaft. Trautheim 1962, S. 7–20.

Doll, Anton: Geschichtlicher Abriß des Gebietes des Landkreises Landau. In: Landkreis Landau. Monographie einer Landschaft. Trautheim 1964, S. 7–23.

Doll, (L.) A[nton]: Das Reichsland Lautern im Mittelalter. In: Jb. z. Gesch. v. Stadt u. Lkr. KL 3 (1965) (= Festgabe für Ernst Christmann) S. 20–35.

Doll, Anton: Vögte und Vogtei im Hochstift Speyer im Hochmittelalter. In: ZGO 117 (1969) S. 245–273. Auch in: Oberrheinische Studien 1 (1970) S. 245–273.

1000 [tausend] Jahre Mainzer Dom (975–1975). Werden und Wandel. Ausstellungskatalog und Handbuch, hg. v. Wilhelm Jung. Mainz 1975.

Dotzauer, Winfried: Beiträge zum Geleitswesen im Nahe-Mündungsgebiet. In: Mitt.bl. z. rheinhess. LK 10 (1961) S. 287–291.

Dotzauer, Winfried: Zur Geschichte der Wild- und Rheingrafen. In: Mitt.bl. z. rheinhess. LK 15 (1966) S. 305–312. U. d. T. »Die Wild- und Rheingrafen. Geschichtliche Darstellungen und Forschungsprobleme«, auch in: Kreuznacher Heimatblätter, Beilage zum Oeffentl. Anzeiger Bad Kreuznach Jg. 1967, S. 1–3.

Dotzauer, Winfried: Die Truchsessen von Alzey. Zur Geschichte einer Familie zwischen Adel und Ministerialität. In: Alzeyer Kolloquium 1970 (= Gesch. Landeskunde, Bd. X), Wiesbaden 1974, S. 97–125.

Douët d'Arcq: Collection de Sceaux. 3 Bde. (= Ministère d'Etat. Archives de l'Empire: Inventaires et documents publiés par ordre de l'empereur). Paris 1863–1868.

Droege, Georg: Pfalzgrafschaft, Grafschaften und allodiale Herrschaften zwischen Maas und Rhein in salisch-staufischer Zeit. In: RhVjbll XXVI (1961) S. 1–21.

Dronke, Ernst Friedrich Johann (Hrsg.): s. Codex diplomaticus Fuldensis.

Duvernoy, Émile: Catalogue des actes des ducs de Lorraine de 1048 à 1139 et de 1176 à 1220. Nancy 1915. Auch in: MSAL 62 (1912) und 64 (1914).

Ebhardt, Bodo: Die Burgen des Elsass. Vortrag. Berlin 1904.

Ebner, Herwig: Die Burg als Forschungsproblem mittelalterlicher Verfassungsgeschichte. In: Hans Patze (Hrsg.), Die Burgen im deutschen Sprachraum. Ihre rechts- und verfassungsgeschichtliche Bedeutung (= Vorträge und Forschungen, Bd. XIX), Sigmaringen 1976, Bd. I S. 11–82.

Eckardt, Anton: s. Die Kunstdenkmäler von Rheinland-Pfalz.

Eckhardt, Albrecht: Abteilungen Urkunden Grafschaft Hanau-Lichtenberg (B 2) – Übersichtsverzeichnis – und Urkunden Grafschaft Katzenelnbogen (B 3) – Nummernverzeichnis – (= Repertorien des Hess. Staatsarchivs Darmstadt). Darmstadt, Marburg 1973.

Eckhardt, Albrecht: Das älteste Bolander Lehnbuch. Versuch einer Neudatierung. In: Archiv für Diplomatik 22 (1976) S. 317–344.

Eckhardt, Albrecht: König Rudolfs Stadtrechtsverleihung für Alzey vom 24. Oktober 1277. Mit einer vergleichenden Untersuchung der Freiungsprivilegien für Zwingenberg, Landau, Neustadt a. d. W., Braubach, Dieburg und Camberg (1274–1281) sowie andere Orte des mittelrheinischen Raumes. In: Becker, Friedrich Karl (Hrsg.), 700 Jahre Stadt Alzey, Alzey 1977 S. 32–57.

Eckrich, Lorenz: Beobachtungen zur älteren Geschichte von Otterbach, Sambach und der Burgstelle Sterrenberg. In: Jb. z. Gesch. v. Stadt u. Lkr. KL 8/9 (1970/71) S. 9–34.

EIDELBERG, Shlomo (Hrsg.): The Jews and the Crusaders. The Hebrew Chronicles of the First and Second Crusades. Madison/Wisconsin und London 1977.

EKKEHARD VON AURA: Chronik. In: Frutolfi et Ekkehardi chronica necnon anonymi chronica imperatorum, hg. v. Franz-Josef SCHMALE und Irene SCHMALE-OTT (= Ausgewählte Quellen zur dt. Gesch. d. MAs. Freiherr vom Stein-Gedächtnisausgabe, Bd. 15). Darmstadt 1972.

EKKEHARD VON AURA: Ekkehardi, abbatis Uraugiensis, Hierosolymita, [hg. v. P. RIANT] (= Recueil des Historiens des Croisades. Historiens Occidentaux, Bd. V T. I). Paris 1886.

ELLENHARD: Chronicon, hg. v. Ph[ilipp] JAFFÉ in: MGH SS XVII, Hannover 1861, S. 118–141.

Das Reichsland Elsaß-Lothringen, Landes- und Ortsbeschreibung, hg. vom Statist. Bureau des Ministeriums f. Elsaß-Lothringen. 3. T.: Ortsbeschreibung. Straßburg 1901–1903.

ELTESTER, Leopold (Bearb.): s. Urkundenbuch zur Geschichte der [...] mittelrheinischen Territorien.

EMLER, Joseph (Hrsg.): s. Regesta diplomatica nec non epistolaria Bohemiae et Moraviae.

ENGEL, Evamaria: s. Töpfer, Bernhard-Engel, Evamaria.

ENGELS, Odilo: Der Erzbischof von Trier, der rheinische Pfalzgraf und die gescheiterte Verbandsbildung von Springiersbach im 12. Jahrhundert. In: Secundum regulam vivere. FS f. P. Norbert Backmund O. Praem., hg. v. Gert Melville. Windberg 1978. S. 87–103.

ERBEN, Karl Jaromir (Hrsg.): s. Regesta diplomatica nec non epistolaria Bohemiae et Moraviae.

ERLER, Adalbert (Hrsg.): s. Handwörterbuch zur deutschen Rechtsgeschichte.

EUBEL, Conrad: Hierarchia catholica medii aevi [...]. Bd. 1 (ab anno 1198 usque ad annum 1431 perducta), 2. Aufl. Münster 1913, Nd. Padua 1960.

EWALD, Wilhelm: Rheinische Siegel. 4 Bde. (= Publikationen der Ges. f. Rhein. Gesch.kunde, XXVII). Bonn 1906–1975.

EYER, Fritz: Das Territorium der Herren von Lichtenberg 1202–1480. Untersuchungen über den Besitz, die Herrschaft und die Hausmachtpolitik eines oberrheinischen Herrengeschlechts (= Schriften der Elsaß-Lothringischen Wissenschaftl. Ges. zu Straßburg). Straßburg 1938. [Zugl. Phil. Diss. Heidelberg].

EYER, Fritz: Regesten zu einer Territorialgeschichte der Herren von Lichtenberg. 1943 [Masch.schr.].

EYER, Fritz: Die Landgrafschaft im unteren Elsaß. In: ZGO 117 (1969) S. 161–178. Auch in: Oberrheinische Studien 1 (1970) S. 161–178.

FABRICIUS, Wilhelm: Die Herrschaften des unteren Nahegebietes. Der Nahegau und seine Umgebung (= Publikationen der Ges. f. Rhein. Gesch.kunde XII, Erläuterungen zum geschichtl. Atlas der Rheinprovinz Bd. 6). Bonn 1914. [Landesgeschichtlicher und Topographischer Teil; zitiert: *LT* bzw. *TT*].

FAHNE VON ROLAND, A.: Geschichte der Grafen, jetzigen Fürsten zu Salm-Reifferscheid, zugleich Geschichte von 130 fürstlichen und anderen hervorragenden Geschlechtern. 2 Bde. in 3 Abtt. Cöln 1858–1866.

FALCK, Ludwig: Die Nachfolger des Willigis auf dem Mainzer Stuhl. In: 1000 Jahre Mainzer Dom (s. d.) S. 71–113.

FENDLER, Rudolf: Geleitsstraßen und Postlinien vor der Französischen Revolution. In: Pfalzatlas, hg. v. Willi Alter, Karte Nr. 86 (= vorl. Nr. 60). Speyer a. Rh. 1969. Dazu: Textband S. 703–732 (19. Heft 1972).

FESSMEYER, Hans: Bausteine zur Geschichte von Grünstadt. In: NLBll IV (1930), 30–32, 39f., 52–56, 63f., 77–80, 93–96, V (1931), 13–16, 29–32, 39f., 46–48, 54–56, 63f., 71f., 78–80, 86–88, 94–96; VI (1932), 7f., 15f., 23f., 31f., 47f., 55f., 63f., 91f., 99f.; VII (1933), 7f. – Zitiert: *Feßmeyer Nr.*

FESSMEYER, Hans: Geschichte der auf dem Stumpfwald ruhenden Berechtigungen. In: NLBll 6 (1932) S. 65–83.

FESSMEYER, Hans: Grindestat in den Kodizes des Klosters Weißenburg im Elsaß. In: NLBll VII (1933) S. 91–93.

FESSMEYER, Hans: Grünstadt und vier Nachbarorte als Weißenburger Lehen. In: BllPfKG 18. (27.) Jg. 1951.

F[ESSMEYER], H[ans]: Darf Emich I. als Graf von Leiningen bezeichnet werden? Geschichte des Grafengeschlechts reicht ins Dunkel der Vorzeit – Im 12. Jahrhundert urkundlich erwähnt. In: Die Rheinpfalz, Ausg. Grünstadt, 7 (1951) Nr. 195.

F[ESSMEYER], H[ans]: Die Burgen der Grafen zu Leiningen. Behauptungen und Annahmen – Was die Urkunden verraten. In: Die Rheinpfalz, Ausg. Grünstadt, 7 (1951) Nr. 196.

FESTER, Richard (Bearb.): s. Regesten der Markgrafen von Baden, I.

FICKER, Julius (Bearb.): s. Regesta Imperii V.
FINSTERWALD, D. H. von: s. von Ludewig.
FISCHER, Dagobert: Die ehemalige Abtei Hesse. (Besonderer Abdruck aus dem elsässischen Samstagsblatt). Mülhausen 1866.
FISCHER, Dagobert: Le démembrement du comté de Dabo. Étude historique. In: Feuille du Samedi 12 (1868) S. 153–158.
FLECKENSTEIN, Josef (Hrsg.): Herrschaft und Stand. Untersuchungen zur Sozialgeschichte im 13. Jahrhundert (= Veröffentll. des Max-Planck-Instituts f. Gesch., 51). Göttingen 1977.
Fontes rerum Bernensium. Bern's Geschichtquellen. Dritter Band, umfassend den Zeitraum von 1271, Juli 8, bis 1299, December 3. [Hg. v. Moritz v. STÜRLER]. Bern 1880.
Fontes rerum Germanicarum. Geschichtsquellen Deutschlands, hg. v. Joh. Friedrich BÖHMER. 4 Bde., der 4. hg. aus dem Nachlasse Böhmers von Alfons HUBER. Stuttgart 1843–1868, Nd. Aalen 1969.
FRANÇOIS, Jean-TABOUILLOT, Nicolas: Histoire de Metz, par des religieux Bénédictins de la Congrégation de S. Vanne. 6 Bde. Metz 1769–1790, Nd. Paris 1974. [Preuves de l'histoire de Metz: Bde. 3–6].
FRANZEL, Emil: König Heinrich VII. von Hohenstaufen. Studien zur Geschichte des »Staates« in Deutschland (= Quellen und Forschungen aus dem Gebiete der Geschichte, 7. Heft). Prag 1929.
FRENZEL, Walter: Die historischen Wälder der Pfalz. In: Pfalzatlas, hg. v. Willi Alter, Karte Nr. 21 (= vorl. Nr. 38). Speyer a. Rh. 1967. Dazu: Textbd. S. 265–276 (7. Heft [1968]).
FREY, Michael: Versuch einer geographisch-historisch-statistischen Beschreibung des kön. bayer. Rheinkreises. 4 Bde. Speyer 1836–1837, Nd. Pirmasens 1975.
FREY, Michael (Bearb.): s. Urkundenbuch des Klosters Otterberg.
FREYTAG VON LORINGHOVEN, Frank Baron: Europäische Stammtafeln. Stammtafeln zur Geschichte der europäischen Staaten. Bd. III-IV: Marburg 1956–1957. Bd. V, aus dem Nachlaß hg. v. Detlev SCHWENNICKE: Marburg 1978. [Leiningen: Bd. IV Tafeln 20–29.] – s. auch von Isenburg und Schwennicke.
FRIED, Pankraz (Hrsg.): Probleme und Methoden der Landesgeschichte (= Wege der Forschung Bd. 492). Darmstadt 1978.
FRIEDEL, Heinz: Hohenecken. Geschlecht – Burg – Dorf (= Ortschroniken des Landkreises Kaiserslautern Bd. 1). Hohenecken 1964.
FRITZ, Johannes: Das Territorium des Bisthums Strassburg um die Mitte des XIV. Jhs. und seine Geschichte. Mit einer Specialkarte. Phil. Diss. Strassburg. Köthen 1885.
FRITZ, Johannes (Bearb.): s. Urkundenbuch der Stadt Straßburg.
FRUTOLF VON MICHELSBERG: Chronik. In: Frutolfi et Ekkehardi chronica necnon anonymi chronica imperatorum, hg. v. Franz-Josef SCHMALE und Irene SCHMALE-OTT (= Ausgewählte Quellen zur dt. Gesch. des MAs. Freiherr vom Stein-Gedächtnisausgabe, Bd. 15). Darmstadt 1972.
FUCHS, F.-J.: Documents alsaciens des chartriers nobles du pays de Bade d'après les inventaires publiés (= Publications de la Fédération des Sociétés d'histoire et d'archéologie d'Alsace, Bd. II). Strasbourg 1961.
[FUCHS, Oskar]: Das gräflich Leiningische Archiv der Westerburg und andere Leiningische Archive. In: Nassovia 28 (1928) S. 61–65.
FUCHS, Oskar: Leiningische Burgen einst und jetzt. In: Nassovia 30 (1930) S. 37–40.
Gallia christiana in provincias ecclesiasticas distributa [...]. Tom. XVI, ubi de provincia Viennensi agitur, condidit Bartholomæus HAURÉAU. Paris 1865.
GAMS, Pius Bonifacius: Series episcoporum ecclesiae catholicae. Regensburg, München 1873–1886, Nd. Graz 1957.
GATRIO, A.: Das Breuschthal oder Urkundliche Nachweisung des entscheidenden Einflusses des Haslacher Einsiedlers und Straßburger Bischofes Florentius auf die christliche Umgestaltung des Breuschthales und – des Elsasses. Rixheim 1883, 2. unveränd., jedoch mit Vorwort u. Nachtrag versehene Aufl. 1893.
GATRIO, A.: Die Abtei Murbach in Elsaß. Nach Quellen bearbeitet. 2 Bde. Straßburg 1895.
GATTERMANN, Günter: Die deutschen Fürsten auf der Reichsheerfahrt. Studien zur Reichskriegsverfassung der Stauferzeit. 2 Bde. Phil. Diss. Frankfurt a. M. 1956 [Masch.schr. vervielfältigt].
GAUCH, Herman: Herkunft und Nachkommenschaft der Nahegaugrafen. In: Naheland-Kalender. Ein Heimatbuch. Schriftleitung: Willy Mathern. Bad Kreuznach 1957. S. 85–87.
GAWLIK, Alfred (Bearb.): s. MGH Diplomata VI.

GAYOT, J.: Contribution á l'histoire de la succession de Bliescastel au XIIIe siècle. In: Bulletin de la Société des Amis des pays de la Sarre 3 (1926) S. 151–173.
GEHRIG, Franz: Die Grenzen von Wildbann, Waldmark, Grafschaft und Diözese vom Uffgau bis zum Taubergau sowie am Mittel- und Oberrhein. In: FDA 84 = 3. F. 16. Bd. (1964) S. 5–115.
GEISSEL, Johannes von: Der Kaiserdom zu Speyer. Mit besonderer Rücksichtnahme auf die Geschichte der Bischöfe von Speyer. 2. verm. Aufl. = Schriften und Reden von Johannes Kardinal von Geissel, Erzbischof von Köln, hg. v. Karl Theodor DUMONT, Bd. 4, Köln 1876.
GELBACH, Michael: Die Verfassungsgeschichte des Speyergaus im Hochmittelalter bis zur Errichtung der Landvogtei. (Ein Beitrag zur Territorialgeschichte der Pfalz). München 1966. Zugl. Jur. Diss. Mainz 1966.
GENSICKE, Hellmuth: Untersuchungen über die Anfänge des Hauses Laurenburg-Nassau. Mit einer Stammtafel. In: Nass. Annalen 66 (1955) S. 1–10.
GENSICKE, Hellmuth: Zur Frühgeschichte des Hauses Laurenburg-Nassau. II: Ergänzende Beobachtungen zur Frage des Laurenburger Erbes. In: Nass. Annalen 69 (1958) S. 76–80.
GENSICKE, Hellmuth: Landesgeschichte des Westerwaldes (= Veröffentll. d. Hist. Komm. f. Nassau, Bd. XIII). Wiesbaden 1958.
GENSICKE, Hellmuth: Das Reichsgut im Landkreis Mainz. In: Mitt.bl. z. rheinhess. LK 9 (1960) S. 269–272.
GENSICKE, Hellmuth: Zur Deutung der Urkunde Siegfrieds von Runkel von 1255. In: Nass. Annalen 72 (1961) S. 28–30.
GERLICH, Alois: Der Metzer Besitz im Wormsgau. In: BllPfKG 18 (1951) S. 97–115.
GERLICH, Alois: Quellen zur rheinhessischen Landeskunde aus dem Gräflich Matuschka-Greiffenclau-'schen Archiv auf Schloß Vollrads. In: Mitt.bl. z. rheinhess. LK 2 (1953) S. 1–4 u. 38–42.
GERLICH, Alois: Studien zur Landfriedenspolitik König Rudolfs von Habsburg (= Inst. f. gesch. LK a. d. Univ. Mainz, Jahresgabe 1963 mit dem Jahresbericht 1962). Mainz 1963.
GERLICH, Alois: Rheinische Kurfürsten und deutsches Königtum im Interregnum. In: Gesch. Landeskunde III/2 (1967) (= FS Johannes Bärmann, Teil 2) S. 44–126.
GERLICH, Alois: König Johann von Böhmen. Aspekte luxemburgischer Reichspolitik von 1310 bis 1346. In: Gesch. Landeskunde IX (1973) S. 131–146.
GERLICH, Alois: Interterritoriale Systembildungen zwischen Mittelrhein und Saar in der zweiten Hälfte des 14. Jahrhunderts. In: Bll. f. dt. LG 111 (1975) S. 103–137.
GERMAIN DE MAIDY, L[éon]: Sur la prétendue charte d'affranchissement d'Ormes, en 1189. In: Revue historique de droit français et étranger (Paris), 4. Folge, 1 (1922) S. 261–263.
Germania Pontificia: s. Brackmann, Albert (Bearb.).
GERSTNER, Ruth: Die Geschichte der lothringischen und rheinischen Pfalzgrafschaft von ihren Anfängen bis zur Ausbildung des Kurterritoriums Pfalz (= Rheinisches Archiv, 40). Bonn 1941.
Leininger Geschichtsblätter. Hg. v. Pfarrer Emil MÜLLER in Münchweiler a. d. Alsenz (früher in Sausenheim) (= Monatl. Beilage zum »Grünstadter Anzeiger«) Jg. 1–14 [vom letzten Jg. nur Jan.–März erschienen], Kirchheimbolanden 1902–1915. – Zitiert: *LGeschBll.*
Gesta episcoporum Mettensium, hg. v. Georg WAITZ in: MGH SS X, Hannover 1852, S. 531–551.
GIESEBRECHT, Wilhelm von: Geschichte der deutschen Kaiserzeit. 5. Bd. 1. Abt.: Neuer Aufschwung des Kaiserthums unter Friedrich I., Braunschweig 1880. – 5. Bd. 2. Abt.: Friedrichs I. Kämpfe gegen Alexander III., den Lombardenbund und Heinrich den Löwen, Leipzig 1888. – 6. Bd.: Die letzten Zeiten Kaiser Friedrichs des Rothbarts. Nebst Anmerkungen und Register zu Band V und VI., hg. u. fortgesetzt von B. von SIMSON, Leipzig 1895.
GISLEBERT DE MONS: La chronique de Gislebert de Mons [= Chronicon Hanoniense]. Nouvelle édition publiée par Léon VANDERKINDERE (= Recueil de textes pour servir à l'étude de l'histoire de Belgique). Bruxelles 1904, Nd. Profondeville o. J. [vor 1967].
GLADISS, D. von (Bearb.): s. MGH Diplomata VI.
GLASSCHRÖDER, F[ranz Xaver]: s. Mayerhofer, J.-Glasschröder, F.
GLASSCHRÖDER, Franz Xaver: Urkunden zur Pfälzischen Kirchengeschichte im Mittelalter. In Regestenform veröffentlicht. München, Freising 1903. – Zitiert: *Glasschröder, Urkk.*
GLASSCHRÖDER, Franz Xaver: s. von Busch, Konrad.

GLASSCHRÖDER, Franz Xaver: Neue Urkunden zur Pfälzischen Kirchengeschichte im Mittelalter. In Regestenform veröffentlicht (= Veröffentll. d. Pfälz. Ges. z. Förd. d. Wiss., Bd. XIV). Speier a. Rh. 1930. – Zitiert: *Glasschröder, Neue Urkk.*

GLEY, Werner: Die Weißenburger Überlieferungen als siedlungsgeschichtliche Quelle. In: Elsaß-Lothringisches Jb. IX (1930) S. 71–94.

GLEY, Werner (Hrsg.): s. Elsaß-lothringischer Atlas.

GLÖCKLER, L. G.: Geschichte des Bisthums Straßburg [...] 2 Bde. Straßburg 1879–1880.

GLÖCKNER, Karl (Hrsg.): s. Codex Laureshamensis.

GLOECKNER, Karl: Die Anfänge des Klosters Weißenburg. In: Elsaß-Lothringisches Jb. XVIII (1939) S. 1–46.

GOERZ, Adam (Bearb.): s. Regesten der Erzbischöfe von Trier.

GOERZ, Adam (Bearb.): s. Urkundenbuch zur Geschichte der [...] mittelrheinischen Territorien.

GOERZ, Adam (Bearb.): s. Mittelrheinische Regesten.

GOEZ, Werner: Der Leihezwang. Eine Untersuchung zur Geschichte des deutschen Lehnrechtes. Tübingen 1962.

GRAF, Hermann: Die *milites de Ysenburc*, ein pfälzischer Dorfadel. In: PfH 10 (1959) S. 54–57.

GRAF, Johann Christian: s. Leiningen-Westerburg, Deductio juris et facti. 1733.

G[raf, Ludwig]: Das ehemalige Landgericht der Grafen von Leiningen auf dem Stumpfwald bei Alsenborn. In: Pfälzische Presse, Kaiserslautern vom 17. 10. 1926.

GRAF, [Ludwig]: Die leiningischen Burgen in der Pfalz. In: Pfälzische Verkehrs-Zeitung 9 (1926/27) S. 258f.

GRAF, Ludwig: Das Stammland der Leininger Hartenburg im Isenachtal. In: Pfälzisches Museum 45 (1928) S. 72–75.

GRAF, Ludwig: Geschichte des Gemeinschaftsgebietes der Mark Dürkheim, Freinsheim und Lambsheim. 2 Teile. Bad Dürkheim 1962 [Masch.schr., nach dem Manuskript von 1929].

GRAFF, Theodor (Bearb.): s. Regesta Imperii II/4.

GRANDIDIER, Ph[ilippe] And[ré]: Œuvres historiques inédites. 6 Bde. Colmar 1865–1867.

GREINER, Lily: La seigneurie épiscopale de Strasbourg jusqu'en 1274 et les origines de la supériorité territoriale. In: École nationale des Chartes (Paris). Positions des thèses 1949, S. 83–89.

GRIMM, Jakob: Weisthümer. 7 Bde. [I–II mithg. v. Ernst DRONKE und Heinrich BEYER, V–VII hg. v. Richard SCHROEDER]. Göttingen 1840–1878, Nd. Darmstadt 1957.

GROSDIDIER DE MATONS, Marcel: Le Comté de Bar des Origines au Traité de Bruges (Vers 950–1301). Paris 1922. Zuerst in: ASHAL 30 (1921) S. 1–509 u. 667f.

GROSDIDIER DE MATONS, Marcel: Catalogue des Actes des Comtes de Bar de 1022 à 1239. Paris 1922.

GROTEFEND, Otto (Bearb.): s. Regesten der Landgrafen von Hessen.

GRÜNENWALD, [L.]: Zur Geschichte des Leininger Grafenhauses. In: Pfälzisches Museum 11 (1894) S. 22 u. 32.

GRÜSNER, Johann Adam: diplomatische Beiträge. 4 Bde. Frankfurt, Hanau und Leipzig 1775–1777.

GRUNDMANN, Herbert: Wahlkönigtum, Territorialpolitik und Ostbewegung im 13. und 14. Jahrhundert (1198–1378). In: Gebhardt, Hb. d. dt. Gesch., 9. Aufl., hg. v. Herbert Grundmann, Bd. 1, Stuttgart 1970, S. 426–606.

GUDEN(US), Val[entin] Ferd[inand] von: Sylloge I variorum diplomatariorum monumentorumque veterum ineditorum adhuc, et res Germanicas in primis vero Moguntinas illustrantium [...]. Frankfurt a. M. 1728.

GUDEN(US), Valentin Ferdinand von: Codex diplomaticus exhibens anecdota ab anno 881, ad 1300 Moguntiaca, ius Germanicum, et S. R. I. historiam illustrantia. 5 Bde. [mit wechselndem Titel]. Göttingen, ab Bd. II Frankfurt und Leipzig, 1743–1768.

GÜMBEL, Theodor: Geschichte des Fürstentums Pfalz-Veldenz. Kaiserslautern 1900.

GÜNTHER, Wilhelm: Codex diplomaticus Rheno-Mosellanus. Urkunden-Sammlung zur Geschichte der Rhein- und Mosellande, der Nahe- und Ahrgegend, und des Hundsrückens, des Meinfeldes und der Eifel. 5 Bde. Coblenz 1822–1826.

GÜTERBOCK, Ferdinand: Die Gelnhäuser Urkunde und der Prozeß Heinrichs des Löwen. Neue diplomatische und quellenkritische Forschungen zur Rechtsgeschichte und politischen Geschichte der Stauferzeit (= Quellen und Darstellungen zur Geschichte Niedersachsens, Bd. XXXII). Hildesheim und Leipzig 1920.

GUTH, A.: Le château de Bernstein. In: Les Vosges 43 (1964), Nr. 1, S. 3–5.
GUTTENBERG, Erich Frhr. von (Bearb.): s. Die Regesten der Bischöfe und des Domkapitels von Bamberg.
HAACKE, Diether (Hrsg.): s. Corpus der altdeutschen Originalurkunden.
HÄBERLE, D[aniel]: Das Landgericht auf dem Stampe. (Mit einer Kartenskizze). In: Pfälzisches Museum 22 (1905) S. 134–137 und 164–166.
HÄBERLE, D[aniel]: Das Geleitsrecht der Grafen von Leiningen *ins Reich*. In: Pfälz. Gesch.bll. 1 (1905) S. 35–39.
HÄBERLE, [Daniel]: Leiningen als Ortsname. In: LGeschBll 6 (1907) S. 33.
HÄBERLE, Daniel: Die Wüstungen der Rheinpfalz auf Grundlage der Besiedlungsgeschichte (= Beiträge zur Landeskunde der Rheinpfalz, Drittes Heft). Kaiserslautern 1921 (= Sonderabdruck aus den MHVPf 39/40, 1919/20, S. 1ff.).
HÄUSSER, Ludwig: Geschichte der Rheinischen Pfalz nach ihren politischen, kirchlichen und literarischen Verhältnissen. 2 Bde. Heidelberg 1845, Nd. der 2. Aufl. 1856 Pirmasens 1970. Dazu Register von Friedrich Loos, aus der Handschrift überarbeitet v. Theodor NEUBAUER, Pirmasens 1971.
HAFFNER, Franz: Die Kirche am Ende des Mittelalters. In: Pfalzatlas, hg. v. Willi Alter, Karte Nr. 73 (= vorl. Nr. 85). Speyer a. Rh. 1973. Dazu: Textbd. S. 834–846 (22. Heft 1974).
HAGEN, [Julius]: Burg und Herrschaft Landeck i. d. Pfalz. Klingenmünster 1926.
HAGEN, Julius: Urkundliche Geschichte des Landauer Gebietes im Rahmen der deutschen Vergangenheit. Landau 1937.
Geschichtlicher Handatlas der deutschen Länder am Rhein. Mittel- und Niederrhein. Im Auftrag des Instituts f. gesch. LK der Rheinlande an der Universität Bonn, bearb. v. Josef NIESSEN. Köln, Lörrach [1950].
Geschichtlicher Handatlas der Rheinprovinz, hg. v. Hermann AUBIN, bearb. v. Josef NIESSEN. Köln, Bonn 1926.
Handbuch der Kunstdenkmäler im Elsaß und in Lothringen: s. Hotz, Walter.
Handbuch der historischen Stätten Deutschlands. Bd. IV (Hessen), hg. v. Georg Wilhelm SANTE. 3. überarb. Aufl. Stuttgart 1976 [gegenüber der 2. Aufl. 1967 unverändert!]. – Bd. V (Rheinland-Pfalz und Saarland), hg. v. Ludwig PETRY. 3. Aufl. Stuttgart 1976 [auf dem Stand der 2. Aufl. 1965]. – Bd. VI (Baden-Württemberg), hg. v. Max MILLER u. Gerhard TADDEY. 2. verb. u. erw. Aufl. Stuttgart 1980.
Handwörterbuch zur deutschen Rechtsgeschichte (HRG). Hg. v. Adalbert ERLER und Ekkehart KAUFMANN. Mitbegründet v. Wolfgang STAMMLER. I. Bd. (Aachen – Haussuchung) Berlin 1971, II. Bd. (Haustür – Lippe) Berlin 1978.
HAUCK, Albert: Kirchengeschichte Deutschlands. 5 Bde., 6 Teile Leipzig 1887–1920 [und Ndd.].
HAURÉAU, Bartholomaeus (Hrsg.): s. Gallia christiana.
HAUSMANN, Friedrich (Bearb.): s. MGH Diplomata IX.
HAUVILLER, Ernst: Analecta Argentinensia. Vatikanische Akten und Regesten zur Geschichte des Bistums Strassburg im XIV. Jahrhundert (Johann XXII, 1316–1334) und Beiträge zur Reichs- und Bistumsgeschichte. Bd. 1 [mehr nicht erschienen] Strassburg 1900.
HECK, Hermann: Altleiningischer Besitz im Lahngebiet und dessen Erben. Mit einer Sippschaftstafel. In: Nass. Annalen 66 (1955) S. 11–29.
HECK, Hermann: Irmgard von Isenburg (1213–1220) und der Anfall des Kleeberger und Leininger Erbes an das Haus Isenburg. In: Hess. Jb. f. LG 8 (1958) S. 293-301.
HECK, Hermann: Zur Frühgeschichte des Hauses Laurenburg-Nassau. I: Kritische Bemerkungen zum Stande der Forschung. In: Nass. Annalen 69 (1958) S. 67–76.
HECK, Hermann: Genealogische Betrachtungen zur Geschichte des Hauses Laurenburg-Nassau. In: Nass. Annalen 72 (1961) S. 18–28.
HEEGER, [Georg]: Woher stammen die Grafen von Leiningen? In: Pfälzisches Museum XVII (1900) S. 130–132.
HEFELE, Friedrich (Bearb.): s. Freiburger Urkundenbuch.
HEGEL, C. (Hrsg.): s. Closener.
HENNES, Johann Heinrich (Hrsg.): Codex diplomaticus ordinis Sanctae Mariae Theutonicorum. Urkundenbuch des Deutschen Ordens. 2 Bde. Mainz 1845–1861.
HENRICH, Karl: Mittelalterliche Geschichte von Burg und Stadt Landau in der Pfalz bis zum Beginn des 14. Jahrhunderts. In: Landau in der Pfalz. Aus der Geschichte einer alten Reichs- und Festungsstadt, Teil 1 (= Schriftenreihe zur Gesch. der Stadt Landau i. d. Pfalz, Teil 1). Landau 1974. S. 73–114.

HERRMANN, Hans-Walter: Geschichte der Grafschaft Saarwerden bis zum Jahre 1527 (= Veröffentll. d. Komm. f. saarl. LG u. Volksforsch., I). 2 Bde. Saarbrücken 1957–1959. (= Phil. Diss. Saarbrücken 1956). – Zitiert: *Herrmann I* bzw. *II*.

HERRMANN, Hans-Walter: Grundzüge der Territorialentwicklung an der oberen Saar. In: Zs. f. d. Gesch. d. Saargegend 8 (1958) S. 56–73.

HERRMANN, Hans-Walter: s. Regesten der Grafen von Zweibrücken.

HERRMANN, Hans-Walter: Zum Stande der Erforschung der früh- und hochmittelalterlichen Geschichte des Bistums Metz. In: RhVjbll 28 (1963) S. 131–199.

HERRMANN, H[ans-]W[alter]: Grundzüge der Territorialentwicklung zwischen Vogesen und Maas. In: Westfälische Forschungen 22 (1969/70) S. 9–20.

HERRMANN, Hans-Walter: Beziehungen der oberrheinischen Territorien zum lothringischen Raum im Spätmittelalter. AG f. gesch. LK am ORh, Protokoll Nr. 109 über die Arbeitssitzung vom 16. Januar 1970. Karlsruhe 1970 [Masch.schr. vervielf.].

HERRMANN, Hans-Walter: Beziehungen zwischen dem Saarraum und der Landschaft zwischen Mosel und Maas im Mittelalter. In: Zs. f. d. Gesch. d. Saargegend 20 (1972) S. 13–28.

HERRMANN, Hans-Walter: Territoriale Verbindungen und Verflechtungen zwischen dem oberrheinischen und lothringischen Raum im Spätmittelalter. In: Jb. f. westdt. LG 1 (1975) S. 129–176.

HERRMANN, Hans-Walter: Besitz der Emichonen zwischen Mosel, Saar und Soon. In: Gesch. Landeskunde XIV (1976) S. 61–83.

HERRMANN, Hans-Walter (Hrsg.): s. Geschichtliche Landeskunde des Saarlandes.

HERRMANN, Paul (Hrsg.): s. Zimmerische Chronik.

HERTZOG, Bernhart: Chronicon Alsatiae. Edelsasser Cronick unnd außfürliche beschreibung des untern Elsasses am Rheinstrom [...]. Straßburg 1592.

HESS, Hans: Die Stadtrechtsverleihung von 1274. In: Landau in der Pfalz. Aus der Geschichte einer alten Reichs- und Festungsstadt, Teil 1 (= Schriftenreihe zur Gesch. der Stadt Landau i. d. Pfalz, Teil 1). Landau 1974. S. 49–72.

HESS-GOTTHOLD, Johanna: Hausmacht und Politik Friedrich Barbarossas im Raum des heutigen Pfälzer Waldes (= Schriften zur Gesch. v. Stadt u. Lkr. Kaiserslautern, Bd. 7). Otterbach, Kaiserslautern 1962.

HESSEL, Alfred (Bearb.): s. MGH Diplomata IV.

HESSEL, Alfred (Hrsg.): s. Elsässische Urkunden.

HESSEL, Alfred (Hrsg.): s. Regesten der Bischöfe von Strassburg, II.

HESSEL, Alfred: Jahrbücher des Deutschen Reichs unter König Albrecht I. von Habsburg. München 1931.

HEUERMANN, Hans: Die Hausmachtpolitik der Staufer von Herzog Friedrich I. bis König Konrad III. (1079–1152). Phil. Diss. Berlin 1939.

HEYEN, Franz-Josef: Kaiser Heinrichs Romfahrt. Die Bilderchronik von Kaiser Heinrich VII. und Kurfürst Balduin von Luxemburg (1308–1313). Boppard a. Rh. 1965.

HEYEN, Franz-Josef: Das Stift St. Paulin vor Trier (= Germania Sacra, NF 6: Die Bistümer der Kirchenprovinz Trier. Das Erzbistum Trier, 1). Berlin, New York 1972.

HIEGEL, Charles: Les relations des comtes de Deux-Ponts avec les ducs de Lorraine et les évêques de Metz aux XIIIe et XIVe siècles. In: Les cahiers lorrains 16 (1964) S. 67–80.

HIEGEL, Charles: Domus sancti Laurentii in Hissa prope Sarburgum (Hessen). In: Monasticon Windeshemense, hg. v. Wilhelm Kohl, Ernest Persoons und Anton G. Weiler (= Archives et Bibliothèques de Belgique, numéro spécial 16), T. 2: Deutsches Sprachgebiet, unter Schriftleitung von Klaus Scholz. Brüssel 1977. S. 194–197.

HIEGEL, Henri-Charles: La châtellenie et la ville de Sarreguemines de 1335 à 1630. Paris 1934 = Annales de l'Est, Mémoires 3 (1934).

HIEGEL, H[enri-Charles]: La Rivalité en Lorraine allemande au Moyen-Age entre les ducs de Lorraine et les comtes de Sarrebruck. In: Les cahiers lorrains 16 (1937) S. 51 f.

Hierarchia catholica: s. Eubel, Conrad.

HILDENBRAND, [Friedrich Johann]: Das gräflich Leiningensche Landgericht auf dem Stalbühl zwischen Worms und Frankenthal. In: Monatsschrift des Frankenthaler Altertumsvereines 4 (1896) S. 20–21; dazu S. 36 (Notiz von Gg. Blank).

HILGARD, Alfred (Hrsg.): s. Urkunden zur Geschichte der Stadt Speyer.

HILLEBRAND, Joseph: Zu den Ruprechten von Nassau und ihren Gemahlinnen. In: Annalen des Vereins für Nassauische Altertumskunde und Geschichtsforschung 27 (1895) S. 209–213.

HIMLY, François J. (Hrsg.): Les sources de l'histoire d'Alsace conservées dans les archives Lorraines XIIe–XVIIIe siècles. (= Publications de la Fédération des Sociétés d'histoire et d'archéologie d'Alsace, Bd. VI). Strasbourg 1968.

HIMLY, François J.: Atlas des villes médiévales d'Alsace (= Publications de la fédération des sociétés d'histoire et d'archéologie d'Alsace, Bd. VI [al]). Nancy 1970.

HINTZE, Otto: Das Königtum Wilhelms von Holland (= Historische Studien, 15. Heft). Leipzig 1885.

HIRSCH, Hans (Bearb.): s. MGH Diplomata VIII.

Histoire de Lorraine: s. Parisot, Robert.

Histoire de Lorraine, hg. v. d. Société lorraine des Études locales. Nancy 1939.

Histoire de la Lorraine: s. Schneider, Jean.

Histoire de la Lorraine, publiée sous la direction de Michel PARISSE (= Univers de la France et des pays francophones, Bd. 38). Toulouse 1978.

Histoire de Metz: s. François, Jean-Tabouillot, Nicolas.

Historia Academiae Theodoro-Palatinae. In: Acta Academiae Theodoro-Palatinae 1 (1766) S. 1–75, Documenta S. 47–75; 2 (1770) S. 1–104, Documenta S. 64–104; 3 (1773) hist. S. 1–166, Documenta S. 77–166; 4 (1778) hist. S. 1–17, ohne Documenta; 5 (1783) hist. S. 1–16, ohne Documenta; 6 (1789) hist. S. 1–20, ohne Documenta; 7 (1794) S. 1–38, Documenta S. 25–38.

Historia et commentationes Academiae Electoralis [...] Theodoro-Palatinae: s. Acta Academiae Theodoro-Palatinae.

Historia diplomatica Friderici secundi: s. Huillard-Bréholles.

Historia Trevirensis diplomatica et pragmatica: s. von Hontheim, Joannes Nicolaus.

HLAWITSCHKA, Eduard: Die Anfänge des Hauses Habsburg-Lothringen. Genealogische Untersuchungen zur Geschichte Lothringens und des Reiches im 9., 10. und 11. Jahrhundert (= Veröffentll. d. Komm. f. saarl. LG u. Volksforsch., IV). Saarbrücken 1969 [= 2. Teil der Saarbrücker Habil.schrift 1965].

HÖDL, Günther: s. Regesta Imperii XII.

HOEFER, Ludwig Franz (Hrsg.): Auswahl der ältesten Urkunden deutscher Sprache im Königl. Geheimen Staats- und Kabinets-Archiv zu Berlin. Hamburg 1835.

HOFMANN, Siegfried: Urkundenwesen, Kanzlei und Regierungssystem der Herzoge von Bayern und Pfalzgrafen bei Rhein von 1180 bzw. 1214 bis 1255 bzw. 1294 (= Münchener Historische Studien, Abt. Gesch. Hilfswissenschaften, Bd. 3). Kallmünz 1967.

HOFMEISTER, Adolf (Hrsg.): s. Otto von St. Blasien.

HOFMEISTER, Adolf (Hrsg.): s. Mathias von Neuenburg.

HOLDER-EGGER, Oswald (Hrsg.): s. Burchard von Ursberg.

HOLTZMANN, R. (Bearb.): s. MGH Diplomata III.

[HONTHEIM, Joannes Nicolaus von:] Historia Trevirensis diplomatica et pragmatica [...]. 3 Bde. Augsburg und Würzburg 1750.

HOPP, Karl: Geschichte der Herrschaft Kirchheim auf dem Gau. Auf Grund von J[ohann] M[artin] Kremers Urkundensammlung und J[ohann] Andr[e]ä's Genealogienbuch sowie anderer Quellen kurz dargestellt. Kirchheimbolanden [1899].

HOPPSTÄDTER, Kurt (Hrsg.): s. Geschichtliche Landeskunde des Saarlandes.

HOTZ, Walter: Handbuch der Kunstdenkmäler im Elsaß und in Lothringen. München, Berlin 1965.

HUBER, Alfons (Bearb.): s. Regesta Imperii VIII.

HUBER, Emile: Notes sur le château et la fortification de Sarreguemines. In: JGLGA 13 (1901) S. 312–324.

HUBER, E[mile]-PAULUS, E.: Coup d'œil historique sur les origines de Sarreguemines jusqu'au XIIIe siècle. In: JGLGA 15 (1903) S. 1–15.

HUFFEL, G.: Le Comté de Dabo dans les Basses-Vosges. Ses Forêts. Ses Droits d'usage forestiers. Étude historique forestière et juridique. Nancy 1924.

HUILLARD-BRÉHOLLES, J[ean]-L[ouis]-A[lphonse]: Historia diplomatica Friderici secundi [...]. 6 Bde. [in 11 Teilen]. Paris 1852–1861, Nd. Turin 1963. – Zitiert: *Huill.-Bréh.*

HUMM, André: Villages et hameaux disparus en Basse-Alsace. Contribution à l'histoire de l'habitat rural (XIIe–XVIIIe siècles) (= Publications de la société savante d'Alsace et des régions de l'est. Collection »Recherches et documents«, Bd. VII). Strasbourg 1971.

HUTH, Hans: Die romanische Basilika zu Bechtheim bei Worms. In: Der Wormsgau 4 (1959/60) S. 5–97. (= Phil. Diss. Heidelberg 1956/57).

Inventare der nichtstaatlichen Archive der Provinz Westfalen: s. Schmitz-Kallenberg.

Isenburg, Wilhelm Karl Prinz von: Stammtafeln zur Geschichte der europäischen Staaten, Bd. I–II, 2. verb. Aufl., hg. v. Frank Baron Freytag von Loringhoven. Marburg 1953. – S. auch Freytag von Loringhoven und Schwennicke.

Jacob, Erwin: Untersuchungen über Herkunft und Aufstieg des Reichsministerialengeschlechtes Bolanden. Phil. Diss. Gießen 1936.

Jaffé, Philipp (Hrsg.): s. Ellenhard.

Jaffé, Philipp (Hrsg.): s. Annales Colmarienses maiores.

Jaffé, Philipp-Wattenbach, Wilhelm: Regesta Pontificum Romanorum ab condita ecclesia ad annum post Christum natum MCXCVIII. 2 Bde. 2. Aufl. Leipzig 1885–1888, Nd. Graz 1956.

Janssen, Wilhelm (Bearb.): s. Regesten der Erzbischöfe von Köln, V.

Joannis, Georg Christian: Miscella historiae Palatinae cum maxime vero Bipontinae inservientia. Frankfurt a.M. 1725.

Johann von Würzburg: Johanns von Würzburg Wilhelm von Österreich, aus der Gothaer Handschrift hg. v. Ernst Regel (= Deutsche Texte des Mittelalters, Bd. 3). Berlin 1906.

Jordan, Karl (Bearb.): s. MGH Diplomata, Die Urkunden Heinrichs des Löwen.

Jordan, Karl: Investiturstreit und frühe Stauferzeit (1056–1197). In: Gebhardt, Hb. d. dt. Gesch., 9. Aufl., hg. v. Herbert Grundmann, Bd. 1, Stuttgart 1970, S. 322–425.

Jung, Wilhelm (Hrsg.): s. 1000 [= Tausend] Jahre Mainzer Dom.

Jungk, A[ugust] H[ermann]: Regesten zur Geschichte der ehemaligen Nassau-Saarbrückischen Lande (bis zum Jahre 1381). 2 Teile (= MHVSaargegend, Heft 13 u. 14). Saarbrücken 1914–1919.

Landkreis Kaiserslautern. Hg. v. Landkreis Kaiserslautern. Bearb. v. Kurt Reh, Friedr. L. Wagner, Klaus P. Westrich (= Heimatführer der dt. Landkreise, Bd. 1). Bonn 1968.

Kaller, Gerhard: Das Zisterzienserkloster Otterberg und sein Besitz 1144–1561. [Mit 10 Kartenbeilagen]. Phil. Diss. Heidelberg 1957 [Masch.schr.].

Kaller, Gerhard: Wirtschafts- und Besitzgeschichte des Zisterzienserklosters Otterberg 1144 bis 1561 (= Heidelberger Veröffentll. z. LG u. Landeskunde, 6). Heidelberg 1961.

Kaller, Gerhard: Das Zisterzienserkloster Otterberg. In: Pfalzatlas, hg. v. Willi Alter, Karte Nr. 72 (= vorl. Nr. 9). Speyer a.Rh. 1964. Dazu: Textbd. S. 32–40 (1. Heft 1964).

Kaller, Gerhard: Der ursprüngliche Umfang der Otterberger Waldmark. In: Jb. z. Gesch. v. Stadt u. Lkr. KL 5 (1967) S. 91–98.

Kaller, Gerhard: Amtszeiten und Herkunft der Äbte des Zisterzienserklosters Otterberg. In: Archiv f. mittelrhein. Kirchengesch. 22 (1970) S. 65–83.

Kaller, Gerhard: Geschichte von Kloster und Stadt Otterberg. Bd. 1: Von den Anfängen bis zum Dreißigjährigen Krieg (= Ortschroniken des Landkreises Kaiserslautern, Bd. 6). Otterbach 1976.

Kantorowicz, Ernst: Kaiser Friedrich der Zweite. Berlin 1927, 4. Aufl. 2. Nd. Düsseldorf und München 1964. Ergänzungsband 1931, 3. Nd. 1968.

Karst, Theodor Thomas: Das Kurpfälzische Oberamt Neustadt an der Haardt. Studien zu seiner Entstehung, Entwicklung, Verfassung und Verwaltung vom 12. bis zum 18. Jahrhundert. Ein Beitrag zur Territorial- und Verwaltungsgeschichte der Pfalz (= Veröffentll. z. Gesch. v. Stadt u. Kr. Neustadt a.d.W., Bd. 1). Speyer 1960. (Zugl. Phil. Diss. Mainz 1960).

Kaufmann, Ekkehard (Hrsg.): s. Handwörterbuch zur deutschen Rechtsgeschichte.

Kaufmann, Henning: Pfälzische Ortsnamen. Berichtigungen und Ergänzungen zu Ernst Christmann, »Die Siedlungsnamen der Pfalz«. München 1971.

Kaufmann, Henning: Die Namen der rheinischen Städte [Umschlagtitel: Rheinische Städtenamen]. München 1973.

Kaufmann, Henning: Rheinhessische Ortsnamen. Die Städte, Dörfer, Wüstungen, Gewässer und Berge der ehemaligen Provinz Rheinhessen und die sprachgeschichtliche Deutung ihrer Namen. München 1976.

Kaufmann, Henning: Die Ortsnamen des Kreises Bad Kreuznach. München 1979.

Kaul, Theodor: Die Grafen von Leiningen und der Speyergau. Aus der Geschichte des pfälzischen Adelsgeschlechts und dem Werden seiner Machtposition. In: Pfälz. Heimatbll. 3 (1955) S. 17f.

Kaul, Theodor: Die Grafen von Leiningen im Worms- und Speyergau im Hochmittelalter. Referatbericht. In: Mitt.bl. z. rheinhess. LK 5 (1956) S. 4–6.

Kaul, Th[eodor]: Die älteren Grafen von Leiningen im Speyergau (= AG f. gesch. LK am ORh., Protokoll Nr. 21). Karlsruhe 1962.

Kaul, Theodor: Das Verhältnis der Grafen von Leiningen zum Reich und ihr Versuch einer Territorialbildung im Speyergau im 13. Jahrhundert. In: MHVPf 68 (1970) S. 222–291. – Zitiert: *Kaul.*
Kehr, P. (Bearb.): s. MGH Diplomata V.
Keiper, Johann: Vom Limburg-Dürkheimer Wald. In: NLBll 2 (1928) S. 41–43.
Kern, Fritz: Die Anfänge der französischen Ausdehnungspolitik bis zum Jahr 1308. Tübingen 1910.
Kern, Fritz (Hrsg.): s. Acta imperii, Angliae et Franciae.
Keyser, Erich (Hrsg.): s. Deutsches Städtebuch.
Kiefer, Fritz (Bearb.): s. Pfälzische Weistümer.
Kieffer, Armand: Ruine Guirbaden. Strasbourg und Andlau 1968 [Masch.schr. vervielfältigt].
Kienast, Walther: Die deutschen Fürsten im Dienste der Westmächte bis zum Tode Philipps des Schönen von Frankreich. Bd. I u. II/1 (= Bijdragen van het Instituut voor middeleeuwsche Geschiedenis der Rijks-Universiteit te Utrecht, Bd. X u. XVI). Utrecht, Leipzig, München 1924 u. 1931.
Kienast, Walther: Deutschland und Frankreich in der Kaiserzeit (900–1270). Leipzig 1943. 2. Aufl. mit dem Untertitel »Weltkaiser und Einzelkönige« Stuttgart 1974–1975 (3 Teile).
Kiener, Fritz: Studien zur Verfassung des Territoriums der Bischöfe von Straßburg. Erster Teil: Die Entstehung der Gebietsherrschaft. Leipzig 1912.
Kirchner, Gero: Staatsplanung und Reichsministerialität. Kritische Bemerkungen zu Bosls Werk über die staufische Reichsministerialität. In: DA 10 (1953/54) S. 446–474. Dazu: Karl Bosl, Individuum und historischer Prozeß. Randglossen zu den »Kritischen Bemerkungen« G. Kirchners. Ebd. S. 475–487.
Kirschstein, Bettina (Hrsg.): s. Corpus der altdeutschen Originalurkunden.
Kisky, Wilhelm (Bearb.): s. Regesten der Erzbischöfe von Köln, IV.
Klein, Hanns: s. Geschichtliche Landeskunde des Saarlandes.
Klöpper, Rudolf (Bearb.): s. Ludwigshafen a. Rh., Landkreis und Stadt.
Kloft, Jost: Territorialgeschichte des Kreises Usingen (= Schriften des Hess. Landesamtes für gesch. LK, 32. Stück). Marburg 1971.
Kloss, Rudolf: Das Grafschaftsgerüst des Deutschen Reiches im Zeitalter der Herrscher aus sächsischem Hause. Mit einem Anhang (Zur Frage der Grafschaftsverleihungen an die Kirche) und einer Karte. Breslau 1940. (= Phil. Diss. Breslau 1939).
Die Klostergemeinschaft von Fulda im früheren Mittelalter: s. Schmid (Hrsg.).
Knipping, Richard (Bearb.): s. Regesten der Erzbischöfe von Köln, II–III.
Koch, Adolf (Bearb.): s. Regesten der Pfalzgrafen am Rhein, I.
Köllner, Adolph: Geschichte der Herrschaft Kirchheim-Boland und Stauf. Nach J[ohann] M[artin] Kremer's und J[ohann] Andreä's Manuscripten, zuverlässigen Urkunden und andern Hülfsmitteln. Wiesbaden 1854.
Köllner, Friedrich und Adolf: s. Ruppersberg, Albert.
Alzeyer Kolloquium 1970 (= Gesch. Landeskunde, Bd. X). Wiesbaden 1974.
Koltz, J. P.: s. Kuhn, H.-Koltz, J. P.
Kraft, Rudolf: Das Reichsgut im Wormsgau (= Quellen u. Forschungen z. hess. Gesch., Bd. XVI). Darmstadt 1934. [= Diss. Heidelberg 1933].
Kraus, Franz Xaver: Kunst und Alterthum in Elsaß-Lothringen. Beschreibende Statistik. 3 Bde. Straßburg 1876–1889.
Krebs, Manfred (Hrsg.): s. Regesten der Bischöfe von Straßburg, II.
Krebs, Manfred: s. Regesten der Pfalzgrafen am Rhein, II.
Krebs, Richard: Archivgeschichte des Hauses Leiningen. In: MHVPf XXII (1898) S. 1–46.
Krebs, [Richard]: Dagsburg und die Grafen zu Leiningen. In: Pfälzisches Museum 24 (1907) S. 11–14.
Krebs, R[ichard]: Die linksrheinischen Weistümer im Leiningischen Archiv zu Amorbach. In: Pfälzisches Museum 25 (1908) S. 7–9, 56–58, 105–107 u. 121–123.
Krebs, Rich[ard]: Rheinische Burgfriedensbriefe im Fürstlich Leiningischen Archiv zu Amorbach. In: Pfälzisches Museum 29 (1912) S. 16–18, 32–36 (ohne 33), 47–48 u. 65–67.
Krebs, [Richard]: Die Leininger in der Pfalz. In: Pfälzische Verkehrs-Zeitung 9 (1926/27) S. 256–258.
Kreimes, Wilhelm: s. Regesten der Erzbischöfe von Mainz.
Kremer, Christoph Jacob: Diplomatische Beyträge zum Behuf der Teutschen Geschichts-Kunde. Mit darzu nöthigen Registern. Erster Band [mehr nicht erschienen]: Versuch einer Genealogischen Geschichte derer Graven von Sponheim. (Erstes, Zweytes, Drittes Stück). Frankfurt und Leipzig [1756–]1761.

KREMER, Johann Martin: Originum Nassoicarum pars prima historica. Entwurf einer Genealogischen Geschichte des Ottonischen Astes des Salischen Geschlechts und des aus demselben entsprungenen Nassauischen Hauses bis auf die in dem lezten vorgegangene Theilung vom Jahr 1255. Wiesbaden 1779.

KREMER, Johann Martin: Originum Nassoicarum pars altera diplomatica. Wiesbaden 1779.

KREMER, Johann Martin: Genealogische Geschichte des alten Ardennischen Geschlechts [,] insbesondere des zu demselben gehörigen Hauses der ehemaligen Grafen zu Sarbrük. Frankfurt und Leipzig 1785. [Beigebunden, mit eigener Seitenzählung: Codex diplomaticus]. – Zitiert: *Kremer, Ard. Geschl.*

KREUTER, Karl: Aus der Chronik von Oggersheim. 3. erw. Aufl. Otterbach, Kaiserslautern 1973.

Die Kreuzfahrt des Landgrafen Ludwigs des Frommen von Thüringen, hg. v. Hans NAUMANN (= MGH, Dt. Chroniken Bd. IV Abt. 2). Berlin 1923.

KRIEGER, Albert (Bearb.): s. Regesten der Markgrafen von Baden, IV.

KRIEGER, Albert: Topographisches Wörterbuch des Großherzogtums Baden. 2 Bde., 2. Aufl. Heidelberg 1904–1905. – Zitiert: *Krieger I–II.*

KRIEGER, Karl-Friedrich: Die Lehnshoheit der deutschen Könige im Spätmittelalter (ca. 1200–1437) (= Untersuchungen zur dt. Staats- und Rechtsgesch., NF Bd. 23). Aalen 1979.

Kriegs Theater der teutschen und franzoesischen Grænzlanden zwischen dem Rhein und der Mosel, im Jahr 1794 [1. u. 2. Blatt], ... im Jahr 1796 [3. Blatt], ... im Jahr 1797 [4. Blatt]. Zusammen gesetzet von dem C. P. Gl. Land Messern P. DEWARAT in Mannheim, gestochen von B. F. LEIZELT in Augsburg. Hg. u. Sr Herzoglichen Durchlaucht von Pfalz Zweybrück unterthänigst gewiedmet von J[ohann] L[udwig] C[hristian] RHEINWALD.

KRÜGER, Emil: Der Ursprung des Welfenhauses und seine Verzweigung in Süddeutschland. [...] Wolfenbüttel 1899.

KRÜGER, Emil: Die Herkunft der Lutgardis, der Gemahlin des Magdeburger Burggrafen Gebhardt IV. von Querfurt, aus dem Hause Nassau. In: Gesch.bll. f. Stadt u. Land Magdeburg 43 (1908) S. 295–334. – Zitiert: *Krüger.*

KUBACH, Hans Erich: s. Die Kunstdenkmäler von Rheinland-Pfalz.

KUHN, H.-KOLTZ, J. P.: Burgen und Schlösser in Lothringen und Luxemburg. Nach alten Vorlagen (= Burgen – Schlösser – Herrensitze, Bd. 25). Frankfurt a. M. 1964.

KUHN, Hermann: Hesse, son ancienne abbaye, son prieuré, son église et ses annales. Nancy 1872.

Die Kunstdenkmäler von Bayern. Regierungsbezirk Pfalz. 9 Bde. München 1926–1939.

Die Kunstdenkmäler von Rheinland-Pfalz. Zweiter Bd.: Die Kunstdenkmäler der Stadt und des Landkreises Pirmasens, bearb. v. Anton ECKARDT und Hans Erich KUBACH. [München, Berlin] 1957.

KUNZE, Rainer: Burgenpolitik und Burgbau der Grafen von Katzenelnbogen bis zum Ausgang des 14. Jahrhunderts (= Veröffentll. d. Dt. Burgenvereinigung, H. 3). Gerabronn 1969.

LACOMBLET, Theod. Jos.: Urkundenbuch für die Geschichte des Niederrheins oder des Erzstifts Cöln, der Fürstenthümer Jülich und Berg, Geldern, Meurs, Cleve und Mark, und der Reichsstifte Elten, Essen und Werden. [...] 4 Bde. Düsseldorf 1840–1858, Nd. Aalen 1960.

LA CONDAMINE, Pierre de: Une principauté de conte de fées. Salm en Vosges. Paris 1965, Nd. Paris 1974.

LAMEY, Andreas: Pagi Wormatiensis, Qualis sub Carolingis maxime regibus fuit, Descriptio. In: Acta Academiae Theodoro-Palatinae 1 (1766) S. 243–300.

LAMEY, Andreas: Pagi Spirensis, qualis antiquis temporibus fuit, descriptio. In: Acta Academiae Theodoro-Palatinae, Vol. III (1773) historicum, S. 228–280. [Ab S. 261: *Appendix diplomatica*].

LAMEY, Andreas: s. Schöpflin, Alsatia diplomatica.

LAMEY, Andreas: Pagi Navensis, qualis sub Carolingis maxime regibus fuerit, descriptio. In: Acta Academiae Theodoro-Palatinae, Vol. V (1783) historicum, S. 127–186. [Ab S. 173: *Appendix diplomatica*].

LAMEY, Andreas: advocati provinciales Spirgoviae. In: Acta Academiae Theodoro-Palatinae 7 (1794) S. 202–228, Documenta S. 224–228.

LAMMERS, Walther (Hrsg.): s. Otto von Freising, Chronica.

Landau in der Pfalz. Aus der Geschichte einer alten Reichs- und Festungsstadt, Teil 1. Red.: Hans HESS (= Schriftenreihe zur Gesch. der Stadt Landau in der Pfalz, Teil 1). Landau 1974.

Geschichtliche Landeskunde des Saarlandes. Bd. 2: Von der fränkischen Landnahme bis zum Ausbruch der französischen Revolution. Hg. v. Kurt HOPPSTÄDTER (†) und Hans-Walter HERRMANN unter Mitwirkung von Hanns KLEIN (= MHVSaargegend NF Heft 4). Saarbrücken 1977. – Zitiert: *Gesch. Lk. d. Saarl.*

Landwehr, Götz: Die Verpfändung der deutschen Reichsstädte im Mittelalter (= Forschungen zur dt. Rechtsgesch., 5. Bd.). Köln, Graz 1967.

Langenbeck, Fritz: Die abgegangenen Ortschaften (Wüstungen) Elsaß-Lothringens. Erläuterungen zu Karte 33. In: Georg Wolfram-Werner Gley, Erläuterungsband zum elsaß-lothr. Atlas. Frankfurt a. M. 1931. S. 96–122.

Largiader, Anton: Die Papsturkunden im Gatterer-Apparat zu Luzern von Innozenz III. bis Martin V. In: Archival. Zs. 61 (1965) S. 76–89.

Lau, Friedrich (Bearb.): s. Urkundenbuch der Reichsstadt Frankfurt.

Laut, Robert: Territorialgeschichte der Grafschaft Diez samt den Herrschaften Limburg, Schaumburg, Holzappel. Phil. Diss. Marburg 1943 [Masch.schr.].

Laut, Robert: Die Herrschaft Limburg und ihr Übergang von den Konradinern über die Häuser Gleiberg-Luxemburg, Peilstein, Leiningen an Isenburg. In: Nass. Annalen 65 (1954) S. 81–85.

Lehman, Christoph: Chronica Der Freyen Reichs Statt Speyr [...]. Franckfurt am Mayn 1612. Weitere Aufll.: 1622, 1698 (verm. durch J. Melchior Fuchs) und 1711.

Lehmann, Johann Georg: Geschichtliche Gemälde aus dem Rheinkreise Bayerns. Heft 1: Das leininger Thal, Heft 2: Das dürkheimer Thal. Heidelberg 1832–1834, Nd. Pirmasens 1794.

Lehmann, Johann Georg: Urkundliche Geschichte der ehemaligen freien Reichsstadt und jetzigen Bundesfestung Landau in der Pfalz nebst derjenigen der drei Dörfer Dammheim, Nußdorf und Queichheim. Neustadt a. d. Haardt 1851, Nd. Pirmasens 1973.

Lehmann, Johann Georg: Urkundliche Geschichte der Bezirks-Hauptstadt Kaiserslautern und des ehemaligen Reichslandes. Kaiserslautern 1853, Nd. Pirmasens 1974.

Lehmann, J[ohann] G[eorg]: Urkundliche Geschichte der Burgen und Bergschlösser in den ehemaligen Gauen, Grafschaften und Herrschaften der bayerischen Pfalz. [...] 5 Bde. Kaiserslautern [1857–1866], Nd. in 3 Bänden Pirmasens 1969.

– Bd. I–II: Urkundliche Geschichte der Burgen und Bergschlösser in dem ehemaligen Speyergaue. [1857–1860] – Zitiert: *Lehmann I–II.*

– Bd. III: Urkundliche Geschichte des gräflichen Hauses Leiningen-Hartenburg und Westerburg in dem ehemaligen Wormsgaue [1861]. – Zitiert: *Lehmann III.*

– Bd. IV: Urkundliche Geschichte der Burgen und Bergschlösser um den Donnersberg und im ehemaligen Nahegaue [1864]. – Zitiert: *Lehmann IV.*

– Bd. V: Urkundliche Geschichte der Burgen und Bergschlösser im Westriche und im ehemaligen Bliesgaue [1866]. – Zitiert: *Lehmann V.*

Lehmann, J[ohann] G[eorg]: Urkundliche Geschichte der Grafschaft Hanau-Lichtenberg [Zusatz 2. Bd.: im unteren Elsasse]. 2 Bde. Mannheim 1862–1863, Nd. Pirmasens.

Lehmann, J[ohann] G[eorg]: Kurze urkundliche Geschichte des gräflich zweybrückischen Hauses. (Aus den Abhh. d. k. bayer. Akad. d. Wiss., III. Cl. X. Bd. III. Abth. S. 477–564). München 1867.

Lehmann, Johann Georg: Vollständige Geschichte des Herzogthums Zweibrücken und seiner Fürsten, der Stamm- und Voreltern des k. bayer. Hauses. München 1867. – Dazu: Orts-, Personen- u. Sachregister. Erstellt von Hans Fuchs, Zweibrücken 1967 [Masch.schr. vervielfältigt].

Lehmann, J[ohann] G[eorg]: Abriß der Ortsgeschichte. In: Landes- und Volkskunde der Bayerischen Rheinpfalz (Separat-Abdruck der 2. Abth. des 4. Bandes der »Bavaria«). München 1867. S. 573–734.

Lehmann, J[ohann] G[eorg]: Die Grafschaft und die Grafen von Spanheim der beiden Linien Kreuznach und Starkenburg bis zu ihrem Erlöschen im fünfzehnten Jahrhunderte. 2 Teile. Kreuznach 1869.

Lehmann, Johann Georg: Dreizehn Burgen des Unter-Elsasses und Bad Niederbronn. Nach historischen Urkunden. Straßburg 1878.

Lehr, E[rnest]: Les Dynastes de Geroldseck-ès-Vosges. In: Bulletin de la Société pour la conservation des monuments historiques d'Alsace, 2. Folge, 7 (1869) S. 22–64.

Lehr, Ernest: L'Alsace Noble suivie de le livre d'or du patriciat de Strasbourg. Paris 1870, Nd. Paris 1972.

[Leiningen-Dagsburg-Hardenburg]: Endliche Deduction und Schluß-Schrifft, In Sachen Leiningen Contra Westerburg, Mit 81. Beylagen / Die Dignitäten und Gerechtsame der Land-Graffschafft Leiningen betreffend, de An. 1616. Sambt Leiningischer Genealogia. [Verfasser: Barnabas Wild]. Nd. in L-D-H, Repraesentatio jurium, 1734. – Zitiert: *L-D-H, Endliche Deduction.*

[Leiningen-Dagsburg-Hardenburg]: Kurtzer jedoch gründlicher Bericht / Der beym Kayserlichen Reichs-Hof-Rath schwebenden Rechtfertigung des Hoch-Gräflichen Hauses Leiningen contra die

Herren Grafen Von Westerburg. o. O. u. J. [1706]. Nd. in L-D-H, Gründliche Refutation [nach 1719] u. in L-D-H, Repraesentatio jurium, 1734. – Zitiert: *L-D-H, Gründlicher Bericht.*

[Leiningen-Dagsburg-Hardenburg]: Gründliche Refutation des großen Westerburgischen so genannten besser gegründeten Gegen-Berichts [...], o. O. u. J. [nach 1719]. – Zitiert: *L-D-H, Gründliche Refutation.*

[Leiningen-Dagsburg-Hardenburg]: Repraesentatio jurium Leiningensium In Sachen Leiningen Contra Westerburg Die Dignität Land und Leuth Weyl. Landgraff Hessonis zu Leiningen betr. [...], o. O. 1734. [Verfasser: Sachs]. – Zitiert: *L-D-H, Repraesentatio jurium.*

[Leiningen-Dagsburg-Hardenburg]: Kurtze doch gründliche Deduction und Demonstration des Gräflich-Leining-Dachsburgischen ohnumstößlichen Erbfolg-Rechts / in Weyland Landgraf Hessonis [...] Verlassenschaft [...]. Marburg o. J. [1739]. – Zitiert: *L-D-H, Demonstration.*

[Leiningen-Dagsburg-Hardenburg]: Handgreifliche Schwäche derer so rubricirten Westerburgischen Schließlichen Einreden [...], o. O. u. J. [nach 1740, vor 1745]. – Zitiert: *L-D-H, Handgreifliche Schwäche.*

[Leiningen-Dagsburg-Hardenburg]: Rechtliche Abhandlung von dem Vorzug derer Stammsvettern vor denen Töchtern bey der Erbfolge in teutsche Reichs-Länder [...] Mithin Endliche Befestigung des Gräflich-Leiningen-Dachsburgischen ohnumstößlichen Erbfolg-Rechts [...], o. O. u. J. [nach 1745, vor 1749]. – Zitiert: *L-D-H, Endliche Befestigung.*

[Leiningen-Westerburg]: Abermahlige Confut. Schluß- und Bittschrift de An. 1621. [War mir nicht zugänglich].

[Leiningen-Westerburg]: Abgenöthigter Besser gegründeter Gegen-Bericht [...], o. O. u. J. [Frankfurt a. M. 1714]. Nd. in L-D-H, Gründliche Refutation [nach 1719] u. in L-D-H, Repraesentatio jurium, 1734. [Verfasser: Johann Ludwig Wenzel]. – Zitiert: *L-W, Gegen-Bericht.*

[Leiningen-Westerburg]: Deductio juris et facti [...], Die / von Weyland Landgraffen Hessone zu Leiningen ererbte Dignität / Land und Leuth betreffend [...]. Grünstadt 1733. [Verfasser: Johann Christian Graf]. – Zitiert: *L-W, Deductio juris et facti.*

[Leiningen-Westerburg]: Ohnumstösliche Rechtliche Auszüge Derer Herrn Grafen von Leiningen Westerburg, mittels welcher deutlich zu tage lieget, Daß Die Herrn Grafen zu Leiningen Hartenburg, An weyland Landgrafen Hessen [...] Verlassenschafft, nichts zu suchen haben [...], o. O. u. J. [1737, Verfasser: Heinrich Christian Senckenberg]. – Zitiert: *L-W, Rechtliche Auszüge.*

[Leiningen-Westerburg]: Schließliche Einreden / welche noch deutlicher zeigen / daß in weyland Landgraf Hessen Antheil der Grafschafft Leiningen, die näher gesipte Weibs-Persohnen dem Manns-Stamm vorgezogen werden müssen [...], o. O. u. J. [1739, Verfasser: Heinrich Christian Senckenberg]. – Zitiert: *L-W, Schließliche Einreden.*

[Leiningen-Westerburg]: Endliche Ausführung Der Leiningen Westerburgischen Befugnüß Auf Landgraf Hessonis von Leiningen Verlassenschaft [...], o. O. 1745. – Zitiert: *L-W, Endliche Ausführung.*

[Leiningen-Westerburg]: Kurtzgefaßte [...] Historie derer Erbs-Fälle in der Graffschaft Leiningen Vom Jahr 1237. bis 1506. Womit einstweilen Die sogenannte Leiningen-Hartenburgische Befestigung In ihrer Hauptwercker Handgreiflichen Schwäche Dargestellet wird, o. O. 1749. – Zitiert: *L-W, Historie.*

Leiningen-Westerburg, Karl Emich Graf zu: Neu-Leiningen. Beschreibung und Geschichte der Burg. In: MHVPf XI (1883) S. 65–98.

Leiningen-Westerburg, Karl Emich Graf zu: Historische Blätter aus dem alten Leininger Land. I. und II. Theil. In: MHVPf XIII (1888) S. 27–47 und XIV (1889) S. 85–108.

Leiningen-Westerburg, Karl Emich Graf zu: s. Brinckmeier, Eduard.

Leiningen-Westerburg, Karl Emich Graf zu: Historische Nachrichten über Kloster Höningen. In: MHVPf 19 (1895) S. 177–184.

Le Mercier de Morière, [Laurent-Marie-Joseph]: Catalogue des actes de Mathieu II, duc de Lorraine (= Recueil de documents sur l'histoire de Lorraine, Bd. 17). Nancy 1893.

Lepage, Henri: Le département de la Meurthe, statistique [,] historique et administrative. 2. Teil: Dénombrement des communes. Nancy 1843.

Lepage, Henri: Les Communes de la Meurthe. Journal historique des villes, bourgs, villages, hameaux et censes de ce département. 2 Bde. Nancy 1853. – Zitiert: *Lepage.*

Lepage, Henri: Dictionnaire topographique du département de la Meurthe (= Dictionnaire topographique de la France). Paris 1862.

Lesourd, Paul: La Lorraine, le Barrois, les Trois-Évêchés dans l'histoire de la France et, demain, de l'Europe. Paris 1966.

Leuckfeld, Johann Georg: Antiquitates Poeldenses. Oder Historische Beschreibung des vormahligen Stiffts Poelde, Præmonstratenser Ordens [...]. Wolffenbüttel 1707.

[Le Vallois, Henri]: Catalogue des actes de Raoul, duc de Lorraine (1329–1346). [Concours ouvert par l'Académie de Stanislas pour l'obtention du prix Herpin]. [1904]. Bibl. mun. Nancy: Dép. man., MS 1185^{2}.

[Le Vallois, Henri]: Table chronologique provisoire des actes des ducs Thiébaud II et Ferry IV contenus dans le Trésor des chartes de Lorraine ou publiés et analysés. [1904]. Bibl. mun. Nancy: Dép. man., MS 1185^{3-4}.

Lhotsky, Alphons: Quellenkunde zur mittelalterlichen Geschichte Österreichs (= MIÖG, Erg.-bd. XIX). Graz, Köln 1963.

Lhotsky, Alphons: Geschichte Österreichs seit der Mitte des 13. Jahrhunderts (1281–1358) = Geschichte Österreichs, Neubearbeitung der Geschichte Österreichs von Alfons Huber, II. Bd. 1. T. (= Veröffentll. d. Komm. f. Gesch. Österreichs, 1). Wien 1967.

Linhartová, Milena (Hrsg.): s. Regesta diplomatica nec non epistolaria Bohemiae et Moraviae.

Litzenburger, Ludwig: Die Promotion des Grafen Emich von Leiningen zum Bischof von Speyer (1314–1328) in historiographischer Sicht. In: Jahresbericht 1968/69 Staatl. Leibniz-Gymnasium Neustadt a. d. W., Neustadt/Wstr. 1969, S. 155–163.

Luchi, Ludov. (Hrsg.): s. Monumenta monasterii Leonensis.

[Ludewig, Johann Peter von]: Ludovici Petri Giovanni, oder vielmehr Johann Peters von Ludewig, Erläuterte Germania Princeps, Das ist, Historisch-Politisch- und Rechtliche Anmerckungen über desselben Teutsche Fürsten-Staaten [...]. Das Buch, Vom ganzen Pfälzischen Hause, und dessen sämtlichen Staaten, Alles bis auf den heutigen Tag fortgesetzet, und nebst einem Register ans Licht gestellet, durch D. H. von Finsterwald. Franckfurt u. Leipzig 1746.

Ludt, Wilhelm: Hochspeyer. Die Geschichte eines Dorfes mit Ausschnitten aus der Vergangenheit der mit Hochspeyer durch enge geschichtliche Beziehungen verbundenen Nachbarorte Frankenstein, Fischbach und Waldleiningen. Otterbach und Otterberg 1959.

Ludt, Wilhelm: Die Herrschaft Frankenstein. Ihr Ursprung und ihr Übergang an die Grafen von Leiningen. In: Jb. z. Gesch. v. Stadt u. Lkr. KL 10/11 (1972/73) S. 13–20.

Landkreis und Stadt Ludwigshafen a. Rh., Regierungsbezirk Pfalz. Bearb. in der Bundesanstalt für Landeskunde von Rudolf Klöpper (= Die dt. Landkreise, Reihe Rheinland-Pfalz, Bd. 2). Speyer 1957.

Lünig, Johann Christian: Des Teutschen Reichs-Archivs partis specialis continuatio II, Bd. IV: Von den Graffen und Herren des Heil. Römischen Reichs [= Das Teutsche Reichs-Archiv, Bd. 11]. Leipzig 1712. – Zitiert: *Lünig, RA 11.*

Lünig, Johann Christian: Spicilegium seculare des Teutschen Reichs-Archivs [= Das Teutsche Reichs-Archiv, Bd. 22]. Leipzig 1719. – Zitiert: *Lünig, RA 22.*

Lünig, Johann Christian: Codex Germaniae diplomaticus [...]. 2 Bde. Franckfurt und Leipzig 1732–1733.

Maercker, Traugott: s. Monumenta Zollerana.

Malottki, Hans von: Heinrich von Leiningen, Bischof von Speyer und Reichskanzler unter Wilhelm von Holland. AG f. gesch. LK am ORh., Protokoll Nr. 103 über die Arbeitssitzung vom 13. Juni 1969. Karlsruhe 1969 [Masch. schr. vervielf.].

Malottki, Hans von: Heinrich von Leiningen, Bischof von Speyer und Reichskanzler. Ein Beitrag zur Geschichte der deutschen Reichskanzlei und des Bistums Speyer im 13. Jahrhundert (= Münchener historische Studien. Abt. Geschichtl. Hilfswiss. Bd. 14). Kallmünz 1977. – Zitiert: *Malottki.*

Marichal, P[aul]: Dufourny & Lancelot. Notes sur les anciens inventaires du Trésor des Chartes de Lorraine. In: MSAL 44 (1894) S. 5–74.

Marichal, Paul: Catalogue des Manuscrits conservés à la Bibliothèque Nationale sous les nos 1 à 725 de la Collection de Lorraine. Nancy 1896.

Marichal, Paul: Cartulaire de l'évêché de Metz. 2 Bde. (= Mettensia IV–V). Paris 1903–1908. – Zitiert: *Marichal I–II.*

Marionnet, [Anne-Marie]: Catalogue des actes de Thiébaut II, duc de Lorraine (1303–1312). Diplôme d'Etudes Supérieures. Nancy 1947 [Masch. schr.].

Martin, Thomas Michael: Die Städtepolitik Rudolfs von Habsburg (= Veröffentll. des Max-Planck-Inst. f. Gesch., 44). Göttingen 1976. (= Phil. Diss. Gießen 1971).

Martini, Walter: Der Lehnshof der Mainzer Erzbischöfe im späten Mittelalter. Phil. Diss. Mainz 1970. [Der 2. Teil liegt gedruckt vor:] Düsseldorf 1971.

Masson, J. B.: Das Breuschtal und seine Nachbargebiete. Eine siedelungs- und wirtschaftsgeschichtliche Studie (Bausteine zur Elsass-Lothringischen Geschichts- und Landeskunde, XII. Heft). Zabern i. E. 1912. (= Phil. Diss. Freiburg i. Br.).

Mathias von Neuenburg: Die Chronik des Mathias von Neuenburg, I. Fassung B und VC, II. Fassung WAU, hg. v. Adolf Hofmeister (= MGH SSrG, NF Bd. IV). Berlin 1924–1940, 2. unveränd. Aufl. 1955.

Maurer, Hans-Martin: Die Entstehung der hochmittelalterlichen Adelsburg in Südwestdeutschland. In: ZGO 117 (1969) S. 295–332. Zugleich in: Oberrheinische Studien 1 (1970) S. 295–332.

Maurer, Hans-Martin: Rechtsverhältnisse der hochmittelalterlichen Adelsburg vornehmlich in Südwestdeutschland. In: Hans Patze (Hrsg.), Die Burgen im deutschen Sprachraum, Ihre rechts- und verfassungsgeschichtliche Bedeutung (= Vorträge und Forschungen, Bd. XIX), Sigmaringen 1976, Bd. II S. 77–190.

May, Karl Hermann: Territorialgeschichte des Oberlahnkreises (Weilburg) (= Schriften des Inst. f. gesch. LK von Hessen und Nassau, 18. Stück). Marburg 1939.

May, Karl Hermann: Beiträge zur Geschichte der Herren zu Lipporn und Grafen von Laurenburg. In: Nass. Annalen 60 (1943), H. 1 S. 1–65.

May, Karl Hermann: Zur Frühgeschichte des Hauses Laurenburg-Nassau. III: Grenzen und Möglichkeiten neuer Ergebnisse. In: Nass. Annalen 69 (1958) S. 80–86.

Mayer, Theodor: Über Entstehung und Bedeutung der älteren deutschen Landgrafschaften. In: ZRG Germ. Abt. 58 (1938) S. 138–162. Nd. in: Theodor Mayer, Mittelalterliche Studien, Gesammelte Aufsätze, Lindau u. Konstanz 1959, S. 187–201, mit Ergänzungen S. 492–496.

Mayerhofer, J.-Glasschröder, F.: Die Weistümer der Rheinpfalz. In: MHVPf 16 (1892) S. V–XXIII und 1–171.

Mazerol, Marie-Thérèse: Catalogue des actes de Renaud de Bar, évêque de Metz (1302–1316). Diplôme d'Etudes Supérieures. Nancy 1949 [Masch.schr.; war mir nicht zugänglich].

Mendl, Bedřich (Hrsg.): s. Regesta diplomatica nec non epistolaria Bohemiae et Moraviae.

Menzel, Karl (Hrsg.): s. Codex diplomaticus Nassoicus.

Merian, Matthaeus: Topographia Alsatiae completa. 2. Aufl. Frankfurt a. M. 1663, Nd. Kassel und Basel 1964.

Merian, Matthaeus: Topographia Palatinatus Rheni et Vicinarum Regionum [...]. Nd. der vermutl. 1672 erschienenen verm. 2. Ausg., Kassel und Basel 1963.

Mettensia: s. Marichal, Paul.

Metz, Wolfgang: Staufische Güterverzeichnisse. Untersuchungen zur Verfassungs- und Wirtschaftsgeschichte des 12. und 13. Jahrhunderts. Berlin 1964.

Metz, Wolfgang: Die Weißenburger Urbare. In: BllPfKG 32 (1965) S. 99–123.

Metz, Wolfgang: Die mittelalterliche Königsgastung und ihre Organisation im Bereich der späteren Pfalz. In: MHVPf 68 (1970) S. 183–193.

Meurisse, [Martin]: Histoire des Evesques de l'Eglise de Metz. Metz 1634.

Meyer, M. (Bearb.): s. MGH Diplomata III.

Meyer von Knonau, Gerold: Jahrbücher des Deutschen Reiches unter Heinrich IV. und Heinrich V., 7 Bde. Leipzig 1890–1909, Nd. Berlin 1964–1965.

Meynen, Emil (Hrsg.): s. Geschichtlicher Atlas für das Land an der Saar.

Mikoletzky, Hanns Leo (Bearb.): s. Regesta Imperii II/2.

Miller, Max (Hrsg.): s. Handbuch der historischen Stätten.

Minst, Karl Josef (Übersetzer): s. Lorscher Codex-Deutsch.

Mitteis, Heinrich: Lehnrecht und Staatsgewalt. Untersuchungen zur mittelalterlichen Verfassungsgeschichte. Weimar 1933 u. Ndd.

Mitteis, Heinrich: Der Staat des hohen Mittelalters. Grundlinien einer vergleichenden Verfassungsgeschichte des Lehnszeitalters. 8. unveränd. Aufl. Weimar 1968 [nach dem Stande der 4. Aufl. 1953].

Möller, Walther: Stamm-Tafeln westdeutscher Adels-Geschlechter im Mittelalter. 3 Bde. Darmstadt 1922–1936.

Möller, Walther: Stamm-Tafeln westdeutscher Adels-Geschlechter im Mittelalter. NF. Erster und zweiter Teil. Darmstadt 1950–1951.

Molitor, Ludwig (Hrsg.): s. Urkundenbuch zur Geschichte der ehemals Pfalzbayerischen Residenzstadt Zweibrücken.
Mone, F[ranz] J[oseph]: Quellensammlung der badischen Landesgeschichte. 4 Bde. [vom letzten nur die 1. Lief. ersch.]. Karlsruhe 1848–1867.
Mone, [Franz Joseph]: Briefe über die Fehden am Oberrhein zwischen 1234 und 1249. In: ZGO 3 (1852) S. 59–66.
Mone, [Franz Joseph]: Die Besatzung zu Landau vom 13. bis 15. Jahrhundert. In: ZGO 3 (1853) S. 299–309.
Mone, [Franz Joseph]: Urkunden über die Ortenau und das Elsaß von 1241 bis 1321. In: ZGO 4 (1853) S. 275–291.
Mone, [Franz Joseph]: Beiträge zur elsäßischen Geschichte in ihren Verhältnissen zum rechten Rheinufer, vom 9.–15. Jahrh. In: ZGO 6 (1855) S. 421–440.
Mone, [Franz Joseph]: Urkunden und Auszüge über Elsaß und Lothringen, vom 13.–16. Jahrh. In: ZGO 8 (1857) S. 160–195.
Mone, [Franz Joseph]: Zur Geschichte von Worms. In: ZGO 9 (1858) S. 283–310.
Mone, [Franz Joseph]: Kaiserurkunden vom 8.–14. Jahrh.(1860) S. 1–21.
Mone, [Franz Joseph]: Kaiserurkunden vom 13. Jahrh. In: ZGO 11 (1860) S. 280–298.
Mone, [Franz Joseph]: Kaiserurkunden vom 14. Jahrh. In: ZGO 12 (1861) S. 198–210.
Mone, [Franz Joseph]: Kraichgauer Urkunden vom 12.–16. Jahrh. In: ZGO 13 (1861) S. 1–44.
Mone, [Franz Joseph]: Urkunden über Lothringen vom 12.–16. Jahrh. In: ZGO 13 (1861) S. 55–68 und 14 (1862) S. 55–79.
Mone, [Franz Joseph]: Urkunden über das Unterelsaß vom 10.–13. Jahrh. In: ZGO 14 (1862) S. 180–195 und 15 (1863) S. 390–404.
Mone, [Franz Joseph]: Mainzer Urkunden vom 12.–17. Jahrh. In: ZGO 19 (1866) S. 32–58.
Mone, [Franz Joseph]: Urkunden über die bayerische Pfalz. In: ZGO 19 (1866) S. 163–194, 309–323 und 20 (1867) S. 304–322.
Monumenta Boica. München 1763ff. – Zitiert: *Mon. Boica.*
Monumenta Germaniae Historica (MGH).
MGH Diplomata, Bd. I: Die Urkunden Konrad I., Heinrich I. und Otto I. [bearb. v. Th. Sickel u. a.]. Hannover 1879–1884, 2. unveränd. Aufl. Berlin 1956. – Zitiert: *MGH DDK I, DDH I* bzw. *DDO I.*
MGH Diplomata, Bd. II T. 1: Die Urkunden Otto des II. [bearb. v. Th. Sickel u. a.]. Hannover 1888, 2. unveränd. Aufl. Berlin 1956. – Zitiert: *MGH DDO II.*
MGH Diplomata, Bd. II T. 2: Die Urkunden Otto des III. [bearb. v. Th. Sickel u. a.]. Hannover 1893, 2. unveränd. Aufl. Berlin 1957. – Zitiert: *MGH DDO III.*
MGH Diplomata, Bd. III: Die Urkunden Heinrichs II. und Arduins [bearb. v. H. Bresslau, H. Bloch, M. Meyer und R. Holtzmann]. Hannover 1900–1903, 2. unveränd. Aufl. Berlin 1957. – Zitiert: *MGH DDH II* bzw. *DDArd.*
MGH Diplomata, Bd. IV: Die Urkunden Konrads II. Mit Nachträgen zu den Urkunden Heinrichs II. Unter Mitwirkung von H. Wibel und A. Hessel, hg. v. H. Bresslau. Hannover u. Leipzig 1909, 2. unveränd. Aufl. Berlin 1957. – Zitiert: *MGH DDK II.*
MGH Diplomata, Bd. V: Die Urkunden Heinrichs III. Hg. v. H. Bresslau (†) und P. Kehr. Berlin 1931, 2. unveränd. Aufl. Berlin 1957. – Zitiert: *MGH DDH III.*
MGH Diplomata, Bd. VI: Die Urkunden Heinrichs IV. Bearb. v. D. v. Gladiss. 1. T. Berlin 1941, Nd. Weimar 1953. 2. T. Weimar 1952, verb. Nd. Weimar 1959. 3. T., bearb. v. Alfred Gawlik, Hannover 1978. – Zitiert: *MGH DDH IV.*
MGH Diplomata, Bd. VIII: Die Urkunden Lothars III. und der Kaiserin Richenza. Hg. v. Emil von Ottenthal und Hans Hirsch. Berlin 1927. – Zitiert: *MGH DDL III.*
MGH Diplomata, Bd. IX: Die Urkunden Konrads III. und seines Sohnes Heinrich, bearb. v. Friedrich Hausmann. Wien, Köln, Graz 1969. – Zitiert: *MGH DDK III.*
MGH Diplomata, Bd. X/1: Die Urkunden Friedrichs I. 1152–1158, bearb. v. Heinrich Appelt, unter Mitwirkung von Rainer Maria Herkenrath [u. a.]. Hannover 1975. – Zitiert: *MGH DDF I.*
MGH Diplomata. Die Urkunden Heinrichs des Löwen, Herzogs von Sachsen und Bayern, bearb. v. Karl Jordan. Weimar 1949. – Zitiert: *MGH DDHdL.*
MGH Constitutiones, Bd. I (911–1197), hg. v. Ludwig Weiland. Hannover 1893, Nd. Hannover 1963.
MGH Constitutiones, Bd. II (1198–1272), hg. v. Ludwig Weiland. Hannover 1896.

MGH Constitutiones, Bd. III (1273–1298), hg. v. Jakob SCHWALM. Hannover und Leipzig 1904–1906.
MGH Constitutiones, Bd. IV (1298–1313), hg. v. Jakob SCHWALM. 2 Teile, Hannover und Leipzig 1906–1911.
MGH Constitutiones, Bd. V (1313–1324), hg. v. Jakob SCHWALM. Hannover und Leipzig 1909–1913.
Monumenta monasterii Leonensis brevi commentario illustrata. Accedit appendix documentorum ad tria alia monasteria Brixiana spectantium, [ed. Ludov. LUCHI]. Rom 1759.
Monumenta Wittelsbacensia: s. Wittmann, Fr. Mich.
Monumenta Wormatiensa: s. Quellen zur Geschichte der Stadt Worms.
Monumenta Zollerana. Urkunden-Buch zur Geschichte des Hauses Hohenzollern, hg. v. Rudolph Freiherrn von STILLFRIED und Traugott MAERCKER. 7 Bde., Berlin 1852–1861. Register, zusammengestellt von H. G. STILLFRIED, Berlin 1866. – Zitiert: *Mon. Zoll.*
MORAW, Peter: Das Stift St. Philipp zu Zell in der Pfalz (= Heidelberger Veröffentll. z. LG u. LK, 9). Heidelberg 1964 (= Phil. Diss. Heidelberg 1961).
MORAW, Peter: Klöster und Stifte im Mittelalter. In: Pfalzatlas, hg. v. Willi Alter, Karte Nr. 71 (= vorl. Nr. 8). Speyer 1964. Dazu: Textbd. S. 19–31 (1. Heft 1964).
MORAW, Peter: s. Schaab, Meinrad-Moraw, Peter.
MORAW, Peter: Landesgeschichte und Reichsgeschichte im 14. Jahrhundert. In: Jb. f. westdt. LG 3 (1977) S. 175–191.
MÜLLER, Emil (Hrsg.): s. Leininger Geschichtsblätter.
MÜLLER, Wilhelm: Verzeichnis hessischer Weistümer. Darmstadt 1914. Auch in: AHG X u. XI.
Pfälzisches Museum [mit wechselndem Untertitel]. Kaiserslautern 1 (1884)ff.
NAUMANN, Hans (Hrsg.): s. Die Kreuzfahrt des Landgrafen Ludwigs des Frommen.
NAUMANN, Helmut: Die Anfänge des Stiftes Höningen. In: MHVPf 69 (1972) S. 92–174.
NEUBAUER, A. (Hrsg.): s. Bericht des Mainzer Anonymus.
NEUBAUER, A. (Hrsg.): s. Salomo bar Simeon.
NEUBAUER, A[ndreas] (Bearb.): Regesten des ehem. Benediktiner-Klosters Hornbach. In: MHVPf 27 (1904). Ergänzungen von C. PÖHLMANN in: Abhh. z. saarpfälz. Landes- u. Volksforsch. 1 (1937) S. 49–60.
NEUBAUER, [Andreas]: Hardenburger Weistum. In: LGeschBll 6 (1907) S. 45f., 54f. Mit einer Berichtigung von [Richard] KREBS S. 91.
NEUBAUER, Andreas: Regesten des Klosters Werschweiler (= Veröffentll. d. Hist. Ver. d. Pfalz [Bd. I]). Speyer 1921.
NEWALD, Richard (Hrsg.): s. Corpus der altdeutschen Originalurkunden.
NIEMEYER, Wilhelm: Der Pagus des frühen Mittelalters in Hessen (= Schriften des Hess. Landesamtes f. gesch. LK, 30). Marburg 1968.
NIESSEN, Josef (Bearb.): s. Geschichtlicher Handatlas der Rheinprovinz.
NIESSEN, Josef: Grundzüge der Territorialentwicklung an der mittleren Saar. In: RhVjbll 2 (1932) S. 1–18.
NIESSEN, Josef: Zur Territorialgeschichte der Saarlande. In: Hermann Overbeck-Georg Wilhelm Sante (Hrsgg.): Saar-Atlas, Gotha 1934. S. 43–49 und Tafeln 8, 9 und 13d.
NIESSEN, Josef (Bearb.): s. Geschichtlicher Handatlas der deutschen Länder am Rhein.
OBERNDORFF, Graf Lambert von (Bearb.): s. Regesten der Pfalzgrafen am Rhein, II.
OHLENSCHLAGER, F.: Der Burgfriede von Dürkheim. In: MHVPf 19 (1895) S. 113–128.
OPLL, Ferdinand: Das Itinerar Kaiser Friedrich Barbarossas (1152–1190) (= Forschungen zur Kaiser- und Papstgeschichte des Mittelalters. Beihefte zu J. F. Böhmer, Regesta Imperii. 1). Wien, Köln, Graz 1978.
OPPERMANN, Otto: Rheinische Urkundenstudien, 2. Teil: Die trierisch-moselländ. Urkunden, hg. v. F. KETNER (= Bijdragen van het Instituut voor middeleeuwse Geschiedenis der Rijks-Universiteit te Utrecht, XXIII). Groningen, Djakarta 1951.
OTTENTHAL, Emil von (Bearb.): s. Regesta Imperii II/1.
OTTENTHAL, Emil von (Bearb.): s. MGH Diplomata VIII.
OTTO VON FREISING: Ottonis episcopi Frisingensis Chronica sive historia de duabus civitatibus, hg. v. Walther LAMMERS (= Ausgewählte Quellen z. dt. Gesch. d. MAs – Freiherr vom Stein-Gedächtnisausgabe, Bd. XVI). Darmstadt 1960. Nd. 1961.
OTTO VON FREISING und RAHEWIN: Gesta Frederici seu rectius Chronica, hg. v. Franz-Josef SCHMALE (= Ausgewählte Quellen zur dt. Gesch. d. MAs – Freiherr vom Stein-Gedächtnisausgabe, Bd. XVII). Darmstadt 1965.

Otto von St. Blasien: Ottonis de Sancto Blasio chronica, hg. v. Adolf Hofmeister (= MGH SSrG). Hannover u. Leipzig 1912.

Otto, Heinrich (Bearb.): s. Regesten der Erzbischöfe von Mainz, I/2.

Ottokar [aus der Gaal, *Otacher ouz der Geul*]: Österreichische Reimchronik. Nach den Abschriften Franz Lichtensteins hg. v. Joseph Seemüller (= MGH, Dt. Chroniken Bd. V/1–2). Hannover 1890.

Pange, Jean de: Introduction au catalogue des actes de Ferri III, duc de Lorraine (1251–1303). Paris 1904.

Pange, Jean de: Catalogue des actes de Ferri III, duc de Lorraine (1251–1303). Paris 1930. – Zitiert: *de Pange*.

Parisot, Robert: Histoire de Lorraine (Duché de Lorraine, duché de Bar, Trois-Évêchés). Paris 1919–1924.

Parisse, Michel: Les actes de Thiébaut 1er, duc de Lorraine (1213–1220). Diplôme d'Etudes Supérieures. Nancy 1958 [Masch.schr.].

Parisse, M[ichel]: Complément au catalogue des actes de Bertram, Evêque de Metz (1180–1212). In: ASHAL 63 (1963) S. 37–57.

Parisse, Michel: La Lorraine, la maison de Salm et les archives d'Anholt. In: Annales de l'Est, 5. Folge, 26 (1974) S. 148–157.

Parisse, Michel: Les ducs et le duché de Lorraine au XIIe siècle 1048–1206. In: Bll. f. dt. LG 111 (1975) S. 86–102.

Parisse, Michel: La noblesse lorraine. XIe–XIIIe s. Thèse presentée devant l'université de Nancy II, 28 juin 1975. 2 Bde., Paris 1976. – Zitiert: *Parisse*.

Parisse, Michel: A propos du prieuré de Pfeddersheim. Un diplôme inédit de Frédéric Barberousse pour l'abbaye de Gorze. In: Jb. f. westdt. LG 2 (1976) S. 145–157.

Parisse, Michel (Hrsg.): s. Histoire de la Lorraine.

Patze, Hans (Hrsg.): Der deutsche Territorialstaat im 14. Jahrhundert. 2 Bde. (= Vorträge und Forschungen, Bd. XIII u. XIV). Sigmaringen 1970–1971.

Patze, Hans: Die Burgen in Verfassung und Recht des deutschen Sprachraumes, In: Ders., Die Burgen im deutschen Sprachraum. Ihre rechts- und verfassungsgeschichtliche Bedeutung (= Vorträge und Forschungen, Bd. XIX), Sigmaringen 1976, Bd. II S. 421–441.

Patze, Hans: Friedrich Barbarossa und die deutschen Fürsten. Itinerarkarten und Tabellen von Herbert Reyer. In: Die Zeit der Staufer Bd. V, [Stuttgart 1979], S. 35–75.

Pauly, Ferdinand: Aus der Geschichte des Bistums Trier. Erster Teil: Von der spätrömischen Zeit bis zum 12. Jahrhundert (= Veröffentll. des Bistumsarchivs Trier, 13/14). Trier 1968.

Pauly, Ferdinand: Aus der Geschichte des Bistums Trier. Zweiter Teil: Die Bischöfe bis zum Ende des Mittelalters (= Veröffentll. des Bistumsarchivs Trier, 18). Trier 1969.

Pelster, Wilhelm: Stand und Herkunft der Bischöfe der Kölner Kirchenprovinz im Mittelalter. Weimar 1909.

Pertz, Heinrich (Hrsg.): s. Reiner von Lüttich.

Pertz, Heinrich (Hrsg.): s. Annales breves Wormatienses.

Pertz, Heinrich (Hrsg.): s. Annales Spirenses.

Petry, Ludwig: Das politische Kräftespiel im pfälzischen Raum vom Interregnum bis zur Französischen Revolution. Anliegen und Ansätze der heutigen Forschung. Mit 7 Karten. In: RhVjbll 20 (1955) S. 80–111.

Petry, Ludwig (Hrsg.): s. Handbuch der historischen Stätten.

Pfalzatlas, hg. v. Willi Alter. Speyer 1963ff. [Kartenband und Textband].

Philippe de Vigneulles: La chronique de Philippe de Vigneulles, hg. v. Charles Bruneau. 4 Bde. (= Documents sur l'histoire de Lorraine, Bd. 14). Metz 1927–1933.

Pöhlmann, Carl: Regesten der Lehensurkunden der Grafen von Veldenz (= Veröffentll. d. Pfälz. Ges. z. Förd. d. Wiss., Bd. III). Speyer a. Rh. 1928. – Zitiert: *RLGV*.

Pöhlmann, Carl: Der Blieskasteler Erbfolgestreit 1274–1291. In: Zs. f. bayer. LG 8 (1935) S. 450–459.

Pöhlmann, Carl: s. Neubauer, Andreas.

Pöhlmann, Carl: Geschichte der Grafen von Zweibrücken aus der Zweibrücker Linie (= Schriftenreihe zur bayer. LG, Bd. 30). München 1938, Nd. Aalen 1974.

Pöhlmann, Carl: s. Regesten der Grafen von Zweibrücken.

Polenz, Peter von: Gaunamen oder Landschaftsnamen? Die *pagus*-Frage sprachlich betrachtet. In: RhVjbll 21 (1956) S. 77–96.

POTTHAST, August: Regesta pontificum Romanorum inde ab a. post Christum natum MCXCVIII ad a. MCCCIV. Berlin 1874–1875, Nd. Graz 1957.
PRINZ, Joseph: Pagus und Comitatus in den Urkunden der Karolinger. In: AUF 17 (1942) S. 329–358.
Probleme der Geschichte und Landeskunde am linken Oberrhein. Niederschrift über die Tagung der Arbeitsgemeinschaft für westdeutsche Landes- und Volksforschung in Bad Bergzabern vom 18.–21. Oktober 1965, bearb. v. Franz Josef ARTHEN. Bonn 1966 [Masch.schr.].
PROBST, Joseph: Geschichte der Stadt und Festung Germersheim. Speyer 1898.
Quellen zur Geschichte der Stadt Worms, hg. v. Heinrich BOOS. Berlin 1886–1893.
– 1. Theil: Urkundenbuch der Stadt Worms 1. Bd., 627–1300. Zitiert: *QuStW I.*
– 2. Theil: Urkundenbuch der Stadt Worms 2. Bd., 1301–1400. Zitiert: *QuStW II.*
– 3. Theil: Monumenta Wormatiensa. Annalen und Chroniken. Zitiert: *QuStW III.*
Quellen zur rheinhessischen Landeskunde: s. Gerlich, Alois.
Quellensammlung zur Geschichte der Deutschen Reichsverfassung: s. Zeumer, Karl.
Quellensammlung der badischen Landesgeschichte: s. Mone, Franz Joseph.
RAHEWIN: s. Otto von Freising und Rahewin.
RALL, Hans: Urkundenwesen, Kanzlei und Rat der Wittelsbacher Pfalzgrafen bei Rhein und Herzoge von Bayern (1180/1214–1436/1438). In: Grundwissenschaften und Geschichte, FS für Peter Acht, hg. v. Waldemar Schlögl und Peter Herde (=Münchener historische Studien, Abt. Geschichtl. Hilfswissenschaften, Bd. 15), Kallmünz 1976, S. 274–294.
RAMGE, Hans: Die Siedlungs- und Flurnamen des Stadt- und Landkreises Worms (= Beiträge zur dt. Philologie, Bd. 43). 2. Aufl. Gießen 1979 [= Nd. der 1. Aufl. 1967]. (Zugleich. Phil. Diss. Mainz 1966).
RAMM, François: Catalogue des actes de Jean d'Apremont, évêque de Metz 1224–1238. Diplôme d'Etudes Supérieures. Nancy 1948 [Masch.schr.].
RAPP, Francis: Le château-fort dans la vie médiévale. Le château-fort et la politique territoriale. D'après les documents réunis (= Recherches sur les châteaux-forts Alsaciens, 1). Strasbourg 1968.
RAPP, François: Zur Geschichte der Burgen im Elsaß mit besonderer Berücksichtigung der Ganerbschaften und der Burgfrieden. In: Hans Patze (Hrsg.), Die Burgen im deutschen Sprachraum, Ihre rechts- und verfassungsgeschichtliche Bedeutung (= Vorträge und Forschungen, Bd. XIX), Sigmaringen 1976, Bd. II S. 229–248.
REDLICH, Oswald (Bearb.): s. Regesta Imperii VI/1.
REDLICH, Oswald: Rudolf von Habsburg. Das Deutsche Reich nach dem Untergang des Kaisertums. Innsbruck 1903, Nd. Aalen 1965.
REDSLOB, Robert-SCHMITT, Jean-ULRICH, Henri: Châteaux et sites pittoresques des Vosges (Collection »Les merveilles de l'Alsace«). Strasbourg 1963.
REGEL, Ernst (Hrsg.): s. Johann von Würzburg.
Regesta archiepiscoporum Maguntinensium. Regesten zur Geschichte der Mainzer Erzbischöfe von Bonifatius bis Uriel von Gemmingen. 742?–1514. Mit Benützung des Nachlasses von Joh. Friedr. BÖHMER bearb. u. hg. v. Cornelius WILL. 2 Bde., Innsbruck 1877 und [1883–]1886. [Nur bis 1288 erschienen]. – Zitiert: *RME.*
Regesta chronologico-diplomatica Friderici IV.: s. Chmel, Joseph.
Regesta diplomatica nec non epistolaria Bohemiae et Moraviae. Bd. I (600–1253), hg. v. Karl Jaromir ERBEN (= Abhh. d. kgl. böhm. Ges. d. Wiss., 5. F., 8. Bd.). Praha 1854. – Bd. II (1253–1310), hg. v. Joseph EMLER. Praha 1882. – Bd. III (1311–1333), hg. v. Joseph EMLER. Praha 1890. – Bd. IV (1333–1346), hg. v. Joseph EMLER. Praha 1892. – Bd. V/1–2 (1346–1350), hg. v. Jiři SPĚVÁČEK. Praha 1955–1960. – Bd. VI/1–3 (1355–1358), hg. v. B[edřich] MENDL. Praha 1928–1954. – Bd. VII/1–5 (1358–1363), hg. v. B[edřich] MENDL und M[ilena] LINHARTOVÁ. Praha 1954–1963.
Regesta diplomatica necnon epistolaria historiae Thuringiae: s. Dobenecker, Otto.
Regesta Imperii II. Sächsisches Haus: 919–1024. Die Regesten des Kaiserreiches, nach Johann Friedrich BÖHMER neubearb. v.: Emil VON OTTENTHAL (1. Abt. = Heinrich I. und Otto I., 919–973), Innsbruck 1893, Nd. Hildesheim 1967; Hanns Leo MIKOLETZKY (2. Abt. = Otto II., 955 (973)–983), Graz 1950; Mathilde UHLIRZ (3. Abt. = Otto III., 980 (983)–1002), Graz u. Köln 1956; Theodor GRAFF (4. Abt. = Heinrich II., 1002–1024), Wien, Köln, Graz 1971; Harald ZIMMERMANN (5. Abt. = Papstregesten 911–1024), Wien, Köln, Graz 1969.
Regesta Imperii III. Salisches Haus: 1024–1125. 1. T.: 1024–1056. 1. Abt.: Die Regesten des Kaiserreiches

unter Konrad II. 1024–1039, nach Johann Friedrich BÖHMER neubearb. unter Mitwirkung von Norbert von Bischoff von Heinrich APPELT. Graz 1951.
Regesta Imperii IV. Ältere Staufer. 3. Abt.: Die Regesten des Kaiserreiches unter Heinrich VI. 1165 (1190) – 1197, nach Johann Friedrich BÖHMER neubearb. v. Gerhard BAAKEN. Köln, Wien 1972.
Regesta Imperii V. Die Regesten des Kaiserreichs unter Philipp, Otto IV., Friedrich II., Heinrich (VII.), Conrad IV., Heinrich Raspe, Wilhelm und Richard. 1198–1272. Nach der Neubearbeitung und dem Nachlasse Johann Friedrich BÖHMER's neu hg. u. erg. v. Julius FICKER und Eduard WINKELMANN. 3 Bde. in 5 Abtt. Einleitung u. Register bearb. v. Franz WILHELM. Innsbruck 1881–1901.
Regesta Imperii VI. Die Regesten des Kaiserreichs unter Rudolf, Adolf, Albrecht, Heinrich VII. 1273–1313. 1. Abt. [1273–1291]. Nach der Neubearbeitung und dem Nachlasse Johann Friedrich BÖHMER's neu hg. u. erg. v. Oswald REDLICH. Innsbruck 1898. – 2. Abt. [1291–1298]. Neu bearb. v. Vincenz SAMANEK. Innsbruck 1948.
Regesta imperii 1246–1313: s. Böhmer, Johann Friedrich.
Regesta imperii 1314–1347: s. Böhmer, Johann Friedrich.
Regesta Imperii VIII. Die Regesten des Kaiserreichs unter Kaiser Karl IV. 1346–1378. Aus dem Nachlasse Johann Friedrich BÖHMER's hg. u. erg. v. Alfons HUBER. Innsbruck 1877. 1. Erg.heft, von Alfons Huber, Innsbruck 1889.
Regesta Imperii XI. Die Urkunden Kaiser Sigmunds (1410–1437), verzeichnet von Wilhelm ALTMANN. 2 Bde., Innsbruck 1896–1900.
Regesta Imperii XII. Albrecht II. 1438–1439, bearb. v. Günther HÖDL. Wien, Köln, Graz 1975.
Regesta pontificum Romanorum: s. Jaffé-Wattenbach – s. Potthast.
Regesten der ehem. Augustinerpropstei Hördt: s. Biundo, Georg.
Regesten des ehem. Benediktiner-Klosters Hornbach: s. Neubauer, Andreas.
Die Regesten der Bischöfe und des Domkapitels von Bamberg, bearb. v. Erich Frhr. von GUTTENBERG (†) (= Veröffentll. d. Ges. f. fränk. Gesch., VI. Reihe). Würzburg 1963 [1. Lief. 1931].
Regesten der Bischöfe von Strassburg. Bd. I T. 1: Hermann BLOCH, Die elsäss. Annalen der Stauferzeit. T. 2: Regesten der Bischöfe von Straßburg bis zum Jahre 1202 von Paul WENTZCKE. (= Veröffentll. v. d. Komm. z. Hrsg. elsäss. Gesch.qu.). Innsbruck 1908. Zitiert: *RBStr I.* – Bd. II: Regesten der Bischöfe von Strassburg vom Jahre 1202–1305. Hg. v. Alfred HESSEL und Manfred KREBS (Hg. im Auftrag d. Wiss. Inst. d. Elsaß-Lothringer im Reich). Innsbruck [1924–]1928. Zitiert: *RBStr II.*
Die Regesten der Erzbischöfe von Köln im Mittelalter (= Publikationen d. Ges. f. Rhein. Gesch.kunde, XXI). 2. Bd. (1100–1205) bearb. v. Richard KNIPPING, Bonn 1901, Nd. Bonn 1964. 3. Bd. (1205–1304) bearb. v. Richard KNIPPING, Bonn 1909–1913, Nd. Bonn 1964. 4. Bd. (1304–1332) bearb. v. Wilh. KISKY, Bonn 1915, Nd. Bonn 1964. 5. Bd. (1332–1349) bearb. v. Wilh. JANSSEN, Köln, Bonn 1973. – Zitiert: *REK.*
Regesten der Erzbischöfe von Mainz von 1289–1396, hg. v. Goswin Frhn. v. d. ROPP. I/1 (1289–1328) bearb. v. Ernst VOGT, Leipzig 1913, Nd. Berlin 1970. I/2 (1328–1353) bearb. v. Heinrich OTTO, Darmstadt 1932–1935. II/1 (1354–1371) bearb. v. Fritz VIGENER, Leipzig 1913, Nd. Berlin 1970 unter Einschluß der 16. Lief. (= 1. Lief. II/2). Namenverzeichnis zu I/1–2 und II/1 bearb. v. Wilhelm KREIMES, Darmstadt 1958. – Zitiert: *REM.*
Regesten der Erzbischöfe zu Trier von Hetti bis Johann II. 814–1503, von Adam GOERZ. Trier 1861, berichtigter Nd. Aalen 1969. – Zitiert: *RET.*
Regesten zur Geschichte der Mainzer Erzbischöfe: s. Regesta archiepiscoporum Maguntinensium.
Regesten zur Geschichte des Augustiner-Chorherrenstifts Höningen: s. Debus (1978).
Regesten zur Geschichte der ehemaligen Nassau-Saarbrückischen Lande: s. Jungk, August Hermann.
Regesten der Grafen von Katzenelnbogen 1060–1486. 4. Bde., bearb. v. Karl E. DEMANDT (= Veröffentll. d. Hist. Komm. f. Nassau, XI). Wiesbaden 1953–1957. – Zitiert: *RGK.*
Regesten der Grafen von Zweibrücken aus der Linie Zweibrücken, [von] Carl PÖHLMANN, eingeleitet, bearb. u. erg. unter Mitwirkung von Hans-Walter HERRMANN durch Anton DOLL (= Veröffentll. d. Pfälz. Ges. z. Förd. d. Wiss., Bd. 42). Speyer 1962. – Zitiert: *RGZ.*
Regesten der Landgrafen von Hessen. Erster Band: 1247–1328, bearb. v. Otto GROTEFEND und † Felix ROSENFELD (= Veröffentll. d. Hist. Komm. f. Hessen u. Waldeck, VI). Marburg [1909–]1929. – Zitiert: *Regg. Lgfen. Hessen.*
Regesten der Lehensurkunden der Grafen von Veldenz: s. Pöhlmann, Carl.

Regesten der Markgrafen von Baden und Hachberg 1050–1515. Hg. v. d. Bad. Hist. Comm., 4 Bde., bearb. v. Richard FESTER (Bd. 1), Heinrich WITTE (Bd. 2–3) u. Albert KRIEGER (Bd. 4). Innsbruck 1900–1915. – Zitiert: *RMB.*

Mittelrheinische Regesten oder chronologische Zusammenstellung des Quellen-Materials für die Geschichte der beiden Regierungsbezirke Coblenz und Trier in kurzen Auszügen, bearb. u. hg. v. Adam GOERZ. 4 Bde., Coblenz 1876–1886, Nd. Aalen 1974. – Zitiert: *MrhRegg.*

Regesten der Pfalzgrafen am Rhein 1214–1508. Hg. v. d. Bad. Hist. Comm. 1. Bd. (1214–1400) bearb. v. Adolf KOCH und Jakob WILLE, Innsbruck 1894. 2. Bd. (1400–1410) bearb. v. Graf L[ambert] von OBERNDORFF; Nachträge, Ergänzungen u. Berichtigungen zum I. u. II. Bd., Namen- u. Sachregister zum II. Bd., bearb. v. Manfred KREBS, Innsbruck 1939. – Zitiert: *RPR.*

Regesten zu einer Territorialgeschichte der Herren von Lichtenberg: s. Eyer, Fritz.

Regesten der bis jetzt gedruckten Urkunden zur Landes- und Orts-Geschichte des Grossherzogthums Hessen: s. Scriba, Heinrich Eduard.

Regesten des Klosters Werschweiler: s. Neubauer, Andreas.

REH, Kurt (Bearb.): s. Kaiserslautern, Landkreis.

Reichsland: s. Elsaß-Lothringen, Reichsland.

REIF, Fr.: Das Geschlecht derer von Leiningen und seine Beziehungen zu Hessen. In: Vom Rhein, Monatsschrift des Altertums-Vereins für die Stadt Worms 6 (1907) S. 11–13, 21, 36–38, 43–44, 54, 59–61.

REIMER, Heinrich (Bearb.): s. Hessisches Urkundenbuch, II.

REINER VON LÜTTICH: Reineri Annales, hg. v. Georg Heinrich PERTZ in MGH SS XVI, Hannover 1859, S. 651–680.

REMLING, Franz Xaver: Urkundliche Geschichte der ehemaligen Abteien und Klöster im jetzigen Rheinbayern. 2 Bde., Neustadt 1836, Nd. Pirmasens 1973. – Zitiert: *Remling, Abtt. u. Kll.*

REMLING, Franz Xaver (Hrsg.): s. Urkundenbuch des Klosters Otterberg.

REMLING, Franz Xaver (Hrsg.): s. Urkundenbuch zur Geschichte der Bischöfe zu Speyer.

REMLING, Franz Xaver: Geschichte der Bischöfe zu Speyer. 2 Bde., Mainz 1852–1854, Nd. Pirmasens 1975.

REMLING, Franz Xaver: Neuere Geschichte der Bischöfe zu Speyer samt Urkundenbuche. Speyer 1867, Nd. Pirmasens 1975.

REST, J[osef]: Archivalien des gräflich von Andlawschen Archivs in Freiburg i. Br. Nach Regesten des †Oberstleutnants Freiherrn Camill von ALTHAUS. In: ZGO 63 (1909), m20–m109.

RHEINHEIMER, O.: Ein Leininger unternimmt einen Kreuzzug. In: NLBll III (1929) S. 84f.

RHEINWALD, Johann Ludwig Christian (Hrsg.): s. Kriegs Theater.

RICHER VON SENONES: Richeri Gesta Senoniensis ecclesiae, hg. v. G[eorg] WAITZ in: MGH SS XXV, Hannover 1880, S. 249–345.

RIEZLER, Sigmund (Bearb.): s. Fürstenbergisches Urkundenbuch.

RÖDEL, Volker: Die Reichsburgmannschaft von Lautern. In: Jb. z. Gesch. v. Stadt u. Lkr. KL 14/15 (1976/77) S. 93–111.

RÖDEL, Volker: Reichslehenswesen, Ministerialität, Burgmannschaft und Niederadel. Studien zur Rechts- und Sozialgeschichte des Adels in den Mittel- und Oberrheinlanden während des 13. und 14. Jahrhunderts. (= Quellen und Forschungen zur hessischen Geschichte, 38). Darmstadt und Marburg 1979. (= Phil. Diss. Mainz 1977).

RÖDEL, Volker: Der Besitz Werners II. von Bolanden (1194/1198). In: Pfalzatlas, hg. v. Willi Alter, Textbd. S. 1197–1203 (31. Heft 1980). [Vgl. Werle (1969).]

RÖHRICHT, Reinhold: Beiträge zur Geschichte der Kreuzzüge. 2 Bde., Berlin 1874–1878, Nd. Aalen 1967.

RÖHRICHT, R[einhold]: Die Deutschen auf den Kreuzzügen. In: Zs. f. dt. Philologie 7 (1876) S. 125–174 u. 296–329.

RÖHRICHT, R[einhold]: Das Gedicht von des Landgrafen Ludwig Kreuzfahrt nach Sprache und Composition. III.: Erläuterung nach seiner historischen seite. In: Zs. f. dt. Philologie 8 (1877) S. 419–446.

RÖHRICHT, Reinhold: Die Deutschen im Heiligen Lande. Chronologisches Verzeichniss derjenigen Deutschen, welche als Jerusalempilger und Kreuzfahrer sicher nachzuweisen oder wahrscheinlich anzusehen sind (c. 650–1291). Innsbruck 1894.

ROPP, Goswin Frhr. v. d. (Hrsg.): s. Regesten der Erzbischöfe von Mainz.

ROSENFELD, Felix (Bearb.): s. Regesten der Landgrafen von Hessen.

Roth, François: La noblesse lorraine. XIe–XIIIe siècles. Compte rendu de la soutenance de la thèse d'Etat de M. Michel Parisse. In: Annales de l'Est, 5. F., 27 (1975) S. 167–177.

Rühl, [Philipp Jakob]: Recherches historiques et généalogiques sur la maison de Linange-Dabo. Strasbourg 1789.

Ruffin-Cordelier, J.: Dictionnaire complet des communes de l'Alsace, la Lorraine (Départements: Bas-Rhin, Haut-Rhin et Moselle) et du territoire de la Sarre avec les hameaux qui en dépendent [...]. Paris 1920.

Ruppersberg, Albert: Geschichte der ehemaligen Grafschaft Saarbrücken. Nach Friedrich und Adolf Köllner neubearb. u. erw., T. 1, 2. Aufl. Saarbrücken 1908, Nd. St. Ingbert 1979.

Ruser, Konrad (Bearb.): Die Urkunden und Akten der oberdeutschen Städtebünde vom 13. Jahrhundert bis 1549. Bd. 1: Vom 13. Jahrhundert bis 1347. Göttingen 1979.

Sablonier, Roger: Adel im Wandel. Eine Untersuchung zur sozialen Situation des ostschweizerischen Adels um 1300 (= Veröffentll. des Max-Planck-Instituts f. Gesch., 66). Göttingen 1979. (Zugl. Phil. Habil.schr. Zürich 1977).

Salch, Charles-Laurent: s. Schmitt, Pierre [u. a.].

Salch, Charles-Laurent: Dictionnaire des Châteaux de l'Alsace Médiévale. Strasbourg 1976.

Salomo bar Simeon: Bericht des Salomo bar Simeon. In: Hebräische Berichte über die Judenverfolgungen während der Kreuzzüge, [mit dt. Übers.] hg. v. A. Neubauer u. M. Stern (= Quellen z. Gesch. d. Juden in Dtld., II. Bd.), Berlin 1892, S. 1–35 u. Übers. S. 81–152.

Samanek, Vincenz: Studien zur Geschichte König Adolfs. Vorarbeiten zu den Regesta imperii VI 2 (1292–1298) (= Sitzungsberichte der Akad. d. Wiss. in Wien, Philos.-hist. Klasse, 207. Bd., 2. Abh.). Wien u. Leipzig 1930.

Samanek, Vincenz (Bearb.): s. Regesta Imperii VI/2.

Sante, Georg Wilhelm (Hrsg.): s. Handbuch der historischen Stätten.

Sauer, [Wilhelm]: Die ältesten Lehnsbücher der Herrschaft Bolanden. Wiesbaden 1882.

Sauer, Wilhelm (Hrsg.): s. Codex diplomaticus Nassoicus.

Sauerland, Heinrich Volbert: Vatikanische Urkunden und Regesten zur Geschichte Lothringens (= Quellen zur lothr. Gesch. – Documents de l'histoire de la Lorraine, Bd. I–II). Metz 1901–1905.

Sauerland, Heinrich Volbert: Urkunden und Regesten zur Geschichte der Rheinlande aus dem vatikanischen Archiv. 7 Bde., die beiden letzten hg. v. Hermann Thimme (= Publikationen der Ges. f. rhein. Gesch.kunde, XXIII). Bonn 1902–1913.

Schaab, K[arl] A[nton]: Geschichte des großen rheinischen Städtebundes, gestiftet zu Mainz im Jahre 1254 durch Arnold Walpod. 2 Bde., 2. Aufl. Mainz 1855.

Schaab, Meinrad: Die Zisterzienserabtei Schönau im Odenwald (= Heidelberger Veröffentll. z. LG u. LK, Bd. 8). Heidelberg 1963.

Schaab, Meinrad: Die Diözese Worms im Mittelalter. In: FDA 86 (1966) S. 94–219.

Schaab, Meinrad-Moraw, Peter: Territoriale Entwicklung der Kurpfalz (von 1156 bis 1792). In: Pfalzatlas, hg. v. Willi Alter, Karte Nr. 62–65 (= vorl. Nr. 50–53). Speyer a. Rh. 1969. Dazu: Textbd. S. 393–428 (= 11. Heft [1969]).

Schaab, Meinrad: Territoriale Entwicklung der Hochstifte Speyer und Worms. In: Pfalzatlas, hg. v. Willi Alter, Karte Nr. 61 (= vorl. Nr. 77). Speyer a. Rh. 1972. Dazu: Textbd. S. 760–780 (20. Heft 1972).

Schaab, Meinrad: Grundlagen und Grundzüge der pfälzischen Territorialentwicklung 1156–1410. In: Alzeyer Kolloquium 1970 (= Gesch. Landeskunde, Bd. X), Wiesbaden 1974, S. 1–21.

Schaab, Meinrad: Geographische und topographische Elemente der mittelalterlichen Burgenverfassung nach oberrheinischen Beispielen. In: Hans Patze (Hrsg.), Die Burgen im deutschen Sprachraum, Ihre rechts- und verfassungsgeschichtliche Bedeutung (= Vorträge und Forschungen, Bd. XIX), Sigmaringen 1976, Bd. II S. 9–46.

Schaab, Meinrad: Adlige Herrschaft als Grundlage der Territorialbildung im Bereich von Uf-, Pfinz- und Enzgau. AG f. gesch. LK am ORh., Protokoll Nr. 171 über die Arbeitssitzung vom 19. Nov. 1976. Karlsruhe 1977 [Masch.schr. vervielfältigt].

Schaab, Meinrad: Grundzüge und Besonderheiten der südwestdeutschen Territorialentwicklung. In: Bausteine zur gesch. LK v. Baden-Württemberg, Stuttgart 1979, S. 129–155.

Schäfer, Alfons: Der Anteil fränkischen Königsgutes am Besitz des Klosters Weißenburg. AG f. gesch. LK am ORh., Protokoll Nr. 67 über die Arbeitssitzung vom 11. Febr. 1966 [Masch.schr. vervielfältigt].

Schannat, Johann Friedrich: Historia episcopatus Wormatiensis, pontificum Romanorum bullis, regum, imperatorum diplomatibus, episcoporum ac principum chartis aliisque pluribus documentis authenticis, Tomus primus: Historia episcop. Worm. [bis 1732] und Tomus secundus: Codex probationum [798–1657]. Frankfurt a. M. 1734.

SCHAUDEL, Louis: Les comtes de Salm et l'abbaye de Senones aux XIIe et XIIIe siècles. Contribution à l'histoire de Senones, Pierre-Percée, Badonviller, Blâmont, Deneuvre. Nancy, Paris, Strasbourg 1921.

SCHEFFER-BOICHORST, Paul (Hrsg.): s. Annales Patherbrunnenses.

SCHEFFER-BOICHORST, Paul (Hrsg.): s. Alberich von Troisfontaines.

SCHENK ZU SCHWEINSBERG, Gustav Frhr.: Beiträge zur Frage nach der Bedeutung der Landgrafschaft. In: Forschungen z. Dt. Gesch. 16 (1876) S. 525–555.

SCHLESINGER, Walter: Die Entstehung der Landesherrschaft. Untersuchungen vorwiegend nach mitteldeutschen Quellen (= Sächsische Forschungen zur Gesch., Bd. I). Dresden 1941, Nd. mit einer Vorbemerkung, Darmstadt 1964 u. ö.

SCHMALE, Franz-Josef (Hrsg.): s. Otto von Freising und Rahewin.

SCHMALE, Franz-Josef und SCHMALE-OTT, Irene (Hrsgg.): s. Ekkehard von Aura.

SCHMALE, Franz-Josef und SCHMALE-OTT, Irene (Hrsgg.): s. Frutolf von Michelsberg.

SCHMID, Karl: Über die Struktur des Adels im früheren Mittelalter. In: Jb. f. fränk. Landesforsch. 19 (1959) S. 1–23.

SCHMID, Karl (Hrsg.): Die Klostergemeinschaft von Fulda im früheren Mittelalter. Bestandteil des Quellenwerkes Societas et fraternitas. Bd. 1–3 [in 5 Teilbänden] (= Münstersche Mittelalter-Schriften, Bd. 8/1–3). München 1978.

SCHMITT, Pierre-WILL, Robert-WIRTH, Jean-SALCH, Charles-Laurent: Châteaux et Guerriers de l'Alsace Médiévale. Strasbourg [1975].

SCHMITZ-KALLENBERG, Ludwig: Urkunden des fürstlich Salm-Salm'schen Archives in Anholt, des fürstlich Salm-Horstmar'schen Archives in Coesfeld und der herzoglich Croy'schen Domänenadministration in Dülmen. (= Inventare der nichtstaatlichen Archive der Provinz Westfalen. Reg.-Bez. Münster, Beibd. I., Beihefte 1–2 = Veröffentll. d. hist. Komm. d. Prov. Westf., Abt. 2, Beibd. 1). Münster i. W. 1902–1904. – Zitiert: *Schmitz-Kallenberg*.

SCHMITZ-KALLENBERG, L[udwig]: Inventare der nichtstaatlichen Archive des Kreises Büren (= Inventare der nichtstaatlichen Archive der Provinz Westfalen, Bd. III: Regierungsbezirk Minden, Heft 1: Kreis Büren = Veröffentll. d. Hist. Komm. d. Prov. Westf., Abt. 2, Bd. III, Heft 1). Münster i. W. 1915.

SCHNEIDER, Eugen (Hrsg.): s. Codex Hirsaugiensis.

SCHNEIDER, Friedrich: Kaiser Heinrich VII., Greiz i. V. und Leipzig 1924–1928. [Nur leicht verändert u. ohne wiss. App. u. d. T.:] Kaiser Heinrich VII., Dantes Kaiser, Stuttgart und Berlin 1940, 2. Aufl. 1943.

SCHNEIDER, Jean: La ville de Metz aux XIIIe et XIVe siècles. Nancy 1950.

SCHNEIDER, Jean: Histoire de la Lorraine (= Collection »Que sais-je?«, 450). Paris 1951, 2. Aufl. 1967.

SCHNEPP, Peter: Der Nahegau. In: Dt. Gesch.bll. 12 (1911) S. 229–247.

SCHNEPP, Peter: Die Raugrafen. In: MHVPf 37/38 (1918) S. 147–206 und Stammtafel.

SCHÖNHAUPT, Ludwig: Wappenbuch der Gemeinden des Elsaß nebst Darstellung der Bannsteine mit statistischen Notizen für jede Gemeinde. Straßburg 1900.

SCHÖPFLIN, Jo[hann] Daniel: Alsatia illustrata. 2 Bde. Colmar 1751–1761.

SCHÖPFLIN, Jo[hann] Daniel: Historia Zaringo Badensis. 7 Bde. [davon V–VII CD]. Karlsruhe 1763–1766.

SCHÖPFLIN, Jo[hann] Daniel: Alsatia diplomatica. Bd. I: Mannheim 1772. Bd. II, hg. v. Andreas LAMEY: Mannheim 1775. – Zitiert: *Schöpflin, Als.dipl.*

SCHOOLMEESTERS, E.: s. Bormans, Stanislas-Schoolmeesters, E.

SCHREIBMÜLLER, Hermann: Die Landvogtei im Speiergau (= Progr. d. K. Human. Gymn. Kaiserslautern für das Schuljahr 1904/5 und zugleich 1905/6). Kaiserslautern 1905.

SCHREIBMÜLLER, Hermann: Pfälzer Reichsministerialen (= Jahresbericht des K. Humanist. Gymn. Kaiserslautern für die Schuljahre 1909/10 und 1910/11, Wiss. Beil.). Kaiserslautern 1910. Auch unabhängig: Kaiserslautern 1911.

SCHREIBMÜLLER, Hermann: Beziehungen der Leininger zu Frankreich im Mittelalter. In: LGeschbll 12 (1913) S. 1–6 u. 9–11. Unveränd. Nd. in: Nassovia 26 (1926) S. 85–89.

SCHUBERT, Ernst: König und Reich. Studien zur spätmittelalterlichen deutschen Verfassungsgeschichte (= Veröffentll. d. Max-Planck-Inst. f. Gesch., 63). Göttingen 1979. (Zugl. Phil. Habil.schr. Erlangen–Nürnberg 1974).

SCHULTE, Aloys (Bearb.): s. Urkundenbuch der Stadt Straßburg.

SCHULTZE, Walther: Die fränkischen Gaugrafschaften Rheinbaierns, Rheinhessens, Starkenburgs und des Königreichs Württemberg. Berlin 1897.
SCHULZE, Hans K[urt]: Die Grafschaftsverfassung der Karolingerzeit in den Gebieten östlich des Rheins (= Schriften zur Verf.gesch., Bd. 19). Berlin 1973. (= Phil. Habil.schrift Marburg 1970).
SCHWALM, Jakob (Hrsg.): s. MGH Constitutiones III–V.
SCHWENNICKE, Detlev (Hrsg.): Europäische Stammtafeln. Stammtafeln zur Geschichte der europäischen Staaten. Neue Folge. Bd. VI–VII: Familien des alten Lotharingien I–II. Marburg 1978–1979. – S. auch von Isenburg und Freytag von Loringhoven.
SCHWIND, Fred: Die Landvogtei in der Wetterau. Studien zu Herrschaft und Politik der staufischen und spätmittelalterlichen Könige (= Schriften des Hess. Landesamtes f. gesch. LK, 35). Marburg 1972. (= Phil. Diss. Frankfurt a. M. 1965/66).
SCRIBA, Heinrich Eduard: Regesten der bis jetzt gedruckten Urkunden zur Landes- und Orts-Geschichte des Grossherzogthums Hessen. 4 Abtt., Darmstadt 1847–1860.
SEEMÜLLER, Joseph (Hrsg.): s. Ottokar aus der Gaal.
SEFFRIED VON MUTTERSTADT, Johannes: Chronica praesulum Spirensis civitatis, hg. v. Johann Friedrich BÖHMER in: Fontes rerum Germanicarum IV (1868) S. 327–351.
SEILER, Alois: Das Hochstift Worms im Mittelalter (= Der Wormsgau, Beiheft 4). Worms 1936.
SENCKENBERG, Heinrich Christian: Selecta iuris et historiarum tum anecdota tum iam edita, sed rariora. 6 Bde., Frankfurt a. M. 1734–1742.
SENCKENBERG, Heinrich Christian: s. Leiningen-Westerburg, Ohnumstösliche Rechtliche Auszüge. 1737.
SENCKENBERG, Heinrich Christian: s. Leiningen-Westerburg, Schließliche Einreden. 1739.
SENCKENBERG, Heinrich Christian: Meditationum de universo iure et historia volumen = Meditationes ius publicum [,] privatum et historiam concernentes fide monimentorum praecipue anecdotorum. Gießen 1739–1740.
Series episcoporum: s. Gams, Pius Bonifacius.
SIBERTIN-BLANC, Claude: Les anciennes possessions de l'Evêché de Metz dans les Pays de Worms. 2 Teile. In: ASHAL 48 (1947) S. 33–41 u. 50 (1950) S. 63–90.
SICKEL, Th.: s. MGH Diplomata I–II.
SIMON, Johannes: Stand und Herkunft der Bischöfe der Mainzer Kirchenprovinz im Mittelalter. Weimar 1908.
SIMONSFELD, Henry: Jahrbücher des Deutschen Reiches unter Friedrich I. Erster Band [mehr nicht ersch.]: 1152 bis 1158. Leipzig 1908, Nd. Berlin 1967.
VON SIMSON, Bernhard (Hrsg.): s. Burchard von Ursberg.
SPĚVÁČEK, Jiři (Hrsg.): s. Regesta diplomatica nec non epistolaria Bohemiae et Moraviae.
SPIESS, Karl-Heinz: Vom reichsministerialen Inwärtseigen zur eigenständigen Herrschaft. Untersuchungen zur Besitzgeschichte der Herrschaft Hohenecken vom 13. bis zum 17. Jahrhundert. In: Jb. z. Gesch. v. Stadt u. Lkr. KL 12/13 (1974/75) = FS für Friedr. Ludw. Wagner zum 65. Geburtstag, 1. T., S. 84–106.
SPIESS, Karl-Heinz: s. Becker, Friedrich Karl.
SPIESS, Karl-Heinz: Burg, Burggraf und Burgmannschaft im spätmittelalterlichen Alzey. In: Friedrich Karl Becker (Hrsg.), 700 Jahre Stadt Alzey, Alzey 1977, S. 106–115.
SPIESS, Karl-Heinz: Reichsministerialität und Lehnswesen im späten Mittelalter. Studien zur Geschichte der Reichsministerialen von Bolanden, Hohenfels, Scharfeneck, Eltz, Schöneck und Waldeck. In: Gesch. Landeskunde XVII (1978) S. 56–78.
SPIESS, Karl-Heinz: Lehnsrecht, Lehnspolitik und Lehnsverwaltung der Pfalzgrafen bei Rhein im Spätmittelalter (= Gesch. Landeskunde, Bd. XVIII). Wiesbaden 1978 (= Phil. Diss. Mainz 1976/77).
SPRISSLER, [J.]: Der Neuleininger Flurbann. In: NLBll V (1931) S. 37f., 44f., 51–53, 61f. und VI (1932) S. 27–30, 44–46.
Deutsches Städtebuch, hg. v. Erich KEYSER. Bd. IV/3: Städtebuch Rheinland-Pfalz und Saarland. Stuttgart 1964.
STAMER, Ludwig: Kirchengeschichte der Pfalz. II. Teil: Vom Wormser Konkordat bis zur Glaubensspaltung (1122–1560). Speyer 1949.
Stammtafel des mediatisierten Hauses Leiningen. [= Stammtafeln der mediatisierten Häuser, 10]. [Stuttgart] 1885.
Europäische Stammtafeln: s. Freytag von Loringhoven – s. von Isenburg – s. Schwennicke.

STEIN, Günter: Befestigungen des Mittelalters. In: Pfalzatlas, hg. v. Willi Alter, Karte Nr. 48 (= vorl. Nr. 29). Speyer a. Rh. 1966. Dazu: Textbd. S. 313–356 (= 9. Heft [1968]).

STEIN, Günter: Burgruine Hardenburg (= Landesamt für Denkmalpflege Rheinland-Pfalz, Verw. d. staatl. Schlösser, Führungsheft 3). Mainz 1976.

STEIN, Günter: Burgen und Schlösser in der Pfalz (Reihe »Schlösser – Burgen – Herrensitze«). Frankfurt a. M. 1976.

STEIN, Henri: La prétendue charte d'affranchissement d'Ormes (1189). In: Revue historique de droit français et étranger (Paris), 4. Folge, 2 (1923) S. 298–299.

STEIN, M. (Hrsg.): s. Bericht des Mainzer Anonymus.

STEIN, M. (Hrsg.): s. Salomo bar Simeon.

STIEVE: Die Grafschaft Ober-Salm in den Vogesen. In: Jb. f. Gesch., Sprache u. Litteratur Elsaß-Lothringens 11 (1895) S. 7–19.

STILLFRIED, Rudolph Freiherr von: s. Monumenta Zollerana.

STIMMING, Manfred (Bearb.): s. Mainzer Urkundenbuch, I.

STÖRMER, Wilhelm: Früher Adel. Studien zur politischen Führungsschicht im fränkisch-deutschen Reich vom 8. bis 11. Jahrhundert. 2 Teile (= Monographien zur Geschichte des Mittelalters, Bd. 6/I–II). Stuttgart 1973 (= Phil. Habil.schrift München 1970/71).

STRAUB, A[lexander]: Die abgegangenen Ortschaften des Elsass. Strassburg 1887.

STRUCK, Wolf Heino: Quellen zur Geschichte der Klöster und Stifte im Gebiet der mittleren Lahn bis zum Ausgang des Mittelalters. 4 Bde. (= Veröffentll. d. hist. Komm. f. Nassau, XII). Wiesbaden 1956–1962.

STÜRLER, Moritz von: s. Fontes rerum Bernensium.

STUMPF-BRENTANO, Karl-Friedrich: Die Kaiserurkunden des X., XI. und XII. Jahrhunderts. [...]. (= DERS., Die Reichskanzler vornehmlich des X., XI., und XII. Jahrhunderts nebst einem Beitrage zu den Regesten [Böhmers] und zur Kritik der Kaiserurkunden dieser Zeit, Bd. 2). Innsbruck 1865–1883, Nd. Aalen 1960. – Zitiert: *Stumpf.*

STUMPF-BRENTANO, Karl-Friedrich: Acta Imperii inde ab Heinrici I. ad Heinricum VI. usque adhuc inedita. Urkunden des Kaiserreiches aus dem X., XI. und XII. Jahrhundert. Zum erstenmale hg. (= DERS., Die Reichskanzler [...], Bd. 3). Innsbruck 1865–1881. – Zitiert: *Stumpf, AI.*

TADDEY, Gerhard (Hrsg.): s. Handbuch der historischen Stätten.

Die alten Territorien des Elsaß nach dem Stande vom 1. Jan. 1648. Mit Ortsverzeichniß und zwei Karten-Beilagen (= Statistische Mittheilungen über Elsaß-Lothringen, 27. Heft). Straßburg 1896.

Die alten Territorien des Bezirkes Lothringen (mit Einschluß der zum Oberrheinischen Kreise gehörigen Gebiete im Bezirke Unter-Elsaß) nach dem Stande vom 1. Jan. 1648. 2 Teile mit Ortsverzeichnis und einer Karte (= Statistische Mittheilungen über Elsaß-Lothringen, 28. u. 30. Heft). Straßburg 1898 u. 1909.

THIMME, Hermann: s. Sauerland, Heinrich Volbert.

THOMAS, Heinz: Zwischen Regnum und Imperium. Die Fürstentümer Bar und Lothringen zur Zeit Kaiser Karls IV. (= Bonner Historische Forschungen, Bd. 40). Bonn 1973.

THOMAS, Heinz: Die lehnrechtlichen Beziehungen des Herzogtums Lothringen zum Reich von der Mitte des 13. bis zum Ende des 14. Jahrhunderts. In: RhVjbll 38 (1974) S. 166–202.

TILLMANN, Curt: Lexikon der deutschen Burgen und Schlösser. 4 Bde., Stuttgart 1958.

TOECHE, Theodor: Kaiser Heinrich VI. (= Jahrbücher der dt. Gesch.). Leipzig 1867.

TÖPFER, Bernhard-ENGEL, Evamaria: Vom staufischen Imperium zum Hausmachtkönigtum. Deutsche Geschichte vom Wormser Konkordat 1122 bis zur Doppelwahl von 1314. Weimar 1976.

TOEPFER, Friedrich: s. Urkundenbuch für die Geschichte des gräfl. u. freiherrl. Hauses der Vögte von Hunolstein.

TOLNER, Carl Ludwig: Historia Palatina [...]. Adjectus codex Diplomaticus Palatinus seu Diplomata et Imperatorum et Comitum Palat. Rheni [...]. Frankfurt a. M. 1700.

TOUSSAINT, Ingo: Das Territorium der Grafen von Leiningen im Wormsgau. Sein Aufbau und Verfall im Mittelalter. (Mit 2 Karten). In: MHVPf 71 (1974) S. 155–202.

TOUSSAINT, Ingo: Die Grafschaften Leiningen im Mittelalter (1237–1467). In: Pfalzatlas, hg. v. Willi Alter, Karte Nr. 67 (= vorl. Nr. 88). Speyer a. Rh. 1975. Dazu: Textbd. S. 1056–1107 (27. u. 28. Heft 1977).

TOUSSAINT, Ingo: Die Grafen von Leiningen und das deutsche Königtum 1273–1313. AG f. gesch. LK am ORh., Protokoll Nr. 198 über die Arbeitssitzung vom 8. 2. 1980. Karlsruhe 1981 [Masch.schr. vervielf.].

TOUSSAINT, Ingo: Zwei Fragmente des Weißenburger »liber feudorum«. In: MHVPf 79 (1981). [Im Druck].

Traditiones possessionesque Wizenburgenses: s. Zeuss, Johann Caspar.

TRAUTZ, Fritz: Das untere Neckarland im früheren Mittelalter (= Heidelberger Veröffentll. z. LG u. LK, 1). Heidelberg 1953. (= Phil. Diss. Heidelberg 1949 u. d. T.: Der Lobdengau 750 bis 1150).

TRAUTZ, Fritz: Die Könige von England und das Reich 1272–1377. Mit einem Rückblick auf ihr Verhältnis zu den Staufern. Heidelberg 1961. (= Phil. Habil.schrift Heidelberg).

TRAUTZ, F[ritz]: Die Burg Hohenecken bei Kaiserslautern und ihre Herren. In: Pfälz. Heimatbll. 9 (1961) S. 56f.

TRAUTZ, Fritz: Studien zur Geschichte und Würdigung König Adolfs von Nassau. In: Gesch. Landeskunde 2 (1965) S. 1–45.

TRAUTZ, Fritz: Richard von Cornwall. Zum Gedenken an die Hochzeit zu Lautern im Jahre 1269. In: Jb. z. Gesch. v. Stadt u. Lkr. KL 7 (1969) S. 27–59.

TRAUTZ, Fritz: Noblesse allemande et noblesse anglaise. Quelques points de comparaison. In: Famille et parenté dans l'occident médiéval. Actes du colloque de Paris (6–8 juin 1974) [...]. Communications et débats présentés par Georges Duby et Jacques Le Goff (= Collection de l'École Française de Rome, 30), Rome 1977, S. 63–81 [mit Diskussionsbeiträgen S. 83f.].

TRAUTZ Fritz: Zur Reichsministerialität im pfälzischen Raum im späteren 13. Jahrhundert. In: Gesch. Landeskunde XVII (1978) S. 20–37.

TREICHLER, Willi: Mittelalterliche Erzählungen und Anekdoten um Rudolf von Habsburg (= Geist und Werk der Zeiten, No. 26). Bern und Frankfurt/M. 1971.

TRENDEL, Guy-ULRICH, Henri: Châteaux des Vosges et du Jura Alsacien. (Mit heraldischen Beiträgen von André HERSCHER). Strasbourg 1969.

TRITZ, Michael: Geschichte der Abtei Wadgassen, zugleich eine Kultur- und Kriegsgeschichte der Saargegend. Wadgassen 1901.

UHLIRZ, Mathilde (Bearb.): s. Regesta Imperii II/3.

ULRICH, Henri: s. Redslob, Robert [u. a.].

ULRICH, Henri: s. Trendel, Guy-Ulrich, Henri.

Die Urkunden und Akten der oberdeutschen Städtebünde [...]: s. Ruser, Konrad (Bearb.).

Elsässische Urkunden vornehmlich des 13. Jahrhunderts, hg. v. Alfred HESSEL (= Schriften der Wiss. Ges. in Straßburg, 23. Heft). Straßburg 1915.

Urkunden zur Geschichte der Stadt Speyer. Hg. v. Alfred HILGARD, Straßburg 1885. – Zitiert: *UStSp.*

Hessische Urkunden: s. Baur, Ludwig.

Urkunden zur Pfälzischen Kirchengeschichte: s. Glasschröder, Franz Xaver.

Neue Urkunden zur Pfälzischen Kirchengeschichte: s. Glasschröder, Franz Xaver.

Urkunden und Regesten zur Geschichte der Rheinlande aus dem vatikanischen Archiv: s. Sauerland, Heinrich Volbert.

Vatikanische Urkunden und Regesten zur Geschichte Lothringens: s. Sauerland, Heinrich Volbert.

Urkundenbuch der Reichsstadt Frankfurt = Codex diplomaticus Moenofrancofurtanus, hg. v. Johann Friedrich BÖHMER, bearb. v. Friedrich LAU. 2 Bde., Frankfurt a. M. 1901–1905. – Zitiert: *Böhmer-Lau.*

Freiburger Urkundenbuch, bearb. v. Friedrich HEFELE. Bd. II–III. Freiburg i. Br. 1951 u. 1957.

Fürstenbergisches Urkundenbuch. [...], hg. v. dem fürstl. Hauptarchiv in Donaueschingen. 7 Bde., [bearb. v. Sigmund RIEZLER, Fr. L. BAUMANN u. a.]. Tübingen 1877–1891. [Hier: Bde. 3 u. 5–7].

Urkundenbuch zur Geschichte der Bischöfe zu Speyer, hg. v. Franz Xaver REMLING. 2 Bde., Mainz 1852–1853, Nd. Aalen 1970. – Zitiert: *UBiSp.*

Urkundenbuch für die Geschichte des gräflichen und freiherrlichen Hauses der Vögte von Hunolstein. Hg. v. Friedrich TOEPFER. 3 Bde., Nürnberg 1866–1872. – Zitiert: *Toepfer.*

Urkundenbuch zur Geschichte der Herren von Hanau: s. Hessisches Urkundenbuch, II.

Urkundenbuch zur Geschichte des Hauses Hohenzollern: s. Monumenta Zollerana.

Urkundenbuch für die Geschichte des Niederrheins: s. Lacomblet, Theod. Jos.

Urkundenbuch zur Geschichte der jetzt die Preussischen Regierungsbezirke Coblenz und Trier bildenden mittelrheinischen Territorien. 1. Bd.: Von den ältesten Zeiten bis zum Jahre 1169. Aus den Quellen hg. v. Heinrich BEYER. Coblenz 1860. – 2. Bd.: Vom Jahre 1169 bis 1212. Bearb. v. Heinrich BEYER, Leopold ELTESTER und Adam GOERZ. Coblenz 1865. – 3. Bd.: Vom Jahre 1212 bis 1260. Bearb. v. Leopold ELTESTER und Adam GOERZ. Coblenz 1874. – Zitiert: *MrhUB.*

Urkundenbuch zur Geschichte der ehemals Pfalz-bayerischen Residenzstadt Zweibrücken. Hg. v. Ludwig MOLITOR. Zweibrücken 1888.

Urkundenbuch der Deutschordens-Ballei Hessen: s. Hessisches Urkundenbuch, I.

Hessisches Urkundenbuch. Abt. I: UB der Deutschordens-Ballei Hessen. Von Arthur WYSS. 3 Bde. (= Publicationen aus den K. Preuss. Staatsarchiven, Bd. 3, 19 u. 73). Leipzig 1879–1899, Nd. Osnabrück 1965. Zitiert: *HessUB I/1–3*. – Abt. II: UB zur Gesch. der Herren von Hanau und der ehem. Provinz Hanau von Heinrich REIMER. 4 Bde. (= Publikationen aus den K. Preuß. Staatsarchiven, Bd. 48, 51, 60 u. 69). Leipzig 1891–1897, Nd. Osnabrück 1965. Zitiert: *HessUB II/1–4*.

Mainzer Urkundenbuch. Bd. I: Die Urkunden bis zum Tode Erzbischofs Adalberts I. (1137), bearb. v. Manfred STIMMING. Darmstadt 1932. – Bd. II/1–2: Die Urkunden seit dem Tode Erzbischof Adalberts I. (1137) bis zum Tode Erzbischof Konrads (1200), bearb. v. Peter ACHT. Darmstadt 1968–1971. – Zitiert: *MUB*.

Nassauisches Urkundenbuch: s. Codex diplomaticus Nassoicus.

Urkundenbuch des Deutschen Ordens: s. Hennes, Johann Heinrich.

Urkundenbuch des Klosters Otterberg in der Rheinpfalz, hg. v. Michael FREY und Franz Xaver REMLING. Mainz 1845. – Zitiert: *UB Otterbg*.

Urkunden- und Quellenbuch zur Geschichte der altluxemburgischen Territorien: s. Wampach, Camillus.

Rappoltsteinisches Urkundenbuch 759–1500. Quellen zur Geschichte der ehem. Herrschaft Rappoltstein im Elsaß. Hg. v. Karl ALBRECHT. 5 Bde., Colmar 1891–1898. – Zitiert: *RappUB*.

Urkundenbuch der Abtei Sanct Gallen, hg. v. Hermann WARTMANN. Theil I (700–840) u. Theil II (840–920). Zürich 1863–1866. – Zitiert: *UB St. Gallen*.

Urkundenbuch der Stadt Straßburg (= Urkunden und Akten der Stadt Straßburg, Abt. 1). 7 Bde., bearb. v. Wilhelm WIEGAND (Bd. I, II u. IV/1), Aloys SCHULTE (Bd. III u. IV/1–2), Georg WOLFRAM (Bd. IV/2 u. V), Hans WITTE (Bd. V u. VII) und Johannes FRITZ (Bd. VI). Straßburg 1879–1900. – Zitiert: *UBStStr*.

Wirtembergisches Urkundenbuch. Hg. v. d. Königl. Staatsarchiv in Stuttgart. 11 Bde., Stuttgart 1849–1913, Nd. Aalen 1972. [Hier: Bde. 2–8]. – Zitiert: *WUB*.

Urkundenbuch der Stadt Worms: s. Quellen zur Geschichte der Stadt Worms.

VANDERKINDERE, Léon (Hrsg.): s. Gislebert de Mons.

VANNÉRUS, Jules: Les Comtes de Salm-en-Ardenne 1029–1415. In: Institut Archéologique du Luxembourg, Annales (Arlon) L (1919) S. 1–112 und LII (1921) S. 53–222.

VIGENER, Fritz (Bearb.): s. Regesten der Erzbischöfe von Mainz, II.

VOGT, Ernst (Bearb.): s. Regesten der Erzbischöfe von Mainz, I/1.

VOGT, Werner: Untersuchungen zur Geschichte der Stadt Kreuznach und der benachbarten Territorien im frühen und hohen Mittelalter. Düsseldorf 1955. (= Phil. Diss. Mainz 1955).

VOGT, Werner: Der Nahegau und seine Auflösung in die Territorien des frühen und hohen Mittelalters. In: Nordpfälzer Geschichtsverein 39 (1959) S. 349–361.

VOGT, Werner: Die Geschichte des mittleren und unteren Naheraumes. In: Heimatchronik des Kreises Kreuznach, hg. v. Kurt Becker (= Heimatchroniken der Städte und Kreise des Bundesgebietes. Bd. 30), Köln 1966, S. 75–194.

VOIGT, Günther: Bischof Bertram von Metz. 1180–1212. In: JGLGA 4/II (1892) S. 1–65 und 5/I (1893) S. 1–91.

VOLLMER, Franz Xaver: Reichs- und Territorialpolitik Kaiser Friedrichs I. Phil. Diss. Freiburg i. Br. 1951 [Masch. schr.].

WAAS, Adolf: Herrschaft und Staat im deutschen Frühmittelalter (= Hist. Studien, Heft 335). Berlin 1938, Nd. 1965.

WAGNER, Émile: Les Ruines des Vosges. 3. Aufl., in 3 Bänden, Nancy 1927.

WAGNER, Friedrich L. (Bearb.): s. Kaiserslautern, Landkreis.

WAGNER, Gotthold: Die Verwaltungsgliederung im Karolingischen Reich. Göttingen 1963.

WAILLY, Natalis de: Notices sur les actes en langue vulgaire du XIIIe siècle contenus dans la collection de Lorraine, à la Bibliothèque nationale. In: Notices et extraits des manuscrits de la Bibl. Nat., XXVIII/2 (Paris 1878) S. 1–288.

WAITZ, Georg (Hrsg.): s. Annalista Saxo.

WAITZ, Georg (Hrsg.): s. Gesta episcoporum Mettensium.

WAITZ, Georg (Hrsg.): s. Annales Sancti Disibodi.

WAITZ, Georg (Hrsg.): s. Chronica regia Coloniensis.
WAITZ, Georg (Hrsg.): s. Richer von Senones.
WALTER, Friedrich: Die Siegelsammlung des Mannheimer Altertumsvereins. Mannheim 1897.
WAMPACH, Cam[illus]: Urkunden- und Quellenbuch zur Geschichte der altluxemburgischen Territorien bis zur burgundischen Zeit. 10 Bde., Luxemburg 1935–1955. [Hier: Bde. I–VII].
WARTMANN, Hermann (Hrsg.): s. Urkundenbuch der Abtei St. Gallen.
WATTENBACH, Wilhelm: s. Jaffé, Philipp-Wattenbach, Wilhelm.
WAUTERS, Alphonse: Table chronologique des chartes et diplômes imprimés concernant l'histoire de la Belgique. 11 Bde., Bruxelles 1866–1971.
[WEBER, Friedrich Wilhelm]: Stumpfwald-Denkmal an falscher Stelle. Das Landgericht auf dem Stampe bei den Neun Stühlen. In: Pfälz. Heimatbll. 1 (1952/53) S. 19.
WEBER, Friedrich W[ilhelm]: Die alte Geleitstraße von Kaiserslautern nach Worms. Besondere Beobachtungen in der Nähe des Stumpfwaldgerichts. In: Nordpfälzer Geschichtsverein 43 (1963) S. 43–46.
WEBER, Friedrich W[ilhelm]: Die Leiningischen Landgerichte im Wormsgau: im Stumpfwald, auf dem Kaldenberg und bei Dirmstein. In: Staatl. Realschule Eisenberg/Pfalz, Jahresschlußbericht 1965/66 (1966) S. 43–54. Auch in: Nordpfälzer Geschichtsverein 46 (1966) S. 1–14.
WEBER, Friedrich W[ilhelm]: Burg und Burgbezirk Wartenberg in der Nordpfalz. In: Nordpfälzer Geschichtsverein 47 (1967) S. 13f.
WEILAND, Ludwig (Hrsg.): s. Chronicon Ebersheimense.
WEILAND, Ludwig (Hrsg.): s. Sächsische Weltchronik, erste bairische Fortsetzung.
WEILAND, Ludwig (Hrsg.): s. MGH Constitutiones I–II.
Pfälzische Weistümer. Bd. I: Bearb. unter Mitwirkung v. Fritz KIEFER durch Wilhelm WEIZSÄCKER (= Veröffentll. d. Pfälz. Ges. z. Förd. d. Wiss., Bd. 36). Speyer [1957–]1962. – Bd. II: Bearb. unter Mitwirkung v. Fritz KIEFER durch Günther DICKEL (= Veröffentll. d. Pfälz. Ges. z. Förd. d. Wiss., Bd. 59). Speyer 1968ff. [Ersch. bis Lief. 7 (Gro-Gu)].
WEIZSÄCKER, Wilhelm (Bearb.): s. Pfälzische Weistümer.
Sächsische Weltchronik, erste bairische Fortsetzung, hg. v. L. WEILAND in: MGH Dt. Chron. II, Hannover 1877, S. 323–336.
WENCK, Helfrich Bernhard: Hessische Landesgeschichte. Mit einem Urkundenbuch. Bd. I: Darmstadt und Giessen 1783. Bd. II: Frankfurt und Leipzig 1789–1797.
WENTZCKE, Paul (Bearb.): s. Regesten der Bischöfe von Strassburg, I/2.
WENTZLAFF-EGGEBERT, Friedrich-Wilhelm: Kreuzzugsdichtung des Mittelalters. Studien zu ihrer geschichtlichen und dichterischen Wirklichkeit. Berlin 1960.
WENZEL, Johann Ludwig: s. Leiningen-Westerburg, Gegen-Bericht. 1714.
WERLE, Hans: Das Erbe des salischen Hauses. Untersuchungen zur staufischen Hausmachtpolitik im 12. Jahrhundert vornehmlich am Mittelrhein. Phil. Diss. Mainz 1952 [Masch.schr.].
WERLE, Hans: Studien zur Wormser und Speyerer Hochstiftsvogtei im 12. Jahrhundert. In: BllPfKG 21 (1954) S. 80–89.
WERLE, Hans: Die salisch-staufische Obervogtei über die Reichsabtei Weißenburg. In: Archiv f. mittelrhein. Kirchengesch. 8 (1956) S. 333–338.
WERLE, Hans: Die Machtstellung des Saarbrücker Hauses am Mittel- und Oberrhein im 12. Jahrhundert. In: Saarbrücker Hefte 5 (1957) S. 23–37.
WERLE, Hans: Die Landgrafschaft im Speyergau. In: MHVPf 59 (1961) S. 71–75.
WERLE, Hans: Staufische Hausmachtpolitik am Rhein im 12. Jahrhundert. In: ZGO 110 (1962) S. 241–370.
WERLE, Hans: Das Saliergut an Mittel- und Oberrhein (944–1125). In: Pfalzatlas, hg. v. Willi Alter, Karte Nr. 51 (= vorl. Nr. 4). Speyer a. Rh. 1963. Dazu: Textbd. S. 105–110 (4. Heft [1966]).
WERLE Hans: Die pfälzischen Lande in der Stauferzeit. In: Pfalzatlas, hg. v. Willi Alter, Karte Nr. 52 (= vorl. Nr. 14). Speyer a. Rh. 1965. Dazu: Textbd. S. 111–116 (4. Heft [1966]).
WERLE, Hans: Die politischen Anfänge des Grafenhauses Leiningen. In: Mitt. bl. z. rheinhess. LK 16 (1967) S. 362–370.
WERLE, Hans: Der Besitz Werners II. von Bolanden (1194/1198). In: Pfalzatlas, hg. v. Willi Alter, Karte Nr. 53 (= vorl. Nr. 49). Speyer a. Rh. 1969. [Text s. Rödel (1980)].
WERLE, Hans: Wald und Herrschaft. Studien zur Geschichte der Reichswaldgenossenschaft Kaiserslautern. In: Jb. z. Gesch. v. Stadt u. Lkr. KL 8/9 (1970/71) S. 35–66.
WESTRICH, Klaus P. (Bearb.): s. Kaiserslautern, Landkreis.

WIBEL, Hans: Die Urkundenfälschungen Georg Friedrich Schotts. In: Neues Archiv 29 (1904) S. 655–765.

WIBEL, Hans (Bearb.): s. MGH Diplomata IV.

WIDDER, Johann Goswin: Versuch einer vollständigen Geographisch-Historischen Beschreibung der Kurfürstl. Pfalz am Rheine. 4 Bde., Frankfurt a. M. und Leipzig [vielmehr Mannheim] 1786–1788.

WIEGAND, Wilhelm (Bearb.): s. Urkundenbuch der Stadt Straßburg.

WILHELM VON TYRUS: Willermus Tyrensis Archiepiscopus, Historia rerum in partibus transmarinis gestarum (= Recueil de Historiens des Croisades, Historiens occidentaux Bd. I/1–2). Paris 1844.

WILHELM, Friedrich (Hrsg.): s. Corpus der altdeutschen Originalurkunden.

WILL, Cornelius (Bearb.): s. Regesta archiepiscoporum Maguntinensium.

WILL, Robert: s. Schmitt, Pierre [u. a.].

WILLE, Jakob (Bearb.): s. Regesten der Pfalzgrafen am Rhein, I.

WILLOWEIT, Dietmar: Rechtsgrundlagen der Territorialgewalt. Landesobrigkeit, Herrschaftsrechte und Territorium in der Rechtswissenschaft der Neuzeit (= Forschungen zur dt. Rechtsgeschichte, 11. Bd.). Köln, Wien 1975. (= Jur. Habil.schrift Heidelberg 1971).

WIMMER, Carl: Geschichte der Stadt Alzei. Alzei 1874.

WIMMER, Joseph: Histoire de Grendelbruch et de la Seigneurie de Girbaden. Contribution à l'histoire des vallées de la Magel et de la moyenne Bruche. Manuscrit inédit trad. et adapté par Paul BURETH (= Société d'histoire et d'archéologie de Molsheim et environs, Annuaire, Sonderfolge 1975). Obernai, Grendelbruch 1975.

WINKELMANN, Eduard: Philipp von Schwaben und Otto IV. von Braunschweig (= Jahrbücher der Deutschen Geschichte). 2 Bde., Leipzig 1873 u. 1878.

WINKELMANN, Eduard (Hrsg.): Acta imperii inedita. Bd. I: Acta imperii inedita seculi XIII. Urkunden und Briefe zur Geschichte des Kaiserreichs und des Königreichs Sicilien in den Jahren 1198 bis 1273. Bd. II: [...] seculi XIII. et XIV. [...] 1200–1400. Innsbruck 1880 u. 1885.

WINKELMANN, Eduard: s. Regesta Imperii V.

WINKELMANN, Eduard: Kaiser Friedrich II. (= Jahrbücher der Deutschen Geschichte). 2 Bde., Leipzig 1889 u. 1897, Nd. 1964.

WINKLER, Wilhelm: Pfälzischer Geschichtsatlas. Neustadt a. d. H. 1935.

WIRTH, Jean: Les Châteaux-forts Alsaciens du XIIe au XIVe siècle. Etude Architecturale. Bd. I: XIIe et première moitié du XIIIe siècle (= Recherches sur les Châteaux forts Alsaciens, Bd. II). Colmar et Strasbourg 1975.

WIRTH, Jean: s. Schmitt, Pierre [u. a.].

WITTE, Hans (Bearb.): s. Urkundenbuch der Stadt Straßburg.

WITTE, Heinrich: Genealogische Untersuchungen zur Geschichte Lothringens und des Westrich. In: JGLGA 5 (1893) T. 2 S. 26–107 und 7 (1895) T. 1 S. 79–127.

WITTE, Heinrich (Bearb.): s. Regesten der Markgrafen von Baden, II–III.

WITTMANN, Fr. Mich.: Monumenta Wittelsbacensia. Urkundenbuch zur Geschichte des Hauses Wittelsbach. 2 Bde. (= Quellen und Erörterungen zur bayerischen und deutschen Geschichte, 5. u. 6. Bd.). München 1857 u. 1861, Nd. Aalen 1969.

WITTMER, Charles: Inventaire des sceaux des Archives de la Ville de Strasbourg de 1050 à 1300 (= Université de Strasbourg. Publications de l'Institut des Études Alsaciennes, Bd. 2). Strasbourg 1946.

WOLFF, F.: Elsässisches Burgen-Lexikon. Verzeichnis der Burgen und Schlösser im Elsaß (= Veröffentll. d. Kaiserl. Denkmal-Archivs zu Straßburg i. E., Nr. 9). Straßburg i. E. 1908.

WOLFRAM, Georg (Bearb.): s. Urkundenbuch der Stadt Straßburg.

WOLFRAM, Georg (Hrsg.): s. Elsaß-lothringischer Atlas.

WÜRDTWEIN, Stephan Alexander: Subsidia diplomatica ad selecta juris ecclesiastici Germaniae et historiarum capita elucidanda ex originalibus aliisque authenticis documentis. 13 Bde., Heidelberg, ab Bd. IX Frankfurt und Leipzig, 1772–1780, Nd. Frankfurt a. M. 1969. – Zitiert: *Würdtwein, Subs. dipl.*

WÜRDTWEIN, Stephan Alexander: Nova subsidia diplomatica [...]. 14 Bde., Heidelberg 1781–1792, Nd. [lediglich der Bde. I–XII] Frankfurt a. M. 1969. – Zitiert: *Würdtwein, Nova subs.*

[WÜRDTWEIN], Stephan Alexander: Monasticon Palatinum chartis et diplomatibus instructum notitiis authenticis illustratum. 6 Bde., Mannheim 1793–1796. – Zitiert: *Würdtwein, Mon. Pal.*

WUNDER, Gerd: Otto von Eberstein. Bemerkungen zu seiner Biographie und Genealogie. In: ZGO 123 (1975) S. 93–101.

WYSS, Arthur (Bearb.): s. Hessisches Urkundenbuch, I.

ZACCARIA, Francesco Antonio: Dell'antichissima badia di Leno libri tre. Venezia 1767.

Die Zeit der Staufer. Geschichte – Kunst – Kultur. Katalog der Ausstellung. Stuttgart 1977. 5 Bde., [Stuttgart 1977–1979].

ZEUMER, Karl: Quellensammlung zur Geschichte der Deutschen Reichsverfassung in Mittelalter und Neuzeit. 1. Aufl. Leipzig 1904. 2. verm. Aufl. Tübingen 1913.

ZEUSS, [Johann] C[aspar]: Traditiones possessionesque Wizenburgenses. Codices duo cum supplementis. Speyer, Leipzig, Wien 1842.

ZIMMERMANN, Harald (Bearb.): s. Regesta Imperii II/5.

ZINK, E[rnst]: Die alte Burg zu Dürkheim. Beitrag über Lage, Alter, Bedeutung und Geschichte des Leininger Kastells. In: Pfälz. Heimatbll. 4 (1956) S. 15–16 u. 21.

ZINK, Ernst: Auch in Dürkheim gab es einst einen Minnesänger. In: Die Rheinpfalz, Ausg. Neustadt/ Dürkheim und Neustadt/Haßloch vom 14. Aug. 1965.

ZINK, Ernst: Die Bedeutung der Grafen zu Leiningen für Dürkheim. In: Pfälzer Heimat 18 (1967) S. 90–93.

ZINK, Theodor: Der westliche Zipfel des Wormsgaues. In: NLBll I (1926/27) S. 2–4.

ZINSMAIER, Paul: Untersuchungen zu den Urkunden König Friedrichs II. 1212–1220. In: ZGO 97 (1949) S. 367–466.

ZINSMAIER, Paul: Studien zu den Urkunden Heinrichs (VII.) und Konrads IV. In: ZGO 100 (1952) S. 445–565.

ZINSMAIER, Paul: Nachträge zu den Kaiser- und Königsurkunden der Regesta Imperii 1198–1272. In: ZGO 102 (1954) S. 188–273.

ZINSMAIER, Paul: Die Urkunden Philipps von Schwaben und Ottos IV. (1198–1212) (= Veröffentll. d. Komm. f. gesch. LK i. B.-Württ., Reihe B: Forschungen Bd. 53). Stuttgart 1969.

ZORN, Friedrich: Wormser Chronik. Mit den Zusätzen Franz Bertholds von Flersheim hg. v. Wilhelm ARNOLD (= Bibliothek des Litterarischen Vereins in Stuttgart, 43). Stuttgart 1857, Nd. 1969.

Siglen und Abkürzungen

(Nicht in das Verzeichnis aufgenommen sind die geläufigeren, im Rechtschreib-Duden aufgelösten Abkürzungen. – Die gekürzt zitierten Buch- und Aufsatztitel sind an Hand des Literaturverzeichnisses zu identifizieren.)

Abhh. z. saarpfälz. Landes- u. Volksforsch.	Abhandlungen zur saarpfälzischen Landes- und Volksforschung
Abschr., Abschrr.	Abschrift(en)
Abschr. Pap.	Abschrift auf Papier
Abschr. Perg.	Abschrift auf Pergament
Acta Acad.	Acta Academiae Theodoro-Palatinae (s. Lit.verz.)
AD	Archives départementales
ADB	Allgemeine Deutsche Biographie
AG	Arbeitsgemeinschaft
AG f. gesch. LK am ORh.	Arbeitsgemeinschaft für geschichtliche Landeskunde am Oberrhein
AHG	Archiv für hessische Geschichte und Altertumskunde
AI selecta	Acta imperii selecta (s. Lit.verz.)
Akad.	Akademie
AN	Archives nationales à Paris, Section ancienne
Ann.	Annales
Archival. Zs.	Archivalische Zeitschrift
Archiv f. mittelrhein. Kirchengesch.	Archiv für mittelrheinische Kirchengeschichte
Arr.	Arrondissement

ASHAL	Annuaire de la Societé d'Histoire et d'Archéologie de la Lorraine
AUF	Archiv für Urkundenforschung
Ausf. Pap.	Ausfertigung auf Papier
Ausf. Perg.	Ausfertigung auf Pergament
B.	Bischof
bad.	badisch
bayer.	bayerisch
BayHStA	Bayerisches Hauptstaatsarchiv, München
Bearb., bearb.	Bearbeiter, bearbeitet
begl.	beglaubigt
Beibd.	Beiband
Beih.	Beiheft
Beil.	Beilage
bibl. mun.	bibliothèque municipale
Bll. f. dt. LG	Blätter für deutsche Landesgeschichte
BllPfKG	Blätter für Pfälzische Kirchengeschichte
BN	Bibliothèque nationale à Paris, Département des Manuscrits
CD	Codex diplomaticus
CDFuld	Codex diplomaticus Fuldensis (s. Lit.verz.)
CH	Codex Hirsaugiensis
CL	Codex Laureshamensis (s. Lit.verz.)
Const.	Constitutiones
cont.	continuatio
D, DD	diploma, diplomata
DA	Deutsches Archiv für Erforschung des Mittelalters
Dép.	Département
Diss.	Dissertation
Dt. Chron.	Deutsche Chroniken
Dtld.	Deutschland
Eb.	Erzbischof
elsäss.	elsässisch
Erg., erg.	Ergänzung, ergänzt
Erg.bd.	Ergänzungsband
ersch.	erschienen
erw.	erwähnt, erweitert
F.	Folge
Fassg.	Fassung
Fasz.	Faszikel
FDA	Freiburger Diözesan-Archiv
FLA	Fürstlich Leiningensches Archiv, Amorbach
Forsch.	Forschung
freiherrl.	freiherrlich
FS	Festschrift
fürstl.	fürstlich
Gde.	Gemeinde
GehHausA	[Wittelsbachisches] Geheimes Hausarchiv, München
Ges.	Gesellschaft
Gesch., gesch(ichtl).	Geschichte, geschichtlich
Gesch.bll.	Geschichtsblätter
Gesch.forsch.	Geschichtsforschung
Gesch.kde.	Geschichtskunde
Gesch. Lk. d. Saarl.	Geschichtliche Landeskunde des Saarlandes (s. Lit.verz.)

Ges. f. Rhein. Gesch.kunde	Gesellschaft für Rheinische Geschichtskunde
Gf., Gfen., Gfin.	Graf, Grafen, Gräfin
Ggw.	Gegenwart
GLA	Badisches Generallandesarchiv, Karlsruhe
gleichz.	gleichzeitig
gräfl.	gräflich
H.	Heft
Habil.schrift	Habilitationsschrift
Hb.	Handbuch
hess.	hessisch
Hess. Jb. f. LG	Hessisches Jahrbuch für Landesgeschichte
HessUB	Hessisches Urkundenbuch (s. Lit.verz.)
Hft., Hften.	Herrschaft(en)
Hilfswiss.	Hilfswissenschaften
hist.	historisch
hlr.	Heller
hochma.	hochmittelalterlich
HPB	Das historisch-politische Buch
HRG	Handwörterbuch zur deutschen Rechtsgeschichte (s. Lit.verz.)
Hs., Hss.	Handschrift(en)
hs.	handschriftlich
HStA	Hauptstaatsarchiv
Huill.-Bréh.	Huillard-Bréholles (s. Lit.verz.)
HZ	Historische Zeitschrift
Hz.	Herzog
Inst.	Institut
Inst. f. gesch. LK a. d. Univ. Mainz	Institut für geschichtliche Landeskunde an der Universität Mainz
Jb., Jbb.	Jahrbuch, Jahrbücher
Jb. f. fränk. Landesforsch.	Jahrbuch für fränkische Landesforschung
Jb. f. westdt. LG	Jahrbuch für westdeutsche Landesgeschichte
Jb. z. Gesch. v. Stadt u. Lkr. KL	Jahrbuch zur Geschichte von Stadt und Landkreis Kaiserslautern
Jg., Jgg.	Jahrgang, Jahrgänge
JGLGA	Jahrbuch der Gesellschaft für lothringische Geschichte und Altertumskunde
jur. Diss.	juristische Dissertation
jur. Habil.schrift	juristische Habilitationschrift
Kant.	Kanton
Kg.	König
kgl.	königlich
Komm.	Kommission
Konv., Konvv.	Konvolut(e)
Kopb., Kopbb.	Kopialbuch, -bücher
Ks., ks.	Kaiser, kaiserlich
LA	Landesarchiv
lat.	lateinisch
L-D-H	Leiningen-Dagsburg-Hardenburg
LG	Landesgeschichte
LGeschBll	Leininger Geschichtsblätter (s. Lit.verz.)
LHA	Landeshauptarchiv
Lief.	Lieferung
Lit.	Literatur

Lit.verz.	Literaturverzeichnis
LK	Landeskunde
Lkr.	Landkreis
Loth., lothr.	Lothringen. lothringisch
L-W	Leiningen-Westerburg
MA	Mittelalter
mainfr.	mainfränkisch
Masch.schr.	Maschinenschrift
MGH	Monumenta Germaniae Historica (s. Lit.verz.)
MHVPf	Mitteilungen des Historischen Vereins der Pfalz
MHVSaargegend	Mitteilungen des Historischen Vereins für die Saargegend
MIÖG	Mitteilungen des Instituts für österreichische Geschichtsforschung
Mithrsg., mithg.	Mitherausgeber, mitherausgegeben
Mitt.bl. z. rheinhess. LK	Mitteilungsblatt zur rheinhessischen Landeskunde
MÖIG	Mitteilungen des österreichischen Instituts für Geschichtsforschung
Mon. Boica	Monumenta Boica (s. Lit.verz.)
Mon. Zoll.	Monumenta Zollerana (s. Lit.verz.)
MrhRegg	Mittelrheinische Regesten (s. Lit.verz.)
MrhUB	Urkundenbuch zur Geschichte der jetzt die Preussischen Regierungsbezirke Coblenz und Trier bildenden mittelrheinischen Territorien (s. Lit.verz.)
MSAL	Mémoires de la Société d'Archéologie Lorraine et du Musée Historique Lorrain
MUB	Mainzer Urkundenbuch (s. Lit.verz.)
Nass. Annalen	Nassauische Annalen
NassUB	Codex diplomaticus Nassoicus. Nassauisches Urkundenbuch (s. Lit.verz.)
Nd., Ndd.	Nachdruck(e)
NLBll	Neue Leininger Blätter (s. Lit.verz.)
nö.	nordöstlich
nw.	nordwestlich
OA	Oberamt
Orig.	Original
Pfälz. Gesch.bll.	Pfälzische Geschichtsblätter
Pfälz. Heimatbll.	Pfälzische Heimatblätter
Pfgf., Pfgfen.	Pfalzgraf(en)
PfH	Pfälzer Heimat
phil. Diss.	philosophische Dissertation
phil. Habil.schrift	philosophische Habilitationsschrift
preuß.	preußisch
Progr.	Programm
QuStW	Quellen zur Geschichte der Stadt Worms (s. Lit.verz.)
r	recto (Vorderseite)
RappUB	Rappoltsteinisches Urkundenbuch (s. Lit.verz.)
RBStr	Regesten der Bischöfe von Strassburg (s. Lit.verz.)
Red.	Redaktion
Reg., Regg.	Regest(en)
Regg. Lgfen. Hessen	Regesten der Landgrafen von Hessen (s. Lit.verz.)
REK	Regesten der Erzbischöfe von Köln (s. Lit.verz.)
REM	Regesten der Erzbischöfe von Mainz (s. Lit.verz.)
RET	Regesten der Erzbischöfe zu Trier (s. Lit.verz.)
RGK	Regesten der Grafen von Katzenelnbogen (s. Lit.verz.)
RGZ	Regesten der Grafen von Zweibrücken (s. Lit.verz.)

rhein.	rheinisch
RhVjbll	Rheinische Vierteljahresblätter
RI	Regesta Imperii (s. Lit.verz.)
RLGV	Regesten der Lehensurkunden der Grafen von Veldenz (s. Lit.verz. unter »Pöhlmann«)
RMB	Regesten der Markgrafen von Baden und Hachberg (s. Lit.verz.)
RME	Regesta archiepiscoporum Maguntinensium. Regesten zur Geschichte der Mainzer Erzbischöfe (s. Lit.verz.)
RPR	Regesten der Pfalzgrafen am Rhein (s. Lit.verz.)
RTA	Reichstagsakten (Ältere Reihe)
Slg.	Sammlung
sö.	südöstlich
Sonderh.	Sonderheft
Sp.	Spalte
SS	Scriptores
SSrG	Scriptores rerum Germanicarum
StA	Staatsarchiv
staatl.	staatlich
StadtA	Stadtarchiv
sw.	südwestlich
T.	Teil
Textbd.	Textband
topogr.	topographisch
UB	Urkundenbuch
UBiSp	Urkundenbuch zur Geschichte der Bischöfe von Speyer (s. Lit.verz.)
UB Otterbg.	Urkundenbuch des Klosters Otterberg (s. Lit.verz.)
UB St. Gallen	Urkundenbuch der Abtei Sanct Gallen (s. Lit.verz.)
UBStStr	Urkundenbuch der Stadt Straßburg (s. Lit.verz.)
U. d. T.	unter dem Titel
u. d. Z.	unter den Zeugen
überarb.	überarbeitet
Übers.	Übersetzung
unbegl.	unbeglaubigt
Univ.	Universität
unveränd.	unverändert
u. ö.	und öfter
Urk., Urkk.	Urkunde(n)
UStSp	Urkunden zur Geschichte der Stadt Speyer (s. Lit.verz.)
v	verso (Rückseite)
V.	Vers
verb.	verbessert
Verf.gesch.	Verfassungsgeschichte
verm.	vermehrt
vermutl.	vermutlich
Veröffentl., Veröffentll.	Veröffentlichung(en)
Veröffentll. d. Ges. f. fränk. Gesch.	Veröffentlichungen der Gesellschaft für fränkische Geschichte
Veröffentll. d. Hist. Komm. d. Prov. Westf.	Veröffentlichungen der Historischen Kommission der Provinz Westfalen
Veröffentll. d. Hist. Komm. f. Nassau	Veröffentlichungen der Historischen Kommission für Nassau
Veröffentll. d. Hist. Ver. d. Pfalz	Veröffentlichungen des Historischen Vereins der Pfalz

Veröffentl. d. Komm. f. gesch. LK i. B.-Württ.	Veröffentlichungen der Kommission für geschichtliche Landeskunde in Baden-Württemberg
Veröffentl. d. Komm. f. saarl. LG u. Volksforsch.	Veröffentlichungen der Kommission für saarländische Landesgeschichte und Volksforschung
Veröffentl. d. Pfälz. Ges. z. Förd. d. Wiss.	Veröffentlichungen der Pfälzischen Gesellschaft zur Förderung der Wissenschaften
Veröffentl. v. d. Komm. z. Hrsg. elsäss. Geschqu.	Veröffentlichungen von der Kommission zur Herausgabe elsässischer Geschichtsquellen
Veröffentl. z. Gesch.v. Stadt u. Kr. Neustadt a. d. W.	Veröffentlichungen zur Geschichte von Stadt und Kreis Neustadt an der Weinstraße
vorl.	vorläufig
Wiss., wiss.	Wissenschaft(en), wissenschaftlich
wiss. App.	wissenschaftlicher Apparat
WUB	Wirtembergisches Urkundenbuch (s. Lit.verz.)
Wü.	Wüstung
württ.	württembergisch
z.	zur
ZfdPh	Zeitschrift für deutsche Philologie
ZGO	Zeitschrift für die Geschichte des Oberrheins
zit. n.	zitiert nach
ZRG Germ. Abt.	Zeitschrift der Savigny-Stiftung für Rechtsgeschichte, Germanistische Abteilung
Zs.	Zeitschrift
Zs. f. bayer. LG	Zeitschrift für bayerische Landesgeschichte
Zs. f. d. Gesch. d. Saargegend	Zeitschrift für die Geschichte der Saargegend
Zs. f. dt. Philologie	Zeitschrift für deutsche Philologie
Zs. f. Württ. LG	Zeitschrift für Württembergische Landesgeschichte
zugl.	zugleich
[ ]	erschlossen, Ergänzung des Bearbeiters
*	geboren
†	gestorben
○	verlobt
∞	verheiratet
/	zwischen... und...
--- ¦	Verwandtschaftsgrad unsicher

Register der Orts- und Personennamen

Das Register ist als grobe Suchhilfe und nicht als Lexikon gedacht. Es verzichtet daher auf ausführliche Angaben zu den genannten Personen und Orten. Für die Identifikation ist die zugehörige Textstelle maßgebend. Homonyme werden unterschieden, gleichlautende Personennamen allerdings nur unter Vorbehalt. Die beigegebenen Jahreszahlen sind i. d. R. keine Lebens- oder Regierungs-, sondern Erwähnungsdaten, z. T. auch nur in Auswahl. Sie sollen lediglich die Zuordnung erleichtern. Ausnahme: Bei den Erzbischöfen, den Bischöfen sowie den Herzögen von Lothringen wurden die gesicherten Regierungsjahre ergänzt.
Ein »A« hinter der Seitenzahl bedeutet, daß sich der gesuchte Name nur in den Anmerkungen findet.
Zusätzliche Abkürzung: L–D–F = Leiningen–Dagsburg–Falkenburg.

Eine weitere Identifizierungshilfe bieten für Leininger Grafen und Gräfinnen und deren Schwägerschaft die Stammtafeln (kursiv gedruckte Seitenzahlen, z. B. *248*).

Sachregister

Es handelt sich um ein Schlag- und Stichwortregister. Sachbegriffe, die im Zusammenhang mit einem Namen stehen (z. B. »Grafen im Nahegau«), sind im Register der Orts- und Personennamen verzeichnet.